“双一流”建设专业学位研究生教学案例

税务教学案例精选

蔡　昌　主编

中国财经出版传媒集团
中国财政经济出版社

图书在版编目（CIP）数据

税务教学案例精选 / 蔡昌主编. --北京：中国财政经济出版社，2021.12

（“双一流”建设专业学位研究生教学案例）

ISBN 978-7-5223-0973-6

Ⅰ.①税… Ⅱ.①蔡… Ⅲ.①税收管理-研究生-教案（教育）-汇编 Ⅳ.①F810.423

中国版本图书馆 CIP 数据核字（2021）第 243785 号

责任编辑：叶 彤　　责任校对：胡永立

封面设计：陈宇琰　　责任印制：党 辉

税务教学案例精选

SHUIWU JIAOXUE ANLI JINGXUAN

中国财政经济出版社 出版

URL：http：//www.cfeph.cn

E-mail：cfeph@cfeph.cn

社址：北京市海淀区阜成路甲 28 号　邮政编码：100142

营销中心电话：010-88191522

天猫网店：中国财政经济出版社旗舰店

网址：https：//zgczjjcbs.tmall.com

北京时捷印刷有限公司印刷　各地新华书店经销

成品尺寸：185mm×260mm　16 开　33.5 印张　627 000 字

2022 年 2 月第 1 版　2022 年 2 月北京第 1 次印刷

定价：120.00 元

ISBN 978-7-5223-0973-6

（图书出现印装问题，本社负责调换，电话：010-88190548）

本社质量投诉电话：010-88190744

打击盗版举报热线：010-88191661　QQ：2242791300

总　序

专业学位研究生教育是培养高层次应用型专门人才的主渠道。中央财经大学自2003年开始实行专业学位教育以来，逐步构建了具有财经特色的高层次应用型专门人才培养体系，为经济社会发展做出重要贡献。截至2021年9月30日，学校在校硕士研究生5652人，其中，学术型硕士1751人，专业学位硕士3901人，分别占在校硕士研究生比例为31%和69%，专业学位研究生已经成为学校研究生教育的主体。

中央财经大学专业学位研究生教育始终坚持“质量优先、特色发展”的原则，目前已经形成了较为完备的、有一定特色的专业学位研究生培养体系。学校基本形成了以优质课程引领的课程体系和以案例教学为突破口的实践教学体系，促进科教融合和产教融合，加强国际合作，着力增强研究生实践能力、创新能力，取得了一定的成效。

但是面对新时代的新要求，当前专业学位研究生教育还存在着“培养方案不够优、案例教学不够深、专业实践不够实、教学师资不够专、论文标准不够明”等问题。专业学位硕士与学术硕士培养方案在课程设置方面差异不明显，同质化现象仍普遍存在。专业学位硕士案例开发与教学虽取得一定成果，但仍有较大提升空间。专业实践教学流于形式，组织不力。实践基地挂牌的多，发挥实效的少，管理和规范力度不够，远未形成产教融合发展的格局。专业学位硕士“双师型”导师队伍建设不够完善，校内外导师未能建立有效的沟通协调与合作指导机制。专业学位硕士学位论文写作和评判标准不够明确，大多参考学术硕士论文的评审标准，难以发挥学位论文评审对培养过程和学位论文写作的导向性作用。

针对上述问题，尤其是专业学位研究生案例教学方面的短板，近年来，学校坚持“科学规划、突出特色、鼓励创新、择优资助”的原则，高度重视研究生教材和案例集建设工作。学校围绕立德树人根本任务，以一流学科建设为目标，设立专项资金资助研究生教材和专业学位研究生案例集建设。推动习近平新时代中国特色社会主义思想和社会主义核心价值观念融入教材建设、融入课堂教学，培育学生经世济民、诚信服务、德法兼修的职业素养，初步建立了具有中央财经大学“财经黄埔”品牌特色的研究生精品教材体系。鼓励校内外教师、行业专家合作建设高质量教学案例库，推动编写案例教材、开展案例教学方法研究、加大案例教学比重，着力组织建设一批国际化、高水平的专业学位研究生教学案例集。

呈现在读者面前的专业学位研究生教学案例集由经济学、管理学、法学等学科的教学案例集构成，均由教学经验丰富、学术研究能力突出的一线教师组织编写。编者中既有“国家级教学名师”等称号的获得者，也不乏在专业领域造诣颇深的中青年学者。本系列教学案例集的出版得到了“中央高校建设世界一流大学（学科）和特色发展引导专项资金”的支持。我们希望本系列教学案例集的出版能够为专业学位研究生培养提供一线的案例素材，打造以专业能力训练为导向的案例教学体系，提高专业学位研究生的培养质量。

在编写专业学位研究生教学案例集的过程中，我们虽力求完善，但也难免存在不足，恳请广大同行和读者批评指正。

专业学位研究生教学案例集编委会

2021年10月于北京

前　言

中央财经大学税务学科源于1949年的中央税务学校，是中华人民共和国成立后最早建立的税务人才培养基地，也是全国最早设立税务专业的高等财经院校之一。

为了满足我国税收事业发展对专业人才的迫切需求，完善税务人才培养体系，创新税务人才培养模式，国务院于2010年批准设置税务硕士专业学位（简称MT）。经国家审查批准后，中央财经大学、西安交通大学即从当年开始招生，成为全国第一批招收税务专业硕士的学校，目前税务专业硕士设税收政策与管理、国际税收、税收筹划与管理等方向。

在全国税务硕士专业学位教育指导委员会的指导下，中央财经大学依托财政税务学院连续10多年招收税务专业硕士，培养了近600名税务专业硕士研究生，他们中的大部分都已经走向全国各地的财税工作岗位。中央财经大学的税务专业硕士人才的培养质量不断提升，也得到了国内的普遍好评。我们在培养税务专业硕士的同时，特别强调实践教学与案例教学，鼓励教师撰写案例，也鼓励税务专业硕士同学参与案例调研与写作。

案例反映的是一种客观存在的、真实的税务场景与过程。案例研究法是一种研究现实的典型方法。案例研究法最初是由哈佛大学法学院始创，追溯至1870年，时任哈佛大学法学院院长的兰德尔认为，法律条文的含义与解释在案例中得以扩展，他将法律案例加以分析并推广于法律专业教学实践。在教学中引入案例研究法，可以达到教学相长的目的。

自2015年以来，中央财经大学财政税务学院的税务专业教师带领研究生组成案例研究团队，深入实践一线进行调研、分析，并写成若干税务教学案例。研究团队所撰写的税收教学案例多次在案例征文大赛中获奖，并入选“中国专业学位案例教学中心案例库”。

2019年由我申请并获得中央财经大学专业学位研究生教学案例集建设项目《税收教学案例》立项，并正式投入案例的调研、整理与编撰工作，其间还承担校级课题《税收案例教学方法研究》，并顺利结项。我们组织院系师生多次举办案例教学研讨，为税务专硕开展课堂案例教学与讨论。历时两年，精心编写了这本《税务教学案例精选》。本案例精选共收录24个税务案例，涵盖国际税收、税收筹划、税法应用、税收征管、税收管理、税收前沿等专题板块，基本上都以实际企业或商业机构的财税管理为原型，通过实践调研、文献查询获取相关材料并进行分析研究撰写而成。本案例集中的绝大部分案例都已在税务专硕教学实践中使用过，教学效果显著，推动了税务专硕案例教学质量的提升，对于其他税务硕士生培养单位具有示范效应，且具有较强的教学推广价值。

本案例集作者主要为中央财经大学财政税务学院专业教师、博士生及税务硕士，在此对所有参与案例研究与撰写的老师、同学们表示衷心的感谢。所有案例均根据相关背景资料及实践情况进行研究并经过多次补充、修订后完成，基本上体现了税务案例的原生态风貌，仅有部分案例在有关期刊、报纸上发表过，一些案例在课堂教学中使用过，大部分案例为首次公开出版。本次出版的税务教学案例仅供教学与研究之用，不妥之处敬请谅解，欢迎大家提出指导意见与建议。

蔡　昌

2021年10月

目　录

1. 国际税收

案例 1

小米集团 VIE 架构的搭建与拆除税案①

本案例以小米集团搭建的 VIE 架构为切入点，结合现行税收政策探讨 VIE 架构搭建的税务风险，并进一步探讨 VIE 架构拆除中可能面临的税务风险及其应对策略。

① 本案例作者为蔡昌、徐长拓、王道庆。本案例参与中央财经大学第十四届案例教学研讨会征文，荣获二等奖。本案例根据小米集团在招股说明书中披露的 VIE 架构进行相关分析与调研后撰写而成，案例内容完整，真实可靠。

案例正文

一、引言

VIE 架构是我国互联网等受外商投资限制行业为实现境外上市，通过设置一系列协议来控制境内公司，使其满足美国 FIN46 条款 VIE 实体判定，从而使境外上市主体有业绩支撑，达到“明债实股”的效果。2018 年小米在港交所上市，其招股说明书中显示小米集团采用 VIE 架构上市，VIE 架构再一次吸引了人们的眼球，但 VIE 架构游走在法律边缘的灰色地带，除了其本身存在的法律效力风险，它设置的多层海外公司也让其面临的税务风险凸显出来。本文将以小米集团为例，对 VIE 架构所涉及的税务风险展开分析，并对其所面临的税务风险提出建议。

二、案例背景

VIE（Variable Interest Entities），即“可变利益实体”，即“协议控制”，也被称为“新浪模式”，由新浪公司首创，它的本质是境内企业为实现境外上市目的而采用的一种公司组成架构。

21 世纪初，中国的互联网行业发展迅猛，在这种势头之下很快就有许多企业出现了资金短缺的问题，融资需求迫切，但互联网公司往往为初创企业，难以达到境内上市的门槛，国家也出于多种因素考虑，对于外商投资互联网是有限制的，在《外商投资企业指导目录》中规定，外资不能直接投资国内的互联网公司。在当时有迫切融资需求的新浪公司采用了一种全新的方式成功赴美上市，这种方式即 VIE 架构，即新浪公司通过一系列协议控制，将境内企业变为满足美国 FIN46 条款的 VIE 实体，其财务业绩被合并列报于在开曼群岛注册的境外上市主体之中，境外主体的报表业绩由境内支撑。一方面，新浪公司通过 VIE 架构，实现了其融资愿望；另一方面，由于其经营主体为内资企业，仍然可以继续投资受限领域。图 1－1 为典型的 VIE 架构的逻辑结构。

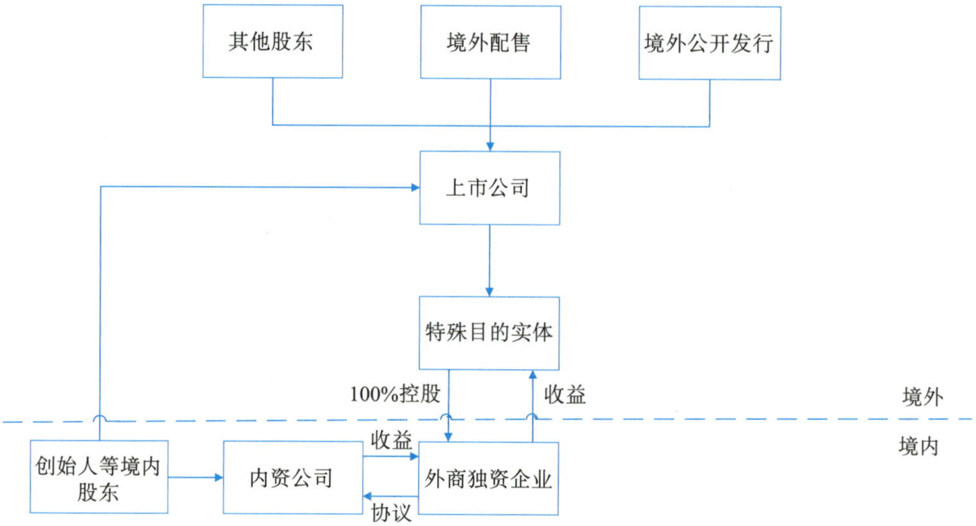

图 1-1　VIE 架构的逻辑结构

VIE 架构的出现本身就存在风险，国家一直对 VIE 架构没有明确规定，既没有指出 VIE 是合法的，也没有明确 VIE 违反了相关法律，VIE 一直属于法律中的灰色地带，这就给了有融资需求但碍于国内限制无法实现的企业机会①。在 VIE 架构中境外上市主体往往在 CI（开曼）或 BVI（英属维尔京群岛）等地注册，设置在这些“避税天堂”，除了能实现上市的目的，还有重要的避税考量。如在 BVI 内所得税实际税负为零、无外汇管制、美元为法定货币，CI 除公司注册简单，保密制度严格，便于上市之外，仅每年收取少量年度管理费，开征进口税、旅游者税等几个简单税种，从没开征过企业所得税和资本利得税等税种，注册在这些地方就避免了从境内转移过来的利润的税收。

但采用此种方式上市是否间接违反了国内对于外资公司不得进入限制行业的规定一直存在争议，因此 VIE 会受到国家更严格的审查，其存在的税务风险相对于一般企业也应该更加重视。

三、案例概况

（一）小米集团概况

小米公司成立于 2010 年，创始人为雷军，集团注册在开曼群岛。小米公司是一家

① 李笑冉．VIE 结构的风险分析与应对措施[J]．知识经济，2019（18），60-62.

以手机、智能硬件和 IoT 平台为核心的互联网公司。在 2010 年阿里巴巴、腾讯等互联网巨头林立的形势下，小米公司不仅生存了下来，而且在两年内迅速崛起，成为中国手机企业中出货量最高的企业。

2018 年 7 月 9 日，小米公司正式在香港主板上市，股票代码 1810. HK，成为香港“同股不同权”创新试点的首家上市公司。但小米公司的上市并不顺利。盘前，小米公司出现了破发的现象，报 16. 6 港元/股，股价为 16. 10 元/股，下跌 5. 29%，总市值为 3 602. 56 亿港币，即 459 亿美元①。

小米公司后期不断发展，逐渐形成一个集团化企业——小米集团。小米集团采用硬件、电商及新零售、互联网服务三位一体的商业模式，其业务涵盖硬件制造、电商销售、互联网娱乐、互联网金融和效能工具等领域，并且小米集团还一直致力于人工智能的研发，旨在打造“小米生态链”。小米集团旗下的企业群如图 1 – 2 所示。

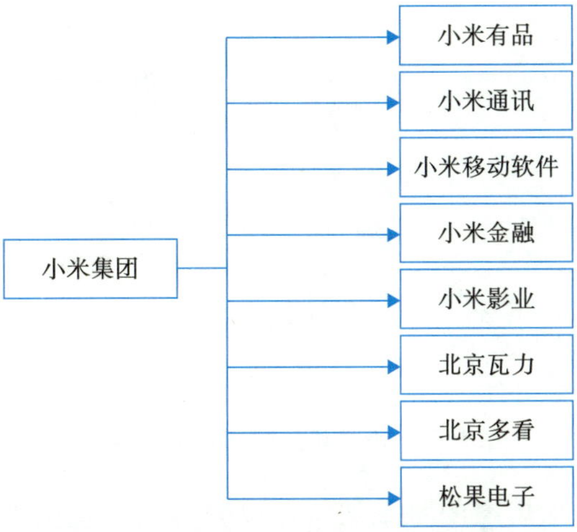

图 1 – 2　小米集团旗下的企业群

作为具有迅猛发展势头的“独角兽”企业，小米集团上市所采用的 VIE 架构再度引起人们广泛的关注，其 VIE 结构既具有一般 VIE 结构的典型性，又具有一些在新形势下的创新，但其面临的税务风险仍然不可忽视。

（二）小米集团搭建的 VIE 架构

《外商投资企业指导目录》中明确规定，外商不得直接投资互联网行业，小米公司在 2018 年发布的招股说明书上说明，小米公司在香港的上市主体是在开曼群岛注册

① 周腾. 小米八年终上市，开盘即破发 [EB/OL]. http://www.sohu.com/a/240103397_354953，20180709.

的小米集团，并通过搭建 VIE 协议控制架构获得中国境内公司的实际控制权，其年度财务报表要进行合并，境内公司的业绩成为境外上市主体的业绩支撑。由小米集团 IPO 前发布的招股说明书可知，小米集团搭建的 VIE 架构如图 1－3 所示。

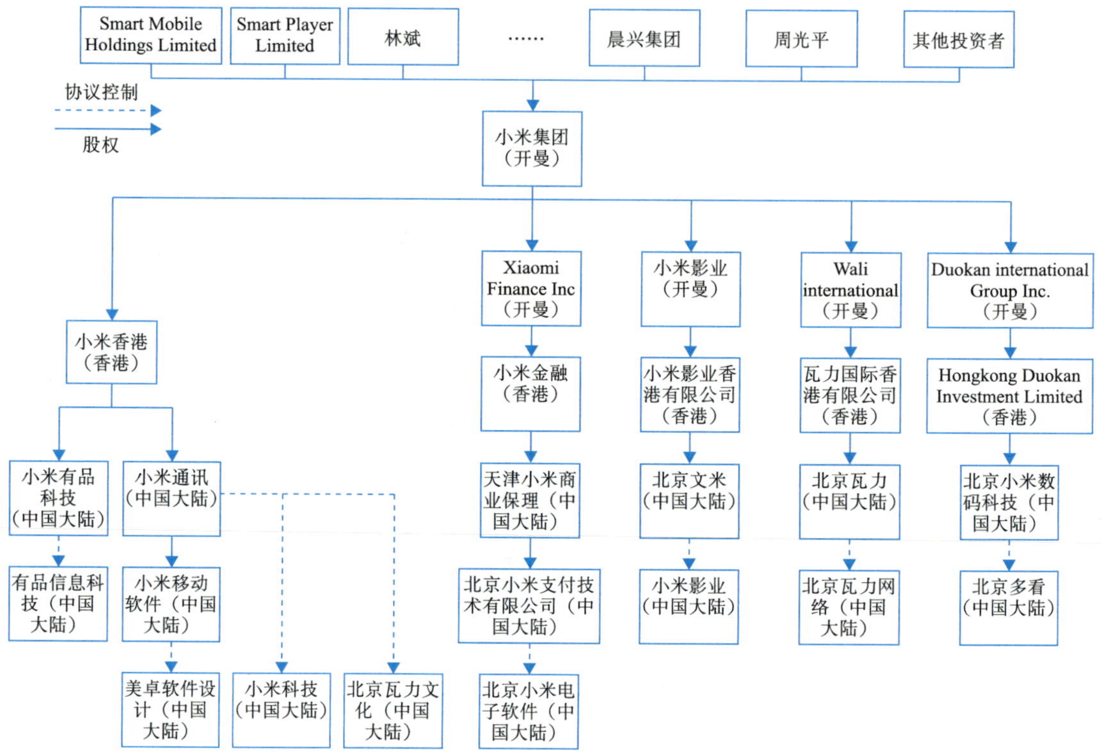

图 1－3　小米集团搭建的 VIE 架构

由图 1－3 可知，小米集团的 VIE 架构可以分为四个层次来看，最上层是境外上市主体，即于开曼群岛注册的小米集团；第二层是具有特殊目的的实体（SPV），即于香港注册的小米香港和小米金融等公司；第三层是于中国境内注册的由境外企业全资控股的境内外商投资企业（WFOE），即中国境内的小米通信和北京瓦力等公司；第四层是境内经营的实体，WFOE 企业通过与境内企业签订以下协议的方式，控制境内经营主体，从而进入中国法规限制外资进入的领域。

1. 独家业务合作协议

通过签订独家业务合作协议，以每月服务费作为交换，境内控股公司聘用外商独资企业为其技术支持、顾问以及其他服务的独家提供商。根据独家业务合作协议，服务费包括全部境内控股公司合并利润总额。这也就意味着通过合约，小米集团将境内公司的利润全部转移到境内外商投资企业（WFOE）中，这种利润转移的行为可能会遭到税务机关的调整。

2. 独家选择权协议

根据独家选择权协议，外商独资企业 WFOE 有权在任何时间及不时要求登记股东将其于境内控股公司的任何或所有股权全部或部分地转让予外商独资企业或其指定的第三方，代价相当于结欠登记股东的相关未偿还贷款（或按所转让股权比例计算的部分贷款额）或按象征式价格，除非中国大陆法律要求其他价格时，应为相关要求的最低价格。通过此协议，上市公司主体可以以我国法律规定的最低价格独家地购买境内控股公司股东的权益，在未来中国大陆放开外商投资限制后，境外投资企业 WFOE 可以直接将登记股东的股份收购。

3. 股权质押协议

股权质押协议规定，登记股东将其所持境内公司的全部股权质押于外商独资企业 WFOE，作为担保履行合约责任和支付未偿还债务的抵押权益。通过股权质押协议，确保了架构中的登记股东不能随意处置所持有的股权，保障了登记股东能较好的履行 VIE 协议，相当于将登记股东股权和 WFOE 绑在了一起。使 WFOE 控制境内企业有了切实的保障，当然股权质押协议与借款协议是分不开的。

4. 借款合同

就北京瓦力文化、小米科技、小米电子软件及有品信息科技而言，境内外商投资企业已和相关企业的登记股东签订贷款协议，外商投资企业向登记股东提供贷款，全数用于境内控股公司的相关投资，不得用于其他用途。当境外投资企业行使独家选择权协议时，登记股东要根据协议将股权转让给境外投资企业。根据借款合同和股权质押协议的组合，外商投资企业实现了对境内经营主体的实际控制。

5. 授权书

授权书规定登记股东不可撤回的委任外商投资企业及其指定人士作为其实际代理人行使其所持股权所拥有的权利，这也就意味着外商投资企业在股东权利的行使上也完全控制了境内经营主体。

通过这些协议，小米集团的境内外商投资企业实现了对境内经营主体的实际控制，搭建起了 VIE 架构，到达了“明债实股”的控制效果，符合 VIE 可变利益实体的认定标准，使境内经营主体成为境外上市主体的支撑，进而达到了成功上市的目的。

四、案例涉税分析

（一）企业合并财务信息

小米集团的合并财务报表如表 1－1 所示，“小米集团”作为并没有经营业务的上市公司主体，所有经营成果均来自境内经营公司。

表 1－1　　小米集团 2017 年和 2018 年合并财务报表①

项　目	2018 年人民币（千元）	2017 年人民币（千元）
收入	174 915 425	114 624 742
销售成本	152 723 486	99 470 537
毛利	22 191 939	15 154 205
销售及推广开支	7 993 072	5 231 540
行政开支	12 099 078	1 216 110
研发开支	5 776 826	3 151 401
按公允价值计入损益之公允价值变动	4 430 359	6 371 098
分占按权益法入账值投资亏损	614 920	231 496
其他收入	844 789	448 671
其他收益净额	213 281	72 040
经营利润	1 196 472	12 215 467
财务收入净额	216 373	26 784
可转债可赎回优先股公允价值变动	12 514 279	54 071 603
除所得税前利润	13 927 124	42 829 352
所得税费用	449 377	2 059 763
年度利润/亏损	13 477 747	43 889 115
每股盈利/亏损		
基本	0. 843	4. 491
摊薄	0. 044	4. 491

从小米集团的合并财务报表可知，2018 年企业所得税前利润为 139. 27 亿元，按我国 25% 的企业所得税率计算应纳企业所得税额为 34. 81 亿元，但实际上只缴纳了 4. 49 亿元，其差额意味着小米集团进行了一些税收安排；再从销售毛利额角度来看，2017～2018 年小米一直处于业绩上升的态势，其所应缴纳的税收却减少了，因此小米

① 来源于《小米集团招股说明书》。

集团的税务风险值得关注。

（二）小米集团缴税情况

对小米集团来讲，最重要的税种为企业所得税，其 2017 年和 2018 年企业所得税缴纳情况如表 1－2 所示。

表 1－2　　小米集团 2017 年和 2018 年缴税情况①

项目	2018 年（千元）	2017 年（千元）
除所得税前利润	13 927 124	41 829 352
按中国大陆法定所得税率 25% 计算的税项	3 481 781	10 457 338
其他司法区不同税率的影响	－2 037 227	12 646 524
适用于附属公司的优惠所得税率	－1 017 178	393 879
未确认递延所得税资产的税项亏损及暂时差额	115 452	199 363
不可扣减所得税费用	588 839	209 721
使用先前未确认可扣减税项亏损及暂时差额	－89 626	5 010
研发开支的超额抵扣	－166 794	127 993
毋须课税收入	－157 306	26 537
退税	－270 757	
其他	2 193	14 912
所得税费用	449 377	2 059 763

2018 年如果小米集团的税前净利润按中国大陆 25% 税率计算所得税为 34.81 亿元，但最后小米集团算出来的所得税费用仅为 4.49 亿元，从其年报中可知，主要有以下原因。

1. 企业所属司法区税率差异

因其企业所属司法区税率与中国不同而导致的税负差异有 20.37 亿元。从小米集团的年报中我们得知小米集团根据开曼群岛公司法注册成立为豁免有限公司，故豁免缴纳开曼群岛所得税，因此小米所呈报的经营业绩及以股份为基础的薪酬均无须缴纳所得税。在避税地开曼群岛注册公司免予缴纳个人所得税、企业所得税、资本利得税、不动产税。在境外上市主体这一层面小米集团节省了大量税收。

小米集团设立在香港地区的公司，其设立的目的是方便资本运作，规避法律强制性要求，并且由于大陆和香港地区签署有避免双重征税安排，其中有针对从境内企业取得股息、利息、特许权使用费的优惠规定，VIE 架构中香港公司 100% 持股境内

① 来源于《小米集团招股说明书》。

WFOE，股息可以享受5%的优惠预提所得税率，在香港仅有利得税16.5%、薪俸税、物业税几种税，综合税率较低，且香港采用属地征税原则，对不在香港经营的公司不征收利得税。

2. 境内企业税收优惠

境内的WFOE企业和内资VIE实体企业是境内居民企业，一律按照25%的境内企业所得税税率缴纳税款。但这些企业中有被认定为高新技术企业、小型微利企业的，就能享受国家给予的优惠政策，以比较低的税率缴纳企业所得税。

另外我国企业所得税基本税率为25%，但科技型企业往往还有如下税收优惠，因优惠带来的税收减免有10.17亿元。

（1）认定为软件企业，适用所得税从盈利年度起“两免三减半”的优惠。

（2）认定为高新技术，适用所得税较低税率15%的优惠。

（3）在税收优惠地公司，适用企业所得税率9%的优惠。

（4）研发费加计扣除50%的优惠，小型科技企业为75%的优惠。

（5）技术转让收入500万元以内免征企业所得税优惠。

从其2018年年报中可知，北京小米移动软件有限公司符合“高新技术企业”资格，截至2018年6月30日的6个月享受15%的优惠所得税率。2018年第三季度，北京小米移动软件有限公司符合“重点软件企业”资格，截至2019年6月30日的6个月享受10%的优惠所得税率。

根据税法规定，自2008年起生效的相关法律法规，从事研发活动的企业于厘定年度应课税利润时，可将研究所产生开支的150%列作可扣减税项开支（加计扣除）；自2018年9月起，从事研发活动的企业自2018年1月1日至2020年12月31日间可将研发开支的175%列作超额抵扣。这些税收优惠都为小米公司的节税安排提供了政策依据。小米集团通过设立在适用不同税率安排地区的公司和其税收优惠，节省了近30亿元企业所得税。但在VIE架构下这些税收安排并不一定完全合理，还可能存在一定的税务风险。

五、小米集团VIE架构的税务风险

（一）境外企业被认定为境内企业

小米集团在搭建的VIE架构中存在着不具有经营实质仅为控股而设立的企业，该类企业除控股企业外，几乎无其他收入，也就是人们通常所说的“导管公司”，其管理人员和董事会都设立在境内，此类企业有被我国税法调整为境内企业征税的风险。

就中国企业所得税而言，小米集团设立在香港以及开曼群岛的实体可能归类为“中国大陆居民企业”，从而可能引致不利于小米集团及其股东的税务结果，并对其经营业绩及价值有重大不利影响。根据《中华人民共和国企业所得税法》（于 2008 年 1 月 1 日生效），并非于中国大陆成立但“实际管理机构”位于中国大陆的企业被视为“中国大陆居民企业”，一般须就其全球收入统一按 25% 的企业所得税税率缴税。

（二）境外间接转让股权

小米集团最终形成的 VIE 架构，是经过多次股权转让完成的，不管是小米集团上市中存在的 VIE 架构搭建，还是之后小米集团回归国内上市的拆除 VIE 架构操作，这些行为都会被认定为间接股权转让行为，如图 1－4 所示。对于间接股权转让，《国家税务总局关于加强非居民企业股权转让所得企业所得税管理的通知》（国税函〔2009〕698 号，简称“698 号文”），国家税务总局公告 2017 年 37 号文 698 号文（已废止）及《国家税务总局关于非居民企业间接转让财产企业所得税若干问题的公告》（国家税务总局公告 2015 年第 7 号，简称“7 号公告”）明确了对间接转让境内企业股权是否征税及如何征税的执行口径。

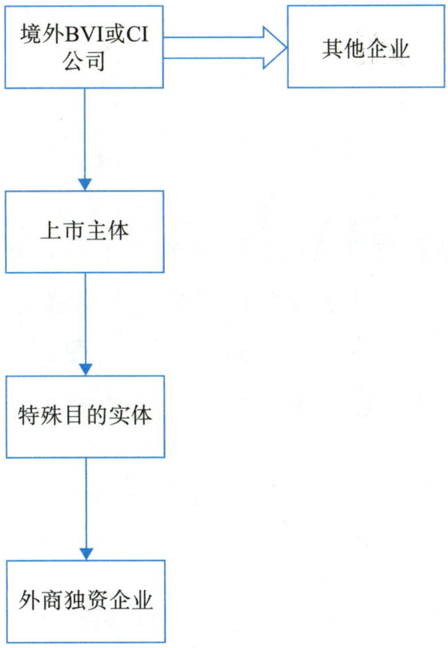

图 1－4　间接转让股权

但在 VIE 架构中，由于其“明债实股”的性质，且整个架构中存在上市主体，当前的税收政策难以奏效，上市企业的股权转让脱离税收监管，698 号文和 7 号公告都做出明确规定，其中关于间接股权转让的规定，不适用于“非居民企业在公开市场买入并卖出同一上市境外企业股权取得间接转让中国应税财产所得”，因为小米集团在境外上市，也就符合了 7 号公告的上市公司安全港标准，这也就是说，小米集团公开市场上的交易不会被视为间接转让股权，但 7 号公告中也规定“买入并卖出的标的为同一上市公司股票。股权转让方在公开市场卖出的上市公司股份为在公司上市之前或者上市之后通过非公开市场买入，或者股权转让方在公开市场买入上市公司股份后再通过非公开市场卖出该股份，均不符合规定”。换句话说，不能仅因被转让企业是上市公司，就直接认定所有间接转让交易都符合上市公司安全港规则。那么也就是说像雷军、林斌、黎万强等在小米集团上市之前就有股份的，即使在小米集团上市之后，他们所进行的股权转让也可能被认定为间接转让股权，面临税务风险，PE 和 VC 等投资机构即使在公开市场买入股份，如果拆除 VIE 退出市场时，他们进行非公开市场交易也可能被视为间接转让股权而受到调整。

另外所有企业的控制人最终都为个人，我国于 2018 年在个人所得税法中引入了反避税条款，《个人所得税法》第八条规定：“有下列情形之一的，税务机关有权按照合理方法进行纳税调整”：

（1）个人与其关联方之间的业务往来不符合独立交易原则而减少本人或者其关联方应纳税额，且无正当理由；

（2）居民个人控制的，或者居民个人和居民企业共同控制的设立在实际税负明显偏低的国家（地区）的企业，无合理经营需要，对应当归属于居民个人的利润不做分配或者减少分配；

（3）个人实施其他不具有合理商业目的的安排而获取不当税收利益。税务机关依照前款规定做出纳税调整，需要补征税款的，应当补征税款，并依法加收利息。

这意味着小米集团在上市之前就持有股份的境内创始人在上市之后的股权转让收入，也可能会被视为间接转让股权收入，从而被视为规避税收的安排不具有合理商业目的而受到调整。

（三）境内外关联交易风险

小米集团的 VIE 架构搭建中签订了大量的关联交易协议，但从其条款规定来看其架构中许多关联企业签订的关联交易协议却并无经营实质，因此关于关联交易的风险可以说是其整个 VIE 架构的核心风险。关于其关联交易的税务风险，小米集团的表述如下：

“中国大陆税务机构可能会详细审查我们与合并联属实体订立的合约安排。关联方交易定价的任何变动均可能引致额外税款，从而大幅降低我们的合并利润及阁下的价值。”

“根据适用中国大陆法律、规则及规例，关联方之间的安排及交易（例如我们与合并联属实体订立的合约安排）或会受到中国大陆税务机构的审查或质疑。倘中国大陆税务机构认定任何合约安排并非按公平基准订立，并因此构成优惠的转让定价，相关附属公司及或合并联属实体权益持有人的中国大陆税项负债或会增加，从而导致我们整体税项负债增加。此外，中国大陆税务机构或会施加逾期缴税利息。若我们的税项负债增加，利润可能会大幅降低。”

小米集团的关联交易风险体现在两个层面，第一个层面是 WFOE 和境内经营主体之间的关联交易，2017 年 6 号公告第三十八条规定：实际税负相同的境内关联方之间的交易，只要该交易没有直接或者间接导致国家总体税收收入的减少，原则上不做特别纳税调整，即只要关联交易双方税负相同，虽然根据协议利润进行了转移，但不对其进行调整，但如果 WFOE 设立在具有特殊税收优惠的地域如国内西部地区，则其总体税负要低于原来，这时要对其进行调整，通过对小米招股书上披露的 VIE 框架我们得知，小米集团 VIE 框架中的 WFOE 企业大都设立在北京地区，并没有特别的地区税收优惠，但存在着小米移动软件这种适用高新技术企业优惠的 WFOE，因此向该地区转移的利润可能会适用较低的税率，从而造成总体税款的流失，带来被税务调整的风险。

第二个层面就是境内 WFOE 与境外控股公司的关联交易。2015 年 16 号公告明确指出，对不符合独立交易原则，或者向未履行功能、承担风险，无实质性经营活动的境外关联方支付的费用，以及企业以融资上市为主要目的，在境外成立控股公司或者融资公司，因融资上市活动所产生的附带利益向境外关联方支付的特许权使用费等，在计算企业应纳税所得额时均不得扣除。16 号公告使境内外资控股企业向境外转移利润难以实现，向境外转移的利润的利息等费用可能会面临被调整的风险。

小米集团在其年度报告中说明本集团于可见未来并无计划要求中国大陆附属公司分派其保留盈利，而是打算让境内企业保留相关盈利用于在中国大陆经营及拓展自身业务。这也就是说小米公司并不打算向境外转移利润，也正是许多新上市企业用盈余来继续壮大的策略，但小米集团上市后的一年内业绩并不差，作为初创企业不分配盈利尚可被接受，但随着企业的日益壮大，当达到预期盈利目标后，除了分配股利，可能还有转移利润收回投资资金的需求。

（四）VIE 架构拆除的税务风险

随着我国资本市场的日益成熟，以及境内企业在国外市场的估值并不高，小米集团在上市的第一天就出现了破发的现象，越来越多的企业选择拆除 VIE 架构回归国内市场，比如 360 和新浪等公司，小米本来预期采用 CDR（存托凭证）的方式回归 A 股，但因为国内审查严格，广受瞩目本可能成为国内第一家 CDR 企业的小米集团，在最后关头取消了 CDR，并无限期延迟 CDR 发行计划。

这也就意味着小米集团回归 A 股可能仍要采取拆除 VIE 架构并另行搭建国内架构的方式。图 1－5 为一般的一种 VIE 拆除流程。除此方式外还有几种拆除方式，本文不再一一赘述。一般来讲，拆除 VIE 架构并实现境内上市，既可以以 WFOE 作为境内上市主体，也可以以 VIE 作为上市主体，但小米集团是一家互联网企业，我国对外商进入互联网企业的限制很严格，WFOE 没有 ICP 等互联网牌照，因此对于小米集团来讲最好还是采用 VIE 作为境内上市主体。

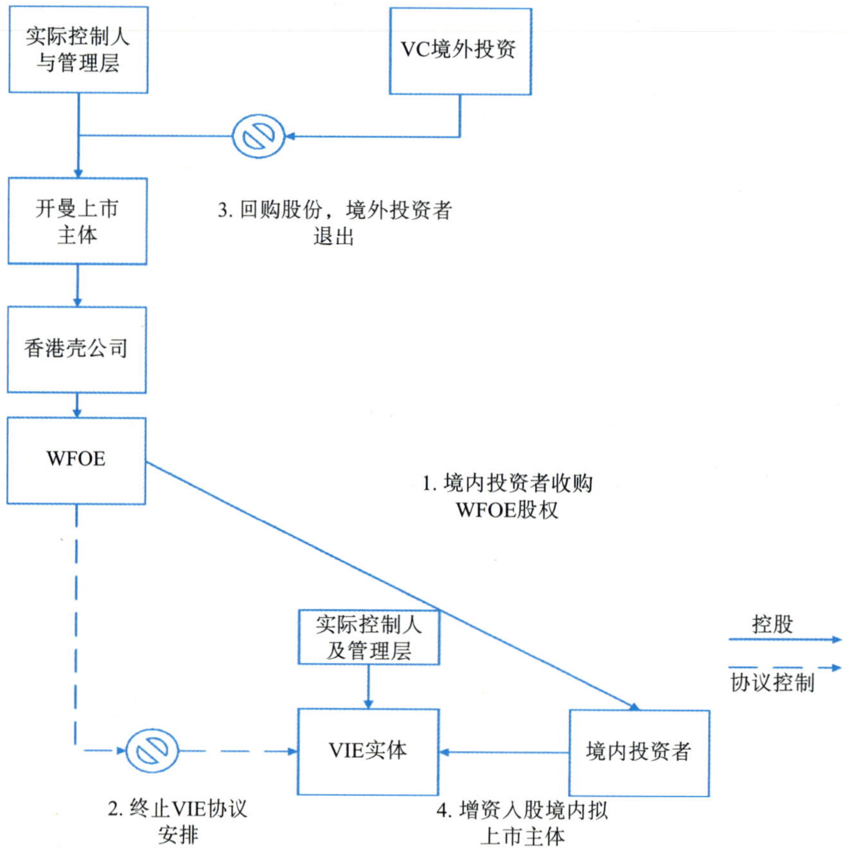

图 1－5　VIE 架构拆除过程

图 1－5 的 VIE 架构拆除过程要经历以下几个步骤：一是境内投资者向香港公司或开曼公司收购 WFOE，二是终止 WFOE 同 VIE 实体的协议安排，三是境外上市主体回购股份或向境内投资者转让股份并注销境外企业，四是境内投资者增资 WFOE 或 VIE 境内拟上市主体。经过以上四个步骤，企业的境内上市架构就搭建起来了，搭建后的架构如图 1－6 所示。

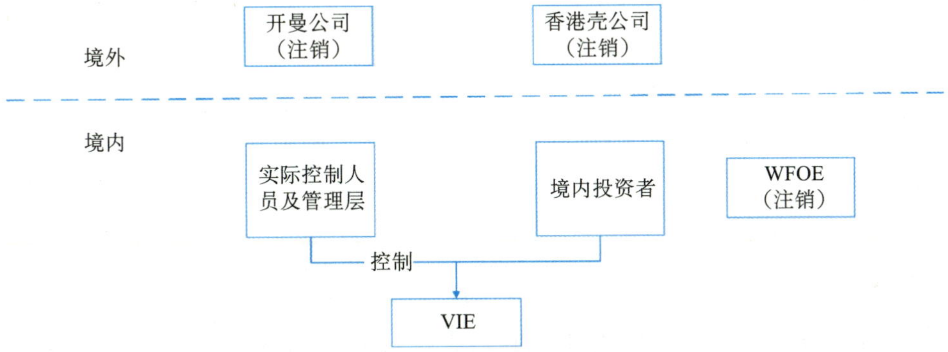

图 1－6 VIE 架构拆除后的股权架构

如果小米集团采用上述方式拆除 VIE 架构，则其面临的相关税收问题如下：境外股东持有上市公司股份架构过于分散且体量过大，采取转让股权到境内的方式不太现实，只能采取直接回购的方式使境外股东退出，这需要开曼公司持有足够的资金，但开曼公司获得资金的方式除了来自境内外资控股公司的层层分红和银行贷款，就只能是拆除步骤中第一步境内投资者通过向香港公司购买 WFOE 公司的支付，根据我国与香港的税收协定安排，香港公司适用 5% 的预提所得税，但其支付金额如果过大可能会受到税务机关调整认定为不具有合理商业目的从而适用 10% 的预提税，补缴巨额税款。如果经协商境外投资者同意低价回购，仅向境外转移相对少量的利润，那么境内投资者所获得的 WFOE 股权的计税基础又会很低，在下一步的重组境内企业环节中由于股权增值，又要负担大额税收。

拆除境外上市架构后，为实现在境内上市，境内企业还要进行业务重组，境内公司进行重组的过程中，可能会涉及多次股权转让的交易，比如 WFOE 的业务重组等，这些重组交易可能会产生巨额的税务成本。

（五）个人所得税风险

小米招股书中提示了企业本身和投资者可能会面临的税务风险，但没有提示创始人和高管人员在搭建 VIE 框架上市过程中面临的个人税务风险。对于境内创始人股东雷军、林斌、黎万强等人，小米公司上市后，其原始投资获得巨额回报，其取得境外上市公司的原始股，按小米公司目前市值接近 2 200 亿港元来看，雷军财富近 621. 72 亿港元，林斌 260. 72 亿港元，此巨额财产收益，包括境外公司的股息红利收益和股票转让收益。不论是在何时、何地缴纳，其税款金额都是一个庞大的数字。

林斌直接持有小米集团 13% 的股份，从小米的招股说明书中我们知道，小米集团于可预见预期无分配利润的打算，根据我国 2019 年 1 月 1 日实施的新个人所得税法，居民个人控制的，或者居民个人和居民企业共同控制的设立在实际税负明显偏低的国家（地区）的企业，无合理经营需要，对应当归属于居民个人的利润不做分配或者减少分配的税务机关有权按照合理方法进行纳税调整，因此林斌面临很大的个人税务风险。

此外雷军在香港设立离岸信托，再通过离岸信托持有小米集团的股份，在 CRS 实施之前这种持有方式以信托的私密性，以及设立在避税地的特性可以实现少纳税甚至不纳税，但随着全球范围内 CRS 的实施和新个税反避税条款的引入，离岸架构，尤其是设立在已经有离岸信托被击穿先例的香港，面临着极大被击穿的风险，一旦离岸架构被击穿，创始人可能面临缴纳巨额税收的风险。

六、VIE 架构下控制税务风险的管理建议

（一）境外企业被认定为境内企业的应对

为避免境外企业根据实际管理机构原则被认定为境内居民企业，国税发〔2014〕9 号规定，同时满足 9 号文的若干条件才能被判定为居民企业：

（1）企业负责实施日常生产经营管理运作的高层管理人员及其高层管理部门履行职责的场所主要位于中国境内。

（2）企业的财务决策（如借款、放款、融资、财务风险管理等）和人事决策（如任命、解聘和薪酬等）由位于中国境内的机构或人员决定，或需要得到位于中国境内的机构或人员批准。

（3）企业的主要财产、会计账簿、公司印章、董事会和股东会议纪要档案等位于或存放于中国境内。

（4）企业 1/2（含 1/2）以上有投票权的董事或高层管理人员经常居住于中国境内。

因此在企业的日常经营中做到有不满足其中一项条件即可。

由于境外公司的高管、董事等人员的实际工作地点和住所主要位于中国境内，因此可采取定期在境外举行股东大会等形式，并且将公司的会计账簿、公司印章、董事会和股东会议纪要档案等放在境外，以此来作为向中国境内申请作为非居民企业的证据。

（二）构建企业税务风险评估体系

纳税评估体系是税务机关常用来评估和稽查的工具，企业同样可以运用建立纳税评估体系的方法，未雨绸缪，事先对本企业的税款缴纳状况做出评估，以降低企业的纳税风险。小米集团具体可以参照国税总局出台的《纳税评估管理办法》，构建企业自身的纳税评估指标体系，找出本企业所涉及的主要税收风险点，根据风险点建立自己专属的风险指标体系，并随时根据风险指标体系与同行业同期的纳税情况进行对比，从收入、成本、费用等角度找出企业所存在的问题，对企业整体的纳税情况做出评估，作为风险管理的主要依据。

小米集团的 VIE 架构中涉及的最大税种是企业所得税，且往往企业所得税数额巨大，面临的税收风险也就大，若没有及时识别出该风险，企业将面临补缴税款，从而导致重大的经济损失，因此小米集团应该重点关注企业所得税的纳税风险评估。

（三）加强与 VIE 相关的信息披露

VIE 架构相对于其他企业本身就具有较大的税务风险，税务机关对其整个架构的税务风险监测也就更多，且其设立在境外的实体较多，架构中各实体的信息披露相对于境内企业并不是特别完善，其架构中的许多关联交易也可能存在信息披露不及时的现象，这也就更增添了其被调整的风险，因此 VIE 架构应该十分注意自身信息的披露。

另外在拆除 VIE 架构、实现境内上市的过程中，实质需要恢复原境内初始股东对境内经营实体公司的实际股权控制，即股权调整前后股东权益没有发生重大变化。境外股东作为非居民企业，其股权结构、股本演变过程是税务机关及证监会审查的重点对象，因此从这一层面来讲企业也应当注意进行合理的信息披露，避免增加税务风险。

（四）VIE 架构拆除的优化方式

1. WFOE 股权转让的税务优化

如前文所述，为达到使境外投资者退出的目的，需要由境内投资人收购 WFOE 的股份，而收购对价则向境外流出以便在境外层面分配。在这一过程中，会涉及 10% 的预提税问题。

在这一环节进行税务优化可以从两个角度来看，如果境外投资者追求高溢价的退出，则这一步的股权转让需要负担较高额的税收；如果其接受低溢价的退出，则不仅能够缓解重组过程中的现金流压力，其预提税的成本也能得到降低。

如果 WFOE 以较低的价格被转让，则新投资人获得 WFOE 股权成本也会降低。即使不考虑税务机关调整的可能性，在未来 WFOE 进行资本市场运作的情况下，也会因为股本的溢价和由原来的低税率适用境内税率 25%，二级市场变现的税务成本将会大大增加。

综合而言，WFOE 的股权重组税务优化应该尽量采取市场价转让的定价方式，这样不仅符合 VIE 结构重组的商业现实逻辑，也能显著降低新投资人未来的税收成本。此外还可以采用由境内投资者对 VIE 进行增资，然后 VIE 直接收购 WFOE，然后经香港公司进行利润分配再由境外上市主体尽量商定以公允价格进行回购股份，这样就能适用 5% 预提税，且境内投资者由于计税基础公允，其退出税务成本可以降低。

2. 境内经营主体股权转让的税务优化

如果境内经营主体需要在 VIE 结构拆除过程中进行股权转让或重组，就其转让的税收考量应采取与 WFOE 类似的方式。但境内的股权转让上绑定了独家期权协议，各方中介还需要考虑到税收筹划和该协议的配合关系。

此外，在境内经营主体之间进行重组过程中，可以考虑换股或其他重组方式，在符合《关于非货币性资产投资企业所得税政策问题的通知》（财税〔2014〕116 号）、《关于个人非货币性资产投资有关个人所得税政策的通知》（财税〔2015〕41 号）、《关于非货币性资产投资企业所得税有关征管问题的公告》（国家税务总局公告 2015 年第 33 号）及《关于个人非货币性资产投资有关个人所得税征管问题的公告》（国家税务总局公告 2015 年第 20 号）规定的情况下，可以考虑适用特殊性税务处理，从而获得税收递延。

3. 等待境内 CDR 上市

根据小米集团的上市体量，以及目前搭建的境外上市 VIE 结构，将来是很难拆除的。虽然小米集团在港上市前暂停了 CDR 上市，但是现在小米集团面对的可选择面明显要比原来拆除 VIE 的公司当时要好很多，如果未来我国境内股市实施了 CDR，小米集团完全可以不用再走拆 VIE 的回归老路了。但小米集团未来如果通过 CDR 回归 A 股，那么将保留现在的境外中间层结构，那时候小米集团境内 WFOE 和 VIE 实体间的关联交易将很可能继续保留，到时仍要提防关联交易中的税务风险。

（五）“纳税”才是财富安全的通行证

随着经济全球化的不断推进，各国高净值人群为了降低税负和规避风险等系列原因，不约而同地在全球范围内配置资产。为了防止资本外流与缓解财政紧张的双重目的，各国税务机关对于国际税收问题的重点从消除“国际双重征税问题”逐渐转变为防止“国际跨国纳税人双重不征税”问题。

高净值人群多采用海外壳公司和离岸信托等经典离岸避税方式。各种离岸架构的设计能够使高净值人群的财富与资产具有隐蔽性和安全性，通过精妙的离岸架构设计，高净值人群财富与资产既不暴露在公众面前，也不会使纳税人最终收入来源地税务机关掌握过多的涉税信息，既可以隐蔽资产，又可以避税。但纳税人采用离岸信托配置资产的这种行为构成了双重不征税现象，造成了相关国家的税收流失，对于享受各种公共服务的纳税人，这是不正当也是不合理的行为。

就小米集团本身而言，林斌等人应对用于企业合理经营而不分配的利润，就合理商业目的及时向税务机关做出说明，并且应该明确“依法纳税”才是财富安全的通行证，打消将利润滞留海外避税的念头。

案例使用说明

一、教学目的与用途

1. 本案例主要适用于税收学、税收筹划、国际税收等课程的学习。

2. 本案例是一篇介绍小米集团 VIE 架构涉税问题的教学案例，其教学目的在于使学生对小米集团、阿里巴巴等类似跨国公司在境外上市中的组织模式和涉税风险有充分的认识和深入的了解。本案例从分析小米集团 VIE 组织架构的设立过程入手，对其 VIE 架构面临的税收问题、潜在的税务风险进行分析，并提出相应的风险控制措施。

二、启发思考题

1. 小米的 VIE 架构可以实现企业的哪些目的？

2. 小米集团的 VIE 架构是通过哪些协议搭建起来的？

3. 小米集团的 VIE 架构中关联交易一旦被调整会怎样？

4. 小米搭建的 VIE 架构会带来个人所得税风险吗？

5. VIE 架构除了税务风险还存在什么风险？

三、分析思路

教师可以根据自己的教学目标（目的）来灵活使用本案例。这里提出本案例的分析思路，仅供参考。

本案例对小米集团 VIE 架构涉税问题进行分析，第一部分介绍 VIE 架构的由来和典型的 VIE 模式，便于学生接下来对组织架构的理解。

第二部分详细地描述了小米集团的企业情况，以及小米集团 VIE 架构建立的过程，揭示了小米集团 VIE 架构中各层次之间的关系，通过一系列的协议签订，达成了企业间的控制关系，相应的涉税问题和税务风险随之而来。

第三部分简要分析小米集团的财务信息和企业所得税缴纳情况，因小米集团企业所得税税负率较低，引出来集团可能面临的税务风险。

第四部分分析小米集团设立 VIE 架构可能面临的税务风险，包括境外企业被认定为境内企业的风险，境外的股权转让被认定为间接转让股权的风险，境内外关联交易的风险，VIE 架构拆除的税务风险，以及架构中的个人所得税风险。

第五部分陈述了针对第四部分中小米集团 VIE 框架面临的税务风险的管理建议。

该案例的五个部分均围绕小米集团设立的 VIE 组织架构进行讨论，先列举组织架构设立的细节，再通过对细节的分析得出相应的涉税风险，并对如何控制风险进行阐述，力求起到借鉴与提醒的作用。

四、理论依据及分析

1. 收入来源地管辖权。收入来源地管辖权是按照属地原则确定的税收管辖权，即一国政府只对来自或被认为是来自本国境内的所得拥有征税权力，不区分本国人或者外国人，也称地域管辖权。香港实行收入来源地管辖权，所以对从境外汇回的股息收入不征税。税收管辖权分为地域管辖权、居民管辖权、公民管辖权，我国同时行使地域管辖权和居民管辖权。所以我国除了要对居民企业和个人来自境内的收入征税，也要就其来源于境外的所得征税，还要对非居民企业和个人来源于我国境内的收入征税。

2. 转让定价。转让定价是指关联企业之间在销售货物、提供劳务、转让无形资产等时制定的价格。在跨国经济活动中，利用关联企业之间的转让定价进行避税已成为一种常见的税收逃避方法，其一般做法是：高税国企业向其低税国关联企业销售货物、提供劳务、转让无形资产时制定低价；低税国企业向其高税国关联企业销售货物、提供劳务、转让无形资产时制定高价。这样，利润就从高税国转移到低税国，从而达到最大限度减轻其税负的目的。

3. 避税地。避税地又称税务天堂、避税乐园、税收避难所，通常是指那些可以被人们借以进行所得税或财产税国际避税活动的国家或地区，它的存在是跨国纳税人得以进行国际避税活动的重要前提条件。税收条件和非税条件共同催生了避税地的产生。避税地一般无税、税率低于一般水平或者与其他国家签订了大量的税收协定；政治环境稳定、交通通信便利、银行保密制度严格、资金往来无管制。

4. 导管公司。导管公司是指通常以逃避或者减少税收、转移或累计利润等为目的而设立的公司。这类公司仅在所在国登记注册，以满足法律所要求的组织形式，而不从事制造、经销、管理等实质性经营活动。

5. 间接股权转让。在收购兼并领域中，经常会涉及一些采用境外多层控股公司架构（即通过设立在传统离岸司法管辖区的一层或多层中间控股公司）的中国境内实体公司的股权转让。此类交易中试图通过转让境外中间控股公司以规避直接转让中国公司的情况下可能产生的所得税税负的安排。

五、关键要点

1. 国税发〔2014〕9 号规定，同时满足 9 号文的几个条件才能被判定为居民企业。小米集团只要使其中一项条件不满足 9 号文规定便可规避税务风险。

2. 并不是只要存在上市主体，小米集团就能适用 7 号公告安全港规则，股权转让方在公开市场卖出的上市公司股份为在公司上市之前或者上市之后通过非公开市场买入，或者股权转让方在公开市场买入上市公司股份后再通过非公开市场卖出该股份，均不符合规定。

3. 小米集团存在适用企业所得税优惠的 WFOE，不属于 2017 年 6 号公告第三十八条规定的总体税负不变。

4. VIE 拆除过程中新引入境内投资者的退出税务成本不可忽视。

5. 新个人所得税法的反避税条款的不合理商业目的条款可能会使企业创始人面临个人所得税调整。

六、建议课堂计划

本案例可供专门的案例讨论使用。整个案例课的课堂时间控制在 80～90 分钟。

课前计划：给出案例背景并提出启发思考题，请学员在课前完成阅读和初步思考。

课堂计划：对案例进行详解，明确讨论内容（20 分钟）。

分组讨论（25 分钟），告知发言要求。

小组发言（每组 5 分钟，控制在 25 分钟）。

引导全班进一步讨论，并进行归纳总结（15～20 分钟）。

课后计划：如有必要，请学员采用论文形式给出更深层次的解读报告，包括具体的职责分工，为后续章节内容做好铺垫。

七、思考题参考答案及相关法规依据

1. 小米运用搭建起来的 VIE 架构实现了境外上市、境外融资的目的，并且还通过海外架构安排可能获得了一些税务收益。

（1）境外上市：

《外商投资企业指导目录》中明确规定，外商不得直接投资互联网行业，小米公司在 2018 年发布的招股说明书上说明，小米公司在香港上市的上市主体是在开曼群岛注册的小米集团，并通过搭建 VIE 协议控制架构获得中国境内公司的实际控制权，其年度财务报表要进行合并，境内公司的业绩成为境外上市主体的业绩支撑。WFOE 企业通过与境内企业签订以下协议的方式，控制境内经营主体，从而进入中国法规限制外资进入的领域。

第一个协议就是独家业务合作协议，协议规定境内企业聘用 WFOE 为其独家提供各种服务和技术支持，服务费为全部境内控股公司合并利润总额。这也就意味着通过合约，小米集团境内公司的利润全部转移到 WFOE 中。独家业务合作协议是为转移利润而签署的协议，而其他协议就是为实现控制而签署的协议了。首先 WFOE 与境内登记股东签署借款协议，向股东贷款，并且规定贷给股东的钱只能用来投资境内 VIE 实体，同时双方签订股权质押协议，协议规定登记股东要将贷款投资的股权全部向 WFOE 质押，通过签署质押协议确保了架构中的登记股东不能随意处置所持有的股权，相当于将登记股东股权和 WFOE 绑在了一起。双方还签订了独家选择协议，协议规定 WFOE 有权在任何时间要求登记股东将境内控股公司的股权转让于 WFOE，通过此协议，上市公司主体可以我国法律规定的最低价格独家购买境内控股公司股东股份，在未来中国大陆放开外商投资限制后，WFOE可以直接将登记股东的股份收购。除此之外双方还签订了授权书协议，授权书规定登记股东不可撤回的，注意是不可撤回的，委任WFOE作为实际代理人行使股权的权利，这也就意味着WFOE在股东权利的行使上也完全控制了境内经营主体。

通过这些协议，小米集团的WFOE实现了对境内经营主体的实际控制，搭建起了VIE框架，到达了“明债实股”的控制效果，符合了VIE可变利益实体的认定标准，使境内经营主体成为境外上市主体的支撑，成功上市。

（2）税务收益：

一是境内关联交易向税收优惠企业转移的利润。我国企业所得税基本税率为25%，但科技型企业往往还有如下税收优惠：

①认定为软件企业，适用所得税从盈利年度起“两免三减半”的优惠。

②认定为高新技术，适用所得税较低税率15%的优惠。

③在税收优惠地公司，适用企业所得税率9%的优惠。

④研发费加计扣除50%的优惠，小型科技企业为75%的优惠。

⑤技术转让收入500万元以内免征企业所得税优惠。

北京小米移动软件有限公司根据中国大陆相关法律及法规列为软件企业。因此，北京小米移动软件有限公司获豁免2012～2013年两年所得税，其后2014～2016年三年的法定所得税率25%减半。北京小米移动软件有限公司亦符合高新技术企业资格，自2017年起享受优惠所得税税率15%。西藏紫米通信技术有限公司于中国大陆西藏自治区成立，于2015年、2016年及2017年享受优惠税率9%。北京小米移动软件作为WFOE与境内企业签订了独家业务合作协议，也就是境内企业向北京小米移动软件支付费用，也就实现了利润转移，从而适用较低的税率，但这种利润转移的方式很容易被调整。

二是WFOE向香港特殊目的实体可适用税收协定优惠税率。香港利得税基本税率16.5%，对来源于香港境外的所得基本不需征收利得税，也不需要就来源于香港的股息红利征收预提（扣）税，税制较为简单。VIE模式下，由于中国与开曼未签订税收协定，仅签订税收情报交换协议，WFOE公司若直接向开曼公司分红时，需按规定扣缴10%预提所得税，而通过设置HK公司作为非居民企业安排，在中国境内设立WFOE公司，WFOE公司的利润返回香港公司时，可以享受5%的预提所得税。因此只要香港SPV不被认定为导管公司，境内WFOE向境外SPV转移的利润就可以适用5%的预提所得税率，低于一般的10%预提所得税率。

三是设立在开曼避税地的企业无所得税，在此层面节省了大量税收。开曼和维京群岛对来源于岛外所得，基本不需要缴纳所得税，也无其他税收限制。小米集团根据开曼公司法注册成立为获豁免有限公司。开曼群岛现时无对个人或公司之利润、收入、收益或增值征税，且无承继税或遗产税。除不时因在开曼群岛司法权区内订立若干文据或将该等文据带入开曼群岛而可能须支付的若干印花税（如适用）外，开曼群岛政府应不会对小米集团征收其他重大税项。开曼群岛并无参与订立任何适用于本公司所做出或向本公司做出付款的双重征税协定。小米的英属维京群岛股份有限公司根据英属维京群岛商业公司法（经修订）注册成立或注册为有限公司，目前免缴所得税及企业税。此外，英属维京群岛并无向根据英属维京群岛商业公司法（经修订）注册成立或注册的公司征收资本利得税，因此从底层经营实体转移到开曼群岛的利润无须缴税从而节省大量税收。

2. 主要协议包括：

（1）独家业务合作协议。

（2）独家选择权协议。

（3）股权质押协议。

（4）借款合同。

（5）授权书。

3. 2017 年 6 号公告第三十八条规定：实际税负相同的境内关联方之间的交易，只要该交易没有直接或者间接导致国家总体税收收入的减少，原则上不作特别纳税调整。即只要关联交易双方税负相同，虽然根据协议利润进行了转移，但不对其进行调整，但如果 WFOE 设立在具有特殊税收优惠的地域如国内西部地区，则其总体税负要低于原来，这时要对其进行调整。通过对小米招股书上披露的 VIE 框架我们得知，小米集团 VIE 框架中存在着小米移动软件这种适用高新技术企业优惠的 WFOE，因此向该地区转移的利润可能会适用较低的税率，从而造成总体税款的流失。2015 年 16 号公告明确指出，对不符合独立交易原则，或者向未履行功能、承担风险，无实质性经营活动的境外关联方支付的费用，以及企业以融资上市为主要目的，在境外成立控股公司或者融资公司，因融资上市活动所产生的附带利益向境外关联方支付的特许权使用费等，在计算企业应纳税所得额时均不得扣除。16 号公告使境内外资控股企业向境外转移利润难以实现，向境外转移的利润的利息等费用会被调整，费用在税前不得列支。

4. 小米公司招股书中提示了企业本身和投资者可能会面临的税务风险，但没有提示创始人和高管人员在搭建 VIE 框架上市过程中面临的个人税务风险。对于境内创始人股东雷军、林斌、黎万强等人，小米公司上市后，其原始投资获得巨额回报，其取得境外上市公司的原始股，按小米公司目前市值接近 2 200 亿港元来看，雷军财富近 621. 72 亿港元，林斌 260. 72 亿港元，此巨额财产收益，包括境外公司的股息红利收益和股票转让收益。不论是在何时、何地缴纳，其税款金额都是一个庞大的数字。

林斌直接持有小米集团 13% 的股份，从小米的招股说明书中我们知道，小米集团于可预见预期无分配利润的打算，根据我国 2019 年 1 月 1 日实施的新个人所得税法，居民个人控制的，或者居民个人和居民企业共同控制的设立在实际税负明显偏低的国家（地区）的企业，无合理经营需要，对应当归属于居民个人的利润不做分配或者减少分配的税务机关有权按照合理方法进行纳税调整，因此林斌面临很大的个人税务风险。

此外雷军在香港设立离岸信托，再通过离岸信托持有小米集团的股份，在 CRS 实施之前这种持有方式以信托的私密性，以及设立在避税地的特性可以实现少纳税甚至不纳税，但随着全球范围内 CRS 的实施和新个税反避税条款的引入，离岸架构，尤其是设立在已经有离岸信托被击穿先例的香港，面临着极大被击穿的风险，一旦离岸架构被击穿，创始人可能要面临缴纳巨额税收。

5. VIE 架构的其他风险包括：

（1）合法性风险。长期以来，中国监管层对 VIE 协议的态度和监管政策一直是不明朗的状态。事实上，VIE 采用的方式与现行的外商投资的行业准入政策、返程并购审批、外汇使用的管理申请等行业政策相违背。信息产业部于 2006 年公布的《关于加强外商投资经营增值电信业务管理的通知》以及商务部于 2011 年公布的《商务部实施外国投资者并购境内企业安全审查制度的规定》均提出禁止以协议控制的方式规避审查。同时，2009 年新闻出版总署联合国家版权局出台的《关于贯彻落实国务院针对网络游戏的“三定”规定的通知》中明确指出禁止外商通过签订协议或者提供技术支持以实现对境内游戏公司的间接控制，颇有些针对 VIE 协议的味道，但实践中该文并未起到作用。

（2）违约风险。此类风险与监管政策风险相关，由于 VIE 架构是为了规避现有法律制度而产生，却有以“合法形式掩盖非法目的”之嫌，极易被认定为无效合同。值得注意的是，最高法院 2013 年对于民生华懋案件的审理结果即认定其赖以绕过国内对于金融行业投资限制的委托投资协议为“以合法形式掩盖非法目的”，虽然该案涉及的并非 VIE 架构，但从委托投资协议产生的原因看，其与 VIE 协议并无本质区别，所以，如果前者能被认定为“以合法形式掩盖非法目的”，VIE 协议当然也有可能被如此认定。

八、进一步阅读材料

[1] 王喆，林蔚然. VIE 模式会影响企业估值吗？——兼论“中概股回归”后 VIE 企业信息披露监管[J]. 证券市场导报，2018 (08)：39-46.

[2] 潘奇，董圣足. VIE 架构在教育领域的应用、问题及其对策[J]. 教育发展研究，2018，38 (05)：17-22+74.

[3] 王海英，陈啸屹. 博弈与蜕变——论《外国投资法（草案）》之创新及阙如[J]. 烟台大学学报（哲学社会科学版），2016，29 (05)：18-25.

[4] 张海征. 论 VIE 架构对中国跨境破产制度提出的特殊问题[J]. 首都师范大学学报（社会科学版），2016 (03)：58-66.

[5] 唐敬春. VIE 架构中个人所得税问题探讨[J]. 国际税收，2015 (12)：55-59.

[6] 曾斌. VIE 模式的法律风险及政策反思[J]. 证券市场导报，2015 (10)：1.

[7] 刘纪鹏，林蔚然. VIE 模式双重道德风险及监管建议[J]. 证券市场导报，2015 (10)：4-12.

[8] 兰邦华. 移动互联网企业境内上市问题探讨[J]. 证券市场导报，2015 (02)：8-14.

九、参考文献

[1] 李笑冉. VIE 结构的风险分析与应对措施[J]. 知识经济，2019 (27)：60+62.

[2] 刘显福. VIE 架构拆除过程中的税务问题与筹划空间[J]. 财会通讯，2019 (17)：113-121.

[3] 蔡昌，李劲微，邓正宏. 阿里巴巴 VIE 架构困境：马云为何放弃 VIE 所有权[J]. 财会月刊，2019 (09)：142-146.

[4] 邢坤. 协议控制（VIE 结构）法律效力研究——以小米集团上市为例[J]. 现代管理科学，2019 (02)：115-117.

[5] 王素荣，孙英. VIE 架构下的税务风险面面观[J]. 中国外汇，2019 (01)：62-64.

[6] 赵娴，黄薇. VIE 架构的财务风险与应对策略研究[J]. 中国集体经济，2018 (36)：101-102.

[7] 韩冰，齐楚. VIE架构拆除过程中的税务处理方法优化研究[J]. 中国物价，2018（10）：45－47.

[8] 陈芮. VIE模式企业回归A股的风险分析及应对策略[J]. 国际商务财会，2018（07）：48－51.

[9] 余月朦. 中概股拆解VIE架构的方案运作及效果评价［D］. 江西财经大学，2018.

[10] 段永庆，黄薇. VIE架构下税务风险与应对策略研究[J]. 现代经济信息，2018（09）：178－179.

[11] 王志强. VIE结构存在的具体风险及针对性防范建议[J]. 中国商论，2017（24）：163－164.

案例 2

阿里巴巴 VIE 架构困境税案[①]

本案例分析阿里巴巴 VIE 架构的基本模式及其存在的各种风险，探究马云放弃 VIE 所有权的原因。VIE 架构从契约论和经济法视角分析，具有一定的合理性，被广泛应用于互联网行业。但 VIE 架构具有以下不容忽视的风险：国家对 VIE 架构的监管态度尚不明晰；企业所有权与控制权分离，稳定性不高；存在关联交易等税务风险问题；外汇管制带来交易受限。

① 本案例作者为蔡昌、李劲微、邓正宏。本案例部分内容发表于《财会月刊》2019 年第 9 期。本案例根据阿里巴巴集团公开的商业信息分析撰写而成，内容真实、完整。

案例正文

一、案例背景

（一）马云宣布放弃 VIE 所有权

2017 年，阿里巴巴在年报中公开披露关于 VIE 架构的调整情况，将 VIE 实体的股东调整为由两个有限责任合伙企业的形式来进行控制，即这些实体将通过有限合伙实体的形式被阿里巴巴合伙人或者阿里巴巴管理层的成员所间接持有。2018 年 10 月，马云宣布放弃对阿里巴巴 VIE 架构（可变利益实体）所有权，阿里合伙人和管理层将通过有限合伙实体间接持有阿里巴巴的股权。此次调整目的为减少关键人员的风险，提高 VIE 实体股权稳定性，并非对阿里集团层面进行的股权调整。由合伙人持有相应的股权，可以使关键人员的风险得以降低，同时使合伙人制度在阿里巴巴公司治理中起到稳定作用，加强 VIE 实体股权的稳定性。此消息一公布，立刻成为社会关注的焦点，引起学术界对 VIE 架构的广泛讨论。本案例将深入分析阿里巴巴 VIE 框架，解释马云放弃 VIE 所有权的深层原因。

（二）VIE 架构分析

1. VIE 架构的概念与实质

VIE 架构（Variable Interest Entity）译作可变利益实体，其核心结构包括：境外上市主体、香港公司、境内外资壳公司（WFOE）以及国内经营实体。在 VIE 架构中，境外上市主体（开曼公司）享有境内经营实体企业的营业利润，但是并不是通过直接兼并收购境内经营实体企业享有的，而是通过其层层架构在境内投资设立的境内外资壳公司（WFOE）与境内实体企业签订的一揽子协议来获取境内实体企业的利润，这些协议内容为境内实体企业通过向境内外资壳公司（WFOE）支付“服务费”的方式将利润转移出去。境内经营实体虽然将利润转移给境内外资壳公司（WFOE），但是 WFOE 对境内经营实体是没有控制权的，控制权由创始股东掌握；境内经营实体的主要受益人是境外上市主体的股东，境外投资者和其他股东通过持有境外上市主体的股份，享有源于协议控制关系而得到的境内经营实体的营业利润。VIE 架构的构成要素如图 2－1 所示。

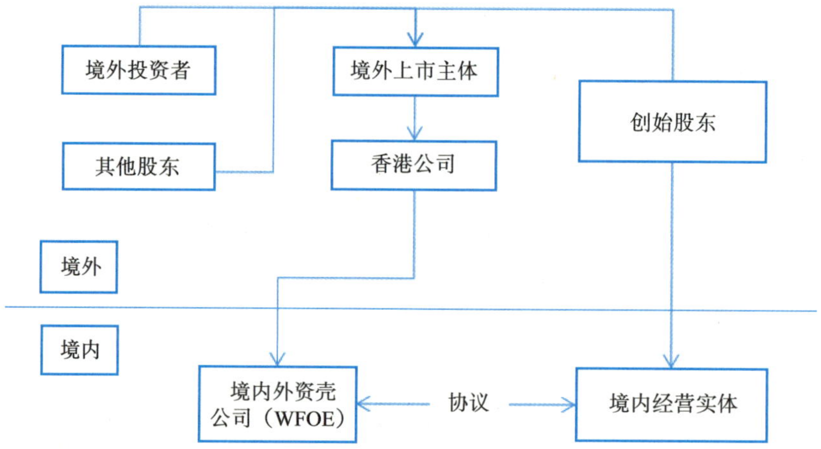

图 2-1　VIE 架构的构成要素

（1）外资壳公司（WFOE）与境内经营实体协议。

该协议主要规定了境内外资壳公司（WFOE）为国内经营实体企业提供垄断性资讯、管理等服务，国内企业将其所有净利润，以服务费的方式支付给境内外资壳公司。同时，该境内外资壳公司（WFOE）还应通过合同，取得对境内企业全部股权的优先购买权，抵押权和投票表决权、经营控制权，以便在未来境内经营实体上市时直接取得经营实体的股份。

（2）境内上市主体通常被设立在开曼群岛。

开曼群岛有税收优惠、低成本股份转让的优势，并且可申请在香港和许多国家（地区）挂牌上市，所以企业倾向于将空壳公司设立在开曼群岛。不过开曼群岛的税收优势正在慢慢被削弱，随着国际反避税浪潮的推进，我国规定“境外投资方间接转让中国居民企业股权，如果被转让的海外控股公司所在国家（地区）实际税负低于12.5%或者对其居民的境外所得不征所得税的，应自合同签订之日起30日内，该交易应当向被转让股权的中国居民企业所在地的主管税务披露。如果税务机关认为该交易没有合理的商业目的，税务机关可以根据经济实质对该股权转让交易重新定性，否定被用作税收安排的海外控股公司的存在，从而要求转让方履行其在中国的纳税义务。”自698号文发布以来，已有许多外国私募股权公司间接转让中国公司股权的行为被追缴企业所得税。

（3）香港公司是开曼公司在香港注册的全资子公司。

在VIE架构中，境外上市企业并非直接在国内设立一家外商投资企业（WFOE）来与境内经营实体签订协议，而是通过香港公司在国内全资注册一个外商投资企业（WFOE）。之所以必须通过香港而不是直接在国内注册，是因为香港的特殊性。国家为了避免大陆和香港之间的双重征税，曾经规定对香港公司来源于中国境内的符合规定的股息所得可以按低税率来征收预提所得税，这比境外上市企业直接在大陆注册将节省一笔预提所得税费用。因此，通过香港在国内注册外商投资企业（WFOE）将带来由于税收优惠而产生的利益。

VIE架构的实质是协议控制取代常规的股权控制，分离境内实体经营企业的控制权与所有权，其控制权由境内经营实体的管理人所有，而企业的利润完全或大部分通过协议输送给境外上市公司。相应地，VIE的架构风险也由此而来：当管理者和股东利益高度一致时，协议符合双方的利益需要，这个架构就是稳定性的。但是当管理人与境外股东的利益不一致时，VIE会因为双方各自的操作而产生分裂，例如管理人单方面解约或者撕毁协议从而获得利润的所有权。当然，VIE模式构架如此复杂且其本身又有着无法确定的风险，但却又如此受到一些企业的追捧，这与VIE模型的巨大“魅力”密不可分。VIE架构不仅可以用来规避国家对外国投资进入某些行业的限制，拿到国内经营牌照。同时，它也绕过了海外直接上市的高门槛，加速了境内实体企业在海外上市的进程，引入资金推动发展。

2. VIE架构的发展历程

改革开放初期，我国政府在部分与国家安全有关的领域设置了严格的外商直接投资的准入限制。20世纪90年代，中国颁布《中国电信法》明确界定电信运营和电信增值业务为限制外资行业。但是众所周知，在互联网企业的初创期间，企业发展所需的资金数量是国内投资偏于保守的民众所不能提供的，因此，海外上市对互联网行业能否得到快速成长与发展来说非常重要。中国企业尤其是民营资本为了能够在海外上市，以前会尝试采取“反向收购”和“造壳上市”的模式。证监会于2000年6月颁布的第72号文件，又限制了企业在海外“借壳上市”，大部分企业都无法获得文件中规定的无异议函，因此，企业只好借助VIE结构曲线上市。

VIE架构的兴起可以追溯至2000年，新浪公司VIE架构通过了我国监管部门的审查，随后新浪公司在美国顺利上市，成为互联网企业的首次海外上市成功的典范，这让许多国内公司对VIE模式充满信心。这种信心不仅来自对新浪到美国上市的认可，更重要的是政府对新浪海外上市的默许态度。但是，作为规避现行外汇管制和外商投资政策的手段，VIE模型一直处于监管的灰色地带，因此具有一定的监管风险。并且其本身仅仅依赖于一揽子协议，通过上市公司持有的境内外资企业将国内经营实体取得的利润返还给上市主体，所以在公司治理方面也有颇多隐患。2011年支付宝事件爆发，阿里巴巴董事长马云于2009年以及2010年分别将支付宝的股权转移到自己名下的纯内资公司名下，单方面终止了之前签署的协议，并且以缔约过失者的姿态通知雅虎以及软银集团开展补偿谈判。这是自新浪公司采用 VIE 模式海外上市以来，第一次有人违反甚至撕毁 VIE 协议，在我国乃至世界经济市场都引起了轩然大波，社会对 VIE 模式产生一定的不信任感。

从本质上说，VIE 模式在中国的蓬勃发展与众多问题都凸显了我国政府对 VIE 模式监管的不足。经营者之所以有机会撕毁协议甚至携款逃跑，正是因为没有完善的监管制度与体制，从而也带来了股东对 VIE 模式的不信任。不过也正是由于监管的缺失，投融资方才能够随意地通过 VIE 协议的架构，在高风险下取得高回报，提高自身乃至行业的生存能力与发展潜力。VIE 模式在中国已经走到了十字路口，政府找不到监管 VIE 的法律依据以及如何发展成熟的监管模式，投融资双方也正担忧 VIE 模式的法律风险却不知道该如何弥补自身的损失。

3. 国家对 VIE 结构的监管措施

第一，商务部有权申请对外资准入、外资并购以及国家安全检查进行监管，这证明商务部在 VIE 架构的监管中占据着十分重要的地位。同时，在商务部的官方文件中，也可以找到“VIE 架构”“协议控制”等直接指向性的字眼，并且商务部对此的态度大多是比较负面的。

例如，商务部于 2011 年 8 月颁布了《实施外国投资者并购境内企业安全审查制度的规定》，其中第 9 条规定：“外国投资者不得以任何方式实质规避并购安全审查，包括但不限于代持、信托、多层次再投资、租赁、贷款、协议控制、境外交易等方式。”在解释上述条款时，商务部指出，它不是 VIE 结构的合法性规定，而只是针对并购交易中的国家安全审查事项。但是商务部在上述条款中认为“协议控制”也属于并购的一种形式，这正好同 VIE 架构所指出的因 VIE 架构不属于外资企业并购，从而可以绕过复杂的审批程序以实现海外上市的做法是矛盾的。这也反映出，商务部对于 VIE 结构持有比较负面的立场。虽然商务部在某些文件中对“协议控制”、VIE 架构有所提及，但是从总体来看，商务部对 VIE 架构的合法性并未给出明确的规定。

第二，中国政府部门目前并未将 VIE 架构直接纳入监管的范围，但有关部门出台了一系列关于外资准入的相关法律、法规、规定与 VIE 架构具有一定的联系。

例如，有关部门颁布的《外商投资产业指导目录》规定了限制外商投资、禁止外商投资的行业。外商投资企业不得持有“网络文化经营许可证”“广播电视节目制作经营许可证”等相关行业许可证。上述法规虽对外商投资有关行业做出了限制但在文件中并未明确指出境外企业以协议控制的形式控制境内企业的行为是否属于法律法规禁止的行为。因此，中国政府对于 VIE 架构的态度为“尚未明确禁止”。

第三，中国境内企业一般选择香港和美国作为上市地点。其中，香港联交所对于

VIE 架构是持有肯定态度但是在逐渐加强对其的监管，从香港证券交易所对 VIE 上市决策的不断修订中可以看出，香港联交所对 VIE 架构的监管将越来越紧张。美国证券交易所对于 VIE 架构也并未明确禁止，但有关 VIE 架构的负面消息给投资者投资带来了更大的风险。目前，VIE 架构虽然被我国政府及司法机关默许，被香港联交所、美国监管部门所许可，但是其仍然处于法律的灰色边缘，相关企业应当采取积极的措施规避 VIE 架构的法律风险，同时监管部门也应当采取有效的措施维持市场秩序、保护投资者利益以及维护国家经济安全。

二、阿里巴巴 VIE 架构分析

根据《中华人民共和国电信条例》（国务院第 291 号令）和《互联网信息服务管理办法》（第 292 号令），国家实施 ICP 的许可系统，要求提供互联网信息服务的公司获得互联网信息服务营业执照。《外商投资产业指导目录》禁止外国公司在提供增值电信服务的公司（包括提供互联网信息增值服务的公司）投资中国。因此，阿里巴巴集团便采取搭建 VIE 架构的形式来获取营业执照。阿里巴巴（中国）网络科技有限公司是阿里巴巴的全资子公司（以下简称“阿里巴巴（中国）”），VIE 结构是通过其与持有许可证的浙江阿里巴巴签署一系列必要协议而建立的。这不仅可以保护阿里巴巴集团对浙江阿里巴巴的控制，还可以确保浙江阿里的收入能够顺利合理地流入阿里巴巴集团。

（一）阿里巴巴的 VIE 架构

阿里巴巴（中国）与浙江阿里巴巴电子商务有限公司签订的一系列协议，规避我国法律对于外商投资在互联网信息服务的限制从而得以投资互联网行业，使得阿里巴巴集团获得了互联网信息服务业务许可证，并且实现了阿里集团对浙江阿里的实际控制。正是由于协议的存在，在支付宝转让股权由外资控股变为内资控股之后，雅虎和软银这两家外资企业采取了默认的态度。图 2－2 为支付宝股权转让前阿里集团的 VIE 结构，该图左侧为外资控股企业，右侧为内资控股企业。

转让支付宝股权后的 VIE 架构显示了上市的阿里巴巴（中国）与浙江阿里巴巴电子商务有限公司之间存在协议控制关系，其签订的协议包括六项具体协议：贷款协议、代理协议、股权抵押协议、认购协议、中国外汇市场业务合作协议及独家技术服务协议。上述贷款协议是指阿里巴巴（中国）向浙江阿里巴巴股东提供无息贷款，并规定该贷款仅用于为公司提供资金。此外，以股东持有的浙江阿里巴巴股权作为抵押；代

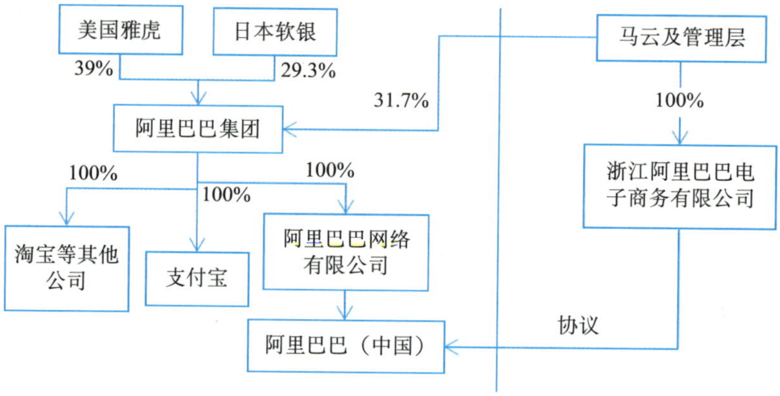

图 2-2　支付宝股权转让之前阿里集团的 VIE 架构①

理协议、股权抵押协议和认购权协议等协议对阿里集团认购浙江阿里巴巴股权和指定代理人行使股东权利的情况做出相关规定。目的就是为了保证阿里巴巴（中国）对浙江阿里的控制；独家技术服务协议意味着阿里巴巴（中国）向浙江阿里巴巴提供独家技术服务支持，而浙江阿里巴巴则向阿里巴巴（中国）以费用支付的形式支付税前利润，从而达到了将浙江阿里巴巴的收入转移到阿里巴巴集团的目的。图 2-3 为支付宝股权转让之后阿里巴巴的 VIE 架构，阿里巴巴（中国）对于浙江阿里巴巴电子商务有限公司的协议控制并未发生实质性的改变。

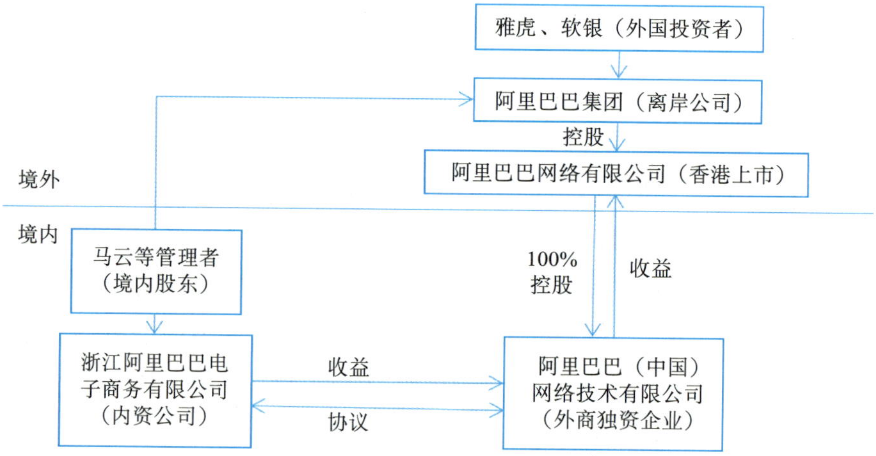

图 2-3　支付宝股权转让之后阿里巴巴的 VIE 架构②

① 陶紫薇．VIE 架构的法律问题研究［D］．上海：华东政法大学，2014.
② 黄婧娴．VIE 结构的风险与应对初探［D］．上海：华东政法大学，2015.

一直以来，人们对 VIE 架构的争议主要集中在其是否具有法律效力上。首先，从法理学的基本法理论来分析，阿里巴巴的 VIE 架构体现了市场经济主体对于自由价值和效率价值的追求，但是同时 VIE 架构也可能造成对于秩序价值的损害。由价值位阶原则可知，法律的基本价值具有不同的等级。在不同等级高低的价值发生矛盾时，考虑的等级顺序应当为自由、正义、秩序。由此，阿里巴巴的 VIE 架构下对于法的自由价值以及效率价值考虑在先，为实现更快的经济价值而后考虑秩序价值的行为不能证明其有失合法性。

其次，是否属于“以合法的形式掩盖非法的目的”是阿里 VIE 架构的有效性受到质疑的地方。我们通过列举阿里巴巴签订的协议名称可以看出，这些协议日常商业活动中会涉及的合同，例如由于境外企业拥有技术上面的优势而将专利、非专利技术等特许境内公司在经营活动中使用，从而收取一定的许可费、服务费等。这些合同的签订并非出于非法的目的，因此，VIE 架构从合同法层面上看是具有合法性的。

最后，从经济法角度来看，阿里巴巴 VIE 架构若以整体经济利益为考量，通过设立这一架构促进了境内外企业资本、经营模式、管理经验的借鉴与交流，那么阿里巴巴 VIE 架构是符合经济法的合法性的。

（二）阿里巴巴 VIE 架构的优点

由于 VIE 协议控制的关系，境内公司可以在接受外资的情况下仍然保持纯内资公司的本质，从而拿到纯内资的经营许可证；而阿里巴巴集团（境外壳公司）在拥有浙江阿里巴巴电子商务有限公司（境内实体企业）在国内的经营利润下敲钟上市，从而获得更多的发展资本。

首先，VIE 结构成功使浙江阿里巴巴电子商务有限公司（境内实体企业）绕过国内 A 股市场较高的上市门槛，转而通过阿里巴巴集团（境外壳公司）进行了均有较低门槛的海外上市。2014 年 9 月 19 日阿里巴巴于美国当地时间上午（北京时间 19 日晚间）9 时许，在美国纽约证券交易所正式挂牌交易，交易代码“BABA”，阿里巴巴总市值达到 1 676 亿美元。

其次，阿里巴巴由于其纯内资性质顺利拿到了国内经营牌照，在接下来的几年里迅速发展，已经成为中国最大的互联网公司。2018 年 5 月，2018 年中国品牌价值百强榜发布，阿里巴巴排名第二位。

（三）阿里巴巴 VIE 架构的风险

1. VIE 架构的政策性风险

VIE 架构通过一系列复杂的搭建和签订许多必要的协议以实现规避法律而被境内外投资和融资领域的企业所推崇和应用。正是如此，VIE 架构也承受着一些争议，由于它难以避免地要在法律盲点的边缘试探，因此具有较大的法律风险。

第一，外国投资者对国内企业的兼并和收购规定。境外的公司如果在我国进行关联并购，那么境外公司应该向我国的商务主管部门进行申报。公司不得以一定方式规避这种要求，将来，政府监管部门有可能认定 VIE 属于采用“其他方式”规避关联并购的审批手续。

第二，国务院办公厅发布的并购安全审查制度已经将协议控制方式认定为一种并购方式。2015 年 1 月，我国出台了《外国投资法》（征求意见稿），拟对 VIE 结构做出规范，条款的数量已经远远超过了现有的外商投资相关法律，由此我们可以看出国家对于 VIE 的结构是越来越严格的。在未来，一旦国家相关部委颁布法规来保护我国某些行业的安全，从而禁止 VIE 在全部行业中的应用，可能会对采取 VIE 结构的公司产生严重的跨国境影响。

VIE 架构里已经上市的阿里巴巴集团（离岸公司）之所以具有商业价值，完全是因为它通过协议得以享受境内公司的利润。如果协议出现重大法律问题，上市公司将毫无价值，那么这对阿里巴巴的公司股东来说将是灾难性的，也将对国际资本市场的稳定产生重大影响。

2. VIE 架构的稳定性风险

在阿里巴巴集团 VIE 架构的协议中，阿里巴巴集团派到国内公司的一些独立董事或者高管无法通过一份协议获得真正的控制权，浙江阿里有限公司的实际控制人才是阿里巴巴控制权的实际拥有者。由于控制权集中在个别人手中，因此其行为至关重要。当创始人出现人身危险或者离婚等私人问题时，VIE 架构的稳定性将无法保证，可能会出现继承人不履行协议的问题，例如当实际控制人想要单方面解约时，由于境外上市公司处于被动地位，VIE 架构也将随之解散。

已经发生的新东方事件、双威教育事件以及土豆网事件等，让人看清类似于阿里巴巴集团的互联网企业在海外的上市是建立在“打擦边球”的 VIE 架构之上。为了保持 VIE 架构的稳定，企业必须依靠两方面的平衡：一是互联网企业的企业家的契约精神和规则意识；二是政府监管部门的默许和认同。但这两方面的平衡并不稳定，阿里的 VIE 架构存在着稳定性风险的隐患。

3. VIE 架构的税收风险

第一，关联交易中的税收风险。VIE 结构的核心环节之一为将境内经营实体的利润转移至国外上市公司，因此控制协议中的利润转移中涉及大量的关联交易。由于 VIE 结构中包含了若干家设立在不同国家或地区的关联企业，企业经常会出于减轻其税负的目的，利用不同企业间的税率或者税收优惠政策的差别做出一些税收筹划或避税行为，这些行为往往会引起税收征管部门的注意和稽查，很可能会被认定为逃税，从而给企业带来一定程度的税收风险。

如何设计方案将国内经营实体浙江阿里的利润转移给阿里技术有限公司（外商独资企业）和海外投资者控制的阿里网络有限公司（香港上市），最终转移给海外投资者即阿里巴巴集团是 VIE 架构中的难点之一。如果通过国内外实体之间的关联交易，如浙江阿里有限公司与阿里技术有限公司之间关于技术服务的关联交易，可能会暴露潜在的转让定价调整的风险。随着反避税的推进，如果税务当局认定阿里技术有限公司与浙江阿里有限公司的协议安排是不公平的交易，税务机关有权核定征收税款和相应罚款。这些罚款不仅会造成企业的财务负担，而且会由于海外上市公司的财务报表的不够美观、公司形象下降等引起在美股价下跌，从而引起其他更大的损失。

第二，阿里巴巴 VIE 架构中的阿里网络有限公司（香港上市）存在被认定为居民企业的税收风险。导管公司是指通常以逃避或减少税收、转移或累积利润等为目的而设立的公司。这类公司仅满足法律所要求的组织形式，但是并不从事制造、经销、管理等实质性经营活动。实际上，阿里网络有限公司即为此类公司。我国税收协定中的“受益所有人”一般是指从事实质性的经营活动的个人、公司或其他任何团体。代理人和导管公司等并不属于“受益所有人”。其中在 VIE 协议控制模式中，阿里网络有限公司的功用即为阿里巴巴集团与阿里技术有限公司之间的“导管”。因此，有可能会不适用于国家允许的 5% 的股息预提所得税税率以及不高于 7% 的利息及特许权使用费预提所得税税率。

第三，阿里巴巴集团存在的税收风险。受控外国企业（CFC）指由居民企业或者中国居民控制的设立在实际税负低于我国 25% 税率水平 50% 的国家（地区），出于非合理经营需要而对利润不做分配或者减少分配的外国企业。阿里巴巴集团的注册地为开曼群岛，实质上属于受控外国企业，可能纳入 CFC 条款的监管范围。如果阿里巴巴集团想要通过对利润不做分配或者少分配的方式避免企业所得税，那么按照我国企业所得税法的规定，对于本应归属于该居民企业的利润，不做分配或减少分配，税务机关可能会运用“实质重于形式”原则对其征税，造成企业税负上升、经营成本和财务负担增加的风险。

4. VIE 架构的外汇管制风险

在 VIE 架构下，集团管理往往会涉及资金在境内与境外间的转移，比如阿里巴巴集团对阿里技术有限公司注资、浙江阿里有限公司向阿里网络有限公司转移利润等。上述过程均受我国外汇管理局的监管，如果企业不能获得相关外汇管理部门的许可，那么 VIE 架构也将面临无法正常运行的风险。

阿里技术有限公司将利润转移至境外的行为必须得到国家外汇管理部门的批准才能进行。然而由于阿里技术有限公司在境内通常没有实际的业务及利润，如果想将境内的资金转移至境外就必须依靠 VIE 架构控制下的境内运营实体即浙江阿里有限公司，以股息分配的形式实现境内资金向境外转移。但是此种以分配股息为名、实则向阿里网络有限公司转移利润的行为一旦被外汇管理部门审查，将得不到监管部门批准。因此，外汇管制风险也是威胁 VIE 架构安全稳定性的一大重要隐患。

（四）防范阿里 VIE 结构风险建议

1. 对 VIE 结构内部设计的完善

阿里巴巴的 VIE 架构能够很好地帮助阿里集团对浙江阿里巴巴的控制，同时还能保证浙江阿里的收益能够顺利且合理地流入至阿里巴巴集团，但其内部结构还有值得改进的地方。

第一，引进独立董事以防范违约性风险。由于 VIE 架构的创始人拥有较大的控制权，而导致发生利益冲突时，外商投资的利益将受到侵害。首先，引进独立董事可限制创始人对国内外资壳公司和国内实体经营公司等的控制权，有效监控并限制创始人对国内实体运营公司和外国空壳公司的控制。其次，可以进一步完善 VIE 架构履约保障机制。例如，通过明确定义公司章程中的 VIE 协议变更程序或机制，确保 VIE 架构的稳定性。

第二，优化 VIE 结构的设计来规避风险。VIE 结构的设计对于该模式的稳定性以及投资者利益的保护都起着不可估量的重要作用，而不同企业之间的 VIE 架构在实际操作中也有不同之处，因此各企业可以落实到具体的 VIE 架构中，通过优化 VIE 架构的设计来规避风险。阿里也可以根据自身的需要来进一步优化内部的 VIE 架构的设计，并采取事先建立纠纷解决机制的方法完善 VIE 架构。为确保 VIE 架构的有效性，防止创始人恶性违约所带来的纠纷与冲突，可以事先确定违约补偿方案，增加创始人的违约成本，使 VIE 架构可以顺利地搭建。

2. 明确有关监管部门的监管措施

国家对于 VIE 架构的监管处于比较模糊的态度下，VIE 架构一直存在一定程度的法律风险。因此，明确监管部门的监管措施，对于维护国家经济安全，保障投资者的利益，防止资产和税收的流失，促进国家经济的发展具有重要的意义。

首先，应当明确 VIE 架构的适用范围。为了防范 VIE 架构可能存在的风险，有关监管部门可以将《关于建立外国投资者并购境内企业安全审查制度的通知》《外商投资产业指导目录》等现行法律规范结合起来。对 VIE 架构适用的范围以法律条文的形式明确规定，缓解融资困境，促进多层次资本市场的完善以及保障国家的经济安全。由于目前我国对于 VIE 架构的监管还存在模糊不清的情况，导致 VIE 架构创始人的违约风险和道德风险比较高，若有关监管部门明确了 VIE 架构的合法的适用范围，将会有效地抑制创始人违约行为的发生，能够切实地帮助企业实现海外融资，并有效地提升我国产业的整体竞争力。

其次，除了应当明确 VIE 架构的适用范围外，还应当明确 VIE 架构的监管方式。当前 VIE 架构还存在着外汇管制以及税收等风险，这是因为目前监管部门并未事先制定好对于 VIE 架构的监管方式，这种事后监管的模式都是在出现问题的时候才做出相应的措施来处罚，这样不利于 VIE 架构外汇管制及税收风险的防范。有关部门对于 VIE 架构的监管应当做出具体的规定，包括国家外汇、税收等在内制定相关的条文加以规范，这样，企业相应的行为才有法可依，有法可循，会使市场秩序更加稳定和谐，有利于更好地促进企业实现海外融资，进而提升我国产业的整体竞争力。

三、马云转让 VIE 所有权的税务分析

（一）马云转让 VIE 所有权的诱因

在马云转让 VIE 所有权之前，阿里巴巴 5 大主要可变利益实体中的 4 家——淘宝（中国）软件有限公司、浙江天猫科技有限公司、浙江阿里巴巴云计算有限公司、杭州阿里巴巴广告有限公司，绝大部分股份由马云和谢世煌所有。对于优酷公司，马云和谢世煌是通过阿里风险资本有限公司控制其 66.67% 的股份（另外 33.33% 被阿里另外两个员工持有）。此次 VIE 架构调整，就是将 5 个重大可变利益实体的控制人由马云、谢世煌改为两个有限合伙企业，阿里巴巴的合伙人和高管将分别控制这两个有限合伙企业进而控制 5 个重大可变利益实体。

这 5 个重大可变利益实体掌握了阿里巴巴在中国境内所有公司的实际控制权，拥有中国各类运营牌照公司的所有权，VIE 架构的政策性风险与稳定性风险是不容忽视的，因此马云的放弃让人并不感到震惊。首先，VIE 架构有一定的政策风险。对于阿里巴巴集团而言，一旦国家不承认 VIE 架构的合法性，则股东通过 VIE 架构取得阿里

股份的股东权益将无法得到法律保障。只有那些拥有中国经营牌照即实体公司的所有权的股东财富才能得到国家保护，而马云放弃的正是这些公司的所有权。其次，马云必须同时拥有阿里的股份以及对于实体企业的控制权才能真正地控制阿里巴巴。马云放弃对于实体企业的控制权，等于将自己放在与其他非创始人投资者的同样位置，在发生利益冲突时，类似于之前已经发生在孙正义身上的支付宝违约事件可能会同样发生在马云身上。

从公司角度来看，马云放弃 VIE 架构是有其合理性的。在原来的 VIE 架构中，关键人物的风险是不容忽视的。一旦马云去世、离婚或者失踪，继承者不一定就信守 VIE 的承诺，那么整个阿里系统都会受到冲击。此次关于 VIE 架构的调整，阿里巴巴将 VIE 实体的股东调整为通过两个有限责任合伙公司进行控制，即 VIE 实体由阿里巴巴合伙人或阿里巴巴管理层成员通过有限合伙企业间接持有，这就相当于将管理阿里的重任交给了合伙人团队，即使合伙人团队中某一高管个人发生重大负面事件，VIE 实体经营也不会受到太大影响。即使合伙人团队会有高管人员的更替和流动，只要阿里巴巴合伙人制度是稳定存在的，VIE 实体的股权就是稳定的。

阿里巴巴合伙人和高管控制 5 家实体 VIE 公司的具体做法是通过中国投资持股公司控制 5 家实体 VIE 公司，这家投资持股公司再被两个有限合伙企业各控制 50% 的股份。阿里巴巴的合伙人或者高管们通过这两层架构分别控制有限合伙企业。

（二）马云转让 VIE 所有权的税务分析

1. 转让环节的税务分析

股权转让收入是指转让方因股权转让而取得的现金、实物、有价证券和其他形式的经济利益。转让方取得与股权转让有关的各种资金，包括违约金、赔偿金以及其他名目的款项、资产、权益等，均应纳入股权转让所得。纳税人按照合同约定，在满足约定条件后取得的后续收入，也应当作为股权转让收入。

我国个人所得税法相关政策明确规定：“个人转让股权，以股权转让收入减除股权原值和合理费用后的余额为应纳税所得额，按‘财产转让所得’缴纳个人所得税。财产转让所得，以转让财产的收入额减除财产原值和合理费用后的余额为应纳税所得额，税率为 20%，按次征收。”[①]

股权转让所得应缴纳的个人所得税 =（股权转让收入 - 取得股权所支付的金额 - 转让过程中所支付的相关合理费用）×20%

---

① 参见《股权转让所得个人所得税管理办法（试行）》国税公告〔2014〕67 号。

因此，如果马云将其持有的浙江淘宝网络有限公司的股权转让给中国境内的某个投资控股有限公司，高额的个人财产转让所得税（税率20%）以及印花税（税率0.5‰）是马云即将面临的税务问题，并且即使马云没有收到转让股权收入，但是想要完成工商登记，那么马云就应该缴纳所得税，纳税地点是浙江淘宝网络有限公司注册地杭州。

平价转让可以避免股权高溢价转让带来的个人所得税，平价转让的合理理由包括三代以内直系亲属间转让、部分限制性股权转让、因合理外部因素导致的转让和投资企业连续三年亏损。转让理由需要经税务机关认定，并且如果新闻属实，马云此次转让VIE实体所有权并不符合平价转让的理由，因此操作起来具有难度。

2. 转让后的税务管理分析

阿里巴巴合伙人和高管控制5家实体VIE公司的具体做法是通过两层架构，5家实体VIE公司将被一家中国投资持股公司控制，这家投资持股公司又被两个有限合伙企业各控制50%的股份。阿里巴巴的合伙人或者高管分别控制有限合伙企业[①]。在北京、新疆、天津、吉林、上海、深圳等多个地区，合伙基金中的自然人合伙人（有限合伙人）的税率为20%。但是2018年8月，国家税务总局明确规定了合伙企业中自然人合伙人取得的生产经营所得，应按照“个体工商户的生产、经营所得”项目缴纳个人所得税（5%~35%累进税率）。对动辄规模上亿的合伙企业来说，这意味着大多数自然人的合伙人的利润可能都要以35%的税率征税，这大大增加了税收负担。

（三）马云转让VIE所有权的税收筹划

VIE实体的股东由马云和谢世煌调整为两个有限责任合伙的形式控制，这一调整过程涉及马云和谢世煌两个自然人将持有的全部浙江淘宝网络有限公司的股权转让给中国境内的某个投资控股有限公司过程中的高额的个人财产转让所得税（税率20%），如何规避可能导致的高额个人所得税负担？

首先，通过某种具有“正当理由”的方式实现低价转让[②]。例如修改公司章程和

---

① 杨鑫倢．马云放弃阿里VIE所有权细节：五大实体脱离创始人名义控制［N/OL］https：//finance.qq.com/a/20181002/007450.htm，2018-10-02.

② 根据国家税务总局公告2014年第67号第十条规定，股权转让收入应当按照公平交易原则确定，同时，第十三条指出，符合下列条件之一的股权转让收入明显偏低，视为有正当理由：

（1）能出具有效文件，证明被投资企业因国家政策调整，生产经营受到重大影响，导致低价转让股权；

（2）继承或将股权转让给其能提供具有法律效力身份关系证明的配偶、父母、子女、祖父母、外祖父母、孙子女、外孙子女、兄弟姐妹以及对转让人承担直接抚养或者赡养义务的抚养人或者赡养人；

（3）相关法律、政府文件或企业章程规定，并有相关资料充分证明转让价格合理且真实的本企业员工持有的不能对外转让股权的内部转让；

（4）股权转让双方能够提供有效证据证明其合理性的其他合理情形。

协议，对此次股权转让设定为不能对外转让的“内部转让”。在实际税收征管中，形式审查往往是重于实质审查的，当事人应向税务机关提供足够的证据证明其“正当理由”以实现更低的价格转移，从而减少税基，避免高额个税。

其次，增加交易费用以及通过“核定法”来增加股票原值，减少股权转让的应纳税所得额。“个人转让股权未提供完整、准确的股权原值凭证，不能正确计算股权原值的，由主管税务机关核定其股权原值。”① 如果按照核定方式确定的股票原值大于实际股票原值，那么该方法可降低应纳税所得额。

再次，马云在转让股权前，可以先要求阿里巴巴实体企业分红，分红之后再转让股权给两个实体企业。假设原持有股权公允价值为 100 万元，阿里巴巴董事会同意向马云分红 30 万元，那么扣除红利后马云转让给两个有限实体企业的股权价值为 70 万元。对于马云分红取得的 30 万元，国家规定符合条件的居民企业之间的股息、红利等权益性投资收益，为免税收入。由于未分配利润属于阿里巴巴实体公司的税后利润，马云得到的 30 万元分红属于税后所得，无须缴纳所得税，因此马云只需对 70 万元的股票转让所得缴税即可。

最后，某些地区对于股权转让有地方性税收优惠政策，可以寻找税收优惠洼地，运用税收返还等优惠政策降低所得税负，通常做法是变更公司的注册地，通过与目标地区政府签署相关书面协议，根据地方出台的政策及双方协议获得税收优惠、财政返还。例如某些中西部地区具有财政返还政策。这种方法目前在对于地方层面优惠政策的适用上面临着一定的法律风险，因此，在使用这种方法规避税负时，应当对区域性税收优惠政策进行确认，并且需要有相关权力机构的书面批复等。而且利用该政策需要将阿里巴巴注册地改为中西部具有返还政策的某个地区，此举变动太大且容易引起负面效应，不利于阿里巴巴的稳定发展。

阿里合伙人在获得股权后将通过合伙企业持有阿里巴巴实体企业，税法规定合伙企业中的自然人合伙人取得的生产经营所得，应按照“个体工商户的生产、经营所得”项目缴纳个人所得税（5% ~35% 累进税率）。对规模上亿的阿里巴巴合伙企业来说，这意味着大多数自然人合伙人的利润可能都要以 35% 的税率征税，这大大增加了税收负担。因此，阿里应当注重股权结构的细节安排以规避按照 5% ~35% 累进税率缴纳的高额税费。例如，阿里合伙人或者高管可以通过成立个人独资公司间接持有合伙企业股权，尝试获得比 5% ~35% 累进税率优惠的税收待遇。但这需要依赖于妥当地安排合伙企业的设立地等具体细节以及注重股权结构的细节安排包括设置地、纳税

① 参见《关于发布股权转让所得个人所得税管理办法（试行）的公告》（国家税务总局公告 2014 年第 67 号）。

地、缴税方式、所得计算等。

如果股权结构顺利转让完毕，阿里集团在境内的 VIE 实体采用有限合伙的持股结构后，将有效规范公司管理者的行为，减少关键人员风险，提高 VIE 实体股权的稳定性，并对收益分配、股权转让、风险隔离带来一系列有利因素。重视税收管理的问题，将会大大提升阿里集团 VIE 架构的安全性。

案例使用说明

一、教学目的与用途

1. 本案例主要适用于税收学、税收筹划、税收管理等课程的学习。

2. 本案例以阿里巴巴 VIE 架构为例，介绍 VIE 架构涉税问题。案例的目的在于使学生对互联网公司的 VIE 架构存在的涉税风险有充分的认识。本案例从分析阿里巴巴 VIE 架构的优缺点入手，对 VIE 架构的特点以及该模式的风险进行分析，总结 VIE 架构的一般性涉税风险及应对措施。

二、启发思考题

1. 如果政府限制 VIE 架构，将对我国企业的经营产生什么影响？
2. 你认为企业搭建的 VIE 架构是否应该被禁止？
3. 阿里巴巴 VIE 架构的合理性是什么？

三、分析思路

教师可以根据教学目标（目的）来灵活使用本案例。这里提出本案例的分析思路，仅供参考。

本案例对阿里巴巴设计的 VIE 架构及涉税风险进行分析，第一部分为一般 VIE 架构的基本情况，便于学生接下来对阿里巴巴 VIE 架构的理解。

第二部分是阿里巴巴 VIE 架构的特点，包括优点和风险，为后续马云放弃 VIE 所有权做铺垫。

第三部分分析了从马云为何放弃 VIE 所有权的角度分析了 VIE 架构的涉税风险以

及应对措施，并为阿里巴巴在此次转变后的运营提供税务建议。

该案例的三个部分均围绕阿里巴巴的 VIE 架构进行讨论，先介绍 VIE 架构的特点和细节，再通过对细节的分析得出相应的涉税问题，并对可能存在的风险和如何控制风险进行阐述，解释为何马云放弃 VIE 所有权。最后，本文对马云放弃 VIE 所有权这一行为进行税务分析，并提出相关税收风险管理措施。

四、理论依据及分析

1. 导管公司是指通常以逃避或减少税收、转移或累积利润等为目的而设立的公司。这类公司仅在所在国登记注册，以满足法律所要求的组织形式，不从事制造、经销、管理等实质性经营活动。

2. 公司的控股股东、实际控制人、董事、监事、高级管理人员不得利用其关联关系损害公司利益。这一强制性规定，体现了法律对关联交易的基本态度，即对不公正关联交易给予禁止。

3. 国家规定合伙企业中的自然人合伙人取得的生产经营所得，应按照“个体工商户的生产、经营所得”项目缴纳个人所得税（5% ~35% 累进税率）。

4. 股权转让收入应当按照公平交易原则确定，这是股权转让收入确定的基本原则。也就是说纳税人转让股权，应当获得与之相匹配的回报，无论回报是何种形式或名义，都应作为股权转让收入的组成部分。

五、关键要点

1. 一般性 VIE 架构的争议点。
2. 阿里巴巴 VIE 的具体架构。
3. 国家对 VIE 架构的监管态度。
4. 马云放弃 VIE 所有权后，阿里集团适用的税收政策。

六、建议课堂计划

本案例可以作为专门的案例讨论课来进行。整个案例课的课堂时间控制在 80 ~ 90 分钟。

课前计划：给出案例背景并提出启发思考题，请学员在课前完成阅读和初步思考。

课堂计划：对案例进行详解，明确讨论内容（20分钟）。

分组讨论（25分钟），告知发言要求。

小组发言（每组5分钟，控制在25分钟）。

引导全班进一步讨论，并进行归纳总结（15~20分钟）。

课后计划：如有必要，请学员采用论文形式给出更深层次的解读报告，包括具体的职责分工，为后续章节内容做好铺垫。

七、思考题参考答案及相关法规依据

1. 如果政府限制 VIE 架构，将对我国企业的经营产生什么影响？

（1）影响国内创新企业的发展。目前国内较大的互联网企业，如百度、奇虎360均在境外上市。这些新技术、新商业模式公司的发展壮大或多或少得益于境外资本市场。在短期内国内资本市场难以满足部分创新企业融资需求的情况下，若境外融资受限，可能导致少数创新企业发展空间缩小。

（2）除已在境外上市的企业，尚有上千家使用 VIE 结构的未上市公司。这些企业或是以境外上市为目的，或是因为政策限制不能以股权形式取得外商投资。VIE 结构被接受程度降低，一方面可能导致这些公司组织结构风险和法律风险加大，另一方面可能对公司经营发展造成阻碍，致使上市前景受阻。

（3）未来可能出现新的行业、新的企业需要以 VIE 结构获得外商投资。若 VIE 结构受限，可能导致这些行业、企业发展速度降低，甚至难以出现。

2. 你认为企业中的 VIE 架构是否应该被禁止？

赞同：VIE 让中国互联网公司海外上市，中国内地的投资者很难分享这些互联网公司的成长——尤其这些互联网公司的成功是基于14亿人口、8亿网民的基本盘，这更说不过去。

反对：VIE 架构帮助了许多公司借助于更加广阔的境外资本市场发展。在短期内国内资本市场难以满足部分创新企业融资需求的情况下，国外的资本市场可以帮助更多的创新企业发展空间成长。

3. 阿里巴巴 VIE 架构的合理性是什么？

一直以来，人们对 VIE 架构的争议主要集中在其是否具有法律效力上。首先，从法理学“法的价值理论”来分析，阿里巴巴 VIE 架构体现了市场经济主体对于自由价值和效率价值的追求。互联网企业有一个明显的特点，由于对专利技术和用户数量的需求，在初创期净利润并不高，不能满足在国内上市的利润门槛，因而很难能获得进一步发展的资金。VIE 架构可以使得企业获得国外资金支持，让我们看到了一大批互联网企业新星，改善了人们的生活。同时，海外上市可以规范企业管理，优化治理结构，获得更多与国外企业交流合作的机会，为企业走向国际化奠定基础。相对立的是，VIE 架构也可能造成对于秩序价值的损害，这也是 VIE 架构受到质疑的原因。但是，由价值位阶原则可知，法律的基本价值具有不同的等级。在不同等级高低的价值发生矛盾时，考虑的等级顺序应当为自由、正义、秩序。由此，阿里巴巴的 VIE 架构下对于法的自由价值以及效率价值考虑在先，为实现更快的经济价值而后考虑秩序价值的行为不能证明其有失合法性。

其次，从“契约理论”的角度来看，阿里巴巴 VIE 架构是否属于“以合法的形式掩盖非法的目的”呢？《法国民法典》是近代契约理论的开端，学者依据法典中的原则总结出以契约自由为标志的意思自治的契约理论体系。VIE 架构的本质即意思自治理论下的自由契约。通过分析阿里巴巴签订的协议可以看出，这些协议通常为日常商业活动中会涉及的合同，例如由于境外企业拥有技术上面的优势而将专利、非专利技术等特许境内公司在经营活动中使用，从而收取一定的许可费、服务费等。这些合同都是出于双方意思自治的结果，而且并非出于非法的目的，因此，VIE 架构从合同法层面上看是具有合法性的。

最后，从经济法角度来看，阿里巴巴集团是以经济法的基本特点与根本精神——整体经济利益——为行动原则，通过设立 VIE 架构，从而推动境内外企业资本、经营模式、管理经验的借鉴与交流。由此可知，阿里巴巴 VIE 架构在经济法价值评判的层面是具有合法性的。

八、进一步阅读材料

[1] 蔡昌，李劲微，邓正宏．阿里巴巴 VIE 架构困境：马云为何放弃 VIE 所有权．财会月刊，2019（09）.

[2] 陈泽佳．VIE 协议在我国的法律效力及其监管完善[J]. 行政与法，2013（05）：119－125.

[3] 冯彦达．《外国投资法》草案对 VIE 架构的限制与管控[J]. 现代商业，2015（06）：258－259.

[4] 刘纪鹏，林蔚然．VIE 模式双重道德风险及监管建议[J]. 证券市场导报，2015（10）：4－12.

[5] 唐敬春．VIE 架构中个人所得税问题探讨[J]. 国际税收，2015（12）：

55－59.

［6］许鹏鸿．VIE 结构拆除中注册会计师注意事项探讨——以暴风影音为例[J].财会通讯，2017（13）：91－94.

［7］张连起．VIE 结构拆除的中概股回归之路[J].中国注册会计师，2016（04）：107－110.

九、参考文献

［1］苏龙飞．支付宝 VIE 生死局[J].经理人，2011（08）：93－97.

［2］张恩俊．VIE 结构在互联网企业应用研究——以阿里巴巴为例[J].财会通讯，2015（02）：99－102.

［3］武宇彤．协议控制模式法律监管研究［D］．中国政法大学，2015.

［4］陶紫薇．VIE 架构的法律问题研究［D］．华东政法大学，2014.

［5］孙蔚蔚．从阿里巴巴支付宝案件看协议控制模式之法律思考［D］．华东政法大学，2013.

［6］卢宇峰，柴怡宁．VIE 结构的风险及对策分析[J].中国商贸，2014（20）：139－140.

［7］王娜．基于 VIE 模式的企业风险及对策分析[J].商业经济，2015（01）：111－112.

［8］曹晓英．我国内地企业境外上市法律问题研究［D］．外交学院，2006.

［9］潘成林．刍议我国民营企业红筹上市的法律监管[J].特区经济，2009（01）.

［10］赵勇．阿里巴巴赴美上市的法律问题思考［D］．上海师范大学，2016.

［11］黄婧娴．VIE 结构的风险与应对初探［D］．华东政法大学，2015.

［12］武礼斌，施志群．境外 PE 投资架构的税务考量[J].中国外汇，2014（12）：23－26.

［13］吕颖菲．VIE 交易结构下税务风险的分析[J].财会学习，2016（09）：177.

［14］刘天永．个人股权转让涉税问题分析与筹划路径［N］．财会信报，2016－07－25（B04）.

案例 3

CRS 新政下家族信托税案
——基于龙湖地产家族信托的分析[①]

本案例对离岸信托架构的避税模式做了分析，并分析当前 CRS 与新个人所得税反避税条款下离岸家族要面对的信息报送和可能的纳税风险，还对我国税务透明时代离岸信托的反避税问题提出相关税制优化建议。

① 本案例作者为蔡昌、徐长拓、王道庆。本案例获得中央财经大学第十四届案例征文大赛二等奖。本案例根据 CRS 下龙湖地产吴亚军离岸信托问题研究分析后撰写而成，内容完整，真实可靠。

案例正文

一、案例背景

改革开放40多年来，我国经济以极高的速度发展，市场经济在社会的生产活动中已经由原来的基础作用转变为决定性作用，国家不断采取减税降费、简政放权等措施，我国的营商环境不断地改善，政府大力支持民营企业的发展，伴随着民营企业实力的不断壮大，也出现了拥有大量财富的高净值人群。《2019年福布斯全球亿万富豪榜》显示，资产超过10亿美元的富豪有2153位，中国有324位富豪上榜。许多新出现的高净值人士出于家族财富传承、规避风险、逃避税款等一系列原因，将离岸架构设置在避税地并利用离岸架构控制海外资产，完成实现其愿景。2018年5月7日，CRS中国版正式实施，参与CRS计划的国家开始交换纳税人的信息，纳税人采取的隐藏海外资产以逃避纳税义务的方式面临巨大威胁。本案例以龙湖地产吴亚军家族信托为案例，探究离岸家族信托设立的税收考量和在CRS新政下面临的冲击，分析我国个人所得税制度在新政实施下存在的不足并提出建议。

（一）离岸家族信托的避税功能

1. 离岸信托概念

现代信托源于英国的“用益制度”，最初它的出现是为了绕过财富管理和财富继承方面的一些法律规制。信托出现后，关于其确切概念，大陆法系和英美法系一直存在纷争，直到1985年第25届国际私法大会通过的《信托的法律适用及其承认的公约》做出了解决争议的概念判定：信托是由委托人主导设立的一种法律关系，在这种关系下，委托人为受益人的某一特定目的或利益，将自身的财产委托给受托人控制。

如图3-1所示，信托主要由信托财产和信托关系人两部分组成。信托财产是委托人在信托成立时和成立后委托给受托人的财产，受托人根据信托协议管理信托财产，并将信托财产产生的收益分配给受益人。信托关系人包括委托人、受托人、受益人、保护人。委托人是出于特定目的将财产委托给受托人的人，可以是机构也可以是个人。受托人是接受委托人的委托根据协议对信托财产进行管理的人，是信托财产名义上的所有人。受益人是根据信托协议享有财产收益权的人，分为固定受益人和任意受益人，固定受益人定期享有信托财产收益，任意受益人需要根据协议内容分享财产收益。保护人是监督受托人工作的人。

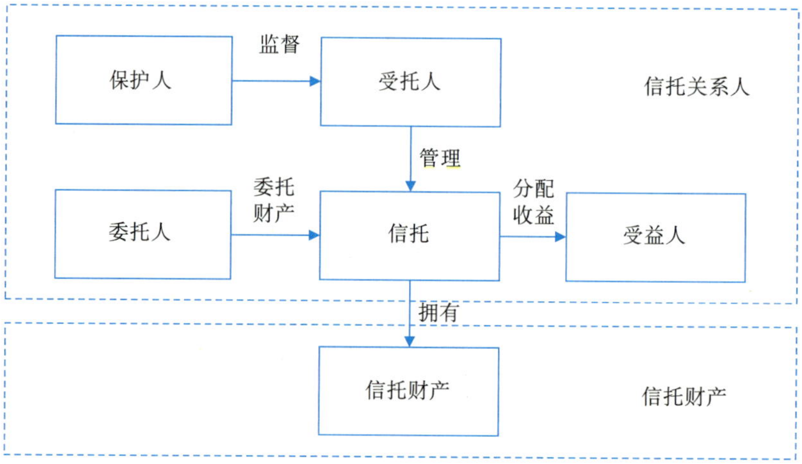

图 3-1　信托的基本架构

离岸信托是依据离岸国家或地区的法律设立在境外的信托。离岸信托最早出现在20世纪70年代，因为避税地一般保密性好，税收优惠力度大，离岸信托往往设立在全球著名避税地，因此离岸信托一般又特指设立在避税地的信托。

2. 离岸家族信托避税方式

为了财富传承和规避税收负担，信托设立人在避税地设立信托，主要有三方面原因。第一，避税地具有比其他地方更好的保密性，不要求财产登记，根据信托协议受托人对信托情况严格保密，税务机关难以获得涉税信息；第二，避税地往往税制简单，纳税人仅负担极低的税负，信托财产产生的收益滞留在此地仅需负担极低的税收或不负担税收；第三，离岸地法律宽松，对离岸信托架构的设计几乎没有限制，可以根据需要设计架构或更换受托人，以此达到规避各国纳税义务的目的。

离岸信托常用的避税方式主要有四种。一是利用离岸信托转移财产，将企业固定资产等财产转入离岸信托，利用在岸国和离岸地的税率差获得税收利益。二是借避税地对信托存续宽松规定实现延期纳税从而获得税收利益。三是跨国集团将控股公司与离岸信托结合，将控股公司的股权转让给设立在境外的离岸信托，受益人设为自己，利用离岸信托的隐秘性隐瞒股权情况和关联交易，规避纳税义务。四是将资产或公司注入与其他国家签订优惠关税协定第三国的离岸信托之中，可以绕过关税壁垒，享受关税优惠。

（二）全球 CRS 的发展和我国现状

1. CRS 的发展

CRS 的主要内容如表 3－1 所示。

表 3－1　　CRS 的内容

报告主体	金融机构和消极非金融机构，金融机构分为存管机构、托管机构、投资机构、特定保险机构
报告账户	非居民持有或控制的金融机构账户和消极非金融机构持有的账户
收集方式	按存量个人账户、新建个人账户、存量机构账户、新建机构账户的标准收集
报告内容	账户持有人的信息和账户的信息

截至 2020 年初，全球已有 136 个国家承诺实施 AEOI 标准，在未来将执行 CRS。根据 OECD 官网数据，截至 2020 年初，全球共有 94 个国家实施了 6 100 余份双边信息交换。全球实施税收自愿披露机制所带来的额外税收收入、罚款以及利息的合计金额超过 950 亿欧元，较 2018 年 11 月增加了 20 亿欧元。预计未来会有更多的国家参与其中。随着 CRS 的实施，全球论坛正在着手开展同行评审程序，确保实施 CRS 后监测辖区自动交换信息的有效性。

2. 我国 CRS 实施现状

2017 年 5 月 9 日，国家税务总局联合中国人民银行、保监会、银监会、证监会和财政部公布了《非居民金融账户涉税信息尽职调查管理办法》（简称《管理办法》），从此 CRS 中有关金融账户尽职调查程序的相关规定转化为我国的国内法规。2018 年 5 月 7 日，CRS 中国版正式实施，按原有计划如期进入实操阶段，2018 年 9 月 30 号中国完成首次信息自动交换。到目前为止我国已经完成了与世界 90 多个辖区包括中国香港、加拿大、开曼群岛等地的信息交换，税务机关掌握了我国税收居民在此地的金融账户信息，自动信息交换配合我国新修订的个人所得税法，可能会对我国单位和个人设立的离岸信托产生冲击。

二、案例分析

（一）龙湖地产基本情况

龙湖集团控股有限公司（00960）（原名：龙湖地产有限公司）是一家主要从事物业业务的香港投资控股公司。该公司通过三大分部运营。物业发展分部在中国发展及销售办公楼、商业物业、住宅物业及停车场①。2009 年 11 月 21 日，于港交所龙湖地产正式上市，在 2015 年之前龙湖的规模增长都比较保守，公司在销售上从 2016 年开始发力，尤其是在 2017 年，一跃闯进千亿俱乐部，以全年销售 1561 亿元，同比增长 77%，排名行业第 8 位收官。

从吴亚军创业开始，她的财富以惊人的速度增长——从 1994 年白手起家，如今她已是 820 亿元的身家，福布斯 2016 年将吴亚军列为“中国大陆女首富”，2019 年福布斯公布的中国 400 富豪榜显示，吴亚军家族财富值达 820.2 亿元，排名第 17。在龙湖地产上市之前的 2007 年，吴亚军夫妇就分别设立离岸信托，2018 年为平稳地实现财富传承又将其信托资产转移给女儿的信托，价值 79 亿美元（约 530 亿元人民币）。吴亚军信托设立过程早在 2012 年，龙湖地产吴亚军设立的信托就在其离婚风波中起到了隔离风险的作用。其设立的离岸架构层级复杂，且因为它是上市公司，公开过信托相关信息。因此本文以龙湖地产吴亚军的离岸信托作为 CRS 穿透效应对离岸信托冲击研究对象，但因为信托设立时龙湖地产并未上市，信托设立时的具体信息在当时没有公开，根据目前披露的信息也并不能判定其存在避税行为，因此本文仅探讨该信托可能存在的税收考量，以及它面临 CRS 需要进行的信息交换，意在分析 CRS 对离岸家族信托的影响。

（二）家族信托设立细节

2007 年 11 月，吴亚军和蔡奎夫妇在开曼群岛注册了离岸壳公司龙湖地产，以达到控股和上市的目的，随后二人又成立了 Charm Talent 及 Precious Full 两个 BVI 子公司，两个子公司实际控制龙湖地产上市主体。2008 年 1 月，他们又注册了一家 BVI 子公司名为 Long For Investment，并由龙湖地产全资控股。

在 2008 年 6 月 21 日，吴亚军和蔡奎夫妇通过其控制的 Long For Investment 壳公司将 60% 和 40% 的股本分别转让给 Charm Talent 及 Precious Full，并在同日将 Charm Talent 及 Precious Full 无代价转让给 Silver Sea 及 Silver land 两家境外 BVI 子公司，最后将这两家子公司通过信托的方式，分别装入吴氏和蔡氏家族信托，而吴氏和蔡氏家族信托均以香港汇丰信托为受托人。

之后，汇丰信托以吴氏家族信托的受托人身份全资拥有 Silver Sea。而 Silver land 也以同样的方式被汇丰信托所持有。两个信托都为全权信托，受益对象包括蔡奎若干家族成员。

① http：//quote. eastmoney. com/hk/00960. html.

通过这些操作，在龙湖地产上市前二人已经将各自的权益归属处置妥当，二人对于龙湖地产的股份持有实现了分离，至此吴亚军夫妇的离岸信托架构形成，如图3－2所示。

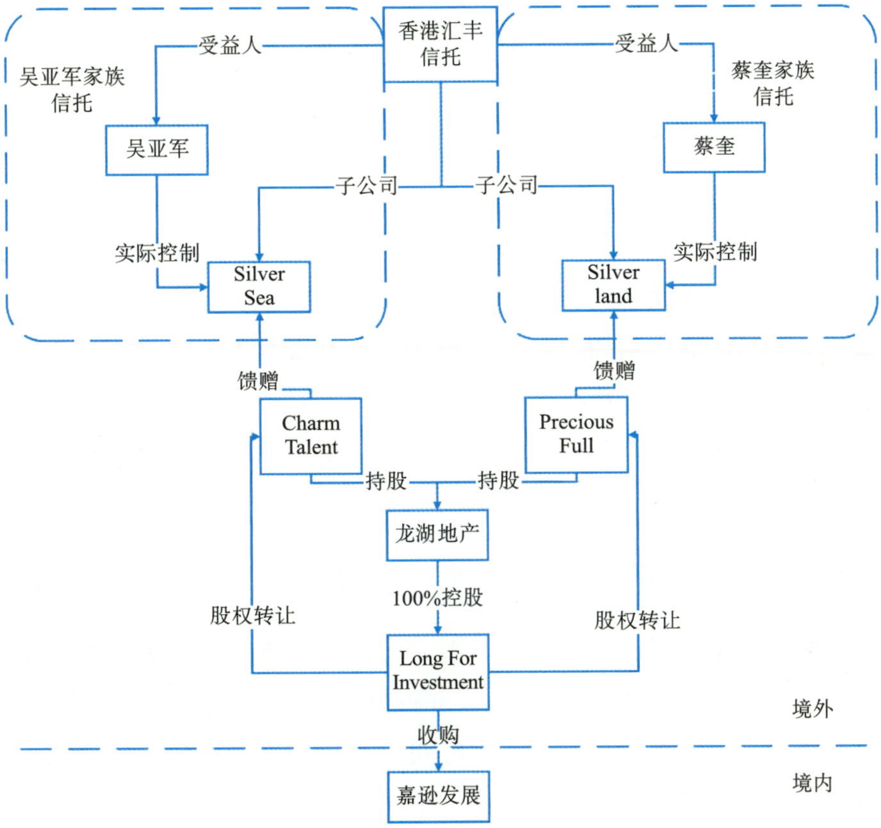

图3－2　龙湖地产家族信托架构[①]

三、案例剖析

（一）信托的跨境税收筹划

1. 隐藏控股关系

吴亚军和蔡奎通过离岸信托架构的两层BVI公司间接持有龙湖地产股份，而不是直接持有股权，两人表面上放弃了对龙湖地产的持有权，但实际上龙湖地产和两个BVI子公司由两人实际控制。同时，该信托中的受益人虽然是两人的家族成员，但实

① 来源于龙湖地产招股说明书。

际上受益人也包括他们自身，即属于两人的自益信托，两人的 BVI 持股公司进行投资活动，然后由香港汇丰信托公司管理持股公司。但是这些公司财务利益的真正所有者却是吴亚军、蔡奎及其家人。全权信托使得汇丰信托公司成为了持股公司的所有人，在公司不上市的情况下隐藏跨国纳税人的真实投资关系①，当信托分配收益后，由于税务机关不能有效获得信息，纳税人自主申报个人所得税，税务机关无法稽查到应纳税额。

2. 递延纳税

在 CRS 实施之前，吴亚军、蔡奎夫妇在香港汇丰信托机构设立自己的信托，信托的两层子公司均设立在不征所得税的 BVI 地区，当 BVI 地区向香港分配利润，香港实施属地原则，对来源于香港以外的其他地区的所得不征税，因此，BVI 公司营利分回香港的利润也无须缴纳香港所得税。由于公开信息有限，不能得知受益人为固定受益人还是任意受益人，如果为任意受益人，那么信托可以不对受益人进行利益分配，如此吴亚军的海外资产可以在离岸架构中长期存续，不断地进行投资保值增值而无须负担大量税收。

（二）CRS 新政下离岸家族信托的信息交换分析

在该案例中，龙湖地产的吴亚军和蔡奎，将自身所持有的龙湖地产转让给信托控制下的 BVI 子公司，采用多重 BVI 壳公司进行股权嵌套持有，财富信息隐藏在海外，中国税务机关难以采用常规的税收检查手段获取诸如离岸信托股权转让以及其他收入等涉税信息。

为了解决诸如上述跨境税收征管的难题，各国开始探索国际涉税信息交换制度来规范这种行为。2018 年 5 月 7 日，CRS 中国版正式实施，按原有计划如期进入实操阶段。在本案例中，CRS 信息交换标准的实施，会使离岸信托框架对财富信息的隐蔽能力下降，使龙湖地产的实际控制实体的吴亚军和蔡奎家族的两个海外信托信息传递到中国税务机关，最终会使财富透明。CRS 的交换流程以及各种机构的判定标准见附录。

1. CRS 实施前对吴亚军蔡奎离岸信托信息披露的相关分析

离岸信托相关的法律关系：

该离岸信托相关的当事人及保护人身份如表 3－2 所示。

① 吴骊．在避税地进行离岸信托避税的主要方式[J]．福建税务，2002：8－9.

表3-2　　离岸信托相关的当事人及保护人

委托人	吴亚军、蔡奎
受托人	香港汇丰信托
受益人	吴亚军家族、蔡奎家族
保护人	吴亚军、蔡奎

本案例信托设立于2008年，国内对于离岸信托的反避税法规几乎一片空白，所能获得的信托有关信息来源由于信托协议的保密性也只限于第三方互联网信息。税务机关无法对信托相关涉税活动进行判断。

2. CRS信息交换实施后对吴亚军蔡奎离岸信托的分析

2019年，经过多年的前期沟通与安排，CRS体系下的中国大陆、中国香港和英属维尔京群岛之间的信息交换伙伴关系已经成功激活，该离岸信托架构的信息将会被披露给中国税务机关。针对龙湖地产吴亚军的离岸信托分析如下。

(1) 离岸信托相关的法律关系。

该离岸信托相关的当事人及保护人身份如表3-3所示。

表3-3　　离岸信托相关的当事人及保护人

委托人	吴亚军、蔡奎
受托人	香港汇丰信托
受益人	吴亚军家族、蔡奎家族
保护人	吴亚军、蔡奎

因为吴亚军和蔡奎的信托设置方式基本一致，在此只分析吴亚军的信托在CRS下的交换，该分析同样适用于蔡奎。

(2) 对申报信息的判定流程。

①识别离岸信托对应的合规身份：信托属于CRS规定的机构种类之一，OECD的CRS手册对金融机构做了概念规定，分为存管机构、托管机构、投资机构、特定保险机构。一般情况下信托符合投资机构的标准[①]。根据吴氏信托的情况来看，它的身份

① CRS范本SECTION VIII A6投资实体的定义是——主要为客户或代表客户进行以下一种或者几种活动或业务：(1) 交易货币市场工具（支票、汇票、存单、衍生品等）；外汇、汇率、利率、指数工具；可转让证券；商品期货；(2) 个人和集合投资组合管理；(3) 代表他人对金融资产进行投资管理；(4) 如果某机构受CRS协议中规定的托管机构、存款机构、特定保险公司或上述 (1) (2) (3) 投资实体的专业管理，并且收入主要来源于金融资产的投资、再投资、金融资产交易，则该机构也会被认定为"投资实体"。

有两种可能，要根据信托的具体职能而界定。一是信托本身从事投资机构判定条件中的业务，信托本身构成金融机构中的投资机构，负有信息交换义务；二是信托受金融机构香港汇丰信托公司的专业管理，同时满足收入测试和被管理测试，此时吴氏信托是被管理的投资机构。在这两种情况下吴氏信托都会被认定为金融机构中的投资机构，负有信息申报义务。在 CRS 下，因为信托只是一种法律安排，并没有实际的组织形式和人员，所以信托虽然属于金融机构需要按照 CRS 做合规工作，但是 CRS 将信托类金融机构定性为“trustee - documented trust”（TDT），属于豁免金融机构的一种。在 TDT 下，所有有关信托的合规工作都由受托人来完成，即由香港汇丰信托公司完成信托的信息交换。信托金融账户的委托人、受益人以及其他对信托实施最终有效控制的自然人（至少包括保护人和受托人）若为其他国家（或地区）税务居民，则为应报送人，在吴氏信托中，委托人、保护人、受益人都为吴氏家族核心成员，不是信托所在地的税务居民，都属于应报送人。

②确认离岸信托架构下的账户信息申报义务：根据 CRS 实施手册的规定，信托的“股权权益”账户和持有人账户信息都会被报送至其居民国，股权权益视为由部分或全部信托的委托人或受益人主体，或对信托最终有效控制的至少包括受托人的其他自然人持有，此外 OECD 的 CRS FAQ 中明确规定，信托的保护人无论对信托是否实际控制，都应被当成账户持有人。

因此在吴亚军家族离岸信托中，被识别为信托的委托人、受托人、受益人、保护人等均属于 CRS 下需申报人，作为报送金融机构的信托应每年就应报送账户信息及金融活动进行报送，账户信息包括每个应报送人的姓名、地址、税收居民国、居民国纳税人识别号、出生地、出生日期，以及信托名称和信托识别号。金融活动包括账户余额或价值等，以及当年付入账户的总额。金融账户涉税信息交换如表 3 - 4 所示，这些信息会报送到信托所属的香港税务机关，并交换到我国税务机关。

表 3 - 4　　离岸信托架构下的账户信息交换

实际控制人	账户余额或价值	账户收入
委托人	信托所持有账户的全部余额或价值	申报当期支付给或计入信托所持有账户的收入或收益分配
受托人	信托所持有账户的全部余额或价值	申报当期支付给或计入信托所持有账户的收入或收益分配
固定受益人	信托所持有账户的全部余额或价值	申报当期支付给或计入信托所持有账户的收入或收益分配
任意受益人	零	申报当期支付给或计入信托所持有账户的收入或收益分配
保护人	信托所持有账户的全部余额或价值	申报当期支付给或计入信托所持有账户的收入或收益分配
账户关闭	账户关闭的事实	该信托关闭前的申报期内支付给或者计入信托所持有账户的收入或者收益分配

在CRS落实以后，我国正式开启了全球金融账户涉税信息交换，所以能够根据英属维尔京群岛税务机关交换的信息来穿透该离岸家族信托的架构，获得实际股权权益人的收入等涉税信息，并且根据交换回的信息对该架构下的离岸公司是否具有经济实质和商业目的进行判断，并且就该案例中最终实际控制人的收入是否需要补税进行判断。

3. 信息交换后的纳税义务

当信托相关的信息交换回我国后，税务机关是否可以对离岸信托的收入或者个人从离岸信托获得的收益进行征税呢？

（1）对信托的征税：首先我国迄今为止尚未真正将信托视为一个真正的纳税实体，将信托判定为我国的纳税人也就无从谈起，因此从税务居民纳税义务的角度来看，我国并不能直接对离岸信托征税。但是从所得来源地的角度来看，收益先从境内公司分配给境外控股公司并再分配到信托，因此从第一次分配到境外时，控股公司有来源于我国境内的所得，会被代扣代缴所得税，但再从控股公司分配到信托时我国税务机关不能再征税。

（2）对个人的征税：关于个人所得税，如果离岸信托对身为我国的受益人进行了分配，受益人有个人所得，并且该所得属于我国个人所得税法中规定的股息所得，需要就其所得缴纳个人所得税，税务机关在得到信托分配收益的信息后可以稽查到受益人的个人所得税缴纳情况。

尽管我国新修订的个人所得税法借鉴企业所得税法的“受控外国公司”条款中加入了反避税条款，但新个人所得税法实施条例中并未明确规定“控制”的具体标准，并且信托这一实体在我国企业所得税法中没有明确规定，也就不能适用受控外国公司的条款，因此针对我国居民在避税地设立的信托无限期累计收益不做分配，税务机关暂时还没有办法进行有效的征税。如果吴亚军在香港设立的信托长期累积收益，不做相应的分配，我国税务机关也没有办法判定其负有纳税义务而对其征税。

四、案例总结和思考

（一）CRS对离岸信托的影响

1. 有利于打击避税行为

离岸信托之所以能够避税，其实很大程度上是由于其私密性。许多中国企业或个人出于避税目的，将资产装入离岸信托，受托人对受托资产进行管理，财产收益归信托所有。根据信托协议，受托人不能公开信托财产的相关信息，税务机关也就无法有效获取设立在避税地的信托相关涉税信息。

因此涉税信息的透明度是税务机关与纳税人确定征纳税关系极为重要的一个因素。CRS 的实施是实现税务信息透明，刺破离岸信托面纱，对隐藏在离岸信托中的收益进行征税的第一步，它的实施可以让税务机关得知离岸信托的全部资金信息，以此来判断我国设立离岸信托的税务居民的纳税义务，有利于国际税务合作的发展，从而更有效地打击利用离岸信托进行避税的行为。

随着 CRS 标准、美国 FATCA 等相关涉税信息法案的逐渐生效，越来越多的海外涉税信息被税务机关掌握，离岸架构面临着被击穿的风险，海外架构的隐蔽性不再，运用离岸信托架构避税不再可行。

2. 并非所有离岸信托都需要补税

需要明确的是，并不是所有的离岸信托都需要补缴税款。具体是否需要补税还要看信托的情况而定。首先 CRS 规定的需要进行信息交换申报的实体是金融机构和消极非金融机构的金融资产，房产、现金等非金融资产不在信息交换的范围之内，对这类资产的运作不会面临补缴税款的风险。其次我国个人所得税法中的反避税条款细则尚未有细致规定，如本案例中对龙湖地产信托分析中所说的那样，在离岸信托长期不做收益分配累积投资的情况下，是无法直接套用受控外国公司规则对其征税的。

3. 离岸信托依然有其价值

在 CRS 新政下，以往具有保密性的离岸信托信息需要按规定进行交换，这会使离岸信托的保密性一定程度上减弱，但这并不意味着离岸信托的保密性完全消失，也不意味着离岸信托不再有存在的价值。

首先 CRS 披露对象的范围是税务机关，而不是面向公众。对税务机关来讲，经 CRS 交换回来的信息是透明的，税务机关可以据此判断纳税人的纳税义务，但该信息并不面向公众公开，任何人任何机构也不能通过 CRS 对相关信息进行查询。其次，各国想要加入 CRS 必须满足一定的条件，条件之一就是具有相应的隐私和数据安全保护能力，因此报送信息的安全性有一定的保障，因此 CRS 下离岸信托仍然具有较高的保密性。

此外信托的其他功能也不会因为 CRS 的实施受到影响，资产保护债务隔离、防止二代挥霍进行有序传承、防止婚变对企业经营影响等等的优势功能依旧完整存在，个体和企业抱上述目的设立的信托不会受到影响。

（二）我国税制存在的问题

1. 个人所得税

2019年，我国个人所得税法重新修订，在新修订的个人所得税法中增加了第八条反避税条款[①]，但时至今日，个人所得税法实施细则也未对此反避税条款进行明确的规定，因此该反避税条款其实存在应用难题，在实际中难以直接应用。尤其在离岸信托征税方面，如上文所述，即使信息交换回国内，可能我国也并没有合适的法律依据对离岸信托征税。反避税条款CFC规则只是简单地套用企业所得税法的CFC规则，但在具体实施细则中对“控制”没有明确的解释，此前《特殊纳税调整实施办法》对CFC规则有较为细化的规定[②]，但也是只限于由居民企业控制或由居民企业和居民个人共同控制的外国企业，而对由居民个人控制的企业没有明确规定。《实施办法》第1条列举办法制定依据也仅包括了《企业所得税法》及其实施条例、《税收征收管理法》及其实施细则等，因此《实施办法》中的“受控外国公司”具体“控制”标准也无法应用于个人所得税法。因此CFC规则的不明造成了由个人直接控制的离岸架构不分配收益而进行累积收益投资，现有的反避税法规仍不足以支撑对其征税。

2. 信托避税漏洞

我国税法存在的另一个问题就是针对信托缺乏有效的征税规定。

一方面《信托法》中没有明确确定信托中的财产移转是否会导致所有权的变动。尽管其第十五、十六和十八条规定，信托财产具有独立性，但这种独立性仍然不能明确信托财产所有权的归属。我国税法中，信托到底是不是一个纳税实体到现在也较为模糊。

另一方面在我国的相关反避税条款中受控外国公司也不包括信托。仅根据现有的税法规定，无法确定信托的课税时点，即使信托相关的信息交换到我国，对信托累积投资不分配的情况，也不能直接对其进行调整。

---

① 个税修正草案第八条主要内容是：有下列情形之一的，税务机关有权按照合理方法进行纳税调整：

（一）个人与其关联方之间的业务往来，不符合独立交易原则且无正当理由；

（二）居民个人控制的，或者居民个人和居民企业共同控制的设立在实际税负明显偏低的国家（地区）的企业，无合理经营需要，对应当归属于居民个人的利润不做分配或者减少分配；

（三）个人实施其他不具有合理商业目的的安排而获取不当税收利益。

税务机关依照前款规定作出纳税调整，需要补征税款的，应当补征税款，并依法加收利息。

② 第76条规定“受控外国企业”是指“由居民企业或者由居民企业和居民个人控制的设立在实际税负低于企业所得税法第4条第1款规定税率水平50%的国家（地区）并非出于合理经营需要对利润不做分配或减少分配的外国企业。

五、政策建议

（一）完善个人所得税反避税规定

（1）建议在个人所得税法实施条例中进一步细化个人所得税反避税条款，借鉴企业所得税法实施条例第118条，在实施条例中规定实际税负明显偏低的国家或地区是指企业所得税率明显低于12.5%的国家或地区。

对实际个人控制的受控外国公司的具体“控制”标准予以明确，借鉴企业所得税法第45条和《特别纳税调整实施办法》第76条，规定“控制”含义包括：①中国居民直接或者间接单一持有外国企业10%以上有表决权股份，且由其共同持有该外国企业50%以上股份；②中国居民，或者居民企业和中国居民持股比例没有达到第1项规定的标准，但在其他方面对该外国企业构成实质控制。

（2）建议对《特别纳税调整实施办法》进行修改，在第1条中明确办法制定依据包括《个人所得税法》，并将第76条改为“由居民企业、居民个人或者二者共同控制的设立在实际税负低于所得税法第四条第一款规定税率水平50%的国家（地区），并非出于合理经营需要对利润不做分配或减少分配的外国企业。”

（二）完善信托税收政策

1. 离岸信托的税制要素

家族信托起源于英美法系，与我国所采用的大陆法系不同，其有一定的特殊性。直接将其引入我国而不对法律制度加以修改就会引发冲突。英美法系中承认双重所有权，认为家族信托设立后，委托人的所有权一分为二，一为受托人享受的普通法的所有权和受益人享受的衡平法所有权。但我国不承认双重所有权，主张物权法定，因此信托的双重所有权制度很难建立，针对家族信托具体的课税制度也很难设计。

在信托制度较为完善的英美日等国家也没有在本国税法中规定专门的家族信托税收体系，仅是在征管中规定了一些离岸信托征管相关事项。因此，在双重所有权制度难以确立的我国，也可以跟英美日进行学习，不在立法中具体规定税收体系，而在征管中规定具体的相关事项，比如在具体的反避税中就可以把离岸信托看作受控外国公司实体。

2. 受控外国公司中的离岸信托

OECD在BEPS行动方案3中第二章“界定CFC规则”中建议将受控外国公司的

范围拓展到受控外国公司控制的企业、信托和常设机构。对此BEPS行动计划提出两种解决方案，第一种方案是按CFC规则将离岸信托视为CFC，确保CFC收入不会因CFC不同国家（地区）对不同实体形式的处理不同而免于缴纳税收。第二种方案，CFC规则可以将CFC所拥有的实体收入作为CFC所赚取的收入纳税，以确保CFC无法转移到其他实体来规避CFC规则。

第二种方案可以解决居民通过CFC实体持有信托累计投资不分配的问题，但是面对居民不通过CFC实体持有信托，而是直接作为委托人直接设立的情况仍然不能处理。因此应该采取第一种方案即按CFC规则将离岸信托视为CFC，并且应该规定信托的受益人是实际控制人，这也与上文设计的信托税制要素相呼应，若离岸信托累积投资不分配，可以采用个人所得税CFC规则对其进行调整视同分配。

案例使用说明

一、教学目的与用途

1. 本案例适用于税收筹划、国际税收、税收征管等课程的学习。

2. 本案例以龙湖地产离岸家族信托为例，介绍CRS下离岸信托的涉税信息交换问题，其教学目的在于使学生对CRS的实施流程和离岸信托的涉税问题有充分的认识和深入的了解。本案例从解释离岸信托和CRS的发展情况入手，以龙湖地产的离岸家族信托为例，总结了离岸信托的税收考量和在CRS下负担的信息申报义务，并对我国的税收制度在CRS实施下对离岸信托的征税存在的不足进行了探析，提出了相关建议。

二、启发思考题

1. 离岸信托避税的客观条件和主要形式。
2. CRS信息交换的流程。
3. 离岸信托在CRS实施之后一定需要补税吗？
4. 离岸信托在CRS实施之后是否还有存在的意义？
5. 我国个人所得税反避税制度面对税务透明时代的离岸信托存在的不足。

三、分析思路

教师可以根据自己的教学目标（目的）来灵活使用本案例。这里提出本案例的分析思路，仅供参考。

本案例对龙湖地产离岸家族信托的税收考量和 CRS 实施后该信托要面对的信息报送义务进行分析。

第一部分是离岸信托和 CRS 的基本概念，便于学生接下来对具体分析的接受。

第二部分是龙湖地产的公司基本情况、离岸家族信托设立细节、信托设立过程中的税收考量。

第三部分分析了龙湖地产家族信托在 CRS 实施后面临的信息报送义务，具体包括对信托合规身份的判定、账户报送信息的确定和信息报送后纳税义务的判断。

第四部分探讨了 CRS 对离岸信托的影响，既肯定了其反避税功能，也肯定了离岸信托仍具有财富传承等作用。并探讨了我国税制在 CRS 下对离岸信托征税存在的不足，具体包括个人所得税制度的不足和信托所得税制度的不足。

第五部分针对第四部分所提出来的我国税制不足提出税制完善建议，一方面提出来完善个人所得税反避税条款的建议，另一方面提出完善信托在 CFC 规则下的实体规定的建议。

该案例的五个部分均围绕 CRS 和离岸信托两个事物进行讨论，先列出相关概念，再通过对案例的分析讲述离岸信托的避税功能、CRS 的信息交换过程并总结 CRS 实施对离岸信托的影响，探讨了我国税制在 CRS 下对离岸信托征税仍存的不足，提出相关建议，力求起到提醒离岸信托相关设立人士 CRS 实施的风险和完善我国税制的作用。

四、理论依据及分析

1. CRS。共同申报准则（Common Reporting Standard，简称 CRS），又称“统一报告标准”。旨在推动国与国之间税务信息自动交换，目前正循序渐进地在各国实施，有望在 2018 年完全覆盖所有的成员国。虽然不是具有法律效力的范本，但发起 CRS 的组织 OECD 提倡各成员国应按照要求，签署公民信息交换的协议。

2. 离岸信托。离岸信托是依据离岸国家或地区的法律设立在境外的信托。离岸信托最早出现在 20 世纪 70 年代，因为避税地一般保密性好，税收优惠力度大，离岸信托往往设立在全球著名避税地，因此离岸信托一般又特指设立在避税地的信托。

3. 递延纳税。递延纳税指的是纳税人根据税法的规定可将应纳税款推迟一定期限缴纳。递延纳税虽不能减少应纳税额，但纳税期的推迟可以使纳税人无偿使用这笔款项而不需支付利息，对纳税人来说等于是降低了税收负担。纳税期的递延有利于资金的周转，节省了利息的支出，还可使纳税人享受通货膨胀带来的好处，离岸信托避税的本质就是递延纳税。

4. 反避税。反避税是对避税行为的一种管理活动。其主要内容从广义上包括财务管理、纳税检查、审计以及发票管理，从狭义上理解就是通过加强税收调查，堵塞税法漏洞，CRS实施的根本目的还是反避税。

五、关键要点

1. CRS实施的具体流程。
2. 离岸家族信托在CRS下的身份判定。
3. 个人所得税反避税条款存在的不足。
4. 怎样优化税制结构以适应CRS下对离岸信托的征税要求。

六、建议课堂计划

本案例可以作为专门的案例讨论课来进行。如下是按照时间进度提供的课堂计划建议，仅供参考。

整个案例课的课堂时间控制在80～90分钟。

课前计划：给出案例背景并提出启发思考题，请学员在课前完成阅读和初步思考。

课堂计划：对案例进行详解，明确讨论内容（20分钟）。

分组讨论（25分钟），告知发言要求。

小组发言（每组5分钟，控制在25分钟）。

引导全班进一步讨论，并归纳总结（15～20分钟）。

课后计划：如有必要，请学员采用论文形式给出更深层次的解读报告，包括具体的职责分工，为后续章节内容做好铺垫。

七、思考题参考答案及相关法规依据

1. 信托是由委托人主导设立的一种法律关系，在这种关系下，委托人为受益人的某一特定目的或利益，将自身的财产委托给受托人控制。

如图 3－3 所示，信托主要由信托财产和信托关系人两部分组成。信托财产是委托人在信托成立时和成立后委托给受托人的财产，受托人根据信托协议管理信托财产，并将信托财产产生的收益分配给受益人。信托关系人包括委托人、受托人、受益人、保护人。委托人是出于特定目的将财产委托给受托人的人，可以是机构也可以是个人。受托人是接受委托人的委托根据协议对信托财产进行管理的人，是信托财产名义上的所有人。受益人是根据信托协议享有财产收益权的人，分为固定受益人和任意受益人，固定受益人定期享有信托财产收益，任意受益人需要根据协议内容分享财产收益。保护人是监督受托人工作的人。

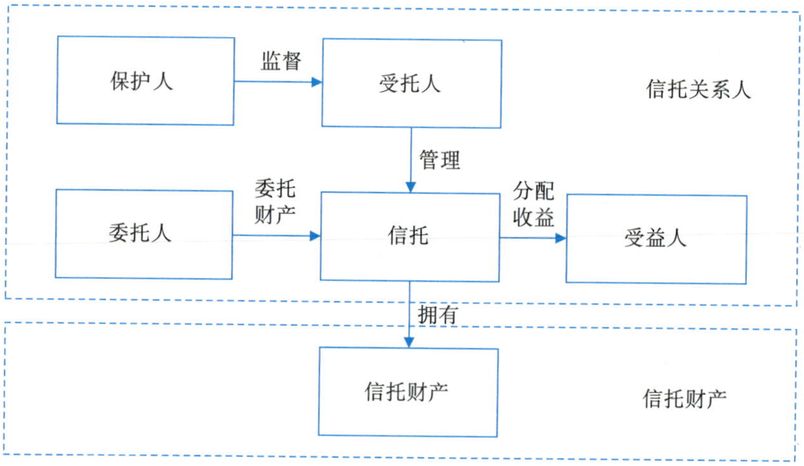

图 3－3　信托基本架构图

离岸信托是依据离岸国家或地区的法律设立在境外的信托。离岸信托最早出现在 20 世纪 70 年代，因为避税地一般保密性好，税收优惠力度大，离岸信托往往设立在全球著名避税地，因此离岸信托一般又特指设立在避税地的信托。

2. CRS 对离岸信托的认定。

（1）金融机构认定：

CRS 最核心的调查对象就是金融机构，四大类金融机构：存款机构、投资机构、特定保险机构和托管机构。是被 CRS 标准最为关注的，而离岸信托在这一标准下最可能被认定为投资机构。如果离岸信托的大部分收入都来源于金融投资交易，并且受到另外的金融机构的管理，该离岸信托会被识别为投资机构。此外，一些为了金融资产投资、再投资和交易而设立的投资工具也会被认定为投资机构，一旦离岸信托被确认为金融机构，则应当完成相关的账户持有人识别和涉税信息申报的工作。

CRS规则下离岸信托最可能被认定为金融机构中的投资机构，CRS规则下的投资机构主要包括三类：基于业务活动的投资机构、被管理的投资机构、为投资目的而设立的机构。其具体认定如表3－5所示。

表3－5　　CRS投资机构认定标准

CRS下投资机构	基于业务活动的投资机构	主要从事或者代客户从事包括买卖货币市场工具，外汇交易和商品期货交易等，代表他人对金融资产或资金进行投资和管理在内的机构，“主要”是指近三个会计年度总收入的50%来源于以上的一项或者多项活动
	被管理的投资机构	被管理的投资机构需要满足两个“测试”：第一是“收入测试”，即近三个会计年度总收入的50%来源于投资、再投资或者买卖金融资产；第二是“被管理测试”，即该机构被其他金融机构管理
	为投资目的而设立的机构	为投资目的而设立的机构就是为了进行金融资产投资、再投资或者交易而设立的机构

（2）非金融机构认定：

相反，如果机构不被认定为金融机构则会被认定为非金融机构，非金融机构又分为消极非金融机构和积极非金融机构，消极非金融机构分为两种认定情况。第一种情况下，如果CRS参与国或地区的税收居民在非CRS参与国或地区设立了投资机构，并且该机构在CRS参与国或地区持有金融账户，那么此时该投资机构就会被认定为消极非金融机构。也就是说，如果CRS参与国居民在非CRS参与国设立了离岸信托，而该离岸信托在其他CRS参与国的银行持有账户，那么此时银行也会将离岸信托认定为消极非金融机构；第二种情况，对于一家非金融机构，上一个年度内，股息、利息、租金、特许权使用费收入等不属于积极经营活动的收入，并且据以产生这些收入的金融资产的转让收入占总收入比重50%以上，或这家机构上一个公历年度末，拥有的股息、利息、租金等收入的金融资产，占总资产比重50%以上，即如果离岸信托架构下的收入绝大部分超过50%是消极收入，那么该离岸信托就会被认定为消极非金融机构。其判定流程如图3－4所示。认定的机构类型和义务如表3－6所示。

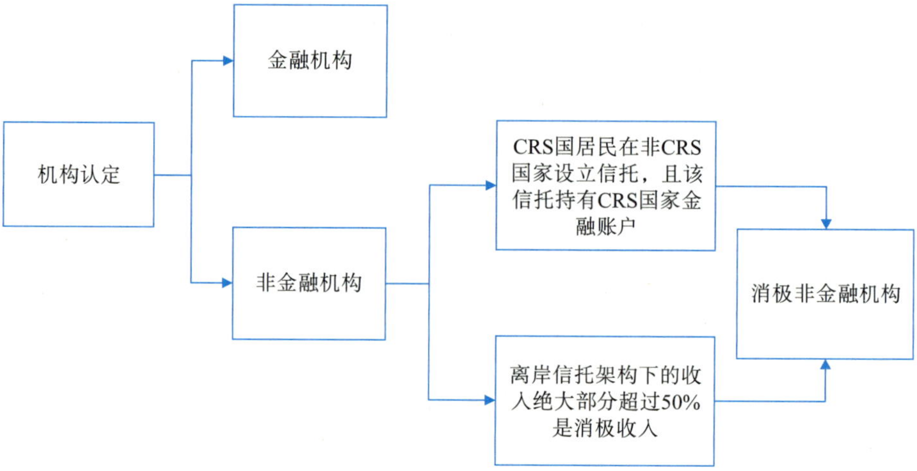

图 3-4 CRS 金融机构判定流程

表 3-6 机构类型及对应业务

机构类型		是否具有 CRS 下的合规义务
金融机构		是
非金融机构	积极非金融机构	否
	消极非金融机构	是

对于构成消极非金融机构的离岸信托来说，如果在其他的金融机构持有账户，那么该离岸信托还需要向金融机构提供其实际控制人的身份信息，以供金融机构来进一步判定该信托账户是否属于需要识别和申报的账户。当消极非金融机构的实际控制人是非居民时，金融机构就需要收集并提交实际控制人的有关税务信息。在离岸信托中，具体的实际控制人包括委托人、受托人、受益人（固定受益人和任意受益人）、保护人。其申报信息如表 3-7 所示。

表 3-7 申报信息

实际控制人	账户余额或价值	账户收入
委托人	信托所持有账户的全部余额或价值	申报当期支付给或计入信托所持有账户的收入或收益分配
受托人	信托所持有账户的全部余额或价值	申报当期支付给或计入信托所持有账户的收入或收益分配
固定受益人	信托所持有账户的全部余额或价值	申报当期支付给或计入信托所持有账户的收入或收益分配
任意受益人	零	申报当期支付给或计入信托所持有账户的收入或收益分配
保护人	信托所持有账户的全部余额或价值	申报当期支付给或计入信托所持有账户的收入或收益分配
账户关闭	账户关闭的事实	该信托关闭前的申报期内支付给或者计入信托所持有账户的收入或者收益分配

3. 需要明确的是，并不是所有的离岸信托都需要补缴税款。具体是否需要补税还要看信托的情况而定。首先CRS规定的需要进行信息交换申报的实体是金融机构和消极非金融机构的金融资产，房产、现金等非金融资产不在信息交换的范围之内，对这类资产的运作不会面临补缴税款的风险。其次我国个人所得税法中的反避税条款细则尚未有细致规定，如本案例中对龙湖地产信托分析中所说的那样，在离岸信托长期不做收益分配累积投资的情况下，是无法直接套用受控外国公司规则对其征税的。

4. 在CRS新政下，以往具有保密性的离岸信托信息需要按规定进行交换，这会使离岸信托的保密性一定程度上减弱，但这并不意味着离岸信托的保密性完全消失，也不意味着离岸信托不再有存在的价值。

首先CRS披露对象的范围是税务机关，而不是面向公众。对税务机关来讲，经CRS交换回来的信息是透明的，税务机关可以据此判断纳税人的纳税义务，但该信息并不面向公众公开，任何人任何机构也不能通过CRS对相关信息进行查询。其次，各国想要加入CRS必须满足一定的条件，条件之一就是具有相应的隐私和数据安全保护能力，因此报送信息的安全性有一定的保障，因此CRS下离岸信托仍然具有较高的保密性。

此外信托的其他功能也不会因为CRS的实施而受到影响，资产保护债务隔离、防止二代挥霍进行有序传承、防止婚变对企业经营影响等等的优势功能依旧完整存在，个体和企业抱上述目的设立的信托不会受到影响。

5. 2019年我国个人所得税法重新修订，在新修订的版本里加入了第八条反避税条款①，但时至今日，个人所得税法实施细则也未对此反避税条款进行明确的规定，因此该反避税条款其实存在应用难题，在实际中难以直接应用。尤其在离岸信托征税方面，即使信息交换回国内，可能我国也并没有合适的法律依据对离岸信托征税。反避税条款CFC规则只是简单地套用企业所得税法的CFC规则，但在具体实施细则中对“控制”没有明确的解释，此前《特殊纳税调整实施办法》对CFC规则有较为细化的规定②，但也是只限于由居民企业控制或由居民企业和居民个人共同控制的外国企业，

① 个税修正草案第八条主要内容是：有下列情形之一的，税务机关有权按照合理方法进行纳税调整：

（一）个人与其关联方之间的业务往来，不符合独立交易原则且无正当理由；

（二）居民个人控制的，或者居民个人和居民企业共同控制的设立在实际税负明显偏低的国家（地区）的企业，无合理经营需要，对应当归属于居民个人的利润不做分配或者减少分配；

（三）个人实施其他不具有合理商业目的的安排而获取不当税收利益。

税务机关依照前款规定作出纳税调整，需要补征税款的，应当补征税款，并依法加收利息。

② 第76条规定“受控外国企业”是指“由居民企业或者由居民企业和居民个人控制的设立在实际税负低于企业所得税法第4条第1款规定税率水平50%的国家（地区）并非出于合理经营需要对利润不做分配或减少分配的外国企业”。

而对由居民个人控制的企业没有明确规定，《实施办法》第1条列举办法制定依据也仅包括了《企业所得税法》及其实施条例、《税收征收管理法》及其实施细则等，因此《实施办法》中的“受控外国公司”具体“控制”标准也无法应用于个人所得税法。因此CFC规则的不明造成了由个人直接控制的离岸架构不分配收益而进行累积收益投资，现有的反避税法规仍不足以支撑对其征税。

八、进一步阅读材料

[1] 熊昕．中国与“一带一路”沿线国家税收情报交换制度的完善[J]．法学，2018（09）：122－134.

[2] 陈虎．刍议OECD应对“规避CRS方案”措施[J]．税务研究，2018（06）：68－71.

[3] 阿基姆·普洛斯，瑞德汉纳斯·胡斯顿，梁若莲．自动税收情报交换如何成为新的全球标准[J]．国际税收，2015（08）：11－16.

[4] 马乐．OECD税收情报自动交换新标准的发展与局限[J]．暨南学报（哲学社会科学版），2015，37（05）：119－127.

[5] 李华泉．美国FATCA对中国金融业的影响及中国的对策——基于国际税法的视角[J]．江西财经大学学报，2014（06）：124－128＋133.

[6] 朱晓丹．OECD《金融账户信息自动交换标准》解析[J]．国际税收，2014（08）：72－75.

[7] 崔晓静，熊昕．FATCA政府间协议范本对我国的影响及对策[J]．税务研究，2013（12）：87－91.

九、参考文献

[1] 曾丞艳．CRS下离岸信托涉税信息交换的研究［D］．云南：云南财经大学，2019.

[2] 夏芳．离岸信托的避税研究[J]．金融经济（理论版），2006（06）：80－81.

[3] 陈东超．跨境资产规划新思维离岸信托和私人基金[J]．理财，2017（12）：60－61.

[4] 韩良．离岸股权信托的设立与治理[J]．清华金融评论，2015（05）：103－106.

[5] 王昊．利用离岸信托传承家族财富[J]．清华金融评论，2014（01）.

[6] 吴骊．在避税地进行离岸信托避税的主要方式[J]．福建税务，2002：8－9.

案例 4

SA 集团股份收购 AG 公司税收争议案[①]

随着经济全球化和数字经济的发展，越来越多的国家加入了世界经济的大浪潮，跨国经济交易给各国带来经济增长的同时也带来了很多经济争端，包括各种税收争端，而税收争端解决（包括旨在保护企业免受与税务当局长期分歧的仲裁等机制）已成为全球谈判中最具争议的问题之一。为了避免跨国纳税人双重征税或者双重不征税，各国和相关国际组织出台了相关的政策措施，相互协商程序（MAP）作为一种税收争端的解决机制，在国际领域具有重要意义，此外强制性的约束仲裁也为相互协商程序提供了更为有力的支撑。

① 本案例作者为杨志清、杨阳、商颢薇。本案例根据 IBFD 网站相关案例分析撰写而成，内容完整，真实可靠。案例来源：IBFD 数据库，链接：https：//research. ibfd. org/#/doc？ url = /document/ttcl2018_ p07_ c34。

案例正文

一、案例背景

（一）案例概况

如图 4－1 所示，2005 年，位于西班牙的一家基础设施公司 Ferrovial SA（以下简称 SA 公司）从瑞士的一家居民联营公司 SP Investment AG（以下简称 SP 公司）购买了另一家瑞士公司 Swissport International AG（以下简称 AG 公司）的全部股份。由于股份支付被延期，SA 公司有义务向 SP 支付利息，该利息可在西班牙扣除并作为收入分配给 SP 公司。但是西班牙税务局拒绝将支付的利息确认为 SA 公司税基中的可扣减费用。由于不可抵扣利息在瑞士应纳税，在这种情况下将会引起 SA 公司在西班牙和瑞士的双重征税，因此，SA 公司在西班牙发起了 MAP（相互协商程序），西班牙主管当局拒绝了 SA 公司启动 MAP 的申请。一直以来，能否使用 MAP（相互协商程序）始终取决于主管税务当局的接受程度以及特定国家（地区）的法律或惯例。很少见有国家启动 MAP 的权利（以及最终的仲裁程序）取决于政策决定和或主管当局善意的国家。正如在法治盛行的系统中采取的任何行为一样，主管当局的决定应受司法控制。根据本案例，本文将主要探讨 MAP 在纳税人和主管税务当局之间的博弈以及仲裁程序的相关问题。

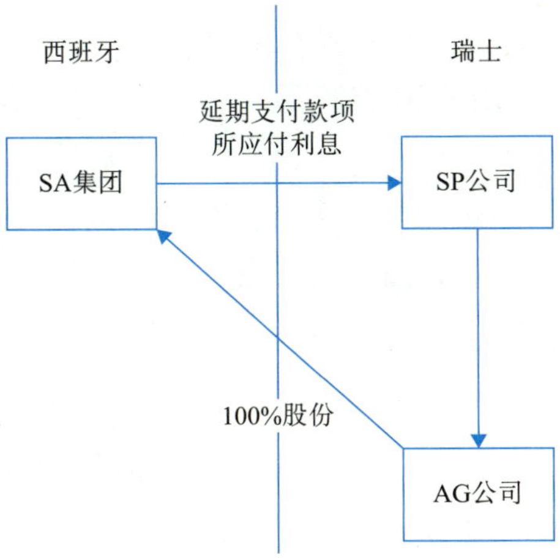

图 4－1　交易情况

（二）相互协商程序现状

相互协商程序是解决国际税收争端的传统机制，广泛应用于不同国家的税收协定与税收司法事件当中。根据经合组织官方网站统计数据显示，以2016年作为分界点，经合组织成员国启动相互协商程序的案件数量超过8000件，截至2018年年末，相互协商未结案件达到6605例，如表4－1所示。

表4－1　　2018年末相互协商程序案件数据

所有案件	年初案件数	新增案件数	结案数	年末案件数
2016年1月1日之前或在加入BEPS包容性框架当年1月1日前收到的案件	4586	0	1231	3355
2016年1月1日之后或在加入BEPS包容性框架当年1月1日后收到的案件	2338	2385	1473	3250

（三）仲裁程序现状

由于相互协商程序存在的种种局限，越来越多的国家开始寻求其他更加有效的途径以解决国际税收争端。2008年经合组织税收协定范本中在第二十五条相互协商程序内增加了第5款规定，将仲裁程序作为推进税收争端解决活动的进一步方案。在双边协定中引入仲裁的国家数量与日俱增，且大多以OECD范本为框架进行。据统计，目前全球有超两百个双边税收协定中引入了仲裁程序。如美国在与法国、德国、加拿大、墨西哥和瑞士等国家的双边税收协定中规定了仲裁条款。

二、SA集团争议案适用的税收政策

在上述案例背景下，案例争议及后续的处理中涉及的相关规则包括相互协商程序和国际仲裁，这两种规则近年来在国际税收争端解决中的应用越来越普遍。下面将详细地介绍相互协商程序和仲裁的规则程序。

（一）相互协商程序的基本规则（以OECD税收协定范本第25条为对象）

经合组织2017年税收协定范本的第25条规定了相互协商程序的具体内容。根据第1款规定，如果纳税人认为缔约国中的单方或者双方的征税行为可能造成该项征税行为不符双边协定的约定，那么他均可将税收争端案件提交缔约国一方主管当局处理，独立于国内法规的相关程序。案件必须在首次通知行动后三年内提出。

第 2 款规定，如果上述主管当局认为该项异议存在合理之处，并且不能由一方达成令人满意的解决方案，那么主管当局应努力与另一缔约国进行相互协商，以处理该案，规避与协定约定不一致的征税活动的发生。

第 3 款规定，缔约国双方主管当局应努力通过相互协商解决与解释或适用协定有关的任何困难或疑问。在协定未作规定的情况下，他们也可共同协商消除双重征税。

第 4 款规定，缔约国税务主管机关在启动相互协商程序后可以直接相互交流，包括通过由其本国或其代表组成的联合委员会相互联系，以达成前款所述的决议，解决税收争端。

第 5 款则提出未决争议纳税人可提出仲裁。该项条款是 2008 年经合组织税收协定范本的新增内容。

经合组织税收协定范本（2017）第 25 条关于相互协商程序共有 5 款规定。第 1 款规定了相互协商程序的发起，肯定了纳税人提出申诉以解决税收争端的权利。第 2 款规定了主管当局的义务，明确一国主管税务机关将纳税人与其的税收争端转换为国与国之间税务部门交流协商解决争端的任务。从国际税收争端内容来看，范本第 25 条第 1 款和第 2 款的规定适用于间接的国际税务争议。第 3 款弥补了协定条款的空白弊端，目的在于解决税收协定中未明确的双重征税问题。第 4 款明确了双方主管部门协商交流的方式。第 5 款引入了仲裁机制。总之，从 OECD 发布的最新范本中可以看出，相互协商程序主要是通过平等自愿方式来解决双重征税纠纷。

1. 相互协商程序的优点

第一，相互协商程序在最大限度上维护了国家税收主权。在平等自愿、共同协商的基础上解决税收争端。

第二，肯定纳税人直接向任一缔约国主管税务机关申请启动相互协商程序的权利，避免救济程序冗余，提高争端解决效率。

第三，相互协商程序的有效性在一定程度上缓解了税务机关解决国际税收争端的压力，尽可能地维护了跨国纳税人的税收权益。同时也提高了一国税务机关的征管能力。

第四，相互协商程序赋予了主管税务机关更多的主动权和灵活变通空间，有利于缔约国双方共同利益的维护。

2. 相互协商程序的局限性

第一，争议解决效率有限。从 OECD 范本第 25 条第 2 款规定可以看到，解决税收争端并不是缔约国主管税务机关的强制性义务，而是一件仅要求尽力解决的事，导致大量相互协商案件决议的拖延。依据OECD最新发布的MAP案件处理情况显示，2018年度转让定价案件的平均结案时间为33个月，其他案件的平均结案时间为14个月。设定的最低标准为争取在平均24个月内解决相互协商程序案件，仅60%的申报国家或地区在所有案件中都达到了24个月内结案的目标。近两年时间才能在相互协商程序方面达成一致意见，而且该意见本身不具有强制执行力。可以很明显地看到相互协商程序的效率问题。

第二，跨国纳税人被排除在协商程序之外，相互协商程序缺乏透明度。根据协定范本第25条第1款规定，纳税人仅有申请启动相互协商程序的权利，却没有在协商会议上旁听或发表意见以及了解相互协商程序谈判进度等情况的权利。缺乏跨境纳税人一定程度的参与，同样也是导致处理效率低下、商议效果对纳税人的权益保护不足的原因。

第三，相互协商程序的适用范围仍然有限。由于该项程序解决的主要是双边税收协定争议，若涉及第三个国家，则陷入困境。在国际税收实践中，居民国、注册登记国以及实际经营活动发生国可能是三个不同的国家，如果仅有其中两国签订避免双重征税协定，而与经营活动发生国没有税收协定，则在前两国因协定条款在解释和适用方面产生争议并牵扯到第三方国家相关利益的情况下，相互协商程序就不能发挥作用。

（二）税收仲裁的主要内容（以OECD范本第25条第5款为例）

OECD范本第25条相互协商程序的第5款规定是2008年新增的，主要内容为：根据第1款规定，当一个人认为缔约国一方或双方对其进行了不符协定要求的征税活动并申诉至某方主管部门后，如果双方主管部门不能按照第25条第2款的规定，在案情提交之日起两年内通过相互协商程序解决，那么该案的任何未决争议可申请仲裁。但是，如果任何一方已经对这些未决问题做出裁决，那么不得将其提交仲裁。除非其不接受该项实施仲裁决定的相互协议。

根据OECD范本第25条第5款规定，若双方主管当局经两年沟通仍然无法解决所涉案件，那么阻碍其达成一致的问题应当交付仲裁。在该项问题由仲裁解决后，将继续按照正常的相互协商程序完成。该项条款的目的并不在于取代相互协商程序，其功能在于，在少数双方主管当局不能对协定的恰当使用或解释达成一致的情况下，对相互协商程序进行补充。一旦经过仲裁就该项阻碍达成一致，双方当局就能够对该项案件提出最终解决方案。仲裁程序仍然是国与国之间的程序，目的在于解决由纳税人申请而令主管当局注意到的在协定解释上的潜在差异。

1. 仲裁机制程序

第25条第5款中没有具体仲裁程序要求，而是在第25条附件《相互协商样本》中制定了若干程序性规则。

（1）请求仲裁：当双方主管当局不能在纳税人提交案件起两年内达成协议解决案件，将未获解决的问题转付仲裁是强制性的，无须经过双方主管当局授权。并且，转付仲裁程序的仅是阻碍当局达成相互协商一致的问题而非整个案件。范本第25条规定仲裁的功能并不是裁决案件，而是推动相互协商程序达成案件的圆满解决。

（2）确定审理事项：双方主管当局应当在收到仲裁请求3个月内确立《审理事项》，该事项也可以规定补充性的程序性规则来管理仲裁程序。为了应对一方主管当局不同意《审理事项》而拒绝合作的情况，协议样本提供机制允许提出仲裁请求的个人和另一方主管当局确立临时性《审理事项》，在确定仲裁员后由仲裁员以该《审理事项》来管理该案件。

（3）选择仲裁员：在确定审理事项并通告仲裁请求后，双方主管当局需要在3个月内各自确定一名仲裁员。协议样本中没有说明选定仲裁员的资格条件，就双方各自选任最为称职、没有直接参与该案的工作人员即可。仲裁员可以制定其认为必要的、《审理事项》之外的程序性或证据规则。

（4）纳税人参与：协议样本中规定，纳税人有权以书面形式向仲裁员陈述其案件，与其在相互协商程序中所拥有的权利相同。同时协议样本也提到，纳税人可以进行口头意见阐述，只要经过仲裁员的同意即可。可以看出来纳税人参与仲裁程序的权限与相互协商程序相比同样是有限的。

（5）简易程序：协议样本提出了基于“最佳方案”的另外一种选择，即由双方主管当局向仲裁员提出他们各自对《审理事项》中规定问题的解决方案，由仲裁员在这些方案中选择。该方式特别适用于事实性问题的解决，常见于转让定价争议中。

（6）规定时限：协议样本要求仲裁员在正式开始审理案件之日起6个月内做出裁决，如果仲裁员不遵守时限，双方主管当局可以选择延长做出仲裁裁决的期限或者指定新的仲裁员重新开始程序。

2. 税收仲裁机制的优势

（1）有利于保障投资人利益：税收仲裁机制引入中立三方作为争端解决机制的裁决方，避免了国际税收争端中的利益相关方，在仲裁中更有利于保障投资者的利益。由于国际税收争端与国家财政利益相关，在国家层面更具有敏感性，任意一方主管当局的处理方式都会存在政治以及宏观经济考虑，各有各自的利益偏好而非从投资人利益出发。因此，从跨国纳税者的角度讲，相比于单纯的缔约国之间相互协商，第三方仲裁显然更有利于保障其自身利益。

（2）解决争议更为高效：强制仲裁机制不仅自身程序运行更为高效，而且在推动相互协商进程方面也有很强的功能。强制仲裁机制为协商的进行设置了期限，超过一定期限后的未决争议就应当转付仲裁。这对加快相互协商进程，减轻协商过程中的成本和不确定性都有着非常积极的意义。另外在仲裁机制中的简化程序例如“最优提案”等方式，兼顾了决议达成的效率，并且避免了极端提案的出现，确保了最终提案的实施效果。

（3）仲裁程序更具灵活性：仲裁程序在程序安排上充分考虑了争议案件参与者的主观要求，在仲裁地点、仲裁员的选择、仲裁庭的组成、仲裁的具体程序和阶段等方面允许参与方进行自主安排。仲裁过程的公开与否、怎么公开等方式都由参与方决定，在具体仲裁实施的过程中更具灵活性，也是强制仲裁程序的标志和主要吸引力之一。

3. 税收仲裁机制的局限

尽管作为相互协商机制的补充在效率、灵活、公平等方面有着优势，但是强制仲裁程序仍然存在一些缺陷，特别是对于发展中国家来说，将其引入实际操作还存在一些顾虑。

首先，强制仲裁机制缺乏独立性。不论是 OECD 税收协定范本的注释规定的做法，还是普遍国家所签订税收协定的做法，大部分国家都是把强制仲裁程序作为相互协商程序的一个补充部分，而非独立部分。这导致即使一国在税收协定中引入了强制仲裁解决方法，缔约国双方也可以在进行相互协商程序的过程中通过排除特定事项的方法来规避仲裁。纳税人在被主管税务机关审核申请后并不能有自己启动仲裁程序，至少在启动相互协商程序后 2 年才能进入仲裁，所耗费的时间成本仍然存在。

其次，对于发展中国家来说，强制仲裁程序可能会使自身处于税收活动中的不利地位。由于发展中国家在税收人才技术、法律法规制度健全方面的限制，面对国际仲裁的经验不足，实践活动中的能力上与发达国家相比还存在一定的差距。但在税收协定中引入强制仲裁程序是大势所趋，为了提高本国税务机关的征管能力，促进跨国交易活动的顺利进行，发展中国家可以先考虑在与发展中国家签订的税收协定中引进强制仲裁机制，逐步积累强制仲裁机制的经验。

三、案例分析

（一）案件经过

如图 4－2 所示，2005 年西班牙 SA 集团同瑞士居民公司 SP 完成了关于另外一家瑞士 AG 公司的全部股份交易。该项股份交易的支付款项被延期，因此 SA 集团须向 SP 公司支付一笔利息。针对该笔 SA 公司向 SP 公司支付的利息，西班牙 SA 集团作为一笔可扣除费用从税基中扣除，而在位于瑞士的 SP 公司将该笔利息计入收入。然而在 2006 年财政年度的税务审核过程中，西班牙税务局拒绝了 SA 集团的该笔利息费用扣除，以此为起点，西班牙 SA 集团与西班牙当局产生了税收争议，并在多年间进行博弈。

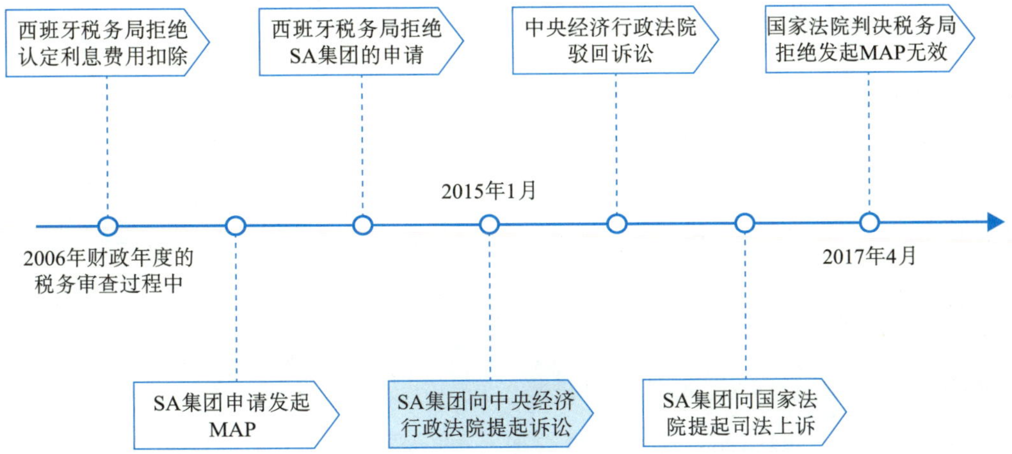

图 4－2　案件经过

1. 申请启动

在 2006 年财政年度税务审核的过程中，西班牙税务局拒绝将该笔支付的利息确认为西班牙公司税基中的可扣减费用。主管税务当局以本国国内的反滥用一般规则（GAAR）第 15 条为依据，认为该项交易是滥用行为，SA 集团并不应当将该笔支付给 SP 公司的投资费用扣除。

由于该笔利息要在瑞士 SP 公司确认为收入而征税，且西班牙主管税务当局拒绝 SA 集团将该笔支付费用从税基中扣除，SA 集团认为造成了经济上的双重征税，在西班牙发起了启动相互协商程序（MAP）的申请。

2. 驳回申请

随后西班牙主管税务当局驳回了 SA 集团启动 MAP 的申请。根据西班牙国内法律对 MAP 的相关规定，主管当局可以根据 MAP 条例第 8 条第 4 项的规定，认为“纳税人试图在缔约国一方避免征税”而驳回启动 MAP 的申请。此外，对于西班牙主管当局而言，由于税务审计员采用了西班牙国内的反滥用规定（GAAR），因此并不涉及税收协定相关问题。他们认为该案是国内税收争端范畴，因此有理由驳回关于 SA 集团发出的 MAP 申请。

3. 司法上诉

被税务当局驳回申请后，2015 年 1 月 SA 集团向西班牙中央经济行政法院上诉该决定，被驳回后，他们继续向西班牙国家法院提出司法上诉。SA 集团的主要诉求是应针对特定情况下的双重征税来启动 MAP：不可扣除的利息费用造成了在西班牙、瑞士两国的双重征税，这一事实结果违反了西班牙与瑞士的税收协定条约。

西班牙国家法院注意到了拒绝扣除利息费用支出会造成经济上双重征税这一事实，并考虑到 OECD 范本第 9 条、第 25 条附注的相关规定，建议即使国内不存在这样的规定，在处理经济上的双重征税过程中也可以通过 MAP 解决税收争端。2017 年 4 月，最终法院判决，由于西班牙税务机关所做的调整包括拒绝利息扣除，而瑞士未做相应调整，因此 MAP 是避免双重征税的适当程序，西班牙主管当局拒绝发起双重征税是没有根据的。

（二）争议梳理

MAP 作为国际上解决税收争端的普遍做法，在具体实施的过程中又受到不同国家法律法规、税收协定的限制，实际效果有所差异。在本案例中，SA 集团对于启动相互协商程序以避免双重征税的诉求与西班牙主管税务当局限制启动的做法产生冲突，主要来自对涉税事项的认定、条款的适用上产生了分歧。下文将从西班牙国家对于纳税人申请启动 MAP 的权利、税务机关限制相关 MAP 的理由两方面进行争议梳理。

1. 纳税人申请启动 MAP 的权利

西班牙第 1794/2008 号皇家法令通过了直接税收事务中的 MAP 程序规则。其中包括第 5/2004 号皇家法令批准的《非居民所得税法修正案第一补充条款》的规定，即相关国际公约或条约规定的为避免西班牙签署的避免双重征税（DTC）采取的相互协议程序（MAP）。第一条表明，如果某人认为一个或两个国家的行为导致或将导致不符合 DTC 的税收，则应当启动 DTC 中规定的 MAP 程序。

另外在第三条规定纳税人的权利与义务时明确表明，纳税人有权启动第一条规定的 MAP 程序，有权被告知诉讼程序并有权向税务机关了解其情况。另外，在处理第一条所述的 MAP 案件期间，纳税人应向税务局提供可能证明对解决该案件有用的任何数据、报告、记录和基础文件。该信息必须真实、完整，并应按要求及时提供。

根据判例传统来看，西班牙法院已经承认可以调控是否有理由拒绝启动 MAP 程序（1999 年 6 月 14 日国家法院，2000 年 6 月 20 日、2003 年 4 月 15 日以及 2004 年 6 月 15 日至 25 日的最高法院的判决）。因此，西班牙的纳税人享有对拒绝启动 MAP 的决定进行司法审查的特殊权利。尽管西班牙法院传统上会对主管机关是否启动 MAP 的裁决进行严格的司法审查，但它们对何时启动MAP的限制更大。

2. 主管当局限制启动MAP的理由

目前来看，西班牙皇家法令颁布的MAP法规是限制性的，也许是为了响应西班牙法院控制MAP发起的意愿，并为主管当局提供了足够的余地来拒绝纳税人发起MAP。根据西班牙MAP规章第8条，在以下情况下，主管当局可以拒绝启动MAP。

没有关于MAP条款的税收协定：

（1）纳税人在税收协定期限届满后提交启动MAP的申请；

（2）所涉问题仅涉及国内法，并不表明税收协定的适用存在差异；

（3）纳税人在缔约国之一寻求避免征税的；

（4）该申请涉及同一纳税人发起的上一次MAP中已经考虑过的问题，主管当局已就该问题达成协议，纳税人拒绝接受；

（5）纳税人未提供主管机关要求的信息或文件。

西班牙MAP法规中确定的第三、四条理由是本次案例拒绝启动MAP的原因，除此之外，第六条同样存在界定模糊的问题，给主管当局很大的回旋余地，并可能导致对纳税人启动MAP的申请进行毫无根据的拒绝。以该项涉税问题仅涉及国内法为由而拒绝启动MAP的做法可能源自许多旧案例，在这些旧案例中，某些税收筹划技术根据国内GAAR规定受到了质疑。西班牙税务机关和法院通常确认，这些案件并不涉及与税收协定适用的任何问题，而仅仅是国内法律问题而拒绝启动MAP。

（三）案情评价

通过上述的案情介绍和争议梳理，我们可以看出在出现跨国税务问题争议的时候，MAP成为跨国纳税人维护自己税收权益的一种工具，但是从案例中可以看出，虽然西班牙的纳税人拥有启动MAP的权利，但是由于主管当局和相关法规的规定，启动MAP的权利受到很多的限制，比如受到国内法和国际税收协定的影响，主管当局甚至司法机构需要适当考量启动MAP的必要性以及启动时间，这在一定程度上给了主管当局很大的自由裁量权，容易对纳税人产生不公平的结果。近年来，MAP在解决跨国税务问题方面发挥着越来越重要的作用，作为国际社会处理解决跨国税收争端、提高税收确定性的主要方式，经济合作与发展组织（OECD）最近发布的报告显示，启动相互协商程序（MAP）处理解决跨国涉税争议的纳税人越来越多，国际社会对MAP的信任度也越来越高。但是仍有许多国家的税务机关对MAP所涉及的税收规则存有异议，各国启动MAP处理解决跨国涉税争议的程度也参差不齐。此外，MAP还是税基侵蚀和利润转移（以下简称BEPS）第14项行动计划的最低标准，就是要求各国税务机关按照标准，及时处理启动 MAP 的跨国涉税争议案件，以提高办案的效率，避免双重征税。这项行动计划除了包括 MAP 外，还有强制性约束仲裁（Mandatory Binding Arbitration），后者目前有 28 个国家参加。最低标准要求各国需要发布明确的“MAP 文档”（MAP Profile），内容包括行政当局的详细公开信息、本国的 MAP 指南和其他 MAP 进程中的有用信息，提高 MAP 项目的透明度和传播度。收到建议的地区通过增加供给促进 MAP 功能的其他资源、发布 MAP 指南或修订税收协议的方式改进。目前大约有 75 个 MAP 文档在 OECD 网站公开，并且在 MAP 数据报告框架下公布 MAP 数据。

四、国际经验借鉴

（一）完善税收情报交换制度，提高相互协商程序透明度

首先，优化税收情报交换协议的条款，针对缔约国双方经济发展水平和规模参差不齐的状况，发展水平较高的一方可以适度地分享一些税收利益给发展水平较低的缔约国一方，这样不仅体现了人道主义，还能促成更多的税收情报交换协议的签订，有利于保护各个国家的税收利益，有效地防范国际偷税逃税；其次，组建一个税收情报交换的专门的国际组织，从事税收情报交换工作的安排，术业有专攻，该组织应该尽可能更多地涵盖发达国家和发展中国家，增进发达国家和发展中国家的税收征管协助；此外，加快构建以互联网和大数据为基础的税收情报交换信息网络平台，通过建立我国税收信息数据库为每个纳税人建立一个认证号，通过扫描认证号，掌握产品从生产到消费各个环节的涉税信息。保证成员国之间的税务信息数据库实现资源共享和全球范围内最广泛的税务信息交换。通过数据集成与分析技术、金融领域模型和研究分析工具的结合，可以实现数据分析的数据库、平台和服务的有效结合，最大限度地实现税务信息交换的有效性。在保证税收情报交换制度完善的基础上开展相互协商程序，有利于提高各国相互协商的效率和质量，更好地促进税收争端的解决。

（二）促进多边税收协调机制的发展和完善

上述西班牙与瑞士的案例揭示了跨国纳税人在跨境经济往来中可能面临的税收风险，特别是随着多边税收协调机制在国际税收领域发挥的影响越来越大，跨国企业的税收合规不仅需要考虑符合所在国税务当局的要求，还需要考虑符合国际组织的相关规则的要求。在经济全球化的背景下，适当地启动相互协商程序不仅能兼顾税务机关和跨国纳税人的税收利益，还能防范纳税人通过滥用税收协定等政策法规实现双重不

征税的偷逃税目的，从整个反避税的角度来看，相互协商程序在反避税工作方面日益发挥着越来越重要的作用。

（三）合理选择仲裁方法

选择合适的仲裁方法对于能否有效解决税收争端有很重要的意义，就整个国际税收领域而言，仲裁方法主要包括“最终最佳仲裁”和“独立意见”两种仲裁方法。前者是指缔约国双方各自针对税收争端形成各自的税收争端解决方案，然后由仲裁委员会通过最终决定做出方案的选择和裁决，一旦仲裁委员会做出决定，缔约国双方就应该按照仲裁委员会决定的方案执行，这种方法可以有效提高解决税收争端的效率和合理性。而后者是指仲裁庭根据事实依据独立的进行裁决。这两种仲裁方法各有优势和劣势，各个国家应该根据具体的案例进行具体的分析，选择更合适的仲裁方法。

五、我国税收争端解决机制及其完善

（一）我国税收争端解决机制现状

根据国家税务总局2013年发布的“56号公告”和2017年发布的“6号公告”[①]可以看出，我国目前针对国际税收争端采用的解决机制是相互协商程序。另外中国虽然签署了在2016年11月通过的BEPS多边公约，但并未接受其第六部分规定的强制性和有约束力的仲裁机制。2016年和2018年中国MAP案件类型如图4－3所示。

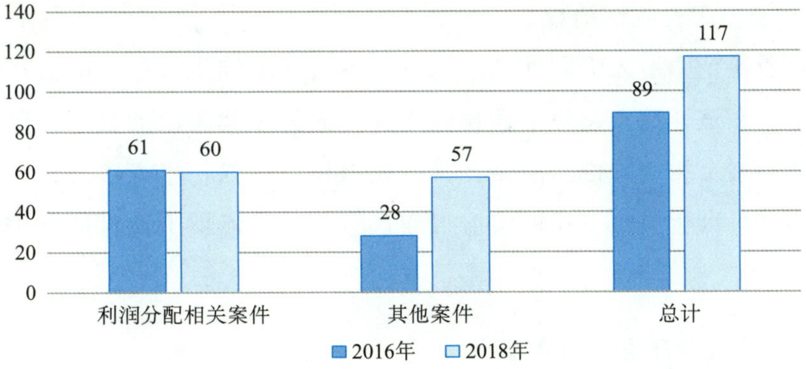

图4－3　中国MAP案件类型

① “56号公告”和“6号公告”对相互协商事项、申请期限、需要提交的材料、拒绝受理相互协商程序情形做出了规定。

（二）引入强制仲裁程序的必要性

1. “一带一路”发展的现实需要

随着我国对外开放程度的扩大与加深，我国在国际投资活动中已逐渐从资本输入国转变为资本输出国，近几年在“一带一路”发展倡议下，大批纳税人从事跨国经济活动，税收争端也与日俱增。从相互协商程序的历史实践活动中可以发现，仅仅依靠相互协商程序并不能完全满足维护纳税人合理经济权利的要求。从强制仲裁程序的效率、效果方面来看，在与“一带一路”国家签订税收协定时可以引入强制仲裁程序作为税收争端解决机制的新发展。为跨国经济活动创造良好的投资环境，为纳税人参与争端解决程序、高效解决税收争端、保证税收争端结果公平等方面提供了可能。

2. 中外税收争端案件呈上升趋势

我国作为世界上对外签订最多防止双重征税的税收协定国之一，中外税收协定因适用或解释产生的纠纷也在逐年增加。2017 年中国旧存相互协商案件 131 件，新增 41 件，已结案 21 件。2018 年中国旧存相互协商案件 111 件，新增 24 件，已结案 45 件①。可以明显看出我国在解决税收争端案件的效率上存在欠缺，仅通过相互协商程序并不能有效地解决税收争端。我国对外开放程度的加深，不论是与“一带一路”沿线国家的经济往来或者是与其他发达国家的经济合作，时有发生的税收争端由于其复杂性和经济制度差异导致我国与这些国家进行相互协商的过程中力不从心。因此，适时引入强制仲裁程序条款进入税收协定，通过仲裁程序推动相互协商程序的进程，可促使我国在税收争端问题上积累经验，占据主动权。

3. 提升我国国际税收话语权

在双边税收协定中引入强制仲裁已经成为各国逐渐接受并推广的最新解决国际税收争端的方法，在这样的大趋势下，我国不应当成为仲裁决议的被动接受方，而是要积极应对变化，制定相应的机制战略，维护我国税收主权，平等参与其中。对于有失偏颇的机制要适机进行修改，在创建本国仲裁机制时要体现中国价值和中国方案，掌握话语权。

（三）引入强制仲裁程序的具体措施

长远来看，引入强制仲裁程序是我国促进对外投资经济活动发展的必然要求。然

① OECD, Mutual Agreement Procedure Statistics for 2018, https://www.oecd.org/tax/dispute/mutual-agreement-procedure-statistics.html.

而考虑到我国法律制度、税收制度、经验积累、人才储备等方面的实际情况，引入税收仲裁程序以解决税收争端需要一个合适的时机。我国应该对此项行动保持谨慎，完善国际税收法律制度，为引入强制仲裁程序打下基础。

首先是完善国际税收法律制度，在国际税收理论、法律制度、税收政策处理原则方面进行明确。这是解决税收争端最长远有效，也是最关键最根本的路径。

其次是为实施仲裁提供充足的人才储备。从企业内部税务专业人员，到主管税务机关专业协商工作人员到对有税务工作、法律工作、协商经验的仲裁人员的培养。世界各国都非常注重协商人员的培训，以美国为例，作为美国仲裁委员会执行机构的国际争议解决机构不仅为美国 IRS 提供协助管理仲裁案件，还负责培训仲裁员的工作。

最后，作为“一带一路”倡议国，我国要想累积强制仲裁程序经验，应当优先考虑与“一带一路”沿线国家尝试引入，综合考虑沿线国家的经济水平、税收制度、法律制度等方面发展状况等诸多因素后，选择部分国家，与其签订引入强制仲裁程序作为相互协商程序补充的税收协定，为后续制度的完善，以及提升我国国际税收话语权奠定基础。

案例使用说明

一、教学目的与用途

1. 本案例主要适用于税收学、国际税收、税收筹划等课程内容的学习。

2. 本案例以 SA 集团股份收购 AG 公司引发税收争端为例，剖析了跨国经济交易给国际经济增长所带来的税务争端，其教学目的在于使学生了解为避免跨国纳税人双重征税或者双重不征税，国际上出台了相关政策措施。相互协商程序作为一种税务争端的解决机制，具有重要意义，最后针对我国税收争端解决机制的现状提出了引入强制性仲裁程序的建议。

二、启发思考题

1. 强制仲裁程序的引入是否有效解决了税收争端，并保护了跨国纳税人的合法税收利益？

2. 比较分析说明相互协商程序与税收强制仲裁程序的异同？

3. 你认为采用什么样的方法可以解决税收争端事项中公平与效率的兼顾问题？

三、分析思路

教师可以根据自己的教学目标（目的）来灵活使用本案例。这里提出本案例的分析思路，仅供参考。

本案例以SA集团股份收购AG公司引发税收争端为例，剖析了跨国经济交易给国际经济增长所带来的税务争端。第一部分介绍了跨国公司的基本交易情况，指出税收争端矛盾焦点以及国际主流解决争端办法，便于学生接下来对SA集团税收争议情况以及解决机制的理解。

第二部分是SA集团争议案中适用的税收政策，主要是相互协商程序的基本情况和税收仲裁的主要内容。

第三部分分析了SA集团股份收购AG公司案例，梳理了案件争议经过，从发起申请、驳回申请、到司法上诉，指出纳税人申请相互协商程序的权利及主管当局限制启动程序的理由。

第四部分以案例为基础，延伸探讨了解决税收争端机制的国际经验以及借鉴问题，以便学生进一步从应用层面了解国际税收争端解决机制。

四、理论依据及分析

1. 国际重复征税的产生。国际重复征税是由不同国家的税收管辖权同时叠加在同一笔所得上引起的，分为相同的税收管辖权重叠和不同的税收管辖权重叠。相互协商程序的目的是通过缔约国双方税务当局的行政协助以解决协定在执行中出现的纠纷，以达到消除双重征税或者防止国际偷漏税的目的。

2. 相互协商程序的基本规则。经合组织2017年税收协定范本的第25条规定了相互协商程序的具体内容。根据第1款规定，如果纳税人认为缔约国中的单方或者双方的征税行为可能造成该项征税行为不符双边协定的约定，那么他均可将税收争端案件提交缔约国一方主管当局处理，独立于国内法规的相关程序。

3. 国际税收仲裁的基本规则。OECD范本第25条相互协商程序的第5款规定主要内容为：根据第1款规定，当一个人认为缔约国一方或双方对其进行了不符协定要求的征税活动并申诉至某方主管部门后，如果双方主管部门不能按照第25条第2款的规定，在案情提交之日起两年内通过相互协商程序解决，那么该案的任何未决争议可申请仲裁。但是，如果任何一方已经对这些未决问题做出裁决，那么不得将其提交仲裁。除非其不接受该项实施仲裁决定的相互协议。

4. 税收争端解决的基本原则。效率原则，作为税收征管机关降低税收成本，尤其这里的税收成本不仅仅是指以货币衡量的经济成本，还有其他成本例如双方税务当局的公信力和税收协定的威慑力等；公正原则，国际税收争议的产生对于国际的税收秩序来说是一个不稳定因素，不利于税收管理秩序的有效运转。

五、关键要点

1. 解决国际税收争端适用的税收政策。
2. SA 集团股份收购 AG 公司案例中的争议点。
3. 相互协商程序和税收强制仲裁的程序。
4. 如何优化完善我国税收争端解决机制。

六、建议课堂计划

本案例可以作为专门的案例讨论课来进行。如下是按照时间进度提供的课堂计划建议，仅供参考。

整个案例课的课堂时间控制在 80 ~ 90 分钟。

课前计划：给出案例背景并提出启发思考题，请学员在课前完成阅读和初步思考。

课堂计划：对案例进行详解，明确讨论内容（20 分钟）。

分组讨论（25 分钟），告知发言要求。

小组发言（每组 5 分钟，控制在 25 分钟）。

引导全班进一步讨论，并进行归纳总结（15 ~ 20 分钟）。

课后计划：如有必要，请学员采用论文形式给出更深层次的解读报告，包括具体的职责分工，为后续章节内容做好铺垫。

七、思考题参考答案及相关法规依据

1. 因地制宜，对于发展中国家来说，强制仲裁程序可能会使自身处于税收活动中的不利地位。由于发展中国家在税收人才技术、法律法规制度健全方面的限制，面对国际仲裁的经验不足，实践活动中的能力上与发达国家相比还存在一定的差距（可以从强制仲裁程序的优劣势两方面进行解答）。

2. 相互协商程序与税收强制仲裁的相同点与不同点如表 4－2 所示。

表 4－2　　相互协商程序与税收强制仲裁的对比

		相互协商程序	税收强制仲裁
相同点		缓解了税务机关解决国际税收争端的压力，尽可能地维护了跨国纳税人的税收权益，但是两个程序的纳税人参与程度同样有限。	
不同点	效率性	相对较低	相对较高
	灵活性	相对较低	相对较高

3. 答：税收争端解决的基本原则包括：

（1）效率原则。作为税收征管机关降低税收成本，尤其这里的税收成本不仅仅是指以货币衡量的经济成本，还有其他成本例如双方税务当局的公信力和税收协定的威慑力等。进一步完善税收征管体制使之与国际税收发展的形势相适应；适应国际新形势不断地创新、开拓新税收征管手段，更好地维护纳税人和国家之间的税收权益；加强税务当局自身的建设，优化和完善税务机关工作人员的专业知识技能以适应税收形势的变化；各国税务当局要树立正确的税收争端解决观，面对税收争端作为税务机关要积极应对，不应消极回避，建立良好的税收争端解决机制。税务机关内部可以建立专门的咨询机构，加强与纳税人之间的交流。

（2）公正原则。国际税收争议的产生对于国际的税收秩序来说是一个不稳定因素，不利于税收管理秩序的有效运转。加强相关税收争端解决的法律制定，依法监督税收争端解决的公平性，保证各个国家的纳税人平等地维护自身合理的税收权益。

八、进一步阅读材料

［1］李时，秦泮义．国际税收仲裁机制与我国的税收话语权［J］．税务研究，2015（05）：72－77.

［2］罗佳．强制仲裁机制在税收协定 MAP 程序中的适用问题研究［D］．华东政法大学，2018.

［3］杰弗里·欧文斯，凌冰尧，李娜．在“一带一路”参与国营造无争端的税收环境［J］．国际税收，2019（05）：5－7.

［4］赵鹏．国际税收争议解决机制研究［D］．华东政法大学，2015.

［5］胡枚玲，张薇．国际税收仲裁机制及其在中国的实施路径［J］．西南民族大学

学报（人文社科版），2017，38（05）：109－114.

九、参考文献

［1］罗佳．强制仲裁机制在税收协定 MAP 程序中的适用问题研究［D］．华东政法大学，2018.

［2］赵鹏．国际税收争议解决机制研究［D］．华东政法大学，2015.

［3］胡枚玲，张薇．国际税收仲裁机制及其在中国的实施路径［J］．西南民族大学学报（人文社科版），2017，38（05）：109－114.

［4］李时，秦泮义．国际税收仲裁机制与我国的税收话语权［J］．税务研究，2015（05）：72－77.

［5］J－P. Lieb et al.，Preface in International Arbitration in Tax Matters（M. Lang et al. eds.，IBFD 2016），Books IBFD.

［6］Spain－Draft MAP regulations－consultation launched（21 Jan. 2020），News IBFD.

［7］Spain－MAP regulations（treaty，Arbitration Convention）－details（15 Dec. 2008），News IBFD.

［8］杰弗里·欧文斯，凌冰尧，李娜．在“一带一路”参与国营造无争端的税收环境［J］．国际税收，2019（05）：5－7.

［9］徐妍．“一带一路”税收争端解决机制法律问题研究［J］．社会科学战线，2018（08）：207－216.

案例 5

从印度花商案与日本仓库案看数字经济下常设机构的认定①

本文选取了印度花商案与日本仓库案，根据不同的判案结果进行比较，并与 BEPS 行动计划中互联网广告服务商以及在线零售商的典型避税架构进行比较，说明现行常设机构认定规则在数字经济背景下面临的挑战，并通过借鉴 BEPS 行动计划以及各国实践中的相关经验为我国完善常设机构认定规则提出相应的意见和建议。

① 本案例作者为赵新宇、李劲微。本案例根据印度花商案和日本仓库的判案结果分析撰写而成，内容完整，真实可靠。

案例正文

在国际税收协定中，常设机构在缔约国之间起着分配和限制税收管辖权的重要作用，是收入来源国进行征税的前提条件。目前的常设机构主要分为固定场所常设机构与代理常设机构两种。然而随着互联网技术的发展，新型的商业模式不断兴起，现行的常设机构认定规则已经无法适应数字经济下商业活动的开展。

一、案例背景

（一）印度花商案

1. 案例简介

Right Florist 是印度的一家公司，主要从事鲜花及附加礼物的零售与配送业务。为了提高自身的销量，该花商与谷歌和雅虎搜索引擎签订了广告合同，每年支付 300 万卢比的广告费在搜索引擎上发布广告，以便顾客在搜索引擎上搜索相关词时 Right Florist 的相关内容就会出现在搜索结果里。与谷歌和雅虎签订的合同是自动进行的，两家搜索引擎提供广告服务时也是自动进行的。在支付广告费时，该花商并未代扣代缴预提所得税便将款项直接打入境外的谷歌与雅虎账户中，具体架构如图 5－1 所示。

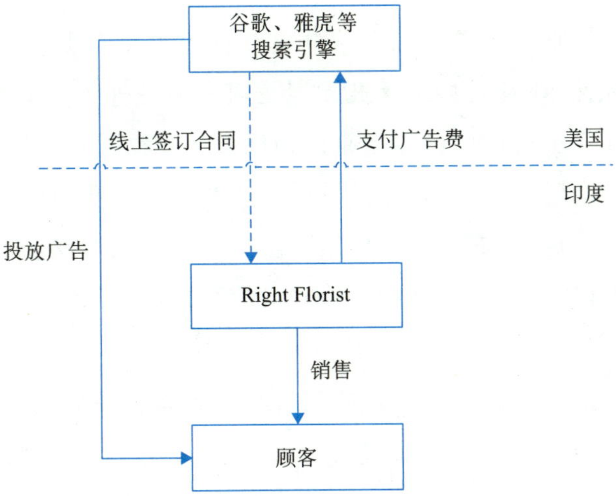

图 5－1　印度花商支付广告费架构

根据印度的国内税法规定，任何人在印度向非居民支付任何利益时，除了工资以外的应税款项，应当被征税。同时，支付方式有代扣代缴预提税的义务，没有征收预提税的款项不允许汇出到境外，除了免税的情形，然而免税需要经过印度税务官员的批准。印度的花商认为其广告费所支付的搜索引擎公司在印度并没有任何常设机构，根据国内税法非居民的所得收入只有在合理程度上可归属于在印度的经营行为时才能够被征税，因此支付给谷歌以及雅虎的广告费用不属于在印度的经营行为，因此不需要代扣代缴预提税①。而印度税务机关认为该项广告费用没有征收预提税，既没有享受税收协定的优惠和豁免政策，也没有进行免税申请审批，没有合理的事实依据，应当补税。

在所得税上诉委员层面，委员撤销了税务机关征税的处理，因此税务机关于2013年4月向法院提起上诉。在法院层面，法官结合《经济合作与发展组织关于对所得和财产征税的协定范本》（以下简称《OECD范本》）及其注释做出判决，认为两家搜索引擎在印度境内提供互联网广告服务时，不被判定为具有常设机构，因此不需要向印度税务机关纳税，花商也不需要代扣代缴预提税。

2. 案例剖析

本案的主要争议在于位于印度境外的谷歌和雅虎等互联网服务商在境内无实体经营机构，向印度境内提供广告服务是否负有纳税义务，印度税务机关与花商公司各自援引了不同的法律依据，而法院在审理案件的时候参照了《OECD范本》对常设机构规则的定义，最终判定广告服务商在印度境内不具有纳税义务，印度花商不需要就其所支付的广告费进行代扣代缴预提税。

（1）援引的法律依据：

印度税务机关以ITA（Indian Income Tax Act，相当于印度的《所得税法》）第195条第（1）款为法律依据，“所有对外国公司的任何付款负有责任的人，在支付任何款项之前，都应在税源处扣除税款”，因此印度花商在向境外谷歌和雅虎支付广告费时，由于没有申请审批任何免税情形，应当有代扣代缴预提税的义务。

印度花商公司则引用了ITA第9条的规定，“如果公司在印度没有常设机构，其所得收入在合理程度上不能归属于在印度的经营行为，不负有纳税义务”，自然而然印度花商公司也不负有代扣代缴预提税的义务。因此税务机关不能要求印度花商公司补缴税款。

从援引的法律依据来看，印度税务机关所引用的条款内容属于具体规定，而印度花商公司所引用的条款属于一般规定条款，只有满足了第9条的规定，第195条第（1）款才能适用，因此案件的重点则聚焦于境外的互联网广告服务商在境内是否拥有

① 曹亚楠，王沛晗．数字经济背景下广告服务商常设机构税收规制的新发展[J]．税务研究，2018（07）：84－92.

常设机构的问题上，如果判定在境内无常设机构，则不负有纳税义务。

（2）常设机构的判定

法院在判定境外的互联网广告服务商在印度境内是否拥有常设机构时援引了2010年版本的《OECD范本》及其注释作为法律依据。2010年版本的《OECD范本》关注到电子设备的应用带来的商业模式的改变，但是根据不同的情形进行了区分。结合了软件与电子数据的网页，本身并不构成有形财产，因此不能构成“从事商业活动的场所”，不构成常设机构，此外搜索引擎在印度境内也不拥有代理人，签订合同和提供服务完全是自动进行的①。法官认为，搜索引擎的存在不是其实际管理的人员所在地，而是仅仅在互联网或者网页上存在，这种存在不是有形的，不适用现有的常设机构的规定，不能被判定为是常设机构。

据此，法官认为谷歌和雅虎在印度境内唯一的存在形式是网页，不具备有形设施的条件，不符合常设机构规定的要求，因此不能被判定为是常设机构，在印度境内不负有纳税义务。印度花商没有代扣代缴的义务，不需要向税务机关补税。

3. 案例思考

在印度花商案中，广告服务通过互联网向印度花商提供广告服务，互联网广告服务商没有在印度境内设有任何类型的常设机构，因此在印度不负有任何纳税义务。照此判例，如果互联网广告服务商在全球开展业务，则都可以被认定为是不存在于其有效管理的地方，而仅仅存在于互联网或者网页，合同自动签订不具有代理人，不构成有形实体，不适用传统的常设机构的判定，因此不能被认为是常设机构，因而不需要就其全球的业务缴纳税收。

随着互联网的发展，互联网企业将逐渐与各行各业相结合，也会代替多种业务，如果不针对互联网企业的特点修改完善现有的常设机构规则，那么在未来对各国的税基将会造成巨大的侵蚀，影响各国的税收收入，容易在各行业之间形成税收洼地，阻碍行业结构的正常发展。

（二）日本仓库案

1. 案例简介

纳税人是一位美国的公民，从事汽车零部件销售工作。2001年其在日本租赁了一套公寓，2002年注册了网站进行线上销售从美国进口的零部件。2004年纳税人在日本线上购物商城注册该网站，并回到美国对网站进行运营和管理。2006年纳税人在公寓

① 曹亚楠，王沛晗．数字经济背景下广告服务商常设机构税收规制的新发展[J]．税务研究，2018（07）：84－92.

之前租赁了仓库，进行货物的存储包装和装运。自纳税人离开日本后，便没有提交过纳税申报表进行纳税。

在日本地方税务局的调查中发现，纳税人在美国利用在线销售网站以及在线商城接收日本订单，在线商城上纳税人所提供的日本联系地为其所租赁的公寓地址，并在美国进行网站的日常维护和管理，对于所签订的订单的货物，纳税人从美国运往日本，由其在日本的员工在公寓和仓库接收并储存货物，进行包装后运送至客户手中。具体架构如图 5－2 所示。

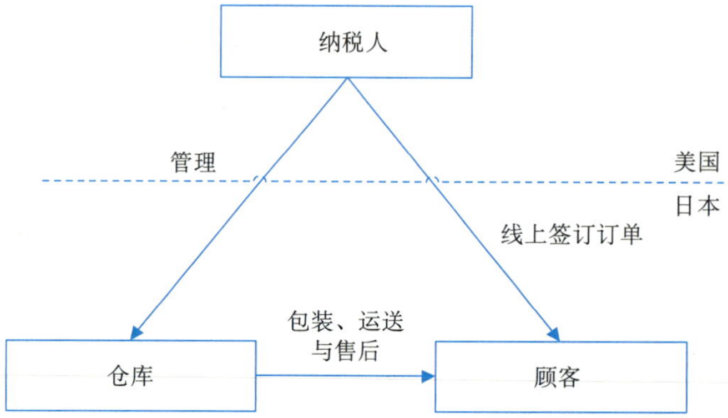

图 5－2　日本线下仓库销售案例架构

纳税人和税务机关就纳税人在日本所租赁的公寓和仓库是否构成常设机构进行了各自的解释，纳税人认为公寓和仓库属于进行准备性和辅助性活动设立的，适用于日本和美国税收协定中常设机构的豁免条款，不应当被认为是常设机构，而税务机关认为其应当缴税。在法院受理此案后，法官认为在公寓和仓库进行的活动不仅是存储和交付等准备性和辅助性的活动，应当是其线上商城的唯一营业点，构成在日本的常设机构，应当向日本缴纳税收。

2. 案例剖析

本案主要争议点在于设立在日本的仓库是否属于美国纳税人在日本设立的常设机构，如果被认为是常设机构，则日本税务机关有权对该项活动征税。日本税务机关与纳税人就美国和日本的税收协定中常设机构定义的条款进行了不同的解读，纳税人认为自己的仓库和公寓属于进行包装和交付活动的准备性或辅助性活动，适用于常设机构的豁免条款，不应当被征税；而税务机关认为仓库所进行的不仅仅是准备性或辅助性活动，不应当被豁免，应当被判定为常设机构，向日本税务机关缴税。

（1）常设机构的豁免条款：

日本和美国的税收协定第五条第四款与《OECD 范本》相同，具体规定如下：虽有本条上述各项规定，“常设机构”一语应认为不包括：①专为存储、陈列或者交付本企业货物或者商品的目的而使用的设施；②专为储存、陈列或者交付的目的保存本企业货物或者商品的库存；③专为另一企业加工的目的而保存本企业货物或者商品的库存；④专为本企业采购货物或者商品，或者收集信息的目的而设有的固定营业场所；⑤专为本企业进行任何其他准备性或者辅助性活动的目的而设有的固定营业场所；⑥专为本款第（一）项至第（五）项活动的结合而设有的固定营业场所，如果这种结合使该固定场所的全部活动属于准备性质或辅助性质。

（2）本案中对常设机构的认定：

在本案中，法院经过审理认为仓库和公寓属于在日本的常设机构，应当缴纳税收。在判断是否为常设机构以及是否适用于豁免条件时，必须依照协定条款的顺序来，即先要满足第五条第一款中企业进行全部或者部分营业活动的固定营业场所这一规定，其次再看是否属于第五条第四款中的准备性或者辅助性特征从而判断是否适用于豁免条件。

首先，法官认为本案例中所有的合同签订都通过互联网进行，互联网是虚拟的非有形的存在，因此纳税人在日本租赁的仓库和公寓属于在日本唯一具有营业功能的地点，纳税人是通过该地点进行实际的销售活动，此外在线商城中提供了该地点作为营业点也印证了这一观点。因此该仓库和公寓满足第五条第一款的企业进行全部营业活动的固定营业场所。

其次，虽然该仓库和公寓主要进行的活动是“存储和交付货物”，表面上符合第五条第四款a）项的表述，但是由于纳税人进行的是跨国远程销售，因此货物的包装以及运输在此次销售中起到的并非是准备性或是辅助性作用，而是至关重要的作用，并且该仓库和公寓同时处理退货和换货的业务，也起到了至关重要的作用。日本仓库和公寓在无形中也增强了客户的信任感，由于在线上的商城上提供了线下的实际机构场所，相比于只有线上销售模式的商家增强了竞争力；且包装时加入了日文版的产品说明手册，拍摄货物照片放到网站等活动增加了货物的附属价值，不应当仅仅判定该机构为准备性或者辅助性场所，不适用豁免条件，应当被认为是常设机构缴税①。

3. 案例思考

在日本线下仓库案中，纳税人通过互联网在线零售的方式销售货物，由于销售货物必须有货物实体的存在，因此纳税人设立了线下仓库进行货物的存储和交付。在传统的销售模式中，专门进行存储和交付的场所不被认为是常设机构，而在本案例中新

① 崔晓静，孙奇敏．日本线下仓库构成常设机构案法律评析[J]．税务与经济，2017（06）：95－100.

型的互联网商业模式的发展使得准备性或者辅助性场所的判定不仅仅根据形式定义，更要结合商业模式的特点判断，在线上形式之外的线下实体机构增强了客户的信任感，提高了产品的竞争力，且线下的包装、配送和售后业务对于只有线上模式的销售活动来说已经不仅仅是准备性或者辅助性活动，而是在整个交易活动中起到重要的作用，增加了货物的价值，应当被判定为常设机构。

日本线下仓库案例的判决结果为互联网新型商业模式中国家税收管辖权的维护起到了好的借鉴作用，也是一个良好的开始。但所有的类似案例不应当全部通过法院判决的方式进行，各国应当从自身签订的协定条约或者国内税法入手，从根本上解决这一问题。

（三）案例对比

1. 花商案与仓库案对比

（1）案例的相同点：

印度花商案和日本仓库案都属于新型的互联网商业模式与现行税收政策的冲突。外国公司通过互联网线上提供服务或者销售货物，合同的签订完全在线上自动进行，而公司所在地则是网站维护和管理的所在地，不属于实际营业场所。现行的常设机构判定标准则规定的是实体的场所或者设施或者代理人，在互联网销售商品和广告服务中，实际进行业务的只有线上虚拟的网站，电子设备可以被判定为是设施，而虚拟的网站利用数据和软件开展业务则不被认为是实体。

（2）案例的不同点：

首先，印度花商案与日本仓库案虽然都属于互联网新型商业模式，但是在印度花商案例中，企业提供的是广告服务，该广告服务不具有实体性，单纯通过互联网即可签订合同完成服务；在日本仓库案中，纳税人提供的是货物的销售，货物具有实体性，只能在网上签订订单，实际交易的完成仍需要线下实体的包装和运送，因此需要线下的仓库进行货物的存储和交付。

其次，印度花商案和日本仓库案的判决结果不同。在印度花商案中，由于没有任何的实体场所，互联网广告服务商被判定为在印度境内不具有常设机构；而在日本线下仓库案中，用于存储和交付的线下仓库被判定为不止具有准备性或者辅助性作用，因此属于互联网在线零售在日本设立的常设机构，需要向日本税务机关缴税。

二者基本相同的互联网商业模式，而一个被判定为需要缴税，另一个被判定为不需要缴税，判定为常设机构的案例可以说在面对新型商业模式时迈出了重要的一步，尽管二者一个有实体的线下场所一个没有，但是在本质上二者的业务是相同的，因此随着互联网的发展，面对所有行业模式的巨变，各国应当吸取日本仓库案中的经验，针对常设机构的判定问题提出新的解决方案。

2. BEPS 中典型模式对比

在 BEPS 第 1 项行动计划中也列举出互联网广告服务商以及在线零售商的避税架构，本文中引用的两个案例与其架构有相同的地方，也有不同的地方。

（1）互联网广告服务：

在 BEPS 行动计划中的典型架构中，RCo 集团向全球客户提供多种互联网服务（例如搜索引擎等），大部分的收入来自其网上平台的广告收入，集团的员工负责研发相关技术。Xco 在 T 国成立，但实际管理机构在 X 国，通过成本分摊协议取得技术的所有权。同时将平台的使用权授予 YCo，YCo 再将技术授予 T 国居民 TCo，在 T 国进行经营。TCo 通过网站以电子方式签订标准化的广告。对于较大的市场和主要客户，集团会在当地设立子公司 SCo，向 S 国的商户推广产品，提供技术知识，具体架构如图 5－3 所示。

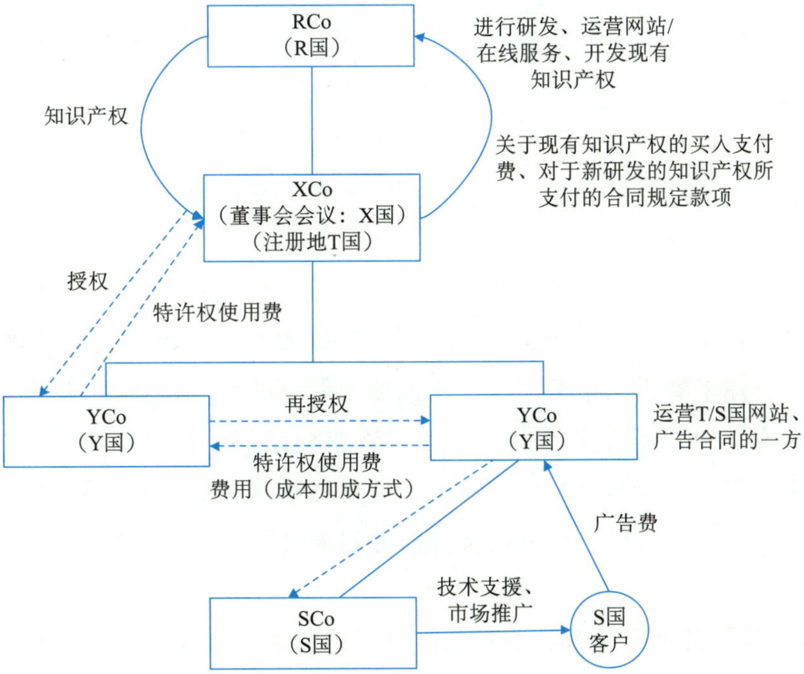

图 5－3 互联网广告服务商典型避税架构

由于此避税框架的存在，SCo 的员工没有权利签订合同，不被认为是 S 国的常设机构，因此 S 国没有权利对在 S 国销售广告的所有收入进行征税。在 T 国，由于需要向 YCo 支付特许权使用费，因此在 S 国赚取的广告服务收入被大量冲减，在 T 国不需要缴纳多少所得税。同时在设立的时候选取了避税地，因此预提所得税的支付也大量减少。在Y国，YCo就收取和支付的特许权使用费之间的差额进行缴税，因此缴纳所得税的数额很少。在R国，由于进行研发有大量的费用支出，甚至可以享受研发支出加计扣除以及税务抵免等优惠政策，应纳税额也大大降低。总体来看，该集团及其所属的公司所缴纳的税收大量被规避了。

印度花商案相比BEPS行动计划，架构较为简单，但完全规避了所需要缴纳的税收，对于收入来源国的税基侵蚀情况更为严重，甚至不存在相应的类似日本仓库案中的实体分支机构，更加无法进一步按照实质进行判定其有实体的常设机构，因此新型的商业模式应当引起税收当局的认识。

（2）互联网在线零售：

在BEPS行动计划的典型框架中，RCo集团从事实物及数字产品的线上销售业务，所有用来运营RCo集团网站和完成订单的无形资产全部由RCo公司的员工进行研发。RCo地区控股公司通过成本分摊协议取得无形资产的所有权，并将使用权授予OpCo公司。该公司负责来自S国、T国的客户订单，处理销售、过程支付和结算，并拥有实物和数字产品的法律所有权，并进行在T国网站的维护和更新并全权管理在该地区的各个网站。SCo为OpCo的子公司，提供S国客户订单的相关物流和售后支持服务，一般是仓库形式。

由于此避税架构的存在，S国的仓库不被认为是常设机构，因此来自S国的销售收入S国税务机关无权征税。在T国，销售产品产生的收入被其所支付的管理费用进行了冲减，因此只需要缴纳较少的所得税。在R国，与互联网广告商相同，研发有大量的费用支出，甚至可以享受研发支出加计扣除以及税务抵免等优惠政策，应纳税额也大大降低。总体来看，该架构下的税收也被大大规避了，如图5-4所示。

在日本仓库案中，其所用的模式架构与该架构相似，只是更为简单，不同的是，日本仓库案中为货物运输和售后所设立的仓库在征纳双方纠纷被审理的过程中认定为是常设机构，因此需要缴税，该避税架构的筹划也失灵了。

（3）比较与总结：

BEPS行动计划的框架中都认为在S国进行的活动没有常设机构，因此S国无权征税，在其他国家的税收也通过特许权使用费支出等转让定价方式进行了有效的规避。从整体上看，企业的税负很低。但是在实际的案例中，印度花商案中没有被认为是常设机构，但是日本仓库案中设立的仓库却被判定为是常设机构，因此堵住了整个避税架构的通路，保护了来源国的税基。因此在实践中，对常设机构的认定仍待修改和完善，日本的线下仓库案是一个良好的开端，各国不仅应该在实体层面上通过实质认定

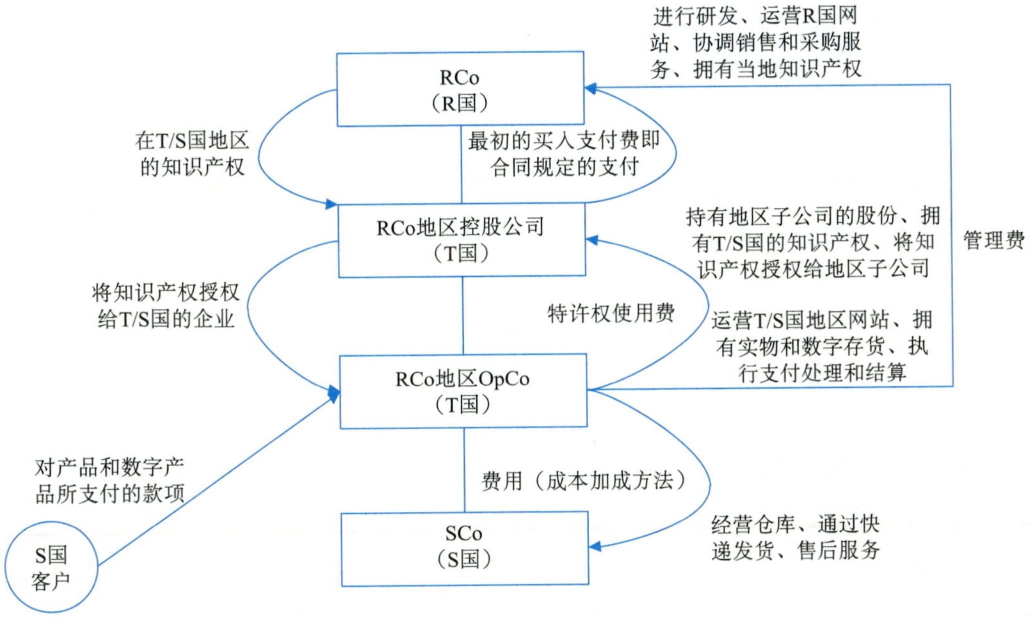

图5－4　互联网在线零售商避税架构

是否属于常设机构，也应该在虚拟的层面上针对类似广告服务等业务判定常设机构的存在，有效保护来源国的税收管辖权。

二、常设机构认定的基本理论

（一）常设机构原则

大航海时代的远洋活动将分散在地球上的各大洲联系了起来，随着第一次经济全球化进程的推进，世界各地的商品、劳务以及资本得以在世界范围流动，各国乃至世界的经济得到了突破式发展。但相应地，经济全球化也带了新的税收问题。世界各国的税制在国际税收方面没有经验，各国之间的税收管辖权交叉重叠，经常产生国际重复征税的问题。因此，为了能够解决在跨境业务活动中的来源地国与居住国的税权划分问题，人们迫切需要税收方面的国际规范。“常设机构”这一概念便是为了解决国际税收问题而产生的。

常设机构一词最早于1885年被普鲁士王国政府正式列入本国税法之中，随后被写入普鲁士王国与奥匈帝国的国际税收协定中[①]。该协议规定，所有来自国家常设机构

① 徐研娜．电子商务背景下常设机构概念和认定规则的变迁［D］．华东政法学院，2004.

的营业收入均由该国征收。后来，为了解决国际税收问题，其他国家在制定双边税收协定时也采用了类似的描述，使“常设机构”这一名词的影响力变大。一直到20世纪60年代，经合组织范本和1980年的联合国范本中也采用了“常设机构”这一概念，“常设机构”原则由此成为了各国征税的统一原则。

常设机构原则是指外国企业在其他国家境内进行全部或部分营业活动的固定场所，或者虽然没有固定的场所，外国企业在另一国家拥有非独立代理人并通过非独立代理人从事特定活动的，外国企业被视为在该另一国家设有常设机构，应对其在该国中取得经营收入向来源地国家纳税的原则。该原则是税收管辖权属地原则的产物。收入来源地税收管辖权是指征税国对跨国纳税人的来自本国的收入征税的权力。原产地税收管辖权的适用范围对不同收入采用不同的标准，在营业利润方面，常设机构的原则通常用于确定来源地国与居住国之间的营业利润分配。

根据这一原则，缔约国行使对缔约国另一方企业的利润来源征税的权力。其前提是在缔约国另一方领土内设立常设机构。这种常设机构的存在可能是由于企业的固定营业场所或设施，或者可能是由企业通过特定业务代理人的活动构成的。常设机构的具体实际存在客观上表明缔约国另一方企业在缔约国从事实质性商业活动。

因此，明确常设机构含义的目的是明确一国是否有对另一个企业在本国取得的利润征收税收的权力，是对居住国和来源地国的跨国经营利润进行明确划分。在各国签署的税收协定中都制定了关于如何确定常设机构的详细规定。常设机构认定以后，一国要真正实行常设机构原则，还必须采用独立企业原则。具体课税范围按照“归属原则”或“引力原则”加以确定。

虽然联合国模式和经合组织模式制定范本的原则基本上是一致的，但两种模式之间对来源地国与居住国的税权划分倾向不同。经合组织是由多数发达国家组成的，联合国多为发展中国家；在国际贸易中，投资方多为发达国家的公民，即发达国家为居住国，相应地，发展中国家多为来源地国。因此，经合范本通常代表居住国的利益，联合国模式代表来源地国的利益。随着中国经济实力的提升，大量企业“走出去”在外投资建厂，因此我国在制定税收协定时多引用经合组织模式。本文所讨论的“常设机构”采用的均为经合组织范本中的规定。

（二）传统常设机构认定的一般标准

目前，经合组织模式规定了两种常设机构，即拥有物理场所的固定常设机构和由非独立代理人充当的代理常设机构。

1. 固定场所常设机构

固定营业场所是与企业地理位置相关联的，能够持续从事经营性活动的物理性场所。常设机构的概念应具备固定性、持续性和经营性这三个特征。

（1）固定性：固定性是针对税收管理提出的可行性要求，是指这一营业场所通常应与某一地理位置相联系。然而，这并不代表常设机构必须只能位于一个位置不能移动。税务机关应考虑业务的性质：是否具备“商业和地理上连贯性”是在判断具有一个以上的营业场所能否被视为固定营业场所的关键。如果两个或多个营业场所具有商业和地理上连贯性，那么该企业也被视作在来源地国具有固定性的营业场所。

（2）持久性：位于原产地的商业机构必须在一段时间内保持一定程度的持久性。不同国家对营业场所的最短持续时间的规定是不一致的。按照国际惯例，在来源地国营业地点运营不到六个月的场所不应被视为常设机构。此外，需要结合发生的频率考虑周期性业务活动是否构成营业活动的持久性。

（3）经营性：常设机构是必须全部或部分的从事经营性商业活动的营业场所。通常我们要根据服务对象、业务性质和重要性三个方面来确定其经营性①。如果位于他国的营业场所得服务对象不仅有公司总部，该营业场所还可以独立的进行其他业务活动；或者该营业场所从事的业务性质与总部相同或类似②。那么，该营业场所可以被认定为符合营业性标准。

2. 代理常设机构

代理常设机构的存在要求非居民企业在来源地国拥有“非独立代理人”。非独立代理人通常是指接受委托人的领导和控制，并且被赋予以非居民企业的名义谈判和签订合同的权利的个人或组织。为了避免将某些中介机构认定为非独立代理人，范本规定，如果该代理人是专门为来源地国的不同非居民企业提供代理服务，并取得佣金而非工资薪金收入的，这些代理人通常被称为独立代理人，而不被认定为代理常设机构。为了减少在来源地国纳税，跨国公司经常将非独立代理人“伪装”成为独立代理人。因此，作为对独立代理人规定的补充，经合组织在 BEPS 行动计划 7 中提出了对此问题的回应，将判断代理人性质的依据设置为判断其在商业和财务上是否与跨国公司有密切及依附关系。

常设机构的利润归属通常由归属原则或者引力原则来确认，经合组织范本采取了归属原则来归属利润，常设机构来源国仅能对可归属于本国常设机构的跨国营业利润

① 国税发〔2006〕35 号国家税务总局关于税收协定常设机构认定等有关问题的通知.

② 高峰. 税收协定系列讲座之二：税收协定的有关概念性规定. 国际税收，2013（08）：41－44.

征税。即来源地国具有有限征税权，仅能对非居民企业来自与在本国设立的常设机构的那部分所得征税。

三、数字经济背景下常设机构认定面临的挑战

传统的常设机构认定规则中，主要存在两种形式，一是固定场所常设机构，二是代理型常设机构。其中场所性常设机构主要以场所为核心要素，必须满足以下条件：企业必须有营业场所；该营业场所是固定的，既包括空间上的固定也包括时间上的非临时性；企业通过该固定营业场所进行全部或者部分的营业活动。而代理型常设机构主要包含以下两种情形：代表企业进行准备性或辅助性活动以外的活动，并有权以企业的名义签订合同并且经常行使这种权利，即缔约代理人；保存货物或者商品，并代表企业经常从该库存中交付货物和商品，即交付货物代理人①。

然而随着互联网的发展，互联网企业在开展业务活动时，完全可以规避现有的传统常设机构形式，不需要任何分支机构和实体，只需要通过互联网线上形式进行合同的签订以及服务的开展。因此传统的常设机构认定规则在面对数字经济的发展时具有很大的局限性。随着这种新型商业模式的开展越来越多，造成的税基侵蚀也引起了各国的关注和思考。

针对固定营业场所的传统常设机构认定规则，数字经济背景下所有商业活动都是通过服务器或者网址自动完成的，不需要在收入的来源国设立分支机构并雇佣雇员，因此难以构成营业场所这一概念；由于在线交易只需要依赖服务器和网址，而服务器和网址具有较强的流动性，不符合固定营业场所常设机构在时间和空间上的固定性这一条件；服务器和网址可以不通过员工的干预自动进行各种业务，例如发布广告、收发订单、收款和储蓄等②，在税务机关技术并未超过互联网企业的技术水平时，很难追踪到这些网址和服务器的实际交易内容，因此其所进行的活动是否属于准备性或者辅助性活动也难以进行界定。

针对代理型的传统常设机构认定规则，数字经济背景下网络提供商在收入的来源国提供各种形式的网络服务，相对于销售商而言，网络提供商按照自己的营业常规进行营业活动，地位上是完全独立的，不属于代理与被代理的关系。即使网络提供商向销售商提供维持网址的服务器，使得销售商在来源国开展销售活动，被视为一种代理

① 石世国．我国常设机构确定规则的改进[J]．市场论坛，2005（11）：48－50.

② 范兰宁，宗艳霞．论电子商务对常设机构原则的挑战[J]．现代商贸工业，2007（10）：226－227.

活动，该网络提供商也应当被认为是独立代理人，不具备构成代理型常设机构的要求，因此也不能被认定为是常设机构。

印度花商案中，由于没有实际固定场所的存在，不被认定具有常设机构，因此印度税务机关无权进行征税。在现行的常设机构认定规则中，如果不能开放固定场所这一条件，将无法适用于互联网虚拟世界。而互联网企业所开展的任何商业活动都可以通过线上虚拟的形式进行税收的规避，各国的税基将遭到巨大的侵蚀；在日本仓库案中，即使在现行的常设机构认定中我们会认为仓库不属于常设机构，不应当对其征税，但是日本法院在审理的过程中结合了互联网新型商业模式的特点，认定仓库所进行的活动不仅仅是准备性或辅助性活动，线下实体的存在增加了线上交易的附加价值，因此应当被征税。在这种情况下，由于线上互联网虚拟世界进行货物销售的时候需要线下的实体进行货物的存储和运送，因此税务当局可以联系整体的商业模式的实质对该实体进行判定以确定是否属于常设机构。

总体来说，互联网广告服务所带来的税基侵蚀要远超过互联网在线零售所带来的税基侵蚀，在线零售可以在现行税收政策的基础上通过对固定场所的实质进行判断从而确定征税权，而广告服务则完全是虚拟的存在，各国在认定常设机构时面临着较大的困难。只有从根本上改变常设机构的认定条件，开放对虚拟型常设机构的相关认定规则，才能从根本上解决新型商业模式的征税问题，但是由于互联网的虚拟形式存在多种形态，如何进行常设机构的有效界定也是一个重大的困难。

四、国际借鉴

数字经济给国际税收体制带来的影响是世界范围的。目前，许多专家、学者提出了各自的观点和方案。这些方案有的比较保守，有的则完全颠覆了现有的规则。这些方案一类是建议在现有常设机构原则的层面上，对常设机构的概念和认定标准进行扩大补充或者一定程度的修改，例如提出“虚拟常设机构”这个概念，美国等发达国家是这种方案的支持者；另一类则略显激进，提议在国际征税权的划分上应该抛弃常设机构原则，设立不同以往的新型征税依据，例如将网络的数字信息流量等作为征税依据，开征比特税，或者采用预提税，在跨境交易中对非居民企业获得的收入征收一定比例的预提税。

（一）BEPS行动计划对常设机构认定的发展

1. 修改范本中常设机构的界定

（1）修改代理型常设机构的定义：BEPS第七项行动计划第一章更新了基于机构

的常设机构的定义。该修订扩大了非独立代理人的身份识别范围。首先，只要代理人在合同订立过程中发挥了重要作用，并且合同对企业具有约束力，他仍然可以被认定为非独立代理人[①]；其次，如果某个中介个人或公司在业务活动中几乎专门代表一个企业或具有利益关联的集团，那么这个中介个人或公司还应当将其视为非独立代理人。

（2）修改常设机构豁免条款：过去被认为不构成常设机构的准备性和辅助性的活动，例如货物的储存和展示，正在成为数字经济商业活动的重要核心组成部分。经合组织在新修订的2015年版范本注释中增加了“显著比例的资产和人员”这一量化比例判断营业场所是否构成常设机构。这一修改有效地扩大了当前常设机构的范围，依靠“实质大于形式”的原则堵住了许多常设机构的征管漏洞[②]。

（3）新加入反分割规则：为了防止企业利用常设机构免税条款的漏洞，通过关联企业将整体核心业务活动人为地划分为几个较小的准备性或辅助性商业活动来避免纳税义务，行动计划7建议在经合组织模式第5条中增加4.1条款，以规避此类行为[③]。经合组织范本建议规定若一个企业和与该企业具有紧密关联的企业共同在该国进行互为补充的业务活动，例如这些分散的活动合起来构成了核心业务活动，那么税务机关可以认定该企业在该国境内具有常设机构，不能适用豁免条款。

2. 引入“显著经济存在”关联度

数字经济时代下，传统的物理经营场所消失，虚拟平台兴起，如何判定这些数字服务的是否可以成为在该国的常设机构是争论的焦点。经合组织在行动计划1中提出“显著经济存在”全新关联度的概念。显著经济存在是指如果根据收入因素、数字化因素和用户因素可以证明非居民企业通过相关科技或其他工具与来源地国的经济发生了“有意义且具实质性的相互影响”，则该非居民企业在该国具有一个应税的经营实体[④]。

（1）收入因素：当非居民企业可以从一个国家持续获得一定数量的收入并且在该国的数字贸易收入达到一定的标准时（起征点），国家可以向该企业征税。由于各国市场规模不同，各国应依据自身情况设定起征点的水平。例如，起征点应设立在较高的水平，避免将那些偶然从某国取得的数字交易也被纳入该关联度标准中。

（2）数字化因素：非居民企业为了能够通过网络与一国用户建立商业关系并保持

---

① 国家税务总局《国家税务总局发布OECD/G20税基侵蚀和利润转移项目2015年最终报告中文版，第七项行动计划：防止人为规避构成常设机构》.

② 崔晓静，赵洲．数字经济背景下税收常设机构原则的适用问题．法学，2016（11）：15－27.

③ 经合组织．BEPS行动计划7——防止人为规避构成常设机构．北京：中国税务出版社，2015.

④ 崔晓静，赵洲．数字经济背景下税收常设机构原则的适用问题．法学，2016（11）：15－27.

一定的品牌影响力，通常会利用设置本地化的域名并在网页设计上考虑本地居民的偏好。这种意向以三种方式表现：①域名。当非居民企业打算进入某国市场时，通常会注册一个本地的网址，以方便搜索并且给本地居民可信任感。例如在中国网站的本地域名通常以“.cn”为后缀，想要进入中国市场的公司通常要注册“.cn”后缀的网站，方便中国居民搜索。②数字平台。非居民企业需要在来源地国建立互联网平台才能让居民了解其商品和服务，在这种网络平台的设计上，非居民企业通常会采用当地客户更易接受的形式，比如语言、页面设计等。③付款选择。外国商家为了迎合当地消费者，会在网站上添加当地人喜欢的支付习惯，例如非居民企业通常会在中国的网站上添加“微信”“支付宝”等特色付款方式。

（3）用户因素：对于这项指标，OECD提出了“月度活跃用户”“在线合同的订立数量”以及“数据收集”这三个量化标准，用来判断非居民企业在来源地国是否具有一定的营业规模和市场参与度，从而判断其是否能在实质上构成显著经济存在。

3. 引入“衡平税”与“预提税”

在显著经济存在的利润归属法则中，两者的不同计税方式可能会引起不公平竞争。因此经合组织提出对具有显著经济存在的非居民企业征收“衡平税”来平衡两者的税收待遇。总体上衡平税税额与显著经济存在的关联度应保持正相关，即显著经济存在的关联度越大，衡平税税额应越多。

此外，行动计划1基于Doernberg（预提税的提出者）的观点，提出在跨国交易时就交易总额征收预提税的方案。预提税是指来源地居民充当代扣代缴人，在向跨境企业支付价款前，先按照适用税率计算出本次交易应向来源国缴纳的税款，然后将扣除税款后的货款作为本次交易的对价支付给对方。

（二）各国实践情况

1. 欧盟

爱沙尼亚在欧盟轮值主席国期间（2017年7月至12月）推广了一项重要议题，即欧盟提出为在欧盟内没有无物理商业实体存在的开展数字化运营的国际公司建立“联结度”这一指标。这一议题也在奥地利担任轮值主席国期间（2018年7月开始）继续进行。根据欧盟的提议，税收程度被称为“显著数字存在”，包括数字常设机构组成要素的定义。如果公司符合以下三个标准之一，则被视为在欧盟境内拥有常设机构：

（1）纳税期间所得总收入的一定比例来自某一成员国且提供数字服务获得的总收入超过700万欧元；

（2）纳税期内位于某一成员国享受一项或多项数字服务用户数超过 10 万人；

（3）在纳税期间，位于某一成员国的用户签署的此类数字服务的任意商业合同超过 3 千份[①]。

其中，欧盟建议的第一个标准依赖于向位于特定成员国客户提供数字服务所产生的收入总额；第二个标准依赖于该数字化运营在欧盟内的市场参与度；第三个标准涉及企业对企业（B2B）提供数字服务的业务量。

此外，法国提出了征收“衡平税”的方案，即根据 BEPS 行动计划，对互联网跨国集团通过数字化运营额获取的所有未纳税的或未足额纳税的营业收入额征税，以解决企业通过转让定价等方式将利润转移到低税率国家或地区的问题。

2. 澳大利亚

澳大利亚在国内法中规定了较为广泛的税务机关对非居民企业的收入征税的权力，这一管辖权不是基于是否具有常设机构，而是相应的收入是否来源于澳大利亚，判例法是判断一项收入是否来源于澳大利亚的标准。在澳大利亚对外签订的税收协定中，澳大利亚也采取了常设机构原则。这一税收协定与国内法是互为补充的，如果某项收入并不来源于澳大利亚，那么依据国内法不能征税，但是只要该收入是通过国际税收协定中的常设机构产生的，那么这笔收入仍然要根据协定判定为来源于澳大利亚。

澳大利亚 2015 年 11 月颁布的《跨国反避税法》中专门提到了常设机构问题，对人为通过一些操作来规避常设机构的问题制定了反避税规定，统一了国内法与国际税收协定中关于反避税的态度。新《跨国反避税法》中的第 177DA 章规定在满足以下所有条件时，税务机关可以采取行动取消相应的税收优惠并收取罚金。这些条件包括：

（1）外国实体是全球重要实体。

（2）该实体通过向澳大利亚客户提供商品或服务获得了一般或法定收入，但该收入的部分或全部由于一个或多个税收规定并不能归于来自该外国实体的澳大利亚常设机构的所得。

（3）根据该计划或由于该计划的关系，与提供商品或服务直接相关的活动是通过外国实体在澳大利亚关联企业或商业上依赖于该外国企业的其他澳大利亚实体及其常设机构在澳大利亚进行的。

（4）制定该方案的主要目的是使纳税人可以获得澳大利亚的税收优惠或在外国法律下的获得纳税义务减免。

---

① European Commission, Proposal for a Council Directive Laying Down Rules Relating to the Corporate Taxation of a Significant Digital Presence, [SWD (2018) 81 final], 21. 3. 2018, COM (2018) 147 final.

五、完善常设机构认定规则的建议

（一）征收预提税

预提税是指在国家就商业活动的交易额向跨境商品或服务的提供者征税，由来源国居民作为代扣代缴义务人，在向跨境企业支付货款前，按照适用税率计算本次交易应缴纳的税款并申报纳税。一方面，预提税操作简单，随着支付方式的演进，第三方支付平台可以自动计算交易应付的预扣税金额，不会给征收管理部门带来沉重的负担。另一方面，预提税具有稳定性。无论商业活动的形式如何变化，购买行为一定存在“支付货款”这一环节，所以预提税可以在未来很长一段时间内解决税源流失问题。

同时，征收预提税将面临三个挑战需要我们解决：

（1）来源地国对未设立常设机构的企业通过网络销售产品或服务这一交易征收以交易总额为税基的预提税，而对于通过常设机构营业的企业征收以净利润为税基的企业所得税。如果设计不当，两者的税率差异可能会对市场行为带来一定的干扰作用。例如对于同样的交易，由于预提税少于企业所得税，通过网络销售的企业可能更具有价格优势，不利于已设立了常设机构企业的发展。

（2）企业与个人消费者之间（B2C）、个人消费者相互之间（C2C）发生的跨境交易是施行预提税的一大难点，例如国家无法监管个人使用现金进行的交易，更没办法对其征税。但是，如果只对企业与企业之间的跨境交易（B2B）征收而放弃对B2C或C2C交易征收预提税，那么预提税可能形同虚设。

（3）预提税方案以买方支付的价款总额为计税依据，没有考虑到产品或劳务的成本[①]。可能导致对实际发生亏损的纳税人也征了税。例如某些刚成立的创业公司，他们使用大量的优惠以吸引客户，利润很低甚至不赚钱。此时，如果还要向这些创业公司征收一笔预提税，那无疑是在阻止他们的发展。另一方面，不同的行业或企业间的利润水平不同，对不同企业按照相同的税率就收入总额征收预提税，此举也不符合税收公平原则。

综上，预提税具有征收简便且可长期解决数字经济带来的影响，但是在税制设计中一定要考虑那三点挑战。第一，各个国家应该根据自身国情制定适宜的税率，防止

① 廖益新．数字经济环境下跨境服务交易利润国际税收的原则与方案．国际经济法学刊，2014，21（03）：134－149.

矫枉过正，出现征收预提税的企业的税负高于征收企业所得税的企业的税负的情况。第二，国家需要通过一些措施对 B2C 交易和 C2C 交易进行全面监管，例如引入第三方支付平台，任何非居民收款人必须在该支付平台上进行实名注册，跨国交易必须通过平台来支付款项。再有第三方平台将这些交易信息与税务系统共享，来规范跨国交易纳税。此举也有利于记录跨国交易事项，保护国内消费者的权益。第三，对于交易无利润或利润很低的跨国交易，国家应该允许非居民纳税人提供成本费用的证明，退还在本国已扣缴的预提税款。第四，对于初创企业，国家可以采用在最初几年的业务中予以减免纳税的扶持政策，例如我国对于某些行业的“三免三减半”政策。第五，税务领域要迎合数字经济的发展潮流，用新型手段来监管新型交易，采用智能 AI 和区块链技术监测分析企业交易来判定其是否应该向本国纳税。

（二）寻求双边或区域合作及税收管辖权的国际统一标准

发展中国家多是数字经济的输入国，而发达国家多为数字经济输出国。目前我国在与发展中国家签订税收协定时，因为景况均为输入国而比较容易就常设机构原则的调整方案达成共识。但是我国在与发达国家签订协定时，因为利益不一致而进展较慢，达成共识并不容易。因此，我国在与发达国家统一常设机构原则时的原则显得非常重要，理性尊重和借鉴发达国家对常设机构的界定是我们一直坚持的谈判前提，同时我国必须充分考虑我国数字经济市场的现状，尽量减少税收流失。

从推行国际统一标准的角度来看，由于各国的经济发展水平、法律体系等因素的不同，数字经济背景下的常设机构原则很难达成国际统一的标准，这不利于经济全球化进程中世界各国的经济发展。我国作为世界大国，要在世界上发出中国声音，推进国际统一常设机构标准。我国要充分利用 OECD 平台与世界对话，维护来源地税收管辖权，打击国际避税行为，同时避免对企业产生过重的税收负担，为世界能够顺利应对数字经济变革献出自己的力量①。

案例使用说明

一、教学目的与用途

1. 本案例主要适用于税收学、税务筹划、税收征管、管理学等课程的学习。

① 崔晓静，赵洲．数字经济背景下税收常设机构原则的适用问题[J]．法学，2016（11）：15－27.

2. 本案例以印度花商案和日本仓库案为例，介绍数字经济背景下的税收治理问题，其教学目的在于使学生对数字经济的新型商业模式及其对常设机构的影响有充分的认识和深入的了解。本案例从分析案例不同判案结果入手，对数字经济带来的常设机构认定问题进行了具体分析，并参考借鉴了国际上应对数字经济所采取的相关措施，对中国的应对措施提出相关建议。

二、启发思考题

1. 你认为数字经济的出现对社会是好是坏？

2. 印度花商案和日本仓库案为何会有不同的判案结果？

3. 面对数字经济带来的问题，传统常设机构原则应当不断进行修改还是重新创造概念认定应税存在？

4. 你认为不同国家对常设机构认定规则应当采取什么样的态度？

三、分析思路

教师可以根据自己的教学目标（目的）来灵活使用本案例。这里提出本案例的分析思路，仅供参考。

本案例对数字经济背景下常设机构的认定规则进行研究。

第一部分对数字经济商业模式下的典型案例印度花商案例和日本仓库案例进行分析与比对，并进一步延伸到BEPS行动计划的典型避税架构，说明数字经济对常设机构认定规则带来的挑战与机遇。

第二部分是常设机构的基本理论，主要包括常设机构原则及认定标准，为下文的研究提供相应的理论基础。

第三部分将案例的特殊问题拓展到一般问题，分析一般情况下数字经济带来的常设机构认定规则的问题。从不同常设机构类型的角度进行具体分析。

第四部分探讨了面对数字经济带来的常设机构认定问题，各国政府以及国际组织在现阶段开展的应对探索，并将不同建议分成保守派和激进派两类。

第五部分在所有的研究基础上对中国的常设机构认定规则提出相关的意见和建议。

该案例的五个部分均围绕数字经济下的常设机构认定问题，先列举特殊案例的细节和结果，再根据相关理论将问题拓展成一般问题，探究数字经济下常设机构认定的问题，接着为了解决问题，本案例梳理了国际上的相关应对探索，并在此基础上提出相应的政策建议，力求起到借鉴与提醒的作用。

四、理论依据及分析

1. 税收管辖权。税收管辖权是国家主权的重要形式，而属地原则在税收领域的表现则为收入来源地税收管辖权，即一国有对跨国纳税人来自本国的收入征税的权力。不同类型的收入存在不同的征税标准。

2. 常设机构原则。在营业利润方面，常设机构的原则通常用于确定来源地国与居住国之间的营业利润分配。根据常设机构原则，一国对跨国企业来源于本国的利润进行征税的前提是企业在该国领土内设有常设机构。

3. 税收协定。税收协定亦称“税收条约”。主权国家签订的处理相互间税收分配关系的书面协议。可分为特定税收协定和一般税收协定两种。国际通行的税收协定范本主要为《OECD 范本》和《UN 范本》。

4. 数字经济。作为经济学概念的数字经济是人类通过大数据（数字化的知识与信息）的识别—选择—过滤—存储—使用，引导并实现资源的快速优化配置与再生、实现经济高质量发展的经济形态。

5. 预提税。预提税是指就交易活动的发生额向商品或服务的提供者征税，由支付人在支付款项前，按照一定的税率代扣代缴相应的税款，在支付时则扣除该部分税款将其余部分支付给收款方。

五、关键要点

1. 印度花商案与日本仓库案的相同点与不同点。
2. 一般情况下不同类型常设机构认定面临的挑战。
3. 各国现有的激进派及保守派政策措施方案。
4. 怎样优化现有的常设机构认定规则。

六、建议课堂计划

本案例可以作为专门的案例讨论课来进行。如下是按照时间进度提供的课堂计划建议，仅供参考。

整个案例课的课堂时间控制在 80 ~ 90 分钟。

课前计划：给出案例背景并提出启发思考题，请学员在课前完成阅读和初步思考。

课堂计划：对案例进行详解，明确讨论内容（20 分钟）。

分组讨论（25 分钟），告知发言要求。

小组发言（每组 5 分钟，控制在 25 分钟）。

引导全班进一步讨论，并进行归纳总结（15～20 分钟）。

课后计划：如有必要，请学员采用论文形式给出更深层次的解读报告，包括具体的职责分工，为后续章节内容做好铺垫。

七、问题讨论及参考答案

【问题讨论】

1. 根据印度花商案和日本仓库案，总结数字经济的不同商业模式及特点。

2. OECD 范本和 UN 范本被广泛应用，请梳理总结相关的常设机构认定条款。

3. 梳理总结激进派和保守派不同政策的优缺点。

【参考答案】

1. 数字经济下主要存在以下几种商业模式：

（1）电子商务模式：电子商务模式是常见的数字经济商业模式，是指利用网络技术通过终端设备完成在线交易和支付的运营模式。管理中心设在母公司所在国，然后全球不同目标市场依据当地消费者消费习惯提供本土化的在线平台，全球各地的客户在本地平台进行浏览与下单，母公司接受订单后从仓库进行调货，由物流供应商进行运送。如日本仓库案所示。

（2）社交网络模式：社交网络模式是近年来较为活跃的数字经济商业模式。用户在社交平台上可以根据自身的习惯和喜好进行内容的发布与评论，如各类短视频应用等。通常平台不会对此收费，但是平台通过订阅收费、出售用户数据、精准投放广告等方式获取利润。如印度花商案所示。

（3）云计算模式：云计算将虚拟资源储存在某一资源共享区域，客户可以通过供应商提供的终端设备连接网络获取服务。云计算突破了地域限制，使客户可以随时随地按自身需求获取服务。云计算模式主要有三类：一是基础设施作为服务，供应商为客户提供电脑、虚拟设备等实体或其他计算资源；二是平台作为服务，主要为软件开发商提供计算机和编程工具的平台；三是软件作为服务，客户通过供应商提供的设备接入互联网就可以使用软件服务。

2. 通过对 OECD 范本的 2014 版本及 2017 版本和 UN 范本相关条款进行比较，结果如表 5－1 所示：

表 5－1　新旧 OECD 范本及 UN 范本

条款	旧 OECD 范本（2014）	新 OECD 范本（2017）	UN 范本（2017）
一般定义条款	常设机构的定义	与 OECD 范本（2014）一致	与 OECD 范本（2014）一致
限定条款	常设机构的解释范围	与 OECD 范本（2014）一致	与 OECD 范本（2014）一致
	建筑型常设机构的时间限制为连续 12 个月以上	与 OECD 范本（2014）一致	建筑型常设机构的时间限制为连续六个月以上；劳务型常设机构的时间限制为连续或累计超过 183 天的
豁免条款	五项例外情况以及一项结合例外情况	增加反分割条款	与 OECD 范本（2017）一致
非独立代理人条款	有权以该企业的名义进行合同的签订并经常行使该权利	增加对合同签订起着主要作用这一新条件	在 OECD 范本（2017）基础上增加经常持有并交付货物或商品这一条件；增加保险代理条款
独立代理人条款	独立代理人不被认定	增加反避税条款	与 OECD 范本（2017）一致
其他条款	控制并不能构成常设机构的必要条件	增加了判断密切相关的方法	与 OECD 范本（2017）一致

3. 通过对保守派和激进派相关政策建议总结与梳理，具体结果如表 5－2 所示：

表 5－2　保守派和激进派相关政策建议对比

观点	建议	主要内容	优点	缺点
保守派	修改常设机构条款	修改常设机构的豁免条款以及判定规则	操作简便，易执行，风险小	难以有效应对数字经济
	虚拟常设机构	根据“经济忠诚”程度征税，而不考虑实体的存在	有效应对数字经济，冲击性小	标准难以统一，操作难
激进派	显著经济存在	从收入因素、数字化因素、用户因素判断是否发生了有意义且具实质的相互影响	有效应对数字经济	标准难以统一，操作难
	应税存在	从收入及其他指标判断跨国企业集团是否远程且持续显著地参与了经济	有效应对数字经济，从根本上解决问题	标准难以统一，操作难
	衡平税	平衡居民与非居民企业的税收待遇，“显著经济存在”的关联度越强，衡平税越多	有效平衡居民与非居民企业税负	需要判定经济关联度，操作较难
	预提税	来源地居民充当代扣代缴人，在向跨境企业支付价款前代扣预提税	操作简便，稳定性强	易造成税负不公

八、进一步阅读材料

［1］何杨，陈琍，刘金科．经济数字化的所得税挑战与中国应对策略［J］．财政科学，2019（02）：20－27.

［2］曹亚楠，王沛晗．数字经济背景下广告服务商常设机构税收规制的新发展［J］．税务研究，2018（07）：84－92.

［3］卢艺．数字服务税：理论、政策与分析［J］．税务研究，2019（06）：72－77.

［4］王宝顺，邱柯，张秋璇．数字经济对国际税收征管的影响与对策——基于常设机构视角［J］．税务研究，2019（02）：86－91.

［5］张巍，郭晓霏．数字经济下常设机构规则面临的挑战及应对［J］．税务研究，2016（07）：85－88.

九、参考文献

［1］谢红阳．数字经济时代税收常设机构规则研究［J］．合作经济与科技，2018（14）：180－181.

［2］缪真．国际税收中的常设机构原则在数字经济下的挑战及应对［D］．上海海关学院，2018.

［3］科尔曼·茉莉，刘奇超，陈明．经济数字化背景下常设机构的规则调整：一个总体框架［J］．国际税收，2018（06）：38－46.

［4］徐研娜．电子商务背景下常设机构概念和认定规则的变迁［D］．华东政法学院，2004.

［5］崔晓静，赵洲．数字经济背景下税收常设机构原则的适用问题［J］．法学，2016（11）：15－27.

［6］曹亚楠，王沛晗．数字经济背景下广告服务商常设机构税收规制的新发展［J］．税务研究，2018（07）：84－92.

［7］崔晓静，孙奇敏．日本线下仓库构成常设机构案法律评析［J］．税务与经济，2017（06）：95－100.

［8］崔晓静．后BEPS时代常设机构定义的新发展［J］．法学评论，2017，35（05）：43－57.

［9］廖益新．数字经济环境下跨境服务交易利润国际税收的原则与方案．国际经

济法学刊，2014，21（03）：134-149.

［10］石世国．我国常设机构确定规则的改进[J].市场论坛，2005（11）：48-50.

［11］范兰宁，宗艳霞．论电子商务对常设机构原则的挑战[J].现代商贸工业，2007（10）：226-227.

案例 6

麦当劳欧洲市场避税模式①

欧盟于2013年起开始对部分成员国是否为大型跨国公司提供了特殊税务待遇，违反了国家援助规则进行审查。这场声势浩大的审查持续了五年，许多著名的跨国公司如苹果、亚马逊、星巴克等纷纷落网，并向欧盟国家补缴巨额税款。而麦当劳公司是此次审查中唯一一家不需要向欧盟补缴税款的跨国企业，麦当劳在欧洲市场的成功避税引起了国际的广泛关注。本文以麦当劳欧洲市场业务为切入点，对麦当劳欧洲市场利用转让定价和混合错配安排来避税进行分析，对OECD提出的针对此类避税问题的经验进行总结，并从中得出我国应对此类跨国公司避税的可行性建议。

① 本案例作者为蔡昌、冯宗齐、吴琦。本案例根据麦当劳欧洲市场的避税架构及避税战略撰写而成，内容完整，真实可靠。

案例正文

自2013年6月开始，欧盟竞争事务委员会开始就其部分成员国的税收裁定案是否违反了国家援助法律进行审查，并在一年半后将这一范围扩大到了全部成员国，一时间令欧盟的跨国公司风声鹤唳、如临大敌。这场针对非法国家援助的调查持续了五年，诸如星巴克、苹果、亚马逊、百威以及英国石油公司等商业巨头纷纷落网，并被欧盟委员会开出了几千万到几百亿欧元不等的天价罚单。

在这场声势浩大的审查中，麦当劳公司是唯一一家被欧盟判决没有违反国家援助法律，不需要向欧盟补缴巨额税款的跨国企业。麦当劳税案起源于慈善机构“向贫穷宣战”在2015年2月发布的一篇名为《不快乐餐（Unhappy Meal）》的报告，报告中指出麦当劳自2009年开始，在欧洲利用复杂的公司架构进行利润转移，避税额度高达10亿欧元。在报告发布后，欧盟当局立刻宣布对麦当劳的税务问题展开调查，并认为卢森堡对麦当劳的税收裁定涉嫌非法国家援助。在长达3年的调查结束后，欧盟确认没有证据表明麦当劳享受了来自卢森堡的非法国家援助，它利用特许权使用费以达到在美国与卢森堡的双重不征税手段仅仅是法律的“不当执行”，这是卢森堡国内税法与美国税法之间不匹配所导致的法律漏洞。

基于此，本文将对麦当劳欧洲市场的避税架构及避税战略进行解析，探究其税收筹划过程中涉及的转让定价、混合错配以及利用避税天堂等问题，并通过对该案例的分析为税收征管与相关政策的制定提出一些建议。

一、案例背景

（一）麦当劳公司的基本情况

麦当劳成立于1940年，由理查德·麦当劳和莫里斯·麦当劳（Richard & Maurice McDonald）两兄弟在美国加利福尼亚州创立。这家以经营汉堡为主的快餐店在经过将近80年的发展后成为了全球收入最高的餐饮连锁企业，他们特有的金色拱门状标志遍布了全球的每一个角落。1955年，商人雷·克罗克（Ray Kroc）以特许经纪人的身份加入公司，并开始从麦当劳兄弟手中收购连锁店。自此以后，麦当劳逐渐将公司的经营模式转变为出售特许经营权为主、开设直营连锁店为辅的模式，这种模式也为其业务链条在全球的推广提供了极大的助力。根据英国广播公司2012年发布的一份报告，麦当劳目前是全球第二大私人雇主（仅次于沃尔玛），拥有190万名员工，其中150万人来自特许经营门店。

作为全球收入最高的餐饮连锁企业，截至2016年，麦当劳每天在100多个国家和地区的约36 900家门店为超过689万名客户提供服务。麦当劳以其芝士汉堡和炸薯条而闻名，它们还供应鸡肉产品、早餐食品、软饮料、奶昔、卷饼和甜点。为了应对不断变化的消费者口味以及由于食物不健康而产生的负面新闻，麦当劳还在菜单上添加了沙拉、鱼、冰沙和水果。麦当劳公司的收入主要有三种来源：一是来自特许经营商为使用门店而支付的租金，二是特许权使用商支付的特许权使用费和其他费用，三是公司经营的餐馆的销售额。麦当劳从2005年至2017年的主要财务指标如表6－1所示。

表6－1　　麦当劳主要财务指标[①]

年份	总收入（百万美元）	净利润（百万美元）	总资产（百万美元）	股票价格	门店数	雇员人数
2005	19 117	2 602	29 989	21.56		
2006	20 895	3 544	28 975	25.39	31 046	
2007	22 787	2 395	29 392	36.05	31 377	
2008	23 522	4 313	28 462	42.50	31 967	
2009	22 745	4 551	30 225	43.43	32 478	
2010	24 075	4 946	31 975	55.49	32 737	
2011	27 006	5 503	32 990	67.77	33 510	
2012	27 567	5 465	35 387	76.81	34 480	
2013	28 106	5 586	36 626	83.45	35 429	440 000
2014	27 441	4 758	34 227	85.46	36 258	420 000
2015	25 413	4 529	37 939	92.10	36 525	420 000
2016	24 622	4 687	31 024	113.79	36 899	375 000
2017	22 820	5 192	33 804	145.12	37 241	235 000

在麦当劳的诸多商业布局中，最具有代表性的当属其向全球扩张的经营战略，这一战略的成功也使得麦当劳成为了全球化的一大象征，也有学者将其称为社会的“麦当劳化”。著名杂志《经济学人》就曾建立了以麦当劳的产品命名的购买力平价指数——“巨无霸指数”，通过巨无霸汉堡在不同国家的售价构建不同货币间的购买力平价体系。这些都说明了麦当劳公司在全球领域内取得的巨大成功。

① 数据来源：维基百科（根据麦当劳年报整理）。

目前，为了运营特许经营餐厅以及直营餐厅，麦当劳在全球范围广泛投资设立子公司，并以洲为单位进行业务板块的划分，在不同的大洲根据当地的特点采取不同的组织结构。从全球范围来看，麦当劳的餐厅以特许经营店为主，占比大约70%；在美国，特许经营的比例高达86%；在欧洲特许经营店的比例也有73%之多。而在中国，麦当劳在1990年进入中国大陆市场以来一直保持着以直营店为主的模式。但在2017年，麦当劳向中国国有投资公司中信和总部位于美国的私人股本巨头凯雷集团（Carlyle Group）出售了2 640家门店，麦当劳仅保留了20%的大陆和香港业务，中信和凯雷分别持有52%和28%，自此麦当劳在中国从直营店主导的模式转为了特许经营的模式，作为特许经营商的中信和凯雷联合麦当劳成立了金拱门有限责任公司用以运营中国地区的业务，在当时也引起了热烈的讨论。

（二）麦当劳公司的欧洲市场结构

1971年，麦当劳在荷兰开设了第一家欧洲快餐店。自此之后，麦当劳凭借着特许经营的扩张模式、因地制宜的销售战略以及雇佣本土化的理念，逐渐成长为欧洲最大的快餐公司。麦当劳的欧洲市场是其全球销售市场的重要组成部分，占据了麦当劳的美国总公司营业收入将近40%的份额①。其中，英国、德国、法国、西班牙、意大利是麦当劳欧洲市场销售额排名前五位的国家，在这些国家巨额的销售额都体现了麦当劳在欧洲市场的经营业绩。在全球范围内，超过90%的麦当劳快餐店由特许经营的加盟商运营，该公司的特许经营收入利润率高达82.3%，是其直营企业店18.2%利润率的四倍多。2015年5月，麦当劳宣布了一项重大的再加盟营运计划，就是到2018年将全球特许经营店的比例从81%提高到90%②。麦当劳对这项计划的解释，是其相信更大比重特许经营的商业模式将会带来更稳定、更可预测的收入和现金流。2015年麦当劳欧洲市场销售额排名前五位的国家分布如图6－1所示。

纵观麦当劳公司的发展历程，其之所以能成为全球快餐业巨头之一，一个很重要的原因是其对特许经营扩张模式的充分运用和设立特殊企业架构进行税收筹划。这两点在麦当劳的欧洲市场体现得尤为突出，麦当劳在2008年和2016年年底对其欧洲市场结构进行了两次重大重组，就是为了更好的运用特许经营模式，以优化其在欧洲市场的税收战略安排。

---

① 数据来源：维基百科（根据麦当劳年报整理）。

② 数据来源：http：//www. notaxfraud. eu/sites/default/files/dw/FINAL%20REPORT. pdf.

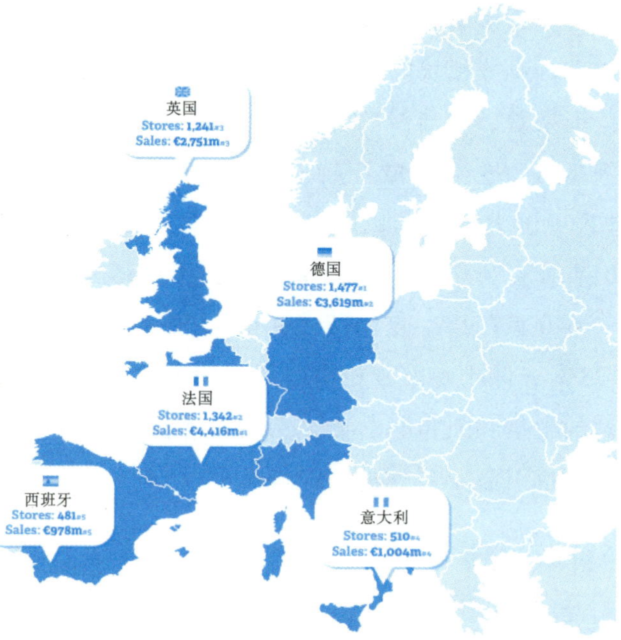

图 6－1　2015 年麦当劳欧洲市场销售额前五位国家分布①

1. 2009～2015 年麦当劳欧洲市场的避税结构

2008 年年底，麦当劳总公司将其欧洲知识产权和特许经营权转让给了一家在卢森堡成立的子公司，名为 McD Europe Franchising Sàrl，其在美国、瑞士、英国都设有分支机构。2013 年，尽管该公司获得了 8.33 亿欧元的特许权使用费，但其在欧洲只缴纳了 420 万美元的税款。并且卢森堡子公司只有 13 名员工，负责日常的公司行政事宜，其年度报告中也没有正在进行的经营研发投资支出等。2009 年 7 月，随着卢森堡、英国对特许权使用费和知识产权的税收待遇发生了一系列变化后，麦当劳将其欧洲特许经营权的运营总部从伦敦迁至了瑞士的日内瓦。当时，欧洲媒体就广泛报道称，麦当劳的此种做法与避税有关，是出于享受瑞士低的企业所得税率，以及推迟将海外利润汇回美国的考虑。因为在 2009 年，麦当劳在卢森堡最初建立公司架构时，英国的企业所得税税率为 28%，而瑞士的企业所得税税率为 18%。到 2013 年年末，麦当劳卢森堡子公司的有效税率已经降至了 1.4%。这一税率明显低于标准卢森堡税收制度下可获得的优惠税率，这表明了其获得的极低税率很可能是与卢森堡达成了某些税收优惠协议的结果。2009～2015 年麦当劳欧洲业务的知识产权持股结构如图 6－2 所示。

① 数据来源：http://www.notaxfraud.eu/sites/default/files/dw/FINAL%20REPORT.pdf.

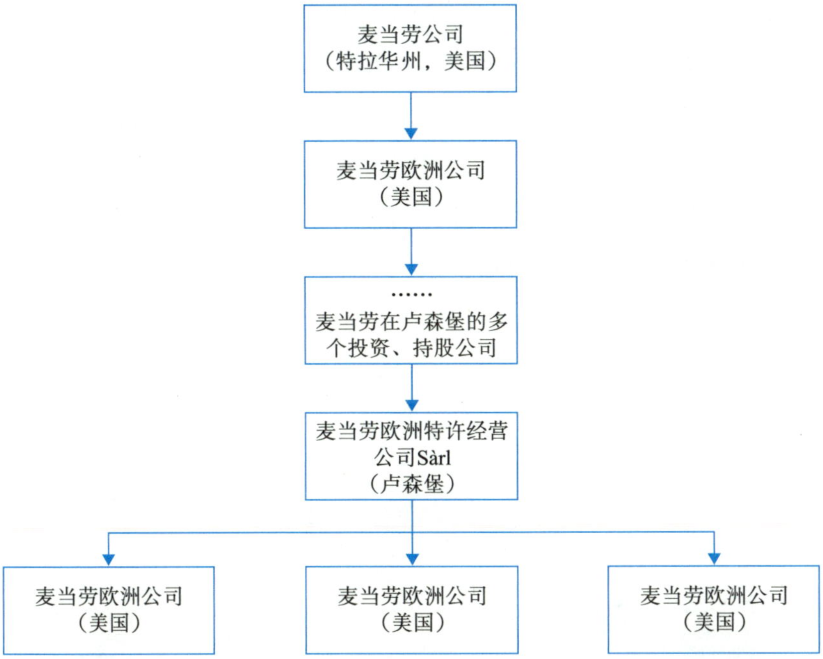

图 6－2　2009～2015 年麦当劳欧洲业务的知识产权持股结构

以上事实都表明，2008 年年末，麦当劳通过对欧洲市场避税结构的重新安排，确实给麦当劳带来了极大的税收优惠利益，提高了麦当劳的税后收益。

2. 2016 年至今麦当劳欧洲市场的避税结构

2015 年 2 月 25 日，美国与英国的数个工会联合反贫困组织 War on Want 发布了《不快乐餐》（Unhappy Meal）报告。报告中指出麦当劳在 2009～2013 年这 5 年间在欧洲逃避了高达 10 亿欧元的企业所得税。

这一报告曝光后，欧盟委员会、欧洲议会和欧洲国家的税务机关开始正式调查这家汉堡巨头在欧洲各地的税务行为。在 2015～2016 年期间，欧洲议会特别税务委员会成立，举办了关于麦当劳和其他大型跨国公司避税行为的听证会，对卢森堡给予麦当劳的某些税收裁定是否违反了欧盟国家援助规则等提出质疑。所以麦当劳欧洲市场面临着欧盟和欧洲国家税务机关越来越严格的税务事项审查，在英国脱欧公投的背景下，麦当劳开始重组其欧洲市场架构。

2016 年 12 月，麦当劳将其美国境外市场的特许经营业务从卢森堡转移到了英国。成立了一家名为麦当劳全球特许经营有限公司的英国控股公司，负责从麦当劳在美国境外业务中获得特许权使用费。在这次重组业务中，麦当劳关闭了其在卢森堡的主要子公司，将其余子公司的总部转移到美国，并在英国开设了多家新的子公司，以管理其在美国境外的知识产权。麦当劳公司及其在欧洲的股权之间的所有权结构也变得更加复杂，如图 6－2 所示。而且位于卢森堡的麦当劳欧洲特许经营有限责任公司 Sàrl 公司将其总部从卢森堡转移到其美国分公司，同时在瑞士、英国、卢森堡设有分支机构。因此，麦当劳欧洲特许经营公司 Sàrl 更名为麦当劳欧洲特许经营有限责任公司 LLC，一家注册地位于美国特拉华州的子公司。这样的结构重组意味着有关于该子公司的财务信息不用再向公众开放，因为根据美国特拉华州的公司法，该公司无需提交公开的年度财务报告。2016 年至今麦当劳欧洲业务的知识产权持股结构如图 6－3 所示。

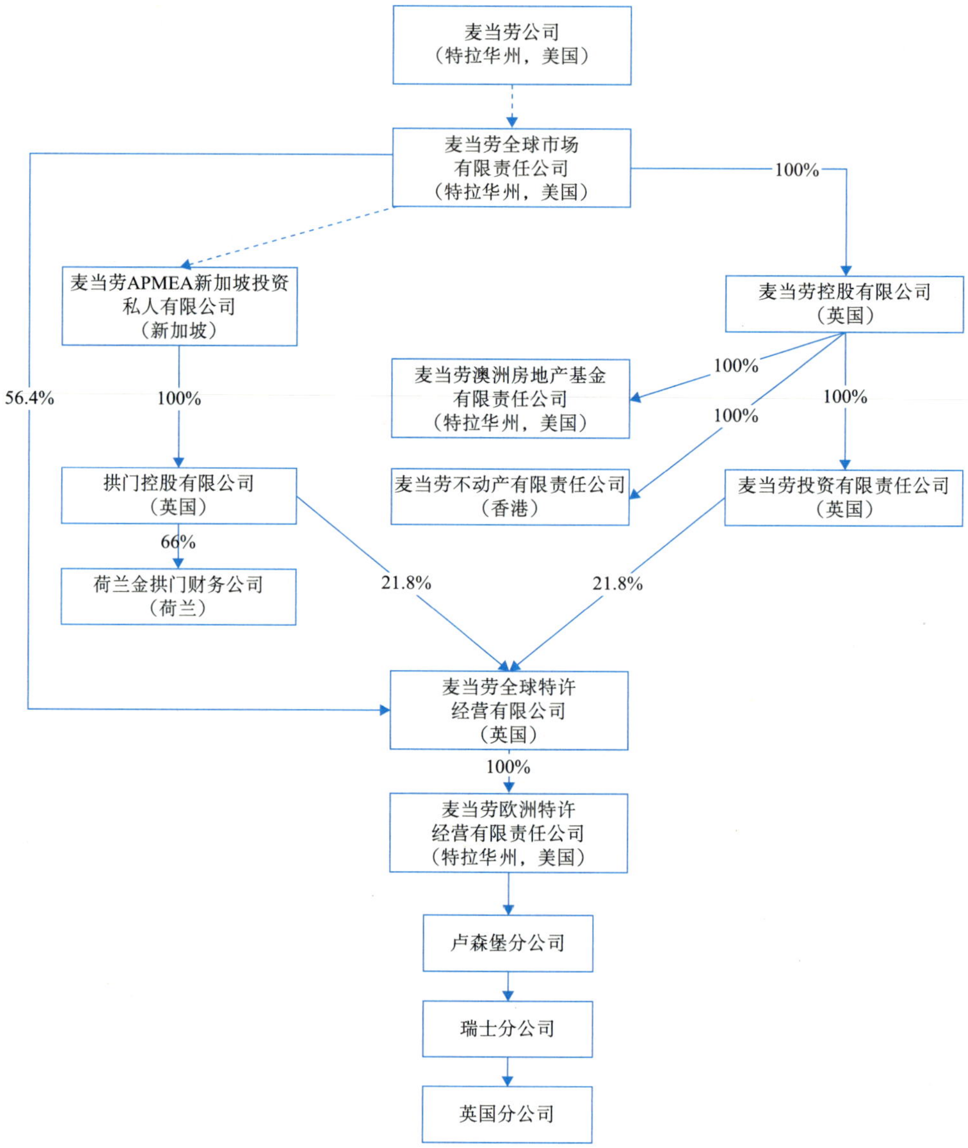

图 6－3　2016 年至今麦当劳欧洲业务的知识产权持股结构

（三）麦当劳公司的纳税争议

1. 特许权使用费的转让定价问题

麦当劳特许经营的模式使其实现了其商业版图在全球范围内的扩张，也使得其盈利能力更依赖于将包括商标使用权在内的知识产权授予给特许经营商而非直接运营门店。由于知识产权具有高度流动性，允许公司灵活地构建其对这些资产的所有权，以便对其特许权使用费收入征收很少或不征收企业所得税。虽然在欧洲麦当劳的运营方式是以特许经营门店为主，但也有30%的门店采取的是直营的方式，为了更好地进行税务筹划，麦当劳规定欧洲的直营门店也要通过上交特许权使用费的方式来支持欧洲各分公司的日常运转。麦当劳特许经营权使用费的转移架构如图6－4所示。

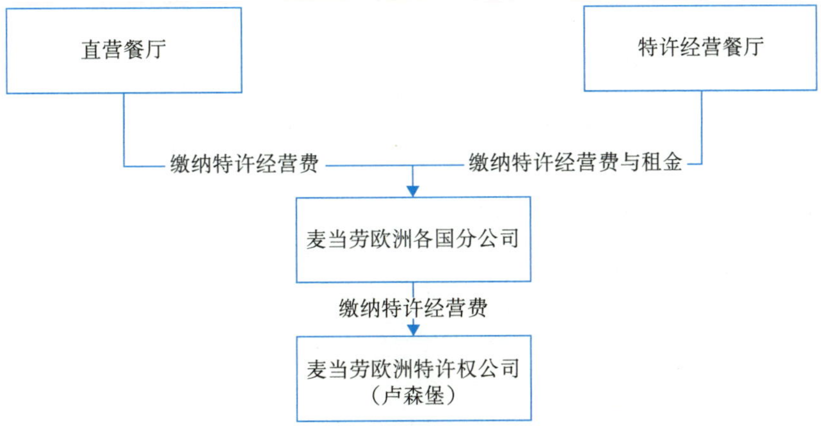

图6－4 麦当劳特许经营权使用费的转移架构

2015年，欧洲和美国工会联盟以及英国反贫困运动组织发布的“不快乐餐（Unhappy Meal）”报告就指出，麦当劳主要是通过对欧洲特许经营权的所有权与经营权进行分离，以避免支付超过10亿欧元的税款。麦当劳不仅面临着在欧洲避税的指责，而且还面临社会团体、监管机构和相关人士对其商业模式依赖于低工资和对工人剥削的批评。随着矛盾的持续发酵，2015年9月三家消费者协会联合向意大利当局提出投诉，他们认为麦当劳特许权使用费的避税筹划造成了意大利的财政收入流失并损害了纳税人的权益。无独有偶，2015年12月，麦当劳法国的一家子公司的劳资委员会代表的对麦当劳的税务欺诈、洗钱和滥用公司资产提起刑事诉讼。麦当劳的税务筹划安排之所以遭到意大利与法国民众的集体讨伐，是因为麦当劳为了逃避这两国的高税负而通过提高这两国的特许权使用费降低在这两国的经营利润。这种违反税法实质的行为在2016年遭到了法国当局的惩罚，根据报道，法国当局向麦当劳开出了3亿欧元的罚单，用于惩罚其为了利用卢森堡及瑞士的税收优惠政策而转移利润的行为。

2. 国内税法与税收协定不匹配的纳税争议

正如“不快乐餐（Unhappy Meal）”报告中所揭示的，尽管麦当劳卢森堡子公司麦当劳欧洲特许经营公司 Sàrl 在 2009 年至 2015 年 7 年间从欧洲市场获得了数十亿欧元的特许权使用费，但其卢森堡总部或瑞士和美国的子公司几乎都没有纳税。自从 2008 年年底，麦当劳将其欧洲知识产权和特许经营权转让给了卢森堡的子公司 McD Europe Franchising Sàrl（以下简称 MEF）后，该公司的企业所得税税率每年都在下降，在 2015 年甚至只有 0.7%。麦当劳欧洲特许经营公司 Sàrl 在 2009 ~ 2015 年的税额如表 6 - 2 所示。

表 6 - 2　麦当劳欧洲特许经营公司 Sàrl 在 2009 ~ 2015 年的税额①

时间	营业额（百万美元）	税后利润（百万美元）	税额（百万美元）	税率
2009 年	785.8	8.4	3.8	30.9%
2010 年	896	54.6	4.9	8.2%
2011 年	1 025.2	174.9	4.7	2.6%
2012 年	1 008.8	172.5	3.2	1.8%
2013 年	1 064.9	284.3	4.2	1.4%
2014 年	1 180.2	540.4	5.6	1.0%
2015 年	1 041.9	540.6	3.8	0.7%
总计	7 002.7	1 775.7	30.1	1.7%

2015 年发布的这一报告，引起了公众对麦当劳避税结构的极大关注，同年 11 月，欧洲议会特别税务委员会正式成立并举行了关于麦当劳和其他大型跨国公司避税行为的听证会。12 月欧盟委员会反垄断监管机构正式开始对卢森堡于 2009 年对麦当劳卢森堡子公司的两项税收裁定进行国家援助调查。当时委员会的初步观点是：卢森堡给予的税务裁定可能使麦当劳在违反欧盟国家援助规则的情况下，获得了一些税收优惠待遇。由此麦当劳与欧盟产生了纳税争议：即欧洲特许经营公司 MEF 来自美国分支机构的利润是否应该在卢森堡纳税。

麦当劳认为，2009 年卢森堡对其的第一份税收裁定免除了麦当劳欧洲特许经营权的特许权使用费收入的企业所得税是有政策依据的，因为卢森堡将美国分公司视为在美国的常设机构，根据卢森堡与美国的双重征税协定，麦当劳卢森堡子公司 MEF 来自

① 数据来源：https：//waronwant.org/sites/default/files/Unhappy%20 - Meal.pdf。

美国分公司的特许权使用费收入将在美国境内纳税，而在卢森堡是享受免税待遇的。

但是，欧盟认为麦当劳卢森堡子公司 MEF 来自美国分公司的特许权使用费收入并没有在美国纳税。因为根据美国税法，美国分公司不被视为在美国的常设机构，麦当劳卢森堡子公司 MEF 和其美国分公司在美国境内均没有开展实质性的经营活动，因此麦当劳卢森堡子公司 MEF 来自美国分公司的特许权使用费收入在美国和卢森堡都是双重不征税的，这违反了欧盟国家援助规则。

这里的欧盟国家援助规则指的是，根据《欧盟运行条约》第 107 条第一款的定义，即"由某一成员国提供的或通过无论何种形式的国家资源给予的任何援助，凡通过给予某些企业或某些商品的生产以优惠，从而扭曲或威胁扭曲竞争，只要影响到成员国之间的贸易，均与内部市场相抵触"的一种违反市场公平竞争的原则。

欧盟与麦当劳的这场争议持续了 3 年之久，虽然欧盟目前还没有出具官方报告，但此争议在 2018 年终于算是有了一个结果。2018 年 9 月 19 日，欧盟竞争事务委员会专员玛格丽特·韦斯塔格在卢森堡对麦当劳的国家援助案的新闻发布会上表示：在 9 月 1 日，欧盟委员会发现，对麦当劳卢森堡子公司 MEF 来自美国分公司的某些利润不征税不会导致非法的国家援助，因为这是符合了两国税法和卢森堡与美国双重征税协定的。因此，卢森堡没有违反欧盟的国家援助法律。

韦斯塔格认为，麦当劳没有对相应利润缴税，从税收公平的角度看是不合理的。因此，欧盟非常欢迎卢森堡政府采取一些立法措施来避免将来此类问题的再发生，而卢森堡政府确实已经对解决此类问题付诸了行动。在 2018 年 6 月卢森堡政府提交了一项税法修正草案，对"常设机构"重新进行了定义，并计划要求在缔约国纳税的公司，提供其当地纳税证明，避免再次出现双重不征税的情况。

二、案例分析

（一）基于特许权使用费的税收战略

在上面的分析中，我们提到麦当劳公司在欧洲通过特许权使用费的支付、运营以及所有权安排实现其从高税收国家到低税收国家的利润转移，而这一转移方式能够得以实现，功劳还要归于麦当劳对于特许权的转让定价安排。

转让定价发生在处于同一控制下的关联企业之间，这些企业基于共同的利益，在转移商品、技术、劳务等过程中，为了达到整体利益的最大化而制定特殊的价格政策。在企业管理实践中，这一手段经常被一些企业尤其是跨国公司用作逃避高税负的手段。一般做法是低税负国家的企业以高于公允价值的价格向高税负国家的企业销售商品，或是高税负国家以较低的价格向低税负国家销售商品。而在转移定价的载体选择上，无形资产由于其估值方法的多样性和不确定性而受到许多跨国公司的青睐。目前包括麦当劳、星巴克等在内的餐饮巨头的转让定价策略都是通过知识产权授予与收取特许权使用费的方式来展开。

2008 年，麦当劳将其欧洲市场的知识产权与特许经营权的所有权全部转移给了一家名为麦当劳欧洲特许权公司（McD Europe Franchising Sàrl，简称 MEF）的企业。这家卢森堡的居民企业拥有分别设立在美国与瑞士的两家分公司，其中瑞士分公司负责收取来自欧洲的特许权使用费。从披露出的财务数据来看，MEF 虽然每年有来自欧洲的超过 8 亿欧元的特许权使用费收入，但是它仅仅雇佣了 13 个员工，同时也没有证据表明 MEF 为了无形资产的研发而进行持续的活动。种种迹象表明，这家公司成立的目的就是为了利用卢森堡的较低的所得税税率逃避欧盟其他国家的高税负。麦当劳欧洲特许经营权业务的相关公司架构如图 6－5 所示。

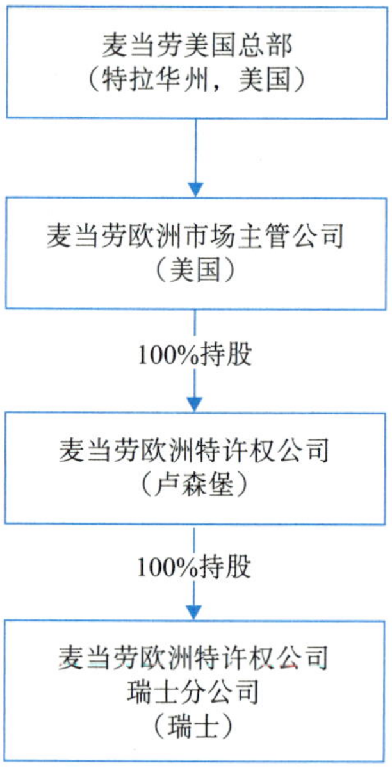

图 6－5　麦当劳欧洲特许经营权业务的相关公司架构

正如在第二部分提到过的那样，麦当劳对欧洲的直营门店与特许经营门店统一收取销售额 5% 的特许权使用费。此外，由于麦当劳经常控制着特许经营门店的房产所有权，因此特许经营店还需要向其支付租金。位于瑞士的分公司收取这些特许权使用费后会将特许权使用费全额转移给位于卢森堡的总公司。相比之下，在美国，麦当劳的特许经营商点仅需向麦当劳美国有限责任公司支付 4% 的特许权使用费；然后，该实体向麦当劳集团支付其收取费用的 50%，作为其特许经营商和直营门店使用麦当劳系统和品牌的费用，剩下的部分则由麦当劳美国有限责任公司保留，用于再投资和为特许经营商提供关键的持续支持服务。

在欧洲，法律规定知识产权收入不需在其收入来源地缴纳，而是由取得收入的一方缴纳企业所得税，这一法律漏洞给麦当劳以机会通过“卢森堡—瑞士”的公司架构来开展避税工作。在企业所得税率较高的德国、法国、意大利等国家，麦当劳为他们制定了一个较高的特许权使用费率，通过特许权使用费的支付这些国家的分公司获得了大额的可抵扣费用，从而减少了应纳税所得额。而支付到瑞士以及卢森堡的这笔款项，又能享受当地的税收优惠，以非常低的税率缴纳企业所得税。在卢森堡，一种被称为“知识产权盒（intellectual property box）”的税收政策将特许权使用费收入的企业所得税税率从应税收入的 29.2% 降低到了 5.8%；而在瑞士，如果企业的主要收入来源于瑞士国外，那么该企业将享受 0% 至 12% 不等的优惠税率。根据欧洲一反贫困组织的测算，自 2009～2013 年 5 年间，麦当劳通过特许权使用费的转移定价而节约的税费高达 10.44 亿欧元，具体数据如表 6－3 所示，表中给出的分别是位于卢森堡的 MEF 收取的特许权使用费、如果正常缴纳所得税的应纳税额以及实际缴纳的税额。

表 6－3　　欧洲一反贫穷组织测算的麦当劳欧洲逃税额度①

时间	总特许权使用费收入（百万欧元）	如果在欧洲国家保留特许权使用费作为利润，预计应缴税款（百万欧元）	实际申报的税款（百万欧元）
2009 年	587.8	161.8	2.8
2010 年	703.4	193.6	3.8
2011 年	766.8	211.1	3.5
2012 年	816.1	244.6	2.6
2013 年	833.8	229.5	3.3
合计	3 707.9	1 060.1	16

① 数据来源：https：//waronwant.org/sites/default/files/Unhappy%20－Meal.pdf。

（二）通过常设机构混合错配的税收筹划战略

自从麦当劳在2008年年底对其欧洲市场结构进行了调整，欧洲业务的特许经营权转移到麦当劳卢森堡子公司MEF后，该公司在2009～2013年的有效税率明显降低，显著提高了麦当劳欧洲业务的税后收益。表6－3具体说明了这5年期间，麦当劳卢森堡子公司MEF的欧洲业务特许权使用费收入与申报缴纳的税款以及在整个欧洲范围内节省的税款。从表6－3中可知，麦当劳通过特殊的避税架构安排获得的巨额节税收益是令人震惊的。接下来本文将探讨麦当劳是如何设置特殊架构，利用两国国内税法对“常设机构”的判定不一致以及两国税收协定中的豁免条款，成为近5年来第一家被调查后而不用向欧盟补缴税款的跨国企业。

卢森堡子公司MEF之所以能成功规避高达10亿欧元的税款，其关键因素是构建了“美国—卢森堡—瑞士—美国”的公司架构，分离了欧洲特许经营权的“持有人”和“管理人”，麦当劳欧洲特许经营权业务的相关公司架构如图6－6所示。即2008年年底时，麦当劳总部将其欧洲地区的知识产权和特许经营权从特拉华州转移到了卢森堡子公司MEF，同时卢森堡子公司分别在瑞士和美国各设立了一家分公司，其中美国分公司是欧洲特许经营权的“持有人”，承担了欧洲特许经营权业务的相关损益；瑞士分公司则是欧洲特许经营权的实际“管理人”，负责运营管理欧洲特许经营权的业务，收取来自欧洲国家的特许权使用费，如英国、法国、意大利、西班牙等。而瑞士分公司将收取特许权使用费收入扣除了该公司的运营费用后，全部移交给美国分公司。而卢森堡子公司只有13名员工，负责日常的公司行政事宜，其并不开展实质性的生产经营活动，其利润全部来自瑞士分公司、美国分公司以及英国分公司。

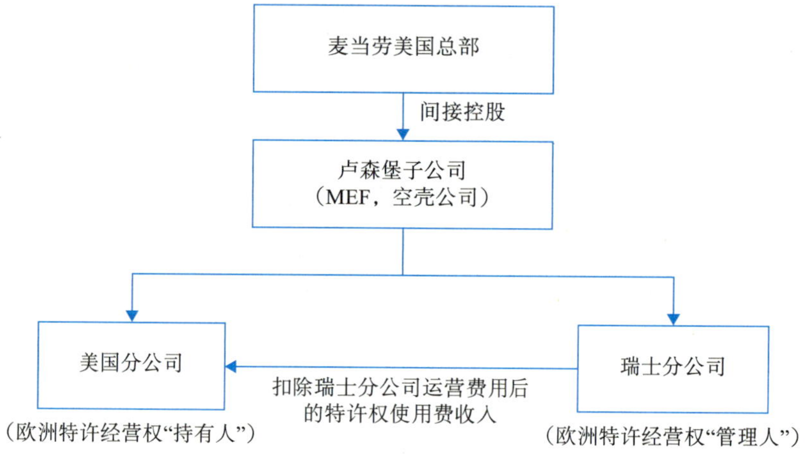

图6－6　麦当劳欧洲特许经营权业务的相关公司架构

麦当劳卢森堡子公司 MEF 作为卢森堡的居民企业，根据卢森堡的企业所得税法，应该就其全球所得在卢森堡缴纳企业所得税。事实上，卢森堡子公司的利润均来源于美国分公司和瑞士分公司，卢森堡与美国和瑞士均有税收协定，所以卢森堡子公司 MEF 来自境外两国的利润分别适用卢森堡与美国的税收协定，以及卢森堡与瑞士的税收协定。麦当劳欧洲特许经营权业务的相关公司架构如图 6－6 所示。

根据卢森堡与美国于 1996 年 4 月 3 日签署的税收协定（Luxembourg－United States Income and Capital Tax Treaty），其中第五条对“常设机构”（Permanent Establishment）做了明确的规定。第一款对常设机构的定义是指企业进行全部或部分营业活动的固定场所。第二款对常设机构包括的范围作了列举，常设机构包括企业设立在缔约国另一方的分支机构（Branch）。卢森堡认为，麦当劳卢森堡子公司的美国分公司在美国是具有固定性的，且美国分公司作为欧洲特许经营权的“持有人”，有足够的经营活动能够证明其在美国构成了一个真实的课税实体，因此卢森堡把美国分公司判定为麦当劳卢森堡子公司设立在美国的常设机构。根据上文提到的两国的税收协定，为了避免双重征税，对于卢森堡子公司 Sàrl 取得的来自分支机构汇回的股息收入在卢森堡是免税的。以下是两国协定中第 25 条（Relief from Double Taxation）第二款对卢森堡居民取得的某些类型的收入可以在卢森堡免税的具体规定：（a）项，如果卢森堡居民获得收入或拥有资本，根据本公约的规定，可以在美国征税，卢森堡应在符合（b）和（c）项规定的范围内免除此类收入或资本的税款；（b）项，卢森堡居民获得的收入，根据第十条（股息）和第十二条（利息）第六款的（b）项的规定可以在美国纳税，卢森堡应允许从该居民的收入中扣除相当于在美国支付的税额的金额。但是，这种扣除额不得超过扣除之前计算的税额数，这部分税额是以从美国获得的收入为税基计算的；（c）项，如果作为卢森堡居民的公司从美国来源获得股息，卢森堡应免除此类股息的税款，前提是作为卢森堡居民的公司自其会计年度开始以来至少直接持有公司 10% 的股份。

正如卢森堡 2009 年对卢森堡子公司 MEF 的第一份税收裁定，免除了麦当劳欧洲特许经营权的特许权使用费应缴纳的企业所得税，但免税的前提条件实际上是卢森堡认为这部分收入在美国会被征税，且要求麦当劳每年提供这些特许权使用费在美国已申报纳税的证明。然而，与卢森堡的前提条件相反，美国分公司的特许权使用费收入在美国并不会被课税。原因是卢森堡子公司并没有通过美国分公司在美国境内开展实质性的经营活动，瑞士分公司才是欧洲特许经营业务的实际运营管理人，收取欧洲国家的特许权使用费。根据美国联邦企业所得税法，美国分公司不被视为卢森堡子公司设立在美国的常设机构，美国分公司在境内没有进行实质性的欧洲特许经营权的业务，其所得均是瑞士分公司转移的。相当于卢森堡子公司取得的是来自于美国境外的，与美国分公司没有实际联系的所得，所以美国分公司支付给卢森堡子公司的所得不属于美国的征税范围。这就是卢森堡与美国的税收协定和美国国内税法不匹配，造成了卢森堡来自美国分公司的利润在卢美两国双重不征税。

进一步分析，麦当劳在欧洲市场的成功避税主要是由于卢森堡与美国对美国分公司是否构成常设机构的判定不同，这实际上是麦当劳的一种利用反向混合实体错配的安排，而美国分公司就是反向混合实体。因为美国分公司在其设立地美国被视为税收透明实体，而在其总公司麦当劳卢森堡子公司被视为应纳税实体，这就是不同的税收管辖区对实体的认定差异造成了双重不征税的后果。如果美国与卢森堡在认定美国分公司的实体性质时，考虑到对方国家的意见，进行了相互协商，可能麦当劳就得对其欧洲市场特许经营业务乖乖缴税了。

麦当劳利用混合错配安排成功避税后，带来的结果就是卢森堡响应 OECD 的 BPES 行动计划，对其国内税法进行修改来堵注税法漏洞，避免将来类似避税事件的再次发生。

（三）对避税天堂的利用

除了以上提到的安排以外，麦当劳还一直利用避税天堂进行避税。随着麦当劳逐步将其业务授权给全球范围内的逐渐壮大的特许权使用者，麦当劳也一直乐于选择与避税天堂或保密天堂的公司合作。

1. 麦当劳在开曼群岛与百慕大的税收筹划

2015 年，一份名为《黄金躲闪》（Golden Dodges）的报告发布，这一报告详细披露了麦当劳在全球避税天堂或保密天堂设立的分公司，这其中许多公司都没有在麦当劳的年报中得到报告。从那以后，麦当劳对于避税天堂的广泛使用逐渐走入公众的视野，但是麦当劳并没有停下在避税天堂铺展商业布局的脚步，这其中就包括著名的避税与保密天堂——开曼群岛和百慕大。

开曼群岛一直是欧盟“灰色”非合作司法管辖区名单上的常客。麦当劳在开曼群岛的子公司中，至少两家在被并购以后就宣布清算破产，这说明了这些公司的开设可能仅仅是为了在某些特定交易中扮演特定角色以帮助这些交易逃脱审查。据报道，开曼群岛公司注册处称，麦当劳的其他公司仍然保持活跃。

在欧盟委员会对麦当劳进行避税调查期间，麦当劳曾被就其在百慕大开设的公司予以问询，因为麦当劳虽然在百慕大设有分公司，但并没有在该地区经营餐厅（百慕大法律禁止在该国经营非素食餐厅）。百慕大之所以成为著名的避税天堂，是因为在这里企业的离岸利润不需要缴纳任何企业所得税。在回答委员会问题时，麦当劳方声明道“麦当劳集团以及其所有的分公司都没有在 McDonald's Owner/Operator Insurance Company Ltd. 中持有任何股份”。然而，进一步的调查显示，McDonald's Owner/Operator Insurance Company Ltd. 的两名董事曾任或现任麦当劳集团的高管。对其他在百慕大开设的公司，麦当劳未做出任何回应。

2. 麦当劳欧洲避税结构的重新架构

随着欧盟当局对涉税事务的审查日益严格以及卢森堡由于麦当劳税案而修正了国内法律与双边税收协议之间的漏洞，麦当劳开始考虑重新架构其欧洲业务。

2016 年 3 月，英国政府宣布将其企业所得税率降至 17%，这一计划将在 2020 年正式生效，届时英国将成为二十国集团中所得税税率最低的国家。就在短短两个月之后，英国脱欧获得公投通过，这为麦当劳逃脱欧盟监管提供了绝妙的契机。2016 年当年，麦当劳国际特许经营权有限责任公司（McD Global Franchising Limited）与拱门控股有限公司（Arches Holdings Limited）在英国设立，同时麦当劳也将其全球的税务总部从卢森堡移动到了英国，拉开了麦当劳欧洲避税架构转移的序幕。

另一边，在麦当劳接受欧盟当局缜密调查中的卢森堡，欧洲特许经营权的持有者麦当劳欧洲特许经营权公司 MEF 从卢森堡移动到了美国特拉华，并被重新命名为 McD Europe Franchising LLC，根据特拉华州的法律它不再需要公布其财务报告。其他位于卢森堡的子公司也纷纷转移至英国或者干脆注销，以逃避欧盟的审查。

麦当劳经营结构的重设以及 MEF 从卢森堡转移到特拉华的行为，使得麦当劳的公开文件的透明度以及信息的可获得性急剧下降。比如，麦当劳位于英国的新国际税务总部的名字就没有在公开文件中公开，这一在英国成立的新实体尚未在英国公司注册处提交备案文件和披露，没有这些文件政府当局就无力就麦当劳在特许权使用费、知识产权和税收方面的新安排做出独立核查。

3. 麦当劳合作伙伴对避税天堂的利用

麦当劳近年来采取了积极行动，增加其特许经营餐厅的比例，特别是与大型特许经营权运营公司签订合同，交付其在整个国家或地区（包括欧洲）运营麦当劳门店的权利。在这种方式下，麦当劳也为其合作伙伴开启了积极的税收筹划的大门，许多麦当劳的合作伙伴也都开始依赖避税天堂来构建他们的业务。

其中规模最大的一笔交易当属向中国国有投资公司中信和总部位于美国的私人股本巨头凯雷集团出售麦当劳的 2640 家中国大陆和香港的直营门店。该交易价值超过 20 亿美元，并于 2017 年 1 月向社会公告。

2016 年 10 月，就在交易宣布前几周，英国 McD 投资有限公司（McD Investments

Limited）与麦当劳香港餐厅有限公司（McDonald's Restaurants HongKong Limited）签署了一份股票收购协议，将麦当劳香港餐厅有限公司的所有权转移到一个新的子公司结构中，这些子公司最终由香港大食控股有限公司（Grand Food Holdings Ltd.）所有。从图6－7可以看出，这个实体由麦当劳在英国的子公司金拱门投资有限公司（Golden Arches Investments Limited）和两个开设在避税天堂的公司共同拥有，这两个公司分别为英属维尔京群岛的快餐控股有限公司（Fast Food Holdings Ltd.）和开曼群岛的宁静控股有限公司（Tranquility Holdings Ltd.）。这两家公司的所有权结构表明，宁静控股有限公司（Tranquility Holdings Ltd.）是凯雷集团（Carlyle Group）的控股公司，而快餐控股有限公司（Fast Food Holdings Limited）是中信集团（CITIC）的控股公司。麦当劳在中国大陆及香港的避税架构如图6－7所示。

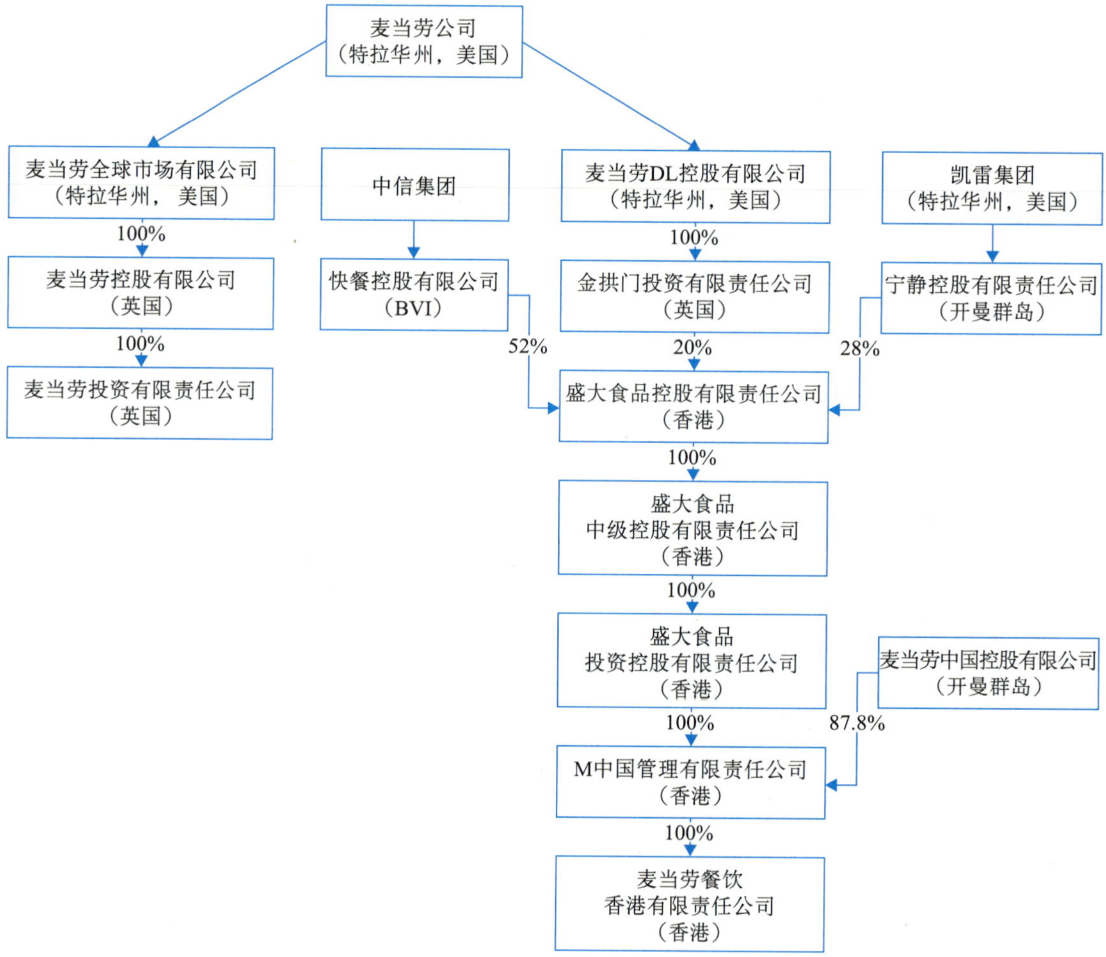

图6－7　麦当劳在中国大陆及香港的避税架构

三、OECD 对无形资产转让定价和混合错配的经验借鉴

（一）OECD 对无形资产的转让定价的经验借鉴

2012 年 6 月，经济合作与发展组织（OECD）发布的对修改《OECD 转让定价指南》第六章无形资产特别考虑的讨论稿（草案），使转让定价领域内的无形资产相关问题进入了学界的视野中。随着研究的逐渐深入，OECD 在 2013 年 7 月发布了《草案》修改稿，并在这一稿中首次提出了基于转让定价的无形资产定义。《草案》修改稿指出，无形资产是指那些非有形资产或者非金融资产，即在商业经营活动的使用中被拥有或控制的资产，并且在可比的环境中，独立企业之间使用或转让了这样的资产将被给予合理的价值补偿。这一概念区别于会计领域的无形资产定义，强调无形资产在独立企业之间的使用或转让应该给予价值相当的补偿。基于此，《草案》修改稿对无形资产的具体分类进行了列举，其中包括专利、技术诀窍和商业秘密、商标、商号和品牌、合同权利和政府执照许可、特许权或类似权利、商誉和持续关注价值（Goodwill and Ongoing Concern）、跨国公司集团协同力（Group Synergies）以及特殊市场本质（Market Specific Characteristics）（励贺林，2014）。

由于在之前的文件中，与无形资产的所有权及其收益分配相关的公平交易原则没有得到明确的定义，因此为跨国公司的利润转移提供了可乘之机。基于此，《草案》修改稿认为，跨国公司集团成员获取无形资产收益的权利与方式应依赖于无形资产的形成与价值创造的过程，成员公司应承担执行功能、投入资产并承担风险。这一定义彻底否决了仅依赖于法律合同确认无形资产所有权属性，而是认为应当在承认法律所有权的基础上，考虑成员公司是否开展了实质性的商业活动。无独有偶，在同年召开的 G20 会议上，二十国集团的财长与央行行长共同批准发布了《解决税基侵蚀和利润转移行动计划》（即 BEPS 计划，以下简称《计划》）。《计划》第八条也认为，要确保转让定价结果与无形资产价值创造保持一致。这些政策的出台，表明了各国政府对于打击跨国公司极端避税行为的决心，也为无形资产转移定价问题的解决实现了历史性的突破。

（二）OECD 对消除混合错配的经验借鉴

随着经济全球化的趋势，越来越多的跨国公司进行特殊税务安排，并利用各国税收制度的差异以及税收协定中的漏洞来减少纳税义务，以获得更可观的税后收益。其

中混合错配安排就是跨国公司常利用的避税筹划方式之一，为了消除混合错配安排的影响，OECD 于 2014 年 9 月发布的 BEPS 行动计划的第二项就是“消除混合错配安排影响”的报告。报告中指出跨国公司多是利用混合金融工具和混合实体来获取避税收益，并呼吁各国政府通过修改国内税法和税收协定来减少混合错配带来的税基侵蚀和利润转移。2015 年 10 月，OECD 和 20 国集团发布了名为《消除混合错配安排的影响》的最终报告，明确了分支机构混合错配的五种基本类型，并给出了各国对国内法进行修改的指导性建议。

鉴于麦当劳卢森堡的美国分公司是混合错配实体，下面对 OECD 在 2015 年的报告中所提出的消除分支机构混合错配影响的建议作一个简要梳理：

（1）调整分支机构免税范围。OECD 指出各国可以调整分支机构的免税范围，以更紧密地配合其他国家在避免双重征税原则下的免税政策。如本案例中的卢森堡最终对本国国内税法进行了修改，调整了常设机构的认定标准，也就调整了常设机构的免税范围；（2）若收款人所在国对分支机构支付给总公司的收入已经免税了，分支机构所在国就不应对这笔收入进行抵免。这条建议能有效的消除混合实体错配带来的双重不征税，但其实现也要求缔约国双方的信息交换程度很高；（3）各国税法对关联企业之间进行混合实体错配应进行限制。

OECD 对消除混合错配税务安排得影响应遵循以下四点原则：一是限制对非居民实体构成税收透明体的认定；二是对受益所有人所在国，应拒绝给予对支付方税收管辖区法律允许扣除的支付款的免税待遇；三是对于双重税收居民下的错配安排，缔约国应通过税收协定进行纠正；四是涉税国应根据对方税收管辖区的行动对自己的行动做出相应调整。

四、对我国的启示及政策建议

（一）关于无形资产转让定价的建议

从以上案例的分析可知，在数字经济时代，以知识产权为代表的无形资产在企业运营尤其是跨国企业的运营中占据着越来越重要的地位。但是由于无形资产估值困难且流动性强等问题的存在，各国税基侵蚀与税源流失的危机日益加大。面对这一形势，我国应采取怎样的方式应对跨国公司利用无形资产转移定价的避税行为，是一个需要慎重考虑的问题。

虽然我国的反避税工作日益精进与完善，但是比起发达国家仍存在很大的差距。

尤其是在与无形资产相关的问题上，我国的法律界定还不够完善，反避税工作实践也相对缺乏，这些问题都加大了我国税务机关展开无形资产相关的反避税工作的难度。本文通过对麦当劳税案的剖析及对相关国际经验的梳理，为我国国内税法的完善提出以下几点建议：

一是要明确无形资产定义。虽然BEPS行动计划已经对无形资产的定义进行了明确，但是我国的相关法律法规并没有做出回应，目前我国对于无形资产的定义仍然采取列举式的方法。但目前科技发展日新月异，新型无形资产层出不穷，列举式的定义方法已经不适合目前涉税实务发展的需要，具有严重的滞后性。因此，我国应积极借鉴OECD与BEPS行动计划中所产生的新成果新思路，更新无形资产定义，适应当前无形资产发展潮流，以更好地服务于我国的税收征管与反避税工作。

二是要堵住无形资产交易中的法律漏洞。由于无形资产估值困难、流动性极高，因此无形资产的交易定价中存在极大的不确定性，跨国公司往往热衷于利用这种不确定性拉高或降低定价进行利润的转移。同时，通过避税实务来看，纳税人对于这种不确定性的掌握具有天然的信息优势，征管机关在这场博弈中处于弱势地位。由于这种信息劣势的存在，征管机关往往很难及时发现纳税人的利润转移行为，从而导致了国家利益的极大损失。面对这种情况，美国1986年对国内法典进行了修订，引入了无形资产收入的“事后调节”机制。这一机制规定，无形资产的转让定价需在转让当年通过美国税务机关的审查，税务机关在交易之后仍有权在每一纳税年度内，根据外部环境的变化等因素考虑是否需要对转让价格做出调整（曾佩婷，2018）。因此，我国可以借鉴美国经验引入无形资产“事后调节”机制，以做到对无形资产转让定价问题严密且即时的监管。

（二）消除混合错配影响的建议

受混合错配安排影响最大的基本上是金融业发达以及跨境投资频繁的发达国家，由于我国对外汇的管制以及限制跨境投资的准入准出，混合错配对我国的影响可能相对较小。但这并不意味着我国可以不重视该问题，因为我国还未引入系统性的消除混合错配的规则，只有一些分散在国内税法中的政策规定。随着我国人民币国际化和跨境投资的步伐加快，我国也必将面临混合错配避税安排带来的严峻挑战。结合麦当劳案例，本文主要对消除混合实体错配提出以下可行性建议。

1. 借鉴国际经验完善我国国内税法

若跨国公司利用混合实体在不同税收管辖区的税务处理差异来避税，为消除此类安排的影响，我国可以在国内税法中补充以下条款：当某支付方被其所在地税收管辖区判定为应税实体，但支付者的母公司或投资者在我国注册成立，被我国判定为税收透明体，若母公司收到该笔支付款且在支付方税收管辖区下进行了税前扣除时，我国应将该笔收入计入母公司一般收入中课税。对该政策条款的执行我国可以借鉴欧洲国家丹麦和英国的经验，丹麦是在本国税法中就有规定，如果某一跨国企业在丹麦的分支机构被认定为境内的税收透明体，那么该分支机构就不能就其向国外母公司的支付进行税前扣除；而英国除了有政策规定以外，还有征管上的措施，即在一定条件下，英国的税务及海关总署会向跨国企业发布通知，通知该企业英国税务机关将拒绝其税前扣除申请。所以针对某一混合实体被我国和其他国家判定为不同的纳税性质时，我国也应该将完善国内税法与征管措施相结合，更好地消除此类安排的影响。

2. 完善我国税收协定中对透明实体的规定

对于消除混合实体错配带来的影响，除了要完善国内税法以外，也需要各国的相互协调，通过税收协定来减小各国税务处理的差异性，以保护缔约国双方的征税权益。要完善我国与他国的税收协定中对透明性实体的规定，可以考虑补充以下限制规定：①如果根据缔约国双方的国内税法，对收款方的收入都不视为应征税的收入，那么就不能给其税收协定待遇；②如果根据缔约国一方税法，某实体被视作税务透明体，那么被视作透明体的收入应在其投资者层面进行征税，其余部分非透明体的收入应在实体层面进行征税。

3. 加强我国与其他国家的税收情报交换机制

回顾一下本案例，如果卢森堡在 2009 年对麦当劳卢森堡子公司做出税收裁定时，就与美国进行了卢森堡子公司是否在美国缴税的情报交换，就不会造成麦当劳的欧洲特许权使用费收入在卢美两国都不被征税，由此可见，国家间应加强税收情报交换的重要性。我国的税收情报交换工作于 20 世纪 90 年代开始起步，当时以专项税收情报交换为主，我国都是被动的配合外国税务机关，协助参与调查跨国避税案件。进入 21 世纪后，我国税收情报交换制度体系不断健全，积极响应 BEPS 行动计划，打击国际逃税行为。

《非居民金融账户涉税信息尽职调查管理办法》（国家税务总局 2017 年第 14 号公告）的发布意味着“中国版 CRS”正式落地；2018 年 9 月我国正式加入 CRS 协定，成为第二批实施 CRS 的国家。对于要消除混合实体错配带来的影响，我国在加强与其他国家的税收情报交换时，首先，应提高我国在情报交换工作中的效率，运用大数据处理技术，建立一个涉税信息全面地税收情报交换网络系统，有利于及时全面地掌握纳税人在世界范围内的涉税活动；我国在积极配合其他国家税收情报交换请求的同时，也要积极地行使、保障自身的权利，主动地提出需求获得本国纳税人在对方国家的涉税信息，并将尽量多的税种归入信息交换的范围，拓宽有效信息的获取渠道。其次，提高我国税务人才的素养，培养国际税收情报交换工作的专业团队，拓宽基层税务工作人员的国际视野，使其具有前瞻性的国际形势发展眼光，以及统筹大局的能力。最后，也是最重要的一点，进一步完善我国国际税收情报交换机制的立法工作，健全相关法律法规体系。

案例使用说明

一、教学目的与用途

1. 本案例主要适用于税收学、税收筹划、税收征管、管理学等课程的学习。

2. 本案例首先引入欧盟对违反国家援助规则进行调查的背景，介绍麦当劳欧洲市场业务的特点，对麦当劳欧洲市场利用特许权使用费转让定价和混合错配安排避税进行分析。在总结了 OECD 为防止此类跨国企业避税所提出政策的基础上，为我国应对相应避税问题提出政策建议。

二、启发思考题

1. 麦当劳的全球经营模式有什么特点，它的主要收入来源有哪些？

2. 麦当劳欧洲市场如何利用特许权使用费达到了税收筹划的目的？

3. 麦当劳欧洲市场通过常设机构混合错配的关键要素是什么？

4. 世界上有哪些著名的避税天堂，麦当劳欧洲市场主要在哪些避税天堂开展了税收筹划活动？

5. 你认为麦当劳欧洲市场避税模式给我们带来哪些启示？

三、分析思路

教师可以根据教学目标（目的）灵活使用本案例。

第一部分是引言，简要介绍了欧盟此次对违反国家援助规则进行调查的背景，引起学生对麦当劳欧洲市场成功避税案例的兴趣。

第二部分介绍了麦当劳公司的基本情况以及麦当劳公司的欧洲市场结构，便于学生对麦当劳欧洲市场经营特点的理解。

第三部分结合案例，对麦当劳欧洲市场避税模式进行了分析，具体包括麦当劳利用收取的特许权使用费转让定价和通过常设机构混合错配安排来达到双重不征税，以及在避税天堂开展税收筹划三方面内容。

第四部分总结了 OECD 提出的对此类避税问题的经验和我国可以从中提取出的可行性建议。本文试图通过对麦当劳欧洲市场避税模式的分析，得出一些我国在应对此类跨国公司避税问题上的建议。

四、理论依据及分析

1. 转让定价。该行为发生在处于同一控制下的关联企业之间，这些企业基于共同的利益，在转移商品、技术、劳务等过程中，为了达到整体利益的最大化而制定特殊的价格政策。

2. 混合错配安排。该安排是指由于交易所涉国家（地区）间在所得性质认定、实体性质认定、交易性质认定等方面的税制差异，对同一实体、金融工具或交易进行不同税务处理，从而产生双重扣除或者一方扣除、一方不计收入的错配结果，使得交易方总体税负减少的安排。

3. 常设机构。常设机构是用来确定企业是否和某国有实质性的联系从而使该国能对归属于该常设机构的所得进行征税的概念。

4. 税收协定。税收协定亦称“税收条约”。主权国家签订的处理相互间税收分配关系的书面协议。可分为特定税收协定和一般税收协定两种。

5. 避税天堂。避税天堂是指那些为吸引外国资本流入、繁荣本国或本地区经济，在本国或本地区确定一定范围，允许境外人士在此投资和从事各种经济、贸易和服务活动，获取收入或拥有财产而又不对其征直接税、或者实行低直接税税率、或者实行特别税收优惠的国家或地区。

五、关键要点

1. 麦当劳欧洲市场的避税模式。

2. 麦当劳与欧盟的纳税争议。

3. 麦当劳卢森堡子公司 MEF 获取的利润在卢森堡与美国双重不征税的原因。

4. 我国从跨国企业利用转让定价和混合错配来避税中得到的启示。

六、建议课堂计划

本案例可以作为专门的案例讨论课来进行。整个案例课的课堂时间控制在 80 ~ 90 分钟。

课前计划：给出案例背景并提出启发思考题，请学员在课前完成阅读和初步思考。

课堂计划：对案例进行详解，明确讨论内容（20 分钟）。

分组讨论（25 分钟），告知发言要求。

小组发言（每组 5 分钟，控制在 25 分钟）。

引导全班进一步讨论，并进行归纳总结（15 ~ 20 分钟）。

课后计划：如有必要，请学员采用论文形式给出更深层次的解读报告，包括具体的职责分工，为后续章节内容做好铺垫。

七、思考题参考答案及相关法规依据

1. 麦当劳的全球经营模式的特点是出售特许经营权为主、开设直营连锁店为辅，这种模式也为其业务链条在全球的推广提供了极大的助力。麦当劳公司的收入主要有三种来源：一是来自特许经营商为使用门店而支付的租金，二是特许权使用商支付的特许权使用费和其他费用，三是公司经营的餐馆的销售额。

2. 麦当劳欧洲市场利用特许权使用费转让定价包括以下几个方面：①麦当劳将其欧洲市场的知识产权与特许经营权的所有权转让给设立在卢森堡的空壳公司 MEF，由空壳公司的瑞士分公司负责收取来自欧洲的特许权使用费，利用卢森堡的较低的所得税税率逃避欧盟其他国家的高税负。②麦当劳通过“卢森堡—瑞士”的公司架构来开展避税工作。在企业所得税率较高的德国、法国、意大利等国家，麦当劳为他们制定了一个较高的特许权使用费率，通过特许权使用费的支付这些国家的分公司获得了大额的可抵扣费用，从而减少了应纳税所得额。而支付到瑞士以及卢森堡的这笔款项，又能享受当地的税收优惠，以非常低的税率缴纳企业所得税。

3. 麦当劳欧洲市场通过常设机构混合错配的关键要素是构建了“美国（麦当劳美国总部）—卢森堡（卢森堡子公司 MEF）—瑞士（瑞士分公司）—美国（美国分公司）”的公司架构，分离了欧洲特许经营权的“持有人”和“管理人。由于卢森堡与美国对美国分公司是否构成常设机构的判定不同，这实际上是麦当劳的一种利用反向混合实体错配的安排，而美国分公司就是反向混合实体。因为美国分公司在其设立地美国被视为税收透明实体，而在其总公司麦当劳卢森堡子公司被视为应纳税实体，这就是不同的税收管辖区对实体的认定差异造成了双重不征税的后果。

4. 世界上著名的避税天堂包括了维尔京群岛、百慕大群岛、瑙鲁、巴拿马、卢森堡、英属泽西群岛等。麦当劳欧洲市场在避税天堂开展的税收筹划活动包括了三部分：（1）在开曼群岛与百慕大的税收筹划；（2）麦当劳对欧洲避税结构的重新架构；（3）麦当劳合作伙伴对避税天堂的利用。

5. 从我国的税收立法的角度出发，从麦当劳欧洲市场避税模式中得到的启示主要有两个方面：一是关于无形资产转让定价，主要包括了（1）明确无形资产定义，虽然 BEPS 行动计划已经对无形资产的定义进行了明确，但是我国的相关法律法规并没有做出回应，目前我国对于无形资产的定义仍然采取列举式的方法。我国应积极借鉴 OECD 与 BEPS 行动计划中所产生的新成果新思路，更新无形资产定义，适应当前无形资产发展趋势，以更好的服务于我国的税收征管与反避税工作；（2）要堵住无形资产交易中的法律漏洞。由于无形资产估值困难、流动性极高，因此无形资产的交易定价中存在极大的不确定性，跨国公司往往热衷于利用这种不确定性拉高或降低定价进行利润的转移。我国可以借鉴美国经验引入无形资产“事后调节”机制，以做到对无形资产转让定价问题严密且即时的监管；二是消除混合错配安排带来的影响，包括借鉴国际经验完善我国国内税法、完善我国税收协定中对透明实体的规定、加强我国与其他国家的税收情报交换机制。

八、进一步阅读材料

［1］陈暨阳．无形资产转让定价反避税法律制度研究［D］．浙江财经大学，2019.

［2］杜爽．金融工具混合错配的税收影响与应对［J］．税务与经济，2019（02）：64－69.

［3］何春彦．混合错配安排对我国税基的侵蚀及治理研究［D］．中南财经政法大学，2018.

［4］施晓薇，彭启蕾，薛妍．跨国公司在华研发职能转让定价模型再思考［J］．国际税收，2020（02）：58－61.

［5］闻坤，闻采．外资企业无形资产转让定价与监管研究［J］．金融理论与实践，2020（02）：55－62.

［6］严志敏．跨境企业无形资产转让定价研究［D］．安徽大学，2019.

［7］于鹏伟．BEPS背景下跨国公司混合错配安排的反避税研究［D］．湖南大学，2018.

九、参考文献

［1］曹婉．混合错配安排下的反避税研究［D］．吉林财经大学，2016.

［2］秦钰嵇．OECD混合错配规则对完善我国税收制度的启示［D］．云南财经大学，2016.

［3］黄晓里．BEPS行动计划2、成果2消除混合错配安排的影响［J］．国际税收，2014（10）：18－20.

［4］程青青．国际税收情报交换的新发展对我国的影响及对策研究［D］．云南财经大学，2018.

［5］高阳．聚焦高速发展的中国税收情报交换体系［J］．国际税收，2015（08）：6－10.

［6］陈虎．"一带一路"沿线国家税收情报交换制度刍议［J］．税务研究，2016（07）：94－98.

［7］张泽平，叶莉娜．国际税基划分视野下的无形资产转让定价规则［J］．现代法学，2016，38（02）：137－148.

［8］励贺林．无形资产转让定价规则发展趋势及对我国应对BEPS的启示［J］．税务研究，2014（08）：69－73.

［9］曾佩婷．跨国公司无形资产转让定价的研究［D］．暨南大学，2018.

［10］EPSU，EFFAT，SEIU and War on Want. Unhappy Meal，February 2015，https：//waronwant. org/sites/default/files/Unhappy%20－Meal. pdf.

［11］EPSU，EFFAT，SEIU. Unhappier Meal，May 2018，http：//www. notaxfraud. eu/sites/default/files/dw/FINAL%20REPORT. pdf.

2. 税收筹划

案例 7

腾讯“组团作战”并购 Supercell 税案[①]

本文选取腾讯并购 Supercell 税案，分析其以“组建财团”方式进行跨境并购的间接控股架构和多层级融资架构，剖析税收筹划理论在企业跨境并购中的应用，并在原有基础上提出筹划的改进设想，讨论并购过程中中间控股层面临的税收认定风险，进而分析我国企业跨境并购的税收筹划要点，提出风险防范措施。

① 本案例作者为蔡昌、刘万敏、马燕妮。本案例根据腾讯跨境并购芬兰手游公司 Supercell 的问题分析撰写而成，内容完整，真实可靠。

案例正文

在跨境并购过程中，企业通常会设计特殊的控股架构和融资架构来实现财务目标，并进行税收筹划，降低总体税负。但我国很多企业在跨境并购中还面临着一些税收风险，此过程中的税收筹划是否有效、税收协同效用理论运用是否得当也是企业不容忽视的问题。腾讯作为三巨头之一，在竞争升级的背景下，与阿里、百度展开了“军备竞赛”，积极开展“新圈地运动”，将一个个公司收入囊中。在众多案例中，腾讯并购芬兰手游公司 Supercell 是近年来其并购金额最大的一次，腾讯在并购中通过组建财团的形式设立中间控股层并引入共同投资者，以“组团作战”推动并购的成功，其间接控股架构和融资架构的设计有一定借鉴意义。

一、案例背景

腾讯并购 Supercell 是迄今全球游戏史上最大规模的一次并购，采用组建财团这一独特的“组团作战”形式，构建出间接控股架构和融资架构，从而可以进行有效的税收筹划，发挥税收协同效应。

（一）背景资料

1. 并购方——腾讯控股有限公司

腾讯控股有限公司始创于 1998 年，2004 年于香港联交所上市。其核心业务是社交软件，通过 QQ、微信建立了庞大的用户体系，如今在游戏产业也占有较大市场份额，国内游戏行业已形成了腾讯和网易占主导地位的两超多强格局，而在国外，腾讯积极践行国际化战略，多次高额并购，扩大游戏产业版图。截至目前，腾讯已投资 668 家公司，其中游戏公司 88 家，其投资分布图如图 7－1 所示。腾讯的顺利转型与其多次并购有着密不可分的关系。

2. 被并购方——Supercell 公司

Supercell 是芬兰的游戏公司，于 2010 年成立。其主营业务是开发移动端游戏，目标客户遍布全球 30 多个国家，智能手机和 ipad 的使用群体都可成为其服务对象。腾讯并购前，Supercell 共研发了四款游戏，备受青睐，各游戏长期稳居排行榜前十的位置。Supercell 依靠四款游戏成为全球最赚钱的创业公司，其创收能力十分可观，被并购前拥有高达 23 亿美元的营业收入。Supercell 虽然只有 180 名员工，但拥有精湛的研

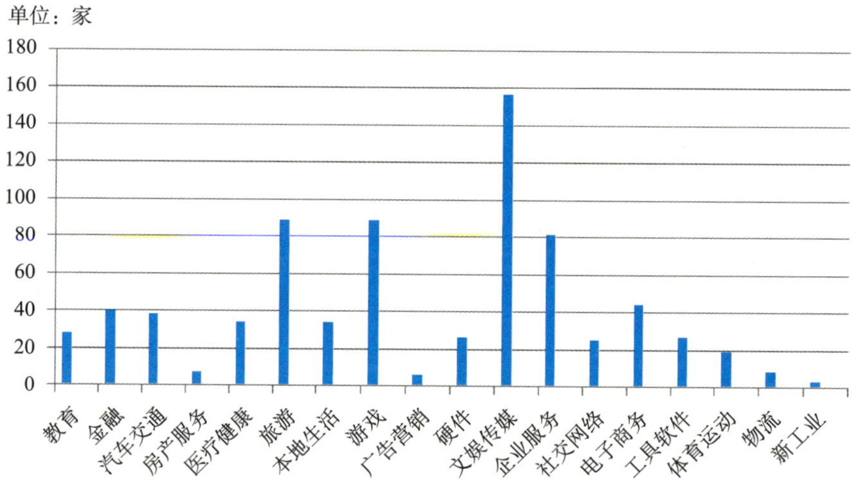

图 7－1 腾讯投资行业分布图

发技术、先进的研发理念和良好的口碑，这对并购方具有较大的吸引力，其公司组织结构和产品如图 7－2 所示。

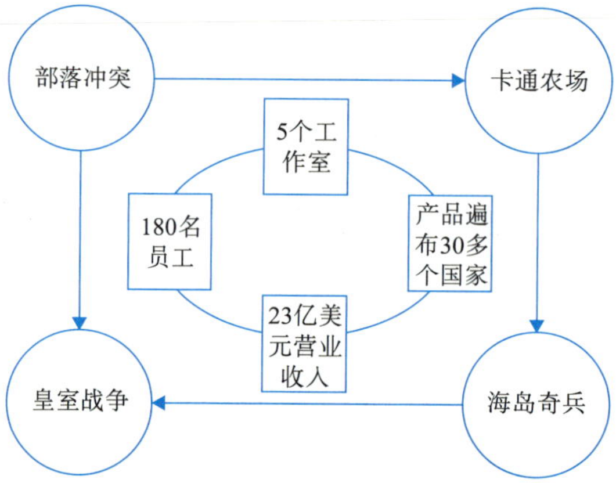

图 7－2 Supercell 公司组织及产品示意图

被腾讯并购前，Supercell 的股权结构如表 7－1 所示：

表 7－1 腾讯并购前 Supercell 股权结构

持股人	持股比例
软银股份有限公司	73.2%
Likka Paananen（埃卡·潘纳宁）	6%
Mikke Kodisoja（米科·科迪索加）	5.4%
员工及其他创始人	15.4%

3. 并购过程

2016 年 4 月，日本软银公司因债务问题欲出售所持 Supercell 公司 73.2% 的股份，作为软银的投资公司，阿里巴巴首先表达了购买意愿，但因估价问题暂时没有达成一致意见。5 月 14 日，正打开游戏市场的腾讯与 Supercell 进行早期谈判，腾讯给出较高的估价，双方达成并购意向。6 月 16 日，并购双方就具体并购事项进一步谈判，腾讯随即根据卢森堡法律成立了 Halti S. A.，将其作为专门服务于此次并购的财团公司，腾讯全资控股，总资产价值约 37.2 亿美元，并建立了财团的全资子公司。6 月 21 日，腾讯在公告中表达了引入潜在共同投资者的意愿，出让部分财团股份，合作实现对 Supercell 的间接控股。公告显示，并购的卖方由软银集团、部分 Supercell 的员工股东及前员工组成。腾讯将购买卖方拥有的 Supercell 股权，合计最多约占 Supercell 全部股权的 84.3%①。8 月 16 日，由腾讯做担保，财团的附属公司向境外银行借款，合计 35 亿美元。10 月 16 日，腾讯和公告发布后引入的共同投资者签订了财团股份认购协议，总对价为 8.5 亿美元，均采用现金方式交易，由此，腾讯和其他投资者各持财团股份 50%。10 月 27 日并购完成。2019 年 10 月 21 日腾讯对财团增持股份至 51.2%。

根据腾讯公司 2016 年 10 月公告的披露，财团最终持有 Supercell 股权为 76.9%，并购总估值 102 亿美元，需支付并购价约 86 亿美元。双方协议约定对价分三期支付，分别于交割日、交割日 3 年后和“延迟并购价”发布日支付 41 亿美元、2 亿美元和 43 亿美元②。此次并购的融资来源采用了多种途径，既包括腾讯的自有资金 25 亿美元，也有发行债券融资 12 亿美元、财团全资附属公司的银行贷款 35 亿美元、共同投资者认购财团股份支付的现金 8.5 亿美元以及优先股融资的 5.5 亿美元。

在与共同投资者签订的认购协议中，约定腾讯和共同投资者各持 50% 投票权益，但实际控制权在当期及今后均需归属于腾讯。由于腾讯在香港上市，适用国际会计准则而非中国会计准则。结合国际会计准则的规定，腾讯持有半数表决权，其配合公司其他治理条款，使审计师接受不并表的诉求，只就分得的股息或利润腾讯作为财团股息收入列在收益表中即可。腾讯拥有的财团权益源自附带赎回权的金融工具，今后可通过金融工具买卖，触发一系列条款变动，达到并表目标。

并购后，从财务指标测算结果来看，腾讯公司的短期绩效为正，并购前后的运营、

① 腾讯．有关腾讯参与财团收购 Supercell Oy 大部分股权的须予披露交易［EB/OL］．https://www.tencent.com/zh-cn/investors.html#investors-con-2.

② 腾讯．有关腾讯参与财团收购 Supercell Oy 大部分股权的须予披露交易［EB/OL］．https://www.tencent.com/zh-cn/investors.html#investors-con-2.

盈利、偿债及成长四个维度的主要财务指标处于上升趋势，并购长期绩效为正[①]。Supercell 的发展也逐步稳定。2019 年 9 月 23 日，腾讯控股发布最新公告，公司拟透过其全资附属公司将其于财团 Halti S. A. 的可换股债券转换为财团股份并将其可投票股份权益由 50% 增加至 51.2%，增持后可并表[②]。10 月 21 日，腾讯完成了增持股份的收购。

（二）焦点问题

腾讯此次跨境并购的方案较为明显地体现了税收筹划的特征，比较特别的操作有两点，一是短时间内迅速建立以并购为唯一目的的财团，二是引入共同投资者将财团股份减持至 50%，之后又增持股份。事实上，腾讯所做的安排都是在事先为控股架构和融资架构的搭建服务，在为后续的税收筹划和企业运营做铺垫。建立财团可以形成间接控股架构，投资层与中间控股层各自发挥职能，既可享受税收协定的优惠条款，又可剥离风险；先引入共同投资者减持股份，可以不合并财务报表，防范并购初期的不确定性，又能通过投资者的加入设计多层级的融资架构，后增持股份是企业运营平稳的象征，也显示了腾讯在游戏产业领域的成效。此外，通过这样的架构设计能够为并购涉及的一般性问题带来较优的选择方案，如支付方式、并购方式和税务处理方式都会由于控股架构和融资架构产生联动效应。总之，通过搭建合理架构，腾讯可以进行有效的税收筹划，在此过程中也充分运用了税收优惠政策、利息抵税的税盾效应等，基本实现税后利润最大化。这也是值得其他企业思考和借鉴的问题。在并购中若能合理规避风险，将是一次有效的税收筹划。

二、腾讯并购 Supercell 税案分析

在此跨境并购案例中，腾讯通过组建财团的方式，在控股和融资方面搭建了良好的税收筹划架构，同时体现出了税收筹划的三大思想，即流程思想、契约思想和转化思想，做到了由业务决定流程，由流程决定税收。腾讯并没有为了节税刻意设计方案，而是从业务需求出发，考虑整体的决策效果和税收负担，最终促成此次并购的顺利开展。

（一）跨境并购的控股方式分析

腾讯此次并购名义上的买方是财团全资附属公司，通过组建财团的方式来间接持

① 夏绍群．互联网企业并购的动因及绩效分析［D］．天津财经大学，2017.

② 腾讯．自愿性公告 - 收购持有 Supercell Oy 大部份权益的财团之额外可投票股份权益的意向［EB/OL］．https：//www. tencent. com/zh - cn/investors/announcements. html，2019 - 09 - 23.

有 Supercell 股份，因此属于间接控股。财团及其全资附属公司的实质为 SPV（特殊目的公司）。如果腾讯采用直接控股的方式，不设置财团，Supercell 将成为腾讯的子公司而需编制合并财务报表，并购初期运营的不确定性及控股过程内部交易的披露都会给腾讯带来风险和压力，但采取联合收购间接控股的方式就可避免上述问题，既消除披露压力，又不必为 Supercell 的业绩担忧，如果其经营业绩不好，不并表对公司股价的影响较小，满足上市公司对股价平稳的需求。

间接控股的方式还有许多税收处理上的优势。此次并购的架构可简化为“腾讯控股有限公司——卢森堡财团公司——卢森堡财团附属公司——芬兰 Supercell 公司”这样的模式。并购控股架构如图 7－3 所示。卢森堡是公认的避税地，为国际投资者创造良好的环境、提供便捷高效的金融服务，并与多国签订税收协定，在卢森堡投资注册可享受一系列税收优惠。所以，腾讯通过财团与 Supercell 进行交易可以获得税收优惠的红利，为企业减轻税收负担。

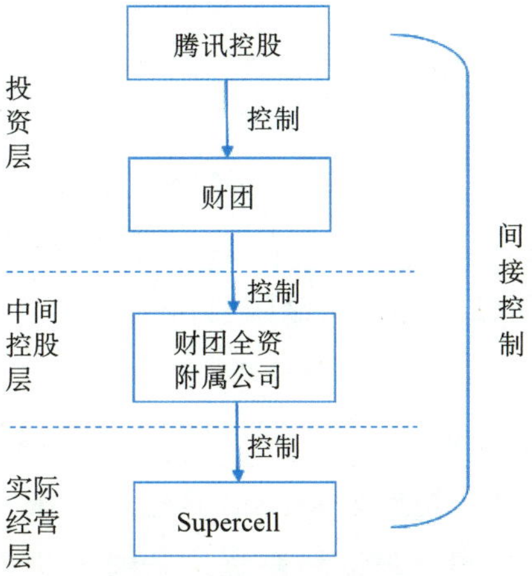

图 7－3 并购控股架构

此外，卢森堡和芬兰都是欧洲国家，相关法律环境、政治体系相似，且可享受欧盟国家间的税收优惠政策，特别是可以免于缴纳股息红利的预提所得税，这不仅为并购带来了极大便利，缩短并购时间，减少并购过程的不确定性，还为并购双方今后的经营活动和交易活动提供良好的外部环境。

在后续经营过程中，利息汇回时，相当于三层的控股架构。第一层是位于芬兰的 Supercell 公司向位于卢森堡的财团全资附属公司汇回利息，二者都是欧盟国家，根据欧盟《母子公司指令》，子公司向母公司分派股息红利免缴预提税，因此 Supercell 向位于卢森堡的财团子公司分派股息红利无须扣缴预提税。

第二层是财团的附属公司向财团汇回股息时，也无须就股息纳税。因为卢森堡税法对分配公司、收益公司和股份持有比例做出规定，满足条件即可免纳企业所得税。一是财团附属公司作为分配公司是卢森堡居民公司，满足对分配公司是卢森堡或欧盟居民公司的规定；二是受益公司财团是卢森堡居民公司，满足对受益公司是卢森堡或欧盟国家居民公司或其常设机构的规定；三是受益公司财团持有分配公司100%股份，满足受益公司持有分配公司10%以上股份的要求，这样就能够满足免纳企业所得税的三个条件，因而可以享受免纳股息所得税的税收优惠。

第三层是腾讯接受卢森堡财团汇回的股息，根据《中华人民共和国和卢森堡大公国关于对所得和财产避免双重征税和防止偷漏税的协定》，如果股息收款人是股息受益人，且受益所有人直接持有支付股息公司至少25%资本的公司（不是合伙企业），不应超过股息总额的5%，因而对汇回的股息最多征收5%的预提税[①]。由于没有并表，具体的适用税率没有披露数据，但相较而言，即使采用最高税率5%税收负担也较轻。同时，通过三层间接控股的方式，可以延迟股息汇回的时间，实现递延纳税效应。

（二）跨境并购的融资方式分析

此次并购的总价款为86亿美元，腾讯通过财团设计了巧妙的融资方式。最终并购的融资来源包括腾讯的自有资金25亿美元、发行债券融资12亿美元、财团附属公司的银行贷款35亿美元、共同投资者认购财团股份支付现金对价8.5亿美元和发行优先股筹资5.5亿美元。

融资架构如图7-4所示。可见，此次并购设计了多层级的资金结构，包括自有现金、股权融资以及以腾讯集团作担保发行的债券融资，虽并购金额巨大，但通过此种方式融资，腾讯只需占用自身相对较少的资金。债权性融资需要承担利息支出，作为财务费用在应税收入中扣减，还可发挥税盾效应，获得债权性融资的利息抵税利益。

另外，并购Supercell是截至目前腾讯在游戏产业最大规模的一次收购，估值的溢价很高，资料显示腾讯并购之时现金流量足够当期一次性支付，但巨额的支出会对公司的财务指标产生影响，资本市场可能对腾讯资金链条产生担忧，影响到股价，这对于上市公司来说是很不利的表现，所以多层级融资可以结合多种融资方式的优势，是一种较好的融资方式。

---

① 国家税务总局．中华人民共和国和卢森堡大公国关于对所得和财产避免双重征税和防止偷漏税的协定（国税发〔1994〕71号）.

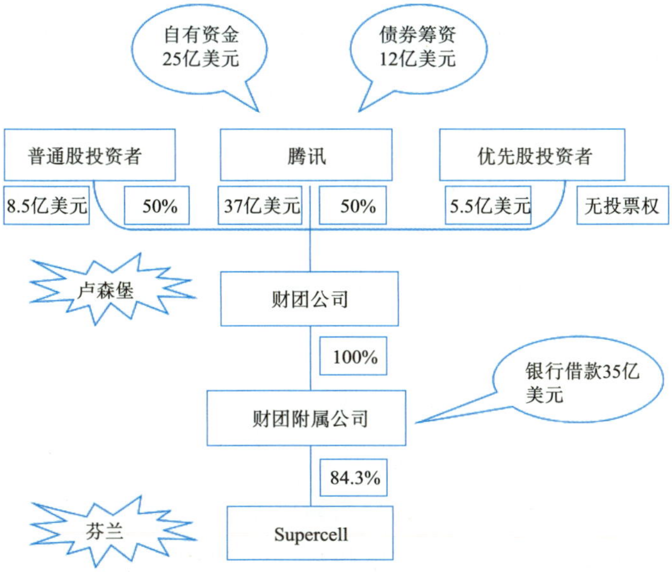

图7-4 并购融资结构

综上，采用“组建财团”实现了多样化融资方式，达到以小搏大的效果，股权融资使得腾讯对财团的持股比例减至50%，从而实现不并表的目的。采用债权融资，一方面，财务费用税前支出体现税盾效应，利息抵税发挥税收挡板作用；另一方面，腾讯在向境外银行支付利息时，根据我国与卢森堡的税收协定及卢森堡的税法，一般情况可以以较低的预提所得税率纳税，某些情况还可以免纳预提所得税，节省税款的现金流出。

（三）其他相关税务问题的界定与处理

1. 支付方式

跨境并购的支付方式通常分为三类，分别是现金支付、股权支付和混合支付。三种支付方式各有利弊，如表7-2所示。

表7-2 跨境并购不同支付方式的利弊

	现金支付	股权支付	混合支付
利	1. 快速，节约并购时间，规避因时间拖延造成的不确定性 2. 拥有现金来源，抢购先机，使竞购对手处于劣势 3. 股权结构不会发生变化	1. 并购方不受自由现金流限制，保留足够资金维持生产经营活动 2. 不增加企业财务杠杆，降低财务风险 3. 降低信息不对称性 4. 不会使被并购企业的股东减少对股份的持有	1. 可选择多样的形式，正确搭配能够兼具现金支付和股权支付的优势 2. 避免使用单一支付手段带来的风险，提高并购的成功几率，降低并购后的整合风险

续表

	现金支付	股权支付	混合支付
弊	1. 为并购企业带来沉重的现金支付压力；举债会产生偿还压力且面临汇率风险 2. 被并购企业需承担自身应纳税额	1. 并购企业不能享受被并购企业由于资产折旧而获得的税收优惠 2. 稀释并购方原股东的股权份额 3. 被并购企业不能在短时间内获得资金，可能造成交易延误或失败	选取不当或搭配比例不科学，可能造成不仅没有发挥他们自身优势，反而增大风险

采用有利合理的融资架构筹集资金，为腾讯采用现金支付提供了条件，不会造成很大的现金支付压力。在腾讯并购 Supercell 的案例中，出售方以持 Supercell 73.2% 股份的软银公司为主，它是阿里巴巴的投资者，基于双方的合作以及阿里意图收购的意愿，腾讯的此次收购并不占据优势。但是当时阿里与 Supercell 由于价格问题谈判一度僵持不下，没有尽快达成收购协议。腾讯想要参与到这一收购事项中，现金支付能够节约并购时间，为谈判协议的尽快敲定奠定了基础，避免由于股份支付的时间拖延造成收购延误，这是腾讯与阿里竞争变被动为主动的重要一环。腾讯并购的目的，在于扩张游戏版图，提高在国际市场游戏产业的份额，所以腾讯是在原有基础上扩大业务范围，要维持原有股权结构稳定而并不想稀释股权，这也是采用现金支付最为关键的因素。

虽然现金支付也意味着被收购方要承担较高所得税，但相比当时迫切的现金需求和稳定的估值，出售者很可能依旧倾向于现金。对腾讯而言，这 86 亿美元并非完全来源于自有资金，其通过独特的融资方式为自身减缓现金压力，使得本就左手流量右手资本的腾讯有足够的出资能力。

此外，在现金支付约定中，双方协议现金对价分三期支付，如表 7－3 所示，分别于交割日、交割日 3 年后和“延迟并购价”发布日支付 41 亿美元、2 亿美元和 43 亿美元。递延支付的方式使并购方可以分阶段地筹集资金，降低了融资风险和流动性风险，也有效缓解了现金支付的负担。

表 7－3　　并购现金支付时点

交割日	41 亿美元
延迟并购价发布日	43 亿美元
交割日起 3 年后	2 亿美元

2. 并购方式

跨境并购的方式通常有两种，即股权并购和资产并购。二者在税务处理方面各有利弊，如表 7－4 所示。

表 7－4　　　　跨境并购不同收购方式的利弊

	资产收购	股权收购
利	税务风险一般不被收购方所继承	1. 目标公司税收优惠延续 2. 没有流转税税负 3. 享受目标公司历史亏损而带来的所得税减免 4. 税务程序较简单
弊	1. 资产交易可能会产生非常高的交易税费 2. 收购方不能享受目标公司历史亏损而带来的所得税减免 3. 目标公司的税收优惠无法延续 4. 程序复杂，包括评估价值向各个资产分配、发票开具等	潜在的税务风险会被收购方继承

并购采用股权收购方式，转让环节不需要缴纳流转税，这在很大程度上降低了并购双方的税负，是一种较为理想的节税收购方式，并且税务程序简单，这也会为腾讯的并购方案节省时间，增加成功并购的确定性。

股权收购的弊端在于潜在的税务风险会被收购方所继承，但是腾讯公司通过组建财团形成的架构设计方便剥离风险，由具有独立法人资格的全资附属公司实际控股 Supercell，可以有效隔离 Supercell 的不良资产、债务风险以及破产风险等，使其不会波及腾讯公司的产业。另外尽职调查可以在很大程度上排除这一隐患，腾讯公司对 Supercell 做了较为充分的尽职调查，尽可能量化风险。加之 Supercell 良好的口碑和价值创造能力，基本可以确定其历史清白，股权收购的风险不大。这样，股权收购的风险基本得以排除，采用股权收购是腾讯公司的较好选择。

3. 其他相关税务问题的界定与处理

对股权收购的税务处理主要有一般性税务处理和特殊性税务处理。

股权收购的一般性税务处理以公允价值作为计税基础，而特殊性税务处理可以原有计税基础作为计税基础，并且可以享受在 5 年内递延纳税的优惠政策。特殊性税务处理的要求主要包括一个目的，即合理商业目的；两个比例，即收购的股权不少于企业全部股权的 50%，股权支付不少于总交易对价的 85%；两个不变，即 12 个月不改变原来的实质性经营活动且不转让所取得的股权①。

腾讯公司此次收购采用现金支付，不满足股权支付比例的要求，不适用特殊性税

① 财政部　国家税务总局关于企业重组业务企业所得税处理若干问题的通知（财税〔2009〕59 号）.

务重组。但有效税收筹划要求税后收益最大化，既要考虑税收成本，又要考虑非税成本和多边契约等条件。对腾讯公司而言，保持原有的股权结构对公司来讲是更好的选择方式，合理的并购方案是企业长期的利益最大化而非单次交易事项的税负最小化，因此采用一般性税务处理同样符合有效税收筹划的原理。

（四）对现有税务处理方式的评析

腾讯公司此次并购的核心在于组建财团来实现特定的融资架构和控股架构，达到通过"组团作战"以小博大，投入较少资金满足预期目的，并承担较低税负。现有筹划方式是较为合理的，但也存在一些不足，例如三层控股架构，在子公司的利润汇回时承担的税负仍然较高；在债券融资时存在一定的债务风险和借贷困难。

1. 跨境并购控股架构的评析

根据腾讯公司的并购案例，可以看出企业跨境并购设计间接控股架构的优势在于：能够充分利用税收协定的优惠政策，企业设立的中间控股公司与被并购方所在国通常签有双边税收协定，在预提所得税、资本利得税等方面有着相对较低的税率水平，在后续经营过程中减轻股权转让、利润汇回过程的税负；中间设计控股公司可获得我国境内税收的递延，腾讯公司及其财团可根据实际需要适当安排利润汇回的时间，推迟缴纳股息与资本利得方面的所得税，在现金流正常流动的基础上争取递延税款，获得货币时间价值，要保证不影响资金用途，使留存在中国境外的现金尽可能多；为后续存在投资退出可能性做考虑，间接控股架构的设计使得企业可以在中间控股层或被并购方层面退出，增加退出的灵活性，防范此过程为腾讯公司带来财务风险。

但在架构最后一层，即由卢森堡向中国境内汇回股息红利时，适用 10% 的税率，是相对较高的。其他上市公司可以再增设一层，如果涉及多个位于不同国家或地区的中间控股公司，可灵活利用综合限额抵免法，相较分国限额抵免计算方法能够获得更多的税务收益，这样，设计多层间接控股架构可进一步增加我国企业跨境并购及后续经营的抵免限额。由此可见，间接控股架构是较为理想的一种架构模式，财团和其全资附属公司作为 SPV 发挥重要作用。

2. 跨境并购融资架构的评析

腾讯公司在此次并购中的融资架构设计在于实现多层级融资模式，一方面通过权益性融资吸引共同投资者，减少腾讯公司对财团的持股比例，做到短期内不并表，主要出于被并购方初期业绩不确定性的担忧，防止对股价的影响，这也是上市公司在跨境并购中一定会考虑到的问题，此融资过程较为简单，在此不做较多分析；另一方面采用债权性融资，利息抵税，发挥税盾作用，实现税收协同效应。组建财团使得腾讯公司在并购融资时可以采用多样化融资途径，“组团作战”共同完成并购。但可采用更为巧妙的融资方式，后续做详细分析。

三、企业跨境并购的基本税收理论

（一）有效税收筹划理论

有效税收筹划理论是斯科尔斯有关企业税收利益最大化的理论研究成果，核心观点在于交易过程需兼顾显性成本、隐性成本和非税成本等，在充分考虑上述因素后得到的优化的税收理论是企业有效的税收筹划。理论要点如图 7－5 所示。

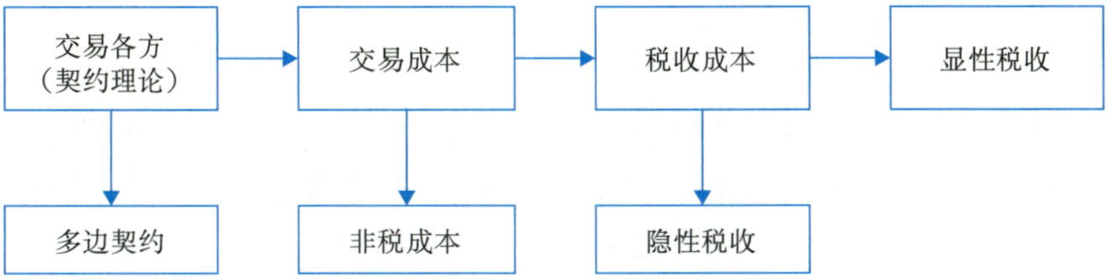

图 7－5　有效税收筹划理论

有效税收筹划理论的核心主要有三点，一是企业在税收筹划时需要考虑各个税种、各个阶段可能影响企业税收负担的因素，例如腾讯公司并购 Supercell 过程中，既要考虑并购这一即时行为的印花税、所得税等，又要考虑后续运营这一可能持续较长时间的过程中的预提所得税等税收；二是税收成本只是企业进行税收筹划时应当关注的一方面，是诸多成本中的一项，有效的税收筹划必须要综合考虑显性的和隐性的税收成本、非税成本与多边契约等，腾讯公司要在短期内完成对 Supercell 的并购，不仅要考虑实际缴纳的税收，也要考虑今后维持此架构所需付出的非税收形式的其他成本等，降低非税成本；三是企业在投融资决策时，还需要考虑隐性税收因素，例如，腾讯公司并购过程中就存在有债券性融资的利息抵税等。上述所说的多边契约设计并购方、中间控股公司及被并购方等契约方。

在进行税收筹划时，企业要做系统性考虑，统筹兼顾所有契约方的负担，提升整体的利益。总结来看，在有效税收筹划理论中，税收成本包括显性税收和隐性税收两种，直接影响到企业缴纳税款的多少，显性税收较易识别，是企业依据一国税法规定应当缴纳的税款；隐性税收是同等风险下，不同资产税前投资回报率之间的差额，这种差异主要来自资产享受税收优惠政策与否。非税成本是企业做出税收筹划之后，因为设计架构等而额外增加的非税收形式的支出，如腾讯公司并购案例中维护架构所需的成本费用，中间控股层的运营费用和代理成本等。多数情况下，税收筹划产生的税收成本与非税成本呈负相关关系，有着此增彼减的关系。因此，税收成本和非税成本总和的最小化是企业进行有效税收筹划应当关注的核心问题。

（二）税收协同效应理论

税收协同效应理论是指由于税法漏洞或者各国税制的差异所导致的不对称性，为政策实施带来的差异，这在一定程度上有利于企业实现税收协同效应，主要表现在税盾效应、折旧抵税、税法的非对称性和税收优惠政策四方面。

一是税盾效应，主要来源于债权融资。我国税法对债权性融资和股权性融资支付的利息或股息费用的处理有不同规定，股权性融资支付的股息不影响企业应税所得，不得在企业所得税前列支，而债权性融资支付的利息费用作为当期损益，影响企业的利润，通常是作为财务费用在税前扣除，也有资本化计入产品成本，再通过折旧扣除的情况，最终对应纳税额都是有影响的，产生利息抵税效果。腾讯并购将两种融资方式巧妙结合，既实现了不予并表的财务目标，也利用了利息抵税的优势。企业跨境并购的交易金额往往比较大，多数企业自有资金一般难以完全满足需求，即使满足需求也对企业的资金流动情况不利，此时从外部筹措资金是较好的决策方式。权益融资实现财务目的后，通过债务融资，一方面缓解支付交易对价压力，另一方面还可以获得税盾作用，实现税收协同效应。但实际运用过程中需要考虑资本弱化和安全港规则等问题，将二者或者更多的政策配合运用，采用多层级的融资方式，以免造成税务风险，此外并购企业的资本结构和偿债能力也是需要考虑的重要因素。

二是税收挡板，一般是通过折旧或者摊销抵税形成的。在腾讯公司并购 Supercell 的案例中，采用一般性税务处理，按照资产的公允价值入账，如果公允价值大于资产的账面价值，亦即会计上的账面价值小于计税基础，并购方能够获得两个价值差额的折旧抵税效应。如果资产在后续过程中转让或处置，则可扣除取得时的成本。

三是税法的非对称性因素，主要是指一家公司的亏损可以结转到另一公司，后者能在更短时间内抵消，由此产生税收协同效应。如我国税法规定，除了高新技术企业和科技型中小企业的亏损可结转弥补 10 年外，其他企业产生的亏损结转以后 5 个年度弥补，超过 5 年不再结转，很多国家都有类似规定。在此并购案例中，并购双方的盈利都比较可观，但企业并购时，难免会遇到被并购方亏损的情况，此时企业可以设计中间架构，利用税法的不对称性，尽量使得亏损在相对较短的时期内结转，甚至有些公司将亏损弥补作为并购动因，因此可充分利用其税收协同效应。

四是税收优惠政策因素。目前有部分国家由于其优惠性的税收政策而成为避税天堂，这些地区或者不征收或者征收较少的税收，或者正常征税但是有很多的税收优惠政策，能够为投资者带来较多的税收利益，因而许多投资者将这些避税地作为投资的中间控股层，设计架构平台，从而实现跨境并购的税收筹划。

四、对腾讯公司跨境并购方案的改进设想

腾讯公司此次并购虽时间比较紧迫，但是在短时间内能够设计出如此严密的计划实属不易。在理想化条件下，若时间和条件允许，可以做进一步的筹划改进，为公司的税后利润最大化提供更合理的方案。

（一）增设香港中间控股公司

腾讯公司设立了卢森堡子公司及其全资附属公司，能够缴纳较低的预提所得税，如果条件允许的话，可以在中国深圳公司与卢森堡子公司之间再增设一层香港中间控股公司。这样控股架构变为四层，前两层与改进前相同，这里不再赘述。第三层变为卢森堡子公司向香港汇入股息红利，根据双方签订的税收协定，香港的子公司满足持有卢森堡子公司10%以上资本，则无须向卢森堡缴纳股息预提税。另外，香港实行单一的收入来源地管辖权，因此来源于本土之外的股息红利在香港无需缴纳相关的所得税款，这样第三层是免所得税的。第四层是香港子公司向中国深圳母公司汇回股息红利，按照我国同香港地区签订的安排，仅需就所得缴纳5%的税款。各层需缴纳的所得税如图7－6所示。

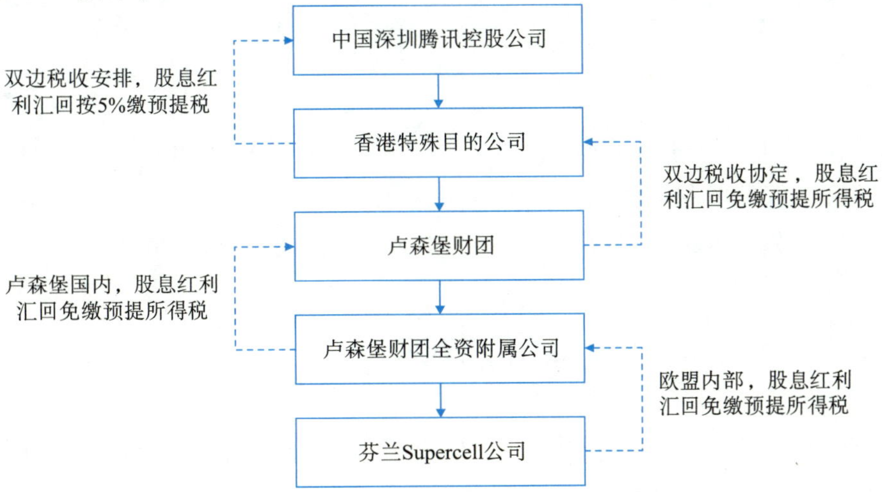

图7－6　改进后方案各层缴纳预提所得税情况

综上，如果增设香港控股公司，会使得企业的预提所得税款有所减少。这在2017年我国将间接抵免由三层增加至五层的情况下是较为可行的一种方式，如果其他企业在后续过程中有跨境并购意愿，可以参照这样的多层架构，为企业的并购成功设立双保险。

（二）采用“内保外贷”的融资方式

根据当前可获知的信息，腾讯公司此次并购采取的融资方式是由全资子公司的附属公司借款并偿还。在现实生活中，企业跨境并购还可以采用“内保外贷”的借款方式。

在债权性融资中，“内保外贷”的方式是一种较为理想的模式，即境内的金融机构为贷款做担保，实际款项由境外的金融机构向中间控股层发放，其结构如图7－7所示。“内保外贷”的融资安排不仅为境内母公司提供享受税收协定预提所得税优惠税率的优势，还有重要一点在于，中间控股公司通常建立不久，很难凭借其资信情况取得足够的借款额，而境内的母公司作为上市公司则在资信方面有较大主动性，可以合作完成“内保外贷”，解决资金筹措问题。

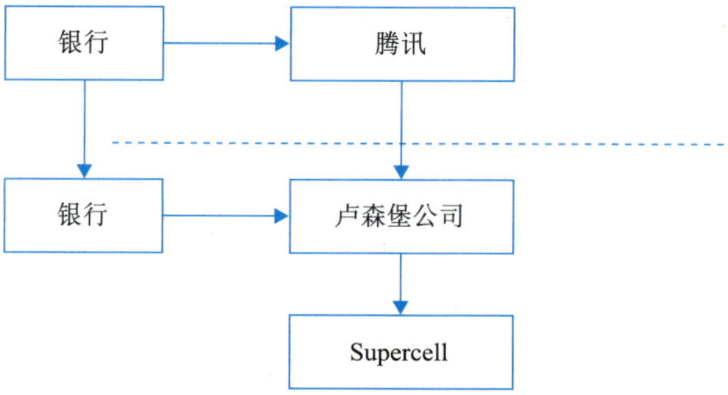

图7－7　“内保外贷”融资结构示意图

在“内保外贷”的融资结构下，如果结构中所有公司所在国之间签订了税收协定，则只需缴纳较低的利息预提所得税或者免予缴纳预提税。在这样的结构中，贷款主体由中间控股公司承担，筹得款项后收购目标公司，减轻整体税负。

五、跨境并购筹划方案面临的税务风险

企业跨境并购的架构设计通常是为了防范财务风险和规避高额税收负担，但是避税的合理与否在实际界定过程中需要深入分析，如果架构设计不当或者运营过程中税

务问题处理不当，都会给企业带来风险。

（一）控股架构的税务风险

1. 境外控股平台被认定为中国税收居民企业的风险

我国《企业所得税法》及《企业所得法实施条例》对居民企业和非居民企业做出明确界定，我国的税收居民企业是满足注册地标准或实际管理机构标准之一即可认定，这里的实际管理机构针对的主要是人员、经营管理、财产和账务四方面[①]。在腾讯公司并购的案例中，财团及其附属子公司都不满足注册地标准，但是如果财团只是形式上存在而无实质性经营活动，管理权和财务账务都掌握在腾讯手中的话，就可能被认定为中国税收居民企业，这样，即使财团及其附属公司设在卢森堡，也应就其全球所得在中国缴纳企业所得税，而不能享受卢森堡的优惠税率。其他企业在投资过程中面临同样的认定风险，虽然不在境内注册，但是实际管理机构的判定也尤为重要。

2. 境外控股平台被认定为受控外国企业的风险

根据我国税法及国际税法的相关规定，腾讯公司并购中，财团及其全资附属公司还有被认定为受控外国企业的风险。受控外国企业通常设立在税负比较低的国家和地区，境内企业通过对利润的分配时间和途径进行控制，达到少缴纳税款的目的。我国对受控外国企业的认定条件包括，由居民企业或个人控制，设立在实际税负明显低于正常水平50%的国家或地区，一般是指12.5%以下，且没有正当理由不作利润分配或少做分配[②]。企业跨境并购设置中间控股层时，这三条限制条件很容易触碰到。仍以腾讯公司并购的案例来看，腾讯公司与共同投资者在协议中明确约定，腾讯公司持有且未来也要持有财团的控制权，条件一成立，卢森堡拥有很多税收优惠，实际税负低于12.5%并不难做到，即条件二达成，一旦财团没有按照规定即时分配利润，财团就会被认定为受控外国企业，卢森堡的税收优惠不再享有。对其他企业来讲，设置中间控股层通常是有控制权的，而且设立地点的选取一般会把税率作为主要标准，只要不支付或延迟支付利润，就存在认定为受控外国企业的风险，受到反避税规则的制约。

3. 境外控股平台被认定为导管公司的风险

导管公司是为了降低税负建立的，转移或累积利润、逃避或减少税收的公司。这类公司具有比较明显的避税特征，通常只是登记注册而不从事实质性交易活动，是法律上的公司而无实质性的经营管理业务，依据我国实质重于形式的税收原则，这类公

① 国务院．中华人民共和国企业所得税法实施条例（中华人民共和国国务院令第714号修订）．

② 国家税务总局，关于印发《特别纳税调整实施办法（试行）》的通知（国税发〔2009〕2号）．

司不能享受税收优惠。我国税法有明确规定，只有税收协定中的受益所有人在特定事项上可享受优惠税率，一般包括特许权使用费、股息、红利等。OECD 特别指出，一旦被认定为导管公司，即使其满足受益所有人条件，也不能享受优惠待遇，所以一旦被认定为导管公司，其税收优势将会丧失。

腾讯公司并购 Supercell，将财团作为并购的唯一目的，今后财团如果不从事经营管理活动，只是在并购这一行为中发挥作用，其虽符合卢森堡法律意义上的公司，却很有可能被认定为导管公司，后续经营期间的税收优惠难以获得。同理，其他企业在跨境并购中也会有类似的安排，但是一定要处理好中间控股公司的作用，为其安排一些实质性的业务，使得中间控股公司免于被认定为导管公司。如果要做到这一点付出的成本费用很高，不及设计控股架构所获得的利益，说明控股架构的设计不是有效税收筹划，并购方式还有待进一步斟酌。

（二）融资架构的税务风险

1. 被认定为资本弱化的风险

腾讯公司并购案例中，财团的全资附属公司作为最终的买方，资金来源包括腾讯的自有资金和债券融资等，也包括其自身的银行借款，最终权益性融资 51 亿美元，债权性融资 35 亿美元，债资比是相对较低的。但许多企业在跨境并购中采用大量债权取得融资款项，或者将母公司的款项作为借款，这确实可以发挥利息抵税的税盾效应，但如果是向关联方借款要考虑债资比。过高的债权性融资会使企业陷于被认定资本弱化的风险之中。资本弱化也就是企业利用高额贷款方式增加税前扣除，增大债权比例而降低权益性比例。为了规范税前扣除，许多国家对企业的债资比做出了规定。例如，我国企业所得税法规定，金融企业实际支付给关联方的债权性利息支出与股权性利息支出不得超过 5:1，其他企业此比例为 2:1。国外也有类似规定，因此在并购时要慎用债权融资，以免被认定为资本弱化而付出更多的税务成本。腾讯公司在并购中采取的是多层级融资结构，没有突破规定的债资比。但是许多企业在并购融资过程中是存在资本弱化问题的，要合理安排融资结构，协调好企业的债资比。

2. 其他反避税规制

随着 BEPS 行动计划的落实推进，越来越多的国家参与到避免双重不征税的行动中，规范跨国公司的税收缴纳问题，因此企业跨境并购时要避免关联方贷款会受到其他反避税措施的规制，比较常见的问题是通过中间控股公司融资可能被认为是滥用税收协定。腾讯公司并购行为没有体现这个问题，因为中国与芬兰也签有税收协定，但是后续运营需注意财团和 Supercell 适用欧盟税收协定时的认定问题。对于其他企业的跨境并购来说，不排除为了享受标的公司所在国税收优惠而组建中间控股层的，要采用合理的融资方式和交易行为避嫌，防止并认为是税收协定优惠的不当授予。此外，根据不同国家的税务规定，可能会将关联方之间的利息往来划分为权益性融资，这种情况下只能按股息分配处理，无法利用利息费用的税盾作用。

六、我国企业跨境并购的税收筹划建议与风险防范

（一）控股架构的设计及风险防范

1. 控股架构的筹划

跨境并购的控股方式通常包括直接控股和间接控股，相对而言，间接控股在降低税收负担、规避目标公司业绩风险等方面有着较好的筹划作用。因此，可以考虑将中间控股公司的选择、利润汇回方式的选择等作为架构设计的出发点。

（1）中间控股公司的选择：境外投资并购的中间控股公司需要满足公司的商业战略与税收影响，认为间接控股的架构能够满足公司的发展战略，则需从有效税收筹划的角度出发。首先是控股公司所在地的选取，一般倾向于有较多税收优惠、投资环境良好的国家或地区。腾讯公司并购 Supercell 的案例中，中间控股层设在卢森堡，不仅税率较低，还有着优良的投资环境，且公司注册流程简单，可以满足腾讯公司短期内完成并购，在投资竞争中获得优势。此外，中间控股公司所在地通常与多国签有双边或多边税收协定，广泛的协定网络可以为今后的运营带来较多的税收利益，尤其是被并购方所在国与中间控股公司之间要有双边税收协定，有利于后续的利润汇回，并减少双重纳税。上述案例中，卢森堡和芬兰同属欧盟国家，享受众多的税收优惠政策，此外卢森堡与世界大部分国家都有双边税收协定，无论是投资还是交易都可享受税收优惠。

税收协定优惠主要体现在所得税上，所以中间控股公司所在地最好满足接受被并购方汇回的股息红利不征或征收较少预提所得税，也要满足中国境内公司与中间控股公司间支付股息时的低预提所得税率；另外，控股平台所在地还应不设外汇管制。腾讯公司并购 Supercell 的案例就满足了以上三个条件，为此次并购的顺利实施奠定基础。

（2）境外利润汇回方式的筹划：中国企业跨境并购后利润汇回主要考虑两个大环节：利润由被并购方汇出到中间控股层，以及由中间控股层汇出到中国境内母公司，涉及的所得项目有利息、股息、资本利得和特许权使用费等。在利润汇出被并购方环

节，税负取决于被并购方所在国与中间控股层所在国的税收协定，腾讯公司并购的案例中，由芬兰汇出到卢森堡，欧盟的税收协定降低了该环节的税收成本。之后中间控股层利润汇出到我国境内企业环节，税负取决于中间控股平台所在国与我国间的税收协定，应当统筹考虑利润汇回与部分留存在控股平台的风险及收益，结合财务运作情况做出权衡，既要满足集团整体的后续商业计划又需规避税收风险。

2. 控股架构的风险防范

（1）避免被认定为中国居民税收企业：由于中间控股公司通常在境外设立，所以一般不满足居民企业的第一条认定标准，为了防范中间控股企业的实际管理机构认定为在我国境内，可以强化中间控股公司本身的管理职能，以腾讯公司为例，可在卢森堡财团及财团的附属机构聘请当地的高管，或者在两公司召开董事会、存放会计账簿、文件等，使得中间控股公司具备实际管理的职能，而非由中国境内企业实际管理控制。其他企业同理，可增强控股平台的实际管理活动，但也要考虑到从事这些活动为企业带来的成本费用增加，权衡整体收益后，决定最优方案，做到有效税收筹划。

（2）避免被认定为受控外国公司：受控外国公司的三个条件中，后两个条件比较容易改变，税负方面，可以在“白名单”中选取中间控股公司，我国目前列示了12个国家，卢森堡不在其中，腾讯并购案例中这一点不能实现；利润分配方面，控股平台应当向境内企业支付合理的、必要的利润，避免被认定为受控外国企业，要规避认定为受控外国企业的风险，利润汇回是腾讯公司必须落实好的一点。另外，企业在进行跨境并购时应当关注外部环境，与宏观的税收经济形势结合，把握中间控股公司所在国的政策改革和受控外国企业规定变化，适时做出决策调整。总之，对于一般的企业，可并购前选择白名单国家，也可并购后做好利润分配。

（3）避免被认定为导管公司：导管公司的认定注重公司商业实质的判断，有效的税收筹划不仅是降低税收成本的，还有符合多边契约，要构建经济实质。中国境内企业可以通过人员安排、管理机构设置与价值创造等方式使得控股平台更加符合“受益所有人”的认定，而非只是一个文件公司。在腾讯公司并购 Supercell 的项目中，为确保卢森堡财团的非居民企业认定，应进一步做好多财团和财团的全资附属公司的业务安排，可以向其分配一些交易活动，正好也可利用中间控股公司所在地的税收优惠，同时完善组织管理。例如腾讯公司可以向卢森堡派驻或者聘用当地的管理人员，在卢森堡财团召开股东大会或其他重要会议，在卢森堡进行交易活动等，这些都可以成为中间控股公司的商业活动，使其不仅仅局限于法律正规，也要形式合规。

（二）融资架构的设计及风险防范

1. 融资架构的筹划

我国企业，特别是上市公司在进行跨境并购的融资架构筹划时，可以借鉴腾讯公司的做法，一方面以权益性融资引入共同投资者，减少在中间控股公司的股份，通过改变持股比例满足财务需求，保持股价稳定，使企业不必担心股价因并购大幅波动。另一方面通过债权性融资进行有效税收筹划，尽量发挥利息抵税的税盾效应，可以利用“内保外贷”的架构，解决中间控股层资信不足、难以筹得足够资金的问题，又可剥离风险，在投资退出时不会面临较多的障碍和债务风险。另外，融资架构的设计通常要求不受外汇管制的限制，利息抵税也应符合资本弱化规定和其他反避税条款的相关要求。

2. 融资架构的风险防范

（1）避免资本弱化规制：中间控股公司作为并购买方时，如果向母公司借款作为债权性融资而非权益性融资，容易出现债资比较高的情况，应当合理安排股权性融资和债权性融资的配比关系。一些国家是没有资本弱化规制的，比如新加坡和泰国，此时中国境内企业在预期偿还能力足够时就可放心使用债权性融资，实现利息抵税[①]。但在有资本弱化规定的国家进行融资行为时需要慎重选择，以免被认定为资本弱化。腾讯公司并购案中，35 亿美元来自银行借款，其余部分来自股东权益，均属合理性融资。但现实中，有些上市企业为了增加费用扣除，会采用母公司借债给中间控股层的现象，因此，此类企业在跨境并购前应妥善安排融资途径，确保款项流入、流出和中间流经方所在的地区均满足当地的资本弱化或转让定价法规的要求。另外，由于各国的税收制度变化频繁，特别是国际交流合作逐渐增多，应当关注整个并购流程涉及的国家的税收动态，动态调整所采用的融资结构，规避因政策变化带来的税收风险。

（2）避免国际反避税规制：相比权益性融资，债权性融资的主要优势是可以税前利息扣除，但是鉴于不同国家对于利息费用的认定和利益限制，在设计融资架构时要全面分析相关国家的税收政策，特别是双边税收协定的适用情况，如果两国没有签订税收协定却享受费用扣除或者低税率的话，就会面临滥用税收协定的规制。腾讯公司并购案中，中国与卢森堡、卢森堡与芬兰、中国与芬兰都签有税收协定，正常情况下不会被认为是滥用税收协定。

另外，BEPS 行动计划也在不断完善对各项避税行为的打击，因此要关注制度进

① 张瑶．税务视角下的中国企业海外并购架构设计研究［D］．上海国家会计学院，2018.

程，特别是和债权容易关系比较紧密的“利息扣除”和“混合错配”等项目的规定，时刻关注并购相关国家的落实情况，如果融资方式在规制范围之内，应当考虑做出调整，避免铤而走险，带来更大的税收负担。

综上所述，通过对中国企业跨境并购中控股架构和融资架构的筹划，在保证企业并购动机的基础上，进行有效税收筹划，减轻并购双方整体的税收负担。控股架构和融资架构的设计也会带来一些联动性效应，为企业并购的支付方式、并购方式等提供合理的决策手段。

税收筹划不是企业并购的主要目的，但是贯穿并购的整个过程，税收负担是企业跨境并购中不可忽视的问题，对并购行为能否成功起到关键作用。在实际的并购实践中，企业可结合具体情况选择合适的架构方式和融资方式，适当借鉴腾讯公司的经验以及相关的架构方式，增加并购成功的概率，防范可能出现的风险。

案例使用说明

一、教学目的与用途

1. 本案例主要适用于税收学、税收筹划、国际税收、税收管理等课程的学习。

2. 本案例是一篇介绍腾讯公司在跨境并购 Supercell 公司时涉税问题的教学案例，其教学目的在于使学生对上市公司在跨境并购中的控股架构和融资架构有充分的认识和深入的了解。本案例从腾讯公司并购架构的设计入手，分析其组建财团并购方式在融资方式、控股方式、支付方式和并购方式上的税务处理，分析类似上市公司在做如此筹划时可能面临的税收风险，进而提出合理的架构筹划方式，并对潜在的风险提出防范意见。

二、启发思考题

1. 腾讯公司并购案例中是如何筹划控股架构的，有何益处？
2. 腾讯公司并购后，股息汇回适用何种税务处理方式？

三、分析思路

教师可以根据教学目标（目的）灵活使用本案例。本案例对腾讯跨境并购 Supercell的涉税问题进行分析，第一部分介绍并购各方的基本情况和并购案的相关细节，便于学生接下来对组织架构的理解。

第二部分阐述了上市公司跨境并购中的税收基本理论，为后续分析腾讯的架构设计提供理论基础。

第三部分对并购案例做深入分析，通过讨论并购过程中的控股方式、融资方式、支付方式、并购方式和税务处理方式，分析腾讯并购架构的筹划方式，得出腾讯在融资架构和控股架构方面的设计。

第四部分对现有并购架构加以改进，使得税收筹划作用在案例中更加凸显。

第五部分分析了上市公司在跨境并购中借鉴类似架构设计所面临的风险，从控股架构和融资架构两个角度来分析。控股架构方面，中间控股层面临被认定为税收居民企业、受控外国企业、导管公司的风险；融资架构方面，有被认定为资本弱化的风险，也可能面临其他反避税规制。

第六部分总结上市公司跨境并购的架构设计经验，并得出应对风险的建议，为上市公司跨境并购提供经验借鉴，做到有效税收筹划。

该案例的六个部分均围绕腾讯并购的控股架构和融资架构进行讨论，先列举组织架构设立的细节，再通过对细节的分析得出相应的涉税问题，并对可能存在的风险和如何控制风险进行阐述，力求起到借鉴与提醒的作用。

四、理论依据及分析

1. 收入来源地管辖权。收入来源地管辖权是按照属地原则确定的税收管辖权，即一国政府只对来自或被认为是来自本国境内的所得拥有征税权力，不区分本国人或者外国人，也称地域管辖权。香港实行收入来源地管辖权，所以对从境外汇回的股息收入不征税。税收管辖权分为地域管辖权、居民管辖权、公民管辖权，我国同时行使地域管辖权和居民管辖权。所以我国除了要对居民企业和个人来自境内的收入征税，也要就其来源于境外的所得征税，还要对非居民企业和个人来源于我国境内的收入征税。

2. 有效税收筹划。交易过程需兼顾显性成本、隐性成本和非税成本等，在充分考虑上述因素后得到优化的税收理论是企业有效的税收筹划。

3. 税收协同效应理论。由于税法漏洞或者各国税制的差异所导致的不对称性，为政策实施带来的差异，这在一定程度上有利于企业实现税收协同效应，主要表现在税盾效应、折旧抵税、税法的非对称性和税收优惠政策四方面。

4. 避税地。避税地又称税务天堂、避税乐园、税收避难所，通常是指那些可以被人们借以进行所得税或财产税国际避税活动的国家或地区，它的存在是跨国纳税人得以进行国际避税活动的重要前提条件。税收条件和非税条件共同催生了避税地的产生。避税地一般无税、税率低于一般水平或者与其他国家签订了大量的税收协定；政治环境稳定、交通通信便利、银行保密制度严格、资金往来无管制。

五、关键要点

1. 组建财团可以为并购的间接控股架构和多层级融资结构提供条件。

2. 腾讯并购主要运用了有效税收筹划理论和税收协同效应理论。

3. 组建财团并购的架构为腾讯后续运营的股息汇回省去了绝大部分的股息预提税，主要方式是利用避税地和税收协定。

4. 境外子公司的设立面临着受控外国企业、境外中资控股居民企业、导管公司的认定风险。

六、建议课堂计划

本案例可以作为专门的案例讨论课来进行。如下是按照时间进度提供的课堂计划建议，仅供参考。

整个案例课的课堂时间控制在 80 ~ 90 分钟。

课前计划：给出案例背景并提出启发思考题，请学员在课前完成阅读和初步思考。

课堂计划：对案例进行详解，明确讨论内容（20 分钟）。

分组讨论（25 分钟），告知发言要求。

小组发言（每组 5 分钟，控制在 25 分钟）。

引导全班进一步讨论，并进行归纳总结（15 ~ 20 分钟）。

课后计划：如有必要，请学员采用论文形式给出更深层次的解读报告，包括具体的职责分工，为后续章节内容做好铺垫。

七、思考题参考答案及相关法规依据

1. 腾讯此次并购将财团全资附属公司作为买方，通过“组建财团”间接持有 Supercell 股份，属于间接控股。财团和其全资附属公司的实质为 SPV（特殊目的公司）。如果腾讯采用直接控股的方式，不设置财团，Supercell 将成为腾讯的子公司而需编制合并财务报表，并购初期运营的不确定性及控股过程内部交易的披露都会给腾讯带来风险和压力，但采取联合收购间接控股的方式就可避免上述问题，既消除披露压力，又不必为 Supercell 的业绩担忧，如果其经营业绩不好，不并表对公司股价的影响较小，满足上市公司对股价平稳的需求。

间接控股方式还有许多税收处理上的优势。此次并购的架构可简化为腾讯控股有限公司——卢森堡财团公司——卢森堡财团附属公司——芬兰 Supercell 公司这样的模式。卢森堡是公认的避税地，为国际投资者创造良好的环境、提供便捷高效的金融服务，并与多国签订税收协定，在卢森堡投资注册可享受一系列税收优惠。所以，腾讯通过财团与 Supercell 交易可以获得税收优惠的红利，为企业减轻税收负担。

而且，卢森堡和芬兰都是欧洲国家，相关法律环境、政治体系相似，且可享受欧盟国家间的税收优惠政策，特别是可以免于缴纳股息红利的预提所得税，这不仅为并购带来了极大便利，缩短并购时间，减少并购过程的不确定性，还为并购双方今后的经营活动和交易活动提供良好的外部环境。

在后续经营过程中，还可享受股息汇回的税收优惠政策。

2. 股息汇回时，相当于三层的控股架构，首先是位于芬兰的 Supercell 公司向位于卢森堡的财团全资附属公司汇回股息，二者都是欧盟国家，根据欧盟《母子公司指令》，子公司向母公司分派股息红利免缴预提税，因此 Supercell 向位于卢森堡的财团子公司分派股息红利无须扣缴预提税。

其次，财团的附属公司向财团汇回股息时，也无须就股息纳税。因为卢森堡税法对分配公司、收益公司和股份持有比例做出规定，满足条件即可免纳企业所得税。一是财团附属公司作为分配公司是卢森堡居民公司，满足税法对分配公司是卢森堡或欧盟居民公司的规定；二是受益公司即财团是卢森堡居民公司，满足税法对受益公司是卢森堡或欧盟国家居民公司或其常设机构的规定；三是受益公司财团持有分配公司100%股份，满足受益公司持有分配公司10%以上股份的要求，这样就能够满足免纳企业所得税的三个条件，因而可以享受免纳股息所得税的税收优惠。

第三层是腾讯接受卢森堡财团汇回的股息，根据《中华人民共和国和卢森堡大公国关于对所得和财产避免双重征税和防止偷漏税的协定》，如果股息收款人是股息受益人，且受益所有人直接持有支付股息公司至少25%资本的公司（不是合伙企业），不应超过股息总额的5%。因而对汇回的股息最多征收5%的预提税，由于没有并表，具体的适用税率没有披露数据，但相较而言，即使采用最高税率5%税收负担也较轻。同时，通过三层间接控股的方式，可以延迟股息汇回的时间，实现递延纳税效应。

八、进一步阅读材料

[1] 张可馨. 腾讯并购 Supercell 绩效研究[J]. 商业会计，2019 (17)：68-70.

[2] 刘俞宏. 企业跨国并购中的财务风险分析及防范——基于腾讯收购 supercell 的案例分析[J]. 中国商论，2019 (16)：85-87.

[3] 龚小芸，张树培. 我国企业并购的财务风险管理研究——以腾讯并购 Supercell 为例[J]. 现代商贸工业，2017 (24)：84-85.

[4] 刘蕾. 互联网企业跨国并购财务风险控制研究 [D]. 山东大学，2018.

[5] 蔡凌峰. 腾讯控股并购 Supercell Oy 案例分析 [D]. 深圳大学，2018.

九、参考文献

[1] 蔡昌，张赛，王思月. 中联重科组织架构的涉税分析与筹划[J]. 新理财，2018 (04)：58-60.

[2] 刘蕾. 互联网企业跨国并购财务风险控制研究 [D]. 山东大学，2018.

[3] 蔡凌峰. 腾讯控股并购 Supercell Oy 案例分析 [D]. 深圳大学，2018.

[4] 高超. 腾讯跨国并购 SUPERCELL 的绩效研究 [D]. 湖南大学，2018.

[5] 龚小芸，张树培. 我国企业并购的财务风险管理研究——以腾讯并购 Supercell 为例[J]. 现代商贸工业，2017 (24)：84-85.

[6] 李森. 腾讯缔造新纪录：收购全球最赚钱手游商[J]. 中国战略新兴产业，2016 (14)：54-55.

[7] 李文晋. “腾讯控股”并购“SUPERCELL”案例研究 [D]. 华南理工大学，2018.

[8] 李晓. 腾讯并购芬兰 Super Cell 公司的动因分析[J]. 中国乡镇企业会计，2018 (01)：70-71.

[9] 刘俞宏. 企业跨国并购中的财务风险分析及防范——基于腾讯收购 supercell 的案例分析[J]. 中国商论，2019 (16)：85-87.

[10] 戎珂，肖飞，王勇，康正瑶. 互联网创新生态系统的扩张：基于并购视角[J]. 研究与发展管理，2018，30 (04)：14-23.

[11] 夏绍群. 互联网企业并购的动因及绩效分析 [D]. 天津财经大学，2017.

[12] 张佳琦. 我国 TMT 行业海外并购动因与绩效分析 [D]. 内蒙古财经大

学，2018.

［13］张可馨. 腾讯并购 Supercell 绩效研究[J]. 商业会计，2019（17）：68－70.

［14］周越. 腾讯收购案例分析[J]. 经贸实践，2017（20）：1－3.

［15］纪晓寒. 手游行业并购绩效评价体系研究［D］. 杭州电子科技大学，2018.

［16］李俊良，洪创洲. 从多阶段财务绩效看互联网企业并购事件——以腾讯并购 supercell 为例[J]. 现代经济信息，2019（03）：205－206.

［17］张瑶. 税务视角下的中国企业海外并购架构设计研究［D］. 上海国家会计学院，2018.

案例 8

蚂蚁金服如何开展税务规划?[①]

本案例基于"互联网 +"的时代背景，以互联网金融领域的龙头企业——蚂蚁金服为基础，首先简要介绍蚂蚁金服的企业概况、基本业务范围以及纳税状况，而后研究蚂蚁金服如何在业务范围及其股权结构方面进行税务规划，并对规划效果做出评价，最后根据该企业的税务规划安排分析其中涉及的潜在风险因素，并提出相应的防范建议。本案例旨在以蚂蚁金服为代表探究我国互联网金融企业的税务规划发展现状，并站在企业的角度，分析如何在降低风险的情况下获得税收利益。

① 本案例作者为蔡昌、张聪、王永琦。本案例根据蚂蚁金服公司的实践运作与税收焦点问题分析撰写而成，内容完整，真实可靠。案例发表于《新理财》2020 第 9 期。

案例正文

案例背景

（一）“互联网 +”时代背景

互联网技术的迅猛发展催生了一系列新生事物，国内最早于2012 年提出了“互联网 +”这一概念，即以互联网技术为依托实现传统产业的升级换代。“互联网 +”的优势在于将互联网与传统产业融合在一起，激发传统产业新的发展点，从而促进国民经济的发展。蚂蚁金服就是在这样的大背景下脱颖而出，成为互联网金融领域的领军者。结合企业状况来看，我国小微型企业众多、涉及的行业十分广泛，在国民经济中发挥的作用不容忽视。然而小微企业受自身综合能力的限制，往往面临融资难的问题。“互联网 +”的发展将互联网与传统的金融产业融合在一起，不仅为金融业注入了新鲜血液，解决了小微企业融资难问题，同时也使普通老百姓接触到更多金融产品。

（二）公司概况

2014 年，浙江蚂蚁小微金融服务集团股份有限公司（简称“蚂蚁金服”）在支付宝的基础上正式成立，登记注册地为中国浙江省杭州市。蚂蚁金服是一家集金融与技术研发为一体的企业，各界对于其行业性质的划定一直是有争议的。从企业的名称来看，蚂蚁金服应该归属于金融行业，但是如马云所说的那样，世界任何一个地方都可以有银行，所以马云对蚂蚁金服的要求不仅仅是发展金融业务那么简单。从另一个层面来看，蚂蚁金服非常重视技术的研发和社会责任的承担。根据全球独角兽企业榜单的公示情况来看，也是将蚂蚁金服划为金融科技领域，而其行业性质的争议点无疑增加了其潜在的税务风险。

蚂蚁金服自成立至今，经历了 9 轮融资。2019 年以 1 538.46 亿美元估值在全球独角兽榜单位居第二，成为金融科技领域的佼佼者。蚂蚁金服的快速发展使得“蚂蚁金服拟将上市”的消息一直在社会上流传，然而蚂蚁金服至今尚未上市，这或许是蚂蚁金服在等待一个合适的时机。

（三）集团发展

“双十一”期间，淘宝交易量爆发式增长，为了解决淘宝交易中出现的信用问题，2004 年，支付宝从阿里巴巴的淘宝平台独立出来，在其独立发展了十年的基础上成立了蚂蚁金服。众所周知，支付宝已经成为广大普通消费者的重要支付渠道之一，其大量的用户使得支付宝在蚂蚁金服中占据了基础核心地位。2013 年，蚂蚁金服联合天弘基金推出了余额宝，虽然最初外界对此更多的是质疑，但是余额宝以其门槛低及便利性高的优势快速走进人们的视野并吸引了大量客户。2015 年，蚂蚁金服投资成立了浙江网商银行有限公司，正式推出网商银行服务，其初衷是希望通过科技的创新创立一个“新型”的银行，为广大小微企业及农户经营者提供一个新的融资平台。从公益的视角来看，蚂蚁金服除了致力于为小微企业和普通消费者提供便利，还积极开展绿色环保事业，其中 2016 年上线的蚂蚁森林是其开展环保事业的一个重要体现。严格来说，蚂蚁森林是支付宝开设的一个“碳账户”，通过与互联网的结合，蚂蚁森林使大众都能够参与到环保这一公益事业中来，也为蚂蚁金服做了很好的正面宣传。2018 年，央行在《中国金融稳定报告 2018》中宣布要成立 5 家金融控股公司试点机构。蚂蚁金服作为其中一家试点企业，积极对央行的政策做出了回应，即将蚂蚁金服拆分为金融公司和科技公司两家公司，此举表明蚂蚁金服在未来将会通过不同的公司提供金融服务和科技服务，一方面有利于将这两类服务发展到极致，另一方面有利于业务的规范化。

（四）互联网金融行业税收政策

2015 年，财政部和中国人民银行等十部委就如何实现互联网金融企业的健康发展做了规划，其中很重要的一项即是落实财税政策对互联网金融的支持作用，通过合理设置税收优惠政策为互联网金融企业的发展创造良好的经济社会环境，从而引导社会资本的流入并促进互联网企业的发展创新。

按照现行税法规定，互联网金融企业涉及的税种较多，依据不同税种在互联网金融企业的重要程度，这部分仅从增值税和企业所得税两个角度对互联网金融企业适用的税收优惠政策进行梳理。

1. 互联网金融行业增值税有关规定

蚂蚁金服作为典型的互联网金融企业，其业务收入主要由支付连接服务、科技服务和金融服务三部分构成，在不同的互联网金融公司或者不同的发展阶段这三部分收入占比会有所不同，但是并不会影响这三类业务整体的地位，所以对增值税的梳理将以这三部分为切入点。

(1) 支付业务[①]：2010 年颁布的《非金融机构支付管理办法》规定了第三方支付的性质，其中非金融机构在收付款双方起的是“桥梁”作用。依据该管理办法，互联网企业提供支付连接服务的行为是第三方支付的一种。互联网金融公司作为第三方支付机构，向其接受支付连接服务的用户收取一定的手续费。按照现行税法规定，收取的类似手续费属于金融服务中的直接收取使用费这一税目，适用 6% 的税率。

(2) 金融业务：从本质上讲，互联网金融企业仍然是金融公司，其金融业务包括贷款、基金、理财等。除了具体的表现形式，这和传统的金融业务没有明显的区别，所以基本适用于对银行等金融机构的规定，即互联网金融企业应该按照现在服务中的金融服务缴纳增值税，适用 6% 的税率。

(3) 科技业务：基于“互联网 +”的基础上发展起来的互联网金融企业比较重视技术的研发及应用，这些企业对云技术、区块链、大数据等技术的创新应用起到了很大的推动作用，也使蚂蚁金服成为我国互联网金融技术领域的尖端企业。蚂蚁金服提供技术服务在增值税中归属于现代服务，适用 6% 的税率。

2. 互联网金融行业所得税有关规定

蚂蚁金服除了需要缴纳增值税之外，还需要以其取得的全部收入缴纳企业所得税，因为蚂蚁金服属于高科技企业，其中涉及多方面的税收优惠，将在下文详细论述。

另外，由于最终控股方普遍为个人，且中间控股平台大多是合伙企业，因此蚂蚁金服的利润分回企业之后不并入合伙企业的所得，而是直接视为合伙人个人所得，并依法缴纳个人所得税。在我国个人所得税法中对此类所得有特殊规定，同样将在下文进行分析。

二、蚂蚁金服税务规划

（一）利用股权架构进行税务规划

蚂蚁金服借助合伙企业搭建了一个完善的员工持股平台，目前估值为 1 500 多亿美元。蚂蚁金服的股东并不直接掌握蚂蚁金服的股权，而是通过搭建中间持股平台的方式间接持有。这些控股平台主要包括杭州君洁股权投资合伙企业（以下简称“君

① 严格来讲，互联网金融企业提供的支付连接服务是金融服务的一种，基于支付连接有别于传统的金融服务且其在部分互联网金融企业中占有重要地位，所以在此将其单列出来。

洁”)、杭州君济股权投资合伙企业（以下简称“君济”)、杭州君瀚股权投资合伙企业（以下简称“君瀚”)、杭州君澳股权投资合伙企业（以下简称“君澳”)，其中君瀚和君澳为蚂蚁金服的绝对控股企业，两家合伙企业持股比例合计为76.43%。与普通企业相比蚂蚁金服的股权结构略显复杂，但事实上这种复杂的持股平台设计不仅能起到激励员工的作用，还能通过合理规划带来税收利益。

1. 规划原理

（1）有限合伙企业的合伙人包含有限合伙人（LP）和普通合伙人（GP）两种。二者均享有合伙份额，均享有请求分配企业利润的权利。二者的区别在于对合伙企业的控制权及对合伙企业债务承担的责任不同。权利与责任相伴相生，有限合伙人无权控制企业，但仅以出资额为限承担合伙企业的债务，而普通合伙人拥有控制权，却要为合伙企业债务承担无限连带责任。

（2）合伙企业的纳税方式为“先分后缴”，即先分配经营利润，再由合伙人各自纳税，根据合伙人的性质选择税种，避免了双重征税。而若采取公司制企业的形式则会涉及两层税收，导致合伙人（股东）手里的分红减少，同时也加重了企业的税收负担。

2. 规划方案

2014年，马云出资1 010万元成立杭州云铂投资咨询有限公司（以下简称“云铂投资”)，而后通过多重股权安排设立了蚂蚁金服，并最终掌握其控制权。蚂蚁金服的股权架构为包含有限合伙企业、有限公司等实体的三层控股结构。具体安排如下：

第一层是最终的实际控股人，第二层则为控股人出资搭建的控股平台。马云出资1 010万元设立云铂投资，该企业为马云100%控股的一人有限责任公司。接下来就是员工持股平台的搭建，该企业集团创立了君洁和君济，并由蚂蚁金服及阿里巴巴的参与股权激励的员工出资认购君洁和君济的股份，君洁和君济均为有限合伙企业，云铂投资少量出资认购君洁和君济的股份，仅占君洁和君济股权的0.48%和0.05%，剩余股权全部由员工持有，但云铂投资为君洁和君济的唯一普通合伙人。

其次，云铂投资和君洁、君济共同出资成立了君瀚和君澳。与上一个持股环节类似，云铂投资仅持有君瀚0.47%和君澳0.04%的股权并作为君瀚和君澳唯一的普通合伙人，君瀚97.19%的股份由君洁持有，另有2.34%由马云、谢世煌持有，同样君济持有君澳股权的90.83%，君澳另有9.13%的股权由彭蕾、姚兆禧等人持有。

最后，君瀚和君澳共同出资设立蚂蚁金服。杭州君瀚出资6亿元占蚂蚁金服42.28%的股权；君澳出资5亿元占蚂蚁金服34.15%的股权，另外蚂蚁金服的资本中还存在包含国有出资在内的其他投资者的出资。蚂蚁金服为有限责任公司，君瀚和君澳两个合伙企业因为占据大多数股权而成为蚂蚁金服绝对控股的股东。

蚂蚁金服的股权架构如图8－1所示。

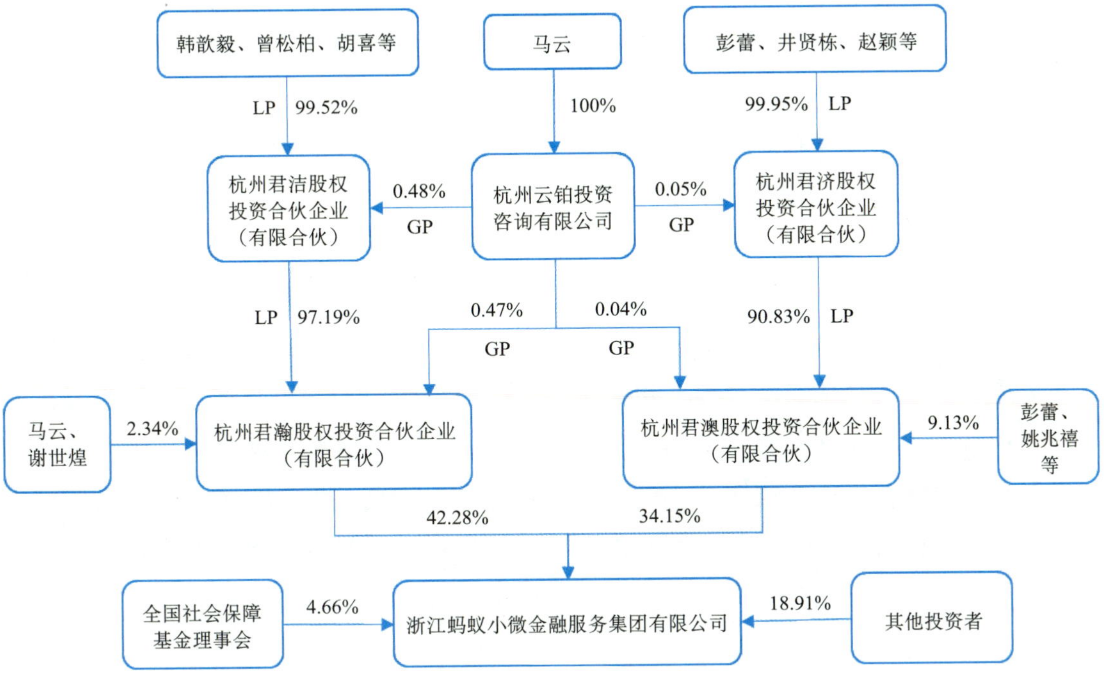

图8－1　蚂蚁金服的股权架构

这种股权架构具有如下几点优势：

（1）掌握对蚂蚁金服的控制权：通过分析股权结构可以看出，云铂投资借助普通合伙人的身份，以少量出资取得了君洁和君济的实际控制权，而后又成为君瀚和君澳的控制方，而君瀚和君澳是蚂蚁金服的绝对控股股东，那么就等于云铂投资绝对控制了蚂蚁金服。作为云铂投资的最终控制人，马云仅出资1 010万元就掌握了注册资本14.6亿元的蚂蚁金服的控制权，而作为绝大多数股权持有人的员工仅享有收益分配请求的权利。

（2）实现个人与企业的风险隔离：出资设立企业即存在经营亏损的风险，云铂投资普通合伙人的身份能够实现对蚂蚁金服的控制但同时也为蚂蚁金服的债务承担无限连带责任。因蚂蚁金服为公司制企业，若出现因经营不善导致巨额债务被法院强制执行的情况，尽管云铂投资承担无限连带责任，马云个人仅以云铂投资的1 010万元承担有限责任，从而就实现了个人财产和合伙企业之间的风险隔离。

（3）可获取税收利益：有限合伙制企业股权结构分析：利用有限合伙企业进行纳税筹划和风险隔离的模式是通过设立一人有限责任公司，以有限责任公司作为有限合伙企业的普通合伙人。税务规划好处如下：

马云及核心员工通过持有君瀚、君澳间接持有蚂蚁金服。持有人在持有期间取得的来自蚂蚁金服的股息红利所得，或者通过股权转让取得收益，二者均应缴纳个人所得税。君瀚、君澳、君济、君洁等企业均为有限合伙制创投企业，根据财税〔2019〕8号文规定，有两种核算模式：

一是单一投资基金核算。合伙人从单一投资基金（包括不以基金名义设立的创投企业）取得的所得，按照20%的税率计算缴纳个人所得税。

二是整体核算。合伙人从创投企业中取得的所得整体按照“经营所得”项目规定的5%～35%的超额累进税率计算纳税。

企业根据税后利益最大化的原则选择按照哪种核算模式纳税，规划时需要考虑以下税务规划点：一是选择单一投资基金核算未必能少缴税，需综合考虑个人投资人在不同的核算模式下应纳税所得额。二是一般在创投企业的投资回报期内，创投企业并不会存在股权转让所得，这期间，创投企业并没有选择单一投资基金核算方式的必要。创投企业退出期内，选择按单一投资基金核算往往对个人投资人更为有利。但应提前进行测算，对两种核算方式下个人投资人应纳税所得额做出测算，以判断是否选择单一投资基金核算。

（二）享受税收优惠政策

根据蚂蚁金服的业务构成，这一部分将对蚂蚁金服的支付业务、金融业务及科技业务展开分析。除此之外，由于蚂蚁金服比较重视公益事业，下面对蚂蚁金服的社会公益事业进行简要探讨。

1. 支付业务

蚂蚁金服提供的支付连接服务基本上是通过支付宝来完成的，在“互联网+”的时代背景及淘宝平台的支撑作用下，支付宝自2004年成立以来快速发展。另外，据《2019年中国互联网金融行业监测报告》披露，2018年支付宝在中国第三方移动支付交易中占据54.3%的市场份额，可见支付业务对蚂蚁金服的重要性。从当前税法来看，尚未专门对互联网金融企业的支付业务做出税收优惠的规定，所以蚂蚁金服只能是同其他企业一样缴纳增值税等税收。有关资料显示，近几年蚂蚁金服在不断调整其业务构成，其中支付业务占比有下降的趋势。笔者分析，蚂蚁金服业务结构的调整很大程度上是受其战略定位的影响，但不排除其中有税收政策的影响因素。

2. 金融业务

蚂蚁金服在本质上属于金融企业，其金融业务基本涵盖了传统线下银行的所有业务，还创新了金融业务的发展模式。蚂蚁金服的服务对象主要定位于小微企业，在国家财税政策支持的情况下，蚂蚁金服也从中获益。

财政部和国家税务总局规定，金融机构如有向小微企业发放贷款的业务，可以自行选择其中一种方式享受免征增值税的优惠：一种是“起征点式”，即贷款利率水平不高于人民银行同期基准利率150%的情况，免于征收增值税，否则按照取得的利息收入全额征收增值税；另一种是“免征额式”，即不高于同期基准利率150%取得的利息收入部分，免于征收增值税，仅对高出部分取得的利息收入征收增值税。网商银行的重点贷款对象就是小微企业，所以选择以上任意一种纳税方式都可以节省一部分税收，企业可以事先对自身利息收入进行测算，选择税收负担较小的一种方式来纳税。

3. 技术服务

蚂蚁金服向来以“科技企业”自居，2018年，蚂蚁金服提出未来发展战略：“BASIC”战略①。到2019年，蚂蚁金服的支付业务收入和普通技术服务收入各占总收入的45%，另外还有10%来自金融云、技术开放平台、区块链等硬技术收入。科技业务为蚂蚁金服带来了巨额收入的同时，也使其得以享受税收方面的优惠，主要涉及增值税和企业所得税两个税种。

首先，从企业所得税的角度来看，蚂蚁金服可享受低税率、加计扣除、加计摊销三重税收优惠，蚂蚁金服作为国家认定的高新技术企业可享受15%的优惠税率。另外，研发活动的费用化支出可在税前加计扣除75%，资本化支出可按照发生额的175%税前摊销。作为全国最大的独角兽企业，蚂蚁金服历史上曾完成过三轮巨额融资，总融资额高达320亿美元，这些巨额融资大多被用于应用技术和基础技术的创新升级，进而为企业减轻了税收负担。从增值税的角度看，蚂蚁金服所提供的技术服务收入符合增值税的免税规定。综上所述，大力开发互联网应用技术和基础技术既能够帮助蚂蚁金服开拓更广阔的市场，提高技术收入在总收入中的占比，也能使企业降低税负。

其次，根据企业所得税法规定，对创投企业投资满两年时，允许以投资额的70%抵扣企业应纳税额。除了大力发展自身科技实力之外，蚂蚁金服十分善于发现并投资潜力巨大的小型或初创科技企业，从最早的天弘基金到后来的饿了么、滴滴出行，再

① 即区块链（Blockchain）、人工智能（Artificial Intelligence）、安全（Security）、物联网（LoT）、计算（Computing）.

到最近的芥舟科技、帮你投等，每一笔投资几乎都与互联网相关。可想而知自创立以来蚂蚁金服多达几十笔的融资为其减轻了多少税收负担。

4. 社会公益

除了以上三类重要业务，蚂蚁金服还十分注重发展公益事业，其中一项是积极推进绿色环保，主要通过在支付宝平台开设的“碳账户”——蚂蚁森林实现。支付宝的用户不仅可以通过参与由设置的一些活动获取“能量”，当“能量”积累一定数量，用户便可以在线上参加虚拟“种树”活动，而蚂蚁金服便会根据用户的种树标准在线下种植真正的树苗。从蚂蚁森林的运作模式来看，蚂蚁金服似乎在做赔本买卖，但实际上，蚂蚁森林不仅会增加支付宝的点击量，还能为其带来一定的税收优惠。

蚂蚁金服的种树地点多为沙漠或者土地贫瘠的地方，而在这些地方种树很有可能会使用节能、节水设备。国家为推广此类设备，在企业所得税法中规定：若企业在购置符合条件的环保设备并利用该设备用于环境保护，则其购进金额的十分之一可用于当年应纳企业所得税税额的抵免。从这一角度来看，蚂蚁金服发展环保事业也不失为明智之举。

三、蚂蚁金服在税务规划方面的潜在风险

税务规划必然会带来风险，蚂蚁金服作为我国估值最高的互联网金融企业，每年为国家创造几百亿的税收，企业活动牵涉到许多方面的税务问题。在复杂的股权架构之下，寻找税负最小化的方案是极其复杂的。同时互联网金融活动本身具有虚拟性、隐匿性的特性，为企业带来了巨大的税务风险。且我国对互联网企业的监管日益严格，税务机关已经在“互联网 + 税务”、云计算、区块链等技术应用层面有所突破，企业面临的违法风险越来越大。对蚂蚁金服而言，必须谨慎地进行税务规划，权衡各个方面的利弊，寻求合法、合理的规划安排。

（一）搭建持股平台的税务规划

如上文所述，通过合伙制持股平台的搭建，作为有限合伙人的员工在取得股息、红利所得或股权转让所得时可以选择两种方式来进行纳税，一是选择按照单一投资基金核算，二是选择整体作为经营所得核算。但这种安排同样存在加重税收负担的风险。

当选择按照单一投资基金方式纳税时，需要考虑资金管理费用的双重征税问题，即合伙企业作为持股平台往往会扣除合伙人的一部分所得作为管理报酬，而这笔所得并不会从合伙人的计税依据中扣除，同样需要缴纳个人所得税；同时在合伙企业层面，

管理报酬一般会被分配给唯一的普通合伙人（在本案例中为云铂投资），普通合伙人再为此缴纳一次税款，如此就涉及双重纳税的问题，无形中加重了蚂蚁金服整个企业集团的税收负担。

若选择按照经营所得纳税，则可以避免上述重复征税的问题，但5%～35%的税率可高可低，如果合伙人取得的收益较高，可能需要缴纳高额税款。蚂蚁金服每年能够实现数十亿元的税后利润，很可能致使合伙人在选择这种纳税方式时适用35%的税率。

（二）利用业务性质进行税务规划

在蚂蚁金服的整个企业集团当中，不同的业务归属于不同的子公司或子业务板块。只有特定的业务和子公司才能享受税收优惠，因此对企业集团的收入或成本进行统筹规划安排，能够有效降低税负。何况目前大量互联网金融业务具有混合业务的性质，业务收入的性质和归属越发难以认定。因此在互联网企业当中，大量存在着混同业务收入和成本的行为。此类行为存在着极大的违规风险，我国税法当中对于此类行为规定有明确的处罚措施，大多都规定全部收入和成本支出均不得享受税收优惠。

（三）利用纳税地点进行税务规划

从纳税地点来看，线上交易没有地域上的边界，交易地点存在极大的流动性，难以将互联网金融企业具体划分到某一个税收管辖区，在我国目前的税法中一般是按照互联网金融企业的注册地或服务器所在地确定税收管辖区，但这就容易使互联网企业通过在低税地选址的方式来避税。比如关联企业重庆市蚂蚁商诚小额贷款有限公司注册地位于重庆市两江新区，而天弘基金公司成立于天津市自由贸易试验区，这两个园区均享受国家扶持的税收优惠。企业在进行纳税地点税务规划时需要注意尽量使注册地与实质业务发生地相一致，避免被税务机关认定为避税目的而设立的“空壳公司”。

（四）利用计税依据进行税务规划

由于线上交易缺乏税务机关的监管，交易记录中真实的交易金额很容易被后台删除或篡改，由此企业真实的收入规模就难以确定，而交易金额直接关系到计税依据的大小，互联网企业通过计税依据进行筹划可以直接降低税收负担。我国针对线上交易推出了开具电子发票的规定，但依然无法保证电子发票信息是真实、可靠的信息。人为篡改交易金额、更改发票信息在性质上极为恶劣，随着监管技术的不断升级，这类违法行为将逐渐丧失其运作空间。企业不应抱有侥幸心理，否则将面临极其严重的民事甚至刑事处罚。

（五）利用扣除项目进行税务规划

蚂蚁金服的科研技术支出可依法享受税收优惠，其中费用化支出可按照实际支出享受加计扣除75%的优惠，资本化支出可按实际发生额的175%税前摊销。二者均强调了支出的"实际性"，根据我国企业所得税法规定，可享受加计扣除和摊销的科研支出必须满足几个特定要求，如必须按照国家财会制度要求记载与研究、开发相关的人员、设备支出；单独设置辅助账准确核算；否则企业将无法享受税收优惠。

（六）利用纳税时间进行税务规划

互联网上的一些收入存在入账时间、纳税时间的差异，这一时间差经常被企业用来获取利息收入，支付宝拥有短期储蓄的功能，因此支付宝通常用这笔钱进行短期投资或者存放于银行赚取利息。但正是由于存在这种时间上的差异性，企业必须关注收付款的实际收支时间、入账时间、纳税时间的差异性，及时以取得的利息收入缴纳应缴纳的增值税款，企业应特别关注纳税义务实现时间的准确性，避免因隐瞒收入或推迟纳税而招致税务风险。

四、蚂蚁金服税收风险管理建议

在对蚂蚁金服的涉税风险进行分析之后，本部分针对蚂蚁金服潜在的税收风险提出了以下风险管理建议。

（一）加强税务知识学习

互联网金融业是"互联网＋"背景下发展起来的一种新的行业，而税法具有滞后性，当前对互联网金融业的税法规定远不能满足对其进行税收监管的要求。蚂蚁金服作为互联网金融企业，面临较大的税收政策变动，为及时跟上税法的变动节奏，蚂蚁金服企业内全体人员尤其是高管都应该加强税务知识的学习、关注税法的更新。财务人员及时了解税务知识可以从事后完成申报纳税的工作，而其他人员学习税法知识则有利于在事前减少企业面临不必要的税收风险，同时也有利于降低个人的纳税风险。

（二）合理设计持股平台

在搭建股权架构的过程中，应将税收作为一个重要因素予以考虑，应站在整个企业集团的角度，综合考虑有限合伙人的个人所得税税负和普通合伙人的企业所得税税负，制定最符合税后利益最大化目标的股权架构安排，维护好员工的个人利益。

首先，针对收益较高的员工，选择单一投资基金方式纳税往往税负较低，持股平台应合理设置管理报酬，尽量避免双重征税的问题。其次，对于股权持有较高的合伙人来说，选择在两个或多个合伙制持股平台中分别持有部分股权可达到分散收益的目的，这样在选择按照整体经营所得纳税时，就避免了因收益过高而适用高档税率的问题。最后应当注意持股平台运营中的合法性、合规性问题，避免因不当税务安排导致被税务机关调查。

（三）规范企业内部账务、票务处理

从税法规定来看，不同性质的收入或者支出适用的税收政策有差异，所适用的税收政策会影响到企业所能享受到的税收优惠以及实际应缴纳的税额。例如税法规定研发支出要区分费用化支出和资本化支出来进行处理，从税收利益的角度出发企业往往更加偏爱费用化支出，若由于主观因素重新安排两项支出，则会导致税务风险。所以规范企业内账务处理不仅是为适应税务机关的规定，同时也是为了避免不必要的多缴税款。

（四）避免设立“空壳公司”

全国各地的税收优惠政策不同会产生一些税收洼地，企业往往倾向于在这些税收洼地登记注册公司。从互联网金融企业自身特点来看，业务遍布范围极广，跟难将所有业务归属到一个税收管辖区，所以很多企业滥用税收优惠政策成立了“空壳公司”。事实上，在对互联网金融企业的监管方面，税务机关面临很大的挑战，但是不容置疑的是互联网金融企业是税务机关重点关注的对象。设立“空壳公司”的行为比较容易引起税务机关的关注，企业还可能会面临支出增加的风险。所以蚂蚁金服应尽量坐实经济业务，避免设立“空壳公司”。

（五）建立涉税信息共享机制

除了主观影响因素外，还有诸多客观因素会增加互联网金融企业的税收风险，如税收政策的变动、社会环境的重大变化。建立涉税信息共享机制不仅有利于有效减少

企业涉税信息的重复搜集成本，同时，还有利于企业进行统一税收规划，从而保障企业能够更充分地享受国家的优惠政策。在技术大爆炸的时代，蚂蚁金服应充分利用创新技术进一步完善企业涉税信息共享机制，同时安排专门人员负责税收知识分享。

（六）加强与税务机关的合作

税务机关对互联网金融企业监管难度大的问题可能会给企业带来一时利益，但是随着监管技术的发展，税务机关的监管能力逐渐加强。如经由税务机关事后查处发现企业存在不依法纳税的现象，企业将因此遭受更加严重的后果。一方面企业要面对税务机关的处罚，另一方面企业自身的诚信度也将因此受到影响。所以蚂蚁金服要主动向税务机关报送相应信息、依法纳税。同时，蚂蚁金服还应主动加强与税务机关的合作或者参与税务部门组织的税法宣传等活动。通过加强与税务机关的合作，蚂蚁金服会强化自身的纳税意识，提升对税法的掌握度。

（七）加强与利益相关者的税务合作

企业作为经济体不能独立存在于社会上，从其资本来源来看，企业会与投资者和债权人产生经济联系，在进行生产经营活动过程中，企业与职工之间产生了经济联系，在产品销售过程中，企业与客户也产生了经济联系，所有这些与企业之间存在经济联系并对企业有现金要求的经济主体共同构成了企业的利益相关者，所有这些经济联系构成了企业所在的“价值链”。税收与经济之间存在天然的联系，所以在“价值链”的基础上形成了同企业关联的“税收链”。在“税收链”中，企业的利益相关者都会对企业的税收产生一定的影响，这种影响可以是负面的，也可以是正面的，关键在于如何处理与利益相关者之间的关系。所以根据“税收链”的思想，蚂蚁金服不仅要考虑到其自身的纳税状况，还要从利益相关者的角度看问题，要积极主动通过加强与利益相关者的税务合作，实现多方共赢的局面。

案例使用说明

一、教学目的和用途

1. 本案例主要适用于税收学、税务筹划、税收征管、管理学等课程的学习。

2. 本案例以蚂蚁金服为例，介绍互联网金融企业的涉税问题，其教学目的在于使学生对互联网金融企业的发展模式及其涉税问题有充分的认识和深入的了解。

二、启发思考题

1. 互联网金融企业与传统的银行等金融机构有何异同？
2. 蚂蚁金服企业性质的争议点？
3. 互联网金融企业给税务机关的征管带来了哪些挑战？
4. 面对互联网金融业的冲击，政府应如何回应？
5. 互联网金融企业面临哪些税务风险？
6. 互联网金融企业如何降低潜在的税务风险？
7. 企业应如何处理公益与纳税之间的关系？

三、分析思路

教师可以根据自己的教学目标（目的）来灵活使用本案例。这里提出本案例的分析思路，仅供参考。

本案例对蚂蚁金服的股权构架、享受的税收优惠政策及其潜在涉税风险进行分析，第一部分介绍了两方面的内容，其一是蚂蚁金服的发展状况，其二是互联网金融企业适用的税收政策，主要包括增值税和企业所得税。

第二部分是分析了蚂蚁金服如何利用股权结构的安排及其享受的税收优惠进行税务规划，其中税收优惠是从支付服务、金融服务、技术服务和社会公益四个方面展开。

第三部分从股权结构、业务性质、纳税地点、计税依据、抵扣项目、纳税时间等六个方面分析了蚂蚁金服潜在的涉税风险。

第四部分是基于第三部分对蚂蚁金服潜在涉税风险的剖析，针对性地提出了以蚂蚁金服为代表的互联网金融企业应如何加强涉税风险管理。

四、理论依据及分析

1. 税务规划。是指企业在合法的前提下，通过对经济活动做出一定安排来减轻或避免税收负担的行为。

2. “互联网＋”。是指一种创新的互联网思维，即使互联网与各传统行业深度结合，从而促使各实体行业迸发出新的活力，进一步激发生产力和创造力。

3. 有限合伙企业理论。有限合伙企业，是指由有限合伙人和普通合伙人共同组成，普通合伙人对合伙企业债务承担无限连带责任，有限合伙人以其认缴的出资额为限对合伙企业债务承担责任的合伙组织。

4. 合伙企业的重复征税问题。是指合伙企业在企业层面上缴纳企业所得税，又在合伙人的层面上重复缴纳企业所得税或个人所得税的问题。

5. 员工持股平台。是指当企业想对员工进行大规模股权激励，但又不希望因此削减原股东控制权的情况下所采取的一种措施。具体操作为：设立股权持股平台并由员工持股，公司的实际控制人持有持股平台的一定数量的股份并掌握平台的控制权，则公司的控制权就不会发生变动。

五、关键要点

1. 蚂蚁金服员工股权激励平台的基本架构。
2. 通过股权架构进行税务规划的原理。
3. 蚂蚁金服的主要业务享受税收优惠的方式。
4. 互联网企业所面临的税务风险和规避措施。

六、建议课堂计划

本案例可以作为专门的案例讨论课来进行。如下是按照时间进度提供的课堂计划建议，仅供参考。

整个案例课的课堂时间控制在 80 ~ 90 分钟。

课前计划：给出案例背景并提出启发思考题，请学员在课前完成阅读和初步思考。

课堂计划：对案例进行详解，明确讨论内容（20 分钟）。

分组讨论（25 分钟），告知发言要求。

小组发言（每组 5 分钟，控制在 25 分钟）。

引导全班进一步讨论，并进行归纳总结（15 ~ 20 分钟）。

课后计划：如有必要，请学生采用论文形式给出更深层次的解读报告，包括具体的职责分工，为后续章节内容做好铺垫。

七、问题讨论及参考答案

【问题讨论】

1. 站在企业的角度上思考，蚂蚁金服的员工持股平台具有哪些优势?

2. 互联网企业面临着哪些税收监管风险?

【参考答案】

1. 蚂蚁金服的员工持股平台具有以下优势

（1）掌握对蚂蚁金服的控制权：通过分析股权结构可以看出，云铂投资借助普通合伙人的身份，以少量出资取得了君洁和君济的实际控制权，而后又成为君瀚和君澳的控制方，而君瀚和君澳是蚂蚁金服的绝对控股股东，那么就等于云铂投资绝对控制了蚂蚁金服。

（2）实现个人与企业的风险隔离：云铂投资的设立实现了企业经营风险与个人财产的隔离，尽管云铂投资承担无限连带责任，但云铂投资为有限责任公司，马云个人仅以云铂投资的1 010万元承担有限责任，从而就实现了个人财产和合伙企业之间的风险隔离。

（3）可获取税收利益：员工从持股平台中分回的收益可以按照两种方式来纳税，一是单一投资基金核算。合伙人取得的所得按照20%的税率计算缴纳个人所得税。二是整体核算。合伙人从创投企业中取得的所得整体按照“经营所得”项目规定的5%~35%的超额累进税率计算纳税。企业可以根据税后利益最大化的原则选择按照哪种核算模式纳税。

2. 互联网企业面临的税收监管风险分析

（1）业务性质税务规划风险：在互联网当中，不同的业务归属于不同的子公司或子业务板块。只有特定的业务和子公司才能享受税收优惠，因此对企业集团的收入或成本进行统筹规划安排，能够有效降低税负。何况目前大量互联网金融业务具有混合业务的性质，业务收入的性质和归属越发难以认定。我国税法当中对于此类行为规定有明确的处罚措施，大多都规定全部收入和成本支出均不得享受税收优惠。

（2）纳税地点税务规划风险：从纳税地点来看，线上交易没有地域上的边界，交易地点存在极大的流动性，难以将互联网金融企业具体划分到某一个税收管辖区，在我国目前的税法中一般是按照互联网金融企业的注册地或服务器所在地确定税收管辖区，但这就容易使互联网企业通过在低税地选址的方式来避税。比如关联企业重庆市蚂蚁商诚小额贷款有限公司注册地位于重庆市两江新区，而天弘基金公司成立于天津市自由贸易试验区，这两个园区均享受国家扶持的税收优惠。企业在进行纳税地点税务规划时需要注意尽量使注册地与实质业务发生地相一致，避免被税务机关认定为为避税目的而设立的“空壳公司”。

（3）计税依据税务规划风险：由于线上交易缺乏税务机关的监管，交易记录中真实的交易金额很容易被后台删除或篡改，互联网企业通过计税依据进行筹划可以直接降低税收负担。人为篡改交易金额、更改发票信息在性质上极为恶劣，随着监管技术的不断升级，这类违法行为将逐渐丧失其运作空间。企业不应抱有侥幸心理，否则将面临极其严重的民事甚至刑事处罚。

（4）扣除项目税务规划风险：蚂蚁金服的科研技术支出可依法享受税收优惠，但二者均强调了支出的“实际性”，根据我国企业所得税法规定，可享受加计扣除和摊销的科研支出必须满足几个特定要求，如必须按照国家财会制度要求记载与研究、开发相关的人员、设备支出，并单独设置辅助帐并准确核算，否则企业将无法享受税收优惠。

（5）纳税时间税务规划风险：互联网上的一些收入存在入账时间、纳税时间的差异，这一时间差经常被企业用来获取利息收入，比如支付宝拥有短期储蓄的功能，因此支付宝通常用这笔钱进行短期投资或者存放于银行赚取利息。但正是由于存在这种时间上的差异性，企业必须关注收付款的实际收支时间、入账时间、纳税时间的差异性，及时以取得的利息收入缴纳应缴纳的增值税款，企业应特别关注纳税义务实现时间的准确性，避免因隐瞒收入或推迟纳税而招致税务风险。

八、进一步阅读材料

[1] 索福祥．互联网金融的税收风险及其防范探索[J]．纳税，2020，14(02)：34.

[2] 韦庆株．我国互联网金融税收征管问题研究［D］．江西财经大学，2019.

[3] 郭滨辉．员工持股计划的税政适用[J]．辽东学院学报（社会科学版），2019，21（05）：41－45.

九、参考文献

[1] 依布拉音·巴斯提．我国互联网金融的财税发展路径分析［J］．改革与战略，

2017, 33 (3): 93 -96.

[2] 何思玥. 绿色金融初露锋芒——透过"蚂蚁森林"视角的分析 [J]. 全国流通经济, 2019, (19): 145 -146.

[3] 刘金焕. 互联网金融企业税收筹划研究 [D]. 华北电力大学 (北京), 2019.

案例 9

诺诚健华公司投资经营的税务规划[①]

拥有世界一流研发团队的诺诚健华公司近日赴港 IPO，此举引发了广泛关注，这意味着诺诚健华公司的发展进入了一个新的阶段。本文以医药行业为研究背景，对诺诚健华公司概况、经营状况和医药生产企业涉及的相关税收政策进行剖析，整体剖析诺诚健华公司在缴纳企业所得税、增值税时享受的税收优惠以及存在的税收筹划空间，并对诺诚健华公司的未来发展提出进一步税务规划安排。

① 本案例作者为蔡昌、马刘丁。

案例正文

尽管当今世界医疗设备不断更新换代、医学技术不断取得突破，但我们还是无法彻底攻克免疫性疾病和肿瘤疾病这两大难题。特别是在中国，这两大顽疾仍然是国人生命健康安全的重大威胁。当前我国有近千万免疫性疾病患者，相关治疗药物的缺乏以及居高不下的发病率，严重影响了这些患者的日常生活。恰巧在这个关键的时间节点上，诺诚健华公司成立了。他们专注于针对中国人群高发疾病的新药研发与创制，以解决急需但尚未得到满足的治疗需求，使众多患者看到了曙光。诺诚健华公司拥有得天独厚的研发条件和良好的市场环境，例如一流的科研团队、广阔的市场前景、昌平区政府在政策方面的大力支持以及国家对高新技术产业的税收优惠等，因此该案例很有研究意义。

一、案例背景

（一）诺诚健华公司基本概况

诺诚健华医药有限公司（以下简称“诺诚健华”）于 2020 年 3 月 23 日上市，成为首家在港股市场采用“云敲锣”上市的公司，成为继歌礼制药、华领医药等企业之后，第 21 家向港交所递交 IPO 申请的医药企业。此前，公司共进行过四轮融资，总融资金额为 2.388 亿美元，约合人民币 16 亿元。截至目前，公司主要个人股东为崔齐松和赵仁滨，其中赵仁滨及其家族持股占比为 15.34%。虽然创始人之一的施一公并不直接持有公司股份，但是因为他和赵仁滨为配偶关系，根据证券及期货条例第 XV 部的规则，施一公博士被视为于该等相同数量的股份中拥有权益。据此计算，施一公和赵仁滨这对医药传奇伉俪持有的 15.34% 股份价值近 10 亿元。上市后，此部分股权价值有望进一步提升。

诺诚健华于 2015 年 11 月 3 日在开曼群岛注册，经营范围包括生物医药技术及产品的研发，技术服务、技术转让、技术咨询，技术进出口，企业管理咨询、经济贸易咨询。身为一个跨国公司，诺诚健华在国内拥有众多附属公司，如图 9－1 所示，在北京和南京设有研发中心，在上海设有项目管理中心，在广州正在建设药品生产基地，在美国新泽西和波士顿设有分支机构开展商务合作与临床试验管理。

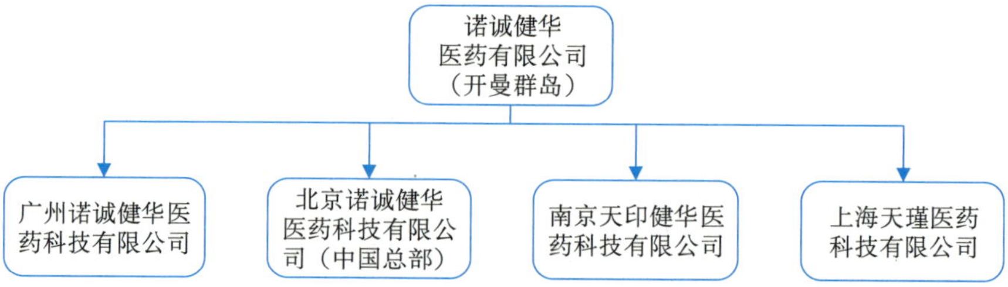

图 9－1　诺诚健华及其附属公司

诺诚健华核心团队主要成员为崔霁松（董事长兼任总经理）、付山（董事）、林利军（董事）、施一公（董事）、苑全红（董事）、张泽民（董事）、赵仁滨（董事）等。诺诚健华拥有一流的研发团队，施一公院士担任其科学顾问委员会主席，张泽民博士、粟占国博士、Arnold J. Levine 博士为科学顾问委员会成员。医疗领域营销与管理专家邓建民为市场营销顾问。

尽管受到政府的大力扶持，诺诚健华还是没能逃脱生物医药企业巨额亏损的魔咒。其招股书显示，目前诺诚健华的产品尚未获准进行商业销售，尚未从产品销售产生任何收益。自成立以来的各年度内，从未盈利而且连年产生经营亏损，截至 2017 年 12 月 31 日及 2018 年 12 月 31 日，年度经营亏损分别为人民币 3.417 亿元及 5.54 亿元，2019 年中期经营亏损为 3.219 亿元。

（二）生物医药行业现状

1. 肿瘤行业市场规模

（1）全球肿瘤药物市场：全球肿瘤市场是生物医药市场的一个分部，专注于发现及商业化治疗癌症的药物。如图 9－2 所示，全球肿瘤药物市场在过去快速发展，并预计将以更快的速度进一步扩展。从 2014 年到 2018 年，全球抗肿瘤药物市场规模从 792 亿美元增长至 1 281 亿美元，在 2018 年占全球药物市场 10.1%。癌症发病率不断增加以及创新疗法（如靶向治疗和免疫治疗）的获批，推动全球抗肿瘤药物市场持续增长，预计 2023 年达到 2 167 亿美元，2030 年达 3 904 亿美元，期间年复合增长率为 8.8%。

（2）中国肿瘤药物市场：近年来，随着人口老龄化和癌症发病率的增长、对癌症认知的提高、医疗技术的提升，国内肿瘤市场经历了快速的增长，并有望持续这一增势。如图 9－3 所示，中国抗肿瘤药物市场在 2014～2018 年以 12.8% 的年复合增长率快速增长，并于 2018 年达 242 亿美元，占药品总销售额 10.3%。2018～2023 年，中国抗肿瘤药物市场规模预计将持续增长，并于 2023 年达到 487 亿美元，期间年复合增

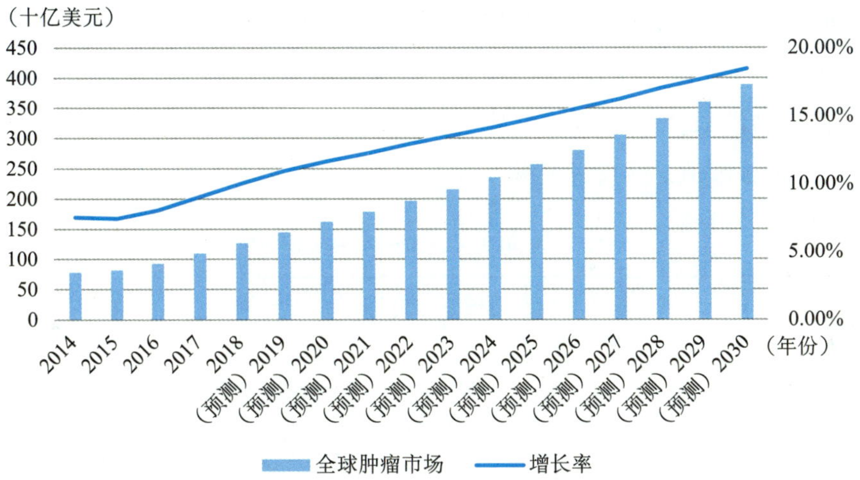

图 9-2　2014～2030 年（预测）全球肿瘤药物市场规模

资料来源：弗若斯特沙利文报告。

长率为 15.0%，超过同期 11.1% 的全球增长，2023～2030 年市场规模将以 11.1% 的年复合增长率继续增长，预计 2030 年达到 1 016 亿美元。

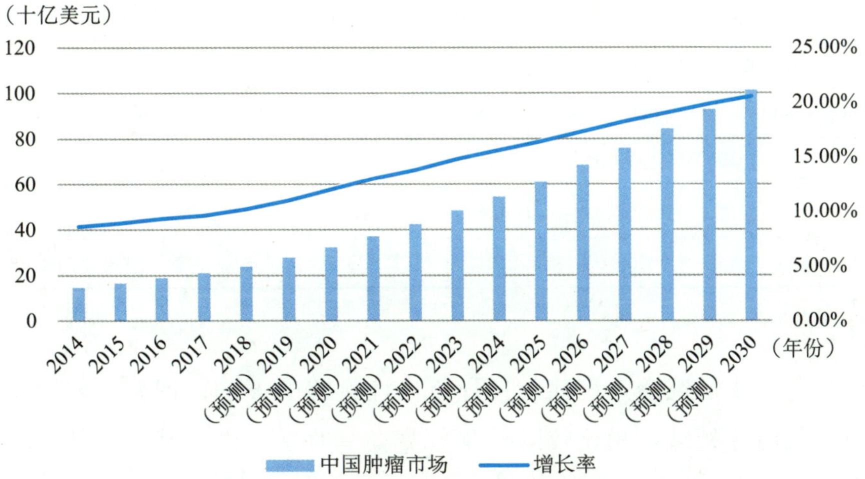

图 9-3　2014～2030 年（预测）中国肿瘤药物市场规模

资料来源：弗若斯特沙利文报告。

2. 诺诚健华未来市场竞争力

诺诚健华可谓含着“金汤勺”出生，在科研界和投资界都受到大佬们的青睐，肿瘤药物和明星科学家使得人们的目光集中在这家年轻的医药公司身上。诺诚健华旗下的商业团队目前处于扩张期，预计在 2021 年年底将拥有 80～90 名销售代表，覆盖国内医院约300家。尽管受到全球新冠肺炎疫情和美国道指熔断的影响，诺诚健华依旧在资本市场上大放异彩，投资者纷纷看好公司发展前景。如表9-1所示，诺诚健华公司三月募资额排名港股第一，其首发募资总额22.4亿港元，远超同时期上市公司，截至2020年3月底总市值达142.4亿港元。

表9-1　　港股2020年3月上市公司募资额排名

序号	代码	名称	上市日期	首发募资额（百万HKD）	截至3月31日总市值（百万HKD）	所属行业（HS）	公开认购倍数	一手中签率
1	9969.HK	诺诚建华-B	2020-03-23	2 240.40	14 243.40	（HS）药品及生物科技	298.8x	25
2	1859.HK	煜盛文化	2020-03-13	904.00	3 040.00	（HS）媒体及娱乐	0.80x	100
3	0589.HK	建中建设	2020-03-18	257.81	1 175.00	（HS）建筑	59.04x	60
4	9916.HK	兴业物联	2020-03-09	199.00	596.00	（HS）地产	1 414x	3
5	1961.HK	九尊数字互娱	2020-03-17	170.10	740.02	（HS）软件服务	23.06x	60
6	9936.HK	稀美资源	2020-03-12	167.25	636.00	（HS）原材料	15.74x	35
7	1941.HK	烨星集团	2020-03-13	156.00	460.00	（HS）地产	1 949x	3
8	1950.HK	深蓝科技控股	2020-03-12	130.00	910.00	（HS）原材料	12.47x	30
9	1343.HK	伟源控股	2020-03-12	127.68	1 351.28	（HS）建筑	4.79x	30
10	1463.HK	C-LINK SQ	2020-03-27	126.00	688.00	（HS）支援服务	11.15x	13
11	1433.HK	常达控股	2020-03-12	125.00	258.00	（HS）工用支援	74.68x	70
12	1472.HK	生兴控股	2020-03-17	125.00	1 600.00	（HS）建筑	2.47x	75
13	6918.HK	奇士达	2020-03-18	121.99	473.20	（HS）家庭电器及用品	20.4x	50

资料来源：华盛证券。

诺诚健华专注于研究治疗癌症及自身免疫性疾病的方法，即两个具有重大市场商机及协同效益的治疗领域。相比较同行业主要竞争对手，诺诚健华在技术专利研究上丝毫不落下风。表9-2列出全球已批准或正进行临床开发的主要BTK（布鲁顿酪氨酸激酶）抑制剂的当前状态。可见诺诚健华相关技术已经逐渐成熟，仅次于强生、百济神州等医药巨头。根据报告数据，奥布替尼面对来自第一代BTK抑制剂的竞争，已显示出疗效及较低脱靶性。虽然没有通过头对头研究且仅有观察结果，但是行业人士普遍认为奥布替尼较目前获批准的BTK抑制剂具备更高的靶点选择性、靶点抑制及安全性，同时能维持可比疗效。

表 9－2　　　　**诺诚健华主要竞争对手 BTK 抑制剂临床试验进度**

公司	药品名称	各种适应症的临床试验			
		适应症	I 期	II 期	III 期
强生	IMBRUVIC (ibrutinib)	1L DLBCL 复发难治 DLBCL			⇨ ➡
百济神州	BRUKINSA (Zanubrutinib)	1L CLL/SLL 复发难治 CLL/SLL			➡ ⇨
诺诚健华	ICP－022 (奥布替尼)	复发难治 CLL/SLL 复发难治 MCL		➡ ★ ➡ ★	
恒瑞	SHR1459 (TG－1701)	非霍金淋巴瘤 淋巴细胞性白血病	⇨ ➡		
吉利德/小野	GS/ONO －4059	复发难治 B－NHL RA	⇨ ⇨		

注：➡代表中国临床试验状态，⇨代表全球临床试验状态。

资料来源：诺诚健华招股书。

二、生物医药企业赴港热背后

香港交易所 2018 年 4 月 24 日发布 IPO 新规，允许双重股权结构公司、尚未盈利的生物医药公司赴港上市。港交所正式公布的《新兴及创新产业公司上市制度》咨询总结中称，新上市规则于 4 月 30 日生效，正式接纳相关上市申请。

酝酿 4 年之久，也是近 24 年以来意义重大的港股上市制度改革正式落地。但 4 月份港交所主板开闸允许未盈利生物医药企业上市后，抢先试水的歌礼制药、百济神州、华领医药也都难逃股价破发“魔咒”。歌礼制药在上市首日先升至 14.9 港元/股，后跌穿招股价至 13.66 港元/股；百济神州首日开盘下跌至 103 港元/股；华领医药上市便跌破发行价 8.28 港元/股。

此前诺思兰德副总经理聂李亚对 21 世纪经济报道记者分析道，赴港上市，还是存在一些局限性。如已在香港上市的企业，两极分化的现象也比较突出，一方面，好的企业，受到追捧的并不少，但差的、几乎没有成交量的企业也很多。不像在 A 股市场，一旦上市，并不缺乏成交活跃度。生物医药企业与生俱来的高风险基因，对于港股的二级市场投资人来说，“慎买”成为不得不关注的重心。

据 BIO 等机构统计，全球进入临床试验的药物中，能实现注册上市的比例仅约 10%；完成一期临床试验的药物，能实现注册上市的比例约 15%。在欧美市场，成功满足病人临床需求的创新药，回报颇丰。数据统计显示，部分新药在上市五年后即可实现高达 60 亿元至 100 亿元的年销售额。

回到中国市场，生物医药行业的回报情况也并不乐观。新药在中国上市后五年的平均销售额仅为 0.5 亿～1.5 亿元人民币，新药研发经济回报甚至为负。支付与流通环节薄弱导致新药上市后销售额增长缓慢，新药创新的回报机制不足。

在一些经济学家看来，香港市场作为国际市场，跟美国市场本质上是没有区别的。美国市场是属于机构高度发达的市场，是十几个分析员能够基本垄断的市场，但那种垄断是市场垄断行为，不是非法的垄断。而且他们又有强烈的自律，熟悉市场语言规则逻辑，对市场判断有着一整套的逻辑。但香港市场尚未形成这样的环境，这需要大家共同努力，需要三到五年，或者五年到八年时间。

从 2017 年开始，港股、A 股相继对未盈利生物医药企业打开大门，此后关于生物医药企业如何估值，一、二级市场估值倒挂等有不少讨论。其中很重要的原因是，赴港上市的生物医药企业集中出现破发。

生物医药类企业投资周期长，研发投入成本大，风险大，高风险伴随高回报的特性使得其长久以来对资本市场存在极大渴望。对生物医药企业来说，处于创新研发阶段的企业对资金需求较大，但又无产品上市，多处于非盈利状态。资本市场一旦在政策方面有所松动，降低上市标准，对于那些亟需融资的公司以及渴望退出的投资人来说有着极大吸引力。

三、税收政策分析

医药行业是与人民生活最为相关的行业之一，是永远不会衰落的行业，在全球经济中占有不可小觑的地位。企业作为纳税人，应该如何去减轻税负，实现利益最大化，这就要通过税收筹划和合理运用税收政策。一方面，在当今社会税收筹划不再仅仅是帮助企业减轻税负的一种手段，更是有多重积极效应的经营管理决策。从企业的角度来说，税收筹划不仅可以降低企业税负，还是企业提高财务管理水平和经营管理水平的一大动力。从长远来看，税收筹划不仅不会降低国家的税收收入，反而可能会促进税收收入。另一方面，企业通过正确运用重点行业税收优惠政策，在法律允许的范围内合理减轻企业税负，使企业乃至全行业做大做强，这也是企业响应国家号召、发展国家重点支持行业的一种体现。不但能够节约企业的经营成本，还能实现企业自身发展与国家繁荣的双赢局面。

（一）企业所得税

1. 所得税适用税率

高新技术企业和经认定的技术先进型服务企业所得税享受优惠税率，实际税率为15%，高新技术企业的相关认定标准为科技部、财政部、国家税务总局在2016年发布的《高新技术企业认定管理办法》修订版通知。认定管理方法中明确规定生物与新医药为《国家重点支持的高新技术领域》列举的产品。诺诚健华目前正在研发的新药－奥布替尼（ICP－022）、ICP－192、ICP－105均属于基于新化学实体、新晶型、新机制、新靶点和新适应症的靶向化学药物及高端制剂的创制技术，且对上述技术拥有知识产权。认定条件中对于科研人员数量也做出了要求，当科学技术人员在职工总数中达到一定比例才可以申请高新技术企业。表9－3反映了诺诚健华的员工职能分布情况，研究人员占比最高，多达43.9%。综合以上因素，诺诚健华企业的所得税适用税率为15%。

表9－3　诺诚健华员工的职能分布与所属专业领域

职能	人数	占总数比重（%）
研究	97	43.9
临床开发	60	27.1
制造	21	9.5
商业	7	3.2
其他	36	16.3
总计	221	100.0

资料来源：诺诚健华招股书。

2. 研发费用扣除

按照国家的规定《关于技术创新企业有关企业所得税优惠政策的通知》：企业研究开发新药品、新技术、新工艺所产生的技术开发费用，在按规定实行的100%扣除的基础上，允许再按当年实际发生额的50%在企业所得税税前加计扣除。一般来讲，制药企业从药品理论、立项再到研发和临床试验，需要投入大量的资金，并且研发周期长。因此制药企业在进行税收筹划时可合理利用这一优惠政策。

创新制药企业属于“重研发型”企业，具有高风险、高投入、高收益的特点，不可避免地会涉及新药实验和研发，因此会产生高额的研发费用。据诺诚健华提交港交所的招股书显示，截至2019年6月30日，诺诚健华发现并研发的候选药物多达九种。其中一种处于注册性试验的候选药物、两种处于临床试验I/II期的候选药物，其余六种处于IND（临床试验申请阶段）准备阶段的候选药物。2017～2019年上半年，研发费用分别为人民币0.628亿元、1.497亿元及0.948亿元，研发费用增速保持在双位数增长。诺诚健华的研发费用主要是研发人员的雇佣成本、研发人员以股份为基础的薪酬、第三方合约成本、直接临床试验开支及其他增加影响。我国《企业所得税法》规定，企业研发费用在据实扣除的基础上，按照本年度实际发生额的75%，从本年度的应纳税所得额中加计扣除；形成无形资产的，加计175%进行摊销。因此，通过计算我们可以得出，诺诚健华公司在计算2017年的应纳税所得额（研发费用方面）时可以加计扣除0.471亿元（0.628×75%）；2018年可以加计扣除1.123亿元（1.497×75%）；2019年预计可以加计扣除1.422亿元（0.948×2×75%）。与之对应能够节省税款0.071亿元、0.168亿元、0.213亿元。

3. 广告费业务宣传费扣除

诺诚健华身为一家年轻的创新制药企业，需要在广告宣传上多下功夫，目前的新闻媒体报道还是有限，需要继续加大宣传，为日后提高知名度，打开市场做准备。而且为鼓励医药制造企业在相关方面的投入，我国税法中还有相关条例。《企业所得税法》规定，自2016年1月1日起至2020年12月31日止，医药生产企业广告费业务宣传费企业所得税扣除限额为营业收入的30%。处于筹办期间的企业产生的宣传费用直接可按实际发生额按照有关规定在税前扣除。

4. 特许权使用费

诺诚健华拥有一流的研发团队和科学顾问团队，美国科学院院士、美国国家医学院院士 Arnold J. Levine 博士就是其中的一员。在研发新药的过程中可能会涉及支付给外国公司技术指导费或某项技术使用费。根据中国大陆和美国签订的防止双重征税的双边协定，发生在中国（美国）的但支付给美国（中国）的特许权使用费，可以在美国（中国）征税，也可以在发生地交税。但当这笔特许权使用费最终受益人在美国（中国）时，要以不高于10%的比例从特许权使用费中征税。跨国支付特许权使用费，税率低于我国的企业所得税税率，将此政策充分应用，可以达到良好的节税效果。

5. 亏损弥补

我国税法规定，企业某一纳税年度发生的亏损，可以用下一年度的所得弥补，下一年度的所得不足以弥补的，可以逐年延续弥补，但结转年限最长不得超过5年。自2018年1月1日起，当年具备高新技术企业或科技型中小企业资格的企业，其具备资格年度之前5个年度发生的尚未弥补完的亏损，准予结转以后年度弥补，最长结转年限由5年延长至10年。诺诚健华的产品暂时没有进行商业销售，基本没有经营性利润收入，同时还会产生大量的研发费用和日常开支，因此产生了巨大的亏损。据招股书显示，诺诚健华2017年度亏损3.417亿元，2018年度亏损5.54亿元，2019年中期亏损3.219亿元（全年预计亏损近7亿元）。根据《企业所得税法》，这些亏损可以在以后年度进行结转，结转年限最高可为10年。诺诚健华近三年具体的营业收入和净利润情况如图9-4所示。

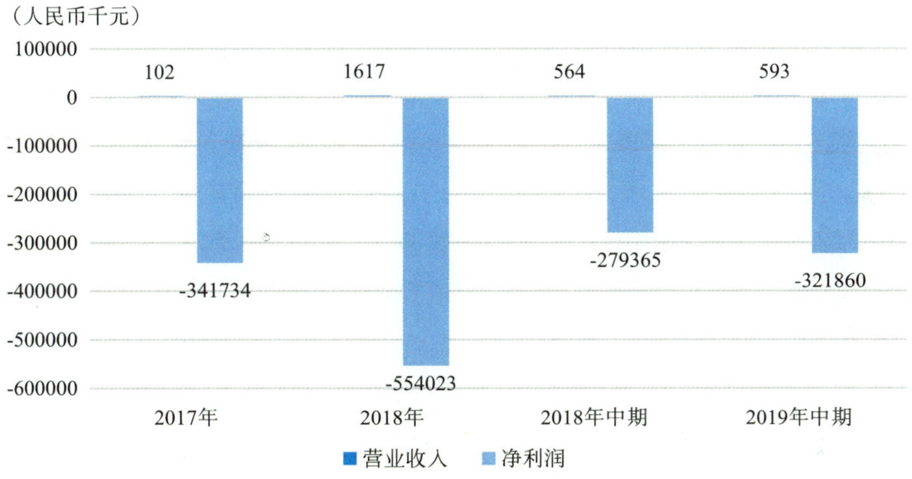

图9-4 诺诚健华2017~2019年中期经营业绩

资料来源：港交所招股书。

（二）增值税

从表9-4可以看出，《增值税暂行条例》中对创新药行业的税收激励政策相比于《企业所得税法》较少一些。诺诚健华在未来的生产经营中可以在考虑税负等多方面因素后，选择按照简易办法按照3%征收率计算缴纳增值税。

表9-4 医药行业增值税税收优惠政策

发文机关	时间	文件名	主要内容
财政部、国家税务总局、海关总署、药监局	2019年2月	《关于罕见药品增值税政策的通知》（财税〔2019〕24号）	可选择按照简易办法按照3%征收率计算缴纳增值税
财政部和国家税务总局	2015年1月	《关于创新药后续免费使用有关增值税政策的通知》（〔2015〕4号）	提供给患者后续免费使用的相同创新药，不属于增值税视同销售范围

（三）企业注册地分析

在开曼群岛成立的豁免公司可以获得保证豁免于注册成立后20年不必缴纳任何税项。所以通过豁免公司进行投资产生的利润无须缴纳利得税，条件是该投资业务只能发生于开曼群岛境外。

开曼公司账户里的款项如汇给个人在汇出时不需代扣个人所得税。

我国知名电商企业—京东和阿里巴巴的注册地均为开曼群岛，二者都采取离岸公司模式。通过查询国泰安海外上市公司数据库可知31.51%的中国海外上市公司注册地为开曼群岛，具体统计如表9－5所示。关于开曼群岛，很多人认为这里只是一个不起眼的弹丸之地，政治影响和地理位置无足轻重。实际上，开曼群岛对于许多投资者（尤其是跨国公司投资者）而言，不仅仅是一个公司注册地，更是“避税天堂”和“基金中心”。全球规模最大的25家银行机构的子公司以及分支机构都设立在这里。开曼群岛身为全球知名金融中心，这里的法律规定企业几乎不需要纳税，而且这里也不征收任何直接税。其免税政策正吸引着越来越多的投资者在这里登记注册公司。岛内税种只有进口税、印花税、工商登记税、旅游者税等几个简单的税种。近年来免征企业所得税、个人所得税、资本利得税、不动产税、遗产税等直接税。正是有了以上这些优势，开曼群岛才对注册企业有着如下吸引力：减轻税负；提供信息保护；规避外汇管制，提高资金流动性；取得外资身份，享受外资优惠；间接实现海外上市。

表9－5　中国海外上市公司在国际避税地注册的简况

注册地	数量	占比
中国大陆	495	41.60%
维尔京群岛	7	0.59%
百慕大	65	5.46%
开曼群岛	375	31.51%
其他	248	20.84%
合计	1 190	100%

资料来源：国泰安海外上市公司数据库。

诺诚健华在2015年11月3日也选择到“国际避税地”开曼群岛注册，成为“获豁免”公司，这样做可能是由于这种国际避税地除了可以帮企业避税之外，还可以为企业提供信息保护、帮助企业规避外汇管制以及使企业享受外资优惠等其他便利条件。虽然诺诚健华的注册地为开曼群岛，但是由于它的实际经营机构位于中国大陆，因此诺诚健华仍然是居民企业，应当就其来源于中国境内、境外的所得缴纳企业所得税。但是诺诚健华在未来的生产经营中仍然可以通过转让定价的方法进行税收筹划，而且还可以享受到开曼群岛提供的便捷的金融服务，将股息便捷地通过开曼群岛汇给遍布全世界的股东，在兑现股东财富过程中不需要纳税。但是值得一提的是，随着近些年我国税法的不断完善（尤其是反避税条款方面），由于诺诚健华注册在国际避税地，税务局会格外关注其利润分配，避免其将不合理利润转移到开曼群岛。因此，诺诚健华通过向离岸公司转移利润而进行避税也并非容易之事。

四、案例点评

（一）总结

本文具体介绍了诺诚健华的公司基本情况、成员构成以及财务状况，列举出诺诚健华可以享受的税收优惠政策以及可以进行税收筹划的空间，通过系统分析可得出以下结论：

（1）以诺诚健华为代表的生物医药公司作为高新技术企业具有支出成本高、研发费用大等特点，利用好相关所得税优惠政策能够大大地减轻税负。

（2）企业生产经营中涉及税种多，涉税风险大，相关税收筹划难度大，需要企业认准自身定位，设立合理财务目标，并聘请专业税务人员进行操作。

（二）诺诚健华税收筹划方案

通过对诺诚健华税案的分析，并结合我国制药企业税收筹划的相关情况，笔者对诺诚健华今后的税收筹划提出以下建议：

1. 使税收筹划的直接目标与企业财务目标战略目标相一致

税收筹划的直接目标应该和企业的战略目标以及财务目标相一致。与此同时可以考虑将经济附加值即经济利润作为税收筹划的短期目标。制药企业税收筹划的长期目标是使企业社会和经济价值最大化。其宗旨就是利用前沿科学技术与发现驱动新药研发，提供患者治疗所需的新药，为改善公众健康而努力。制药企业税收筹划的长远目标是实现制药企业经济价值和社会价值的最大化。诺诚健华的社会价值以及社会责任实现与否对于其自身战略目标能否实现有举足轻重的作用。

2. 完善企业财务组织结构，成立专业税务部门

目前，我国大部分医药企业的税收筹划工作主要是由财务部进行监管，根据企业的组织结构显示根本没有设立专门的管理人员进行负责和跟踪。这样在税收筹划过程

中就存在职责交叉和权限不清的问题。针对这种问题，诺诚健华应设立专门的税务部门，可以由财务部进行主管。税务部门合理合法、有目的、有计划的规划企业所有的税收事宜。随着税务的专门设立和运营，公司在出台重大的战略策略和财务政策时，都应该和税收筹划部门进行研究讨论，并综合分析相关的税收筹划可行性评估，全面综合分析，从而实现企业效益的最大化。

3. 重视研发开支，增加研发支出资本化

生物制药行业具有高技术、高投入、高风险、高收益、长周期的特点，属于集技术密集与智力密集为一体的高新技术产业，技术与人才的引进与培养都需要巨大的财力投入。诺诚健华应尽量增加研发支出资本化。研发成果若形成无形资产，一方面可以大大促进生产效率的提升，提高企业品牌竞争力，给企业带来盈利能力的提升，结合前文，越高的盈利水平会促使企业有更强动机寻求自身的税收筹划。另一方面，又可以利用国家对研发资本化的税收优惠，获得更多的税前扣除，两方面降低企业的税收负担。

4. 密切关注税法新政策，合理运用好相关政策

我国经济发展进入新常态，政府会经常针对部分行业出台一些新的优惠政策。对医药行业的一些照顾政策会大大减轻诺诚健华的税负，给予其发展提供有力的支持。希望诺诚健华能够抓住机会，集中关注与医药行业相关的国家政策以及税收政策的变化，并进行深入研究，进而能够结合制药企业自身的情况灵活巧妙运用相应的政策规定来进行税收筹划工作。积极合理运用好相关政策，提高经营水平和研发水平，努力成为为全世界患者开发及提供创新疗法的全球生物医药业领导者。

案例使用说明

一、教学目的与用途

1. 本案例主要适用于税收学、税务筹划、国际税收等课程的学习。

2. 本案例以诺诚健华医药有限公司为例，介绍生物医药行业的涉税问题，其教学目的在于使学生对医药行业涉税问题有充分的认识和深入的了解。本案例通过对诺诚健华的企业情况、行业背景、经营状况和医药企业涉及的相关税收政策进行剖析，整体说明了诺诚健华在缴纳企业所得税、增值税时可以享受的税收优惠以及可能存在的税收筹划空间，并对诺诚健华提出税务规划安排。

二、启发思考题

1. 为什么跨国企业倾向于选择开曼群岛作为注册地？
2. 生物医药行业的涉税风险点都有哪些？
3. 结合相关阅读资料，将开曼群岛作为公司的注册地除了避税还有什么功能？
4. 你认为国家应如何进一步发挥税收优惠的激励功能？

三、分析思路

教师可以根据自己的教学目标（目的）来灵活使用本案例。这里提出本案例的分析思路，仅供参考。

本案例对诺诚健华的涉税政策进行分析，第一部分具体介绍了诺诚健华的公司基本情况、成员构成、财务状况以及行业竞争能力。

第二部分主要介绍了诺诚健华赴港 IPO 的背景。

第三部分是诺诚健华存在的税收筹划空间，主要包括增值税和企业所得税优惠政策以及企业注册所在地税收优惠政策。

第四部分列举了诺诚健华可以享受的税收优惠政策以及可以进行税收筹划的空间，并且从税收筹划目标、企业组织结构、研发支出投入以及关注最新税收政策四个方面进行长远税务规划。

四、理论依据及分析

税收优惠筹划法：充分利用税法中特殊行业的税收优惠（例如税率优惠）实现税收利益最大化。

五、关键要点

1. 诺诚健华适用的税收优惠政策。
2. 关于高新技术企业的增值税、所得税优惠政策。
3. 对诺诚健华的未来发展制定税务规划。

六、建议课堂计划

本案例可以作为专门的案例讨论课来进行。如下是按照时间进度提供的课堂计划建议，仅供参考。

整个案例课的课堂时间控制在80~90分钟。

课前计划：给出案例背景并提出启发思考题，请学员在课前完成阅读和初步思考。

课堂计划：对案例进行详解，明确讨论内容（20分钟）。

分组讨论（25分钟），告知发言要求。

小组发言（每组5分钟，控制在25分钟）。

引导全班进一步讨论，并进行归纳总结（15~20分钟）。

课后计划：如有必要，请学员采用论文形式给出更深层次的解读报告，包括具体的职责分工，为后续章节内容做好铺垫。

七、进一步阅读材料

[1] 胡阳，黄礼丹，孙健慧．注册在“避税天堂”的公司确实能避税吗？——基于中国海外上市公司的实证研究[J]．审计与经济研究，2018，33（05）：67-77.

[2] 关军，唐莉．开曼群岛还是避税天堂吗——开曼群岛的《经济实质法》以及对开曼公司的影响[J]．中国律师，2019（06）：54-56.

[3] 谌爱华．企业境外经营税务规划的模式及关键节点[J]．财会月刊，2016（10）：46-49.

八、参考文献

[1] 胡阳，黄礼丹，孙健慧．注册在“避税天堂”的公司确实能避税吗？——基于中国海外上市公司的实证研究[J]．审计与经济研究，2018，33（05）：67-77.

[2] 李冰．Y医药公司纳税筹划研究［D］．黑龙江大学，2017.

[3] 李虹苗．以ZR公司为例的医药企业税收筹划研究［D］．华中科技大学，2017.

[4] 关军，唐莉．开曼群岛还是避税天堂吗——开曼群岛的《经济实质法》以及对开曼公司的影响[J]．中国律师，2019（06）：54-56.

[5] 李江．开曼群岛：离岸注册地和避税天堂［N］．新金融观察，2014-05-19

(009).

[6] 上市捷报丨沙利文助力诺诚健华医药有限公司成功赴港上市（9969. HK）[EB/OL] http://www.frostchina.com/?p=16165.

[7] 医药电商：政策助力，线上处方药市场有望发展 [EB/OL] http://www.frostchina.com/?p=10426.

[8] 弗若斯特沙利文咨询公司：创新药行业市场研究报告 [EB/OL] http://www.frostchina.com/?page_id=15.

[9] 诺诚健华招股书 [EB/OL] https://cn.innocarepharma.com/media/1362/%E6%8B%9B%E8%82%A1%E4%B9%A6_chi.pdf.

案例 10

TCL 集团的税收筹划①

本文对近年来面临业务深化变革的集团型企业——TCL 集团税收筹划案例进行研究，结合 TCL 集团近年来的企业财务特点与税负概况，从筹资、投资、经营三个阶段分别分析 TCL 集团的税收筹划方法、潜在筹划空间、筹划误区及建议。

① 本案例作者为薛黎明。本案例根据 TCL 集团的基本情况与税收筹划方法分析撰写而成，内容完整，真实可靠。

案例正文

一、背景资料

（一）集团基本情况

1. 集团概况

TCL 集团全称为 TCL 集团股份有限公司，主要从事电子产品及通信设备、新型光电、液晶显示器件、五金交电等产品的研究、开发、生产和销售，旗下另拥有 TCL 多媒体电子、TCL 通讯科技、TCL 显示科技、通力电子四家上市公司。集团现有 7 万名员工、26 个研发中心、10 余家联合实验室、22 个制造加工基地，在 80 多个国家和地区设有销售机构，业务遍及全球 160 多个国家和地区。

2. 业务分布

目前 TCL 集团主营业务主要包括产品业务、服务业务以及创投及投资业务三大板块。其中，产品业务包括半导体显示业务（包括华星光电和华显光电）、TCL 多媒体电子、TCL 通讯科技、家电集团、通力电子以及商用业务群 6 个板块。服务业务包括互联网应用及服务、销售及物流服务以及金融业务 3 个板块，如图 10－1 所示。

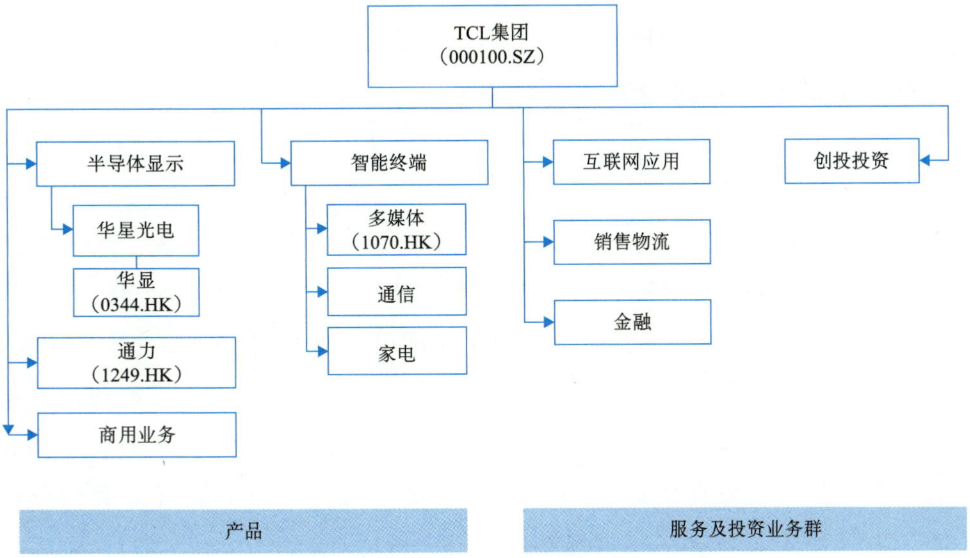

图 10－1　TCL 集团主营业务分布情况

3. 经营战略

2017 年，TCL 集团研发投入 47.2 亿元，主要用于人工智能、互联网应用以及半导体显示及材料等领域。2018 年将聚焦人工智能及大数据、新型半导体显示技术和材料、智能制造和工业互联网三大技术，将其上升至集团三大战略，并同步推进基础性技术研究和应用技术发展。2018 年 10 月，TCL 登上福布斯 2018 年全球最佳雇主榜单，2019 年小米集团战略入股 TCL 集团，2020 年公司证券简称变更为“TCL 科技”。近年来，TCL 集团不断持续推进全球化战略，已发展成为一家全球化的智能产品制造及互联网应用服务企业集团。

（二）集团财务状况

1. 集团盈利能力

据 TCL 集团 2017 ~ 2019 年度年报显示，集团 2017 年营业收入同比增长率为 4.79%，净利润同比增长 65.83%；2018 年营业收入同比增长率为 1.60%，净利润同比增长 30.17%；2019 年营业收入同比增长 0.53%，净利润同比下降 10.02%。从以上数据看到，TCL 集团近年营业收入和净利润同比增长率均呈下降趋势，甚至发生负向减少，由此根据近三年集团披露的财务报表进行比较分析，可以得出 TCL 集团的盈利能力呈逐年下降趋势，整体盈利能力有待提升。

2. 集团营运、成长能力

近来集团的总资产周转率呈上升趋势，并逐步超过同行业平均水平，说明集团整体的营运能力良好；总资产增长率逐年增加，可以看出集团规模在不断扩大，同时主营业务收入增长率和每股收益增长率在个别年度有较大下降，可能涉及企业内部经营战略的变革或外部市场环境的影响。

（三）集团涉税情况

TCL 集团是一家自主研发、制造与销售经营产品的高新技术企业，从 TCL 集团近年的涉税情况来看，集团所得税大约占企业整体缴纳税款的 60%，另外，增值税也承担了相当一部分的税负，约为 9.4%，集团年度纳税总额的同比增长率也在不断增加，其中主要是由集团的增值税和企业所得税增加所致，由此可见，增值税和企业所得税是 TCL 集团缴纳的主要税种，也是集团筹划空间较大的税种，因此，TCL 集团在制定税务筹划方案的时候需要在增值税和企业所得税这两个方面上进行主要的分析和研究。2016 ~ 2019 年 TCL 集团纳税概况如图 10 - 2 所示。

应交税费

	2019 年 12 月 31 日	2018 年 12 月 31 日	2017 年 12 月 31 日	2016 年 12 月 31 日
增值税	26,997	238,049	119,646	61,786
企业所得税	154,027	214,140	759,743	477,038
个人所得税	22,666	34,204	117,032	91,301
城建税	1,965	18,504	46,861	59,825
教育费附加	1,450	13,328	51,139	52,412
堤围费	27	51,785	35,151	45,735
废弃电器电子产品处理基金	-	60,870	58,448	50,871
其他	19,674	85,654	85,772	88,624
	226,806	716,534	1,273,792	927,592

图 10－2　2016～2019 年 TCL 集团纳税概况

二、TCL 集团税收筹划必要性及意义

（一）必要性分析

1. 内部因素

第一，TCL 集团近年盈利水平呈下降趋势，销售业绩欠佳，集团多次进行战略层面变革试图进行突破，但效果甚微，需要进行内部的筹划来增加企业利润，以获得更大的利润空间。

第二，TCL 集团是一家集团性的高新技术企业，可以较为容易地进行集团性的经营战略调整，也可以享受我国税法规定的诸多税收优惠政策，具有较大的筹划空间。

第三，TCL 集团计划进一步开展全球性业务，因此会面临更加复杂的全球性税收战略问题，有必要结合国际税收环境进行集团性的税收筹划，为全球性的战略部署做好准备。

2. 外部因素

第一，以互联网为依托的家电、通信、多媒体型企业越来越多，对 TCL 集团来说将会面临越来越大的竞争压力，行业红利的消失使集团利润大幅缩水，严重制约和影响集团的发展，因此，集团可以从税收筹划的角度出发，为企业寻求隐藏的利润空间，增加集团竞争力。

第二，随着经济的发展和法律法规的不断完善，税收筹划越来越受到企业的关注和重视，尤其在国家相继出台一系列的减税政策后，为企业税收筹划提供了更大的空间，企业在寻求利润最大化的同时，合法合理地进行税收筹划，越来越成为企业发展的重要一环。

第三，随着中美贸易战的开始，全球范围内的经济格局都发生了微妙的变化，面对复杂多变的经济环境，企业的经营战略也会受到一定程度的影响，这也成为集团进行税收筹划的重要因素。

（二）意义

税负与企业的投资、生产、经营等活动息息相关，直接影响了企业利润最大化的根本目标，甚至对企业的经营管理和战略决策产生直接影响。首先，通过合理的税收筹划，可以为企业带来一定的利润空间，降低企业经营管理成本，促进企业进一步的发展。TCL 集团进行税收筹划最直接的意义就是为集团增加税后利润，使企业尽可能多地享受税收红利，减轻集团的税收负担，同时也能使集团形成较为完善的税收筹划方案，提高企业的纳税意识，有效降低企业的纳税成本和税收风险。其次，TCL 集团性的税收筹划需要各部门的沟通合作，会使集团的经营管理活动进一步加强，有利于推动集团整体的经营管理水平。同时，集团进行税收筹划会促使其进行一定的战略调整，可能会影响到集团的产品结构、成本费用等各个方面，有利于优化集团的资源配置，促进资源流动和共享。此外，TCL 集团在当下竞争压力较大、行业红利缩水、国际环境多变的经济背景下，进行税收筹划有利于提高自身的行业竞争力，也有利于全球化战略的顺利开展。

三、TCL 集团税收筹划案例剖析

（一）TCL 集团筹资活动相关税收筹划

对于任何企业来说，筹集资金是开展生产经营等活动的重要前提，企业只有拥有了足够的资金来源，才能有效开展经营活动，达到预期目标。企业筹资方式主要有两类：权益投资和负债投资。企业取得资金的方式多种多样，通常可以通过从银行取得短长期借款、发行债券、发行股票、融资租赁以及利用企业的保留盈余等途径取得，不同的筹资方式都能满足企业的资金需求，但从企业的纳税角度出发，产生的税收影响却不尽相同。因此，企业在进行相关筹资活动时，可以结合不同筹资方式的特点和税法对不同筹资方式资本列支方法的规定，选择有利于自身发展的筹资方式。

TCL 集团作为一个集团性股份制有限公司，2004 年以 25.13 亿元人民币公开发行股票，进行 IPO 上市，近年来发行股票、债券进行多轮融资，此外还通过融资租赁等方式募集了大量资金。因此，下面主要对发行股票、债券以及融资租赁三个不同的筹资方式从税收筹划的角度进行分析。

1. 股票筹资

公司设立之后，为了扩大经营、改善资本结构，也会增资发行新股，符合一定条件的经批准也可以通过公司或下属企业发行股票成为上市公司，从而直接从资本市场融资。TCL 集团总股本为 135.50 亿股，2017 年面向合格投资者公开发行股票，共计募集资金约 40 亿元，发行普通股募集资金作为 TCL 集团重要的筹资形式，作为其他方式融资的基础，为债权人提供保障，增强了公司的举债能力，而且普通股融资没有固定的到期还本付息的压力，所以融资风险较小。但从税收角度考虑，普通股股利从税后利润中支付，不具备抵税作用，发行费用也比较高，所以股票融资的资本成本较高，一定程度上增加了企业的税收负担。

2. 债券筹资

TCL 集团筹资的另一主要形式是发行债券，企业通过向债券所有人仅支付固定利息的形式发行债券，能够为企业筹集到大量的资金，债券公开发行的费用比较高，但属于直接融资，在资信条件相近的情况下，其利息通常较银行低。同时，债券的利息可以在税前予以扣除，保证企业获得所得税的收益，此外，债券的利息支付方式主要分为到期一次性支付和分期支付两种，企业可以自由选择适当的利息支付方式来获取相应的税收收益。但利用债券进行筹资时，企业必须按时偿还本金及固定利息，会为企业带来一定的财务风险。

3. 融资筹资

融资租赁指的是租赁企业依据承租企业的要求出资金购买相应装备，并在合同期内供承租企业使用的一种信用业务。融资租赁筹资是 TCL 集团筹资方式的另一主要形式，也是集团筹资的一种特殊方式，企业通过融资租赁能够在短时间内获得所需资产，且避免了购买资产的大量资金投入，减少了企业的经营风险。按照我国税法的相关规定，融资租赁活动产生的租赁费用中，融资租入资产价值的构成部分应按照规定提取相应的折旧费用，并分期扣除。折旧费用是成本费用的一部分，减少了企业账面盈利，降低了应纳所得税额，减轻了企业的纳税负担。

一般来说，内部集资和企业之间资金拆借是较为有效的筹资节税方案。内部集资和企业之间资金拆借涉及较多的人员、机构，便于寻求降低成本的筹资空间，实现一定规模的降税目标。企业之间拆借筹资与其他筹资方式相比，有较大的弹性空间，也有利于企业间事先双赢性的税收互利，尤其对于类似于 TCL 集团的这种集团行企业，设立独立的财务中心，利用集团的资源和信誉对外进行资金拆借，既优化了集团的债务结构，解决了财务资金问题，又为集团争取了一定的税收利益。综上所述，不同筹资方式有不同的税法规定，TCL 集团在进行筹资方式的选择上应结合自身行业的发展现状，将企业的风险承受能力考虑在内，对集团筹资活动进行筹划分析，选择适合自身的最适筹资方式组合方案。

（二）TCL 集团投资活动相关税收筹划

1. TCL 集团投资方式的税收筹划

从 TCL 集团的财务报告中可知，TCL 集团在著名的避税地英属维尔京、开曼群岛都建有自己的子公司，企业试图通过避税地公司进行投资从而减少企业相关所得税的缴纳。此外随着企业规模的扩大和利润的逐步增加，会产生一定流动资金，大多数企业会选择对外投资以获取更大的利润。企业对外投资有很多方式，一般分为直接投资与间接投资，直接投资是指直接把资金投入其他企业，并参与企业的生产经营管理，对被投资企业具有经营上的控制权；间接投资是指以资金购买公司债券等形式进行投资，对被投资企业不具有经营控制权，常见的投资形式有股权投资、实业投资、证券投资、信托投资等。

近年来，TCL 集团开展了众多的投资活动，其中包括股权投资、金融资产投资等形式，2017 年 TCL 集团总体投资额约 100 亿元，其中股权投资比例最高。集团持有多家上市公司的股票投资，其中重点投资于新材料、新能源、消费及高端制造行业，目前持有百勤油服、SkySolar、生物股份、创意信息、茂业通信等多家上市公司股票。公司直接投资的外部项目公司，以财务投资模式运营，一般以参股方式持有，不介入经营管理。因此，若集团持有的多家公司股票的平均收益率处于较高水平，则可考虑在一定的可承受风险范围内选择方案三进行税收筹划，达到增加集团利润的筹划目标。

TCL 对外投资可选择直接投资或间接投资，假设 TCL 集团现有 7 000 万元资金用于对外投资，第一种方案直接购买年利率为 4% 的国库券；第二种方案投资于 M 公司，享有 M 公司 30% 股权，同时 M 公司的资本收益率为 20%，且用于分配股权的比例为 50%，对 M 公司不具有经营控制权；第三种方案直接对 Y 公司的普通股股票进行权益性投资，假设该普通股的年平均收益率为 20%，且持有该权益性投资超过 12 个月，不属于连续持有 Y 企业公开发行并上市流通的股票不足 12 个月取得的投资收益（企业所得税税率均为 25%）。

则可以选择这三种不同的投资方式进行一个简单的测算，测算如下：

（1）方案一：投资净利润：7 000 × 4% = 280（万元）

相关条文：《中华人民共和国企业所得税法》第二十六条规定，为鼓励企业积极购买国债，支援国家建设，税法规定，企业因购买国债所得的利息收入，免征企业所得税。根据《中华人民共和国企业所得税法实施条例》第八十二条，企业持有国务院财政部门发行的国债取得的利息收入为免收收入。

（2）方案二：投资净利润：7 000/25% ×20% ×（1 −25%）×50% ×30% =630（万元）

（3）方案三：投资净利润：7 000 ×20% =1 400（万元）

相关条文：《中华人民共和国企业所得税法》第二十六条企业的下列收入为免税收入：

①国债利息收入；

②符合条件的居民企业之间的股息、红利等权益性投资收益（企业所得税法第二十六条第（二）项所称的符合条件的居民企业之间的股息、红利等权益性投资收益，是指居民企业直接投资于其他居民企业取得的投资收益）；

③在中国境内设立机构、场所的非居民企业从居民企业取得与该机构、场所有实际联系的股息、红利等权益性投资收益；

④符合条件的非营利组织的收入。

首先从可行性角度分析，TCL 集团对以上三种投资方式均可适用，其中第三种投资方式需要具备一定的条件。若仅从以上筹划结果来看，方案三能为企业带来最大利益，更具投资价值，但股票投资具有较大的风险不确定性，在实际投资业务中仍需结合实际情况另行分析。从筹划风险角度考虑，方案一虽然收益较低，但却具有最低的投资风险，方案二则具有一定的风险和相对较高的投资收益率，方案三则需要满足一定的条件，且风险性较大。

2. TCL 集团投资组织的税收筹划

开办初期，下属企业可能发生亏损，设立分公司，因与总公司“合并报表”冲减总公司的利润后，可以减少应税所得，少缴所得税。而设立子公司就得不到这一项好处。但如果下属企业在开设的不长时间内就可能盈利，或能很快扭亏为盈，那么设立子公司就比较适宜，可以得到作为独立法人经营便利之处，还可以享受未分配利润递延纳税的好处。除了在开办初期要对下属企业的组织形式精心选择外，在企业的经营、运作过程中，随着整个集团或下属企业的业务发展，盈亏情况的变化，总公司仍有必要通过资产的转移、兼并等方式，对下属分支机构进行调整，以获得更多的税收利益。一般说来，如果组建的公司一开始就可盈利，设立子公司就更为有利。在子公司盈利的情况下，可享受到当地政府提供的各种税收优惠和其他经营优惠，如果组建的公司在经营初期发生亏损，那么组建分公司就更为有利，可减轻总公司的税收负担。

《中华人民共和国企业所得税法（2017 年修正）》第二十八条规定：国家需要重

点扶持的高新技术企业，减按15%的税率征收企业所得税。TCL集团属于高新技术类企业，按照税法规定享受15%的企业所得税优惠税率，TCL集团投资进行规模扩张，则可选择成立子公司和分公司两种组织类型，若投资成立的新公司不具备高新技术企业的申请资格，则在投资组织的类型选择上具有一定的筹划空间。假设选择投资成立一家子公司，则对于子公司而言，作为独立的法人，需要对自身所得缴纳25%的企业所得税；假设选择投资成立一家分公司，则分公司所得一并计入总公司按15%缴纳企业所得税。仅从筹划结果分析，显然选择投资成立分公司更有利于企业税后利润的增加，但从筹划风险来看，由于分公司不具备独立法人资格，所以分公司的盈亏会对总公司产生一定影响。在实际业务中，集团应全面衡量子公司和分公司的利弊，尤其是税收负担的比较，结合企业发展时点及相关税收政策进行合理的税收筹划。

（三）TCL集团经营活动相关的税收筹划

经营活动是企业运营过程中的重要一环，是企业获得预期收益的重要手段，TCL集团在经营活动中主要涉及众多电子产品和服务的研发、生产和销售，而销售环节是货物或应税劳务增值部分实现的环节，也是增值税纳税义务发生的环节，因此在销售环节会产生较多的增值税税负。此外，在销售方式、结算方式、运输费用等方面均具有一定的筹划空间，TCL集团主要在销售环节可以通过筹划措施来降低集团在经营环节的增值税税负。

1. 销售方式

TCL集团在销售产品时可以选择不同的销售方式，不同的销售方式会对集团增值税税负产生影响。以折扣销售为例，一般情况下折扣销售分为现金折扣、商业折扣和销售折让三种。《财政部，国家税务总局，财税〔2016〕36号文》第四十三条规定：纳税人发生应税行为，将价款和折扣额在同一张发票上分别注明的，以折扣后的价款为销售额，未在同一张发票上分别注明的，以价款为销售额，不得扣减折扣额。具体分析如下：

TCL集团向A公司销售一批液晶显示器，总价款为100万元（不含税价），该批显示器的毛利率为30%，销售方式有以下三种：

方案一：双方约定的付款条件为2/30、n/60，A公司在30天内付款，获得2万元现金折扣。

方案二：TCL集团预计A公司将在20天内付款，直接给予2万元的商业折扣，且将销售折扣与销售额开在同一张发票。

方案三：双方约定如果A公司在20天内付款，按照98万元结算，如果超过20天则要加收 20 000 元滞纳金，A 公司未在 20 天内付款。

方案一应纳增值税：$100\times16\%-100\times(1-30\%)\times16\%=100\times30\%\times16\%=4.8$（万元）

方案二应纳增值税：$(100-2)\times16\%-100\times(1-30\%)/\times16\%=4.48$（万元）

方案三应纳增值税：$98\times16\%+2/(1+16\%)\times16\%-100\times(1-30\%)\times16\%=4.75$（万元）

方案一采取现金折扣的销售方式，折扣额不能在销售额中进行抵扣，在三种方案中承担最多的增值税税负；方案二在预计 A 公司能在 20 天内付款的前提下，采取商业折扣方式，在销售额中扣减了折扣额，降低了集团税负，但增加了一定的还款风险；方案三采取滞纳金的形式，若 A 公司在 20 天内付款，则与方案一承担相同的增值税税负，若 A 公司未能在 20 天内付款，则承担较少的增值税税负，值得注意的是，这里的滞纳金一般情况下为价外费用，须换算成不含税的再参与计算。

因此，在一般情况下，TCL 集团在折扣销售时，根据集团经营特点和现金流运转，首选可以扣减折扣额的商业折扣形式，次选滞纳金形式，以此来降低集团在销售环节的增值税税负。

2. 结算方式

企业采取的结算方式将会直接影响纳税义务发生的时间，由于货币具有时间价值，在经营活动环节中通过改变结算方式，可以推迟纳税义务发生时间，进而获取货币的时间价值，为企业节省流动资金，达到筹划效果。

假设 TCL 集团向 B 公司销售 100 万元电子产品，货款分两次付清，每次 50 万元，当月付款 50 万元，第二年另付 50 万元，TCL 集团可采取直接收款或赊销、分期收款方式进行结算。中华人民共和国增值税暂行条例实施细则第三十三条规定：采取直接收款方式销售货物，不论货物是否发出，均为收到销售额或取得索取销售额的凭据，并将提货单交给买方的当天；采取赊销和分期收款方式销售货物，为按合同约定的收款日期的当天。因此，若采取直接收款方式，TCL 集团将在发出货物的当月，按照 100 万元销售额计提销项税额，但若采取赊销和分期收款方式来代替直接收款方式，则当月按 50 万元的销售额计提销项税额，一年后再计提另外 50 万元的销项税额。此种情况下，TCL 集团选择赊销和分期收款的计算方式可以达到延缓纳税义务发生时间的效果，值得注意的是，集团在采取赊销和分期收款方式时，需要对 B 公司进行信用调查，以避免承担不必要的风险。除此之外，集团还可以采取预收款、委托代销等方式达到推迟集团纳税义务发生时间的筹划目标。

3. 运输费用

2004 年 TCL 集团成立 TCL 速必达物流服务公司，那时的物流还在营业税的范畴，税率较低，从而避免了由销售公司直接销售，运费按照混合销售的方式计征较高税额的增值税。除了成立自己的物流服务公司，TCL 集团税收筹划方案还包括在避税地成立投资子公司。此外，TCL 集团在销售家电产品时会涉及较多的运输费用，一般由运输公司来承担相应的运输业务，此类业务一般分为集团支付运费和代购货方垫付运费两种方式。《中华人民共和国增值税暂行条例实施细则》第 38 号第十二条规定：价外费用是指价外向购买方收取的手续费、补贴、基金、集资费、返还利润、奖励费、违约金（延期付款利息）、包装费、包装物租金、储备费、优质费、运输装卸费、代收款项、代垫款项及其他各种性质的价外收费。同时符合以下条件的代垫运费除外：①承运部门的运费发票开具给购货方的；②纳税人将该项发票转交给购货方的。因此通过代垫方式可以降低集团的增值税销项税额，为集团节省运费所产生的增值税税金。因此，TCL 集团在以正常价格与购货方签订产品购销合同时，首先考虑代垫运费的方式，并商定运输公司的发票直接开具给购货方，交由集团将发票转交给购货方，企业为购货方代垫运费，达到节税目的。除此之外，TCL 集团在雇佣其他企业进行非应税劳务时，将非应税劳务分离出去，降低销售额，降低集团税负。

四、TCL 集团税收筹划潜在空间

（一）规范关联交易转移定价

TCL 集团下属 A 公司属于高新技术企业，根据我国企业所得税法规定，享受 15% 税率的企业所得税优惠，B 公司为 A 公司的关联方企业，主要为 A 公司提供产品生产的主要原材料，适用 25% 的企业所得税税率。B 公司给 A 公司提供原材料的交易属于集团内部性关联交易，故可以对该交易进行税收筹划，在不违反法律和市场规划的条件下，B 公司将原材料以最低价格出售给 A 公司，通过转移定价的方式，把所得额尽可能多地转移到适用优惠税率的 A 公司，达到集团整体节税的筹划效果。值得注意的是，关联方在进行转移定价交易时，必须符合独立公平交易原则，如果违反这一原则，可能会受到税务机关严惩，达到事倍功半的结果。此外，TCL 集团跨国业务量较大，集团也可通过转移定价，把内部利润从高税率国家关联企业转移到低税率国家关联企业，使高税率国家关联企业税负降低所减少的纳税额高于低税率国家关联企业税负增加的纳税额，从而降低集团的整体税负。

（二）充分利用国际税收协定

国际税收协定是指国家与国家之间为了解决税收利益分配问题而共同达成一致的书面协议。国际税收协定针对的税种主要为所得税中的预提税，一般会协定较低的预提税税率，即在本国应纳所得税中可以抵减缔约国缴纳的所得税。为此，TCL 集团进行国际税收筹划时要将国际税收协定作为跨国投资地点选择的重要因素，以便为公司进行国际税收筹划提供操作空间。截至目前，包括一带一路沿线国家在内，我国对外正式签署多个避免双重征税协定，其中大多已经生效。双边税收协定通常会从营业利润、股息、利息、特许权使用费和财产收益等方面明确各国的征税权及企业可享有的优惠待遇。国际税收筹划时企业要享受税收协定待遇，应该是在境外从事经营活动的国家（地区）与中国签署并执行有税收协定（安排），同时，企业或个人希望根据税收协议在缔约对方国家享受减免税或不征税待遇，应按对方国家的法律法规申请享受协议待遇，缔约对方国家税务当局若需出具《中国税收居民身份证明》应向对方国家（地区）提供。

五、TCL 集团税收筹划误区

（一）税收筹划并非偷税避税

企业进行税收筹划首先要明确的就是筹划与偷税避税的区别，需要从本质上理解税收筹划的内涵，走出观念误区。税收筹划的首要原则是合法性，而偷逃税款具有明显的欺诈性和非法性。税法根据其偷逃数额与比例的大小规定了相应的偷税行为与偷税罪，企业构成偷、逃税罪要承担相应的民事责任和刑事责任。但是税收筹划则是通过事先合理合法地安排经营行为以期实现减少缴税税额，是在国家政策许可甚至鼓励的范围内进行的。由此可见，税收筹划与偷、逃税有本质的区别。在实际的经营活动中，往往需要付出一定成本进行税收筹划，同时会面临一定的筹划风险，所以许多集团公司把筹划业务直接赋予给企业的财务部门，希望以此来达到减轻税收负担的目的，由于财务部门的不专业性，往往会使企业面临较重的税收惩罚。

TCL 集团目前纳税信用良好，集团发展正在面临集团性战略改革，需要通过税收筹划来增加集团的现金流量，所以 TCL 集团应明确税收筹划与偷税避税的根本区别，走出观念误区，积极开展集团的各项税收筹划事宜。

（二）盲目追求低税负，忽略整体效益

现代企业的经济活动复杂性决定了税收筹划策略的多样性，一项成功的税收筹划必然是多种税收方案的优化选择，而税收筹划目标决定了如何选择税收方案。现在企业存在的普遍认识误区就是认为税收筹划的目的就是实现税负最小化。税收筹划的目标不能局限于个别税种税负的降低，而应着眼于整体税收的经济效益，在符合企业的经营目标与发展战略的前提下实现企业价值最大化。

TCL集团下属有TCL多媒体电子、TCL通讯科技等多个子公司，涉及产品、服务、研发等多个领域，因此在开展TCL集团税收筹划时，仅考虑单一税种的筹划或仅考虑所属公司的税收筹划均具有一定的片面性，忽略集团的整体利益。另一方面，集团在开展税收筹划时，不应过于追求低税负而忽略集团利益最大化的整体目标，而应在纳税约束的条件下尽量扩大集团整体的综合利益，避免短期效应，而应着眼于长远，追求集团的长远性目标，在保证筹划性的同时也要兼顾到集团的效益性和战略性，做整体、长远性筹划。

（三）忽略前期测算，信息延迟滞后

企业的税务筹划是一项复杂的前期策划和财务测算活动。要求企业根据自身的实际情况，对经营、投资、理财活动进行事先安排和策划，进而对一些经济活动进行合理的控制，但这些活动有的还未实际发生，企业主要依靠以往的统计资料作为预测和策划的基础和依据，建立相关的财务模型，在建立模型时一般也只能考虑一些主要因素，而对其他因素采用简化的原则或是忽略不计，筹划结果往往是一个估算的范围，而经济环境和其他因素的变化，也使得税务筹划具有一些不确定因素。一些企业由于统计资料不全，不能灵敏地监测企业内、外部环境的变化，势必造成税务筹划中的信息缺失。

税收筹划具有时效性的特点，我国的税收政策也在不断变动，信息的真实、完整与时效对筹划结果都会造成一定的影响，TCL集团在进行生产经营、投资发展、业务扩充等活动时，首先要保证财务信息的完整性和真实性，其次需要提前进行财务数据测算和事先筹划分析，对主要因素进行预测估算，降低集团战略的风险和不确定性，走出不必要的信息误区。

（四）风险意识淡薄，风险把控不足

在我国的税收筹划实务中，很少有企业考虑到税收筹划的风险性，把税收筹划的

风险过度缩小或夸大，对税收筹划产生的风险没有一个正确的把握。税收筹划既有收益性，又有风险性，公司对待风险的态度将直接决定税收筹划的深度。税务筹划应当趋利避害，使企业税务筹划主体在获得利益的同时，尽可能地规避由此而产生的风险。当税务筹划风险不能保证被彻底排除的情况下，则应进行利弊权衡，决定是否应采用这种筹划方法。有的企业纳税意识淡薄或者对税务筹划有误解，认为税务筹划的目的就是尽可能的少缴或不缴税，这种筹划行为存在很高的风险，可能给企业带来更大损失。筹划人员也可能因为要承受来自岗位和理财目标方面的压力，由此承受心里负担和精神压力，在此情况下，税务筹划也可能导致失误的风险。

从 TCL 集团的税收筹划深度来看，集团对待税收筹划的风险意识较高，但也因此规避了了许多筹划的方案和空间，在行业压力较大、市场环境复杂的经济背景下，TCL 集团需要在发展中谋求自身利益的最大化，需要对包括筹划风险在内的各种风险认真把控，树立客观理性的风险意识，正视自身发展不足，配合专业人员积极地开展各项税收筹划工作。

六、TCL 集团税收筹划建议

（一）企业方面

1. 树立正确的筹划风险意识

整体来说，TCL 集团必须树立正确的税收筹划风险意识，积极、理性地看待税收筹划的各种风险，加强税收筹划的风险把控，结合自身发展现状，积极参与筹资、经营、投资等各项业务的事前筹划项目。结合 TCL 集团历年的涉税金额来看，集团在增值税、所得税方面还存在一定的筹划空间，有必要也有能力采取一定的筹划措施，以增加自身的税后利润，提高集团的竞争力，集团管理层对于税收筹划的态度应该是积极的，风险无处不在，集团要做的不应是规避筹划，而应是积极应对。首先应建立完善的风险预警机制和风险应对方案，在每个筹划项目前期做好企业的财务信息测算，保证财务信息的及时性、真实性和完整性，为税收筹划做好信息准备。其次在设计筹划方案时，要结合自身经营特点和战略目标，设计出多个可供比较和选择的筹划方案，从中选择适合集团长远发展利益的最优决策。同时，要加强同各地税务机关的沟通交流，研究分析企业所在地最新的相关税收政策，制定出既符合当地税收法律法规又降低集团税负的筹划方案。

2. 设立专门的集团税务部门

TCL集团财务部门现设有现金管理部、金融机构部、计划财务部等六个子部门，虽在运营管理部下分设了税务组，但未设立专门的集团税务部门。TCL集团作为一个规模化的集团性股份有限公司，有必要成立专门的集团税务部，并设立专业的管理人员加强集团的税务管理活动。集团税务部可受集团统一管理，服务于集团各部门、下属子公司和分公司，专门负责集团税务问题。一方面提高了集团的税收效率，为集团发展营造一个良好的发展环境，另一方面，也有利于集团加强税务方面的风险管控，同时还有利于集团性筹划业务的协调开展。此外，集团税务部可以负责集团的各项税收筹划审批，建立专业的税务沟通小组，负责与各地税务机关沟通交流各项筹划争议，做到最大程度地降低集团筹划风险。考虑到税收筹划的时效性，各部门在进行业务开展、战略布局的制定时，最好能提前与集团税务部进行事先沟通，以确保税收筹划的时效性问题。集团税务部还可以与财务部等部门定期开展座谈沟通，相互交流实务过程中存在的各种税收问题，一方面提高了集团财务人员的综合能力，另一方面也有利于筹划工作更加专业、高效和务实。

3. 加强与外部机关的沟通合作

鉴于我国税法的不完善性和市场环境的不断发展，近年来，我国的税收法规也在不断修正和完善，因此，TCL集团需要加强与外部咨询机构、税务专业人士以及税务机关的沟通交流。通过与外部有效的沟通与交流，不仅有助于提升集团自身税务水平，也有利于企业在制定相关发展战略时进行事先规划，及时修正在税收方面的相关问题。此外，在具体执法时，税务机关针对一些税法中未明确规定或税法规定模糊的地方，往往具有一定的裁决权。因此，加强与外部机关尤其是税务机关的沟通交流，更有利于规避不必要的筹划风险，提升集团的筹划效应。虽然在与外部沟通过程中可能会产生一定的咨询费用，但集团在所处的互联网时代下有较大的竞争压力，更应注意税收筹划的弹性问题，从集团整体的长远利益考虑，树立长远目标，通过税收筹划来降低企业税负，提高自身的行业竞争力，以谋求更好的发展。

4. 完善内部财务管理信息平台

及时有效的财务信息是集团进行税收筹划的重要条件，TCL集团规模较大，业务繁多，财务信息复杂多变，因此需要建立先进的财务管理信息平台，及时有效地更新集团的财务信息，以便筹划部门或专业人员依据信息，及时制定或调整税收筹划策略。此外，原始凭证是税收筹划的重要依据，因此集团还需加强对原始凭证的管理，随着增值税发票相关规定的不断完善，也应重视集团相关发票的回收和保存，确保企业各项财务数据的真实性和客观性。在互联网时代的新时期，大数据下的税收征管已逐渐步入正轨，集团只有不断完善和健全内部的财务管理信息平台，确保财务信息的真实性和及时性，才能充分发挥税收筹划的正面效应，降低筹划风险，提升筹划的有效性和成功率。

（二）政府方面

1. 加大税收筹划宣传力度

税收筹划的广泛开展体现了政府机关的立法意图和税收对国民经济的杠杆作用，同时也有利于国家税法的不断修正与完善。但就目前来看，大多数人仍不能正确理解税收筹划的真正内涵，更有甚者将其与偷税、避税混为一谈，难以将之运用到实际的经济活动中，由此可见政府有必要对税收筹划进行大力宣传。政府可以通过借助媒体、税务培训活动和社会舆论等方式，加强对税收筹划的宣传，适度引导和规范企业的税收筹划行为，增强纳税人依法纳税的意识和观念，让人们正确认识税收筹划的深层涵义，并熟练运用到生产实际上来。这样，既提升了纳税人的税收遵从度，也有利于提高纳税人的税收意识，规避税收风险。

2. 加快推进税收法治建设

税收筹划在国外发展迅速的根本原因，在于国外具备一个相对完善的税收制度，而我国现行税法仍存在诸多弊端，有待进一步调整和完善。因此政府需要尽快制定并颁布适合我国税收体制发展的税收基本法，保证经营税收筹划行为的规范化和法律化。只有规范了税收筹划行为才能减少风险，增加收益，只有合法的税收筹划才能获得法律的保护，税收筹划所提供的纳税方案与立法精神相符才能得到法律的支持，税收筹划的性质和发展过程决定了税收筹划必须走规范化、法律化的道路。首先，需要建立起对税收筹划合法性的认定标准，此标准可以从先形成行业惯例到逐步法律化，最终以相关法规来明确界定合法筹划与避税、逃税的性质及其构成要件；其次，应明确当事人的权利义务与责任，纳税人作为筹划方案的使用者和利益的直接受益者，对方案涉及的法律问题要负全部责任，而方案的提供者则要受行业执业标准的约束，严重违规或违法时要受到法律的制裁；再次，对税务代理这个行业要加强规范化和法律化建设，建立规范的执业标准和监督机制。

3. 加强税收专业人才培养

税收筹划是一项复杂、专业的经济行为，对筹划者的要求较高，不仅要掌握最新的税收法规，兼顾多税种的复杂结构，还需具备专业的财会能力、管理能力和实务能力，最终才能实现有效的筹划目标。因此，政府也应加强税收专业人才的培养，才能更好地解决税收征管中的争议问题，也有利于税务机关对税法的深层理解，增强税务机关的执法严谨性。政府可以通过多种方式加强税收专业人才培养，例如组织相关领域专家编写相关理论教材，加强国内高校相关专业的人才素质培养，组织专业老师对相关在职人员进行定期培训等。

七、TCL 集团税收筹划空间拓展

（一）并购重组较多，仍有筹划空间

TCL 集团自成立以来，多次进行并购重组交易，其中通过吸收合并子公司的方式上市，在国内证券市场还是首例，更引起广泛关注。目前的 TCL 正面临着企业道路选择的问题。从 2014 年公司营业总收入突破 1 000 亿元人民币起，公司的业绩就再也没有长足发展的势头，总营收至今徘徊在千亿上下，而增速却在连年下滑。2015 ~ 2016 年，公司的营业利润和归于母公司的净利润两项数据均同比下跌，说明其业务水平疲软的同时，赚钱能力也处在低迷状态。2017 年 9 月 25 日晚，TCL 集团发布一则收购报告书称，公司拟收购华星光电 10.04% 股权，交易价格为 40.34 亿元。交易完成后，公司将直接持有华星光电 85.71% 股权。

首先，并购重组分为很多形式，如股权收购、资产收购、企业合并等，是一个较为复杂的公司行为。根据企业支付对价的不同，涉及现金、股权、资产、债务的转移，这当中涉及企业所得税、增值税、印花税等多个税种，导致企业税务处理较为复杂。

企业所得税方面，根据受让方选择的支付方式及支付对价的不同，一般分为特殊性税务处理和一般性税务处理两种。企业重组的企业所得税税务处理区分不同条件，分别适用一般性税务处理规定和特殊性税务处理规定。其中，特殊性税务处理须具备一定的条件（详见财税〔2009〕59 号、财税〔2014〕106 号文），不同的处理方式会影响企业所得税的缴纳数额，企业灵活运用可少缴纳企业所得税，或是递延纳税，充分利用资金的时间价值，达到筹划目的。

在 2016 年 5 月 1 日，全面实行“营改增”之前，企业并购重组的税务处理当中还涉及“营业税”，企业并购重组当中涉及不动产的转让和无形资产的转让都要按照营业税的相关规定缴纳营业税。全面推行“营改增”后，营业税退出我国税收的历史舞台，因而企业并购重组不再涉及营业税的相关规定，流转税中仅涉及增值税。增值税方面，《国家税务总局关于纳税人资产重组有关增值税问题的公告》（国家税务总局 2011 年第 13 号公告）规定，纳税人在资产重组过程中，通过合并、分立、出售、置换等方式，将全部或者部分实物资产以及与其相关联的债权、负债和劳动力一并转让

给其他单位和个人，不属于增值税的征税范围，其中涉及的货物转让，不征收增值税。因此，在并购重组过程中，TCL 集团可尽量选择一并转让的方式，达到节税效果。

（二）研发比例较高，必须准确归集

集团研发投入比例较高，主要投向人工智能、互联网应用以及半导体显示及材料等领域。香港研发中心已投入使用，围绕集团主要智能终端产品的应用场景开展人工智能技术开发和人工智能领域基础技术研究。根据国家税务总局公告 2018 年第 99 号《财政部　税务总局　科技部关于提高研究开发费用税前加计扣除比例的通知》，未形成无形资产计入当期损益的，在按规定据实扣除的基础上，按照本年度实际发生额的 75%，从本年度应纳税所得额中扣除；形成无形资产的，按照无形资产成本的 175% 在税前摊销。按照《高新技术企业认定管理工作指引》（国科发火〔2016〕195 号文）规定，销售收入是指税法口径的主营业务收入与其他业务收入之和，企业在中国境内发生的研究开发费用总额占全部研究开发费用总额的比例不低于 60%，且高新技术企业应满足“企业从事研发和相关技术创新活动的科技人员占企业当年职工总数的比例不低于 10%”的相关条件。因此，在进行研发费用的加计扣除时，为了享受这一税收优惠，集团不仅要注意研发费用及科技人员的相关比例是否达标，还须对研发费用进行准确归集，避免相关税收利益的流失。

（三）规避海外投资重复征税

TCL 集团业务涉及的国家众多，国家间税收法律各不相同，这给企业带来了不小的税务风险。例如在对企业进行居民身份的认定时，不同国家采用“属人”或是“属地”标准的不同很可能让同一个企业成为多个国家的税收居民，从而造成重复征税的情况。因此，在进行海外业务时，企业不仅要了解相关国家的关税政策、贸易壁垒，也需要了解子公司所在国是否与这些国家之间签订了税收协定，是否享有最惠国税率或是其他税收优惠政策，从而享受低税的待遇以及避免双重征税。

案例使用说明

一、教学目的与用途

1. 本案例主要适用于税收学、税务筹划、税收征管、管理学等课程的学习。

2. 本案例以TCL集团为案例背景，介绍典型集团型企业税收筹划问题，其教学目的在于诱导学生集合集团财务特点与经营模式，对各个阶段的基本税收筹划思路有进一步的认识和深入的了解。本案例以TCL集团为案例主题，结合其财务及税收特点，从前期筹资、中期投资与后期经营三个方面进行分析，在其已有的税收筹划基础上，进一步分析存在问题及潜在空间，并从企业与政府两个角度提出相关建议。

二、启发思考题

1. 你认为集团型企业财务特点对税收筹划会产生哪些影响?
2. TCL现有的税收筹划中还存在那些税收风险，需注意防范?
3. 你认为TCL集团在海外业务重组中还应采取哪些税收筹划思路?
4. 你认为集团型企业在进行税收筹划时要怎样注意筹划的整体性?

三、分析思路

教师可以根据自己的教学目标（目的）来灵活使用本案例。这里提出本案例的分析思路，仅供参考。

本案例对TCL集团的税收筹划举措进行分析，第一部分介绍TCL集团的基本情况，便于学生对集团的财务特点与税收概况进行了解。

第二部分是税收筹划的必要性分析，结合集团现状从内部、外部两个方面进行分析。

第三部分对TCL集团税收筹划的相关举措进行案例剖析，包括三个小部分，分别从筹资、投资与经营三个阶段对其已有的税收筹划措施进行分析，重点分析了税收筹划的相关原理。

第四部分探讨了TCL集团税收筹划潜在空间，主要提出了规范使用关联交易与利用国际税收协定两个点。

第五部分分析了TCL集团税收筹划的几点误区，主要涉及税收筹划与偷避税的差别，税收筹划的整体效应，前期测算对税收筹划的影响及税收筹划的风险把控。

第六部分介绍了了TCL集团税收筹划的若干建议，主要从企业与政府两个方面进行介绍。

第七部分是案例拓展。

四、理论依据及分析

1. 转移定价。转移定价是跨国公司内部的母公司与子公司之间、子公司与子公司之间提供产品、劳务或技术所采用的定价。是跨国公司经常使用的国际资金调度管理的手段，目的是使跨国公司避开一些东道国在资金调度上设置的政治和税收障碍并降低外汇交易成本。

2. 国际税收协定。国际税收协定是指两个或两个以上的主权国家为了协调相互间在处理跨国纳税人征纳事务方面的税收关系，本着对等原则，通过政府间谈判所签订的确定其在国际税收分配关系的具有法律效力的书面协议或条约，也称为国际税收条约。它是国际税收重要的基本内容，是各国解决国与国之间税收权益分配矛盾和冲突的有效工具。

五、关键要点

1. TCL 集团适用的税收政策。

2. TCL 集团税收筹划中的风险点。

3. TCL 集团税收筹划中的借鉴思想。

六、建议课堂计划

本案例可以作为专门的案例讨论课来进行。如下是按照时间进度提供的课堂计划建议，仅供参考。

整个案例课的课堂时间控制在 80 ~ 90 分钟。

课前计划：给出案例背景并提出启发思考题，请学员在课前完成阅读和初步思考。

课堂计划：对案例进行详解，明确讨论内容（20 分钟）。

分组讨论（25 分钟），告知发言要求。

小组发言（每组 5 分钟，控制在 25 分钟）。

引导全班进一步讨论，并进行归纳总结（15 ~ 20 分钟）。

课后计划：如有必要，请学员采用论文形式给出更深层次的解读报告，包括具体的职责分工，为后续章节内容做好铺垫。

七、参考文献

[1] 原鸿. 国有企业税务筹划研究：NF 化工为例[J]. 纳税，2019，13 (11)：59.

[2] 樊华军. 企业集团所得税纳税筹划探析[J]. 纳税，2019，13 (7)：54.

[3] 陈春兰. 企业集团税务筹划及管理问题探讨[J]. 经贸实践，2018 (8)：117.

[4] 符庭彬，贺文森. 基于投资架构应用视角下国际税收筹划[J]. 云南水力发电，2018，34 (1)：9-12.

[5] 张健. 企业并购重组中的税收筹划方法探析[J]. 中国总会计师，2018 (1)：118-119.

[6] 周少露. 试析企业股权投资的税收筹划[J]. 财会学习，2017 (20)：148-149.

[7] 李强. 企业股权交易的所得税筹划探讨[J]. 中国国际财经 (中英文)，2017 (19)：146-147.

3. 税法应用

案例 11

华谊兄弟对赌协议收购东阳美拉税案[①]

本文聚焦于影视行业个人所得税避税焦点问题，通过对华谊兄弟收购东阳美拉这一商业行为的分析与研究，探讨基于利用股权转让及税收洼地的个人所得税避税的具体操作及其合理合法性，并针对相关内容的法律与监管漏洞提出完善建议。

① 本案例作者为蔡昌、吴琦。本案例根据华谊兄弟公司收购东阳美拉的实践运作与税收焦点问题分析撰写而成，内容完整，真实可靠。

案例正文

一、案例背景

（一）东阳美拉的大股东——冯小刚

冯小刚，1958 年出生于北京，祖籍湖南省湘潭市，导演、编剧、演员，第十三届全国政协文化文史和学习委员会委员。1984 年，冯小刚担任剧情片《生死树》的美术助理，从而进入电影圈。冯小刚入行 30 多年，拍摄了《集结号》《唐山大地震》《甲方乙方》等家喻户晓的电影作品，多次斩获国内外各大电影节的提名以及奖项。在影视行业之外，冯小刚还涉足广告、旅游、IT 等多个行业，其设立或参股的公司个数达到 18 个之多。此外，冯小刚旗下各公司还与其经纪公司华谊兄弟传媒股份有限公司保持着密切的商业关系。其名下庞大的商业帝国，不仅体现了冯小刚事业上的骄人成绩，却也透露出了他为了留存财富而进行涉税操作的一些讯息。表 11－1、表 11－2 分别为冯小刚参股企业一览表和冯小刚间接主要持股企业一览表。

表 11－1　　冯小刚参股企业一览表①

企业名称	持股比例	地区	行业
北京一帆风顺影视文化工作室	100.00%	北京	文化艺术业
北京尚元素文化传媒有限公司	73.33%	北京	文化艺术业
影宝科技（北京）有限责任公司	5.00%	北京	科技推广和应用服务业
浙江东阳美拉传媒有限公司	30.00%	浙江金华	广播、电视、电影和影视录音制作业
北京天工异彩影视科技有限公司	9.1%	北京	广播、电视、电影和影视录音制作业
北京数字家圆科技有限公司	8.1%	北京	零售业
北京卓美时代国际文化有限公司	25.00%	北京	文化艺术业
北京君联嘉睿股权投资合伙企业（有限合伙）		北京	商务服务业
北京格林兄弟马术俱乐部有限公司	4.00%	北京	体育

① 信息来源于百度企业信用：xin. baidu. com。

续表

企业名称	持股比例	地区	行业
深圳凯华联谊文化投资有限公司	6.00%	广东深圳	商务服务业
浙江禾木人网络科技有限公司	5.00%	浙江绍兴	软件和信息技术服务业
湖州多萌文化传媒有限公司	9.00%	浙江湖州	广播、电视、电影和影视录音制作业
北京天佑辰光文化发展有限公司（经营异常）	100%	北京	文化艺术业
北京冯氏文化经纪有限公司（已注销）		北京	娱乐业
北京冯氏智取广告有限公司（已注销）	60.00%	北京	商务服务业

表 11－2　　冯小刚间接持股主要企业一览表①

企业名称	职位	注册资本	地区	行业	主要母公司
海南观澜湖华谊冯小刚文化旅游实业有限公司	董事	20 000 万元人民币	海南海口	商务服务业	华谊兄弟（天津）；北京一帆风顺影视文化工作室
霍尔果斯美拉文化传媒有限公司	经理	500 万元人民币	新疆	广播、电视、电影和影视录音制作业	浙江东阳美拉传媒有限公司
海南美拉传媒有限公司		100 万元人民币	海南海口	广播、电视、电影和影视录音制作业	浙江东阳美拉传媒有限公司
海南观澜湖华谊冯小刚电影公社影视服务有限公司	董事	1 000 万元人民币	海南海口	广播、电视、电影和影视录音制作业	
美拉美影视传媒（海南）有限公司	副董事长	1 000 万元人民币	海南海口	广播、电视、电影和影视录音制作业	
海南影业投资有限公司	董事长	10 000 万元人民币	海南海口	广播、电视、电影和影视录音制作业	海南影业股份有限公司（已吊销）北京尚元素文化传媒有限公司（最终控制方）

（二）华谊兄弟收购东阳美拉事件

1. 华谊兄弟基本情况分析

华谊兄弟传媒股份有限公司（以下简称华谊兄弟）是中国大陆知名的综合性娱乐集团，由王中军、王中磊兄弟于 1994 年创立，2009 年登陆创业板，成为中国影视行

① 信息来源于百度企业信用：xin. baidu. com。

业首家上市公司。

华谊兄弟 2017 年年报数据显示，该报告期内实现营业总收入 394 627.61 万元，同比上升 12.64%；归属于上市公司股东净利润为 82 828.39 万元，同比上升 2.49%。在经营策略方面，华谊兄弟一直秉持全产业链扩张战略，经营业务涉及音乐、电影、游戏、主题公园、艺人经纪、视觉传媒等多个领域，其主要投资经营业务可以分为以下四大业务板块：以电影、电视剧、艺人经纪等业务为代表的影视娱乐板块；以电影城、电影世界、电影小镇、文化城等业务为代表的品牌授权与实景娱乐板块；以游戏、新媒体、粉丝社区等业务为代表的互联网娱乐板块以及第四大业务板块产业投资板块。

通过华谊兄弟披露的年报数据我们不难发现，该公司自 2009 年在创业板上市以来，就显现出极为激进的投资策略，截至 2017 年，华谊兄弟参控股公司的数量已经达到了 154 家，较 2009 年的 7 家来看，数量激增了 21 倍。令人眼花缭乱的投资并购行为的背后，高达 10 亿元的超募资金已经所剩无几，这不由让人疑惑这些大手笔的投资背后，究竟隐藏着怎样的真实目的？

2. 浙江东阳美拉的基本情况

浙江东阳美拉传媒有限公司（以下简称东阳美拉）成立于 2015 年 9 月 2 日，公司注册资本为 500 万元，坐落于浙江省金华市东阳市横店影视产业实验区商务楼。其经营范围主要包括制作、复制、发行电视剧、电影、综艺等文艺作品，影视文化信息咨询，影视剧本创作、策划、交易以及艺人经纪等。

东阳美拉由冯小刚与陆国强共同出资设立，冯小刚担任法定代表人并持股 99%，陆国强持股 1%。2015 年，华谊兄弟与冯、陆二人签订股权转让协议，约定以 10.5 亿元的价格购买冯小刚持有的 69% 的股权以及陆国强持有的 1% 的股权。本次股权转让完成之后，华谊兄弟持股 70%，冯小刚持股 30%，法定代表人变更为华谊兄弟股东王中磊。东阳美拉股权变更前后的股东持股情况分别如图 11－1、图 11－2 所示。

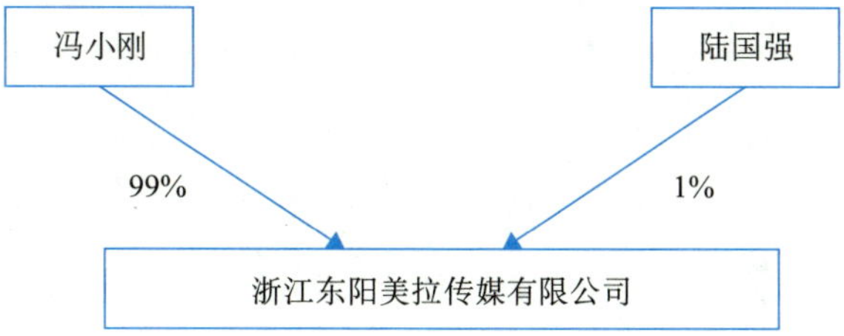

图 11－1　股权变更前东阳美拉关联方关系图[①]

① 信息来源于百度企业信用：xin. baidu. com。

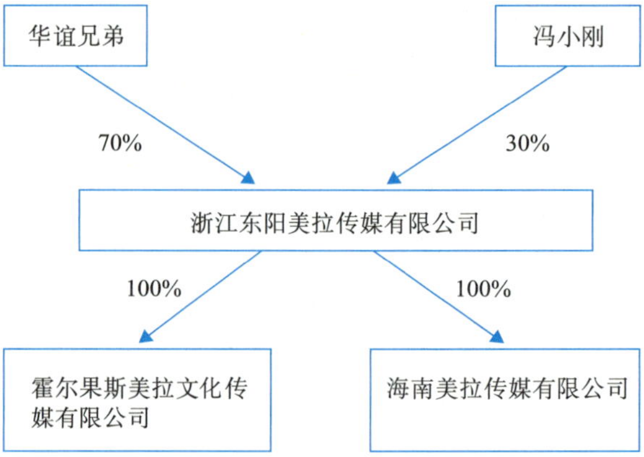

图 11－2　股权变更后东阳美拉关联方关系图①

3. 华谊兄弟投资控股东阳美拉始末

2015 年 11 月 19 日，华谊兄弟公司召开的第三届董事会第 25 次会议审议 9 票全票通过了《关于公司投资控股浙江东阳美拉传媒有限公司的议案》，根据决议，华谊兄弟发布了《关于投资控股浙江东阳美拉传媒有限公司的公告》并对该项交易细节进行了披露：

公告日前，东阳美拉的股权结构为冯小刚持有东阳美拉 99% 的股权，陆国强持有东阳美拉 1% 的股权。

截至公告日，东阳美拉未经审计的财务数据为：资产总额为人民币 1.36 万元，负债总额为人民币 1.91 万元，所有者权益为人民币－0.55 万元，注册资本金为人民币 500 万元。东阳美拉主营业务是影视剧项目的投资、制作，影视剧本创作、策划、交易等。东阳美拉已经储备和开发的项目包括电影《手机 2》《念念不忘》《非诚勿扰 3》《丽人行》、电视剧《12 封告白信》以及综艺节目等，除此之外，东阳美拉已经制定并且实施新人导演计划，培养新一代导演。

合同约定，华谊兄弟拟以人民币 10.5 亿元的股权转让价款收购东阳美拉的股东冯小刚和陆国强合计持有的 70% 的股权，本次股权转让完成后，华谊兄弟将持有东阳美拉 70% 的股权，冯小刚持有东阳美拉 30% 的股权。股权工商变更登记手续办理完成之日起 10 个工作日内（或者协议各方同意延长的时间），华谊兄弟分别向老股东冯小刚和陆国强一次性支付全部股权转让价款，共计人民币 10.5 亿元。因老股东收取本协议项下的股权转让价款而产生的税金由老股东自行承担。

合同还约定，老股东需要做出业绩承诺，该承诺期限为 5 年，自标的股权转让完

① 信息来源于百度企业信用：xin.baidu.com。

成之日起至 2020 年 12 月 31 日止，其中 2016 年度是指标的股权转让完成之日起至 2016 年 12 月 31 日止。2016 年度承诺的业绩目标为东阳美拉当年经审计的税后净利润不低于人民币 1 亿元，自 2017 年度起，每个年度的业绩目标为在上一个年度承诺的净利润目标基础上增长 15%。若老股东未能完成某个年度的“业绩目标”，则老股东同意于该年度的审计报告出具之日起 30 个工作日内，以现金的方式（或东阳美拉认可的其他方式）补足东阳美拉未完成的该年度业绩目标之差额部分①。2016 ~ 2020 年度的业绩承诺目标净利润如表 11 – 3 所示。

表 11 – 3　　2016 ~ 2020 年度的业绩承诺目标净利润

年份	业绩目标（元）
2016 年度	100 000 000. 00
2017 年度	115 000 000. 00
2018 年度	132 250 000. 00
2019 年度	152 087 500. 00
2020 年度	174 900 625. 00

二、案例剖析

（一）东阳美拉开展避税的诱因

1. 利用股权转让，降低企业和股东整体税负

浙江东阳美拉传媒有限公司于 2015 年 9 月 2 日在浙江省东阳市注册成立，注册资本为 500 万元。冯小刚作为自然人股东，持有 99% 的股权，陆国强持有剩下 1% 的股权。2015 年 11 月 19 日，华谊兄弟便以人民币 10. 5 亿元的股权转让价款收购了东阳美拉 70% 的股份。在东阳美拉注册成立两个月左右的时间后，华谊兄弟传媒股份有限公司便做出如此高额的股权收购决定，除了合理的商业目的外，我们也有理由怀疑此次收购是否存在其他原因，如：通过此次收购，进行避税，以降低企业和个人股东的整体税负。

东阳美拉之所以开展避税活动，其诱因是企业收入的来源不同，企业和股东需要缴纳的税种，以及税款总额高低就会有很大差异。自然人股东存在利用股权转让取得

① 信息来源于《华谊兄弟 2015 年年度报告》。

收入，缴纳税款较少而套现的可能性。接下来，本文将对东阳美拉开展避税的诱因进行分析。由案例背景可以得知，东阳美拉作为被收购方，该公司的原股东冯小刚转让了69%的股权，陆国强转让了1%的股权，东阳美拉收到的10.5亿元是自然人股东的股权转让收入，需要交个人所得税。

（1）股权转让后，企业和股东的整体税负分析：根据我国税法，在不考虑转让过程中发生的其他费用以及扣除了股权原值的情况下，计算东阳美拉原股东需要缴纳的个人所得税总额：

$$\text{应纳税额} = 105\ 000 \times \frac{69}{70} \times 20\% + 105\ 000 \times \frac{1}{70} \times 20\% = 21\ 000\ (\text{万元})$$

（2）对股权转让价款为其他类型所得的几种假设分析：

①若冯小刚任职受雇于东阳美拉影视公司，通过编剧、导演、监制、制片、演员、广告代言人等业务取得年工资、薪金总所得10.5亿元。假设10.5亿元是每个月平均发放给冯小刚的工资、薪金，则他应就该笔收入缴纳个人所得税。

旧个人所得税法下，应纳税额 $= [(1\ 050\ 000\ 000 \div 12 - 3\ 500) \times 45\% - 13\ 505] \times 12 = 47\ 231.904$（万元）

个人所得税法下，冯小刚的工资、薪金作为综合所得，则他的应纳税额 $= (1\ 050\ 000\ 000 - 60\ 000) \times 45\% - 181\ 920 = 47\ 229.108$（万元）

本文的计算方法没有考虑纳税人的其他专项扣除、新增的专项附加扣除以及其他依法扣除额等。但是由①可知，若10.5亿元作为导演任职受雇于传媒公司取得的工资、薪金收入，必然适用于最高级距45%的边际税率，远远高于20%的股权转让所得税率。

②若冯小刚与东阳美拉签订的不是具有雇佣关系的劳务合同，他以个人名义取得的编剧、导演、监制、制片、演员、广告代言人等业务的收入，应该属于劳务报酬所得。10.5亿元的劳务报酬所得，应纳税所得额可以扣除收入的20%，劳务报酬所得的畸高收入加成征收，适用40%的边际税率。

由此得知，若10.5亿元是个人的劳务报酬所得，应缴纳的个人所得税也要高于股东收到股权转让所得应缴纳的税款。

③若冯小刚与东阳美拉签订的不是具有雇佣关系，他通过个人工作室来承接编剧、导演、监制、制片、演员、广告代言人等业务，则10.5亿元作为个体工商户的生产经营所得缴纳个人所得税，扣除生产经营的必要成本、费用、损失后的收入，作为应纳税所得额，适用35%的边际税率。

由此得知，若10.5亿元是作为个人工作室的生产经营所得，应缴纳的个人所得税也要高于股东收到股权转让所得应缴纳的税款。

④若 10.5 亿元为冯小刚作为东阳美拉的大股东从该公司得到的股息、红利所得，该笔所得适用 20% 的比例税率。

⑤若 10.5 亿元为东阳美拉公司实现的净利润，则这笔所得应适用 25% 的税率，缴纳企业所得税。税后利润再按持股比例分配给自然人股东冯小刚和陆国强。冯小刚和陆国强就分到的股息、红利所得适用 20% 的税率，缴纳个人所得税。在这种情况下，企业和自然人股东的整体税负要高于股东收到股权转让所得应缴纳的税款。

东阳美拉所得来源类型及其应纳税所得额、适用税率、涉及税种如表 11 －4 所示。

表 11 －4　　所得来源可能性总结

所得来源类型	应纳税所得额 （旧个人所得税法下）	适用税率	涉及税种
工资、薪金所得	月工薪收入 －3 500 － 五险一金 － 符合规定的健康保险	45%	个人所得税
劳务报酬所得	每次收入额 ×（1 －20%）	40%	个人所得税
个体工商户生产经营所得	全年收入总额 － 成本、费用以及损失	35%	个人所得税
股息、红利所得	一般为收入总额	20%	个人所得税
公司利润总额	利润总额 ± 纳税调整项目金额	25%、20%	企业所得税、个人所得税

2. 对赌协议带来的避税空间

华谊兄弟与东阳美拉老股东冯小刚、陆国强签订股权转让合同的同时，还要求老股东需要做出业绩承诺，该承诺期限为 5 年，自标的股权转让完成之日起至 2020 年 12 月 31 日止，自 2017 年度起，每个年度的业绩目标为在上一个年度承诺的净利润目标基础上增长 15%。若某个年度的净利润未能达到业绩目标，则老股东需要以现金的形式补足差额。这个业绩承诺实质上就是对赌协议，下面对华谊兄弟与东阳美拉签订的对赌协议进行深入探讨。

（1）对赌协议的主要内容：对赌协议（VAM），直译意思是“估值调整机制。就是指投资方与融资方在达成协议时，双方对于未来种种不确定情况的一种约定。通过这样的协议，双方都可以保障自己的权益。如果约定的条件出现，融资方可以行使一种估值调整协议权利；如果约定的条件不出现，投资方则行使一种权利。所以，对赌协议实际上就是期权的一种形式。

对赌协议根据不同的分类标准，可以划分为不同的类型。

①按约定目标可分为业绩对赌协议和上市对赌协议。业绩对赌是指当融资方的业绩目标达到或未达到约定程度时，融资方与投资方之间分别行使权利支付现金或赠送

股份等。上市对赌是指投资方与融资方签订的协议条件是约定期限上市。

②按处罚条款可分为单向对赌协议和双向对赌协议。单向对赌是指针对并购的某一方而制定处罚条款的协议，一般是针对融资方而使用的。如果融资方不能在协议期限内达到约定条件，那么根据事先规定的处罚条款，融资方要对投资方的利益损失进行弥补，以保障投资方利益。双向对赌协议是在单向对赌协议的基础上，增加了融资方实现约定目标后能够获得的奖励，即投资方承诺目标实现时给予融资方一定的现金或股权奖励。

③按对赌的筹码可分为现金补偿对赌协议和股权补偿对赌协议。现金补偿对赌约定融资方如果不能实现约定，需按照约定给予投资方固定数量的现金补偿。股权补偿对赌是以股权作为标的物进行对赌，可进一步细分为股权回购型对赌和股权调整型对赌。股权回购型对赌目标一般是要求企业在固定期限内在资本市场成功上市，如果融资方在规定期限内没有完成上市目标，则其必须按照成本加成的方式回购投资方持有的股份，保障投资方顺利完成撤资。股权调整型对赌，具体又可分为控股权转移和股权稀释两种类型。

本案例中，华谊兄弟与东阳美拉签订的对赌协议就属于以业绩为目标，单向的现金补偿的对赌协议。

（2）华谊兄弟与东阳美拉签订对赌协议的避税空间：本案例中的对赌协议属于单向对赌协议，且以现金方式补偿业绩目标与东阳美拉实际实现净利润的差额，这就可能会给企业带来避税空间。

对于东阳美拉，通常来说，如果东阳美拉在某一年度没有完成该年度约定的业绩目标，则东阳美拉老股东冯小刚是直接向华谊公司进行赔偿。所以在对赌协议期限的某一纳税年度内，东阳美拉可以通过将实际实现的净利润扣留下一部分，而不全部在利润表上体现，业绩目标与财务报表上净利润的差额由老股东以现金的形式支付给华谊兄弟，则东阳美拉缴纳的企业所得税应该是会少于它实际应该缴纳的企业所得税的。

其次，影视行业是具有一定周期性的，大年小年交替。华谊兄弟与东阳美拉签订的对赌协议中没有相应的业绩激励条款，若在行业发展态势良好的年度内，东阳美拉的理性抉择必然是递延利润的实现，可以降低企业税负。

最后，由华谊兄弟披露的 2018 年半年报，2018 年上半年东阳美拉净利润为 5 139.15万元，而对赌协议约定的净利润目标为 13 225 万元，东阳美拉尚未完成一半业绩。从“范冰冰偷逃税”事件来看，国家会加强对影视行业的监督、管理和规范，从事影视行业的公司、艺人等肯定也会相应的受到很大影响，若东阳美拉没能完成对赌协议约定的 2018 年净利润目标，则东阳美拉老股东冯小刚就要以现金方式补偿华谊兄弟了。当华谊兄弟收到这笔业绩承诺补偿款时，选择的税务处理方法不同，对公司企业所得税的影响必然也不同，这就可能成为避税的空间。本文分析了常见的盈利性补偿款的税务处理。

①对合同价款进行调整，双方将这笔盈利性补偿款视作未达到约定业绩而需要调整原合同的金额，属于股权转让合同中对价的一部分。华谊兄弟在收到补偿款时冲减长期股权投资的成本，该笔所得不用交企业所得税；东阳美拉则冲减以前年度收入，可以获得退税。

华谊兄弟的相应会计分录为：

借：银行存款

　　贷：长期股权投资

②双方将这笔盈利性补偿款视为权益性交易支付的价款。即华谊兄弟在收到补偿款时增加资本公积，该笔所得不用缴纳企业所得税；东阳美拉则作为投资损失，在企业所得税前可以扣除。

华谊兄弟的相应会计分录为：

借：银行存款

　　贷：资本公积——股本溢价

③双方将这笔盈利性补偿款视同东阳美拉没有达到业绩目标而支付的违约金。华谊兄弟在收到补偿款时作为营业外收入，当期缴纳企业所得税。东阳美拉作为违约金费用，允许在企业所得税前扣除。

华谊兄弟的相应会计分录为：

借：银行存款

　　贷：营业外收入

④双方将这笔盈利性补偿款视同东阳美拉没有达到业绩目标的盈利保证支出，作为其履行盈利保证的赔偿责任。华谊兄弟在收到补偿款时作为当期收入，当期缴纳企业所得税。东阳美拉则根据（国家税务总局公告 2011 年第 25 号）《企业资产损失所得税税前扣除管理办法》判断是否能作为损失税前列支。

华谊兄弟的相应会计分录为：

借：银行存款

　　贷：营业外收入

⑤双方将这笔盈利性补偿款视同捐赠，华谊兄弟在收到补偿款时作为当期收入，当期缴纳企业所得税。东阳美拉则将支出视为非公益性捐赠支出，不能在企业所得税前扣除。

华谊兄弟的相应会计分录为：

借：银行存款

　　贷：营业外收入——捐赠利得

盈利性补偿款税务处理方式如表 11－5 所示。

表 11－5　　盈利性补偿款税务处理方式总结表

处理方式	华谊兄弟	东阳美拉
对合同价款进行调整	冲减长期股权投资的成本，不用交企业所得税；待股权转让时交税	冲减以前年度收入，可以获得退税
视同权益性交易	增加资本公积，不用缴纳企业所得税	投资损失，在企业所得税前可以扣除
视同违约金	作为营业外收入，当期缴纳企业所得税	作为违约金费用，可以在企业所得税前扣除
视同担保款	作为当期收入，当期缴纳企业所得税	作为担保损失，判断扣除
视同捐赠	作为当期收入，当期缴纳企业所得税	视为非公益性捐赠支出，不能在企业所得税前扣除

（3）华谊兄弟与东阳美拉签订对赌协议的不合理性分析：一般情况下，签订对赌协议的目的是尽可能地实现投资交易的合理和公平。它既是投资方（华谊兄弟）利益的保护伞，又能在一定程度上激励融资方（东阳美拉）。但是进一步分析，笔者发现华谊兄弟与东阳美拉签订的对赌协议是有悖于惯例的，主要体现在以下方面：

①华谊兄弟支付的对价缺乏审慎性。东阳美拉于 2015 年 9 月 2 日注册成立，收购交易发生时，东阳美拉才成立短短两个月左右时间，属于企业的初创期，并且没有历史业绩可以参考，未来业绩又存在巨大不确定性。在这种情况下，支付对价至少可以采取以下方式，来维护上市公司权益，如表 11－6 所示。

表 11－6　　对价方式

合理的支付对价方式	现金支付和股份支付
	现金支付，但分期购买股权
	现金分期支付
	现金支付，但分期解锁股权

由华谊兄弟 2015 年披露的财务报表可知，华谊受让东阳美拉股权，股权转让价款为 10.5 亿元，采用的是以现金一次性支付方式。2015 年 12 月 9 日，股权转让完成；截至 2015 年 12 月 31 日，股权转让款尚未支付。2015 年 8 月，华谊兄弟向阿里创投、平安资管、腾讯计算机、中信建投四家公司定向增发 1.456 亿股公司股票，募集资金

总额约 36 亿元。其 2016 年 6 月 30 日的资产负债表显示，其短期借款为 14.5 亿元左右，长期借款为 4.91 亿元，应付债券为 22 亿元，应付利息 6 727 万元，由此得知，华谊兄弟受让股权的当年借款规模大，现金流并不充裕，这客观上导致华谊兄弟的现金流紧张，而且可能不会像股份支付方式那样，让融资方处处维护投资方的利益。

②对赌协议中没有竞争禁止或限制条款。在承诺期内，华谊兄弟没有对东阳美拉老股东是否可以另外设立同业公司进行披露，这一点也是缺乏合理性的。

（二）东阳美拉等影视企业开展避税的条件——利用“税收洼地”

1. “税收洼地”定义

“税收洼地”是指在特定的行政区域，在其税务管理辖区注册的企业通过区域性税收优惠、简化税收征管办法和税收地方留成返还等处理方法，降低企业税负，以实现吸引投资、促进地方经济发展的目的。自改革开放初期以来，我国就有经济特区以廉价的土地、劳动力以及税收优惠政策来引进投资，推动经济快速发展。

目前，我国“税收洼地”的税收优惠政策主要有三种表现形式：

（1）利用国家级的区域性税收优惠政策：比较典型的有，新疆霍尔果斯的企业所得税 5 免 5 减半的政策，西部大开发相关的地区企业所得税减按 15% 的政策等。

（2）利用税收核定征管办法：比较典型的就是利用税收管理上的“核定征收”的办法，即利用核定利润率的方法计算公司制的企业所得税或者合伙制、个人独资制的个人所得税，对高毛利或者成本费用严重无票的企业诱惑力比较大。

（3）利用税收地方分成后税收返还：1994 年开始实行的分税制改革使我国正式从统收统支的高度集中的财政体制转变为了中央让利放权的财政分权体制。从主要税种上来看，增值税目前的分配机制是国家和地方对半分成，所得税是国家和地方六四分成，地方政府对其享有的财政收入的征收和使用享有很大的自由度，“洼地”的地方政府正是用这部分地方财政资金进行税收返还，来吸引企业入驻。

2. “税收洼地”政策梳理

浙江省东阳美拉传媒有限公司的注册地在浙江省东阳市。除了在东阳注册成立公司外，从上文表 11 - 6 中可以看出，冯小刚通过以其参股的公司作为母公司，在具有较大税收优惠的新疆霍尔果斯市、海南海口市等地进行投资，利用当地的税收优惠政策，达到减税的目的。本文将对这几个“税收洼地”的税收优惠政策作一个简要的梳理。

（1）东阳市税收优惠政策梳理：浙江省东阳市作为中国最大的影视城——横店影视城的所在地，一直是众多明星导演注册投资的宝地。为了扶持文化产业的发展，东阳市出台了许多政策，给予在当地投资的影视公司诸多优惠。本文以 2010 年东阳市发布的《关于进一步加快横店影视产业实验区发展的若干意见》为例，介绍一些典型的东阳市对影视企业比较典型的税收优惠政策。

①税收返还政策，给予影视城特殊税收政策。实验区设立影视文化产业发展专项基金。实验区内影视文化企业，前二年的企业营业税、城建税留市部分按 100%，后八年按 60% 每年度财政分二次给予奖励；实验区内影视文化企业，从入区之年起前二年增值税留市部分按 100%，后八年按 60% 每年度给予一次性奖励；从获利之年起前二年企业所得税留市部分按 100%，后八年按 60% 每年度给予一次性奖励。

②鼓励上市融资的税收政策。对符合条件的通过股份制改造已实现投资主体多元化的区内影视文化企业，支持其申请上市。将总部设在东阳的影视上市企业在争取上市过程中进入券商辅导期可享受三年辅导期优惠政策，影视文化产业发展专项基金给予其营业税、城建税、企业所得税、增值税留市部分 100%，个人所得税总额 10% 的奖励。总部设在东阳市的影视企业实现国内或海外上市，当年实缴总税费达 1 000 万元以上的，对上市企业奖励 200 万元。对实现买“壳”上市并把上市公司注册地迁至东阳、纳税登记在东阳的上市公司，当年税收实缴总额增加 500 万元以上的，奖励 100 万元。

从东阳市的税收返还政策中可以看出：在东阳横店产业实验区内注册成立的影视企业，对于增值税，前两年企业会得到应纳增值税总额中归属于地方财政的税款返还，相当于增值税的减半征收；后八年企业得到应纳增值税总额中归属于地方财政的税款的 60% 返还后，经计算，与没有税收返还政策的地区相比，相当于少缴了增值税应纳税额的 30%。对于企业所得税，前两年企业会得到应纳企业所得税总额中归属于地方财政的税款返还，相当于实际企业所得税税率为 15%，后八年企业得到应所得税总额中归属于地方财政的税款的 60% 返还后，实际企业所得税税率为 19%。由此可见，对在浙江东阳注册成立的影视企业而言，仅就税收返还这一政策能给企业带来的利润就已经足够丰厚了。

（2）霍尔果斯市税收优惠政策梳理：

东阳美拉的控股子公司：霍尔果斯美拉文化传媒有限公司，于 2016 年 11 月在霍尔果斯市注册成立。

霍尔果斯位于我国新疆维吾尔自治区，是我国与哈萨克斯坦边境线上最重要的通商口岸。自古以来，这里就是我国连接中亚的重要门户与战略通道，对于西部的开发与发展具有很强的战略意义。自 2005 年中哈霍尔果斯国际边境合作中心设立以来，我国越来越注重对霍尔果斯的扶持与发展。2010 年开始，中央正式批准宣布在霍尔果斯设立经济开发区，并实行了一系列大力度的扶持政策，其中最具有代表性和吸引力的当属其企业所得税、增值税、关税和个人所得税一体的税收优惠政策，如表 11－7、表 11－8 所示。

表 11－7　　个人所得税返还比例

霍尔果斯个人所得税返还比例	
所得收入	返还比例（地方留存部分）
1 000～2 000 元	70%
2 000～4 000 元	80%
4 000 元以上	90%

表 11－8　　增值税及其他附加税返还比例

霍尔果斯增值税及其他附加税返还比例总结表	
总额	返还比例（地方留存部分）
100 万～300 万元	15%
300 万～500 万元	20%
500 万～1 000 万元	25%
1 000 万～2 000 万元	30%
2 000 万～5 000 万元	35%
5 000 万～1 亿元	45%
1 亿元以上	50%

①所得税的优惠政策：企业所得税的优惠政策可以概括为“五免五减半”，即在 2010 年 1 月 1 日至 2020 年 12 月 31 日期间，符合条件的企业自取得第一笔生产经营收入所属纳税年度起，五年免征企业所得税，免税期满后，再免征企业五年所得税地方分成部分。个人所得税的税收优惠政策则以奖励返还的方式实现。②增值税优惠政策：新设立企业增值税、所得税及附加税的年纳税额留存在地方财政的总额按比率予以奖励。

（3）海口市税收优惠政策梳理

冯小刚间接参股的海南影业投资有限公司、海南观澜湖华谊冯小刚电影公社影视服务有限公司、海南观澜湖华谊冯小刚文化旅游实业有限公司、美拉美影视传媒（海南）有限公司、海南美拉文化传媒有限公司均在海南省海口市注册成立。

海南省是我国唯一的省级经济特区，从改革开放到一带一路，海南以及海口一直是我国发展格局中的主力军，为了促进相关产业的发展，吸引外来投资，国家与地方都出台了诸多优惠政策予以扶持。

2016 年，海口市政府下发《海口市扶持影视产业发展暂行规定》，在税收方面指出：①影视公司 2 年内企业城建税、增值税本市留成部分按 100% 给予奖励；从获利之年起，2 年内企业所得税本市留成部分按 100% 给予奖励；②凡实收资本不低于 500 万元，在本市常年从事影视后期制作，且当年影视后期制作营业收入占本企业总营业收入 1/3 以上的影视企业，2 年内城建税、增值税本市留成部分按 100% 给予奖励；从获利之年起，2 年内企业所得税本市留成部分按 100% 给予奖励。③对于新注册登记的企业，海口根据其实收资本金额，给予其 50 万元到 500 万元不等的一次性资金补助。

3. 利用“税收洼地”进行降低税负分析

从上文梳理出的浙江东阳、新疆霍尔果斯、海南海口三地对影视行业的税收优惠政策中可以看出，这些地方性的税收优惠政策的门槛太低，基本都是满足注册登记地在当地就可以享受优惠政策。所以导致了许多影视企业通过在“税收洼地”注册空壳公司，通过转移定价、关联交易等方式将母公司的大量利润转移到低税地，以降低企业整体税负。回顾本案例中于 2015 年 9 月 2 日注册成立的东阳美拉公司，截止华谊兄弟收购东阳美拉的公告日，东阳美拉的资产总额为人民币 1.36 万元，负债总额为人民币 1.91 万元，所有者权益为人民币 -0.55 万元，这样的财务数据也会让人对该公司业务是否真实发生以及该公司成立的真实目的产生质疑。

如果注册成立在“税收洼地”的企业是在当地真实开展生产经营活动，必然会带动当地经济充分发展，对于企业和当地政府而言都是双赢的。但如果企业只是想利用“税收洼地”的特殊税收政策来进行避税，如采用空壳公司等手段，则这些地方性的税收优惠政策没有落到实处，将变得毫无意义，最终会导致有害的地方税收竞争。

三、华谊兄弟收购东阳美拉的税收分析

（一）个人所得税的征管现状与征收体制

个人股权转让是指股份有限公司、有限责任公司及其他企业自然人股东转让所持有的公司股权或股份取得的所得（不含所持上市公司间接股权转让所得）。虽然根据我国现行税法的有关规定，个人股权转让应按“财产转让所得”缴纳 20% 的个人所得税，但在现实生活中，个人股东在股权转让过程中原价或低价转让、未依法履行纳税（扣缴）义务等现象依然广泛存在，甚至签订虚假的股权转让协议逃避纳税义务。概括来说，个人股权转让所得税征管方面存在的问题主要体现在以下几个方面：

一是计税依据核实困难。个人股权转让的行为转让形式多样、转让行为隐蔽，税务部门往往很难对其真实性进行调查取证。根据国家税务总局《关于加强股权转让所

得征收个人所得税管理的通知》（国税函〔2009〕285 号文）中的规定，对申报的计税依据明显偏低且无正当理由的，主管税务机关可参照每股净资产或个人股东享有的股权比例所对应的净资产份额核定。但规定中并没有明确净资产的定义，究竟是账面净资产还是经过评估的净资产的公允价值，我们无从得知。但是，根据会计准则的规定以及目前的主流做法来看，将经评估的净资产的公允价值作为核定征收的依据更为合理。但是在个人股权转让中，该价值中经常包含较大金额的商誉以及无形资产，保证他们的价值评估准确，对于税务部门来说难度很大。

二是代扣代缴制度存在漏洞。个人股权转让时，根据相关法律的规定，应由股权转让的受让方对转让方应缴纳的个人所得税进行代扣代缴，但是由于具体的操作没有得到明确的规定，在对于转让方的计税成本以及合理税费的扣除时就存在很大的税务筹划空间。

三是个人所得税征管不够严格。由于个人所得税是中央地方的共享税，由地方税务局对其进行征收。地方政府出于吸引投资，扶持本地企业的需要，会通过放松征管力度的方式给予其税收优惠。在股权转让相关的业务上，由于没有引入相应的涉税鉴证机制，且业务涉及复杂的金融会计知识，导致基层税务部门人员对其认识与理解不够，征管起来更是困难。

正是由于上述问题的存在，才给了华谊兄弟与东阳美拉通过股权转让代替劳动报酬进行报酬发放与转移，进行税收操作的空间。

（二）股权转让中商誉的特性

商誉（Goodwill）是指能在未来期间为企业经营带来超额利润的潜在经济价值，或一家企业预期的获利能力超过可辨认资产正常获利能力（如社会平均投资回报率）的资本化价值。商誉是企业整体价值的组成部分，在企业合并时，它是购买企业投资成本超过被并企业净资产公允价值的差额。

目前国际上通用的商誉的初始计量方法为割差法，该方法是通过合并方的购买成本与被合并方可辨认净资产的公允价值的差额确定商誉的价值。这种方法认为，合并方支付的购买价格作为实际发生的产权交易价是具备客观性的，并且它是通过买卖双方讨价还价才得以确认的，体现了双方当事人各自对企业价值的判断，这样的判断是具备公允性的。

在商誉的后续计量方面，国际上对于并购后商誉价值的衡量主要有立即注销法、永久保法、摊销法和减值测试法四种。我国会计准则目前采用的是第四种方法——减值测试法，该方法要求商誉作为一项单独的资产，应在合并资产负债表中列示，并在每年年末进行减值测试。

1. 商誉的初始确认

合并方华谊兄弟通过现金一次性向老股东冯小刚和陆国强支付全部股权转让价款10.5亿元，因此，合并成本公允价值就确定为10.5亿元。

根据华谊兄弟披露的数据显示，截至合并日，东阳美拉未经审计的财务数据为：资产总额为人民币1.36万元，负债总额为人民币1.91万元，所有者权益为人民币-0.55万元，公司注册资本为人民币500万元。

从表11-9及图11-3可知，合并方取得的取得的可辨认净资产公允价值份额为3 495 237.21元，因此，商誉被确认为1 046 504 762.79元。

表11-9　　华谊兄弟2015年披露的被购买方与购买日可辨认资产、负债

浙江东阳美拉传媒有限公司		
	购买日公允价值	购买日账面价值
资产：		
货币资金	5 000 054.02	5 000 054.02
预付账款	7 500.00	7 500.00
其他应收款	5 000.00	5 000.00
负债：		
其他应付款	19 358.00	19 358.00
净资产	4 993 196.02	4 993 196.02
减：少数股东权益	1 497 958.81	1 497 958.81
取得的净资产	3 495 237.21	3 495 237.21

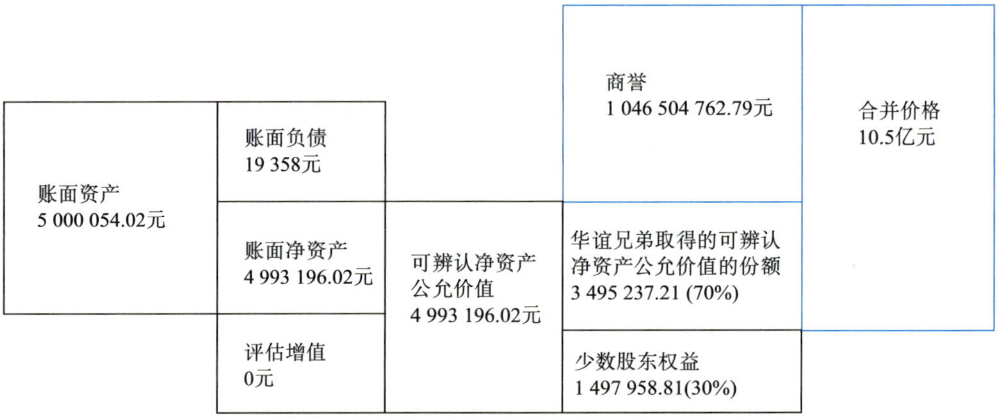

图11-3　华谊兄弟收购东亚美拉取得商誉图解

2. 商誉的后续计量

根据华谊兄弟 2015 年、2016 年以及 2017 年三年的年报，这三年内华谊兄弟并未对该项合并中形成的 10.4 亿元的商誉计提减值，也未在年报中披露相关的减值测试。

3. 商誉的初始确认与后续计量中存在的避税机会与风险

在对商誉进行初始确认时，被合并净资产公允价值采用的估值方法为资产基础法与收益法两种评估方式结合确定。结合上表中给出的东阳美拉未经审计的可辨认资产负债数据可以看出，东阳美拉的资产仅由少量的货币资金与预付账款组成，除去注册资本之外的净资产为负数。因此，我们可以推知，收益法为此次评估的主要方法。由于收益法是基于企业未来取得的收益，对企业整体资产的预期盈利能力进行评估。但是东阳美拉作为影视公司，本身就具有“轻资产”这一特点，公司的盈利能力主要取决于其人力资本等不可量化的无形资源。此外，从华谊兄弟公布的数据来看，东阳美拉资产扣除注册资金以后，总额仅为 12 500 元，这说明东阳美拉并没有开展实质性的商业活动，很有“空壳公司”的嫌疑。由此来看，采用收益法对净资产公允价值的评估，很可能高估了净资产的公允价值，导致商誉被虚增。

2020 年对赌协议完成时，高达 10.4 亿元的商誉既可能带来大额的合并利润，但也更可能的是商誉减值的巨大隐患。根据华谊兄弟的年报数据。

华谊兄弟年报显示，东阳美拉 2016 年全年实现的净利润 5 511.39 万元，如果以这一年的净利润来看，东阳美拉并未完成业绩承诺。但不得不提的是，华谊兄弟在对赌协议中强调，东阳美拉 2016 年度承诺的业绩时限，实际是从股权转让完成之日起至 2016 年 12 月 31 日止，以此视为 2016 年度。而 2015 年东阳美拉的净利润为 4 602.67 万元，与 2016 年净利润合并约 1.01 亿元，勉强达标。2017 年，东阳美拉依然是勉强擦过业绩对赌底线，当年实现净利润约 1.17 亿元，较上一年增幅约 15.84%。根据华谊兄弟 2018 年半年报，东阳美拉 2018 年上半年净利润为 5 139.15 万元，尚未完成一半业绩。

东阳美拉 2016 ~ 2018 年上半年实现业绩情况如表 11 – 10 所示。

表 11 – 10　　东阳美拉实现业绩情况

2016 年	1.01 亿元
2017 年	1.17 亿元
2018 年上半年	5 139.15 万元

同时，从其对赌协议中约定内容来看，东阳美拉为完成业绩承诺而储备和开发的项目有电影《手机 2》《念念不忘》《非诚勿扰 3》《丽人行》、电视剧《12 封告白信》

以及综艺节目等。除此之外，华谊兄弟称当时东阳美拉已经制定并且实施新人导演计划，培养新一代导演。但是到目前为止，上述作品均未真正面世，而唯一已经开机的《手机 2》，即让东阳美拉因“阴阳合同”陷入了偷税漏税的嫌疑之中。

如果东阳美拉不能按时实现约定业绩，那么巨额的商誉减值准备这一炸弹将被引爆，会对华谊兄弟的财务数据造成震荡性的影响，中小股东的利益将受到极大的损害。

四、对我国股权转让个人所得税和税收洼地的建议

笔者以华谊兄弟高溢价收购东阳美拉老股东冯小刚的股权为例，系统阐述了此次股权收购中可能存在的涉税问题，由此可以看出我国在个人转让股权缴纳所得税以及税收洼地的税收征管方面还存在一些缺陷。下面结合案例分析提出以下几点政策建议。

（一）股权转让征收个人所得税的建议

股权转让是企业或个人的一项非日常经营活动，并不是时刻发生的。有可能是企业在不断发展过程中，为了获得资金主动转让股权，来扩大经营规模，更好的适应市场需求，也可能是企业面临经营困境，股东不得不将股权转让，以防止企业倒闭。但不可否认的是随着我国资本市场的发展以及市场竞争的激烈，企业转让股权或收购其他企业股权的交易越来越频繁。而在个人股东转让股权的过程中，因其股权交易具有隐蔽性、股权交易公允价格难以确定等原因，导致资本市场的不规范性以及国家的税收流失。

1. 完善股权转让政策规定，实现征管的法治化

我国现行关于股权转让所得征收个人所得税的税收文件有：财税〔2009〕167 号文针对个人转让上市公司限售股征收个人所得税问题，从计算方法、征管办法等各方面进行详细地解释和说明；国家税务总局公告 2010 年第 27 号文对股权转让所得个人所得税计税依据核定问题做了相应规定；国家税务总局公告 2014 年第 67 号文中比较详细地说明了股权转让个人所得税的征管事项，在一定程度上解决了税务机关的征管难题。

但是随着资本市场的不断发展变化，股权交易的复杂性，以及缺乏有效的股权评估体系，当前的政策规定在实务处理中显示出了不足。比如对股权转让收入的确认，目前的政策规定了股权转让收入明显偏低时税务机关有权进行调整，并明确了相应的核定方法。即转让方申报的股权转让收入不得低于被投资方固定资产、无形资产等的净资产公允价值。第一，对于净资产公允价值的确定有待考量，无形资产的公允价值

难以确定。第二，现行政策中的关注焦点大都在股权转让收入明显偏低的情况。但是笔者认为股权转让收入只要不符合公允价格，税务机关就应该进行纳税调整，因为也存在被投资企业股东与投资企业存在关联关系的情况下，投资企业以远高于公允价格的价款收购被投资企业股东的股权，被投资企业股东获得一大笔股权转让收入，适用20%的税率，相对于股东其他类型的所得来说，这种方式缴纳的税款明显偏低，所以存在股东利用股权转让来套现，损失投资企业中小股东利益的可能性。

综上所述，我国应该出台更为详细可行的股权转让个人所得税政策，对股权转让所得范围、股权转让收入的确认、股权转让协议的认定、股权转让所得的扣缴与申报等做出明确具体的规定，可以让转让双方提供相关证据证实交易的公允合法性，以及引入第三方中介机构对股权转让的公允价格做出科学的评估。

2. 明确对赌协议中交易安排的税务处理，堵塞避税漏洞

我国目前对于对赌协议中所涉及的交易安排，还未出台很明确统一的税务处理方法，这就给企业通过对赌协议逃避所得税等留下了可乘之机。我国可以借鉴其他国家的先进经验，并结合我国国情，统一各地税务机关的处理方法，完善我国对赌协议所得税的税收法律规定，可以从以下两个方面考虑：

（1）明确对赌协议签订时的股权转让所得：融资方应在股权转让权属变更完成之日起确认股权转让所得，就收到的股权转让所得依法缴纳所得税；投资方应在实际实现股权权属变更之日起将支付的股权转让价款计入相关成本。

（2）明确盈利性补偿款的税务处理方法：对于对赌协议中，投资方与融资方约定的盈利性补偿款，应该区分双方签订的是正向的对赌协议，还是反向的对赌协议。交易双方收到或者支付该笔盈利性补偿款，在企业所得税中如何处理应有一个明确的政策规定。

3. 加强股权转让信息交换，健全股权交易税收征管机制

随着大数据时代的来临，税务部门与其他部门应该紧密合作，如与工商局、银行等金融机构、外汇管理局等合作，可以实现事前控制，防止税收流失；与司法部门建立密切联系关系，当涉及股权转让方面的案件时，司法部门也是依法纳税、依法追征的有效保障；还可以与第三方中介机构保持联系，尤其是在涉税鉴证业务方面，可以深度合作，提高税务机关工作人员的工作效率，也可以减少税收监管成本。

我国于 2018 年 9 月加入 CRS（共同申报准则），与其他国家进行涉税信息交换，高净值人士的海外资产信息可以更好地被我国税务机关掌握，涉及自然人股东的股权转让信息采集也必然更加全面。加强境内外部门间的数据共享，信息互换，健全股权交易税收征管机制。

4. 提高税务机关专业人员素质，加大股权交易征管力度

目前，高溢价收购股权已经俨然成为了我国上市公司中的一种普遍行为。由于税务部门与基层税务机关对于企业的复杂交易认识与理解不够深入，相关政策制定的不够全面，因此在税收征管上留下了很大的漏洞。针对这种情况，应当加大力度引入金融、会计等相关领域人才，定期组织培训考核活动，提高征管人员专业素养和业务能力，加大征管力度，防止国家税收流失。

（二）对我国税收洼地的政策建议

我国为了支持某些特定地区、特定行业的发展，出台了许多区域性、行业性的税收优惠政策，就如本文中所研究的影视行业，全国多个影视基地所在地都是“税收洼地”，有着非常吸引人的优惠政策。但是这些“税收洼地”在为我国市场经济做出贡献的同时，也带来了一些外部负效应，对“税收洼地”的规范整顿已经是大势所趋，本文提出以下几点政策建议。

1. 既要吸引投资，也要促进产业扎实落地

通过以上的案例分析可以看出，政府的税收优惠政策确实可以吸引许多企业投资设厂，但是，如果产业不能扎实落地，就无法带动相关产业发展。以影视公司投资霍尔果斯为例，虽然霍尔果斯的税收优惠政策吸引了一大批影视公司来霍注册，但是由于政策存在一定的漏洞，来自东部发达地区的企业并没有带来相应的资金，反而是利用“空壳公司”进行避税，并没有带动当地文化、旅游等相关产业的发展。所以笔者认为应该提高企业享受“税收洼地”优惠政策的标准，规范当地企业的注册登记工作，对于在当地规模较大的企业，财税部门、监管部门等应该定期实施常规性检查，清理非实地经营的“注册型”企业，让在当地真正设厂投资，拉动当地经济发展和就业的实体企业充分享受税收优惠政策。

2. 谨防税收优惠变成恶性竞争

为了招商引资，一些地方把税收优惠作为重要手段，制造“税收洼地”。然而，地方没有税收政策制定权限，于是就通过财政补贴、返点等形式实现。但是制造税收洼地进行税收竞争是一种不公平的竞争。对“税收洼地”地区来说，虽然表面上带来了 GDP 的增长，但这让其他地区付出了税源流失的代价。从国家层面上来看，这种竞争行为造成了国家税收的损失，是对国家政策统一性的破坏，所以国家应该防止各地为了吸引投资，不顾当地实际发展情况，争先制定不合理的税收优惠政策，导致地方间税收的恶性竞争局面。

案例使用说明

一、教学目的与用途

1. 本案例主要适用于税收学、税务筹划、税收征管、管理学等课程的学习。

2. 本案例以华谊兄弟收购东阳美拉为例，介绍了目前影视界个人所得税热点问题与避税方法。其教学目的在于通过案例研讨与学习使学生掌握影视行业个人所得税的避税方法与涉税争议，加深对专业知识的理解和掌握。

二、启发思考题

1. 本案例中，股权转让前后企业和股东的整体税负情况是怎样的？

2. “税收洼地”的税收优惠政策主要有哪三种表现形式？

3. 针对以上问题，政府应怎样调整税收监管方式？

三、分析思路

教师可以根据自己的教学目标（目的）来灵活使用本案例。这里提出本案例的分析思路，仅供参考。

本案例对华谊兄弟收购东阳美拉案例的避税手段进行了研究与分析。第一部分对案例背景进行介绍，主要分析了华谊兄弟与东阳美拉的股权结构、股东情况以及收购案的具体流程。

第二部分在案例背景的基础上对案例进行了详细的剖析，案例涉及的避税方法主要为利用股权转让设置对赌协议与高溢价定价，利用我国税收洼地进行避税。

第三部分主要阐述了个人所得税征管中的一些常见问题及股权转让利用商誉的避税方法。

第四部分针对正文中的分析，提出了完善个人所得税征管的意见与建议。

四、理论依据及分析

1. 信息不对称理论。并购过程中，由于信息不对称的存在，标的公司为获得更高的溢价，对自身进行包装，是高溢价收购现象存在的普遍原因。

2. 委托—代理理论。由于我国大部分企业目前都是一股独大的股权结构，企业所有权和控制权极为集中，大股东与管理层利益一致，在这种情况下，中小股东发言权极小，因此导致了大股东与中小股东之间严重的代理问题，侵占中小股东权益的事件频发。

五、关键要点

1. 股权转让中商誉的特性及高溢价定价。
2. 对赌协议带来的避税空间。
3. 税收洼地的政策形式及其利用方法。

六、建议课堂计划

本案例可以作为专门的案例讨论课来进行。如下是按照时间进度提供的课堂计划建议，仅供参考。

整个案例课的课堂时间控制在 80 ~ 90 分钟。

课前计划：给出案例背景并提出启发思考题，请学员在课前完成阅读和初步思考。

课堂计划：对案例进行详解，明确讨论内容（20 分钟）。
分组讨论（25 分钟），告知发言要求。
小组发言（每组 5 分钟，控制在 25 分钟）。
引导全班进一步讨论，并进行归纳总结（15 ~ 20 分钟）。

课后计划：如有必要，请学员采用论文形式给出更深层次的解读报告，包括具体的职责分工，为后续章节内容做好铺垫。

七、思考题参考答案及相关法规依据

1. 案例股权转让前后企业和股东的整体税负情况是怎样的？

（1）股权转让后，企业和股东的整体税负分析：

根据我国税法，在不考虑转让过程中发生的其他费用以及扣除了股权原值的情况下，计算东阳美拉原股东需要缴纳的个人所得税总额：

$$应纳税额 = 105\,000 \times \frac{69}{70} \times 20\% + 105\,000 \times \frac{1}{70} \times 20\% = 21\,000（万元）$$

（2）对股权转让价款为其他类型所得的几种假设分析：

①若冯小刚任职受雇于东阳美拉影视公司，通过编剧、导演、监制、制片、演员、广告代言人等业务取得年工资、薪金总所得 10.5 亿元。假设 10.5 亿元是每个月平均发放给冯小刚的工资、薪金，则他应就该笔收入缴纳个人所得税。

旧个人所得税法下，应纳税额 = [（1 050 000 000 ÷ 12 − 3 500）× 45% − 13 505] × 12 = 47 231.904（万元）

个人所得税法下，冯小刚的工资、薪金作为综合所得，则他的应纳税额 =（1 050 000 000 − 60 000）× 45% − 181 920 = 47 229.108（万元）

本文的计算方法没有考虑纳税人的其他专项扣除、新增的专项附加扣除以及其他依法扣除额等。但是由①可以得知，如 10.5 亿元作为导演任职受雇于传媒公司取得的工资、薪金收入，必然适用于最高级距 45% 的边际税率，远远高于 20% 的股权转让所得税率。

②若冯小刚与东阳美拉签订的不是具有雇佣关系的劳务合同，他以个人名义取得的编剧、导演、监制、制片、演员、广告代言人等业务的收入，应该属于劳务报酬所得。10.5 亿元的劳务报酬所得，应纳税所得额可以扣除收入的 20%，劳务报酬所得的畸高收入加成征收，适用 40% 的边际税率。

由此得知，若 10.5 亿元是个人的劳务报酬所得，应缴纳的个人所得税也要高于股东收到股权转让所得应缴纳的税款。

③若冯小刚与东阳美拉签订的不是具有雇佣关系，他通过个人工作室来承接编剧、导演、监制、制片、演员、广告代言人等业务，则 10.5 亿元作为个体工商户的生产经营所得缴纳个人所得税，扣除生产经营的必要成本、费用、损失后的收入，作为应纳税所得额，适用 35% 的边际税率。

由此得知，若 10.5 亿元是作为个人工作室的生产经营所得，应缴纳的个人所得税也要高于股东收到股权转让所得应缴纳的税款。

④若 10.5 亿元为冯小刚作为东阳美拉的大股东从该公司得到的股息、红利所得，该笔所得适用 20% 的比例税率。

⑤若 10.5 亿元为东阳美拉公司实现的净利润，则这笔所得应适用 25% 的税率，

缴纳企业所得税。税后利润再按持股比例分配给自然人股东冯小刚和陆国强。冯小刚和陆国强就分到的股息、红利所得适用20%的税率，缴纳个人所得税。在这种情况下，企业和自然人股东的整体税负要高于股东收到股权转让所得应缴纳的税款。

2. “税收洼地”的税收优惠政策主要有哪三种表现形式？

（1）利用国家级的区域性税收优惠政策：

比较典型的有，新疆霍尔果斯的企业所得税5免5减半的政策，西部大开发相关的地区企业所得税减按15%的政策等。

（2）利用简化税收征管办法：

比较典型的就是利用税收管理上的“核定征收”的办法，即利用核定利润率的方法计算公司制的企业所得税或者合伙制、个人独资制的个人所得税，对高毛利或者成本费用严重无票的企业诱惑力比较大。

（3）利用税收地方分成后税收返还：

1994年开始实行的分税制改革使我国正式从统收统支的高度集中的财政体制转变为了中央让利放权的财政分权体制。从主要税种上来看，增值税目前的分配机制是国家和地方对半分成，所得税是国家和地方六四分成，地方政府对其享有的财政收入的征收和使用享有很大的自由度，“洼地”的地方政府正是用这部分地方财政资金进行税收返还，来吸引企业入驻。

3. 你认为针对以上问题，政府应怎样调整监管方式？

（1）完善股权转让政策规定，实现征管的法制化。

（2）明确对赌协议中交易安排的税务处理，堵塞避税漏洞。

（3）加强股权转让信息交换，健全股权交易税收征管机制。

（4）提高税务机关专业人员素质，加大股权交易征管力度。

八、进一步阅读材料

[1] 张斯琦．影视行业高溢价收购效果研究［D］．广州大学，2019.

[2] 刘明辉，庞永悦．华谊兄弟系列收购的影响研究——基于业绩承诺的视角［J］．中国资产评估，2018（12）：47－56.

[3] 郑宇花，蔡迪雅，王熠琛，周乐婧．影视业高溢价并购问题探析——以华谊兄弟并购东阳美拉为例［J］．时代金融，2018（30）：294－295＋302.

[4] 杜爽．我国股权转让所得税管理：存在问题与对策［J］．税务研究，2018（06）：86－90.

［5］朱敏．专家谈“逃离霍尔果斯”：没有实质性投资，优惠政策就归于失效［N/OL］．http：//www.takungpao.com/finance/236132/2018/1008/186276.html，2018－10－08.

九、参考文献

［1］许瑾．我国股权转让个人所得税研究［D］．江西财经大学，2016.

［2］王姝君．对赌协议下股权转让中个人所得税征管问题研究［D］．浙江工商大学，2018.

［3］杨程．自然人股权转让个人所得税征管问题研究［D］．首都经济贸易大学，2016.

［4］耿麟．企业并购中的对赌协议应用研究［D］．山东大学，2017.

［5］林章军．对赌协议防范并购风险研究［D］．深圳大学，2017.

［6］蔡昌，单滢羽．霍尔果斯经济开发区的税收优惠政策效应分析［J］．中国财政，2018（05）：50－52.

［7］陈朝毅．“对赌协议”法律效力问题分析与制度建构［D］．中国政法大学，2017.

［8］邱丹．对赌协议的法律问题研究［D］．吉林大学，2017.

［9］华谊兄弟 2015 年年度报告［R］．2015.

［10］华谊兄弟 2016 年年度报告［R］．2016.

［11］华谊兄弟 2017 年年度报告［R］．2017.

［12］关于投资控股浙江东阳美拉传媒有限公司的公告［EB］.

［13］李煜喆．吉艾科技并购安埔胜利的商誉研究［D］．广东工业大学，2018.

［14］王贤丽，李梦柯．创业板上市公司并购行为研究——基于华谊兄弟案例的视角［J］．商业会计，2014，23：39－41.

［15］周兰翔．对企业并购商誉税收问题的认识［J］．税务研究，2015（04）：103－107.

［16］杜爽．我国股权转让所得税管理：存在问题与对策［J］．税务研究，2018（06）：86－90.

［17］朱敏．专家谈“逃离霍尔果斯”：没有实质性投资，优惠政策就归于失效［N/OL］．http：//www.takungpao.com/finance/236132/2018/1008/186276.html，2018－10－08.

案例 12

非居民企业间接股权转让案例分析[①]

本案例以分析案例中纳税人通过在境外设立公司并且设置多重中间受控公司的架构以实现间接持有境内企业股权的目的，然后通过多重股权间接转让的方式最终实现对境内企业股权的转让。通过分析案例中税务机关对受控外国企业规则的适用行为以及企业的应对行为中的问题，结合国内具体政策分析，并与其他国家相关政策与实践进行比较，对我国受控外国企业规则的税务实践提出建议，以促进企业更好地“走出去”。

① 本案例作者为林森。本案例根据意大利伊利诺伊工具工程意大利控股有限公司（ITW）与意大利税务机关关于受益所有人认定的争议案件分析撰写而成，内容完整，真实可靠。

案例正文

一、案例导入

（一）案情简介

2011 年 4 月 11 日，P 公司在德国成功上市。此次，P 公司公开发行 500 万股股票，占普通股的 1/3，每股股票面值 1 欧元。我国税务机关检察人员通过对其之前的架构进行分析注意到 P 公司上市前的股本数为 1 000 万股，每股面额 1 欧元，但其将股份中的 82.5 万股转让给 R 公司、S 公司和 T 公司，而这三个公司恰恰是我国税收居民郭某的亲属控制。因此，税务机关认定该股权转让交易可能属于关联交易，遂对 P 公司展开调查。

调查发现，我国税收居民郭某在 2003 年 8 月投资 1 500 万美元于福建成立 A 公司，2005 年 4 月在广东投资 390 万美元成立 B 公司。2010 年 12 月，郭某又在香港投资 1 万港元成立 C 公司。随后，郭某将其名下的 A 公司和 B 公司分别以人民币 1.5 亿元和 3 500 万元的价格转让给香港的 C 公司。2011 年 2 月，德国 P 公司成立当天，郭某与其签订协议。协议约定郭某将香港 C 公司的股份 100% 转让给 P 公司，但 P 公司的股份再由位于德国的 G 公司认购，G 公司也属于郭某名下 100% 控股的公司。为了德国 P 公司成功上市，G 公司将其控股的 P 公司股权分别转让给 R 公司、S 公司和 T 公司，以达到股权分散的目的。

经过以上股权转让交易，郭某通过“G 公司 – P 公司 – C 公司”的组织架构来实现对位于我国 A 公司和 B 公司的间接控制。图 12 – 1 为企业多重股权转让的组织架构图。税务机关在查清股权转让的交易事实后，认为中间层控股公司 P 公司和 C 公司是专门被用作税收安排，逃避我国纳税义务而设立的受控外国企业，且 G 公司向 R 公司、S 公司和 T 公司的股权转让不具有合理商业目的，其实质是转让我国 A 公司和 B 公司的股权，因此需要重新对该交易定性，G 公司应在我国履行纳税义务。

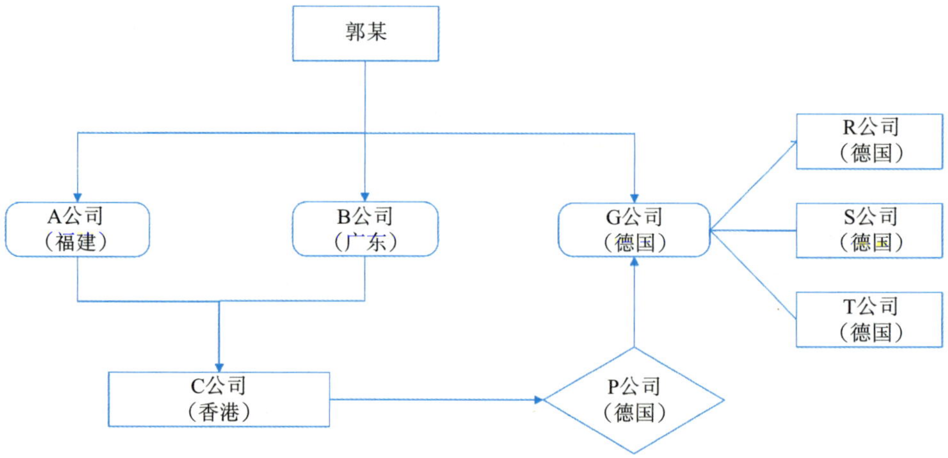

图 12－1　股权转让组织架构

（二）主要争议

1. G 公司

首先，R 公司、S 公司和 T 公司以及 G 公司均属于德国企业，因此其股权转让行为产生的所得不属于中国税法中规定的应税收入的范畴；其次，中间层控股公司 P 公司和 C 公司是出于企业长远经营发展考虑设立的，将股权经过 P 公司和 C 公司有利于企业声誉的提高，并非出于避税的动因；另外，G 公司就此次股权交易取得的收入完全来源于积极投资行为，应属于积极经营活动所得，具有合理的商业目的。基于此，G 公司就该股权交易获得的所得不需在中国交纳相应所得税。

2. 税务机关

税务机关针对多重股权转让交易分别进行分析判断。首先，针对 2011 年 2 月香港 C 公司对德国 P 公司的股权转让交易，由于股权的转让方和受让方都是由郭某直接或间接控制的公司，因此，税务机关认为该交易具有合理商业目的；其次，2011 年 4 月，德国 G 公司向 R 公司、S 公司和 T 公司的股权转让交易的实质是向三个公司转让位于我国境内的 A 公司和 B 公司的股权，即证明中间公司 C 公司和 P 公司只用于税收安排，可以否定其存在，进而将该股权转让行为归于我国境内公司股权的转让，这一转让行为不具有合理商业目的，应按直接股权转让行为在我国负有纳税义务。

（三）案情分析

基于双方争议，我国税务机关对受控外国企业 P 公司和 C 公司展开深入调查。

1. 股权价值

我国税务机关对P公司和C公司的股权价值进行调查。根据P公司在2011年财务报表中披露的净资产数据可知，2010年P公司的净资产价值为2 721万欧元，再对我国的A公司和B公司的净资产进行调查发现，A公司净资产价值为2 422万欧元，B公司则为299万欧元，由此可知，P公司和C公司的净资产正好由我国A、B两公司构成，如表12－1所示。这说明，P公司和C公司本身的净资产价值为0，即P公司和C公司的股权价值全部来源于我国境内A、B两公司。

表 12－1　　　　公司净资产价值

公司	P公司	A公司	B公司
净资产价值（单位：万欧元）	2 721	2 422	299

2. 收入来源

税务机关从股权转让交易的收入来源着手调查。调查发现，P公司向R公司、S公司和T公司转让股权的交易行为发生于2011年4月，此时，P公司和C公司注册成立尚不足4个月，因而可以认定，P公司和C公司的资产总额90%以上都是由位于我国的A公司和B公司构成，即P公司和C公司的收入来源的90%以上都直接或间接来源于我国境内。

3. 经济实质

税务机关从交易的经济实质出发，对该股权交易进行定性。P公司和C公司虽然不在我国境内注册成立，但是从经济实质的角度来看，P公司和C公司并不具有经济实质。首先就C公司而言，C公司于2010年底成立，在将股权转让给G公司时，仅仅存在了4个月的时间，且注册资本仅为1万港元，根本无法控制A公司和B公司的价值，实际履行的功能极其有限，且也无法承担股权转让产生的风险，因此C公司的经济实质不足以证明；再者P公司在上市前到股权转让仅存在两个月，显然无法控制股权转让产生的财产和风险，因此也不具备经济实质，仅为用于税收安排的受控外国企业。

4. 所得税税负

从所得税税负的角度出发，该股权转让交易之所以会产生，可能是因为在境外缴纳的所得税比在我国境内直接转让A公司和B公司承担的所得税负轻。

按照德国的所得税税法，该股权转让交易按照资本利得缴纳所得税，其中资本利得税税率为25%。在该股权交易行为中，P公司向R公司、S公司和T公司共计转让

82.5 万股，每股面额 1 欧元。那么按照股票面额和资本利得行为在德国计算其应纳所得税为：825 000 × 1 × 25% = 206 250（欧元），折合人民币约为 190 万元；按照我国所得税税法可知，该笔股权交易行为应交所得税应按股权转让收益征税，而由于其股权转让价格与独立交易原则不符，所以需要重新核定再按照 20% 的税率减半征收。由此可知，该股权转让行为若在我国境内发生，那在我国可能承担的所得税税负远高于在境外的所得税税负。

综上，该笔股权转让交易行为涉及的 P 公司和 C 公司是出于税收安排设立的受控外国企业，交易的整体安排不具有合理的商业目的，应将其定性为直接转让我国 A 公司和 B 公司股权转让行为，在我国负有纳税义务。

二、非居民企业间接股权转让涉及的基本理论

（一）受控外国企业

1. 法规依据

根据我国企业所得税法第四十五条①及国税发〔2009〕2 号文第七十六条②明确规定，受控外国企业是指企业不是出于合理经营需要而对企业利润少分配或不分配，且由我国居民企业直接或间接控制的在实际税负水平低于 12.5% 的国家或地区设立的外国企业。

2. 法理研判

根据《企业所得税法》以及其他相关政策文件的规定可知，我国对受控外国企业的含义、设立地域、适用所得税负和所得的计算及后续的反避税规则等都已经有所涉及。在本文提及的非居民企业的间接股权转让行为案例中，税务机关对中间层公司 P 公司和 C 公司的定性即为受控外国企业，这两家公司并非出于合理经营需要，且所得税负也比在我国之间进行股权转让要低得多，税务机关对企业进行纳税调整的原因也出于中间层 P、C 公司的经济实质不足。基于此，如何认定受控外国企业是判断我国非居民企业在间接股权转让行为发生是重要的判断依据。

3. 判断是否属于受控外国企业的依据

要判断企业是否属于受控外国企业要从以下几个角度出发进行综合考虑。首先，

① 《中华人民共和国企业所得税法》第四十五条。

② 关于印发《特别纳税调整实施办法（试行）》的通知国税发〔2009〕2 号第七十六条。

我国的居民企业要对其进行实质控制，是否构成控制关系主要可以从股份占比、资金占比、生产经营概况以及相应的关联交易来分析，其中，股份占比构成控制关系是指我国居民企业在一个纳税年度内直接或间接拥有该受控外国企业的表决权股份 10% 以上，总股份占比 50% 以上；其次，在判定企业的实际税负时，要注意与名义税负进行区分，将企业在国外和我国缴纳的税负进行区分，并且对企业的应纳税所得额进行计算时，要注意全面性原则；再次，判断企业是否出于合理经营需要，可以从企业的注册资本、注册时间、经营范围、行业间分析以及企业的盈利水平和财务报表披露情况来进行全面研究，以判断该企业是否是出于税收安排而成立的中间层公司；最后，对企业的利润分配情况做深入研究，可以从横向和纵向两个角度出发，对比同一行业间的不同企业的利润分配情况以及不同时期该企业的利润分配差异。以上就是判断受控外国企业的基本步骤，但是我们需要从理论和实践不同角度出发，对相关企业从多个维度进行定性和定量分析，以正确判断企业的定性。

（二）合理商业目的

1. 法规依据

合理商业目的的法规依据及其具体内容如表 12－2 所示。

表 12－2　　合理商业目的法规依据

具体法规	法规具体内容
《中华人民共和国企业所得税法》第四十七条	企业实施其他不具有合理商业目的的安排而减少其应纳税收入或者所得额的，税务机关有权按照合理方法调整
《中华人民共和国企业所得税法实施条例》第一百二十条	企业所得税法第四十七条所称不具有合理商业目的，是指以减少、免除或者推迟缴纳税款为主要目的
《一般反避税管理办法（试行）》第五条	税务机关应当以具有合理商业目的和经济实质的类似安排为基准，按照实质重于形式的原则实施特别纳税调整
《关于非居民企业间接转让财产企业所得税若干问题的公告》国家税务总局 2015 年 7 号公告	判断合理商业目的，应整体考虑与间接转让中国应税财产交易相关的所有安排，结合实际情况分析

2. 法理研判

由表 12－2 可知，我国对合理商业目的已经在相关政策文件中做了相应的阐述。不具有合理商业目的主要是指企业出于税收动因，对自身的经营模式和相应的交易行为做出规划，以达到少缴税、不缴税和延迟缴纳税款的目的。在本文提及的非居民企业的间接股权转让行为案例中，税务机关对企业进行纳税调整的原因也出于企业进行该交易的目的并非出于合理商业目的。基于此，合理商业目的是判断我国非居民企业是否存在纳税不遵从行为的重要原则。

3. 是否具有合理商业目的的判断方法

在判断非居民企业在间接股权转让交易中是否具有合理商业目的，要按照“实质重于形式”的原则，对转让交易的所有要素和安排进行综合考量，不能仅根据单一因素判断或直接定性。首先要对非居民企业间接转让股权的股权价值来源以及非居民企业的股权价值、净资产价值以及其他相关公司数据来判断交易股权是否属于我国应税财产；其次，通过对中间层公司的注册成立时间、注册资本、经营状况等因素进行分析，以判断转让的股权所获得的财产及相对应的风险与中间层公司的关联性，分析中间层公司的实际存在意义，其实际履行功能和承担的风险是否匹配；其三，从公司成立的时间轴判断相关公司是否有间接转让股权的安排痕迹；另外，从非居民企业的股权转让交易行为本身出发，判断其间接转让和直接转让之间的税负差异，以判定股权交易是否具有合理商业目的；除此之外，还要考虑国际税收协定的影响，包括非居民企业的择协避税行为和反滥用税收协定的结果和影响。以上就是判断非居民企业间接转让股权交易是否具有合理商业目的的基本步骤，但是我们需要综合考虑多方面因素，从多个维度对交易进行定性和定量分析。

三、非居民企业间接股权转让在我国存在的问题

虽然我国企业所得税法和其他相关政策文件对非居民企业间接转让股权的相关问题进行了确定，其中包括对受控外国企业和合理商业目的进行了明确的定义，但是各方面的要素设计和框架大多还是以定性为主，对实践的操作性不强，综合国内外学者研究探讨，本文认为非居民企业间接转让股权大致存在以下几个问题：

（一）受控外国企业的概念模糊

虽然我国企业所得税法对受控外国企业的概念进行了明确界定，主要是从实质控制的角度出发来对其进行判定。但是对于“控制”的界定却没有明确的规定，我国主要采取股权控制标准来核定是否属于受控外国企业，主要包括直接持股和间接持股，但是就间接持股而言，未将关联关系考虑在内，容易出现亲属持有股份来达到分散股权目的的现象；其次，控制的表达也太宽泛，诸如从资金、股份、经营等方面来加以判断，给了受控外国公司一定的避税空间；另外，根据国税发〔2009〕2 号文规定，

受控外国企业仅局限于具有实体形态的企业，忽略了透明实体的存在，一旦企业的税收流经该透明实体，那么其与实体企业相同，也应被视为受控外国企业。

（二）“CFC 规则”不涉及居民个人

根据我国现行的 CFC 规则可知，受控外国企业中仅对我国的居民企业有所涉及，但是由我国居民个人控制的企业并未提及，因此通过居民个人来对国外企业实施有效控制可能会成为新型的避税方式。另外，我国新修订的《个人所得税法》中新引入了反避税条款，也没有引入 CFC 规则。基于此，由于 CFC 规则在居民个人层面是空白的，所以在实践中，我国税务机关无法对居民个人实质控制的企业的所得归属进行界定，会导致我国税收的一定流失，这将成为我国税务机关对受控外国企业进行税源监控的征管漏洞。

（三）受控外国企业适用地域范围界定不清晰

我国对于受控外国企业的适用地域范围的规定是企业的实际税负比我国所得税的名义税率的 50%（即 12.5%）低，由此可知，我国采用实际税负的标准来对适用范围进行衡量。实际税负比名义税负更具合理性和公平性，但是仍然存在以下问题。首先，我国对境外企业采用实际税负的衡量标准，相较名义税率更具合理性和公平性，但这样的方式仍然有不足之处。其次，用企业在境外的实际税负与我国境内的名义税率进行比较，口径不一样；再次，纳税人可能对名义税率和实际税率理解有偏差，引起税企间的争议；最后，税务机关在测量企业的实际税负时，需要与境外的税务机关进行全面沟通，征管成本进一步增加，加之我国在对低税率国家进行判定时，采用的是“白名单”方式，并没有提供“黑名单”，这使得税务机关对企业的真实税负的测量难度进一步提高。

（四）“合理商业目的”定义不明确

尽管我国目前对“合理商业目的”有了一些明确的解释，但是依然存在一定的不足。首先，对一些概念没有进行明确的界定，诸如企业的股权价值是母公司还是合并报表中体现的股权价值未明确；其次，在非居民企业间接转让股权的交易中从企业的功能履行和风险承担两个方面来判断企业是否具有合理商业目的也存在着明显的短板，税务机关和企业的自由裁量权都比较大；另外，我国对于“合理商业目的”的界定仅存留在定义层面，对实践的指导性不强，在实际操作中可操作性还有待提高。

（五）豁免条款仍需进一步细化

我国在对 CFC 规则进行设计时，借鉴国外的先进经验，引入了一系列豁免条款，但是基于各国的国情不同，再加之实际操作中案情具有复杂性，而我国设置的豁免条款具有单一性，受控外国企业仍可以通过一系列的转让定价等操作来达到避税目的；除此之外，由于我国设置的豁免条款未对行业豁免进行明确规定，国内企业可能会为了享受国内的豁免条款，而拒绝“走出去”。

四、非居民企业间接股权转让政策建议

（一）完善受控外国企业的界定

我国对受控外国企业的界定多体现在实质控制角度，主要包括股权、资金和经营情况等。目前我国仅对股权控制标准列出了具体测算方法，但是在间接持股方面仍存在不足。建议将企业间的关联关系考虑在内，对多个股东持股的情况给出具体的测算方法。除此之外，还可以根据 BEPS 行动计划，将透明实体和常设机构归纳在受控外国企业范围内。

（二）完善个人所得税法体系

随着我国越来越多的居民个人进行海外投资，而我国在个人所得税法层面上对于 CFC 规则是空白的，建议完善我国的个人所得税法体系，引入 CFC 规则，将由居民个人直接或间接控制的企业纳入个人所得税法体系，填补我国现行个税的漏洞，防止非居民企业利用居民个人进行间接股权交易。

（三）明确受控外国企业的适用范围标准

由于用企业在境外的实际税负与我国的名义税负进行对比不具有说服力，建议我国明确受控外国企业的适用范围，可以借鉴英国的做法，将企业的在境外的实际税负与按照我国税法应缴纳的税额相除，得到一个比例，按照比例进行比较。另外，我国在对低税率国家进行判定时，采用的是“白名单”方式，为了加强征管效率，可以设置“黑名单”，并对“白名单”和“黑名单”进行实时更新。

（四）补充关于“合理商业目的”的解释性法规

世界各国对于“合理商业目的”的界定并不完全相同，这就导致加大了征管难度，因此，我国要补充关于“合理商业目的”的解释性法规，对其做出更加详细的规定。建议我国借鉴相关国家的经验做法，从企业的组织形式、交易的合法性、是否存在关联交易、利润水平、非税商业动机、未分配利润的规模等多个角度出发，对企业的“合理商业目的”进行界定，提高在现实征管中的可操作性。

（五）细化豁免条款的认定标准

基于我国豁免条款较少且相对笼统的现实，建议可以细化豁免条款的认定标准。可以结合我国的基本国情和税制结构，适当扩大豁免条款的视同范围，并且要增加对行业豁免条款的明确规定。在细化豁免条款的认定标准上，可以借鉴 BEPS 行动计划的最新成果，建立相对完善的受控外国企业制度。同时，要加强对企业的 CFC 规则的教育和宣传，防止企业因对相关条款或政策的理解偏差而引发不必要的税收风险，为企业“走出去”保驾护航。

（六）加强国家间涉税信息的共享与交换

加强国家间涉税信息的共享与交换，与其他国家共同建立税收情报网络，进行各类税收情报的交换，有利于防止非居民企业利用间接转让股权来达到避税的目的。由于不同国家的税制差异，在涉税信息共享方面加强国际合作，有利于了解全球的税收规则，税务机关可以就全球税制差异对企业在低税率国家进行的股权转让交易进行重点监管。除此之外，国家间可以协商建立由于间接股权转让行为导致国家税基侵蚀的网络，防范间接股权转让用于避税行为的产生。另外，税务机关也应加强与工商部门、外汇管理部门和商务部等部门的合作，加强部门之间的协作，充分了解非居民企业的基本信息，便于对其进行监管。

案例使用说明

一、教学目的与用途

1. 本案例主要适用于税收学、税务筹划、税收征管、管理学等课程的学习。

2. 本案例以国内公司通过将利润滞留在受控对外投资企业以达到避税目的为背景。通过分析案例中税务机关对受控外国企业规则的适用行为以及企业的应对行为中的问题，结合国内具体政策分析，对我国受控外国企业规则的税务实践提出建议，以促进企业更好地“走出去”。其教学目的在于使学生对受控外国企业的概念和判定有充分的认识和深入的了解。

二、启发思考题

1. 什么是受控外国企业？其判定条件有哪些？
2. 我国对受控外国企业的税收政策有哪些？
3. 什么是合理经营需要？如何理解与确定“合理商业目的”？
4. 通过案例分析我国受控外国企业实践存在的问题有哪些？
5. 本案例对完善我国受控外国企业实践有何启示？
6. 对我国完善受控外国企业税收政策有何建议？各国对于受益所有人的判定标准有哪些？是否合理？

三、分析思路

教师可以根据自己的教学目标（目的）来灵活使用本案例。这里提出本案例的分析思路，仅供参考。

本案例通过对纳税人在境外设立公司并且设置多重中间受控公司的架构以实现间接持有境内企业股权的目的，然后通过多重股权间接转让的方式最终实现对境内企业股权的转让进行分析。第一部分对案例发生主体及背景进行介绍，并总结案件各主体的争议所在，对案情进行基本分析。第二部分介绍非居民企业间接股权转让涉及的基本理论，包括受控外国企业和合理商业目的的法规依据及相关研判。第三部分指出当前非居民企业间接股权转让在我国存在的问题。第四部分针对非居民企业间接转让股权在我国存在的不足提出相应的改进措施，主要涉及制度和征管的完善。

四、理论依据及分析

1. 受控外国企业的概念。我国企业所得税法第四十五条及国税发〔2009〕2 号文第七十六条明确规定，受控外国企业是指企业不是出于合理经营需要而对企业利润少分配或不分配，且由我国居民企业直接或间接控制的在实际税负水平低于 12.5% 的国家或地区设立的外国企业。

2. 判断是否属于受控外国企业的依据。从实质控制标准、企业税负和合理经营需要的角度对受控外国企业进行定性和定量分析。

3. 合理商业目的的法规依据。我国企业所得税法及企业所得税法实施条例以及其他相关政策文件都对合理商业目的进行了规范。

4. 合理商业目的的判断方法。判断非居民企业在间接股权转让交易中是否具有合理商业目的，要按照“实质重于形式”的原则，对转让交易的所有要素和安排进行综合考量，不能仅根据单一因素判断或直接定性。

五、关键要点

1. 受控外国企业的概念。
2. 受控外国企业的判定标准。
3. 合理商业目的的界定。
4. 当下我国受控外国企业实践存在的问题。
5. 如何完善我国受控外国企业税收政策。

六、建议课堂计划

本案例可以作为专门的案例讨论课来进行。如下是按照时间进度提供的课堂计划建议，仅供参考。

整个案例课的课堂时间控制在 80 ~ 90 分钟。

课前计划：给出案例背景并提出启发思考题，请学员在课前完成阅读和初步思考。

课堂计划：对案例进行详解，明确讨论内容（20 分钟）。

分组讨论（25 分钟），告知发言要求。

小组发言（每组 5 分钟，控制在 25 分钟）。

引导全班进一步讨论，并进行归纳总结（15 ~ 20 分钟）。

课后计划：如有必要，请学员采用论文形式给出更深层次的解读报告，包括具体的职责分工，为后续章节内容做好铺垫。

七、进一步阅读材料

[1] 黄夏岚，房越．CFC 规则完善下“走出去”企业的税务风险分析——以赴中国香港地区上市公司为例[J]．国际税收，2019（07）：47－52.

[2] 黄洁钦．“走出去”企业关联交易境内税收风险与应对[J]．国际税收，2019（03）：53－56.

[3] 王晶晶，郑敏，李贞如．中国受控外国企业规则的建构——基于“一带一路”倡议背景的再思考[J]．经济研究参考，2018（31）：17－24＋31.

[4] 王恒．“走出去”企业税收管理存在的问题与分析[J]．国际税收，2017（11）：60－61.

[5] 贺燕．我国“合理商业目的”反避税进路的反思[J]．税收经济研究，2019，24（05）：72－79.

[6] 潘虹，沈武，斯丹丹，王瑜．境外公司间接转让境内公司股权案例分析[J]．国际税收，2019（07）：65－68.

八、参考文献

[1] 王思琪，齐楚．BEPS 背景下我国受控外国企业规则探究[J]．税务研究，2019（04）：64－67.

[2] 黄夏岚，房越．CFC 规则完善下“走出去”企业的税务风险分析——以赴中国香港地区上市公司为例[J]．国际税收，2019（07）：47－52.

[3] 周广为．非居民企业股权转让所得税涉税风险防控及案例[J]．中外企业家，2015（23）：30－31.

[4] 王智烜，谢鹏．非居民企业间接股权转让企业所得税处理案例研究——基于国家税务总局公告 2015 年第 7 号的分析[J]．国际税收，2015（10）：70－72.

[5] 魏俊．疏议我国受控外国企业反避税规则——以山东省某受控外国公司（CFC）特别纳税调整案为例[J]．税务研究，2018（08）：66－69.

[6] 王文静，韩子宇．完善我国受控外国企业法规的研究——基于国内典型案例的视角[J]．国际税收，2018（06）：47－52.

[7] 林绥，杨俊．我国非居民企业间接股权转让中的合理商业目的判定——以印度沃达丰间接股权转让案为例[J]．国际税收，2016（02）：50－55.

[8] 梁若莲．一起典型的非居民间接股权转让避税案例分析[J]．税务研究，2016（02）：123－126.

案例 13

日本线下仓库构成常设机构税案[①]

本案例从日本线下仓库构成常设机构的一则判例出发，探讨数字经济背景下对常设机构规则的挑战，并结合 BEPS 行动计划建议的应对方案，提出完善我国常设机构规则的建议。

① 本案例作责为杨志清、杨敬茜。案例来源：IBFD 数据库，https：//research. ibfd. org/#/doc？ url =/linkresolver/static/cl_ jp_ 2016_ 01_ 28_ 1。

案例正文

从近百年国际税收规则实践来看，构成常设机构是判断来源国对非居民企业从该国取得的营业利润是否拥有征税权的重要前提。若企业通过设立在某国或某地区的常设机构进行经营活动，则该国有权在该常设机构产生的利润限额内对企业征税。因此来源国对非居民企业征收所得税款需要满足两个条件：一是非居民企业在该国构成常设机构；二是仅就归属于常设机构的利润征税。但是数字经济下新兴商业模式的崛起对传统常设机构规则造成了极大的挑战，传统常设机构规则对数字经济下企业的经营行为判定失灵。数字经济下企业的经营行为变得无实体化，使得来源国对非居民企业从本国取得的大笔利润因无法满足常设机构的认定条件而无法征税。并且在数字经济下企业利用信息通信技术进行经营活动使传统的常设机构的利润分配方法也难以适用。

本案例从日本线下仓库构成常设机构的一则判例出发，探讨数字经济背景下对常设机构规则的挑战，并结合 BEPS 行动计划建议的应对方案，提出完善我国常设机构规则的建议。

一、案例背景

纳税人是美国居民，2002 年起通过三个线上平台，即购物网站、线上市场、互联网拍卖的方式向日本消费者销售汽车零部件。2005～2008 年，纳税人在美国居住，在美国对线上平台进行维护。2006 年 11 月 29 日，他在日本租赁了一个仓库，代替了之前租赁的公寓，并且在公寓和仓库中雇佣了从事业务的员工。该纳税人的业务模式是，纳税人在美国购买汽车零配件，将其储存在日本的公寓（之后是仓库）里，当日本消费者在互联网下订单后，就从公寓或仓库里运送部件给日本客户。而纳税人在 2005～2008 年的纳税年度期间，没有在日本申报所得税和消费税。2008 年日本税务机关对此展开了检查。

调查发现，纳税人在日本线上平台的网站使用的是日本域名，并且网站在日本进行了注册，显示的也是日本文字，而其租赁的公寓的地址和电话是其在线上平台留下的联系方式。而纳税人在美国对网站进行维护和管理工作，主要包括：日本的市场调查及产品定价、采购产品、与客户线上沟通、制作日语的产品说明书等。其日本公寓和仓库的活动包括：货物储存、产品包装（包括附上与说明书）、产品运送、退换货物以及在公寓和仓库拍摄产品照片并上传至网站。业务流程见图 13－1。

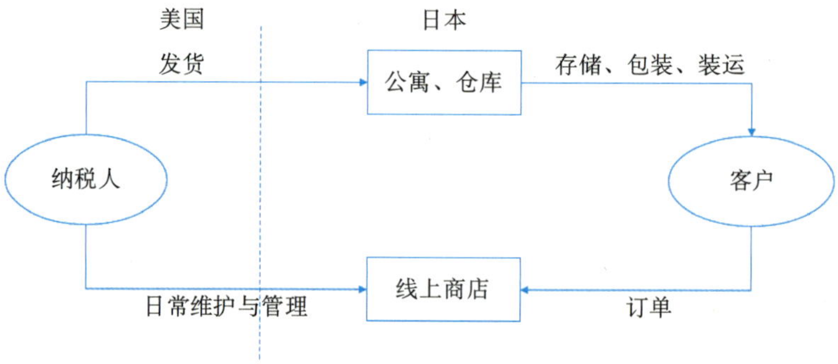

图 13－1　业务流程

二、争议的焦点

案例的争议焦点在于，该销售业务在线下租赁的仓库是否构成了其在日本的常设机构。即纳税人雇用的员工在其日本租赁的公寓和仓库中的存储、装运活动是否适应常设机构条款中的豁免条款。

根据美日税收协定的第五条①，“常设机构”一语应认为不包括：

（a）专为储存、陈列或者交付本企业货物或者商品的目的而使用的设施；

……

（e）专为本企业进行其他准备性或辅助性活动的目的所设的固定营业场所；

美日的该税收条款规定与 OECD 范本规定相同，纳税人认为按照 OECD（2012）报告的解释，第五条的第四款（a）到（e）项应自动豁免。对此，法院却不认同，法院认为其构成了在日本的常设机构。

三、案件结论

（一）公寓和仓库构成常设机构

该公寓和仓库构成其在日本的常设机构。法院认为，虽然企业在日本租赁的公寓和仓库主要是承担储存和交付商品的职责，满足第 5.4（a）项的表述。但是这些职责并不表明它承担的仅仅是准备性或辅助性的活动，也并不影响其构成常设机构。因为纳税人在线下的仓库是其在日本仅有的营业地点，主要表现为：纳税人在购物网站上的联系地址是该日本公寓，消费者了解到此信息并在线签订了订单合同，并且其线下

① 《日本—美国税收协定》（2003）第五条。

销售的环节，包括存储、装运、交付等活动是通过该公寓或仓库完成的。另外，该公寓和仓库还承担了退换货功能，这些功能都增加了其销售商品的价值。基于以上情况，法院认为纳税人租赁的公寓和仓库是在本国仅有的固定营业场所，并且其承担的存储、交付商品、退换货功能对其商业行为具有重大意义，认为这些活动不具备准备性或辅助性，在日本构成常设机构。

（二）常设机构的利润归属

法院认为，在将其租赁的公寓和仓库认定为常设机构的情况下，因为该企业在互联网上收到的所有日本订单都是通过该常设机构完成的，所以在估计归属于该常设机构的利润时，应该假定该常设机构独立开展线上销售业务。法院认为，可以以该企业上一期间的营业收入同总收入的比值来估计本年期间的营业收入。

四、案例思考

该案例对于数字经济下常设机构的认定有着极其重大的意义。因为在传统经济业务下，货仓的存储、交付功能往往被视为准备性、辅助性的，所以豁免被认定为常设机构。但根据 2017 年 OECD 范本的注释，对于线上交易等数字经济交易行为，存储和交付功能的线下仓库往往是支持其线上交易顺利完成的核心活动，其不应该确认为准备性、辅助性活动。

尽管该案例的发生和判定时间是在 2017 版 OECD 范本公布之前，但法院对此案的判定反应了与最新 OECD 范本相近的观点。也就是常设机构豁免条款仅适用于业务功能具有准备辅助性。而该案例中，虽然纳税人通过互联网同客户直接签订了合同，但其线下的交付和退换货功能也是其完成整个交易的不可或缺的环节。因此该仓库对纳税人的整个交易活动具有重要影响，这也证明了其线上经营与日本具有经济关联，而其线下的仓库应被认定为常设机构。

案例使用说明

一、教学目的与用途

1. 本案例主要适用于税务专业硕士国际税收理论与实务课程，也适用于税收学研究生国际税收研究与本科生国际税收等相关课程。

2. 本案例的教学目的：

（1）了解和掌握常设机构规则。

（2）了解数字经济对常设机构认定规则及其利润归属的影响。

（3）了解和掌握 BEPS 行动计划建议的应对方案。

（4）能够从案例中得出完善我国常设机构规则的建议。

二、启发思考题

1. 什么是常设机构？其判定条件有哪些？

2. 数字经济对常设机构认定规则及其利润归属有何影响？

3. 数字经济下常设机构如何认定？

4. 数字经济下常设机构利润归属问题如何解决？

5. 对我国完善常设机构税收政策有何建议？

三、分析思路

1. 本案例主要针对 MT 学生所设计，要求他们在给出案例资料的基础上，围绕案例的内容收集案例所涉及的法律法规资料，在一定的假设条件下，深入分析有关所得税问题。

2. 可以采取外部咨询公司对该案例的咨询诊断活动形式，分成不同小组对案例涉税问题进行分析。也可以在分组讨论时，模拟担任相关高层领导角色，对问题进行分析。

3. 要求学生重点分析数字经济下常设机构的认定规则及其利润归属问题。

4. 在分析的基础上，要提示学生在讨论中应对常设机构规则、相关税法、税收协定的有关规定与解释进行重点分析理解运用。

5. 最后，在各组讨论发言的基础上，教师做一个代表自己观点的总结，供学生参考，并进一步提出深入思考性问题，为后续课程的讲授打好基础。

四、理论依据及分析

1. 传统经济下常设机构及其判定条件分析

常设机构，即固定场所或固定基地，是指一个人进行全部或部分经营活动的固定营业场所。其范围很广，包括管理机构、分支机构、办事处、工厂、车间、矿场、油井、气井、采石场、建筑工地等。

一般来说，构成常设机构营业场所必须具备以下三个基本条件：

第一，能够构成常设机构的必须是一个营业场所，而这种场所并没有任何规模上的范围限制。通常是指用于从事营业活动的所有房屋、场地、设备或设施，如机器设备、仓库、摊位等，并且不论是其自有的还是租用的。

第二，能够构成常设机构的营业场所必须是固定的。即有确定的地理位置，并且有一定的永久性，不包括没有确定地点所进行的营业活动。但在确定地点进行的营业活动有暂时的间断或停顿，不影响其常设机构的存在。因此，这一基本条件是该营业场所具有相对的固定性或永久性，而非临时性，即要足以表明它是常设。

第三，能够构成常设机构的营业场所必须是企业用于进行全部或部分营业活动的场所，而不是为本企业从事非营业性质的准备活动或辅助性活动的场所。

对常设机构具体形式的理解，还应注意以下三点：

第一，上述对常设机构具体形式的列举不是限定。“列举”只是从几个重点方面列举属于常设机构的场所，并不影响对其他机构场所按照常设机构的定义判断为常设机构。如种植园、养殖场等，虽未做列举，但属于进行营业的固定场所，仍然可以被理解为常设机构。

第二，构成常设机构的管理场所不包括总机构。“管理机构”是指代表企业负有部分管理职责的事务所或办事处等一类管理场所，它不同于总机构，也不同于企业的实际管理控制中心。

第三，常设机构不包括承包勘探开发工程的作业场所。“矿场、油井或气井、采石场”，是指经过投资、拥有开采经营权、从事生产经营而言，不包括为上述矿藏资源的勘探开发承包工程作业。对承包工程作业，一般是以其持续日期的长短来判断其是否构成常设机构。

总之，常设机构的内涵丰富，作用大，其标准、范围非常复杂，又是当今世界经济关系必须涉及的问题。使用常设机构概念旨在认定营业利润的来源地内涵，确定行使收入来源地管辖权的范围。因此，常设机构的真正作用在于正确解决对营业利润的来源地的征税问题。由于许多国家认为常设机构这一概念比较容易用来确定营业利润的来源地，所以都想从本国的经济状况和需要去扩大或缩小常设机构的范围。如有的主张常设机构包括咨询劳务。众所周知，营业利润的形成，要比其他各类所得复杂得多。它涉及广泛的经济活动网络，很难完全用某些活动或财产的所在地来确定，世界各国多年的探索表明，对营业利润征税的有关事宜必须结合从事营业活动的机构、场所加以确定，并且必须明确规定这些机构、场所的内涵和外延。这一点事关有关国家的权益，特别是直接关系到收入来源地国家的征税权。因此，在国际经济活动中，有必要把常设机构问题作为核心问题之一审慎对待。

2. 传统经济下常设机构利润归属的一般方法

只有跨国法人在其境内设有常设机构才能课税。因而在运用常设机构这一概念来确定收入来源地的同时，又派生出了一个常设机构的利润如何确定的问题。常设机构只是总机构或总公司的派出机构，本身并不具有独立的法人地位，但各国的税法和国际税收协定都将常设机构视同一个独立的机构或企业，要求按照正常交易的方式与其总机构进行经济交往。在确定常设机构营业利润时，通常有以下四种原则或方法：

（1）归属原则。

归属原则，是指常设机构所在国行使收入来源地管辖权课税时，只能以归属于该常设机构的营业利润为课税范围，而不能扩大到对该常设机构所依附的对方国家企业来源于其国内的营业利润的一种原则或方法。也叫归属法或实际所得法。

由于各国在税法和国际税收协定中都将常设机构作为一个独立的机构或企业，所以都要求它按照正常交易的方式与其总机构进行经济往来，即应当按照“独立核算原则”计算其营业利润，并按实际取得的营业利润向其所在国纳税。所以这种方法也称实际所得法，并已得到国际公认。在我国与日本、英国、美国、法国等国家签订的双边税收协定中，对跨国经营所得的课税范围，均采用归属法加以确定。

（2）引力原则。

引力原则，是指常设机构所在国除了以归属于该常设机构的营业利润为课税范围以外，对并不通过该常设机构，但经营的业务与该常设机构经营相同或同类，其所取得的所得也要牵引到该常设机构中合并征税的一种原则或方法。

采用这种方法将扩大常设机构所在国的征税范围，也有助于防止跨国纳税人利用国际税负差别进行避税。但从税务管理角度看，引力法在具体执行上存在着一定的困难，来源国（常设机构所在国）很难控制和掌握非居民企业未通过常设机构而自行开展的营业活动及取得的相应利润。关于引力法，曾经得到《联合国范本》的考虑，但并未被《经合发范本》所采纳。《经合发范本》反对采用引力法的理由是，认为这一方法不适当地扩大了收入来源地管辖权行使范围，也不利于跨国公司精简机构。故引力法适用范围较归属法狭窄，一般需要由有关国家协商确定。

（3）分配原则。

分配原则，是以常设机构的费用和利润为依据，由其总机构汇总按一定的比例分配给常设机构，常设机构所在国即以该常设机构分得的利润为课税范围，行使收入来源地管辖权进行征税的一种原则或方法。也叫比例分配法。

一国企业设立在另一国的常设机构，有时只办理接洽、通信联络等事宜，并不从事营业，因此并无营业利润，而只有费用损失。对于这样的常设机构，既然没有所得，本来是不予征税的。但是，考虑到费用损失乃取得营业利润的代价。既有费用发生，就必有相应的收入和营业利润，只不过该项营业利润是包括在外国总机构账内，没有直接体现在常设机构账上而已。所以，常设机构的费用和利润，应由其总机构汇总按一定的比例重新分配给各常设机构，以体现各常设机构的经营成果情况，也可为常设机构所在国行使收入来源地管辖权进行征税提供方便。因此，这种向无营业利润的跨国企业的常设机构行使收入来源地管辖权课征所得税的做法，目前已为西欧一些国家所默认。

（4）核定原则。

核定原则，即常设机构所在国按该常设机构的营业收入额核定利润或按经费支出额推算利润，并以此作为行使收入来源地管辖权的课税范围的一种原则或方法。

例如，目前在西欧一些国家，按常设机构实际发生的费用支出额，乘以规定的百分比（通常根据行业盈利水平的不同，规定为5%～10%），作为该常设机构的应税所得进行征税。

3. 数字经济对常设机构认定规则的影响

“经济关联”原则反应了一笔经营收入与该收入的来源地之间的关联度，它是当前常设机构规则的基础。只有满足了经济存在这一条件，收入的来源国才能基于此对该笔营业利润征收税款。对于传统经济活动，非居民企业在所得来源国建立物理存在，或者是拥有非独立代理人，构成了场所型常设机构和代理型常设机构，那么他们就产生了“经济关联”，所得来源国就拥有了征税权。但数字经济时代下，由 ICT（信息和通信技术）兴起的各种商业模式，对常设机构的认定构成了巨大的挑战。在数字经济时代下，企业的经营能力得到了空前的提高，甚至不需要在来源国设立固定场所，仅仅依靠互联网平台就可以实现交易行为。这种通过虚拟存在就可以完成跨国跨地区的经营行为，通常无法适用常设机构规则。

其次，在传统的经济行为中，存储、交付商品往往被视作准备性、辅助性功能，仅有这些功能的场所满足豁免条款。但是在跨境电商企业中，该活动确是企业生产经营闭环中不可缺失的一环。并且其拥有的物流仓库也影响着企业的市场竞争能力，若这些营业活动仍被定义为准备和辅助活动，是值得商榷的。并且在数字经济时代下，企业基于 ICT 可以将核心业务置于互联网上完成，线下的业务虽然在来源国拥有物理存在，但企业可以利用“业务分割”的方式，由位于不同国家或者地区的物理存在完成，在这样的安排下，企业在不同国家的物理存在都可能被单独认为是准备和辅助活动而被豁免认为常设机构。

4. 数字经济对常设机构利润归属的影响

根据 OECD 范本第 7 条第 2 款，公平交易法是确认常设机构利润归属的主要方法。这个方法主要包括两个过程，首先是分析该公司的功能，以及其拥有的资产、承担的风险。然后是在可比较的条件下利用可比交易调整关联交易价格。但是在数字经济时代下，该方法的适用遭遇了挑战。

对于功能分析，企业利用 ICT 技术可以将同一个功能分配给世界各国各物理存在，例如将生产功能在全世界分配，由各地的物理存在共同完成生产制造活动，使各不同地区的物理存在履行特定单一的功能。若税务机关适用公平交易法对企业各物理存在进行功能分析，就必然得将各单一功能划分为更小的存在，但这种划分太过细化，在市场上发现可以类比的交易价格难度很高。对于利用可比交易调整关联交易价格，由于跨国公司利用 ICT 技术可以更好地掌握企业的经营情况，公司的业务逐渐由单一转变为多元化，当公司在内部进行交易的成本比其外面市场所需的成本更小时，公司会更多地选择内部交易，这种内部交易的增加使得在市场上寻找可比价格更加困难。另外，在数字经济时代下，企业主要利用互联网完成交易活动，线上交易承担着各企业的核心业务，但这种交易行为却不存在可比性，对于公平交易法不太适用。

五、关键要点

1. 数字经济下常设机构如何认定？

2. 数字经济下常设机构利润归属问题如何解决？

3. 本案例中销售业务在线下租赁的仓库是否构成了其在日本的常设机构？重点要对常设机构、相关税法、税收协定的有关规定与解释进行分析、理解和运用。

六、建议的课堂计划

1. 本案例教学过程中时间建议安排 3 课时。其中引导学生复习国际税收关于常设机构的认定规则及其利润归属的基本知识 1 课时，分组讨论 2 课时。

2. 介绍案例背景，了解纳税人的全球商业架构。

3. 分析该案例税收的关键点，并就其可行性和风险进行分析讨论。

4. 总结和归纳该案例所涉及的主要知识点，对我国常设机构的认定规则及其利润归属处理的要点、风险和管理建议进行深化。

七、思考题参考答案及相关法规依据

1. 数字经济下常设机构的认定

（1）常设机构规则的修改：

第一，修改常设机构豁免条款。在传统的经济模式中，储存、交付商品等活动往往被视为准备辅助功能，这类功能的物理场所应满足豁免情况而不构成 PE。但是在数字经济时代下这类活动通常是企业整个商业闭环中不可缺少的一环，是核心业务之一。所以 BEPS 为了防止人为规避常设机构的认定，规定原认为是准备辅助活动的场所也需经过测试，只有仅具有准备辅助性功能的场所才能适用豁免条款，即企业的核心活动不能适用豁免条款。

第二，反分割规则。OECD 在最新的范本中建议加入反分割规则，这不仅有利于防止企业规避构成常设机构，对常设机构的利润归属地也有帮助。反分割规则规定，公司或其关联公司在某国各固定场所开展经营业务，他们的经营行为可以相互补充，且将他们整合起来使得活动总体不具备准备辅助性质，则不适于豁免条款。这个规则的加入使得常设机构的认定条件增加了限制，它将非居民纳税人在来源国的所有经营活动以及其关联企业的经营活动整合起来考虑了。这对防止纳税人通过合同或者营业活动的拆分，将各功能拆分为准备辅助性活动而滥用豁免条款具有抑制意义。

并且通过反拆分规则，税务机关可以将各物理存在的功能汇集到特定的常设机构，然后通过分析该常设机构的功能和寻找可比交易来调整可比交易价格。

（2）显著经济存在：

“显著经济存在”是 OECD 提出的一个新联结度规则。通过从收入、数字化、用户三个因素的考虑，来判断来源国是否有权对该非居民企业征税。

首先是收入因素。某非居民企业能从来源国持续获得收入，这就是判断形成“显著经济存在”的指标之一。企业进行跨境交易往往是以营利为目的的，如果某一企业从来源国没有获得收入，就不认为“显著经济存在”，来源国对该非居民企业不应征税。为了防止非居民企业利用 CIT 技术远程直接接受货款来规避此规则，OECD 建议在核算非居民企业在来源国取得的收入时可加上远程交易收入。另外，为了避免将偶尔的收入包括在该规则之内，并且减轻纳税人负担，各个国家可根据本国国情设置起征点。若其非居民企业在这个国家获取的收入高于起征点，则满足了该项指标。

其次是数字化因素。非居民企业是否满足该因素的判断，主要从以下三种物化形式进行判断。①当地域名。当企业选择进入某国市场，往往会取当地的网络域名。这种考量不仅方便消费者对公司官方网站的搜索，还能保护自己的商标不被抢注。中国的域名是“.cn”，很多国外的跨国公司在进入中国市场时就会注册后缀为“.cn”的域名。②数字平台。为了使公司在来源国更具本土化，使目标地区消费者能更好地理解公司的产品，非居民企业往往会选择当地的数字平台进行经营活动，与客户更好地交流。当前因为智能手机以及App的普遍应用，很多公司都建立了App作为来源国的数字平台，在App上使用目标国的语言文字，功能设置也迎合了该国消费者的习惯。③当地付款选择。付款是完成交易活动的最后一步，但其选择也影响着交易活动的成功与否。非居民企业通常会选择目标国消费者习惯性付款渠道，避免消费者因为付款方式不便而放弃此次交易。例如对于中国客户，外国商家会加入“微信”等特色付款渠道。这三种物化方式也是判断“显著经济存在”的指标之一。

最后是用户因素。在这个指标下，BEPS行动计划提出了三个量化标准：①“月度活跃用户”，这个数值的大小反应了非居民企业与来源国消费者的联系程度。②“在线合同订立”，这一数值更直观和量化地反应了经济参与度。③“数据收集”，该数值考量了数据价值，收集了使用者的反馈、爱好等数据，对非居民企业在来源国的收入有很大的影响。

在“显著经济存在”的规则下，综合考虑了以上三个因素，能更恰当地判断来源国对非居民企业的征税权。以上有关数字经济下常设机构的认定综合示意图如图13-2所示。

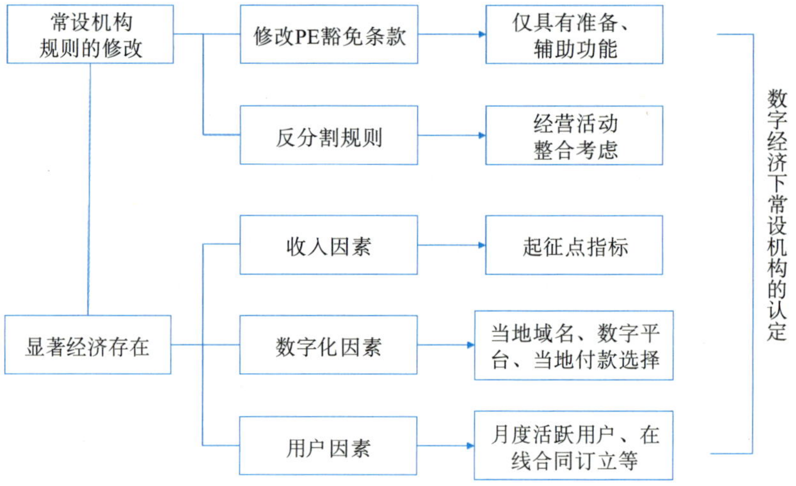

图13-2　常设机构认定综合示意图

2. 数字经济下常设机构利润归属方法

在解决了数字经济下常设机构认定问题后，常设机构利润归属问题紧随而至。可以采取核定利润法和零星分配法解决常设机构利润归属问题。

（1）核定利润法：

当税务机关无法获取纳税人在境外经营活动的成本费用时，可以就境内的所得按照推定的利润率计算其净利润，这就是核定利润法的适用情况。在数字经济下，税务机关也无法确定纳税人虚拟数字的成本，OECD 提出在计算非居民企业的利润归属时也可以采用这个方法。若企业在本国满足“显著经济存在”规则，税务机关可以将非居民企业来源于本国的收入按照推定的利润率计算净利润，以确定其应纳税额。推定的利润率由很多因素影响，并且各个行业也不一样，这需要该国的税务机关对此类信息进行广泛收集。

该利润归属方法有几处缺陷，其一是税务机关收集的传统交易模式下的利润率与数字经济下的企业的利润率有很大差别，其推定的利润率可能不适应于该企业。其二是推定的利润率太笼统，跨国企业的业务往往是多元化的，若用统一的推定利润率来核算该非居民企业在来源国的净利润也不太适合。其三是这种方法可能会使未盈利的企业也负担纳税义务。

（2）零星分配法：

零星分配法的实质就是公式分摊法，越来越多的国家发现公平交易法对数字经济下的常设机构的利润归属问题不再适合，而公式分摊法得到了越来越多国家的关注。在公式分摊法下，居民国税务机关对跨国公司的全球应税所得进行分配，分配的根据是由不同权重的因素构成的统一公式，这些因素包括员工数量、工资，有形资产，销售数量等。

这一利润归属方式在数字经济时代下有着显著的优势，相较于公平交易法它更加的简便，无须进行功能分析，也无须寻找可比交易。更重要的是，数字经济下数据本身包含在了利润中，只需要通过各常设机构的数据信息，就可以准确得出因素中销售比重，进而将利润分配给各常设机构。公式分摊法得到了众多国外学者的支持，该方法在数字经济下更具优势。

3. 完善我国数字经济下常设机构规则的建议

（1）统一常设机构在国内税法与税收协定中的定义：

在我国与其他国家签订的税收协定中，在常设机构的规定上基本参考了两大范本的描述，与范本的差异很小。在国内税法中，我们没有明确提出常设机构，但应用了一个与之相近的概念，称为“机构、场所”。两者大体规定相一致，但在准备性、辅助性营业场所的认定上有差别。“机构、场所”设定的范围相对于协定中常设机构的范围较宽，没有将准备辅助性场所视为例外来讨论。这种差别会导致我国常设机构认定的错适，即在我国设立的符合国内税法的机构、场所，很可能不适用于税收协定上规定的常设机构。并且这种错适很可能导致税收的不公平，对于那些尚未与我国政府达成税收协定的国家，他们在我国设立的准备辅助性场所，因为不存在双边协定，所以会因适用我国国内税法被认定为常设机构而被征税。

（2）合理拓展常设机构外延：

传统常设机构的判定条件已不能满足当前新兴的数字经济下常设机构的判定。为保护作为来源国的税收主权，世界上较多的国家和地区都采取了相关的应对方案。其中印度采取了征收新的税种——衡平税的方式，根据国际反应表明，对数字经济征收新税种的方式过于激进，不利于数字经济下新兴企业的发展。因此，建议我国采取保守型方案，暂不推翻原常设机构的认定框架，而是借助国际经验合理拓宽常设机构外延。OECD 提出的“显著经济存在”概念对我国的判定非居民企业的关联度有着借鉴意义。数字经济下企业对数据的依赖性强，用户的活动行为数据、用户对产品反馈的数据有助于企业产品的改善以获得更宽的市场，这样形成的来源国与非居民企业的经济联系对来源国是可税的经济存在，与传统 PE 本质上一致，即都反应了非居民企业在来源国有经济活动。在这种情况下，建议我国拓宽传统常设机构的外延，防止我国税收流失。

（3）坚持价值创造贡献与所得归属相匹配①：

BEPS 行动计划提出利润在经济活动发生地和价值创造地纳税。可是过去的国际税收理论实质是维护发达国家的利益，该原则易被发达国家用于强调跨国企业的研发、无形资产所有权等是创造价值的核心，居民国掌握的该部分应作为价值创造的主体部分享有主体利润，而来源国掌握的消费、市场等部分对价值创造作用微小。但在数字经济下这种利润归属惯性应改变，因为在数字经济下数据对企业的价值贡献不断提高，而市场才是数据的产生地也是数据价值的体现地。因此，在数字经济下数据、市场等因素应成为企业利润分配考量因素的一部分。

当前，中国的数字经济规模不断扩大，作为数字经济输入大国，中国应坚定地主张地域特殊优势对价值创造的贡献。在数字经济下，市场和用户应作为价值贡献的重要因素之一。因此，中国应坚持价值创造贡献与所得归属相匹配，保障来源国的税收利益。在这个过程中中国不仅要积极地在国际税收规则制定中提出中国方案，并且还

① 励贺林．对数字经济商业模式下收益归属国际税收规则的思考[J]．税务研究，2018（07）：76－83.

体现中国作为 G20 成员国对国际反避税工作的大国责任。

八、进一步阅读材料

[1] 杨志清，何杨．国际税收理论与实务［M］．中国税务出版社，2016.

[2] 杨志清．国际税收［M］．北京大学出版社，2018.

[3] 朱青．国际税收（第七版）［M］．中国人民大学出版社，2016.

[4] 赵洲．跨境数字经济下“场所型常设机构”税收规则的解释性重塑[J]．中州学刊，2019（06）：50-60.

[5] 王森．数字服务贸易对常设机构的挑战及改革[J]．纳税，2019，13（16）：216.

[6] 何杨，陈琍，刘金科．经济数字化的所得税挑战与中国应对策略[J]．财政科学，2019（02）：20-27.

[7] 王宝顺，邱柯，张秋璇．数字经济对国际税收征管的影响与对策——基于常设机构视角[J]．税务研究，2019（02）：86-91.

[8] 张驰．数字经济下常设机构税收规则面临的挑战及对策［C］．吉林省财政学会，财金观察（2018 年第 2 辑），吉林省财政学会：吉林省财政科学研究所，2019：65-72.

[9] 曹亚楠，王沛晗．数字经济背景下广告服务商常设机构税收规制的新发展[J]．税务研究，2018（07）：84-92.

[10] 科尔曼·茉莉，刘奇超，陈明．经济数字化背景下常设机构的规则调整：一个总体框架[J]．国际税收，2018（06）：38-46.

[11] 崔晓静，孙奇敏．日本线下仓库构成常设机构案法律评析[J]．税务与经济，2017（06）：95-100.

[12] 崔晓静，赵洲．数字经济背景下税收常设机构原则的适用问题[J]．法学，2016（11）：15-27.

[13] 张巍，郭晓霏．数字经济下常设机构规则面临的挑战及应对[J]．税务研究，2016（07）：85-88.

[14] Naoki Oka. Court Ruling on Whether the Warehouse of An Online Sales Business Constitutes A Permanent Establishment [J]. International Transfer Pricing Journal, 2016 (5/6).

[15] 延峰，冯炜，崔煜晨．数字经济对国际税收的影响及典型案例分析[J]．国际税收，2015（3）：15-19.

案例 14

BEPS 背景下受益所有人概念的发展完善——基于意大利 ITW 税案的启示[①]

本文以意大利 ITW 公司受益所有人认定税案为例，引入对受益所有人概念定义原则的探讨，在 BEPS 背景下提出借鉴 LOB 规则完善各国受益所有人制度，为完善我国受益所有人制度提供启发和建议。

① 本案例作者为林一帆。本案例根据意大利伊利诺伊工具工程意大利控股有限公司（ITW）与意大利税务机关关于受益所有人认定的争议案件分析撰写而成，内容完整，真实可靠。

案例正文

“受益所有人”是在国际税收协定对于股息、利息、特许权使用费三个条款中共同使用的概念，主要用于防止第三方居民通过不当交易安排滥用缔约国间税收协定，属于国际反税收协定滥用下的一个概念。大多数国家为了防止税收协定被第三方居民滥用，在签订双边税收协定时参考 OECD 范本和 UN 范本引入受益所有人概念，但两个范本对于其概念并没有完全清晰的界定，导致各国在实践中对受益所有人概念根据不同情况产生了不同的界定方法，从而没能够很好的起到反避税的效果。2015 年，在 BEPS 行动计划第六项反滥用税收协定中，OECD 推荐各国在签订税收协定时引入 LOB 规则和 PPT 规则来限制税收协定的不当使用。

一、案例导入

（一）基本案情

位于意大利的伊利诺伊工具工程意大利控股有限公司（ITW IT）是美国伊利诺伊工具工程公司（ITW US）的子公司。美国 ITW US 公司是伊利诺伊工具工程公司集团无形资产的所有者，包括商标、专利、专有技术、商业资讯、营销和技术支持等。2002 年以前，ITW US 和纳税人 ITW IT 之间签订无形资产使用权协议，特许权使用费由 ITW IT 直接支付给 ITW US，根据意大利—美国税收协定的规定，采用 10% 的预提税率。从 2002 年开始，ITW US 将其无形资产的使用权授予另一家美国公司 ITW Finance LLC，ITW Finance LLC. 将管理与所有欧盟集团公司的关系的任务分配给一家名为 CSE 的德国公司，该公司随后并入 ITW（ITW DE）。因此，ITW US 和 ITW IT 之间先前生效的协议被撤销，并由 ITW IT 和 ITW DE 之间签署的新协议取代，如图 14－1 所示。根据新协议，特许权使用费应适用意大利—德国税收协定中 5% 的预提税率。

2007 年，ITW 在意大利接受国家税务局审计。意大利税务机关认为 ITW DE 不是受益所有人，因为无形资产的合法所有权仍保留在 ITW US 内，而 ITW 集团重组的目的是根据 1989 年意大利—德国税收协定，从更优惠的预提税率（5%）中获得利益（根据与美国的协定，这一税率为 10%）。2008 年 11 月 24 日意大利税务当局就 ITW 公司没有正确地对特许权使用费扣缴税款，发出补缴 2002 年至 2006 年纳税年度有关的差额通知。但纳税人 ITW IT 主张 ITW DE 是其支付特许权使用费的受益所有人，并

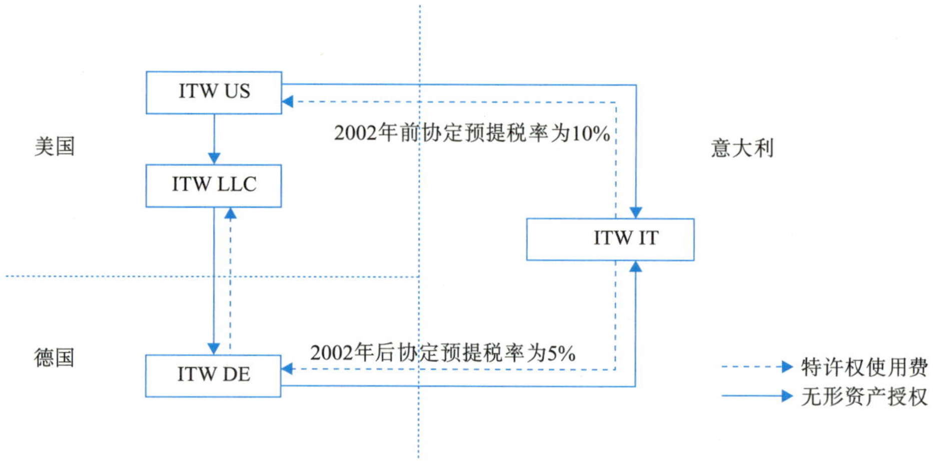

图 14-1 ITW 公司交易示意图

向都灵省税务委员会提起上诉。

2010 年 6 月 14 日，一审法院省税务委员会驳回了纳税人对于申报补缺通知书无效的请求。税务委员会认为，由于 ITW DE 由 ITW US 控制，而 ITW US 才是税务机关规定的特许权使用费的真正收益所有人。纳税人不服，和税务机关共同向皮埃蒙特的地区税务委员会提出上诉。2012 年 6 月 20 日，二审法院区税务委员会拒绝了税务机关提出的上诉理由，并接受了纳税人提出的理由，做出了有利于纳税人的判决。然后，税务机关向最高法院提出上诉。2018 年 11 月 19 日，最高法院做出了有利于税务机关的裁决，维持了税务机关提出的最高上诉。

（二）争议焦点

根据意大利—美国税收协定①第 12 条第 2 款中规定，对缔约国一方支付给缔约国另一方居民的特许权使用费，如果特许权使用费的受益所有人是缔约国另一方的居民，预提税应小于 10%。根据意大利—德国税收协定第 12 条第 2 款②规定，对支付给缔约国另一方受益所有人的特许权使用费预提税率不得高于 5%。意大利税务机关认为 ITW 集团无形资产的所有权仍保留在美国母公司，ITW DE 公司仅作为意大利公司与美国母公司之间经纪交易的中间人运作，为导管公司，集团重组德国公司的目的就是为了使用更低的协定税率。但纳税人称 ITW DE 是支付给它的特许权使用费的受益所有人，并提出：（1）根据《欧盟利息和特许权使用费指令》（2003/49）第 1（4）

① Italy - United States Income Tax Treaty (1984), article 12 (2) (c)，以案件发生时适用的税收协定为准。

② Germany - Italy Income and Capital Tax Treaty (1989), article 12 (2).

条，成员国的任何公司如果是为了自己的利益而不是作为其他人的代理人、受托人或授权签字人而收到这些付款，则是利息或特许权使用费的受益所有人。（2）根据经合组织对 OECD 范本第 12 条的批注，主张根据纳税人与 ITW DE 签订的许可协议，后者应被确定为受益所有人。

就上述德国 ITW DE 公司是否构成意大利 ITW IT 公司支付的特许权使用费的受益所有人，意大利省税务委员会、区税务委员会以及最高法院产生不同意见。

意大利一审法院认为 OECD 范本中没有对受益所有人的概念做出积极解释，而为了确认受益所有人的地位，仅仅合法或正式拥有收入以及出于税收目的归属于收款人是不够的。收款人还必须有权根据自己的意愿对收入进行经济处理。根据纳税人提供的事实：（1）德国税务机关出具证明，说明 ITW DE 在 2002 年至 2006 年期间是德国的税务居民，并承认意大利来源的特许权使用费已作为收入列入其财务报表，因此 ITW DE 是真正的受益所有人；（2）ITW DE 声明其在法律上和经济上有效并拥有收到的特许权使用费；（3）德勤事务所的报告称 ITW DE 在 2002～2006 年收到了 2.775 亿欧元的特许权使用费，而向其美国母公司支付了 82.27% 的特许权使用费，其余收入用于一个 610 平方米的办公室和 11 名雇员，可以从事其被许可人的活动。但是由于前两份文件没有编号无法判断签发人，因此不能作为有效证据。因此，一审法院判定 ITW DE 不是受益所有人。

二审法院皮埃蒙特区税务委员会根据与德国的税收协定对第 9 段的解释条款①，如果根据两国税法从特许权使用费获得的收入应归它所有，且它有权享有付款所依据的权利，那么它就是第 10、11、12 条所指的受益所有人。区税务委员会还提到了两项有关向欧盟居民公司支付的境外股息的税务处理问题的部长级通知，根据这两份通知，税务机关必须根据扣缴义务人持有的由受益所有人居住国的税务机关签发和确认证书评估所有必要条件的履行情况。意大利扣缴义务人可以以另一缔约国签发并确认的居住证明作为适用条约税率的有效证据。基于纳税人提供的德国税务机关签发的居留证，二审法院认为 ITW DE 构成受益所有人。

最后，意大利最高法院依据与德国的税收协定第 12 条第 2 款和第 4 款以及第 9 段的解释条款，参考 OECD 的规定，认为纳税人必须在经济和法律上都取得对收入的权利，才构成受益所有人可以享受税收协定待遇。但是基于 ITW DE 收到的收入通过合同义务转给美国集团公司 ITW US 的事实，ITW DE 没有有效的权力和自由裁量权处置自己的利益收入，也就是说，它在经济上不具有对收入的权利。加之纳税人提供的德

---

① Germany－Italy Income and Capital Tax Treaty（1989），Paragraph 9 of the Protocol to the Treaty.

勤的报告可以推断 ITW DE 没有适当的组织结构，无法承担欧盟分许可活动的管理风险。仅 11 名雇员和 610 平方米的办公室的公司，管理欧盟近 100 项分许可协议，在 2002～2006 年的四年期间，欧盟产生的 2.775 亿欧元的特许使用费并不合理。可以说 ITW DE 在 ITW LLC 中并不具有足够的自主权，因为它受到合同义务的约束，必须将收到的 82.27% 的付款转交给 ITW LLC，仅保留 17.73% 的佣金。此外，根据《德国—美国税收协定》（1984 年）第 12（1）条，德国 ITW DE 向 ITW LLC 进一步对外分配特许权使用费免征来源税。综上，基于实质重于形式原则，最高法院最后判定 ITW DE 不构成受益所有人，本案发回地区税务委员会重审。

上述三级法院根据不同依据，对案情做出了不同判断，但综合来看各级税务机关的分歧产生在对于受益所有人概念的判断到底是应该遵循法律实质还是经济实质。

二、受益所有人的概念和认定标准

（一）受益所有人的起源和概念

“受益所有人”一词起源于普通法中的衡平法，最初主要是英国应用于信托领域，其含义与现在国际税收领域中的应用有所不同。“受益所有人”的概念第一次出现在国际税收协定中是在 1966 年英美两国签订的税收协定中①。后来在 1977 年 OECD 税务委员会重新修订协定范本时，为了避免协定被滥用，首次将受益所有人的概念引入其范本中。此后，UN 范本也引入受益所有人概念，此概念在各国签订双边税收协定时广泛应用。

“受益所有人”在国际税收领域是在税收协定中股息、利息、特许权使用费条款下的一个反避税概念，该规则主要用于保证只有缔约国双方的居民纳税人可以享受税收协定中的优惠待遇，防止第三方居民通过在缔约国一方设立中介公司套用协定优惠待遇。但在不同法律体系下受益所有人的含义也有所不同，根据 OECD 范本的注释，仅明确表明代理人、指定人、导管公司不属于受益所有人，但并没有从积极的方面进行界定。OECD 也在不断尝试完善对受益所有人概念的界定。2008 年出台的 OECD 范本注释中对该概念补充不应只从技术层面判断，还要结合协定上下文和反避税的角度去理解。OECD 在《2011 年讨论稿》和《2012 年讨论稿》中对改概念进行进一步明确，强调“受益所有人”应具有协定法上的独立的含义。但在实践中，各国法院采用

① 曹禹．结合国际经典案例探讨“受益所有人”认定问题[J]．国际税收，2014（09）：52－55.

的标准不尽相同，总体来说一般遵循两种原则：法律实质原则或者经济实质原则。由于受益所有人这一概念在国际税法理论与实践上的分歧，使得该规则在现实中打击税收协定滥用的效力大大降低。

（二）受益所有人的认定标准

1. 法律实质标准还是经济实质标准

在实践中，对于判定受益所有人身份最有实质性影响的问题就是应该使用法律实质标准还是经济实质标准。主张应使用法律标准的人认为，如果缔约国一方居民在取得股息、利息、特许权使用费后，在法律上负有义务必须将其所得支付给第三方时，则其不是受益所有人。反之如果其取得收入后不负有转让该笔所得的法律义务，则其可认定为受益所有人。主张使用经济实质的人则强调，缔约国一方居民在取得股息、利息、特许权使用费等跨国所得后，是否具有权利任意处置这笔收入，并且该收入是否与该企业在缔约国一方进行的实际经营活动相匹配。如果获取收入的缔约国一方居民实际上将其所得支付给了第三方，即使不是基于法律义务，也可以认定其为非实际受益所有人。

关于法律或经济标准的分歧很大程度上来源于 2003 年《OECD 范本注释》中补充的对于导管公司“实质上”的定义，这一表述引入了实质重于形式概念，说明受益所有人不仅仅是一个法律概念。后来，OECD 财政理事会在《2012 年讨论稿》中试图调和两种分歧，其在明确受益所有人应用法律标准判定的同时，补充取得所得人如果在实质上没有使用该所得的权利，也可以认定为具有转移所得的法律义务。

2. 适用国际法还是国内法

关于“受益所有人”的界定应当根据国际税收协定的上下文理解，还是应当按照国内税法规定的理解，国际上也一直有争议。主张采用国内法含义的人认为，受益所有人的概念应该参照国内税法中相似的概念进行解释，或者以国内法为基础，在国内法中做出对于受益所有人的相关规定。主张使用国际协定法的人依据 OECD 提出的受益所有人概念应当具有独立于国内一般反避税规则的协定法含义，认为应当联系协定的上下文以及反税收协定滥用的目的和宗旨来解释。这样有助于在国际社会间形成一种统一的理解，减少因不同国家各自的国内税法差异导致的对受益所有人身份认定的争议。

上述认定争议在实践中操作的困难通常体现在国际上税收协定尚未对受益所有人概念做出明确定义，在各国国内税法中也并没有重视对该概念的界定，一般只能依据之前的判例进行判断。

三、BPES 背景下 LOB 规则对受益所有人概念的完善

（一）案例分析

在上述意大利 ITW 公司支付特许权使用费适用预提税率的案例中，不同层级的税务机关产生分歧的原因在于对受益所有人概念的界定不清，从而无法判断 ITW 公司是否滥用了税收协定优惠条款。

首先对于上述案例中的缔约国之一意大利来说，意大利国内法规并没有对受益所有人进行清晰界定。如果意大利想从国际税收协定的角度进行完善，则可参考原始的《德国—瑞士收入与资本税条约》（1971）第 23 条加入限制导管公司的特殊规定，增加对居民企业背对背转让收入的比例等方法防止税收协定的滥用。同样在《意大利—瑞士收入和资本税条约》（1976）第 23 条，《比利时—瑞士收入和资本税条约》（1978 年）第 22 条也可以找到相应条款。但是对于如何制定条款中受益收入的比例则成为关键问题。仅仅使用一个数值显然是武断的，因为较低的数值可能会剥夺合法交易的利益，但较高的数值则可能导致过多的滥用案件。但是如果税务机关盲目地使用百分比标准，而不考虑经济现实，则与仅仅依靠法律文件进行判断一样，都会有片面的缺点。因此，虽然上述条约采取的“渠道”的办法看似是防止导管公司转移收入减少税收的有效方法，但在实践中 1983 年 OECD 认为有必要添加善意条款进行补充，即引入合理商业目的和实质经营概念，使协定可以涵盖真实且正常的商业活动。

上述协定中的“渠道条款”类似于 PPT 规则，主要是通过判断交易行为的目的实质来决定协定是否适用，但在实践中缺乏相应的客观条件测试规定，导致在判断受益所有人时仍然无法以统一的标准来衡量经济行为，总体来说还是缺少 LOB 规则的限制。也就是说，为了更加公平有效，在进行受益所有人概念的判断时，应以 LOB 规则为主要标准，辅助以 PPT 规则进行补充。

（二）LOB 规则和 PPT 规则

受益所有人是在防止国际税收协定滥用下的一个概念，根据 OECD 提出的 BEPS 第六项行动计划中，为了防止税收优惠不当授予主要引入了两种规则：LOB 规则和 PPT 规则。

LOB 规则，即利益限制规则，最初在 1989 年由美国提出。该规则侧重于对申请享受优惠的纳税人进行相关条件的测试，主要内容是只有符合了“有资格的人”的条件

并且通过一系列客观测试，才能被认定为受益所有人，享受税收协定待遇。当前国际上以美国主张的 LOB 规则最为详细和完整，主要包括对时间、股权比例的严格要求和对所有权、税基侵蚀、衍生利益、运营主体等方面的严格测试。OECD 则引入简化版 LOB 规则，只对适用主体、运营活动和同等受益人等方面做出相应规定。但是相同的是，他们都通过 LOB 规则形成了一套首先判断资格主体，其次通过一系列测试看其是否可以享受协定优惠待遇的判断模式，将申请主体的法律性质、日常活动等纳入考虑。

PPT 规则，即主要目的测试规则，以英国为代表。正如其字面含义，该规则就是对交易的目的进行主观测试，其核心可以理解为交易是否具有合理商业目的，而不仅出于获取某项协定的优惠。但由于交易目的是个相对抽象的概念，对其判定主要依靠税务当局或者法官的自由裁量，对于税务人员和法官的经验、能力要求极高。因此该方法通常被应用于普通法系国家。

受益所有人是判断税收协定适用主体的重要概念，虽然上述两个不是直接作用于受益所有人的界定，但其目的与起到的作用相同，因此，可以借鉴当前已有的 LOB 规则和 PPT 规则，完善受益所有人概念。

（三）LOB 规则的国际经验

当前世界上很多国家在使用税收协定时，都引入了 PPT 规则中对合理目的测试的相关内容，但是在进一步判断什么是合理目的时，却缺少明确的客观性测试规则，因此，本节比较分析当今国际上三种主要的 LOB 规则形式，为受益所有人制度的完善提供经验借鉴。

1. OECD——简化版 LOB

OECD 在 BEPS 第六项成果报告中引入的 LOB 规则主要有六项条款，包括第一款基本条款：只有居民是“合格的人”才能享受协定待遇；第二款对“合格的人”进行界定，包括个人、上市公司、非营利组织、行政当局以及缔约国另一方视为合格的人的实体或安排；其他可授予享受协定待遇的人包括通过积极经营活动测试或者衍生利益测试的企业。

2. 日本——折中版 LOB

日本在签订税收协定时使用的 LOB 条款在 OECD 版本的基础上更加细化扩充了些。同样基本条款是只有“合格的人”才能享受协定待遇，“合格的人”包括个人、行政地方当局，实际经营管理机构为缔约国一方的上市公司、受益人 50% 以上成员是缔约国居民且其 75% 以上的收益来源于缔约国一方合格的人的企业、银行、保险公司或证券公司。其他可享受协定待遇的人包括从事积极经营活动的安全港，以及通过同等受益人测试或者运营总部测试的企业。

3. 美国——详细版 LOB

美国是最早提出和应用 LOB 规则的国家，其对利益限制的要求最为严格。同样基本条款是只有“合格的人”才能享受协定待遇，“合格的人”包括个人、行政地方当局，实际经营管理机构为缔约国一方的上市公司、养老基金等非盈利性组织满足所有权测试和税基侵蚀测试的居民企业。设计一些“安全港”条款补充其他可享受协定待遇的情况，如衍生利益测试，如果不论受益所有人是否使用中介国税收协议，其享受的利益是一致的，则不受 LOB 限制；以及运营总部测试，如果公司符合一定条件被认定为是跨国公司总部，则可以直接享受协定待遇。

对比三版 LOB 规则，可以发现他们都包括三个部分：合格居民测试、安全港条款以及税务机关的自由裁量权。其中差异主要在于第一部分对“合格的人”的界定和列举详细程度不同，美国详细版规则列举了更多居民类型，并且对各种类型的判断标准进行了进一步规定。这样更为具体的客观测试条件在实际应用时有利于税务机关做出公平客观的评判。

四、对完善我国受益所有人制度的启示和建议

（一）对我国受益所有人制度的启示

我国属于大陆法系国家，一般遵循税收法定原则。我国国内税法并没有关于受益所有人的条款，而是在对国际税收协定的补充中增加了对受益所有人概念的界定，主要体现在国家税务总局发的一系列文件中。其中最早是在国税函〔2009〕601 号文件中明确规定使用“实质重于形式”原则，并提出不利于申请成为受益所有人的七项因素，在后续国税总局 2012 年 30 号公告中首次提出“安全港”概念，目前根据国家税务总局公告 2018 年第 9 号文，其中对受益所有人做了相对详细的界定。

整体上我国综合考虑了法律实质和经济实质两种原则，同时更加强调经济实质性。相较英美法系发达国家，我国税收法律还很不健全，由于大陆法的特性，没有使用案例法的习惯，对于自由裁量权，不同地区和不同级次税务机关和法院对同类案件的处理差异较大。加上征管能力和获取跨境交易信息的能力有限，我国当前应在强调经济实质的同时，更应该在法律法规上完善对于“受益所有人”概念的客观界定。

虽然随时间推移和实践经验的积累，我国在不断完善相应制度，但是仍存在一些

不足。首先，判断标准不够明确，在国税 2018 年 9 号公告第二条中，在判断受益所有人身份时不能仅根据所列 5 条不利因素进行判定，而是“应结合具体案例的实际情况进行综合分析”，这样的判定规则非常模糊，具有很大的不确定性。其次，我国过分强调实质性经营活动，虽然公告中在理论上对其有所界定，但在实践中税务机关对于实质性经营的具体判定不够明确，依赖于税务执法人员的主观判断有失公平。最后，由于我国与其他国家间的信息交换机制不够完善，跨境纳税人的情报信息难以获取，导致税务机关缺乏必要信息对受益所有人身份进行判定。

在 BEPS 背景下，《BEPS 多边公约》为缔约国提供了反税收协定滥用条款的选择空间，缔约国可以根据自身情况选择最优的反协定滥用条款组合。总体上看，我国在反滥用税收协定时对受益所有人的应用更偏向于 PPT 规则，缺少对受益所有人和交易行为客观条件的限制，根据公约提供几种主要模式，我国应考虑同时适用 PPT 条款和 LOB 条款。设置更多客观目的测试，制定一套完整的受益所有人判定标准，同时可参考英美法系国家加入对先前判例的参考，同时加强对情报交换信息的利用。

（二）完善我国受益所有人制度的政策建议

1. 完善受益所有人判定标准

我国目前对受益所有人概念的判定只列举了 5 项不利的判断因素，对运营主体、所有权的界定不清晰，难以达到其预期的效果。虽然我国在最新签订的双边税收协定中加入了 LOB 规则或 PPT 规则，但是由于更改税收协定的程序复杂，众多已签订的双边税收协定难以更改，可考虑在国内法层面增加对受益所有人概念的补充规定。简明的 LOB 规则在一些问题的界定上仍存在模糊的情况，因此建议我国参考美国版详细的 LOB 规则，制定一套适用于我国的完整的受益所有人判定体系，并在对外国际税收协定中补充对受益所有人的界定。

2. 完善税收情报交换制度

在经济全球化的趋势下，跨国税务信息交换在国际税收领域的作用越来越大。当前国际上税收情报交换快速发展，如美国的《海外账户纳税法案》（FATCA）以及 OECD 的《金融账户情报自动交换标准》等，税收情报交换成为必然趋势。2018 年 9 月，我国正式实行 CRS，我国税务机关应为自动情报交换做好准备，无论从设备系统等硬件方面还是能力素质等软件方面都要充分准备，有效利用国家间交换的信息，加强国际合作。在国内可将自动交换情报制度纳入国内法，建立受益所有人的登记制度，掌握更多跨境纳税人的信息，随时监控受益所有人情况变动。

案例使用说明

一、教学目的与用途

1. 本案例主要适用于税收学、税务筹划、税收征管、管理学等课程的学习。

2. 本案例以意大利 ITW 公司为例，介绍受益所有人的判定问题，其教学目的在于使学生对受益所有人的概念和判定以及在税收协定滥用中的争议有充分的认识和深入的了解。本案例从意大利 ITW 公司受益所有人争议税案入手，对受益所有人的概念、判定标准进行分析，结合 BEPS 背景下反税收协定滥用提出的 LOB 规则和 PPT 规则，对我国受益所有人制度的完善提出一些启发。

二、启发思考题

1. 各国对于受益所有人的判定标准有哪些？是否合理？

2. 国际上是否应该制定统一的受益所有人判定标准？为什么？

3. 对于我国来说，现有受益所有人制度存在哪些缺陷或漏洞？

三、分析思路

教师可以根据自己的教学目标（目的）来灵活使用本案例。这里提出本案例的分析思路，仅供参考。

本案例通过意大利 ITW 税案对受益所有人的判断标准进行分析，第一部分对案例发生主体及背景进行介绍，并总结案件各主体的争议所在。第二部分介绍受益所有人制度的起源与概念，以及常用的判定标准。第三部分对案件发生的根本原因进行剖析，介绍 BEPS 第六项行动计划中关于避免税收优惠不当授予的 LOB 规则和 PPT 规则，并对现有 LOB 规则的三种模式进行介绍。第四部分分析了我国现有受益所有人制度的不足，并提出相应的改进措施，主要涉及制度和征管的完善。

四、理论依据及分析

1. 受益所有人的概念。“受益所有人”在国际税收领域是在税收协定中股息、利息、特许权使用费条款下的一个反避税概念，该规则主要用于保证只有缔约国双方的居民纳税人可以享受税收协定中的优惠待遇，防止第三方居民通过在缔约国一方设立中介公司套用协定优惠待遇。

2. 受益所有人的法律实质标准。主张如果缔约国一方居民在取得股息、利息、特许权使用费后，在法律上负有义务必须将其所得支付给第三方时，则其不是受益所有人。

3. 受益所有人的经济实质标准。主张缔约国一方居民在取得股息、利息、特许权使用费等跨国所得后，具有权利任意处置这笔收入，并且该收入与该企业在缔约国一方进行的实际经营活动相匹配，则认定其为非实际受益所有人。

4. 防止税收优惠的不当授予。根据 OECD 提出的 BEPS 第六项行动计划中，为了防止税收优惠不当授予主要引入了两种规则：LOB 规则和 PPT 规则。

五、关键要点

1. 受益所有人的概念。
2. 受益所有人的判定标准。
3. 受益所有人身份在跨国交易行为中产生争议的原因。
4. BEPS 第六项行动计划提出的防止税收优惠不当授予的两种规则。
5. 如何完善我国收益所有人制度。

六、建议课堂计划

本案例可以作为专门的案例讨论课来进行。如下是按照时间进度提供的课堂计划建议，仅供参考。

整个案例课的课堂时间控制在 80 ~ 90 分钟。

课前计划：给出案例背景并提出启发思考题，请学员在课前完成阅读和初步思考。

课堂计划：对案例进行详解，明确讨论内容（20 分钟）。

分组讨论（25 分钟），告知发言要求。

小组发言（每组 5 分钟，控制在 25 分钟）。

引导全班进一步讨论，并进行归纳总结（15 ~ 20 分钟）。

课后计划：如有必要，请学员采用论文形式给出更深层次的解读报告，包括具体的职责分工，为后续章节内容做好铺垫。

七、进一步阅读材料

[1] 高金平，袁帅．税收协定与国内税法的衔接（之五）——“受益所有人”身份的判定[J]．中国税务，2019（09）：50 – 53.

[2] 薛皓天，翁武耀．欧盟利息税协调中受益所有人认定及反滥用案评析[J]．国际税收，2019（08）：56 – 64.

[3] 夏启明，高蓉，黄绪春．俄罗斯税法典对受益所有人概念的引入和司法实践[J]．国际税收，2018（04）：48 – 52.

[4] 何杨，孟晓雨．受益所有人制度的国际比较与完善[J]．税收经济研究，2018，23（01）：69 – 75.

[5] 曹禹．结合国际经典案例探讨“受益所有人”认定问题[J]．国际税收，2014（09）：52 – 55.

八、参考文献

[1] A. J. Martín Jiménez. Beneficial Ownership: Current Trends, 2 World Tax J.（2010）, Journals IBFD.

[2] V. T. Chew. The Application of Tax Treaties to Collective Investment Vehicles: Beneficial Owner Requirement Explained?, 17 Derivs. & Fin. Instrums. 6（2015）, Journals IBFD.

[3] M. Manca. Royalties Exceeding an Arm's Length Value: Deemed（In）applicability of “Secondary Adjustments” in Italy, 59 Eur. Taxn. 9（2019）, Journal Articles & Papers IBFD.

[4] 严涛．“受益所有人”制度研究［D］．上海：华东政法大学，2015.

[5] 黄小莹．论国际税收协定下“受益所有人”概念［D］．上海：华东政法大学，2015.

[6] 高金平，袁帅．税收协定与国内税法的衔接（之五）——“受益所有人”身

份的判定[J]. 中国税务，2019 (09)：50-53.

[7] 薛皓天，翁武耀. 欧盟利息税协调中受益所有人认定及反滥用案评析[J]. 国际税收，2019 (08)：56-64.

[8] 赵述，宋刚. 英国受益所有权监管经验及启示[J]. 银行家，2018 (09)：113-115.

[9] 夏启明，高蓉，黄绪春. 俄罗斯税法典对受益所有人概念的引入和司法实践[J]. 国际税收，2018 (04)：48-52.

[10] 何杨，孟晓雨. 受益所有人制度的国际比较与完善[J]. 税收经济研究，2018，23 (01)：69-75.

[11] 郭晓骁. 国际税收中"受益所有人"概念的认定标准之探析 [D]. 华东政法大学，2015.

[12] 曹禹. 结合国际经典案例探讨"受益所有人"认定问题[J]. 国际税收，2014 (09)：52-55.

[13] 仲海霞. 我国对外税收协定中"受益所有人"制度研究 [D]. 华东政法大学，2013.

[14] 何灿. 论后 BEPS 时代税收协定滥用的法律规制问题 [D]. 武汉大学，2018.

[15] 张哲豪. 我国防止滥用税收协定的法律制度研究 [D]. 安徽财经大学，2018.

4. 税收征管

案例 15

舒兰投资公司受控外国企业税案[①]

本案例以国内某工业园区舒兰投资公司通过将利润滞留在受控对外投资企业，以达到避税目的为背景。通过分析案例中税务机关对受控外国企业规则的适用行为以及企业的应对行为中的问题，结合国内具体政策分析，并与其他国家相关政策与实践进行比较，对我国受控外国企业规则的税务实践提出建议，以促进企业更好地“走出去”。

① 本案例作者为杨志清。本案例以舒兰投资公司通过将利润滞留在受控对外投资企业为背景进行分析，案例真实，内容完整。

案例正文

目前，国内被认定为受控外国企业的案例并不多见。主要有两个原因：一方面，BEPS 行动计划的政策取向从总体上来说，并不是去打击那些积极开拓海外市场的企业，而是为这些企业创造更加公平的竞争环境。单就受控外国企业规则来说，它的存在更多是起到威慑性作用的。因此，通常情况下，对于不存在避税动机的跨国企业来说，税务机关是不会对其适用受控外国企业规则的。另一方面，由于我国是 2008 年才开始引入受控外国企业规则，这一制度在我国尚未健全，同时受到国内税务机关征管水平的限制以及纳税人的不配合等因素的影响，税务机关在准确掌握企业在境外实际经营状况和其他相关信息方面存在一些困难。

本案例选取了国内某工业园区舒兰投资公司案例。通过分析案例中税务机关对受控外国企业规则的适用行为以及企业的应对行为中的问题，研究如何完善我国受控外国企业实践。

一、舒兰投资公司基本情况

舒兰投资公司位于国内某工业园区内，2006 年在新加坡投资成立了一家全资子公司。该工业园区税务机关工作人员在对管辖区内企业的受控对外投资企业信息的梳理工作中发现，新加坡子公司自成立之日起一直未实现盈利，直至 2014 年，该公司扭亏为盈，截至 2015 年年底，子公司实现净利润 3 115.6 万元。然而，新加坡子公司一直未向境内母公司舒兰投资公司进行利润分配，此举引起了某工业园区税务机关工作人员的注意。税务机关检查人员通过对获取的共享信息的深入调查，发现新加坡子公司 2014 年及 2015 年的收入主要是投资和股权转让所得，与其主营业务并不相关，且该公司也从未为其取得的离岸收益向新加坡税务机关报税。

二、税企的争议与解决

（一）税务机关的观点

通过对上述资料的调查及分析，税务机关认为，这是一起典型的母公司通过将利润滞留在受控对外投资企业，以达到避税目的的案例。并得出以下结论：

（1）新加坡子公司是舒兰投资公司的全资子公司，属于受控外国公司；

（2）新加坡子公司成立于新加坡，尽管当地的所得税税率为17%，高于规定的12.5%，但由于子公司从未就其离岸收益向新加坡申报纳税，因此该公司在新加坡的实际税率为0，且新加坡未被列入白名单中；

（3）新加坡子公司2014年及2015年取得的收入均为消极所得，即仅产生了被动收入，没有利用其主营业务发展的利润，因此不进行利润分配是没有合理的商业理由的。

基于上述三个结论，税务机关认为新加坡子公司不进行利润分配这一行为具有较大的避税嫌疑，其未进行分配的利润应作为股息分配额，计入舒兰投资公司的年度所得额中，做纳税调增处理，补缴企业所得税。

（二）舒兰投资公司的观点

舒兰投资公司收到消息后，试图通过援引受控外国公司规定中特殊情况来质疑税务机关的决定。

首先，舒兰投资公司在新加坡设立的子公司是否构成法规中所称的“受控外国企业”。

舒兰投资公司认为，根据我国《特别纳税调整实施办法（试行）》中第四十八条的规定，符合以下条件的对外投资企业可不被判定为受控外国企业：

（1）设立在指定的非低税率国家；

（2）主要取得积极经营活动所得；

（3）年度利润总额低于500万元人民币。

舒兰投资公司认为，其新加坡子公司取得的收入完全来源于积极投资行为，应属于积极经营活动所得，因此新加坡子公司不属于税法中规定的受控外国企业的范畴。

其次，舒兰投资公司认为其新加坡子公司是出于企业长远经营发展考虑才未进行利润分配，应属于合理经营需要，不需进行纳税调整。

（三）税务机关对舒兰投资公司观点的反驳

对于舒兰投资公司提出的第一点质疑，税务机关从以下几个方面进行了反驳：

一方面，我国规定的非低税率国家包括英国、美国、法国、意大利、加拿大和德国等，并未将子公司设立地新加坡列入此范围。

另一方面，从新加坡子公司的财务报表中可以发现，企业的经营收入主要来源为股息红利和股权转让，2015年的经营收入主要是股息红利所得。根据国际税收协定以及国际税收管理的惯例，国际上普遍公认股息、利息、特许权使用费以及资本利得为非真实营业活动形成的消极所得。并且，新加坡子公司 2014 年可分配利润为 618.05 万元，2015 年的可分配利润额累积到 3 115.6 万元，因此，不管是从收入的性质还是收入的额度来看，新加坡子公司均不属于受控外国公司规定中的特殊情况，应将其认定为受控外国公司。

对于舒兰投资公司提出的第二点质疑，税务机关工作人员依据其调查证据做出两点反驳：

一是新加坡子公司未曾在当地缴纳税款，其实际税负为 0。

二是新加坡子公司累计形成的未分配利润既没有用于业务的拓展也没有进行再投资活动，仅仅是以挂账的形式处理，因此舒兰投资公司声称其子公司未进行利润分配是出于合理经营需要，是经不起推敲的。

（四）税企争议点及最终解决

从上述税企双方各自的观点可看出，双方的争议点还不少，见表 15－1。

表 15－1　　税企争议点及双方观点

争议点	舒兰投资公司观点	税务机关观点
子公司是否适用受控外国企业中的特殊规定	新加坡子公司的收入应属于积极经营活动所得	（1）子公司所在地新加坡不属于非低税率地区；（2）子公司收入主要为股息红利所得，是国际上公认的消极所得；（3）子公司 2014 年及 2015 年年利润总额均大于 500 万元
未分配利润原因	新加坡子公司出于企业长远经营发展考虑，未进行利润分配，属于合理经营需要	（1）子公司在新加坡实际税负为 0；（2）子公司取得的收入仅做挂账处理，未拓展业务也未进行再投资

最终，舒兰投资公司接受了税务机关的纳税调增处理，补缴企业所得税 778.8 万余元。

案例使用说明

一、教学目的与用途

1. 本案例主要适用于税务专业硕士国际税收理论与实务课程，也适用于税收学研究生国际税收研究与本科生国际税收等相关课程。

2. 本案例的教学目的：

（1）了解和掌握我国对受控外国企业税务处理规则。

（2）了解与分析企业、税务局对受控外国企业所得税处理的不同观点及其方法。

（3）能够根据公司企业的经营战略与项目，从税收管辖权和税法及税收协定角度进一步分析与理解受控外国企业所得税处理方法。

（4）能够从A投资公司的案例中得出某些启示与所得税管理建议。

二、启发思考题

1. 什么是受控外国企业？其判定条件有哪些？
2. 我国对受控外国企业的税收政策有哪些？
3. 什么是合理经营需要？如何理解与确定“合理商业目的”？
4. 通过案例分析我国受控外国企业实践存在的问题有哪些？
5. 本案例对完善我国受控外国企业实践有何启示？
6. 对我国完善受控外国企业税收政策有何建议？

三、分析思路

1. 本案例主要针对MT学生所设计，要求他们在给出案例资料的基础上，围绕案例的内容收集案例所涉及的法律法规资料，在一定的假设条件下，深入分析公司对外投资有关所得税问题。

2. 可以采取外部咨询公司对该公司的咨询诊断活动形式，分成不同小组对公司涉税问题进行分析。也可以在分组讨论时，模拟担任公司高层领导角色，从该公司发展角度对问题进行分析。

3. 要求学生重点分析A投资公司所提出观点的合理性、关键点，以及税务机关提出的纳税调整方案的合理性。

4. 在分析的基础上，要提示学生在讨论中应对受控外国企业、相关税法、税收协定的有关规定与解释进行重点分析理解运用。

5. 最后，在各组讨论发言的基础上，教师做一个代表自己观点的总结，供学生参考，并进一步提出深入思考性问题，为后续课程的讲授打好基础。

四、理论依据与分析

（一）受控外国企业面临的税收管辖分析

利用在外国建立受控公司特别是运用避税港进行避税，是跨国纳税人减轻税负常用的手段之一。一国纳税人经常通过在国外设立控股公司，并对这些经济组织实行操纵和控制，进行有利于避税的活动安排。这些避税活动常与税收协定和避税地发生联系。其基本手段是在避税地建立一个受控外国公司[①]（也称基地公司），通过转让定价等手段将尽可能多的利润转移到受控外国公司账上，并利用部分居住国政府对未分配或只分配不汇回的利润有推迟课税的规定，将利润长期滞留在避税地受控外国公司，从而达到长期规避居住国税收负担的目的。

而维持税收制度在筹措国家财政资金方面的有效性，又是各国税务当局面临的重要任务之一。在跨国纳税人不断运用避税港的情况下，国家的税收权益不断遭到损害，税收收入受到影响，税收的公平原则也相应地遭到破坏。要对这笔利润征税，那么跨国纳税人利用避税地基地公司进行避税的计划就不能得逞。这种取消推迟课税的规定以阻止跨国纳税人利用避税地基地公司进行避税的立法，被称为对付避税地的法规或受控外国公司法规（简称 CFC Rules）[②]。

因此，许多国家尤其是发达国家特别注意如何防止跨国投资经营者运用避税港从事避税活动。在这方面，美国是走在最前面的。美国国会为了应对美国纳税人在避税地设立“受控外国公司”进行避税，自 1962 年 12 月 31 日起在国内收入法典第一章第 N 分章增订 Subpart F，增加了针对受控外国公司的相关课税规定。后来施行 CFC 税制的其他国家基本上都是在借鉴美国 CFC 税制的基础上将其本土化，其后德国、加拿大、日本、法国等 20 多个国家先后制定了自己的 CFC 税制。我国也于 2008 年在企业所得税法反避税条款中首次引进对受控外国公司的税制监管条例。明确了“并非由于合理的经营需要而对利润不做分配或者减少分配的”这部分利润同样负有相应的纳税义务，限制了本国居民公司利用避税地进行“延期纳税”，从法律的高度赋予了税务机关对受控外国公司不合理保留利润行为依法进行审查并按特定方法归属所得的权利。

可见，各国对运用避税港的税务处理，主要是进行反运用避税港立法，建立其

① 在这种情况下，避税地受控外国公司实际上充当了跨国纳税人进行国际避税的基地，所以人们通常将这种建在避税地的外国子公司称为“基地公司”。

② 朱青．国际税收［M］．中国人民大学出版社，2016：209－210.

“避税港税制”（CFC），其目的在于对付本国居民通过在建立避税港受控外国公司拥有一定数量的股权来躲避本国税收的行为。它是通过将受控外国公司的所得按持股比例划归本国股东，按本国税率课税（一般可以扣除在国外所纳税款）来实现的。考察各国 CFC 税制，虽然各自的具体规定存在着差别，但是其基本框架相同。

（二）受控外国企业判定条件分析

1. “控制”的界定

受控外国企业制度中需要加以界定的首要构成要素是“控制”。对一个企业适用受控外国企业规则进行特别纳税调整的一个前提就是居民股东对其设立在境外的子公司能形成“控制”，以至于其有利用该境外子公司转移利润加以避税的可能。因此，需要对“控制”这一概念进行清晰的定义，才能明确受控外国企业的纳税主体。

目前，参与 BEPS 行动计划的国家中绝大部分都是采用“法律控制”标准来判定境外企业是否属于受控外国企业，我国也是如此，但具体规定的内容又有所差异。几个典型国家对“控制”的具体定义如表 15－2 所示。

表 15－2　　不同国家对“控制”的定义一览表

国家	对“控制”的定义
中国	（1）股份控制：中国居民股东在纳税年度任何一天单层直接或多层间接单一持有外国企业 10%以上（含）有表决权股份，且共同持有该外国企业 50%以上（含）股份 （2）实质控制：即使国内纳税义务人对境外公司的持股比例没有达到规定的控制比例要求，但是若是能在股份、资金、经营、购销等方面影响境外公司经营决策、达到控制的效果，即构成实质控制
美国	（1）居民纳税人单一直接或间接持有境外公司 10%以上（含）有表决权的股份且上述纳税义务人共同持有境外公司 50%以上（含）股份 （2）居民纳税人直接或间接拥有境外公司 50%或以上的总资产
英国	（1）居民纳税人持有境外公司 50%以上（含）的股份 （2）居民纳税人未持有境外公司股份，但拥有与 50%以上（含）股份相同比例的表决权
法国	（1）本国居民纳税人持有境外公司 10%以上（含）股权 （2）持有的股权虽未达到规定的比例，但股权价值超过 1.5 亿法国法郎（含）
德国	（1）居民纳税人单独或者与其他居民企业或本国居民共同持有境外公司所发行股票 50%以上（含） （2）对于单个居民纳税人的持股比例未做要求
瑞典	居民纳税人直接或者间接持有设立在低税率国家（地区）的境外公司股权不少于 25%，并且单个居民纳税人的持股比例不少于 10%
日本	国内居民纳税人持有境外公司 50%以上（含）的股权，并且单个居民纳税人持有境外公司股权的比例在 10%以上（含）

总结表 15－2，不难发现，国际上对于“控制”这一概念的界定可以分为三种标准。一是直接控制标准，通过对居民纳税人持有境外企业的资产或表决权的比例加以限制（通常为 50%），来认定该居民纳税人对海外子公司是否形成控制。此种标准具有机械性、直观性，被大多数国家采用。二是间接控制标准，该标准是对直接控制标准的一种补充规定。在实践中，某些母公司会通过在自身与境外子公司中加入一个实体来降低其对子公司的持股比例，从而达到规避直接控制标准的目的。为防止这一现象的发生，部分国家增设了间接控制标准。三是最低单一持股比例标准，这一标准是对税收公平性原则的体现。如果居民纳税人持有的境外子公司的股权比例很少，不足以对子公司的经营决策、利润分配形成实质影响，将此种居民纳税人判定为受控外国企业显然有失公平，因此，如美国、日本、瑞典等国设定了最低单一持股比例标准（通常为 10%），此标准也会提高受控外国企业适用的效率性。

在“控制”这一概念的界定中，控制时间标准的明确也是很重要的，即居民纳税人在何时对外国子公司的持股比例达到规定标准，会被判定为形成控制。大多数国家选择以纳税年度末为准，即企业在纳税年度末对境外子公司持股比例达到规定标准，认定该企业对其境外子公司形成控制。我国规定，在纳税年度内的任一时点达到规定标准，即可被认定为形成控制，见表 15－3。

表 15－3　　控制时间标准对比一览表

时间节点	国家
一个纳税年度末	澳大利亚、德国、加拿大、芬兰、日本、西班牙、南非等
纳税年度内任一时点	中国、英国
日历年末	瑞典
一个纳税年度内不间断的 30 天内	美国
平均每季度确定一次	新西兰

2. 企业设立地的确定

在判定某境外子公司是否为受控外国企业时，其设立地是重要判定条件之一。并非所有境外子公司的设立都是出于避税的目的。通常情况下，在母公司将境外子公司设立在某些特定区域，如低税率国家或地区时，母公司的行为会有避税的嫌疑。因此，在对企业适用受控外国企业制度时，应充分考虑该企业的设立地点。

现有的制定受控外国企业制度的国家中，通常有两种方式确定使用区域，一种是在全球范围内适用，即无论该境外子公司设立在哪个国家或地区，只要不是在本国，均有可能被认定为受控外国企业。这种方法并非国际上的主流方法，采取该法的国家主要是美国、加拿大。另一种方法是规定一些特殊区域，在此区域内设立的境外子公司才有可能被认定为受控外国企业，这些特殊区域通常是那些被看作避税地的国家或地区。大多数国家采用第二种方法来确定受控外国企业的适用区域，但不同国家对特殊区域的认定方法也不同，主要分为税负比较法和名单列举法，我国采取将两种方法结合的方式确定特殊区域。本案例中，其子公司设立地为新加坡，不但实际税负为0，新加坡也不在“白名单”之中，企业行为避税嫌疑很大，定然会引起税务机关的注意，见表15－4。

表15－4　　特殊区域认定方法对比一览表

方法	具体做法	优点	缺点	我国规定
税负比较法	通常为实际税负的比较，将本国实际税负与境外子公司设立地的实际税负比较，当境外实际税负低到一定比例时，此地会被认定为受控外国企业制度中的特殊区域	根据境外设立地的实际情况分别确定，具有较强灵活性	实际税率的确定存在困难	实际税负明显低于我国企业所得税法规定的税率（25%）的50%，即12.5%的国家或地区
名单列举法	设立“白名单”“黑名单”或“灰名单”，其中在“白名单”内的国家或地区设立子公司不会被认定为受控外国企业	易于操作，提高征管效率	过于机械，无法适应税收政策的变化	采用白名单列举法，包括美国、英国、法国、德国、日本、意大利、加拿大等十一个国家和地区

3. 合理经营需要

我国受控外国企业制度中并未对“合理经营需要”做出更进一步的解释，但对具有相同含义的“合理商业目的”做了详细阐述，因而在研究“合理经营需要”这一概念时可以将其视同为“合理商业目的”。

4. 合理商业目的分析

“合理商业目的”这一概念的提出是在美国Gregory诉Helvering的案件中，美国最高法院的观点是，如果企业的某项商业安排仅从税收角度出发，而没有将其他合理商业目的纳入考虑范围，那么这项商业安排就是避税行为。大法官Leraned Hand认为，“交易应出于商业考虑，仅仅只是出于税收考虑，不包括其他原因的商业行为不能称之为交易”① 因此，对企业未分配或者少分配利润是否出于合理经营需要的认定，实际上就是在判断企业的行为是否有避税意图。由于这项规定具有一定的主观认定性，因此在实践中很有可能成为征纳双方的争议点。在本文的两个案例中，税务机关认定企业未分配利润并非出于合理经营需要，均遭到了纳税人的质疑。我国在《企业所得

① ［美］罗依·罗哈吉．国际税收基础［M］．林海宁，范文详译，北京大学出版社，2006.

税法》中引入了“合理商业目的”这一概念，并在后续的政策文件中对这一政策加以完善，见表 15－5。

表 15－5　　合理商业目的政策一览表

文件名称及文号	具体政策	政策分析
中华人民共和国企业所得税法 中华人民共和国主席令第六十三号	第四十七条　企业实施其他不具有合理商业目的的安排而减少其应纳税收入或者所得额的，税务机关有权按照合理方法调整	首次将“合理商业目的”引入我国税法中，但未做进一步解释
中华人民共和国企业所得税法实施条例 中华人民共和国国务院令第 512 号	第一百二十条　企业所得税法第四十七条所称不具有合理商业目的，是指以减少、免除或者推迟缴纳税款为主要目的	反向列举了不具有商业目的的情形，详细阐释了“合理商业目的”这一概念
国家税务总局关于印发《新企业所得税法精神宣传提纲》的通知（国税函〔2008〕159 号）	不具有合理商业目的的安排通常具有以下特征：一是必须存在一个安排，即人为规划的一个或一系列行动或交易；二是企业必须从该安排中获取“税收利益”，即减少企业的应纳税收入或者所得额；三是企业获取税收利益是其安排的主要目的。满足以上三个特征，可推断该安排已经构成了避税事实	对不具有合理商业目的的安排做出具体限定
国家税务总局关于印发《特别纳税调整实施办法（试行）》（国税发〔2009〕2 号）	第九十二条　税务机关可依据所得税法第四十七条及所得税法实施条例第一百二十条的规定对存在以下避税安排的企业，启动一般反避税调查：（一）滥用税收优惠；（二）滥用税收协定；（三）滥用公司组织形式；（四）利用避税港避税；（五）其他不具有合理商业目的的安排	将不具有商业目的的行为具体化，并明确启动一般反避税调查的前提是企业存在不合理商业目的的安排
《一般反避税管理办法（试行）》 国家税务总局令〔2014〕32 号	第二条　本办法适用于税务机关按照企业所得税法第四十七条、企业所得税法实施条例第一百二十条的规定，对企业实施的不具有合理商业目的而获取税收利益的避税安排，实施的特别纳税调整 下列情况不适用本办法：（一）与跨境交易或者支付无关的安排；（二）涉嫌逃避缴纳税款、逃避追缴欠税、骗税、抗税以及虚开发票等税收违法行为	对上一条规定做了排除性规定，精确一般反避税调查的前置条件

五、关键要点

1. 企业进行对外投资时，首先要在对我国与投资所在国税收法律及税收协定分析的基础上，分析解决所得税问题。

2. 本案例中新加坡子公司是否适用受控外国企业中的特殊规定？重点要对受控外国企业、相关税法、税收协定的有关规定与解释进行分析、理解和运用。

3. 正确理解与确定“合理商业目的”。

六、建议的课堂计划

1. 本案例教学过程中时间建议安排3课时。其中引导学生复习国际税收关于受控外国公司及其税务处理的基本知识1课时，分组讨论2课时。

2. 介绍案例背景，了解企业的全球商业架构。

3. 分析该案例税收的关键点，并就其可行性和风险进行分析讨论。

4. 总结和归纳该案例所涉及的主要知识点，对我国受控外国企业所得税处理的要点、风险和管理建议进行深化。

七、思考题参考答案及相关法规依据

（一）我国对受控外国企业政策分析

国内最早关于受控外国企业的规定出现在2008年颁布实施的《中华人民共和国企业所得税法》第四十五条规定中。在随后颁布的《中国人民共和国企业所得税实施条例》第一百一十六、一百一十七和一百一十八条中，分别就企业所得税法四十五条中的“中国居民”、控制标准和实际税负这三个概念做了更为详细的解释和规定。在2009年1月颁布的《特别纳税调整实施办法（试行）》第八章中，正式将“受控外国企业”一词作为专业概念明示于政府颁布的法律条例中，如表15－6所示。

表15－6　　国内受控外国企业政策一览表

文件名称及文号	具体规定	政策分析
中华人民共和国企业所得税法 中华人民共和国主席令第63号 第六章特别纳税调整第四十五条	由居民企业，或者由居民企业和中国居民控制的设立在实际税负明显低于本法第四条第一款规定税率水平（25%）的国家（地区）的企业，并非由于合理的经营需要而对利润不做分配或者减少分配的，上述利润中应归属于该居民企业的部分，应当计入该居民企业的当期收入	首次将受控外国企业概念引入国内税法，为国内反避税实践提供新思路； 首次提出“控制”“合理的经营需要”这两个概念，但并未对其进行详细解释； 对“受控外国公司”收入做了定义

续表

文件名称及文号	具体规定	政策分析
中华人民共和国企业所得税法实施条例 中华人民共和国国务院令第 512 号 第六章特别纳税调整第一百一十六条、一百一十七条、一百一十八条、一百二十条	企业所得税法第四十五条所称中国居民，是指根据《中华人民共和国个人所得税法》的规定，就其从中国境内、境外取得的所得在中国缴纳个人所得税的个人 企业所得税法第四十五条所称控制，包括：（一）居民企业或者中国居民直接或者间接单一持有外国企业 10% 以上有表决权股份，且由其共同持有该外国企业 50% 以上股份；（二）居民企业，或者居民企业和中国居民持股比例没有达到第（一）项规定的标准，但在股份、资金、经营、购销等方面对该外国企业构成实质控制 企业所得税法第四十五条所称实际税负明显低于企业所得税法第四条第一款规定税率水平，是指低于企业所得税法第四条第一款规定税率的 50% 企业所得税法第四十七条所称不具有合理商业目的，是指以减少、免除或者推迟缴纳税款为主要目的	对“中国居民”“控制”“不具有合理商业目的”进行了详细解释 确定了低税率的具体范围 增强了受控外国企业实践的可操作性
国家税务总局关于印发《特别纳税调整实施办法（试行)》 国税发〔2009〕2 号 第八章受控外国企业管理第七十六——第八十四条	第七十六条　受控外国企业是指根据所得税法第四十五条的规定，由居民企业，或者由居民企业和居民个人（以下统称中国居民股东，包括中国居民企业股东和中国居民个人股东）控制的设立在实际税负低于所得税法第四条第一款规定税率水平 50% 的国家（地区)，并非出于合理经营需要对利润不做分配或减少分配的外国企业 第七十七条　本办法第七十六条所称控制，是指在股份、资金、经营、购销等方面构成实质控制。其中，股份控制是指由中国居民股东在纳税年度任何一天单层直接或多层间接单一持有外国企业 10% 以上有表决权股份，且共同持有该外国企业 50% 以上股份。 中国居民股东多层间接持有股份按各层持股比例相乘计算，中间层持有股份超过 50% 的，按 100% 计算 第八十条　计入中国居民企业股东当期的视同受控外国企业股息分配的所得，应按以下公式计算：中国居民企业股东当期所得 = 视同股息分配额 × 实际持股天数 ÷ 受控外国企业纳税年度天数 × 股东持股比例 中国居民股东多层间接持有股份的，股东持股比例按各层持股比例相乘计算 第八十四条　中国居民企业股东能够提供资料证明其控制的外国企业满足以下条件之一的，可免于将外国企业不做分配或减少分配的利润视同股息分配额，计入中国居民企业股东的当期所得： （一）设立在国家税务总局指定的非低税率国家（地区)； （二）主要取得积极经营活动所得； （三）年度利润总额低于 500 万元人民币	将“受控外国企业”这一概念在政府的法律条例中加以明确 进一步将股权控制分为单层持股与多层持股，增加控制的判定方法 详细规定了受控外国企业的征管事项 增加受控外国企业豁免条款

续表

文件名称及文号	具体规定	政策分析
国家税务总局关于简化判定中国居民股东控制外国企业所在国实际税负的通知 国税函〔2009〕37号	根据《中华人民共和国企业所得税法》第四十五条的规定，为了简化判定由中国居民企业，或者由中国居民企业和居民个人控制的外国企业的实际税负，现明确如下： 中国居民企业或居民个人能够提供资料证明其控制的外国企业设立在美国、英国、法国、德国、日本、意大利、加拿大、澳大利亚、印度、南非、新西兰和挪威的，可免于将该外国企业不做分配或者减少分配的利润视同股息分配额，计入中国居民企业的当期所得	明确受控外国企业白名单豁免的国家范围

（二）我国受控外国企业实践存在的问题分析

1. 税务机关信息滞后，难以发现受控外国企业的存在

尽管税收工作主要由税务机关负责，但在大数据时代税收主体呈现多元化趋势，涉税信息增速迅猛，仅仅依靠税务机关实现税收组织协调征管工作，具有一定的难度。涉税信息是税务机关开展税收征管工作的前提和基础。从本案例来看，A投资企业中税务机关发现受控外国企业问题与案例实际发生时间存在着近两年的时间间隔，税务机关完成特别纳税调整也耗时近一年。不可否认，特别纳税调整工作量较大，涉及多方面内容，较为复杂。纳税人的不配合也是造成这一现象的重要原因。但是，究其根本还是税务机关获取涉税信息的渠道不通畅，阻碍税务机关及时发现受控外国企业问题并对其进行特别纳税调整工作。

首先，国内涉税信息共享机制不够健全。我国涉税信息共享立法处于起步阶段，缺乏明确的法律依据及完善的制度建设，导致国内涉税信息共享机制举步维艰。税务机关的涉税信息获取主要集中于工商部门、房管部门以及银行等，信息内容不全面，不利于税务机关在数据分析及税收征管上占据主动地位。部门协调是涉税信息共享得以顺利实现的重要因素，然而由于涉税信息共享会涉及利益冲突、隐私保护等问题，部门配合度不高，使得税务机关获取相关信息耗时较长。此外，每个部门的数据在格式、口径等方面存在差异，税务机关获取的涉税信息离散性较高，筛选整理信息的工作量较大，影响后期的数据分析与利用。

其次，税务机关难以获取企业境外经营资料。在本案例中，税务机关遇到的困境是：企业将不提供相关资料的责任归咎于无法获取境外子公司数据。企业若不配合税务机关工作，主动就其境外子公司相关状况进行申报，在调查过程中，税务机关有极大可能是处于被动地位的，严重降低税务机关的工作效率。近些年来，主权国家通过

与离岸中心签订税收情报交换协定获取来自这些地区的经济活动信息，有效打击了滥用避税地规避税收等非法活动。加快国际税收情报交换工作的建设步伐，不仅有利于税务机关在受控外国企业调查中占据主动地位，也有利于税务机关发现纳税人隐匿收入，核实纳税人成本、费用的真实性与合法性，确定纳税人享受优惠的主体是否适格①，维护我国税收利益。

2. 受控外国企业制度不够完善，不利于税务机关工作

我国自 2008 年引入受控外国企业规则起，制度设计一直停留在原则性、框架性阶段，在适用范围、认定标准、豁免条款等方面的规定不够细化，缺乏可操作性。目前我国的受控外国企业制度对税务机关的征管能力要求很高，很容易引起征纳方面的矛盾。

首先，控制主体中不包括居民个人，易造成税款流失。我国仅将受控外国企业规则引入到企业所得税中，但对于个人股东取得受控外国企业所得并未做任何规定。也就是说，如果将本案例中的 A 投资公司换成中国居民个人、个人独资企业或者是个人合伙企业，那么我国税务机关对其进行纳税调整是毫无依据的，这将造成一大笔的税款流失。在税务机关的实际征管中也确实有此现象，个人股东通过受控外国企业转移利润进行避税，却因缺少法律依据而无法对其征税，极大损害了我国的税收利益。

其次，“合理经营需要”定义模糊，易引发税企争议。本案例涉及税务机关与企业之间针对其境外子公司未分配利润是否出于合理经营需要产生争议，这是由于国内受控外国企业制度对“合理经营需要”这一概念的界定不清晰，税企双方对其理解不同进而形成分歧。

尽管对“合理经营需要”的理解可以依据“合理商业目的”的政策制定来考虑，但是从上文政策梳理中可以看出，我国对“合理商业目的”安排主要采取了概要与原则性的反证法加以阐述。这就需要税务机关结合实际情况对主客观因素加以分析做出合理判断，对税务机关工作人员对自由裁量权的把握提出了很高的要求②。

最后，豁免条款解释不充分，容易被规避。国际上，除极少数国家外，大部分国家在制定受控外国企业规则时都设计了豁免条款，这既有利于纳税人遵从成本的减少，也有利于税务机关提高征管效率、节约征管成本。我国受控外国企业的豁免条款包括三个方面的豁免：“白名单”豁免、积极营业所得豁免、小额豁免。然而，我国的豁免条款较为机械单一，缺乏灵活性，不符合国际社会上税收政策多元化的大趋势，容易被纳税人利用规避受控外国企业的认定。同时，对豁免条款的解释不充分，主要

---

① 高阳．中国税收情报交换工作的发展、成绩与挑战[J]．国际税收，2014（02）：6－10.

② 田志刚，王建伟．对“合理商业目的”税收立法条款的再解读[J]．当代经济，2015（18）：28－29.

体现在积极营业所得豁免条款。税务机关如何判定受控外国企业所得范围；企业取得收入的多少额度属于“主要所得”；“积极经营活动所得”包括哪些所得，在国内受控外国企业规则中都只是简单提及，而没有进行详细说明。税务机关具有较大的自由裁量权，对概念的不同理解有可能会引起税企争议。本案例中，A投资公司就曾因规定中的积极经营所得豁免对税务机关的特别纳税调整提出异议。

（三）本案例对完善我国受控外国企业实践的启示

本案例是国内适用受控外国企业规则的典型案例。对案例中存在的问题加以分析，有助于发现税务机关在适用受控外国企业规则中存在的难点，对研究我国受控外国企业制度的完善也有益处。

本案例从发现问题到进行调查再到完成特别纳税调整，都经历了很长的时间，也耗费了税务机关工作人员的很多精力。同时也都出现了纳税人不配合税务机关工作，以无法获得境外公司数据等理由来搪塞税务机关，不提供相关资料，不进行相关申报。税务机关在适用受控外国企业规则时，困难重重。但面对调查的阻力，税务机关工作人员均选择采用外部调查程序，即与招商局、外汇局等部门合作，获取相关信息以获取证据。由此可见，信息共享对于税务机关的工作具有很重要的意义。

通过对本案例中征纳双方的争议点进行分析，可以发现企业选择了从所得性质以及未分配利润是否出于合理经营需要这两个角度反驳税务机关的调整。尽管企业最终接受了特别纳税调整，但可以看出我国受控外国企业规则中对“积极经营活动所得”以及“合理经营需要”的规定仍然不够完善，会引起纳税人的质疑。

（四）对完善我国受控外国企业税收政策的建议

1. 拓宽税务机关信息渠道，以便及时发现受控外国企业

首先，要健全国内涉税信息共享制度。健全国内涉税信息共享制度首先要从立法角度，完善《税收征管法》中的相关规定，以法律形式对涉税信息共享第三方的范围、权利义务、违法责任等事项做出具体规定，进一步规范涉税信息共享的时限、操作程序、使用权限等。此外，顺应大数据潮流，以电子数据为依托，充分利用“互联网+”构建涉税信息共享平台，使涉税信息沟通网络更加顺畅。同时建立奖惩制度，提高相关部门配合税务机关工作的积极性。在电子支付日益繁荣的背景下，可以考虑将支付宝、微信等支付平台纳入涉税信息共享第三方范围。但是在健全涉税信息共享制度过程中，税务机关要保证涉税信息安全，严防纳税人信息泄露情况的发生。

其次，要加快我国国际税收情报交换建设。随着经济全球化的发展，国际上对税

收情报交换越发重视且制定了新规则。对比国际社会先进的标准，我国在税收情报交换实践方面还需更多的努力。一是开展更丰富的税收情报交换形式。国内税收情报交换工作主要集中在专项情报交换、自发情报交换和自动情报交换三方面，缺乏授权代表访问、同期税务检查等深层次领域情报交换的实践。因此，不断拓展多种形式的税收情报交换，在方便税务机关了解纳税人情况，快速处理案件的同时，也做到减轻纳税人重复申报的负担。二是提高税收情报交换工作在我国的利用度。由于基层税务机关缺乏对税收情报交换工作的认识，较少提起情报请求。这就导致与接收到的专项情报请求数量相比，我国目前发出的数量较少，税收情报交换的作用没有得到充分发挥。因此，需对基层税务机关工作人员加以适当培训，提高其对企业跨国避税方法的认识，增强其提请税收情报请求的意识。

2. 优化国内受控外国企业制度，助力税务机关征管效率提高

首先，要扩大控制主体范围，避免居民个人税款流失。建议在接下来修订个人所得税法的工作中，考虑将受控外国企业规则引入其中，将控制的主体扩大到居民个人。同时出台配套文件明确受控外国企业的自然人股东取得的所得如何缴纳税款以及申报等相关规定，以保证该部分税款不会流失，最大程度维护我国税收利益。

其次，要清晰定义“合理经营需要”，减少税企争议。境外子公司出于何种原因未对利润进行分配或少分配属于“出于合理经营需要”的范围，对这一问题做出更为清晰的解答，即明确“合理经营需要”概念，有助于完善国内受控外国企业制度。在界定这一概念时，需要充分考虑我国经济实力以及在国际上的竞争力等具体情况，在维护我国税收利益的情况下也不损害我国企业在国际上的竞争力。此外，各税务部门可在实际工作中就纳税人“出于合理经营需要”的行为标准达成共识，以此推动“合理经营需要”税收定义标准的明晰化，增强税务机关在处理相关问题时政策运用的科学性以及法律依据的准确性，减少征纳双方的争议。

最后，要细化豁免条款，节约税务机关征管成本。随着“一带一路”倡议的不断推进，越来越多的国内企业开始“走出去”进行海外投资，尽管我国企业跨国投资规模较大，但总体经营能力不高，国际竞争力处于较弱水平。设置受控外国企业豁免条款有利于推进海外投资的发展，也有利于我国企业综合实力的提升。我国可以在进一步明确现有豁免条款的基础上，扩大豁免范围。

在加深对现有豁免条款的解释方面，首先，明确受控外国企业所得的范围。目前国际上有“交易法”和“实体法”两种界定方法。交易法工作量较大，需要税务机关根据人员、营业场所、资产和风险等方面的指标对受控外国企业的每笔交易进行分析，判断企业取得的收入是否属于积极生产经营活动所得，是否应当被纳入特别纳税调整

的范围。采取交易法的国家主要有美国、加拿大、澳大利亚、西班牙、阿根廷等①。相对于交易法来说，实体法比较简单直接，一旦被判定为受控外国企业，该企业取得的所有收入均应进行特别纳税调整。采取实体法的国家包括日本、韩国、英国、意大利等②。上述两种做法各有利弊，建议我国采取“交易法”与“实体法”相结合的方法。通过实体法确定受控外国企业，再以交易法确定企业积极生产经营活动所得并将其从瑕疵收入中剔除。其次，是对积极经营活动所得豁免中的“主要取得”加以限制，可以设定一个具体的可操作的比例。比例的确定需考虑我国“走出去”企业的生产经营能力、收益水平以及我国经济发展的实际情况。最后，小额豁免条款中的规定是固定值（年利润总额500万元人民币以下），过于机械灵活性不强，建议增加比例设计。

在扩大豁免范围方面，现有制定受控外国企业豁免条款的国家中，英国的豁免条款规定最为详细。英国从可接受分配标准、免税活动标准、动机标准、公开报价标准以及最低额标准五个方面规定可免于适用受控外国企业规则的情形，其中免税活动标准、动机标准和最低额标准在我国的豁免条款中均有所体现。因而我国可以考虑增加可接受分配标准，即受控外国企业在一定期限内将其一定比例的收入向其母公司进行分配。如果受控外国公司股票在公认的股票交易市场上市，公众投资者拥有一定比例的表决权且公司主要成员持有的表决权不超过一定比例，也可以将其纳入免予适用受控外国企业规则的范围。此外，为促进特定行业的发展，可以考虑增加行业豁免，如主营业务为工业生产、制造业、服务业、农业以及海运业的企业可享受免予适用受控外国企业规则的优惠待遇③。

八、进一步阅读材料

[1] OECD, Base Erosion and Profit Shifting, www. oecd. org/tax.

[2] 杨志清．国际税收［M］．北京大学出版社，2018.

[3] 朱青．国际税收（第七版）［M］．中国人民大学出版社，2016.

[4] Brian J. Arnold, Michael J. McIntyre. International Tax Primer 国际税收基础（第二版）［M］．中国税务出版社，2010.

[5] 罗伊·罗哈吉．国际税收基础［M］．北京大学出版社，2006.

[6] 杨志清，何杨．国际税收理论与实务［M］．中国税务出版社，2016.

①② 吴颉．BEPS背景下我国受控外国公司税制的重构［D］．华东政法大学，2016.

③ 朱炎生．完善我国受控外国公司税制［J］．涉外税务，2008（03）：34－37.

案例 16

范冰冰逃税案与高净值人士逃税分析[①]

本文针对范冰冰逃税案进行剖析，全方位了解和研究高净值人群的逃税手段及避税方式。深度分析我国个人所得税制度存在的问题，并以此为基础，对未来我国个人所得税制度建设提供一些建议。

① 本案例作者为蔡昌、倪祎彤、朱凯达。案例部分内容发表于《新理财》2019 年 2 期。本案例根据国家税务总局公布的范冰冰逃税案细节及判决书进一步整理分析撰写而成，内容真实、事件完整。

案例正文

一、范冰冰逃税案背景及案件始末

身为中国娱乐圈具有极大影响力的代表性人物，范冰冰涉嫌逃税的爆炸性新闻一出便占据了各大媒体的头版，成为人们最关心和热议的话题之一。2018 年 10 月 3 日，深受社会关注的范冰冰逃税案最终公布了处理结果：税务当局共惩处范冰冰 8.8 亿元人民币的巨额罚款，由《手机 2》之争引发的“阴阳合同”事件和范冰冰逃税案终于尘埃落定。

（一）范冰冰逃税案背景分析

除了作为知名演员常年跻身福布斯中国名人榜之外，范冰冰旗下还有 12 家公司，涵盖多个产业，涉及文化传媒、影视制作、影视发行、投资管理、葡萄酒等领域。其中，范冰冰本人作为法人的公司有 5 家，分别为美涛佳艺（上海）影视文化工作室、无锡爱美神影视文化有限公司、无锡唐德文化传媒有限公司、无锡美涛佳艺影视文化工作室、北京美丽宫文化交流有限公司；作为股东的公司有 7 家，其中包括 100% 入股的霍尔果斯爱美神影视文化有限公司；作为高管的公司有 9 家。范冰冰的弟弟范丞丞旗下也有一家公司——无锡美涛丞星影视文化工作室。而其他相关公司多在其父母范涛、张传美的控股之下，这些公司也分别注册在江苏无锡、新疆霍尔果斯、北京等地。加上未公开的投资额，据保守估算，范冰冰身家已达 8.5 亿人民币，确实是名副其实的“豪门”[①]。

2018 年 5 月底，曾任职中央电视台主持人的崔永元将一组“阴阳合同”在网上曝光，暗指范冰冰拥有灰色收入。10 月 3 日，新华社发布通稿《税务部门依法查处范冰冰“阴阳合同”等偷逃税问题》，预示着税务系统将对于范冰冰的相关逃税案件给予公众一个阶段性的交代。

从范冰冰案调查核实的基本情况来看[②]，范冰冰在影片《大轰炸》剧组拍摄的过程当中实际获得了片酬 3 000 万元，这里面的 1 000 万元已经申报纳税，其余 2 000 万

① 公司数据收集自天眼查。

② 信息来源于新华社发布的通稿《税务部门依法查处范冰冰“阴阳合同”等偷逃税问题》。

元以拆分合同方式偷逃个人所得税 618 万元，少缴营业税及附加 112 万元，合计 730 万元。除此之外，还查出范冰冰及其担任法定代表人的企业少缴税款 2. 48 亿元，其中偷逃税款 1. 34 亿元。

（二）范冰冰逃税案处理结果

范冰冰税案涉及三类主体：被查方，查处方，举报方。

对于范冰冰涉及的违法行为，江苏省税务局依据《中华人民共和国税收征管法》第三十二、五十二条的规定，对范冰冰及其担任法定代表人的企业追缴税款 2. 55 亿元，加收滞纳金 0. 33 亿元；依据《中华人民共和国税收征管法》第六十三条的规定，对范冰冰采取拆分合同手段隐瞒真实收入偷逃税款处 4 倍罚款计 2. 4 亿元，对其利用工作室账户隐匿个人报酬的真实性质偷逃税款处 3 倍罚款计 2. 39 亿元；对其担任法定代表人的企业少计收入偷逃税款处 1 倍罚款计 94. 6 万元；依据《中华人民共和国税收征管法》第六十九条和《中华人民共和国税收征管法实施细则》第九十三条的规定，对其担任法定代表人的两户企业未代扣代缴个人所得税和非法提供便利协助少缴税款各处 0. 5 倍罚款，分别计 0. 51 亿元、0. 65 亿元。

依据《中华人民共和国行政处罚法》第四十二条以及《江苏省行政处罚听证程序规则》相关规定，9 月 26 日，江苏省税务局依法先向范冰冰下达《税务行政处罚事项告知书》，对此范冰冰未提出听证申请。9 月 30 日，江苏省税务局依法已向范冰冰正式下达《税务处理决定书》和《税务行政处罚决定书》，要求其将追缴的税款、滞纳金、罚款在收到上述处理处罚决定后在规定期限内缴清。

依据《中华人民共和国刑法》第二百零一条的规定，由于范冰冰属于首次被税务机关按偷税予以行政处罚且此前未因逃避缴纳税款受过刑事处罚，上述定性为偷税的税款、滞纳金、罚款在税务机关下达追缴通知后在规定期限内缴纳的，依法不予追究刑事责任。超过规定期限不缴纳税款和滞纳金、不接受行政处罚的，税务机关将依法移送公安机关处理。

2018 年 6 月，在税务机关对范冰冰及其经纪人牟某广所控制的相关公司展开调查期间，牟某广指使公司员工隐匿、故意销毁涉案公司会计凭证、会计账簿，阻挠税务机关依法调查，涉嫌犯罪。现牟某广等人已被公安机关依法采取强制措施，案件正在进一步侦查中。

国家税务总局责成江苏省税务局对原无锡市地方税务局、原无锡市地方税务局第六分局等主管税务机关的有关负责人和相关责任人员依法依规进行问责。同时，国家税务总局已部署开展规范影视行业税收秩序工作。对在 2018 年 12 月 31 日前自查自纠并到主管税务机关补缴税款的影视企业及相关从业人员，免予行政处罚，不予罚款；对个别拒不纠正的依法严肃处理；对出现严重偷逃税行为且未依法履职的地区税务机关负责人及相关人员，将根据不同情形依法依规严肃问责或追究法律责任。

如图16－1所示，相关信息即为范冰冰税案的处罚结果，根据后续对江苏省及无锡税务局的相关问责，政府机关还对因管理不力、负有领导责任的相关单位和人员进行了问责。而对于举报人崔永元，税务机关根据奖励办法奖励崔永元10万元。

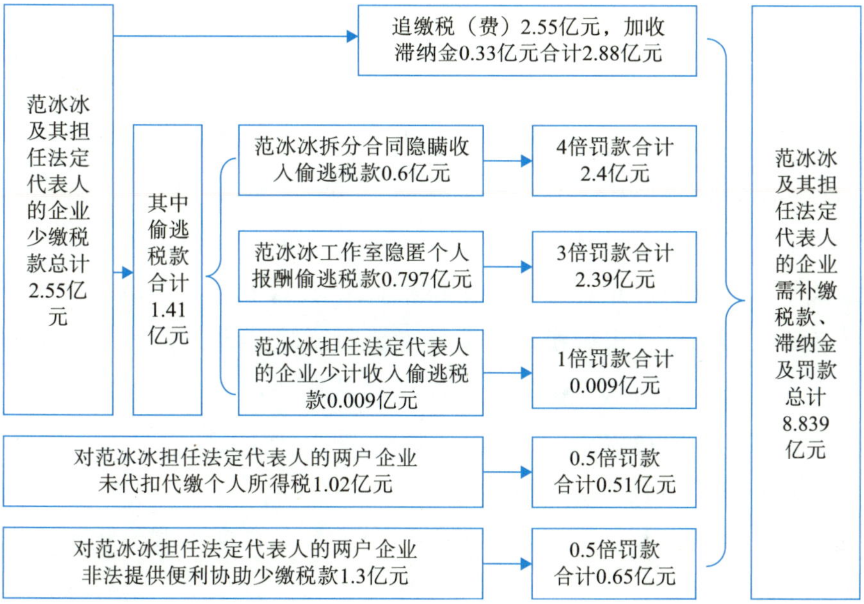

图16－1　范冰冰逃避税收情况和处罚情况（相关数额存在一定尾差）

对于影视行业的规范，从2018年10月10日起，各地税务机关通知本地区的影视制作公司、经纪公司、演艺公司、明星工作室等企业及影视行业高收入从业人员，对2016年以来三年的申报纳税情况进行自查自纠。凡在2018年12月底前认真自查自纠、主动补缴税款的影视企业及从业人员，免予行政处罚，不予罚款。在纳税人自查自纠过程中，税务机关不开展入户检查。

（三）范冰冰逃税案的法理剖析

1．逃税三大手段

（1）范冰冰采取拆分合同手段隐瞒真实收入偷逃税款；

（2）范冰冰利用工作室账户隐匿个人报酬的真实性质偷逃税款；

（3）范冰冰担任法定代表人的企业少计收入偷逃税款。

此三项偷逃税行为均适用《税收征管法》第63条规定：纳税人伪造、变造、隐匿、擅自销毁账簿、记账凭证，或者在账簿上多列支出或者不列、少列收入，或者经税务机关通知申报而拒不申报或者进行虚假的纳税申报，不缴或者少缴应纳税款的，是偷税。对纳税人偷税的，由税务机关追缴其不缴或者少缴的税款、滞纳金，并处不缴或者少缴的税款百分之五十以上五倍以下的罚款；构成犯罪的，依法追究刑事责任。

扣缴义务人采取前款所列手段，不缴或者少缴已扣、已收税款，由税务机关追缴其不缴或者少缴的税款、滞纳金，并处不缴或者少缴的税款百分之五十以上五倍以下的罚款；构成犯罪的，依法追究刑事责任。

2. 代扣代缴的纳税义务

对范冰冰担任法定代表人的两户企业未代扣代缴个人所得税和非法提供便利协助少缴税款。此项违法行为适用《税收征管法》第69条和《税收征管法实施细则》第93条规定，即扣缴义务人应扣未扣、应收而不收税款的，由税务机关向纳税人追缴税款，对扣缴义务人处应扣未扣、应收未收税款百分之五十以上三倍以下的罚款。为纳税人、扣缴义务人非法提供银行账户、发票、证明或者其他方便，导致未缴、少缴税款或者骗取国家出口退税款的，税务机关除没收其违法所得外，可以处未缴、少缴或者骗取的税款1倍以下的罚款。

3. 故意隐匿销毁会计凭证、会计账簿

2018年6月，在税务机关对范冰冰及其经纪人牟某广所控制的相关公司展开调查期间，牟某广指使公司员工隐匿、故意销毁涉案公司会计凭证、会计账簿，阻挠税务机关依法调查，涉嫌犯罪，被公安机关依法实施强制措施。此项行为属于犯罪无可争议，根据隐匿、故意销毁会计凭证、会计账簿、财务会计报告罪刑事立案标准：隐匿或者故意销毁依法应当保存的会计凭证、会计账簿、财务会计报告，涉嫌下列情形之一的，应予立案追诉：

（1）隐匿、故意销毁的会计凭证、会计账簿、财务会计报告涉及金额在五十万元以上的；

（2）依法应当向司法机关、行政机关、有关主管部门等提供而隐匿、故意销毁或者拒不交出会计凭证、会计账簿、财务会计报告的；

（3）其他情节严重的情形。

很明显，此项案件涉及金额绝对超过50万元，故范冰冰经纪人牟某广隐匿、故意销毁会计凭证、会计账簿、财务会计报告罪成立。

4. 范冰冰逃税案未涉及刑事责任的法理解释

对范冰冰只处以相关行政处罚，未涉及刑事责任。我国刑法明确规定逃税罪的刑事立案标准：逃避缴纳税款，涉嫌下列情形之一的，应予立案追诉：

（1）纳税人采取欺骗、隐瞒手段进行虚假纳税申报或者不申报，逃避缴纳税款，数额在五万元以上并且占各税种应纳税总额百分之十以上，经税务机关依法下达追缴通知后，不补缴应纳税款、不缴纳滞纳金或者不接受行政处罚的；

（2）纳税人五年内因逃避缴纳税款受过刑事处罚或者被税务机关给予二次以上行政处罚，又逃避缴纳税款，数额在五万元以上并且占各税种应纳税总额百分之十以上的；

（3）扣缴义务人采取欺骗、隐瞒手段，不缴或者少缴已扣、已收税款，数额在五万元以上的。

范冰冰逃税案属于第一种情况的前半部分，故而未构成逃税罪。逃税罪是指经税务机关依法下达追缴通知后，不补缴应纳税款、不缴纳滞纳金或者不接受行政处罚的行为。

二、范冰冰逃税案细节

我国税法规定，明星的工资薪金与普通人缴纳税款相同，适用 3% ~45% 的个人所得税课征；片酬为劳务报酬所得，适用 20% ~40% 的劳务报酬课征；利息股息红利按 20% 的偶然所得课征；工作室收入按 5% ~35% 的个体工商户的生产经营所得课征。

明星的收入非常高，以 2017 中国名人收入排行榜上榜明星为例，前十名收入都过亿元，范冰冰以 2.44 亿元排名榜首，应适用工资薪金所得税率中 45% 这一档税率、40% 的劳务税率、20% 的利息、股息、红利所得税率和 35% 的个体工商户税率。

（一）逃税手段

1. 签订“阴阳合同”

范冰冰在影片《大轰炸》剧组拍摄的过程当中实际获得了片酬 3 000 万元，其中 1 000 万元已申报纳税，而其余 2 000 万元以拆分合同的方式偷逃了税款合计 730 万元。

所谓阴阳合同，是指合同的交易双方针对同一事项签订的两份以上内容不相同的合同，一份对内，一份对外。其中金额较小的“阳合同”对外，用于备案登记纳税；而具有较高金额的“阴合同”则对内，实际约定双方交易的价格。

按照税法规定，明星的片酬、商业广告收入按照“劳务报酬所得”缴纳税款，不超过 2 万元的部分缴税 20%；2 万元至 5 万元缴税 30%，超过 5 万元的部分缴税

40%——粗略计算，一份5 000万元的“阴合同”可以逃避个税2 000多万元，在应纳税额中占比极可能超过法律红线30%。

影视公司和明星都应该在签约前思考清楚，若想签很高的片酬，就应该做好缴纳相关税收的准备，双方都应为自己的经济行为负责。

2. 个人工作室隐匿报酬

针对此次逃税事件，税务机关不仅查出在《大轰炸》电影范冰冰与合作方签订阴阳合同，而且查出范冰冰名下工作室通过隐匿隐瞒范冰冰真实收入少缴纳个人所得税，由于个人独资企业不是法人机构，故个人独资企业财产不足以清偿债务的，投资人应当以其个人的其他财产予以清偿。由于工作室为范冰冰个人100%独资，所以其工作室应补缴的税款和罚款应由范冰冰个人承担。从下达的税务处罚决定来看，除这次阴阳合同外，范冰冰以前存在着利用其工作室隐匿报酬行为以此来躲避个人所得税的缴纳。

3. 范冰冰担任法人的企业少计收入

此项行为的逃税手段实为下举，若非有非常精湛的会计做账能力此种行为必定会被税务机关轻易查出，通过企业多列支出或者不列、少列收入，或者经税务机关通知申报而拒不申报或者进行虚假的纳税申报，不缴或者少缴应纳税款的，是偷税。

4. 范冰冰为法人的企业未代扣代缴个人所得税

此次检查中，查处范冰冰为法人的两户企业未对范冰冰的收入进行代扣代缴义务，并非法提供便利帮助范冰冰逃避纳税。

（二）避税方式

1. 设立个人独资工作室

按照税法规定，明星以个人身份按照工资薪金、劳务报酬所得缴纳个人所得税的税负率比较高。因此，明星成立工作室、独资合伙企业、有限合伙企业等机构，按照个体工商户或非法人机构形式纳税，其税负相对较轻，因此近年来成为流行于影视界的一种模式。

根据《个人所得税法》和《个人所得税法实施条例》的规定，以范冰冰被爆料的4天收6 000万元片酬为例，如果全部按照个人所得税中劳务报酬类别来计算，6 000万元的片酬属于极高收入，实行40%税率的加成征收，再减去速算扣除数，她大约需缴纳2 399万元的税收。

而注册工作室就会大不相同。以个体工商户计算，按照适用于个体工商户的个人所得税超额累进税率（最高35%），明星需要缴纳的税款只有大约2 098万元，仅通过这一步操作，就可以节省 300 万元的税费。

像范冰冰这样的高净值人士收入基本上都会适用最高一档税率，所以他们通过设立自己的公司并以公司的名义对外签约，收取报酬就是一个很明智的选择。这样不仅可以适用较低的企业所得税税率 25%，而且还可以扣除相应的成本费用，抵减利润，实现税负最小化。

如果他们的公司被认定为小型微利企业，即年应纳税所得额低于 100 万元，那么适用的税率就只有 10%。而如果他们可以合理地列支尽可能多的成本费用，甚至可以让公司变成“亏损”，从而免交企业所得税。

范冰冰设立的无锡美涛佳艺文化工作室享有影视行业特殊税收优惠政策，不仅会有一些专项资金补贴，而且对于认定成功的影视业工作室采用核定征收法，最终适用的个人所得税税率只有 3.5%。

2. 充分利用税收洼地

此案所牵扯的税收洼地主要有两个，即无锡和霍尔果斯。这两个税收洼地主要是针对影视娱乐业的。为什么在下达的行政处罚决定中没有这两个地方的责任，而最后下达的对无锡税务局部分人员的问责也是由于他们的职责失当，并非由于税收洼地的非法避税问题。由于我国幅员辽阔，各地区之间存在经济发展方面的差异，有些地区为了招商引资，可能会对一些特定行业的企业给予税收优惠政策。因中央管辖的税种税率以及征收管理都有明确规定，故而地方不能改变，在全部税款征收之后，地方政府拿到税款分成比例后，可以拿其中一部分作为专项资金或者财政补贴返还给纳税人，从而达到激励纳税人、促进地方经济发展的作用。还有的地方政府采取比较灵活方式，运用一些税收征管规定或规定一些税收减免优惠政策，进而降低综合税负率。

上面提到范冰冰在无锡所开设的个人工作室采用的核定征收办法直接以收入乘以征收率即为纳税人应缴纳税款，大大降低了高收入明星的税负，避免了大部分明星适用了 45% 或者 35% 的个人所得税税率。不仅如此，在无锡设立的影视企业的税收优惠力度更大，电影产业园每年以完成 1 亿元税收为基数，超基数市级留成部分的 80% 以产业资金形式支持园区发展。实行税收贡献度奖励，前 3 年，其征收的增值税、所得税按照市级留成部分的 80% 由专项资金进行奖励，后两年按 50% 进行奖励；对入驻无锡国家数字电影产业园核心区一期及二期的知名影业公司、后期制作公司以及名人工作室，酌情给予 1 ~ 3 年减免租金，500 平方米以下部分免租金、500 ~ 1 000 平方米租金减半的扶持；对落户园区的国内外知名品牌制片企业、后期制作企业、上市公司总部，注册资金不少于 1 000 万元，经认定后给予 50 万 ~ 100 万元的奖励；对社会资本投资影视制作关键产业链平台建设，公共平台设备、器材当年完成固定资产投资超过

2 000 万元的，经认定后，按照实际投资额的 5% 给予奖励，最高不超过 500 万元；行业知名演员、导演、制片人等高级人才，经认定后给予 30 万～50 万元的一次性奖励；在园区内立项的有影响力或被部省列入重要影视剧的项目，经认定后给予最高不超过 100 万元的一次性奖励。此为当时无锡对影视类企业规定的税收优惠政策，优惠力度相当大，以此来吸引大批影视界人士前来投资。

霍尔果斯也存在着不亚于无锡的税收优惠政策，2011 年“一带一路”倡议实施之后，霍尔果斯被列为新的经济特区，财政部与国家税务总局联合下发通知，对相关企业实行“五减五免”的税收优惠。

根据公开资料可知，霍尔果斯享有以下优惠政策：

（1）新注册公司享受五年内企业所得税全免（国税 15% 和地税 10%，共计 25%）。五年后地方留存的 40%（企业所得税中央和地方按 60%∶40% 分）将以“以奖代免”的方式返还给企业。等于是地方留存部分全免，时间也是五年。

（2）增值税（中央和地方共享税收，最后按 50%∶50% 分）及其他附加税（100% 地方留存）总额地方留存部分（即 50% 的增值税和 100% 的附加税）年缴纳满 100 万元开始按比例奖励，一般奖励 15%～50%，如表 16－1 所示。

表 16－1　霍尔果斯增值税优惠政策

霍尔果斯增值税及其他附加税奖励比例	
100 万～300 万元	15%
300 万～500 万元	20%
500 万～1 000 万元	25%
1 000 万～2 000 万元	30%
2 000 万～5 000 万元	35%
5 000 万～1 亿元	45%
1 亿元以上	50%

（3）企业员工的个人所得税满 1 000 元开始返还地方留存部分（个税地方分 40%，中央分 60%）的 70%，2 000～4 000 元返还地方留存部分的 80%，4 000 元以上返还地方留存部分的 90%。这些返还都是两个星期直接打到公司账户。

（4）信息科技类企业固定资产投资总额 5 000 万元以上，给予 50 元/m^2 补贴；

（5）高新技术产业投入设备成本，返还总投入 1% 财政补贴；

（6）总部经济类企业最高享 500 万元办公用房补贴。

霍尔果斯的税收优惠政策还规定，通过霍尔果斯当地企业缴纳的个人所得税可以先缴后返，多缴多返，最高返还 90%。在霍尔果斯注册的企业如果排队上市，可以走快速通道，成功上市的还有 50 万 ~200 万元的奖励金可以拿到。

在霍尔果斯口岸免税政策红利即将结束时，阿拉山口保税区从 2017 年开始到 2021 年，可能会成娱乐圈新的避税天堂。

3. 通过特殊股权构架、身兼多职分散收入

众所周知，在《个人所得税法》第七次修订之前，个人所得是采取分类征收模式，按照收入的性质进行分类，对于收入畸高的纳税人而言，最常见的避税方法就是分散收入，从而分别纳税降低自身税负，范冰冰亦是如此，范冰冰名下有多家公司，其投资关系及股权构架如图 16－2、图 16－3 所示。

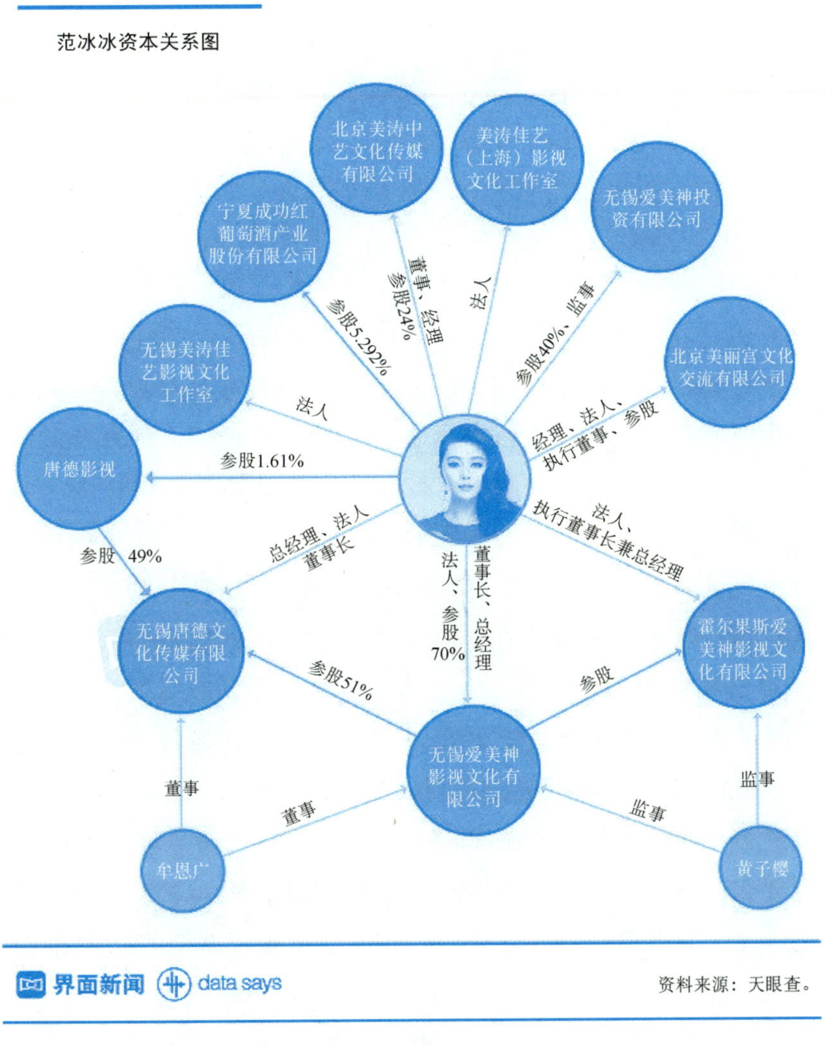

图 16－2　范冰冰资本投资关系图

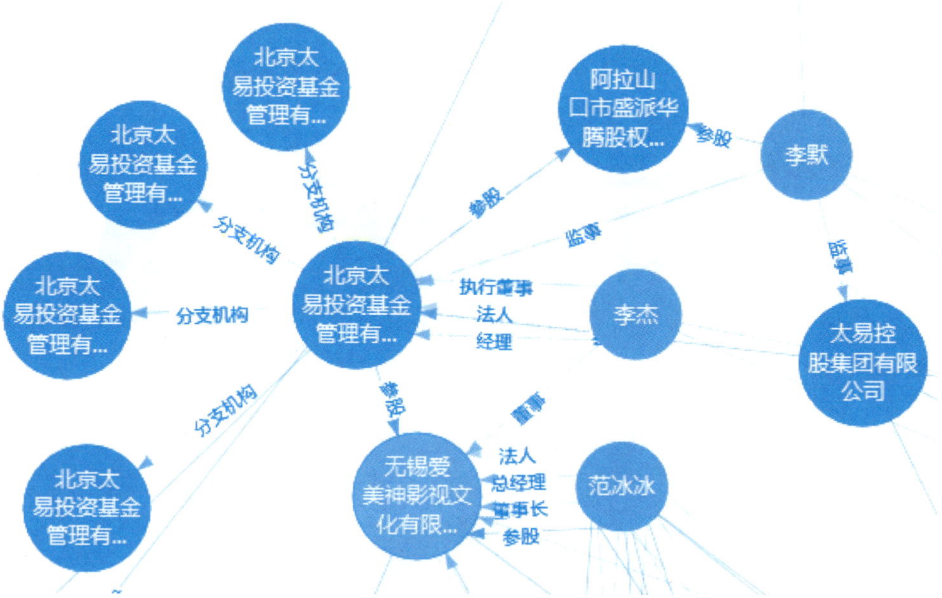

图 16－3　范冰冰投资的公司关系图

范冰冰拥有如此多的公司，其中不止有影视文化公司，甚至包括投资公司、酿酒公司，可见范冰冰并不单纯是一位演员，更是一位商业帝国的缔造者，那些其未拥有100%股权的公司大部分剩下的股权由其经纪人直接或间接持有或者是其母亲直接或间接持有，如此庞大的商业帝国，可见范冰冰的能量之大。对于避税来说，建立多家公司的好处就是合理分散收入总额，使收入按照不同的类别分别纳税，从而降低所适用的税率，以达到减少税收负担的效果。比如范冰冰与一家合作方签订合同，其把总收入分为几部分由自己名下的公司分别签订阶段性合同，分别作为不同次数的劳务收入分别纳税，从而降低适用税率和应纳税款。

4. 利用“壳公司”避税

范冰冰旗下的无锡爱美神公司于2015年注册成立，注册资本为300万元。工商登记资料显示，该公司2015年年报资产总额仅为1 036万元，所有者权益为53万元，成立当年销售总额为3 468万元。其中当年的净利润为53万元，负债总额983万元，纳税总额为零。那么，只有3个人经营的“壳公司”无锡爱美神，为什么会有3 000多万元的成本呢？无锡爱美神的另一股东——北京太易投资基金管理有限公司似乎揭秘了谜底。

在唐德影视放弃收购后，北京太易投资基金管理有限公司成为无锡爱美神除范冰冰本人外的第二个股东，占比30%。它的100%大股东为太易控股有限公司，而太易控股集团有限公司的股东为阿拉山口市嘉盛股权投资有限公司（以下简称“嘉盛投资公司”）和自然人郭震。嘉盛投资公司成立于2017年1月24日，该公司的注册地址为新疆博州阿拉山口综合保税区企业服务中心五楼517室。嘉盛投资公司从业人数仅有2人，但在2017年10月19日对太易控股有限公司追加了2.5亿元的注册资本金。一个刚成立不到一年且注册资本金为50万元的嘉盛投资，如何做到在一年之内投资2.5亿元呢？而这2.5亿元的由来，在简单的工商资料中无法查到。太易控股有限公司的大股东郭震，为什么要在边远的新疆阿拉山口市成立嘉盛投资公司呢？避税是最可能的原因，通过签订一些合同转移一些收入到空壳公司以此来降低自身个税税负[①]。

三、高净值人士逃税原因分析

逃税行为有其心理诱因。纳税者可能存在侥幸心理、从众心理、不平衡心理以及为“公”无罪心理等诱因，而在被人的内在主观心理因素支配和影响的同时，还受到外部客观条件的刺激和推动，如国家税收立法和执法以及税收征管和监督的缺陷等，更容易诱发其产生逃税行为。就目前来看，造成我国逃税行为的客观条件有以下方面。

（一）个人所得税反避税规则体系的缺位

我国本身对于税收体系的相关特别纳税调整起步较晚，由于历史的特殊性以及国情和技术的局限性，近些年来在慢慢完善补充关于企业所得税的特别纳税调整，把企业所得税的反避税体系作为主流重点，包括近年来加入CRS以及BEPS防止税基侵蚀和利润转移行动计划，均体现了我国对于企业所得税的反避税规则完善的重视，由于技术以及实际情况的局限，从个税和企业所得税占所得税的比重来看，始终是企业所得税占主体地位，所以从重要性和保障税收收入来看，优先建立企业所得税的反避税规则可以防止比较大的税收流失，而并没有将重心放在个人所得税的反避税规则建立上，这也就造成了我国大多数高收入人群对于个人所得税的避税手段应用极为普遍，并且税务部门就算有足够理由认为个人有逃避税行为，也无法根据现有的法律法规进行核查及追缴税款。

其次，我国的反避税规则在实施上缺乏一些客观的评价标准，特别纳税调整的出台有利于使得反避税相关规则体系的建立得到相关人士的重视，但是在具体实施上存在着税务机关自主裁量权过大的问题，比如就企业或者个人对于非商业目的的避税安排的具体标准无法衡量，在税务人员使用时存在很大争议，把过大裁量权交给税务执

① 数据全部来自天眼查。

法人员，容易造成对反避税规定的滥用①。

除此之外，我国税法本身还有一些漏洞。比如目前我国实行的还是分类计征，所以不同类型的所得税税率是不一样的；而我国个税的某些所得适用超额累进税率，所以同一种所得的数额不同，税率也是不一样的；再比如同样数量的所得可用不同的计征方法处理，按次计征和按年计征带来的税负也肯定是不同的。然而，其中并没有绝对不能逾越的界限。在这样的漏洞下，纳税者就很容易去选择可以避重就轻的纳税方法，从而少缴税款。

稽查工作也尚未建立起一个完整、科学的体系。税务稽查的户数和实际纳税户相比，可能都不到百分之一，很多案件都可能面临被漏查。而且税务稽查不是随便进户的，一般是通过上级交办、计算机选案和群众举报。作为打击逃税行为的重要手段，税务稽查的覆盖率还远远不够。

（二）收入信息不透明，贫富纳税差异大

我国个税征收原来采取分类征收，收入来源单一、主要靠工资的工薪阶层，在工资发放前就被强制扣税；而收入来源多样的富人，却利用各种税制漏洞逃避税收。

对于个人所得税而言，除工资薪金相对比较明确以外，其他收入除转让产权等包含所有权证书的资产还能通过相关产权部门确定外，特别是服务交易，税务部门完全不能稽查到此项业务的发生，因此自然人的相关收入的交易信息不透明对于建立个人所得税反避税规则体系也是一大阻碍。

（三）税收相关法规层次太低

我国有很多税种未通过人大立法，对于税法的相关解释以及公告均是由国家税务总局及财政部发布，因此造成的行政解释大于司法解释会引起行政裁量权过大，不利于税收立法的公正性，并且容易造成税务部门在反避税中的税权滥用，影响税收发挥收入分配调节的公平职能；并且其法律层次的高低一定程度上会影响税法在公民心中的地位，使之形成税收法制在整个法律体系中层次较低的感觉，从而影响到公民的纳税遵从度。

（四）国家税收执法的缺陷

尽管已有一些法律约束的设置和存在，但偷逃税现象还是比较严重。此时，制度

---

① 高凤勤．论我国反避税立法的缺陷及其完善——兼论个人所得税改革[J]．山东经济，2009，25（06）：94－97＋148.

执行力不足的因素显得更加突出。虽然已有“不申报者将受到多重处罚”“对偷税者要处以 50% 以上，5 倍以下罚款”“将影响个人信用体系，留下不良记录”等警告的存在，由于执行起来还是难以操作，最终还是容易成为纸上谈兵，很难真正地落到实处。

四、加强个人所得税反避税制度建设的政策建议

2018 年 10 月 2 日，国家税务总局发布《关于进一步规范影视行业税收秩序有关工作的通知》（税总发〔2018〕153 号），通知规定从 2018 年 10 月 10 日起，各地税务机关通知本地区的影视制作公司、经纪公司、演艺公司、明星工作室等企业及影视行业高收入从业人员，对 2016 年以来的申报纳税情况进行自查自纠。凡在 2018 年 12 月 31 日前自查自纠并到主管税务机关补缴税款的影视企业及相关从业人员，免予行政处罚，不予罚款；对个别拒不纠正的依法严肃处理；对出现严重偷逃税行为且未依法履职的地区税务机关负责人及相关人员，将根据不同情形依法依规严肃问责或追究法律责任。

（一）稳步推进个人所得税反避税体系建设

个人所得税反避税规则的建立和完善是一个循序渐进的过程。规则体系的完善和反避税工作实践密不可分，只有建立在一定的实践基础之上，规则的制定才更趋于合理。另一方面，由于个人所得税避税问题往往会涉及企业所得税，虽然我国个人所得税法进行了七次修订，个人所得税从分类征收渐渐转向综合征收，但仍然存在与企业所得税结合不紧密的避税空间。我国在个人所得税法第七次修订时，增加了反避税规则，这对于个人所得税反避税规则体系的建立和完善非常重要。

企业在当地投资必须要增加就业。若没有投资行为，就没有实质性就业，对当地经济的贡献效果甚微。这需要相关部门加强监管，在发展的过程中发现问题并及时加以规范，使之逐步走向更加健康、有序的轨道。

（二）增强各方信息共享，加强税收稽查

我国在税收征管系统上一直存在与各方平台信息不能共享的问题，包括银行、工商、以及国际之间的信息交流，因此我国应该加快推进税收相关信息平台信息共享，完善纳税人相关税收信息的完整性，加强信息的共享需要政府部门大力推进相关进程，保持各个部门长期持续信息共享和交换。对自然人跨境交易的税收征管中，其信

息不对称的问题更加突出。为了解决自然人避税问题，OECD 发布了全球金融账户涉税信息自动交换标准，我们国内可以从中借鉴 OECD 相关做法，加快促进国内信息管理机构之间和国内信息管理机构与国外信息管理机构之间的信息情报交换，建立充分、详实的自然人交易信息披露制度。税务机关应将企业和自然人内外部信息进行有效整合，建立完备的国内国外交易信息网络，解决反避税信息不对称的问题。

在税务稽查方面，应借鉴国外像美国的税收征管制度，建立强力严格的惩罚制度，加强纳税人的收入监控制度，提高税收风险成本，对违反税收制度的纳税人将其信息纳入全国信用公示系统，时刻警示那些高收入群体逃税的惩罚力度，严厉执法，增加税法震慑力，提高纳税人对税法的敬畏度。

（三）税收征管手段现代化、智能化

随着信息时代的发展，我国电商企业的兴起以及各种人工智能、大数据、区域链技术的发展，纳税人的避税手段更加现代化、虚拟化，导致税收征管的难度增加。在这些高端技术的发展下，我国应对税收征管系统进行优化和升级，与大数据、AI、以及区域链相关技术进行结合，在拥有海量信息的前提下，运用 AI 技术对海量纳税人纳税相关信息进行筛选，挑选重点自然人纳税人进行重点税务稽查，这样不但可以提高税务稽查准确率，还能大量节约税收征管成本，运用科技先进技术对税收征管进行加强，防止税源流失。

（四）提高纳税人纳税遵从度

加强我国税收宣传，提高纳税遵从度是提高我国税法普及，加强税收征管的必经之路。国家间的发展竞争，归根到底是人才的竞争，纳税觉悟或税收遵从度的高低也无疑构成国家软实力的一个重要方面。因此，国家税务机关应更加重视普法活动，加强与纳税人的沟通，重视他们反映的问题与提出的可行性建议，通过提高公众参与度来提高税收遵从度。

在提高纳税遵从度上，可以从线上和线下两个方面进行。线上方面，通过在各省市甚至更加微观的税收相关平台上增加每日科普栏目，重点介绍与民众日常相关的税收，比如个人所得税、企业所得税、财产税等与个人切身相关的部分，有选择地进行税法普及；适当增加线上相关税收知识竞赛，以丰厚的奖品形式鼓励普通民众参与进来，主动学习相关税收知识；加大投入建立起一个普及性、民众认知度高并且功能强大的税收相关法律法规平台。

线下方面，通过税务机关在自身管辖范围内向纳税人普及相关税收知识，定期进

行小测验等，设置固定时间举办相关税收征管及纳税申报等讲座，让纳税人在想要了解税收相关知识时知道有哪些地方、哪些平台可以进行相关税收普及的学习。

（五）稳步推进个人所得税征收方式从分类征收向综合征收转变

我国个人所得税法以前的分类征收将收入划分类别，并制定不同税率，虽然能够很好地实现征收效率，但是却形成了纳税人避税的巨大漏洞。这一征收方式被高净值人群广泛运用于自身避税，虽然2019年针对个人所得税中的四项收入已经开始实行综合征收，但并未触及个人所得税征收模式的根本问题。高净值人群善于利用资本所得规避个人所得税，资本所得的税率远远低于劳动所得适用的税率，因此在未来个人所得税改革中，应当稳步推进个人所得税的综合征收模式，逐渐简化统一税率、合并收入，保障收入类别的公平性，缩小贫富差距。从制度根本上切断高收入人群的避税通道。

案例使用说明

一、教学目的与用途

1. 本案例主要适用于税收学、税务筹划、税收征管、税收管理等课程的学习。

2. 本案例以范冰冰逃税案为出发点，介绍我国高净值人群的逃税手段和避税方式，以此挖掘我国个人所得税征管制度存在的不足。其教学目的在于使学生对个人所得税的征管制度和违反税收法规的处罚有充分的认识和深入的了解。本案例从高净值人群常用逃税手段入手，对现行个人所得税制度漏洞、税收公平性和潜在的税务风险进行分析，并对未来个人所得税制度的完善提出相关建议。

二、启发思考题

1. 你认为现行个人所得税制度是否合理？
2. 高净值人群为何更倾向对个人所得税进行筹划？
3. 你认为我国未来个人所得税的发展方向应当如何？

三、分析思路

教师可以根据教学目标（目的）灵活使用本案例。这里提出本案例的分析思路，仅供参考。

本案例第一部分阐述了范冰冰逃税案的案件背景，同时概述了整个案件的大致流程和处理结果。

第二部分是分析范冰冰逃税案中的涉税细节，区分其逃税手段和避税方式，划清法律责任范围，更加明确地根据征管法和刑法进行判刑。

第三部分通过分析范冰冰逃税事件反思现行个人所得税制度存在的漏洞，深入剖析内在原因。

第四部分对存在的制度问题提出相应解决方案，有效减少个人所得税逃税行为，优化个人所得税制度。

该案例从范冰冰逃税案出发，分析各个经济行为的涉税问题，并针对制度缺陷提出政策建议。

四、理论依据及分析

1. 个人所得税的分类征收原则是对纳税人全部所得区分性质进行区别征税，能够体现国家的政治、经济与社会政策，缺点是对纳税人整体所得把握得不一定全面，容易导致实际税负的不公平，也存在纳税人逃税的漏洞。

2. 《中华人民共和国税收征收管理法》。为了加强税收征收管理，规范税收征收和缴纳行为，保障国家税收收入，保护纳税人的合法权益，促进经济和社会发展，制定税收征管法。凡依法由税务机关征收的各种税收的征收管理，均适用本法。

3. 《中华人民共和国刑法》。逃税罪是指纳税人采取欺骗、隐瞒手段进行虚假纳税申报或者不申报，逃避缴纳税款数额较大，并且占应纳税额百分之十以上，扣缴义务人采取欺骗、隐瞒等手段，不缴或者少缴已扣已收税款，数额较大或者因逃税受到两次行政处罚又逃税的行为。在我国刑法中具有明确规定。

4. 地方政府的税收自主权。地方政府具备部分税收自主权，在个人所得税征管上，地区之间存在税收竞争，造成税收洼地的出现，并导致国家税收流失。

五、关键要点

1. 个人所得税的分类征收方式。
2. 逃税和避税的界限。
3. 个人所得税法的制度缺陷及征管手段的局限性。
4. 如何优化个人所得税制度及税收征管方式，减少税收流失。

六、建议课堂计划

本案例作为专门的案例讨论课来进行。如下是按照时间进度提供的课堂计划建议，仅供参考。

整个案例课的课堂时间控制在 50～60 分钟。

课前计划：给出案例背景并提出启发思考题，请学员在课前完成阅读和初步思考。

课堂计划：对案例进行详解，明确讨论内容（10 分钟）。

分组讨论（15 分钟），告知发言要求。

小组发言（每组 5 分钟，控制在 20 分钟）。

引导全班进一步讨论，并进行归纳总结（15 分钟）。

课后计划：如有必要，请学员采用论文形式给出更深层次的解读报告，包括具体的职责分工，为后续章节内容做好铺垫。

七、思考题参考答案及相关法规依据

1. 我国的个人所得税制度还有很多值得改进的地方。我国本身对于税收体系的相关特别纳税调整起步较晚，由于历史的特殊性以及国情和技术的局限性，近些年来在慢慢完善补充关于企业所得税的特别纳税调整，把企业所得税的反避税体系作为主流重点，包括近年来加入 CRS 以及 BEPS 防止税基侵蚀和利润转移行动计划，均体现了我国对于企业所得税的反避税规则完善的重视。由于技术以及实际情况的局限，从个税和企业所得税占所得税的比重来看，始终是企业所得税占主体地位，所以从重要性和保障税收收入来看，优先建立企业所得税的反避税规则可以防止比较大的税收流失，而并没有将重心放在个人所得税的反避税规则建立上，这也就造成了我国大多数高收入人群对于个人所得税的避税手段应用极为普遍，并且税务部门就算有足够理由认为个人有逃避税行为，也无法根据现有的法律法规进行核查及追缴税款。

此外，我国税法本身还有一些漏洞。比如目前我国实行的还是分类计征，所以不同类型的所得税税率是不一样的；而我国个税的某些所得适用超额累进税率，所以同一种所得的数额不同，税率也是不一样的；再比如同样数量的所得可用不同的计征方法处理，按次计征和按年计征带来的税负也肯定是不同的。然而，其中并没有绝对不能逾越的界限。在这样的漏洞下，纳税者就很容易去选择可以避重就轻的纳税方法，从而少缴税款。

2. 我国个人所得税法以前的分类征收将收入划分类别，并制定不同税率，虽然能够很好的实现征收效率，但是却形成了纳税人避税的巨大漏洞。这一征收方式被高净值人群广泛运用于自身避税，虽然 2019 年针对个人所得税中的四项收入已经开始实行综合征收，但并未触及个人所得税征收模式的根本问题。高净值人群善于利用资本所得规避个人所得税，资本所得的税率远远低于劳动所得适用的税率。

3. 在未来个人所得税改革中，首先应当稳步推进个人所得税反避税体系建设，个人所得税反避税规则的建立和完善是一个循序渐进的过程，应先设定相关原则性规定。其次，还应当稳步推进个人所得税的综合征收模式，逐渐简化统一税率、合并收入，保障收入类别的公平性，缩小贫富差距。从制度根本上切断高收入人群的避税通道。

八、进一步阅读材料

[1] 宋艳辉. 逃税罪的法律适用 [D]. 河北经贸大学，2019.

[2] 史亚娟. “反避税天网” 正在改变中国税务生态[J]. 中外管理，2019 (03)：117－119.

[3] 顾学锋. 新政策下个人所得税的逃税问题研究及治理对策[J]. 纳税，2019，13 (27)：24＋26.

[4] 任艳. 新个税改革后存在的问题及对策探讨[J]. 纳税，2019，13 (07)：26＋29.

[5] 李云菲. 从明星逃税现象浅析我国个税税制[J]. 现代商业，2019 (27)：153－154.

[6] 影视明星涉税现象三问[J]. 中国总会计师，2018 (06)：14.

九、参考文献

[1] 李嘉亮．“税事”违法做不得会计需当“好管家” [N]．中国会计报，2018－10－19（001）．

[2] 赵星．明星逃税　与民同罚 [N]．青岛日报，2018－10－12（008）．

[3] 马亮．以范冰冰案为鉴，拉近民众与税收联系 [N]．汕尾日报，2018－10－08（002）．

[4] 卢霜，吴冬晴．从崔永元怼阴阳合同看媒体和网民关注点的差异[J]．新闻前哨，2018（07）：37－38．

[5] 史兆琨．范冰冰案的处罚体现了“罪刑法定”和“税收法定”[N]．检察日报，2018－10－08（004）．

[6] 井爽．浅析我国现行个人所得税反避税规则体系 [J/OL]．现代营销（下旬刊），2018（11）：233 [2018－11－13]．http：//kns. cnki. net/kcms/detail/22. 1256. f. 20181109. 0949. 358. html.

[7] 孔丹阳．构建个人所得税反避税规则体系的思考[J]．国际税收，2018（08）：66－68．

[8] 程雅洁．澳大利亚独立个人劳务反避税管理的经验与借鉴[J]．国际税收，2014（08）：43－46．

[9] 郭桐羽．国际避税与反避税[J]．当代经济，2018（16）：108－109．

[10] 陈益刊．中国升级反避税“装备”[J]．中国外资，2017（09）：36－37．

[11] 周晓霞，张芳芳．个人所得税反避税存在的问题及对策研究[J]．时代金融，2017（33）：130＋134．

[12] 万张强．我国个人所得税存在的问题及对策探讨[J]．经贸实践，2016（17）：69＋71．

[13] 杨春梅．构建我国一般反避税法规的国际借鉴研究[J]．税收经济研究，2015，20（02）：72－77．

[14] 刘天永，叶莉娜．论税务中介机构在反避税管理中的地位和作用[J]．税务研究，2015（04）：96－102．

[15] 彭禹铭．国际避税对于我国反避税的启示[J]．商，2015（37）：180．

[16] 蔡昌．重拳出击维护税权——“十二五”政府“反避税”方略（上）[J]．财会学习，2011（06）：48－51．

［17］赵国庆．借鉴国际经验建设我国“一般反避税”制度[J]．国际税收，2013（10）：11－14.

［18］赵国庆．《个人所得税法》修订值得关注的那些信息[J]．法人，2018（08）：53－55.

［19］苏州工业园区地方税务局国际税收课题组．我国个人所得税反避税立法的研究[J]．国际税收，2018（03）：70－73.

［20］余鹏峰．反避税视角下的《个人所得税法》修改[J]．税务研究，2018（02）：68－73.

［21］周晓霞，张芳芳．个人所得税反避税存在的问题及对策研究[J]．时代金融，2017（33）：130＋134.

［22］臧镒．个人所得税避税与反避税方法的调研报告[J]．天津经济，2016（04）：61－64.

［23］高凤勤．论我国反避税立法的缺陷及其完善——兼论个人所得税改革[J]．山东经济，2009，25（06）：94－97＋148.

［24］王善祥．我国个人所得避税与反避税法律问题研究［D］．西南政法大学，2005.

［25］曹扬丹．个人所得税反避税对策探讨［D］．湖南师范大学，2016.

［26］王宗涛．反避税法律规制研究［D］．武汉大学，2013.

［27］李艳花．避税与反避税的较量[J]．创新科技，2007（10）：50－51.

［28］阮家福．论我国税收不遵从的现状、成因与对策[J]．当代财经，2005（01）：30－34.

［29］赵蔚．建立和完善我国反避税机制的探讨[J]．经济师，2006（09）：261＋263.

［30］袁媛．信息不对称视角下的个人所得税征管问题研究［D］．西南政法大学，2016.

［31］郭剑川．不完全信息动态博弈视角下的个税征管[J]．北方经贸，2013（10）：66－67.

［32］池洁如．从中美个税税制比较看我国个税制度存在的缺陷[J]．天津商业大学学报，2011，31（04）：9－12.

［33］赵署芳．我国高收入人群个人所得税流失问题研究［D］．山东大学，2017.

［34］李谨君，俞云峰．高收入群体个人所得税征管的现状、成因与对策——以宁波市为例[J]．当代社科视野，2012（10）：12－14.

[35] 严少斌．工薪个人所得税的征管漏洞与改进构想[J]．财务与会计（理财版），2010（06）：39－40.

[36] 尹旭，万莎．完善个人所得税征管机制的国际借鉴[J]．中国财政，2009（11）：67－69.

案例 17

德发案：一场因拍卖而引发的税务裁量权争议[①]

本文对德发案具体审判过程中税务稽查局与广州德发公司存在的争议点进行研究，根据最高人民法院对案件中争议点做出的裁决与审判，对我国税收核定制度和税收滞纳金制度进行具体分析，找出制度存在的不足并提出政策完善建议。

① 本案例作者为邓正宏、赵新宇。本案例根据广州德发案这一实际税务行政案件的审判情况与税收法律分析撰写而成，内容真实完整。

案例正文

一、案例背景

（一）德发案案情介绍

广州德发房地产建设有限公司（以下简称德发公司）于 1992 年成立，是一家主营物业开发、建设、销售、出租和管理商住楼宇的公司。2004 年 11 月，广州德发公司因无力偿还银行到期债务，故与广州穗和拍卖行签订委托拍卖合同，委托拍卖行拍卖德发公司位于广州市人民中路的高档写字楼“美国银行中心”的房产。该房产建筑面积约为 6 万平方米，穗和拍卖行对该房产估值为 5.3 亿港元。2004 年 12 月 2 日拍卖行按照拍卖合同的约定在《信息时报》上发布了拍卖公告，并在公告中明示德发公司该处房产拍卖底价为 1.3 亿港元，以及设置的拍卖保证金为 6 800 万港元，同时公布在 2004 年 12 月 9 日举行拍卖会。

在拍卖公告期间内，仅香港盛丰实业有限公司缴纳了 6 800 万港元的保证金，成为了本次拍卖的唯一竞拍人，且以底价 1.3 亿港元成功竞买了上述标的物的部分房产，按照当时的银行汇率，折合人民币 1.38255 亿元。拍卖结束后，德发公司按照税法的规定在纳税申报期限内，以 1.38255 亿元的拍卖成交价格先后向税务部门缴付了营业税及堤围防护费，并获得了相应的完税凭证，如表 17－1 所示。

表 17－1　德发公司房产拍卖价格、周边房产价格（2003～2005 年）与广州地税稽查一局核定价格对照表

	写字楼	商铺	车位	总计
面积/个数	42 285.58m^2	7 936.75m^2	199 个（13 022.4678m^2）	63 244.7944m^2
拍卖价格	平均 2 300/m^2 ×59 907.0921m^2			1.38255 亿元
周边公司房产价格	5 500～20 001 元/m^2	10 984～40 205 元/m^2	89 000～242 159 元/m^2	
德发公司房产核定价格	5 000 元/m^2	10 500 元/m^2	85 000 元/个	59 907.0921m^2 3.11678775 亿元

2006 年广州市地方税务局第一稽查局对德发公司进行税务检查，发现此次拍卖活动存在不合常理之处，例如，竞买保证金过高、近 6 万平方米的标的拍卖公告时间只

有7天、只有一人竞买、拍卖合同疑点重重等。经对比拍卖房产周边楼盘的价格，稽查局发现德发公司此次拍卖价严重偏低，不及市场价格的一半，因此该拍卖价格属于《税收征管法》第三十五条中明显偏低且无正当理由的情形，不能将之作为营业税计税价格，应当重新核定德发公司此次拍卖的计税价格。2009 年 9 月，广州税务稽查部门做出税务处理决定，重新依法核定德发公司此次拍卖的计税价格应为3.12 亿元，要求德发公司补缴相关税费及滞纳金共计一千余万元。德发公司拍卖房产缴纳税费与广州地税稽查一局核定缴纳税费的对比如图 17 –2 所示。

表 17 –2　德发公司拍卖房产缴纳税费与广州地税稽查一局核定缴纳税费对比表

	营业税税款（元）	营业税滞纳金（元）	堤围防护费（元）	堤围防护费滞纳金（元）
拍卖缴纳税费	6 912 750		124 429.5	
德发公司房产核定缴纳税费	15 583 938.75	2 805 129.56	280 510.9	48 619.36
应补税费	8 671 188.75	2 805 129.56	156 081.4	48 619.36

德发公司在规定的期限内补缴了税款及滞纳金之后，不服广州税务稽查局的税务处理决定，向广州地税局提出税务行政复议，广州市地方税务局做出的行政复议维持了原稽查局的税务处理决定。德发公司不服复议的决定，先后向广州市天河区人民法院、广州市中级人民法院、广东省高级人民法院提起行政诉讼，但德发公司的诉讼请求都被驳回了。最终，德发公司向最高人民法院申请再审，最高人民法院经审理，并在 2017 年 4 月做出终审判决，判决内容主要包括：一、撤销广州地税稽查部门做出的加收滞纳金的决定，并责令稽查局返还征收的滞纳金，并按规定支付相应的利息；二、驳回德发公司其他诉讼请求。

（二）主要争议点和双方观点

广州德发案这场长达十年的诉讼案，是第一起由最高人民法院提审的税务行政案件，如图 17 –1 所示，关于最高人民法院对于案件中争议点做出的裁决与审判，应当为今后的税收核定从实务操作层面提供标准和借鉴。接下来，就具体地解释德发案中双方争议焦点以及最高人民法院的裁决。

1. 地税稽查局行使税额核定权是否超越职权

根据《税收征管法实施细则》第九条第一款的规定，税稽局专门管理纳税人涉嫌主观减少纳税义务的税务稽查工作，也就是纳税人生产经营活动以及偷、逃、抗、骗、

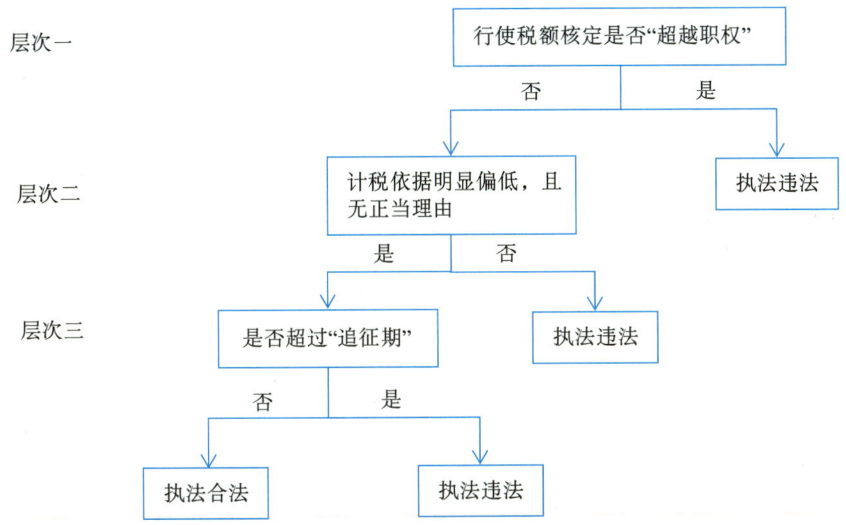

图17-1　德发公司与广州地税稽查一局主要争议点

漏税及滞纳税收的情况[①]。广州地税稽查一局并未通过法定的程序寻找证据证明拍卖无效，而是选择采用核定征收的方式来重新确定计税价格。核定征收权是一种行政管理权，广州地税稽查一局行使核定征收权，即意味着做出了一项新的具体行政行为。也就是说广州稽查一局选择用税收征管权代替了税收稽查权，那么广州地税稽查局行使税收核定权是否合法有效呢，这便成为本案的争议焦点。

广州德发公司以为本案中德发公司通过合法的拍卖程序进行房产转让，不属于税务稽查局职权范围内的“偷、逃、抗、骗、漏税”的情形，按照《税收征管法实施细则》的有关规定，广州地税稽查一局无权对拍卖价格进行核定，也就是说稽查局做出的税务处理决定是无效的。

广州稽查局则认为不存在越权的说法。按照《征管法》的规定，核定征收应当由“税务机关”来执行，而地税稽查局当然也属于“税务机关”的范畴。同时，稽查局在履行税务稽查的职责即对德发公司进行税务检查，质疑德发公司拍卖价格的合理性，并对其涉嫌税务违法行为进行查处的同时，配合征管部门的日常征管工作的强化也是稽查局应尽的职责[②]。因此，以现行的稽查局的职责范围和税收征管实践，广州稽查局对德发公司的拍卖收入进行核定，体现了税务检查部门与税收管理部门合作，加强稽查和管理能力，这符合现行的税收征管和税务检查制度。

① 参见《中华人民共和国税收征收管理法实施细则》第九条第一款的规定。

② 陈子龙．由最高人民法院德发案再审判决引发的纳税义务思考[J]．税务研究，2018（04）：73-77.

2. 房产拍卖价格是否存在“明显偏低又无正当理由”

根据《税收征管法》第三十五条第六款的有关规定，纳税人申报的计税依据明显偏低，又无正当理由的，税务机关有权核定其应纳税额[①]。因此，就拍卖价格是否“明显偏低而又无正当理由”，德发公司与广州地税稽查一局持有不同的观点。

德发公司以为公司是在无力偿还银行到期债务的情形下，将自有房产进行拍卖以求回笼资金，且按照通过公开拍卖的竞价成交并无不妥之处；拍卖销售也是销售的一种，其计税依据虽然偏低，但拍卖价格可能比市场价格更能反映房产价格；整个拍卖过程没有违法之处，拍卖遵循的是市场规律，通过公开拍卖确定的成交价格偏低并不影响拍卖效力，符合税法有关规定所指的“正当理由”。因此，德发公司认为广州稽查局核定拍卖价格的证据不足，请求撤销税稽一局的《税务处理决定书》。

广州地税稽查一局则指出，第一，《税收征管法》中提到的“计税依据明显偏低而又无正当理由”并未将拍卖价格排除在外，因此本次拍卖价格是在核定范围之内的。第二，通过广州国土资源和房产管理局调查发现，本次拍卖价格明显偏低，与市场价格及德发公司历史成交价格相差很大。第三，对于此次拍卖价格明显偏低是否有正当理由的争议，税务稽查局指出，在本次拍卖活动中存在许多不合理之处：（1）本次拍卖的竞拍保证金设置过高，导致许多潜在的竞拍人的流失，而且德发公司也不能对于为何设置较高的保证金做出合理的解释。（2）本次公开拍卖过程中，近 6 万平方米的房产的拍卖公告时间仅 7 天，参与拍卖的竞拍人只有一位，不应当继续进行公开竞拍。（3）通过调查发现本次拍卖的拍卖保留金设置过低，拍卖前未征得全部抵押人银行的同意将以抵押过的房产进行拍卖等，不符合拍卖的正常做法。因此稽查局认为，正是因为拍卖存在诸多严重瑕疵导致拍卖成交价格畸低，所以应当对此次拍卖价格进行核定以防止税收流失。第四，税务稽查局对此次拍卖价格的核定程序合法并且核定价格合理，符合税法相关规定。综上，广州地税稽查一局认为按照合法核定程序确定的合理核定价格是有效的，此次做出的具体行政行为合法有效。

3. 广州税稽一局核定征收是否超过“追征期”

我国《税收征管法》第五十二条及《税收征管法实施细则》第八十二条规定，税款追征期限分为三年、五年及无限期三类[②]。分为以下三类：第一，因税务机关的责任，致使纳税人、扣缴义务人未缴或者少缴税款的，或者因纳税人、扣缴义务人计算错误等失误，未缴或者少缴税款累计数额不超过十万元的，税务机关在三年内可以追

① 参见《中华人民共和国税收征收管理法》第三十五条第六款的规定。

② 参见《中华人民共和国税收征收管理法》第五十二条及《中华人民共和国税收征收管理法实施细则》第八十二条的规定。

征税款；第二，因纳税人、扣缴义务人计算错误等失误，未缴或者少缴税款累计数额超过十万元的，税务机关在五年内可以追征税款；第三，对偷税、抗税、骗税的，税务机关追征其未缴或者少缴的税款、滞纳金或者所骗取的税款没有期限限制。

德发公司与广州税稽一局就追征期的规定问题产生了争议。德发公司认为在拍卖活动完成后，公司已经依法按时缴纳了相应的税款，并且取得了完税凭证，并不符合需要进行税收核定的情形，况且指出核定征收已经超过税款追征期。广州税稽一局则认为从 2006 年开始对德发公司进行税务检查，经历了三年，没有查出公司存在偷税、骗税或者抗税等违法行为，但这部分的依法调查行使的期间应该在计算追征期时限时扣除。所以税稽一局要求 2009 年重新核定税款并做出税务处理决定的行为，并未违反税款追征期期限的规定。

4. 最高人民法院的观点

最高人民法院根据拍卖价格全面审议了作为计税依据“明显偏低又无正当理由”的判断标准，最高人民法院确认了广州地税稽查一局行使税收核定征收权的合法有效性，并且因广州地税稽查一局提供了合理的证据证明拍卖价格存在不公允的可能性而支持税务机关以核定征收方式确定计税依据，认为广州地税稽查局证据充分，应当维持其做出的税务处理决定书效力。但是，基于广州税稽一局做出税收核定征收这一具体行政行为，使得德发公司变更了纳税义务起始时间，而广州地税稽查一局在核定德发公司应缴税款前并不产生滞纳金，因此，广州地方税务局要求德发公司支付滞纳金的决定被取消。责令稽查局返还征收的滞纳金，并按规定支付相应的利息。

二、税收法律分析

（一）德发案关于税收核定征收制度的争议

1. 我国税收核定征收制度有关规定

税收核定征收制度是税务机关自由裁量权的一种表现形式，本质上是税务机关为了保证国家税收收入的来源，对于不能准确计算应纳税额的纳税人采取一定的方式征收税款的制度。随着社会和经济的发展以及纳税人避税意识的增加，税收核定制度逐渐成为反避税制度的一种手段，即对于纳税人没有合理理由的压低计税依据的行为，税务机关有权进行调整。在我国目前的法律体系中，对于税收核定征收制度从上到下、从实体法到程序法，从各个不同的税种中均进行了相关的规定，如图 17－2 所示。

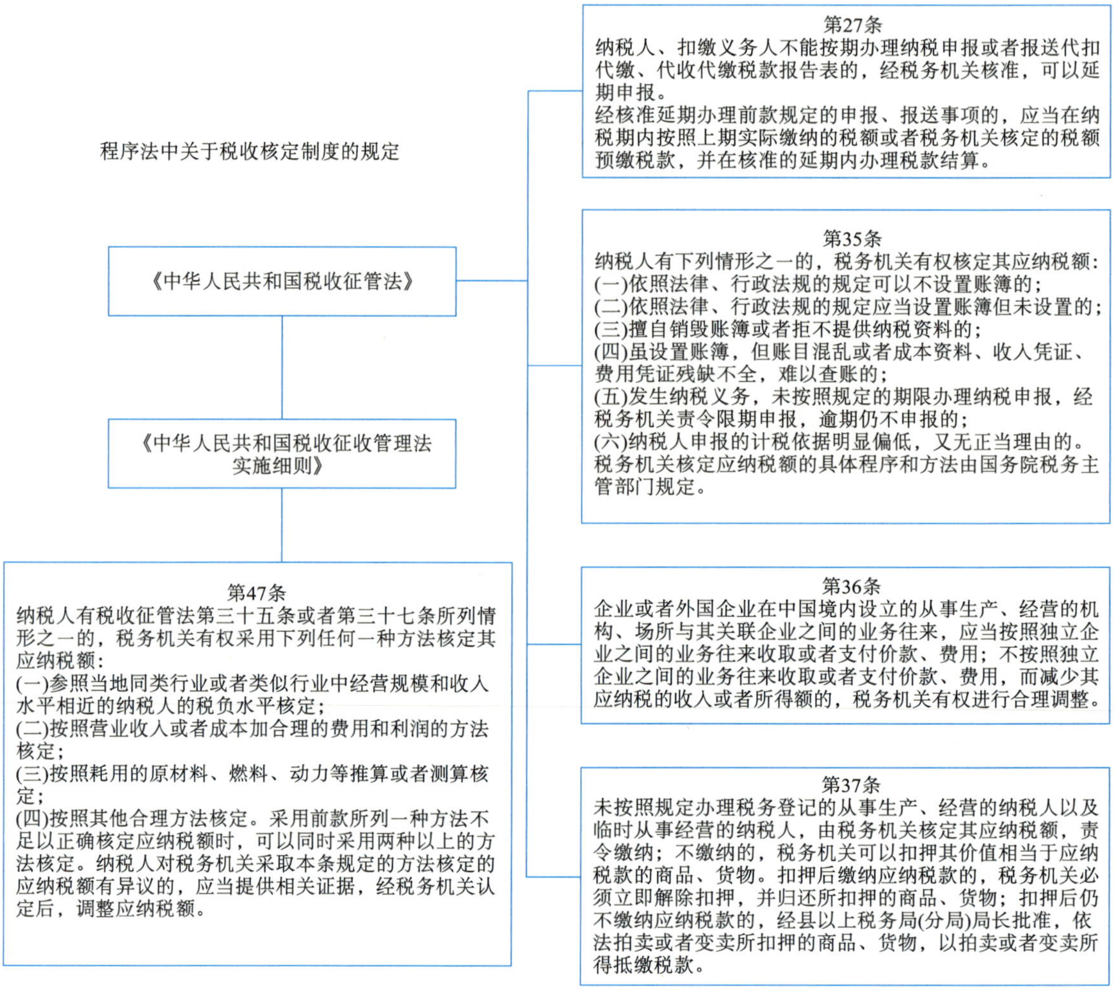

图 17－2　程序法中关于税收核定制度的规定

（1）税收程序法中的规定：

如图 17－2 所示，我国程序法中对于税收核定制度的规定主要存在于《税收征管法》以及实施细则中。《税收征管法》中第 27 条规定的是不能按期纳税时税务机关有核定预缴税款税额的权利；第 35 条规定的是核定征收的一般情况；第 36 条规定的是在关联关系转让定价时税务机关核定调整的权利；第 37 条规定的是对办理税务登记的纳税人的核定；而《税收征管法实施细则》是对《税收征管法》的进一步补充和解释，主要在第 47 条中规定了税务机关核定征收的方法，主要有三种方法以及兜底条款。

（2）税收实体法中的规定：

实体法中关于税收核定制度的规定如图 17－3 所示。

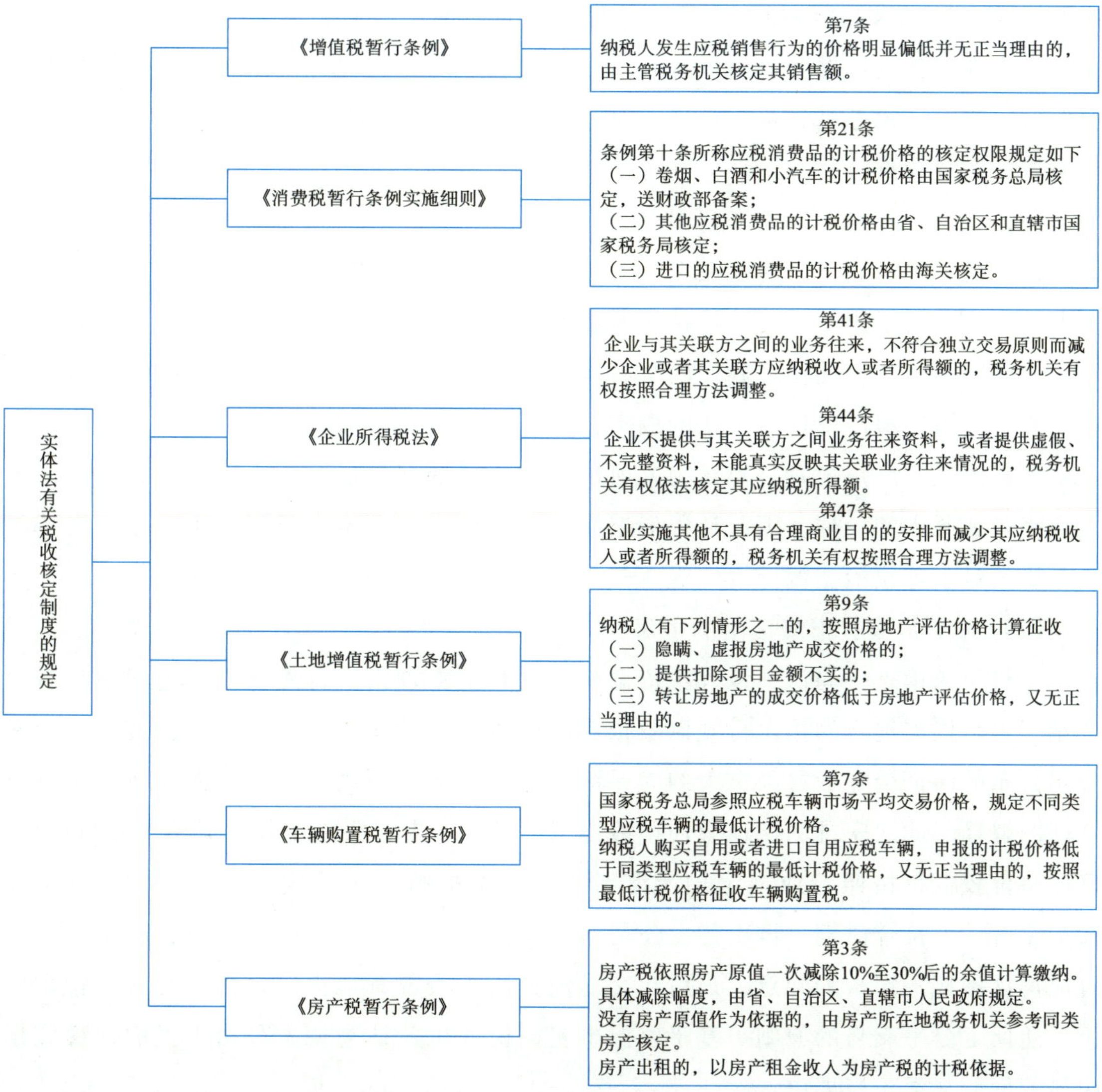

图 17－3　实体法中关于税收核定制度的规定

从图 17－3 中可以看出，在我国的大部分税种的税法规定中，都存在着税收核定征收的制度。无论适用的是何税种，采用的是何种方法，本质上都是在纳税人自行申报缴纳金时存在着可能逃避税收缴纳义务又无正当理由时税务机关采取的在合理范围内进行的自行判断与估量。

此外，我国国务院以及税务总局也针对税收核定制度下发了具体的解释条文，这些规范性法律文件与我国的程序法和实体法构成了我国的税收核定征收制度体系。

2. 德发案中税收核定征收的争议

在德发案例中，关于税收核定征收的争议主要存在于《税收征管法》第三十五条中的情况（六），即“纳税人申报的计税依据明显偏低，又无正当理由”[①]。此条款的适用必须满足计税依据明显偏低这一前提，其次应当无正当理由。对于计税依据明显偏低这一要求，税务机关负责举证，而对于是否具有正当理由，则由纳税人负责举证，税务机关负责检查。

（1）关于计税依据明显偏低的争议：

税务机关经过调查认为德发公司拍卖房产的计税依据明显偏低。成交价格为1.3亿港元，明显低于德发公司委托拍卖时的5.3亿港元估值；明显低于税务机关对该房产周边相同类似房产抽样后确定的交易价格水平；明显低于德发公司委托的东方会计师事务所对该项房产审计后确认的成本价格。基于以上事实，广州税务稽查一局认为计税依据偏低。广州德发公司认为该项房产的计税依据是通过拍卖得到的，拍卖属于正常销售情况中的一种，因此计税依据属于正常情况。在本案的判决中，法院支持了税务机关对于计税依据偏低这一观点[②]。

（2）关于是否有正当理由的争议：

广州税务稽查一局认为该计税依据偏低没有正常理由。首先在拍卖过程中只有一个竞买人，根据现行的拍卖行规以及拍卖法的规定，拍卖应当公开竞价；其次在德发公司公布的保证金金额过高，大约为保留价比例50%，且德发公司对此安排并未有过合理的解释。此次安排的保证金使得最终竞拍只有一人，限制了其他竞拍人参与竞拍；且保留价较低，按照行业规定拍卖保留价应当根据财产价确定，而德发公司设定在20%左右，不符合惯例；再次德发公司所拍卖的房产已经办理抵押手续，在拍卖时没有征得抵押权人银行的同意；最后在交易前，竞买人曾背地里联系拍卖行获知拍卖底价，违反了公平交易的原则。基于以上事实，税务机关认为德发公司申报的计税依据明显偏低，又无正当理由。

德发公司认为自身的计税依据具有正当理由。首先拍卖程序是合法的，成交价格也为低于拍卖的保留价；其次拍卖的保证金是由于公司的银行债务已经全部到期，德发公司为了保证公司的现金流和偿还负债而采取的措施；最后拍卖是根据市场规律体现的，成交价格的高低不由德发公司自身所控制，虽然最后成交价格不高，但是不影响拍卖的效力，德发公司只能按照拍卖的成交价格作为应纳税额进行申报纳税。

在判决结果中，最高人民法院认为，在拍卖合法的情况下，原则上税务机关应当认可成交价格，但是拍卖行为与税收核定征收适用不同的法律，拍卖行为有效不代表

---

① 翟继光．论“计税依据明显偏低又无正当理由”的判断标准[J]．税务研究，2016（08）：56－59.

② 袁森庚．最高人民法院提审的德发公司案分析[J]．税务研究，2017（06）：94－100.

税务机关一定要认可。在德发案例中税务机关从保障税源的角度出发，不认可拍卖价格作为计税依据，并未违反法律规定①。

（二）德发案关于税收滞纳金制度的争议

1. 我国税收滞纳金制度的规定

税收滞纳金带有处罚性质，是国家为了惩罚没有按照规定期限缴纳税款或者逃避缴纳税款的行为而进行的处罚，是对纳税人和扣缴义务人占用国家税款的一种补偿。在我国目前的税制体系中，关于滞纳金的规定比较简单，即采用单一的每日加收万分之五的比例，并且是在纳税人自身的主观责任造成的少交税款的行为时才加收滞纳金，具体的政策规定见图 17－4。

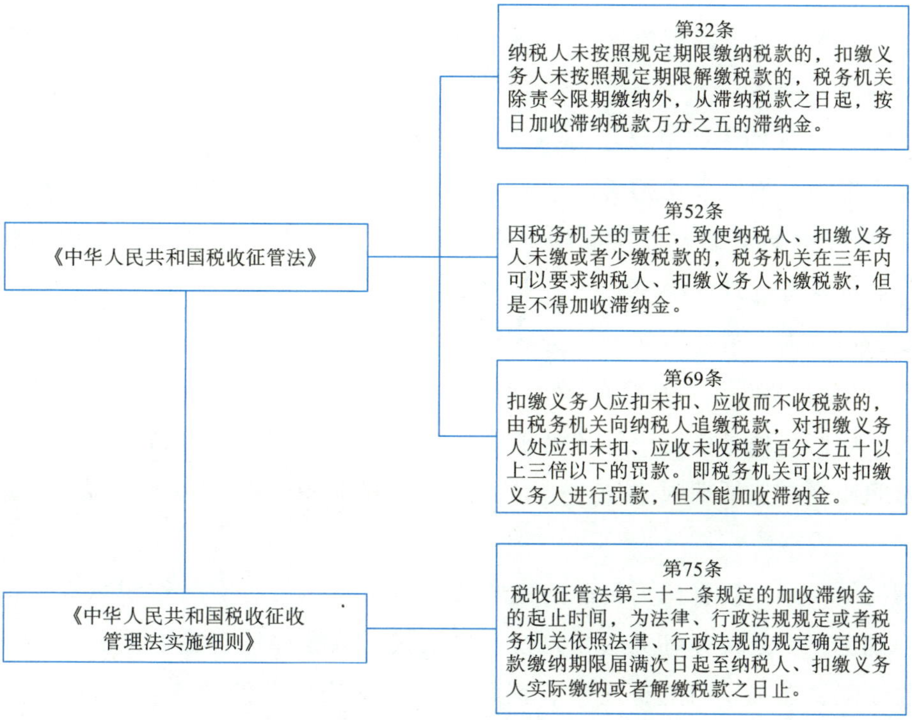

图 17－4 关于税收滞纳金制度的规定

我国对税收滞纳金的规定主要存在于《税收征管法》以及其实施细则中，《税收征管法》的第 42 条规定的是一般情况，即征收滞纳金的条件；第 52 条以及第 69 条则是分别从责任主体来判断是否需要征收滞纳金，即税务机关的责任造成的未缴或者少

① 卢阳．德发案对税务行政执法的启示[J]．税务与经济，2018（04）：94－97.

缴税款时不得加收滞纳金，但由于纳税人自身的原因时则应当要征收滞纳金。《税收征管法实施细则》中第75条对征收滞纳金的起止时间进行了明确的规定。

税收滞纳金从根本上来说具有督促功能、补偿功能和制裁功能，即督促纳税人尽早缴纳税款，以避免税收滞纳金随着欠税时间的推移越累越多；对国家所没有征收到的税收的损失加以补偿；通过加收滞纳金的行为减轻或者减少纳税人不履行纳税义务的行为。

2. 德发案中关于税收滞纳金的争议

在德发案中，征纳双方的争议焦点主要在于广州税务稽查一局核定应纳税款后加征滞纳金的行为是否合法。关于滞纳金，也存在两个需要解决的问题。一是关于追征期限的问题，一般情况下适用的是三年的追征期限；二是关于责任主体的问题。前文所介绍的滞纳金制度中提到只有在责任主体是纳税人一方时，税务机关有权加征滞纳金，而如果是税务机关的责任就不应该征收滞纳金，因此在征收滞纳金之前需要判断税收违法的责任主体。

（1）关于追征期限的争议

在德发案中，德发公司拍卖房产的纳税义务发生时间是2005年，而广州税务稽查一局自2006年开始对德发公司的拍卖涉税行为进行调查，2009年才做出重新核定应纳税款并被诉税务处理的决定①。

德发公司认为，追征期间一般为3年，本案的纳税义务发生时间为2005年1月，税务机关应当在2008年1月之前做出追征税款的决定，所以2009年做出的决定属于无效情况。而广州税务稽查一局认为本案自2006年就启动了调查程序，进行调查时所耗用的时间应当在追征期限中加以排除，排除之后2009年仍在追征期限内，并不违反相关规定。

在判决结果中，法官认为目前的税收征管法中虽然没有对缴纳税款后重新核定期限的明确规定，但是税务机关的核定权和追征权可以参照征管法中第五十二条确定的税款征收期限，在三年内追征税款；而税务机关依法启动的调查程序期间应当排除，广东税务稽查一局做出的追征税款决定符合法律的规定。

（2）关于是否加收滞纳金的争议

在本案中，广州地税稽查一局认定德发公司是以明显偏低的价格申报导致税款少缴应当负法律责任。其认定的逻辑是，虽然没有证据认定德发公司具有偷税手段和主观故意，但间接上可以证明德发公司在拍卖房产并缴纳税收时，运用了不恰当的操作

① 袁森庚．最高人民法院提审的德发公司案分析[J].税务研究，2017（06）：94－100.

方式导致计税依据偏低，少缴纳的税款超过 10 万元，追征期间应当为五年，且应当对其加收滞纳金。

德发公司认为自身的拍卖情况是属于合理的商业行为，并且 2005 年就拍卖金额进行纳税申报时税务机关并未做出其计税依据不合理的决定，因此不属于德发公司自身的责任，德发公司并不应该被加收滞纳金。

在判决结果中，法官认为德发公司在依法缴纳税款，税务机关没有举证纳税人是法律责任主体的证据，因此德发公司不存在缴纳滞纳金的法定情形，不属于税收征管法中第五十二条规定的情形。在税务机关无法举证纳税人的责任时，税务机关应当做出有利于纳税人的处理方式。此外在税务机关的处理决定中并未明确阐明滞纳金的计算起止时间，事实认定不清。

三、我国相关税收制度存在的问题

（一）税收核定征收

1. 对税收核定主体缺乏明确规定

在我国的《税收征管法》以及其他的相关法律中，统一使用“税务机关”进行界定。《税收征管法实施细则》第九条第一款规定：“稽查局专司偷税、逃避追缴欠税、骗税、抗税案件的查处”[①]。因此在德发案例中，德发公司认为税务稽查局无权核定企业的应纳税额，属于无效决定。虽然在本案例中，法官最后判决税务稽查局不仅包含以上条文规定的权利，也推定具有税收核定权。但是在现实生活中，没有法律明文规定就会造成大家认知的歧义与偏差，若所有的争议都要通过最高法院进行，那将极大增加征纳双方的成本，降低效率。

2. 对税收核定标准缺乏明确规定

《税收征管法》第四十七条规定的税务机关的核定方法之一是参照类似的水平进行核定，该条赋予了税务机关较大的自主性，在选取参照对象时具有主观操纵性。此外，“计税依据偏低”“正当理由”等缺乏一个明确的判断标准，使得税务机关在判断是否需要进行核定时具有较大的自主权，具有较大的操作空间和主观能动性，在实践中极其容易导致税务官员徇私舞弊、滥用职权等行为的产生。

---

① 袁森庚．最高人民法院提审的德发公司案分析[J]．税务研究，2017（06）：94－100.

3. 缺乏税收核定权行使的程序控制

目前的税收核定制度体系中并未对程序进行明确的规定，在基层税务部门的税收核定中出具《税务处理决定书》包含着多重身份，即是税款核定及追缴税款的决定书，也是行政处罚的决定书①。在整体上混为一谈，没有具体的规定。此外，在行政处罚中还存在着"有关告知、陈述、申辩和听证"的流程，但是对于税收核定征收却没有明确规定其调查程序、取证及听证程序以及时效制度等，也没有对纳税人的陈述、申辩权利进行相应的规定。

（二）税收滞纳金制度

1. 对范围和期限缺乏明确规定

首先，《税收征管法》中对于"规定期限"并无明确的规定，与税法中规定的纳税期限之间的关系在实践中存在一定的疑问，一般来说，这个期限应该指的是纳税期限，即纳税人依法缴纳税款的期限，而税款缴库期则指的是纳税人实际缴纳税款的期限，滞纳金应当是在纳税人并未按照规定期限实际缴纳税款时所加收的附带税收。《税收征管法》中所称"规定期限"应当具体指税款缴库期。

其次，我国税法中明确了需要加收滞纳金的行为，如偷税、抗税和骗税等，但是此种具体列明的方式并未能完全涵盖全部的实践过程中的情形。例如对于漏税这一行为是否应当加收滞纳金，漏税是指纳税人因客观原因的疏忽等未在规定时间内缴纳税款。虽然目前我国的法律中没有明确的漏税的概念，但仍有实质上关于"漏税"的规定。税务实践中漏税的现象也是存在的。

2. 税收滞纳金的加收比例存在问题

我国的税收滞纳金的加收比例为每日万分之五，尽管加收比例相比之前已经降低，但是这一比率相较银行利率和其他国家及地区所适用的比例仍然偏高。此外，我国的税收滞纳金按照固定的利率进行加征②。这一规定计算简便，当税务机关在核对纳税人迟延缴纳的具体的税款的数额、迟延的具体天数之后，就能根据特定的计算公式确定滞纳金的具体数额。但是固定的加收率与经济发展不相适应、也没有考虑到纳税人实际的经济负担能力。随着经济的发展以及税务执法案件的增多，固定加收率无法适应经济的发展，不能很好的体现滞纳金的性质③。

在我国的现行税法中并未对税收滞纳金的上限进行规定，因此经常会出现巨额滞

① 王媛媛．税收核定的征管运用研究［D］．上海国家会计学院，2018.

② 邓满源．税收滞纳金性质及征收比率的确定[J].税务研究，2014（05）：70－73.

③ 赵锦．我国税收滞纳金制度研究［D］．深圳大学，2017.

纳金的情况，这虽然是合法的，但是不尽合理，违背了政策为了激励纳税人按时缴纳税款的初衷。因此税法中应当明确规定滞纳金的征收上限，防止其过高而产生扭曲效应，影响纳税人的根本发展。

四、政策建议

（一）税收核定制度的完善

德发案中德发公司与广州地税稽查局就税收征管中的税收核定征收权产生了争议。在案件中，广州地税稽查局认为德发公司有违反国家税收法律进行避税的嫌疑，但是由于在稽查过程中没有找到恰当的证据加以证明，相反，反避税处理是通过《税收征管法》第三十五条进行的，以防止国家税收流失。在税收征管过程中，这种方法可以作为一种灵活的策略来加强对纳税人的税收管理。但是需要指出，我国目前的税收核定制度仍然存在界定不明晰以及需要完善的地方，为了更好地提高税收征管的效率和效果，本文将在下面提出相应的改进税收核定制度的建议。

1. 明确界定核定主体

我国《税收征收管理法》及其实施细则中关于税收核定的执行主体，采用相对含糊的概念，统一规定为“税务机关”，这就导致税收核定主体无法清晰地界定。在此次案件中，税务稽查局也是“税务机关”，因此也可以执行税收核定征收权。但应该清楚的是，税务稽查与税收征管是具有很大不同的。税收征管主要是为了提高税款征收的效率，达到国家的税收收入的目的；而税务稽查是为了打击税收违法行为并提高纳税人的税收合规性。若将税收征管权与税务稽查权混同，单纯强调税收征管效率，税务稽查部门则会失去追求证据确凿、认定事实清楚的动力。因此，在完善税收核定征收制度时，需要明确界定核定的主体应当为税收征管部门。在实践操作中，应当是由税务稽查部门在税务检查中发现有需要通过税收核定方式来确定计税价格的情形，应当通知当地税务局，并向税务局提供有关的检查材料等，最终应当由税务的核定征收部门决定是否应对计税价格进行核定，这样不仅避免职责交叉，提高了税务检查的效率，同时也增加了税收核定的专业性和准确性。

2. 细化“计税依据明显偏低又无正当理由”的判定标准

从德发案中关于“计税依据明显偏低又无正当理由”的争议中，可以折射出《税收征管法》规定的予以核定的情形中的标准是不太明晰的。对于纳税人而言，价格是影响税负的直接因素，会影响到其交易模式的选择以及纳税筹划的决策。因此，针对税收核定中的判定标准不明确的地方应当加以明确。

对于“计税依据明显偏低”，在德发案中最高人民法院虽通过综合估量发现拍卖价格与历史价格以及市场价格相比均有较大的差距，但是如何判断明显偏低并没有给出具体的标准。《最高人民法院关于适用〈中华人民共和国合同法〉若干问题的解释（二）》（法释〔2009〕5号）对《合同法》第74条规定的“明显不合理低价”做出了解释，从合同法角度售价低于市价的70%，则被认定为不合理，70%为合理与不合理的界限①。建议税务局可以采用合同法的标准对计税价格明显偏低的情形加以认定。其实国家税务总局在其他相关文件中已经使用过70%这一标准来间接确认是否属于“明显不合理低价”，如国税函〔2009〕380号文件规定：“白酒生产企业销售给销售单位的白酒，生产企业消费税计税价格低于销售单位对外销售价格70%以下的，税务机关应核定消费税最低计税价格”。如果能给出明确的规定来加以规范，税收征管的效率将进一步提高。

对于是否具有“正当理由”，税收核定是由税务机关运用一定方法进行推定征税，存在主观性，“正当理由”也是具有主观性的表述，是征纳双方均可以证明自己的行为是否合理合法的表现。为保证税收的公平与效率，税务机关应当对“正当理由”做出一定的合理解释，并且根据实际情况，合理安排税收征纳双方对于“正当理由”的举证责任。同时建议税务机关可以将企业所得税应纳税所得额调整条件“不具有合理商业目的”的内涵精神用于对“正当理由”的考量中去。同时，为了保证税收审批的公平性，明确税收审批标准，税务机关应加强全国税务机关的信息共享。广泛采集市场交易价格，建立价格标准数据库和纳税人诚信档案，使税收核定的标准有据可循。其次，可以考虑在确保第三方认证机构独立性的前提下引入第三方专业认证机构，加强对第三方评估机构的监督和评估，提高税收核定的客观性和公正性。最后，应当提高税务执法人员的执业职能和职业水平，避免税收核定的随意性和主观性，使税收核定按照合理的标准执行。

3. 重塑税收核定适用程序

程序正义是税收法治最为重要的形式要件，税收法律规范只有通过设定法定的税收执法程序才能保证税收执法的公平与公正②。但是，中国的《税收征管法》对征税调查程序没有明确规定，也没有规定和限制税收核定程序的实施。税务机关的行为缺乏适用程序的限制，这可能导致税务机关在实际税收征管方面具有较大的随意性。税

① 王媛媛．税收核定的征管运用研究［D］．上海国家会计学院，2018.

② 卢阳．德发案对税务行政执法的启示[J]．税务与经济，2018（04）：94－97.

务行政执法也应当依照法定程序进行监管。这可以包括税务调查程序、取证程序、听证程序、结果得出和税务文件的四个程序。

4. 建立税收核定的监督制约机制

税收核定也应当建立内外监督制约机制。一是强化内部监督。首先应当建立税收核定的分权制衡的机制，也就是说将税收核定的执法环节具体细分到不同的人员，使各不同的环节相互独立、相互监督和制约。其次制定税务人员的纪律和行为准则，使税务机关内部相互监督；同时强化税务人员责任追究制度，根据税务人员税收核定的执行情况，来判断是否存在违纪失职的行为，并给予一定的惩罚措施。二是应加强外部监督。可以考虑需求第三方专业人士的指导，加强税收核定调查的准确性与专业性。同时，税务机关调查得出的证据以及计算核定税额的方法等都予以公布向社会公开，接受广大纳税人和公众的监督，以提高税务核查程序的透明度和公平性。三是运用信息化监督手段。在“互联网 + 税务稽查”的大时代，税收核定的实践过程中可以采用信息化技术来对纳税人的行为以及税务机关的具体行政行为进行监督。一方面可以使征纳双方更加及时地进行信息交流，使得税收核定更加科学合理；另一方面也可以通过互联网使得纳税人对于税务信息的获取更加便利，更有助于对税收核定执行的监督。

（二）税收滞纳金制度的完善与建议

对于如何加收税款滞纳金，我国《税收征管法》第三十二条及《税收征管法实施细则》第五十二条有明确规定，可以视为是加收税款滞纳金的一般条款①。征管法第三十二条作为税收滞纳金的一般条款，对于加收税收滞纳金只规定了一个前提条件，即不论纳税人及扣缴义务人在主观上是否存在故意或者过失，只要其在客观上没有在规定的期限内缴纳税款则需要缴纳税款滞纳金。

第五十二条则对于税收滞纳金的规定做出了税款追征期的规定，税款追征期限分为三年、五年及无限期三类。第五十二条实际上是在第三十二条规定的基础上，对税收滞纳金的征收增设了纳税人和扣缴义务人的主观前提条件，即纳税人、扣缴义务人必须存在故意或者过失，否则不得加收滞纳金。这就导致征管法中第三十二条以及第五十二条中存在着交叉矛盾的地方，为了对税收滞纳金制度进行完善应当对《税收征管法》中的关于滞纳金的条款进行修改，设定其作为专门的税收滞纳金条款，并且对滞纳金的适用条件、起止日期、追征率等做出具体的规定；而将第五十二条定位专门的追征期条款，不再补充其他限制滞纳金征收的条件。同时为了加大对违法行为的打

---

① 张学干，贾晓东．对最高人民法院提审德发公司案判决的法律分析[J]. 税务研究，2018（06）：60－64.

击力度，可以进一步完善《税收征管法》中的罚款制度，有效发挥滞纳金制度的补偿性功能和罚款制度的惩罚性功能，提高税收征管的效率[①]。

案例使用说明

一、教学目的与用途

1. 本案例主要适用于税收学、税务筹划、税收征管、管理学等课程的学习。

2. 本案例通过分析德发案中广州德发公司与稽查局之间存在的主要争议以及最高人民法院的裁决情况，以此引发对税收核定制度和滞纳金制度的思考。其教学目的在于使学生对税收核定制度和滞纳金制度有充分的认识和了解。本案例从分析德发案的具体案情入手，对其审判中存在的争议和税收问题进行分析，总结出我国税收核定制度和滞纳金制度存在的问题，并分别提出相关完善建议。

二、启发思考题

1. 德发案对税务行政执法有何启示？
2. 我国税收核定制度存在什么困境？
3. 你认为税收滞纳金制度的完善思路是怎样的？

三、分析思路

教师可以根据自己的教学目标（目的）来灵活使用本案例。这里提出本案例的分析思路，仅供参考。

本案例对德发案中反映的税收核定制度和滞纳金制度进行分析，第一部分介绍德发案的案情经过，便于学生接下来对其中涉及的税收问题的理解。

第二部分是德发案中涉及的有关税收问题的法律分析，主要包括税收核定制度和税收滞纳金制度两部分。

第三部分总结出案件中体现的我国相关税收制度存在的问题，主要从税收核定制

---

① 袁森庚．最高人民法院提审的德发公司案分析[J]．税务研究，2017（06）：94－100.

度和税收滞纳金制度两方面分别阐述。

第四部分是政策建议，就我国有关税收制度存在的问题提出针对性的完善建议，以提高税务机关处理此类案件的能力。

该案例的四个部分均围绕德发案中的主要争议点进行讨论，先分析德发案的案件经过，再通过对案件的税收法律分析得出相应的涉税问题，并对具体的税收制度问题进行剖析并提出相应的政策建议，力求起到借鉴和完善的作用。

四、理论依据及分析

1. 税收核定征收制度是税务机关自由裁量权的一种表现形式，本质上是税务机关为了保证国家税收收入的来源，对于不能准确计算应纳税额的纳税人采取一定的方式征收税款的制度。

2. 《税收征管法》第三十五条第六款的有关规定，纳税人申报的计税依据明显偏低，又无正当理由的，税务机关有权核定其应纳税额。

3. 税收滞纳金带有处罚性质，是国家为了惩罚没有按照规定期限缴纳税款或者逃避缴纳税款的行为而进行的处罚，是对纳税人和扣缴义务人占用国家税款的一种补偿。

4. 程序正义是税收法治最为重要的形式要件，税收法律规范只有通过设定法定的税收执法程序才能保证税收执法的公平与公正。

五、关键要点

1. 德发案中存在的争议点。
2. 税收核定制度和税收滞纳金制度。
3. 怎样完善相关税收制度。

六、建议课堂计划

本案例可以作为专门的案例讨论课来进行。如下是按照时间进度提供的课堂计划建议，仅供参考。

整个案例课的课堂时间控制在 80 ~ 90 分钟。

课前计划：给出案例背景并提出启发思考题，请学员在课前完成阅读和初步思考。

课堂计划：对案例进行详解，明确讨论内容（20 分钟）。

分组讨论（25 分钟），告知发言要求。

小组发言（每组 5 分钟，控制在 25 分钟）。

引导全班进一步讨论，并进行归纳总结（15 ~ 20 分钟）。

课后计划：如有必要，请学员采用小组报告的形式给出更深层次的解读，包括具体的职责分工，为后续章节内容做好铺垫。

七、思考题参考答案及相关法规依据

1. 德发案的审理与判决引发了税收实务界和理论界的广泛关注与讨论，其症结在于主管税务机关混淆了核定征收权的性质与适用范围，错误地认为核定征收可以作为事后认定当事人税收违法的管理手段。德发案对税务机关税收执法的启示在于以下三个方面：

（1）税务稽查与税收征管的差异：税务稽查的职能在于确认并打击税收违法行为，强调稽查程序合法、证据确凿；而税收征管则更偏重于效率，强调征税成本控制，这也是《税收征管法》赋予税务机关包括核定征收、税收保全等多项便于税收征管的行政特权的原因。若将税收征管权与税务稽查权混同，单纯强调税收征管效率，税务稽查部门则会失去追求证据确凿、认定事实清楚的动力。

（2）核定征收权应当由税收征管部门专享：核定征收权是税收行政管理权的一种，行使核定征收权意味着税收法律关系的产生或变更。从税收征管与税务稽查的差异来看，核定征收权应当由税收征管部门专享。允许税务稽查部门行使核定征收权，将降低税务稽查部门调查案件真相、取得确凿证据的激励，进而降低税务稽查案件的处理质量，德发案恰好为这一论点提供了有力证据。因此，税务部门应当构建相应的制度，激励税务稽查部门主要通过查清案件事实处理税收违法案件，通过处理事实清楚、证据确凿的税务违法案件，实现以税务稽查提升纳税人税法遵从度的目标。

（3）核定征收权缺乏法定的程序要件：程序正义是税收法治最为重要的形式要件，税收法律规范只有通过设定法定的税收执法程序才能保证税收执法的公平与公正，使纳税人对税收执法过程有明确的预期，减少纳税人对税收执法不确定性的疑虑，才能构建和谐的税收征纳关系。然而，我国的《税收征管法》既没有明确核定征收的调查程序，也没有对核定征收的办法进行规定和约束，税务机关的行政行为存在很强的随意性。

2. 我国税收核定征收存在的困境包括以下几个方面：

（1）核定征收适用条件表述不清：我国《税收征管法》第三十五条规定了税务机

关可以行使核定权的七种情形，但是由于表述不具体、不明确，过于抽象笼统，导致核定征收的范围和对象模糊不清。《税收征管法》规定的核定征收的适用情形包括“账目混乱或者成本资料、收入凭证、费用凭证残缺不全，难以查账的”，以及“纳税人申报的计税依据明显偏低，又无正当理由的”等七种情形。至于如何界定“账目混乱”“明显偏低”“无正当理由”，缺乏统一的认定标准，给税收征管工作带来很大难度。

（2）核定征收程序性规定缺失：程序对于依法治税至关重要，不仅是税收执法行为合法有效的必要条件，也是纳税人维护自身权益的有力武器。然而我国的税收核定制度当中缺乏对于程序的明确规定，《税收征管法》第三十五条规定，税务机关核定应纳税额的具体程序和方法由国务院税务主管部门规定。然而国家税务总局作为税务主管部门，只是在其制定的《个体工商户税收定期定额征收管理办法》中对核定程序做了具体规定。这些规定只涉及核定流程，对于相关程序比如调查程序、回避程序、听证程序以及时效制度等都没有规定，而且适用范围仅限于个体工商户。

（3）核定征收方法过于单一：核定征收方法的选择直接关系到应纳税额的多少，对于个人所得税的征收意义重大。具有普遍适用意义的《税收征管法实施细则》第四十七条只规定了四种方法，其中第四种还是属于兜底条款，是为了防止法律的不周严性、弥补前面列举式立法的不足而规定的，非有特殊情况不会适用。而且该法条规定的推定课税的方法过于原则，如何进行推定，没有更为直接的可供操作执行的标准。这使很多基层税务机关根据自身主观判断出的销售额来倒推核定征收相关的各项指标，导致的结果就是对相当一部分纳税人的应纳税额核定不准确。

3. 税收滞纳金制度的完善思路：

（1）相关法律条文的内容定位：改变《税收征管法》第三十二条和第五十二条内容交叉矛盾的状况，将第三十二条设定为专门的滞纳金条款，明确税收滞纳金的适用条件、追征率和起止时间等内容；将第五十二条设定为专门的追征期条款，仅规定追征期，本条不再对滞纳金征收条件进行额外的限制和补充。

（2）税收滞纳金的适用条件：因税收滞纳金定位于经济补偿性质，根据民法一般原理，对滞纳金的征收不再以纳税人、扣缴义务人的主观过错为前提，只要纳税人、扣缴义务人未按照法律规定缴纳税款即应当征收滞纳金，但应当排除因税务机关责任导致和不可抗力等特殊情况。

（3）税收滞纳金的征收率：既然以经济补偿为目标，应适当降低滞纳金征收率，可借鉴现行银行房屋贷款利率的做法，采用滞纳金缴纳义务产生的当年 1 月 1 日中国人民银行公布的一年期贷款基准利率，此后每年根据 1 月 1 日中国人民银行公布的一年期贷款基准利率调整一次。

（4）税收滞纳金的起止时间：税收滞纳金的起止时间，应当从纳税人、扣缴义务人滞纳税款的次日起，计算至纳税人、扣缴义务人实际缴纳税款之日为止。

（5）罚款制度：应同时对《税收征管法》中的罚款制度进行完善，对违法行为加大打击力度，使滞纳金制度与罚款制度分别发挥补偿性和惩罚性功能，有效衔接配合，相得益彰。

八、进一步阅读材料

[1] 刘珊．税款滞纳金的性质及其制度完善——以“德发案”为考察例[J]．税收经济研究，2019，24（04）：59－68.

[2] 李登喜，李大庆．论税收核定权的裁量属性及法律控制——基于“德发案”和《税收征管法》第三十五条的研究[J]．税收经济研究，2018，23（06）：81－88.

[3] 梁诗云．关于税款滞纳金制度的研究与建议[J]．财经界，2019（06）：171－173.

[4] 王霞．从“德发案”看税收核定司法证明标准的适用[J]．法律科学（西北政法大学学报），2019，37（04）：192－200.

[5] 张峰振．税款滞纳金的性质与法律适用——从一起税款滞纳金纠纷案谈起[J]．河北法学，2015，（1）：98－106.

九、参考文献

[1] 王浩川．我国税收滞纳金制度存在的问题及改进意见[J]．税务研究，1992（03）：27－28.

[2] 刘寿丽．关于完善企业所得税核定征收制度的思考[J]．重庆科技学院学报（社会科学版），2012（01）：94－95＋114.

[3] 邓满源．税收滞纳金性质及征收比率的确定[J]．税务研究，2014（05）：70－73.

[4] 廖仕梅．从民法视角探析推定课税——基于“最高人民法院提审广州德发公司案例”分析[J]．地方财政研究，2015（10）：15－20＋29.

[5] 翟继光．论“计税依据明显偏低又无正当理由”的判断标准[J]．税务研究，2016（08）：56－59.

［6］崔焯城．我国税收核定征收的现实困境及路径选择［J］．山东农业大学学报（社会科学版），2016，18（04）：87－90.

［7］赵锦．我国税收滞纳金制度研究［D］．深圳大学，2017.

［8］袁森庚．最高人民法院提审的德发公司案分析［J］．税务研究，2017（06）：94－100.

［9］赵滕．《税收征管法》修订中滞纳金制度的完善——从广州“德发案”谈起［J］．法制与社会，2018（28）：32－34.

［10］张学干，贾晓东．对最高人民法院提审德发公司案判决的法律分析［J］．税务研究，2018（06）：60－64.

［11］陈子龙．由最高人民法院德发案再审判决引发的纳税义务思考［J］．税务研究，2018（04）：73－77.

［12］李征．我国税收核定制度研究［D］．中国政法大学，2018.

［13］卢阳．德发案对税务行政执法的启示［J］．税务与经济，2018（04）：94－97.

［14］王媛媛．税收核定的征管运用研究［D］．上海国家会计学院，2018.

案例 18

从陈建伟诉莆田市地税局案看实质课税原则的运用[1]

本文将以最高人民法院公布的指导性案例陈建伟诉莆田市地税局案为案例，剖析实质课税原则在其中的适用情况，对最高院的裁决提出观点，并对税法中实质课税原则的运用进行探讨。

[1] 本案例作者为徐长拓。本案例根据陈建伟诉莆田市地税局案的税收法律适用问题分析撰写而成，内容完整，真实可靠。

案例正文

一、引言

党的十八大以来，以习近平同志为核心的党中央多次提出一系列全面依法治国思想，并强调“法治是治国理政的基本方式”，承诺“努力让人民群众在每一个司法案件中都能感受到公平正义”。自从我国明确要在2020年之前全面落实税收法定原则后，社会各方对涉税法律愈发关注，而从理论层面厘清税收法律的适用原则对依法治国、税收法治化目标的实现至关重要。在税法领域，“实质课税原则”自引进我国以来一直饱受争议，学界对此原则的争论也从未平息，近年来最高法院一些涉税案件披露中税务机关的实质课税原则的运用更是引起了社会上激烈的讨论，因此有必要对“实质课税原则”的运用进行再审视，理清其功能定位和使用条件。

实质课税目前在我国的概念一般是指对于某种情况不能仅根据其外观和形式确定是否应予课税，而应根据实际情况，尤其应当注意根据其经济目的和经济生活的实质，判断是否符合课税要素，以求公平、合理、有效地进行课税①。实质课税原则近年来在我国的运用越来越多，虽然国内多位学者不断试图论证实质课税原则和税收法定原则的不冲突，但在我国缺乏税收基本法，各税种立法也不完善的情况下，实践中其实存在着与租税法律相对立的实质课税，这不仅会损害我国公民的基本权益，同时也会对我国法律体系的稳定性造成冲击。

2019年最高人民法院公布陈建伟诉福建省地税局行政裁定书，其中法院支持税务机关运用实质课税原则对民事交易关系定性的态度十分值得思考，同时此判决也引起了学术界激烈的讨论。本文将以此案为案例，剖析税收实质课税原则在裁决中使用的情况，对最高院的裁决提出笔者的观点，并对税法中实质课税原则的运用进行探讨。

---

① 张守文．税法原理［M］．北京：北京大学出版社，2004：34，106，10.

二、案例内容[①]

（一）交易概述

2013 年 3 月 20 日，自然人陈建伟和林碧钦与福建省莆田市仙游县鑫隆古典工艺博览城建设有限公司（以下称鑫隆公司）签订一份《商品房买卖合同》协议，协议中注明：陈建伟和林碧钦二人共同向鑫隆公司购买商铺，总价款 5 500 万元，以分期付款的方式购买该商铺，协议中约定商铺的出卖人应在 2013 年 12 月 30 日前将符合合同约定的商品房交付给买受人，双方将该《商品房买卖合同》报送至福建省莆田市仙游县房地产管理中心备案。

仙游县委办 2013 年同意了鑫隆公司增加 20% 建筑面积作为融资用途，如此双方签订获得商品房购买合同难以履行。2014 年 3 月 18 日，鑫隆公司向泉州仲裁委员会申请仲裁，次日，泉州仲裁委员会做出〔2014〕泉仲字 567 号调解书，解除双方达成协议如下：（1）解除双方签订的《商品房买卖合同》；（2）鑫隆公司应于 2014 年 3 月 21 日前返还被申请人林碧钦、陈建伟已付的购房款人民币 1 000 万元。

双方实际资金来往情况：（1）在签订《商品房买卖合同》之前，陈建伟和林碧钦实际支付给鑫隆公司 6 000 万元，签订合同时鑫隆公司返还给陈建伟 500 万元。（2）签订《商品房买卖合同》之后，陈建伟和林碧钦在 2013 年 5 月 ~2014 年 3 月逐月陆续收到鑫隆公司 9 328 万元，与合同中约定的本金相比，多出人民币 3 328 万元。其中，陈建伟一人多收人民币 2 140.5 万元。（3）资金往来的银行网上电子回单、网银收款记帐凭证的用途和附言栏目中大部分注明“购房款”。

（二）案件调查

2014 年 6 月莆田市纪委和莆田市检察院接到大额资金交易举报，对双方的资金来往进行调查，调查程序中，陈建伟、林碧钦承认《商品房买卖合同》的业务实质为借款，月利率 5%，鑫隆公司以商品房作抵押，二人一年内共收取利息人民币 3 328 万元。涉案借款是向其他人以不同的利率转借的。以上供述与本案的其他相关证人证言基本吻合。随后莆田市纪委又向莆田市地方税务局发出莆纪函〔2014〕18 号《关于对

① 中华人民共和国最高人民法院行政裁定书（2018）最高法行申 209 号。案例来源于中国裁判文书网 http://wenshu.court.gov.cn/website/wenshu/181107ANFZOBXSK4/index.html?docId=7f60a4d0dab843988721aa3b00bf61b0。

林碧钦等人涉嫌偷漏税进行调查处理的函》，在该函件中说明纪委检察院认定陈建伟和林碧钦的放贷行为涉嫌偷逃税款，特移送莆田市地税机关进行处理。

随后在 2015 年地方税务局对陈建伟的税务检查程序中，陈建伟陈述陈林二人的行为实质为购买房产，多收到的钱为鑫隆公司违约而支付的违约金。因为林碧钦丈夫是公务员，担心买商铺没有申报违反规定，所以才把违约金说成利息。

另外，陈建伟在复议程序中提供《〈商品房买卖合同〉的补充条款》复印件，约定鑫隆公司每月应付陈建伟已交纳购房款总额的 5% 作为违约金，即每月支付给陈建伟、林碧钦人民币 275 万元，且违约起始时间从签订合同 2 个月后起算。税务机关不认可此补充协议的真实性，理由是：一、未提供原件；二、未向房管局备案；三、不符合交易习惯。人民法院支持该怀疑。

莆田市地税稽查局经核实陈建伟林碧钦以及鑫隆公司双方的资金往来情况后，作为重大税务案件报请莆田市地方税务局重大案件审理委员会集体研究。2015 年 4 月 22 日，莆田市地税稽查局向陈建伟发出《税务处理事项告知书》。税务处理决定，陈建伟林碧钦二人和鑫隆公司的业务认定为融资贷款，决定对陈建伟补缴：（1）营业税 1 070 250元；（2）个人所得税 4 281 000 元；（3）城市维护建设税 53 512.5 元；（4）教育费附加 32 107.5 元；（5）地方教育费附加 21 405 元；（6）并加收滞纳金171 781.71 元。共计人民币 5 630 056.71 元。陈建伟对原莆田市地方税务局、莆田市地方税务局稽查局、福建省地方税务局的决定，以及一审、二审法院的判决不服，直至向最高人民法院申请再审。整个案件过程如图 18 - 1 所示。

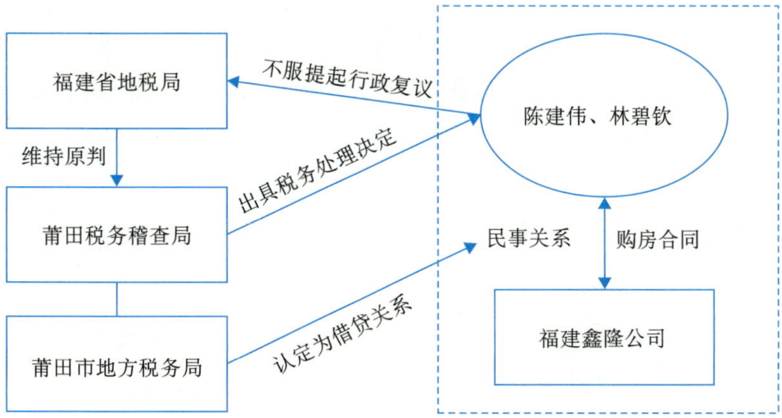

图 18 - 1　陈建伟税案过程示意图

（三）案件争议

（1）税务机关能否根据实质课税原则独立认定案涉民事法律关系。

（2）对案涉民间借贷利息收入应否征收营业税、个人所得税等税款。

（3）对民间借贷产生的较大金额利息收入征收税款如何体现税收公平原则。

（四）判决结果

最高人民法院最终做出如下裁决：

税务机关对民事法律关系的认定，仅在税务行政管理、税额确定和税款征缴程序等专门领域有既决力，在坚持税务机关对实质民事交易关系认定负举证责任的前提下，允许税务机关基于确切让人信服之理由自行认定民事法律关系，有利于民事交易秩序的稳定和当事人权益。但税务机关对实质民事交易关系的认定应当符合事实与税收征收法律规范，税务机关认为其他机关对相应民事法律关系的认定与其认定明显抵触的，宜先考虑通过法定渠道解决，而不宜迳行做出相冲突的认定。

关于民间借贷利息是否应该征收营业税、个人所得税，法院认定，公民个人将资金借予单位或者其他个人并产生较大数额利息收入的，属于法律规定的应税劳务，据此应当征收营业税。本案中的《商品房买卖合同》经定性实为借贷的合同，应当按要求征收个人所得税。同时营业税与个人所得税并非同一税种，对已经征收营业税或者增值税的收入再征收个人所得税，不存在重复征税问题。

法院认为本案中，根据《个人所得税法》和《中华人民共和国个人所得税法实施条例》的相关规定，民间借贷利息收入应缴纳的个人所得税应该适用20%固定比例税率并以“支付利息时取得的收入”为税基计算，征收个人所得税符合法律依据也体现公平原则。

三、法理评析

通过对本案裁定书的研究，法院以事实为依据、以法律为准绳的裁判精神是我国依法治国的体现，尤其在裁决书的最后，在驳回上诉人申请的情况下，法官仍然做出了相关的论述说明，十分值得借鉴。但裁决中虽然最高法明确了税务机关对民事法律关系认定仅适用于税务领域，税务机关一般不具有认定民事关系的职能，并且说明税务机关和民事机关对民事关系认定不一致时应该通过法律途径来解决，但根据最后的判决中对税务机关根据实质课税原则对民事交易关系认定并无过错的表述来看，最高法实际上是依据实质课税原则肯定了本案中税务机关的行为。

本文认为最高人民法院防止纳税人利用法律漏洞造成国家税款流失的初衷十分值得肯定，但最高院对税务机关依据实质课税原则可认定民事关系的裁决有待商榷。

（一）实质课税原则没有明确的法律依据

从法律依据来看，纵观我国的税收法律体系，除了在一些规范性文件中有“应该遵循实质重于形式的原则”的表述，在正式法律中并未明确出现“实质课税原则”的规定，仅能将散见于各个单行法中的具体条文归纳具有“实质课税”精神。比如企业所得税法第 41 条规定对于企业之间的关联交易应当符合独立交易原则，《增值税暂行条例》第 7 条规定税务机关有权核定价格明显偏低的商品或劳务的销售额，《税收征管法》中第 35 条规定税务机关对于纳税人所申报的明显偏低且无合理理由的计税依据，有权进行核定等条款。但关于具体“实质课税原则”的适用条件、法律后果等，均无明确规定，最高院在该案的判决中也未对此进行明确的阐述。并且该原则的适用也没有一个统一的标准，在实际应用中该原则运用不一，大多数情况下偏向于税务机关。

所以本案中最高院援引的实质课税原则其实是一项虽然在实践中运用，但未在法律中明确的模糊原则，而根据我国宪法第 56 条：“中华人民共和国公民有依照法律纳税的义务”。法律没有明确规定的前提下，政府不能征税，公民也没有纳税义务。在我国 2020 年要实现全面税收法定的目标背景下，以此为法律裁决依据肯定税务机关可根据实质课税原则对交易定性的行为在一定程度上与税收法定原则相抵触，因此本文认为该裁决与我国依法治国、依宪治国的目标存在一定的冲突，裁决有失妥当。

（二）本案无引入实质课税原则的必要

除了法律上无明确实质课税原则的法律规范之外，本文认为其实案件本身也没有引入实质课税原则的必要。尽管实质课税原则在实践中已经使用的非常频繁。结合实践来看，实质课税原则一般用于民事关系上有效但税法上属于避税行为的情况，图 18－2为实质课税原则运用实践适用和不适用的情况。

但综合本案情况，最高法在裁决中依据《民法总则》[①] 对案涉交易重新定性，认为陈建伟与鑫隆公司所签订的合同并非真实意思表示，交易性质属于借贷交易，其购

① 《民法总则》第一百四十六条“行为人与相对人以虚假的意思表示实施的民事法律行为无效。以虚假的意思表示隐藏的民事法律行为的效力，依照有关法律规定处理”。

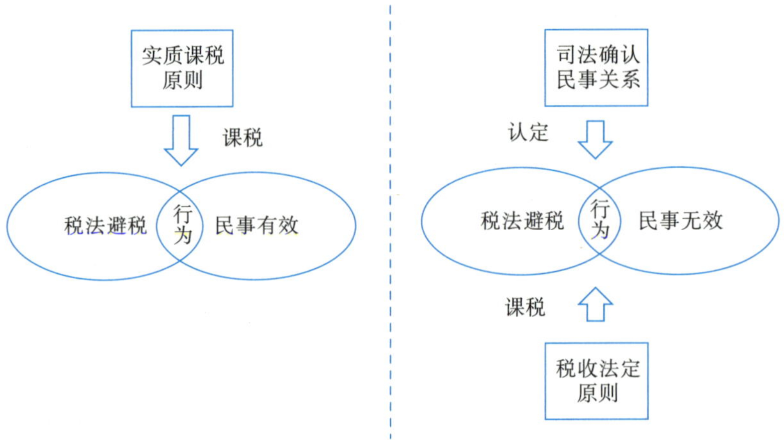

图 18－2　实质课税原则实际中的一般适用与不适用情况

房的民事关系本来就是虚伪的、无效的。也就是即使从民事关系上来看，陈建伟与鑫隆公司的交易也是无效的，其性质是借贷交易，究其问题的本质还是民事法律实质上的问题，而并非税法所固有的问题，行政机关要做的是根据固有的法律条款进行判断，而出现争议时实质理应由司法机关来认定。也就是说本案中税法是可依的，根本不用实质课税原则的引入。该案件中，最终最高法院将案涉交易认定为借贷关系，并没有直接肯定税务机关对交易性质的认定，该做法是值得肯定的。但其将“实质课税原则”引入本案本文认为没有必要。

（三）对税务机关实质课税的支持易引起执法失当

从后果上来看，最高法院依据实质课税原则对本案中税务机关的支持很可能造成税务机关执法中公权力的膨胀。最高院在裁决中虽然明确了税务机关对民事法律关系认定仅适用于税务领域，税务机关一般不具有认定民事关系的职能，并且税务机关在税务领域认定时要负举证责任，阐述了种种，但根据最后的判决来看，最高法实际上肯定了税务机关依据实质课税原则对交易征税。除了此案，2018 年德发案的审理最高院实际上也暗示了对实质课税原则的支持态度。

屡次对实质课税原则的支持很可能造成下级税务机关的效仿，在原则规定不明的情况下赋予税务机关过大的自由裁量权，以致于税务机关在一般课税事实认定时也秉持着“国库至上主义”，做出不利于纳税人的裁量。这既是对诚信推定原则的违反，损害纳税人的财产权，同时也会造成税收法定原则的崩坏，与我国依法治国的目标背道而驰。

四、案例思考

尽管本文认为该案中对实质课税原则的援引有待商榷，实质课税原则在我国也一直处于模糊不清的地位，但越是模糊、越是不确定就越有研究的必要，如此才能推动我国法治的进步，早日实现依法治国、税收法定的目标。本节将梳理实质课税原则的沿革，并分析其现实需要和使用之殇来阐述其适用困境。

（一）实质课税原则的沿革

实质课税原则起源于德国，起因是一战过后许多商人利用民法判定的无效法律行为获得所得从而逃避纳税义务，致使德国税收流失、财政危机。针对这种现象 1919 年德国人 Becker 在起草的《帝国租税通则》中确立了“经济观察法”，也就是实质课税原则用来打击避税。但随着第二次世界大战的开始，税法上的“经济观察法”由于规定过于宽泛，一度成为纳粹控制政治和经济的工具，其弊端也为人所熟知，因此战后的德国开始对其进行强烈的批判，并于 1977 年的税收通则中将经济观察法删除，从此德国关于实质课税原则的讨论都从法律的稳定性出发，否定了经济观察法的事实判断作用，而仅限于法律上的解释。即作为实质课税原则初创国的德国也只将实质课税原则的作用限制在法律解释上。

“二战”之后，日本为了恢复经济出台了许多税收优惠政策，就所得税而言，企业法人要比个人多一层税收优惠，因此许多个人开始将个人改注册为企业法人，甚至当时的日本掀起了“法人形式化”的浪潮，这与日本政府的初衷并不一致，并且这种风潮有碍于经济的增长。因此当时的日本政府从德国引进了“经济观察法”，但在具体法律的落实上，日本政府未做一般规定，而是仅在所得税法和法人税法中做了相关规定，并且在之后的税法修订上均对此原则采取审慎的态度，该原则的运用也往往只适用于该国的反避税领域。

新中国成立后，我国的法律尚不健全，在学习日本法律后，也将实质课税原则这一观点引入了我国法律。但正如前文中对陈建伟案的分析中所言，我国对于实质课税原则在法律中并无明确的法律规定，在立法中仅体现在反避税中，因此在我国实质课税原则并未成为一般的基本原则。

（二）实质课税原则之“需”

税法是基于交易形式而建构的[①]，不同条文的适用给纳税人带来的税负也有所不同，这造成了交易形式的细微改变可能会造成税负的极大差异，因此一项交易能被税收法规所反映至关重要。税法一般只规定了交易的极端和典型情况，但社会上交易形式繁多，通过有限的语言显然不能囊括所有的交易形式，并且随着新技术、新经济形式的发展，出现越来越多新的交易形式，立法者在立法之初也并不能预见所有的交易形式，由此出现了税法上的空白，留给纳税人套利的空间。理性经济人的属性还会推动人们不断创设新的处于税法模糊地带的交易形式，通过对交易形式的设计机械地满足税法条文规定的事实，从而获得税收利益。比如前文中所提到的日本“法人形式化”，又比如本文中的陈建伟案。因此机械的按法律条文判定课税事实很有可能造成利用税法漏洞避税的泛滥。对利用税法规定不明之处避税行为的规制，恰是实质课税原则发挥功效的领域。

德国法学家耶林曾经说“目的是一切法的缔造者”。税法的适用范围应当是立法者意图的体现，但如上文所述，在现实中依靠形式无法充分实现立法者的意图，而实质课税原则能解释税法内所未规定的情形，使税法的适用更加贴近立法者的目的，因此实质课税原则在现实中不可或缺，此为实质课税原则之“需”。

（三）实质课税原则之“殇”

尽管实质课税原则有重要作用，但在实际应用中实质课税原则又充满了矛盾和复杂。

首先，基于目的的税法实质解释论具有一定的合理性，但税法本身就是集合了人们纷扰繁多的目的而制定的，一个统一的用来解释税法的目的是难以确定的。这也就意味着税务机关依据实质课税原则的判断具有主观性，具体表现在我国不同的税务机关对相似的案件处理情况却有所不同。

其次，税法给予税务机关的征税权利，是直接对纳税人的财产给付的请求权，本身就具有权利上的优越性，如果不对其加以约束，极易造成对纳税人财产的侵犯。这也是税收法定原则存在的重要原因。在我国，税务机关同时扮演部分法律立法者和税法执法者的角色，在这种情况下税务机关运用实质课税原则指定交易的性质，带有主观性和任意性，很可能偏离税法应有的本意，甚至重塑税法规则。在现实中，税务机

---

① 汤洁茵．形式与实质之争：税法视域的检讨[J]．中国法学，2018（02）：248－268.

关往往根据实质课税原则来否定纳税人符合形式不符合“税法本意”的行为，但纳税人据此原则的申辩却屡遭否定，比如“代持股转让案”中的判决，法院多次判决纳税人对实质课税原则的运用无效。

再次，我国进入到行政诉讼程序的涉税案件并不算多，司法机关很少对税收条文做出解释，往往以税务机关的解释为准，税务机关在现实中不按照固有条文的形式而基于主观目的做出判断，实际上已经取代立法和司法机关做了价值判断。这会造成税务机关脱离税收法律滥行征税权，使纳税人处于十分不利的弱势地位。这与我国当前的依法治国目标也是不相匹配的，此为实质课税之“殇”。

五、政策建议

（一）坚持税收法定原则的优先地位

如前文所述，实质课税原则是实现税收正义所必需的工具，但实质课税原则在实践中捉摸不定，当前世界各国对实质课税原则的研究也一直存在争议。纵然实质课税有一定的价值，我国整体税收法律的情况却也不得不考虑。尽管我国目前提出了 2020 年实现全面依法治税的目标，综合我国各税收法律部门的情况来看，我国当前的税收法治并不成熟，在税收立法、执法、司法等方面还都处于探索的阶段，实质课税原则也不过是近年来才刚刚开始实践的原则，仅仅出现在国务院一些规范性文件中。即使是在法律体系相对成熟的德国，实质课税原则也是一改再改，最终德国将其置于了下位原则的地位，因此在当前的法律环境下将实质课税原则置于过高的地位显然不合时宜，一再的支持实质课税原则也是不可取的。

正如刘剑文教授所言，“只有将实质课税置于税收法定主义的制约下，形式正义与实质正义才可能真正协调一致”①。实质课税原则在当下阶段仍然不能成为一项独立的原则，而是应该建立在税收法定的基础上，并受税收法定的指导和约束，这既是税收规范性和科学性的要求，也是保护纳税人权益、防止公权力滥用的必由之路。因此，应该在税法实践中对税收法定原则相对于实质课税原则的优先性予以具体的明确，方能保障税法的稳定性和可预测性，避免乱象发生。待到我国法治程度进一步提升之时再对实质课税原则的地位进行深入的探讨。

① 刘剑文．财税法专题研究．北京大学出版社，2015，203.

（二）明确实质课税原则的适用范围

关于实质课税原则的适用范围，不管在国内还是国外，在实务界和理论界都已经有很多讨论。在美国经济实质原则仅限于交易形式与实质发生背离并且该交易不具有合理商业目的时适用；德国提出经济观察法的 Becker 认为实质课税原则不仅应该在滥用法律形式时使用，同时也应该在认定一般应税事实时使用；日本学者不否认实质课税原则在认定一般事实中的使用，我国学者也几乎都认同这一点，但在探讨该原则时却也都以反避税情形为例，很少提及一般应税事实的认定。本文认为实质课税原则应该仅限于交易形式与实质背离时，而不应该适用于一般应税事实的认定。

因为在实际中一项交易的实质并不是都不能通过形式反映出来，一般来讲某一特定法律形式产生的通常是特定的经济后果，形式与实质的一致是实际中的常态，以法律形式判断交易关系和以实质课税原则判定交易关系一般情况下并没有实际上的不同，从诚信推定的视角来看，纳税人根据民法成立的交易关系所形成的交易后果应该被推定为真实有效，并以此关系确立应税事实。因此如果将实质课税原则运用于一般应税事实的认定，事事斟酌，不光会造成税收征管效率的低下，而且是对纳税人诚信推定原则的违反，更遑论事事采用实质课税原则税务机关无法克服的主观性和随意性。

所以具体上应该对实质课税原则采取如下限制。一是明确实质课税原则仅限于实质与形式背离的反避税领域。二是在反避税具体的应用上，适用实质课税原则对私法关系进行否定时，如果没有对避税认定得一般性条款，那么实质课税原则只能在有明确个别条款规定的情形适用；如果有对避税认定的一般性规定，则实质课税原则可在文本所能推导的范围内适用。如此才能防止实质课税原则的横向扩张成为哪需要哪来的“霸王原则”。

（三）重视判例的沿用与指导

税务机关在实质课税原则的运用中，容易受到国库主义的影响，因此居于裁判中立地位的司法机关理应发挥其作用，更多的从司法上发挥实质课税原则的运用，但在实际中司法也往往默认税务机关的行政解释，很少做出审查，这使得实质课税原则在司法领域难以起到该有的作用。

在司法中发挥实质课税原则的功效可以借鉴英美法系的经验。英美法系中的“合理商业目的”和“经济实质标准”均是通过大量的判例积累探索出来的标准，在实际中注重技术和标准判断①。尽管由于我国的大陆法系，法官在判案时不以案例为准，但在司法中发挥实质课税原则的功效可以对英美法系中的经验进行借鉴，即重视司法领域中指导性案例对实质课税的塑造作用。2005 年最高院发布的《人民法院第二个五年改革纲要》对我国的案例指导制度做了完善，明确了指导性案例“准法源”的地位，最高院可以通过对以往案件的总结，形成契合我国国情的实质课税标准，以供各级法院参考，比如陈建伟一案中法院从民法角度对课税事实的认定便是很好的例子。为使实质课税原则能有更好的应用，需要增强实质课税原则在司法领域中的作用，而不是唯税务机关是从。

其次还应该降低税务诉讼的门槛。如果一直维持我国现在税务机关行政主导而将大量的税务争议案件置于司法之外的情况，即使有再多的指导案例也难以发挥其该有的作用，因此对税务诉讼程序的简化或是成立专门的税务法庭也是可以考虑的举措。

案例使用说明

一、教学目的与用途

1. 本案例主要适用于税收学、税务筹划、税收征管、管理学等课程的学习。

2. 本案例以陈建伟诉莆田市地税局一案为例，介绍实质课税原则的运用问题，其教学目的在于使学生对实质课税原则运用需要注意的问题和其沿革有充分的认识和深入的了解。本案例从分析陈建伟诉莆田市地税局一案入手，对该案件中法院的判定、实质课税原则的运用进行分析，针对案件本身提出观点，根据案件本身回顾实质课税原则运用的矛盾，并对实质课税原则的运用提出相关建议。

二、启发思考题

1. 你认为案例中陈建伟与鑫隆公司的交易到底是什么性质的交易？
2. 法院在判决中援引实质课税原则合理吗？
3. 实质课税原则为什么是必要的？
4. 实质课税原则的过度运用可能会有什么后果？

① 吕铖钢，张景华．实质课税原则的路径重塑[J]．税务与经济，2018（01）：81－86.

5. 税收法定原则和实质课税原则的关系是怎样的？

三、分析思路

教师可以根据自己的教学目标（目的）来灵活使用本案例。这里提出本案例的分析思路，仅供参考。

本案例对陈建伟诉莆田市地税局一案中实质课税原则的运用进行分析，第一部分引言介绍了当前我国实行依法治国方略的大背景，让学生知道实质课税原则运用的背景是什么，为它在实际运用中可能出现的矛盾做铺垫。

第二部分是案例情况的介绍，介绍了陈建伟案的来龙去脉以及案件的争议焦点，并阐述了法院对案件交易性质的判断和对其所应承担的纳税义务的判决。

第三部分从实质课税原则没有明确的法律依据、本案中没有援引实质课税原则的必要、对税务机关实质课税的支持易引起执法失当三个角度说明最高人民法院在对案件交易判断时援引实质课税原则失当。

第四部分探讨了实质课税原则的沿革，实质课税原则在实践中存在和运用的必要性，以及它的过度运用可能引起的危害，以此阐述其在实践运用中的纠结和矛盾。

第五部分提出了在当今依法治国背景下对实质课税原则的运用的建议，即以税收法定原则优先、严格限制实质课税原则运用的范围、重视判例的沿用与指导。

该案例的五个部分均围绕实质课税原则的运用进行讨论，先阐述依法治国的背景，再通过分析具体案件中的运用来探讨其实际中适用的合理性，并对其必要性和潜在危险性做了分析，提出了该原则合理运用的相关建议，力求起到提醒税务机关、维护我国税收法律稳定性的作用。

四、理论依据及分析

1. 实质课税原则。实质课税原则指对于某种情况不能仅根据其外表和形式确定是否应予课税，而应该根据实际情况，尤其应当根据其经济目的和经济生活的实质，判断是否符合课税的要素，以求公平、合理、有效地进行课税。

2. 税收法定原则。税收法定原则是指由立法者决定全部税收问题的税法基本原则，即如果没有相应法律作前提，政府则不能征税，公民也没有纳税的义务。税收主体必须依且仅依法律的规定征税；纳税主体必须依且仅依法律的规定纳税，税收法定原则是税法中一项十分重要的基本原则。它肇始于英国，现已为当今各国所公认，其基本精神在各国宪法或税法中都有体现。其具体内容包括三个部分：税种法定、税收要素法定、程序法定。中国宪法、税收征收管理法中都有税收法定原则的要求，在即将制定的税收基本法中亦应明确规定。

3. 税收自由裁量权。税收自由裁量权，是指税务机关及其工作人员在法律事实要件确定的情况下，在法律授权范围内，依据立法目的和公正、合理原则，自行判断行为条件、自行选择行为方式和自由做出行政决定的权力。

4. 交易的形式和实质。实质对应的是形式。一项交易可以分为三个层次：法律形式、法律实质和经济实质。由于市场主体高度的经营自由，在形式和实质一致的典型交易之外，市场主体可以设计出法律形式和法律实质背离、法律实质与经济实质不同的各种交易。

5. 判例法。判例法泛指可作为先例据以决案的法院判决，通常与制定法（statute law）相对而言，是英美法系法律的一个重要渊源。根据判例法制度，某一判决中的法律规则不仅适用于该案，而且往往作为一种先例而适用于以后该法院或下级法院所管辖的案件。只要案件的基本事实相同或相似，就必须以判例所定规则处理。这就是所谓“遵循先例（stare decisis）”原则。

五、关键要点

1. 实质课税原则的内涵。
2. 税收法定原则和实质课税原则之间的关系。
3. 交易的不同形式和实质的组合。
4. 实质课税原则可能面临的滥用风险。
5. 实质课税原则应该限定的范围。

六、建议课堂计划

本案例可以作为专门的案例讨论课来进行。如下是按照时间进度提供的课堂计划建议，仅供参考。

整个案例课的课堂时间控制在 80 ~ 90 分钟。

课前计划：给出案例背景并提出启发思考题，请学员在课前完成阅读和初步思考。

课堂计划：对案例进行详解，明确讨论内容（20 分钟）。

分组讨论（25 分钟），告知发言要求。

小组发言（每组 5 分钟，控制在 25 分钟）。

引导全班进一步讨论，并进行归纳总结（15 ~ 20 分钟）。

课后计划：如有必要，请学员采用论文形式给出更深层次的解读报告，包括具体的职责分工，为后续章节内容做好铺垫。

七、思考题参考答案及相关法规依据

1. 其实判决书并没有给出足够的信息让人做出判断，只能在假设的前提下发表观点。

从民法的角度分析双方的合同，包括补充合同条款，判断双方的真实意思，以发现法律实质。从判决书披露的信息看，约定在不违约的情况下支付违约金，双方明显有融资的意思。很明显，陈建伟案中的合同，其法律形式和法律实质发生背离。但双方是否有销售不动产的意思，不能主观臆断。如果名义上的销售价格对陈建伟是有利的，且鑫隆公司不能单方撤销合同，那陈建伟完全可能在收取违约金之外，仍然保留商铺的所有权。在这种情况下，这个合同就同时拥有销售不动产的法律实质。154 号文是针对返本销售货物一并按销售货物征收增值税的规定，而陈建伟案涉及原来的营业税，不能适用；154 号文自身合法性还难以保障，并不能直接参照，并且也不符合混合销售的定义。如果是两种法律实质的融合，那按照实质课税原则的要求，就应该将这笔交易作拆分，分为销售不动产和融资，分别按税法规定做出处理。

2. 无标准答案，供探讨。

3. 税法是基于交易形式而建构的[①]，不同条文的适用给纳税人带来的税负也有所不同，这造成了交易形式的细微改变可能会造成税负的极大差异，因此一项交易能被税收法规所反映至关重要。税法一般只规定了交易的极端和典型情况，但社会上交易形式繁多，通过有限的语言显然不能囊括所有的交易形式，并且随着新技术、新经济形式的发展，出现越来越多新的交易形式，立法者在立法之初也并不能预见所有的交易形式，由此出现了税法上的空白，留给纳税人套利的空间。理性经济人的属性还会推动人们不断创设新的处于税法模糊地带的交易形式，通过对交易形式的设计机械地满足税法条文规定的事实，从而获得税收利益。比如前文中所提到的日本“法人形式化”，又比如本文中的陈建伟案。因此机械的按法律条文判定课税事实很有可能造成利用税法漏洞避税的泛滥。对利用税法规定不明之处避税行为的规制，恰是实质课税

① 汤洁茵．形式与实质之争：税法视域的检讨[J]．中国法学，2018（02）：248 – 268.

原则发挥功效的领域。

德国法学家耶林曾经说“目的是一切法的缔造者”。税法的适用范围应当是立法者意图的体现，但如上文所述，在现实中依靠形式无法充分实现立法者的意图，而实质课税原则能解释税法内所未规定的情形，使税法的适用更加贴近立法者的目的，因此实质课税原则在现实中不可或缺，此为实质课税原则之“需”。

4. 尽管实质课税原则有重要作用，但在实际应用中实质课税原则又充满了矛盾和复杂。

首先基于目的的税法实质解释论具有一定的合理性，但税法本身就是集合了人们纷扰繁多的目的而制定的，一个统一的用来解释税法的目的是难以确定的。这也就意味着税务机关依据实质课税原则的判断具有主观性，具体表现在我国不同的税务机关对相似的案件处理情况却有所不同。

其次税法给予税务机关的征税权利，是直接对纳税人的财产给付的请求权，本身就具有权利上的优越性，如果不对其加以约束，极易造成对纳税人财产的侵犯。这也是税收法定原则存在的重要原因。在我国，税务机关同时扮演部分法律立法者和税法执法者的角色，在这种情况下税务机关运用实质课税原则指定交易的性质，带有主观性和任意性，很可能偏离税法应有的本意，甚至重塑税法规则。在现实中，税务机关往往根据实质课税原则来否定纳税人符合形式不符合“税法本意”的行为，但纳税人据此原则的申辩却屡遭否定，比如“代持股转让案”中的判决，法院多次判决纳税人对实质课税原则的运用无效。

再次，我国进入到行政诉讼程序的涉税案件并不算多，司法机关很少对税收条文做出解释，往往以税务机关的解释为准，税务机关在现实中不按照固有条文的形式而基于主观目的做出判断。实际上已经取代立法和司法机关做了价值判断。这会造成税务机关脱离税收法律滥行征税权，使纳税人处于十分不利的弱势地位。这与我国当前的依法治国目标也是不相匹配的，此为实质课税之“殇”。

5. 实质课税原则是实现税收正义所必需的工具，但实质课税原则在实践中捉摸不定，当前世界各国对实质课税原则的研究也一直存在争议。纵然实质课税有一定的价值，我国整体税收法律的情况却也不得不考虑。尽管我国目前提出了 2020 年实现全面依法治税的目标，综合我国各税收法律部门的情况来看，我国当前的税收法治并不成熟，在税收立法、执法、司法等方面还都处于探索的阶段，实质课税原则也不过是近年来才刚刚开始实践的原则，仅仅出现在国务院一些规范性文件中。即使是在法律体系相对成熟的德国，实质课税原则也是一改再改，最终德国将其置于了下位原则的地位，因此在当前的法律环境下将实质课税原则置于过高的地位显然不合时宜，一再的支持实质课税原则也是不可取的。

正如刘剑文教授所言："只有将实质课税置于税收法定主义的制约下，形式正义与实质正义才可能真正协调一致"①。实质课税原则在当下阶段仍然不能成为一项独立的原则，而是应该建立在税收法定的基础上，并受税收法定的指导和约束，这既是税收规范性和科学性的要求，也是保护纳税人权益、防止公权力滥用的必由之路。因此，应该在税法实践中对税收法定原则相对于实质课税原则的优先性予以具体的明确，方能保障税法的稳定性和可预测性，避免乱象发生。待到我国法治程度进一步提升之时再对实质课税原则的地位进行深入的探讨。

八、进一步阅读材料

[1] 刘剑文：财税法专题研究 [M]. 北京：北京大学出版社，2015：203.

[2] 汤洁茵．形式与实质之争：税法视域的检讨[J]. 中国法学，2018（02）：248-268.

[3] 施正文，贺燕．论实质课税原则的税法定位 [G].

[4] 刘剑文，北京大学财经法研究中心．财税法论丛（第13卷）. 北京：法律出版社，2013：347-367.

[5] 刘珊．税收法定视域下的税法解释规范化综述[J]. 地方财政研究，2018（10）：39-48.

[6] 吕铖钢，张景华．实质课税原则的路径重塑[J]. 税务与经济，2018（01）：81-86.

[7] 汤洁茵．不可承受之重：税收核定的反避税功能之反思以《税收征管法》第35条第（6）项为起点的探讨[J]. 中外法学，2017，29（06）：1546-1565.

[8] 汤洁茵．税法续造与税收法定主义的实现机制[J]. 法学研究，2016，38（05）：67-85.

九、参考文献

[1] 刘剑文：财税法专题研究 [M]. 北京：北京大学出版社，2015：203.

[2] 吕铖钢，张景华．实质课税原则的路径重塑[J]. 税务与经济，2018（01）：

① 刘剑文．财税法专题研究 [M]. 北京大学出版社，2015：203.

81－86.

［3］汤洁茵．形式与实质之争：税法视域的检讨[J].中国法学，2018（02）：248－268.

［4］张守文．税法原理［M］．北京：北京大学出版社，2004：34，106，10.

［5］闫海．绳结与利剑：实质课税原则的事实解释功能论[J].法学家，2013（03）：14－23＋175.

［6］施正文，贺燕．论实质课税原则的税法定位［G］.

［7］刘剑文，北京大学财经法研究中心．财税法论丛（第13卷）．北京：法律出版社，2013：347－367.

［8］滕祥志．实质课税与反避税辨异［J］．税法解释与判例评注（第九卷），2013：129－143.

［9］闫晴．纳税人税收筹划与税务机关反避税的冲突与平衡——基于231份判决书的实证研究[J].科学决策，2018（11）：18－38.

5. 税收管理

案例 19

京东集团税负分析与税务风险管理[①]

本案例通过对京东集团与阿里巴巴在纳税方面的差异进行分析，从京东的经营模式、战略定位、股权架构层层展开，全面揭示京东税负偏低的原因。

① 本案例作者为蔡昌、李艳红。本案例根据京东集团的实践运作与税收焦点问题分析撰写而成，内容完整，真实可靠。

案例正文

一、案例背景

京东于 2004 年正式涉足电商领域，2014 年 5 月京东集团在美国纳斯达克证券交易所正式挂牌上市，是中国第一个成功赴美上市的大型综合型电商平台。目前，京东集团业务已涉及零售、数字科技、物流、健康、保险、物流地产、云计算、AI 和海外等领域，其中核心业务为零售、数字科技、物流三大板块。京东集团的核心业务如下：

（1）零售板块：京东零售集团主要构架于京东商城，京东商城已完成全品类覆盖，第三方平台签约商家超过 22 万个。消费品、3C、家电等优势品类交易规模巨大，是京东零售的主体业务，同时京东还培育出了生鲜、时尚、家居家装等品类。

（2）数字科技板块：京东数字科技集团创立于京东集团内部，前身为京东金融，于 2013 年 10 月开始独立运营。旗下品牌包括京东金融、京东城市、京东农牧、京东钼媒、京东少东家五大子品牌。京东数字科技以大数据、人工智能、物联网、区块链等时代前沿技术为基础，建立起核心的数字化风险管理能力、用户运营能力、产业理解能力和 B2B2C 模式的企业服务能力。

（3）物流板块：京东集团自 2007 年开始自建物流，京东物流集团于 2017 年 4 月 25 日宣布成立。打造了包括京东供应链、京东快递、京东快运、京东冷链、京东跨境、京东云仓等在内的全新产品体系。并结合大数据、云计算、智能设备的应用，京东物流打造了一个从产品销量分析预测，到入库出库，再到运输配送各个环节，综合效率最优、算法最先进的智能供应链服务系统。

二、京东与同行业企业的税负比较

（一）京东与阿里巴巴的税负比较

2019 年 4 月 1 日，阿里巴巴公开指出，阿里巴巴集团和蚂蚁金服集团在 2018 年全年总计向国家纳税 516 亿元，同比增长超过 40%，这意味着过去的一年里，阿里巴巴平均每天纳税超 1.4 亿元。阿里巴巴早在 2013 年时就以纳税超 70 亿元，高居互联网行业纳税之首；2014 年，阿里巴巴又凭借年纳税额 109 亿元，成为我国首家纳税超百亿的互联网公司。反观京东，作为国内第二大电商巨头，2018 年纳税仅为 407 万元。如图 19－1、表 19－1 所示，通过阿里巴巴与京东的纳税情况与税负比较，可以看出京东的纳税支出相较于销售额而言承担的税负偏低。

图 19－1　阿里巴巴与京东的纳税情况比较

表 19－1　　阿里巴巴与京东的税负比较　　单位：人民币元

年份	阿里巴巴		京东	
	销售额	税负率	销售额	税负率
2016	1 623 亿	14. 66%	2 691 亿	1. 40%
2017	2 605 亿	14. 05%	3 698 亿	1. 50%
2018	3 874 亿	13. 32%	4 816 亿	1. 70%

（二）京东与国美、苏宁的税负比较

国美、苏宁作为传统的家电零售企业，且近几年也在拓展线上零售业务。按照中国税务年鉴和中国统计年鉴的数据，近年来中国零售业的实际税负水平约 3%，京东

总体税负率约为 1.7%，国美、苏宁等大型零售商的总体税负水平保持在 3.5% 之上。京东收入规模超过苏宁、国美两者之和，但税负却远远不及两者。可见京东的税负处于偏低的水平，接下来从京东的经营模式与股权架构进行分析。

三、京东的经营模式与税负分析

（一）阿里巴巴与京东的经营模式比较

1. 阿里巴巴的经营模式

阿里巴巴集团中的淘宝和天猫平台属于第三方在线及移动商业平台，属于开放性平台。主要是以商家开设旗舰店为主，由第三方品牌商入驻，配送主要由第三方物流和菜鸟物流负责。以三只松鼠旗舰店为例进行说明，三只松鼠主要销售坚果、零食等食品，淘宝为三只松鼠提供网上的交易平台。三只松鼠负责完成库存管理、商品编辑、商品定价、商品汰换、商品营销等。三只松鼠需要向淘宝交纳技术服务费、广告和关键词竞价费用、平台服务费用等。

淘宝和天猫主要提供的是交易平台，本身并不参与商品的销售和服务。商品的销售由卖家负责，物流主要依托第三方物流体系。收入主要依靠广告收入、关键词竞价收费、技术服务年费、实时划扣技术服务费等，因此其成本较低。

2. 京东的经营模式与收入结构

京东商城主要采取的是直销模式，该模式基于京东直接从品牌和供应商采购商品，并通过公司的网站和移动渠道将其直接销售给客户。截至 2018 年 12 月 31 日，京东已从 19 000 多家供应商采购商品。盈利模式取决于以优惠的价格从供应商那里购买产品，低买高卖赚取差价或者取得商家返利。京东商城同时也提供第三方销售平台，吸引商家入驻，截止 2018 年 12 月 31 日，已有超过 210 000 个第三方卖家入驻。京东向入驻商家根据各品类收取保证金和平台使用费、销售佣金等。

表 19 - 2 为京东不同收入的规模与占比，净收入包括产品净收入和服务收入。产品净收入即采取直销模式获得的收入，具体包括电子和家电收入、一般商品收入。服务收入包括通过在线市场进行销售而从第三方卖家获得的佣金，在网站上出售广告收取的费用，以及向在线市场上的第三方卖方和未在在线市场上出售产品的商人提供物流服务收取的费用，具体包括市场和广告收入、物流及其他服务收入。

表 19 - 2　　京东不同收入的规模与占比　　单位：百万（人民币）

	2016 年 12 月 31 日		2017 年 12 月 31 日		2018 年 12 月 31 日	
	收入	占比（%）	收入	占比（%）	收入	占比（%）
电子和家电收入	179 822	69.6	236 269	65.2	280 059	60.6
一般商品收入	58 122	22.5	95 555	26.4	136 050	29.5
产品净收入（在线直销）	237 944	92.1	331 824	91.6	416 109	90.1
市场和广告收入	17 074	6.6	25 391	7	33 532	7.2
物流及其他服务收入	3 272	1.3	5 117	1.4	12 379	2.7
服务收入	20 346	7.9	30 508	8.4	45 911	9.9
净收入总额	258 290	100	362 332	100	462 020	100

资料来源：2018 年京东集团财务报告。

2016～2018 年在线直销模式取得的收入占比在 90% 以上，其中的电子和家电收入占比呈现下降趋势。在线市场上从第三方平台取得的收入占比约为 7%，物流服务取得的收入占比呈现增长趋势。京东的收入以直接销售模式为主，第三方销售平台提供的收入较少。这与淘宝和天猫的销售模式存在较大的差异。

京东的物流收入及其他服务占净服务收入的比例增大，物流服务适用的增值税税率为 6%，相较于购买商品、销售商品所适用的增值税税率要低，相应的城建税和教育费附加也会减少，对企业的资金占用、税收负担会减轻。京东的商业模式在由原来主要依靠销售商品获利向以增加销售服务获利转变。

图 19 - 2 是京东 2017～2019 年服务收入结构变化，可以看出，从 2017～2019 年第三季度京东的物流及其他服务收入占比大幅提高，从 16.8% 提高至 37.5%。京东在自建物流体系和自建仓库方面的巨大投入在近几年取得了物流及其他收入的大幅增长，且有逐渐增加的趋势。据京东物流 CEO 王振辉透露，目前京东物流外部收入已经占京东物流总收入近 40%，明年还会继续提升，利润水平将更加稳定，京东向外部物流已经服务了 20 多万家企业客户。

3. 京东的成本支出结构

营业成本主要包括购买直接销售产品的成本以及相关的运费、在线营销服务流量的获取成本等。履行成本主要包括：（1）运营履行中心、客户服务中心和实体店所发生的费用，包括人员成本以及购买、检查、仓储库存、拣配、包装以及准备运输客户订单有关的费用，处理付款和相关交易成本；（2）支付给第三方快递公司的费用；（3）仓库租赁、取货站以及实体商店的租金支出。营销成本主要包括广告成本、公共关系支出以及与营销和业务扩展活动有关的员工工资及相关支出。技术成本主要包括

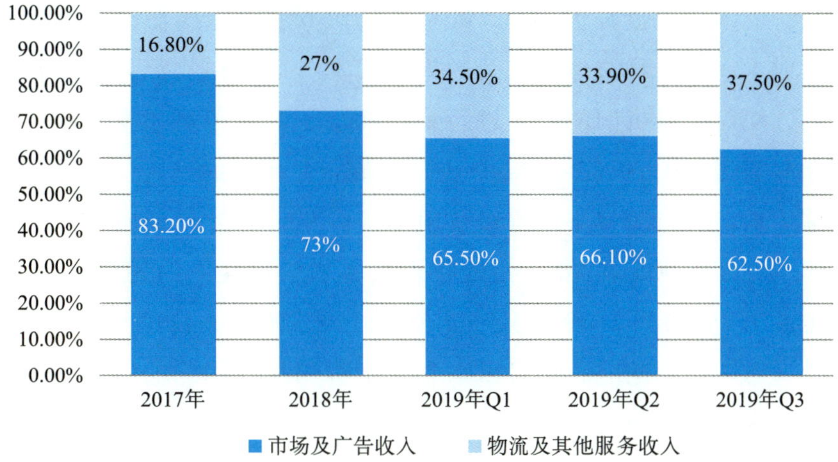

图 19-2 京东 2017~2019 年服务收入结构变化

研究与开发专业人员的支出，以及技术基础设施的成本。

通过表 19-3 可知，营业成本在京东的支出中占比最大，约为 86%，这与京东的直销模式直接相关。且近年来，京东扩大了产品经营的范围，如服装和鞋类、箱包、珠宝、家居用品、化妆品、个人护理产品、婴儿和孕妇产品、食品和饮料、新鲜农产品、健身器材、汽车零件、营养补品以及书籍和虚拟商品等。业务扩展到不同的新产品类别并大量增加产品数量会带来新的风险和挑战，京东在这些新产品领域会面临客户数据的缺乏、难以预测客户的需求和偏好、库存积压导致的成本上升。其存货在近几年快速增长，从 2016 年 12 月 31 日的 289.09 亿元增至 2017 年 12 月 31 日的 417 亿元，并进一步增加至 2018 年 12 月 31 日的 440.3 亿元。京东的营业成本由于其商业模式和战略调整，在未来仍然存在快速增长的可能性。京东不同支出的规模与占比如表 19-3 所示。

表 19-3　　京东不同支出的规模与占比　　单位：百万（人民币）

	2016 年 12 月 31 日		2017 年 12 月 31 日		2018 年 12 月 31 日	
	支出	占比（%）	支出	占比（%）	支出	占比（%）
营业成本	222 935	86.3	311 517	86	396 066	85.8
履行成本	18 560	7.2	25 865	7.1	32 010	6.9
营销成本	10 159	3.9	14 918	4.1	19 237	4.2
技术成本	4 453	1.7	6 652	1.8	12 144	2.6
一般和行政成本	3 436	1.3	4 215	1.2	5 160	1.1
商誉和无形资产减值	—	—	—	—	22	0
总成本	259 543	100	363 167	100	464 639	100

资料来源：2018 年京东集团财务报告。

京东的履行成本占比也较大，为7%左右，其中主要体现在投入物流体系和自建与租赁仓库的成本，以及物流体系有关的人员成本。京东在物流体系和自建仓库方面投入巨大，一方面可以以折旧的形式进行税前扣除，同时还可享受税收优惠政策。自2017年1月1日起至2019年12月31日止，物流企业自有的（包括自用和出租）大宗商品仓储设施用地，减按所属土地等级适用税额标准的50%计征城镇土地使用税。

在技术成本方面，京东在2018年的技术投入增长迅猛，约为2017年的两倍，技术投入占比也由1.7%增至2.6%。反映出京东在技术人员、技术基础设施、技术研究方面的重大投入与关注。同时，还可以享受研发费用加计扣除的优惠政策，加大税前扣除，进一步减少应纳税所得额。

4. 京东的物流体系建设

从图19－3中可以看到，京东在7个城市建立了履行中心、在29个城市建立了前台配送中心、拥有650多个仓库、自建巨型货仓，占地面积达到1 600万平方米，物流服务几乎覆盖所有中国各县市。可以看出京东在物流体系和自建仓库方面投入巨大，营业成本对利润的影响较大。京东物流还发起“千县万镇24小时达”时效提速计划，重点针对低线城市城区、县城以及周边乡镇，通过仓储投入，建设中转场地以及投入智能设备，实现商品的高频率快速集散。

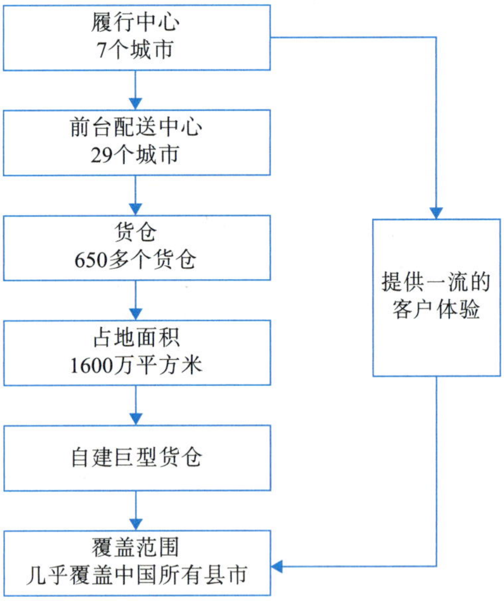

图19－3　京东物流体系建设

（二）京东的经营模式与低税负分析

1. 增值税方面

京东的产品直销模式占收入比重在 90% 左右，销售产品适用的增值税税率为 16%（2018 年 5 月 1 日 ~2019 年 3 月 31 日），虽然京东的销售额巨大但是增值税是由消费者负担，京东只是代为缴纳，并不是京东自身的税额。京东近年来提供的服务收入在净收入构成中占比有增长的趋势，尤其以物流服务取得的收入的增长最为明显。在服务收入中，第三方平台收入和广告收入占比最大。提供的物流服务、技术服务、广告服务适用的增值税税率为 6%（2018 年 5 月 1 日 ~2019 年 3 月 31 日）。

增值税虽为价外税，但是京东经营模式下的直销与提供服务适用不同的增值税税率，对于资金的占用以及带来的城建税和两个附加费用的影响很大。随着近年来京东逐步扩展服务领域的业务，由卖产品向卖服务的战略转变，其税负和资金占用的负担会呈现下降的趋势。

2. 企业所得税方面

如表 19 -4 所示，阿里巴巴和京东的营业收入分别为 561. 49 亿美元与 698. 23 亿美元，营业收入角度二者相差不大，且京东的营业收入高于阿里巴巴。但是营业成本方面，阿里巴巴为 320. 07 亿美元，京东则为 601. 29 亿美元，因此二者的毛利相差较大，如表 19 -4 所示，阿里巴巴的毛利约为京东的 2. 5 倍，净利润方面京东已为负值，使二者在所得税纳税规模上差距巨大。

表 19 -4　　阿里巴巴与京东的利润比较　　单位：美元

	阿里巴巴	京东
	2018 年	2018 年
营业总收入	561. 49 亿	698. 23 亿
营业成本	320. 07 亿	601. 29 亿
毛利	241. 42 亿	96. 94 亿
销售管理及行政费用	152. 13 亿	100. 87 亿
非经营收入（支出）	66. 05 亿	6. 53 亿
非经营性支出	4. 24 亿	3. 22 亿
利息支出	7. 73 亿	1. 29 亿
税前净利润	143. 37 亿	-1. 91 亿
所得税	24. 66 亿	6 451. 13 万

资料来源：新浪财经。

所得税纳税规模的差异主要与经营模式有关，阿里巴巴主要提供的是交易平台，本身并不参与商品的销售和服务，成本较低。京东的商业模式主要是自营模式，而服务收入占比较小。京东在以较低的价格从上游采购货物，在保质保量的前提下负责营销、交易、配送、售后，多数是有库存的实体买卖，在产品销售成本、运输成本、仓储成本上花费巨大。再加上投入在物流体系建设和自建仓库的支出巨大，分摊在每一件商品上面的折旧增加，进而使得京东的营业成本巨大。毛利相较于阿里巴巴较小，加之期间费用减少的可能性较低，使得京东一直处于亏损的边缘，缴纳的所得税很少。同时，京东在境内的亏损可以使用应纳税所得额五年补亏的税收政策，来抵补以前年度形成的亏损，进而减少当期应缴纳的企业所得税。

（三）获得的财政补贴与税收优惠

中国地方政府已向京东在中国境内的子公司和可变利益实体提供了财政激励措施，以鼓励京东在当地发展业务。在 2016～2018 年间，境内的子公司和可变利益实体分别从地方政府获得了约 7.22 亿元人民币、8.43 亿元人民币和 6.15 亿元人民币的财政补贴。

京东集团在境内的子公司和可变利益实体也享受了很多的税收优惠政策，在 2016～2018 年间，分别有 4 家、4 家、14 家实体获选为《西部地区鼓励产业目录》的企业，可享受 15% 的优惠企业所得税税率。还有多家实体被认定为软件企业或高新技术企业，可享受“两免三减半”或 15% 的优惠税率。并且 2014 年 1 月 1 日至 2018 年 12 月 31 日，京东集团的图书销售收入享受免征增值税的优惠。

四、京东的股权架构与税务风险

（一）京东的股权结构

1. 京东股权结构分析

如图 19－4 是截至 2018 年 12 月 31 日的京东集团股权架构图，JD. com，Inc. 为京东的上市主体，注册地点在开曼群岛，是一家离岸控股公司，通过在中国境内的子公司和可变利益实体（VIE）在中国开展业务，并且依靠中国的子公司分派的股息来满足资金需要。京东的股权架构是典型的“VIE 模式”，通过离岸公司控股境内的外商投资企业，境内的外商投资企业再通过签订一系列合同安排协议实质控制境内持有牌照的可变利益实体，从而使境内的可变利益实体由 JD. com，Inc. 真正控制。这种典型的“VIE 模式”不仅有利于京东集团完成海外上市达到融资目的，同时还存在巨大的税收利益。京东集团在境外的企业多位于避税天堂，如开曼群岛、英属维尔京群岛、香港，在境内的企业为外商投资企业、签订合同安排的内资企业。

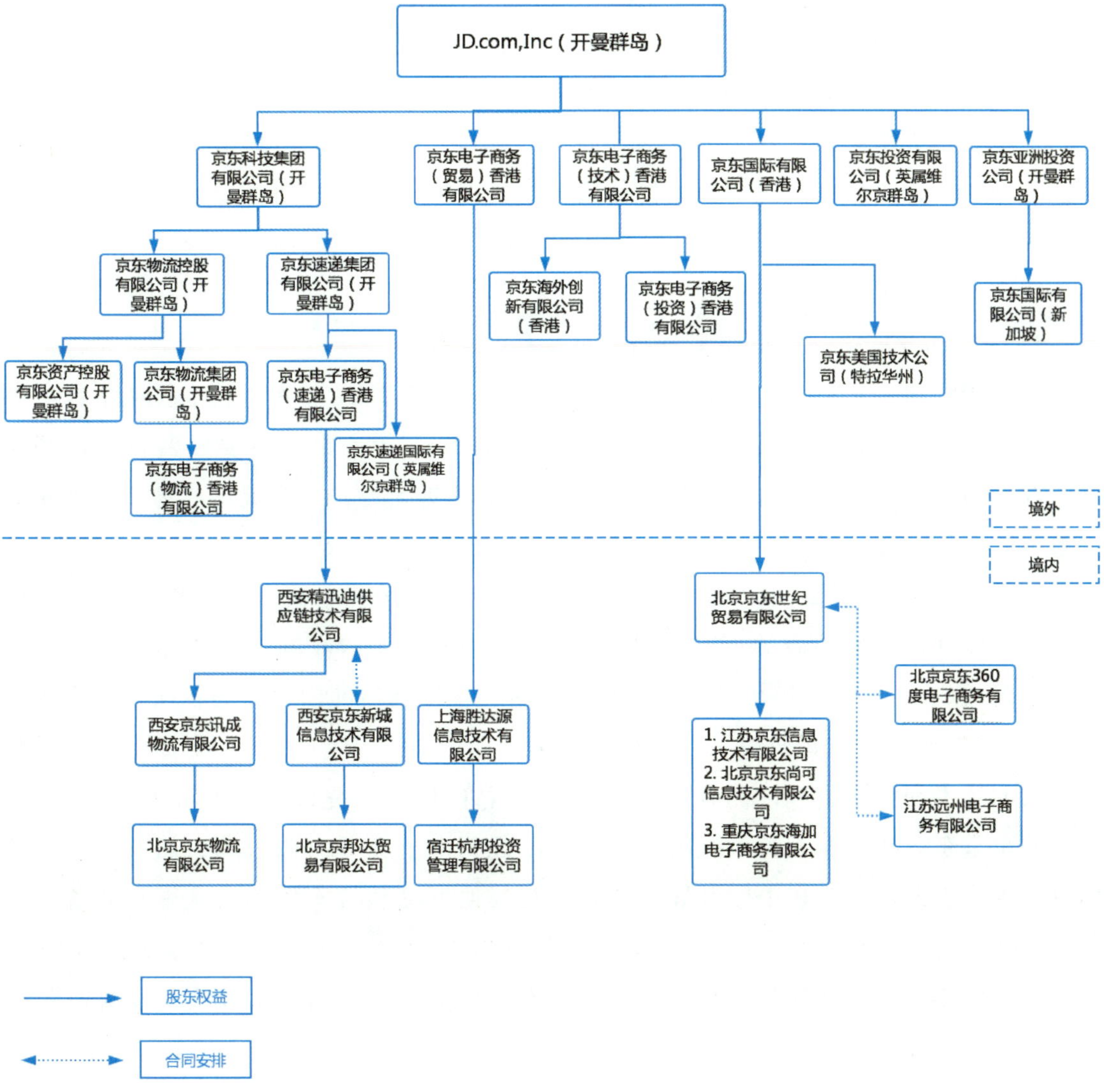

图 19－4　京东集团股权架构

资料来源：2018 年京东财务报告。

2. 京东采用 VIE 架构的原因

中华人民共和国国务院颁布的《外商投资电信企业管理条例》对设立外资企业的资本金、投资者资格和申请程序提出了详细要求。此条例禁止外国实体在中国的任何增值电信服务业务中拥有超过 50% 的股权，要求在中国的任何增值电信服务业务中的主要外国投资者拥有良好的盈利记录，并且具有该行业的运营经验。工信部发布了《关于加强对增值电信业务运营的外国投资管理的通知》，规定拥有增值电信业务运营许可证（ICP 许可证）的中国公司，禁止以任何形式向外国投资者出租、转让或出售 ICP 许可证，也不得提供任何帮助，包括资源、网站或设施。此外，域名和注册商标由提供增值电信服务的运营公司或其股东合法拥有。同时还规定，外国投资者只能以中外投资者之间的合同合资企业形式在中国从事音像制品的分销、航空运输代理服务。

上述规定表明京东在我国境内的外商投资企业不能直接从事增值电信业务、音像制品的分销、物流服务、航空运输代理服务。这就迫使京东集团在境内实现上述业务需要通过签订一系列的合同安排协议实质控制拥有许可证照的内资企业，才能真正实现集团合法的销售、运营和盈利。

3. 在中国开展业务的重要子公司、可变利益实体

重要子公司：北京京东世纪贸易有限公司，成立于 2007 年 4 月，主要从事线上零售业务；上海胜达源信息技术有限公司，成立于 2011 年 4 月，主要经营在线市场业务；西安精迅迪供应链技术有限公司，成立于 2017 年 5 月，主要提供与物流服务相关的技术和咨询服务。

境内可变利益实体：北京京东 360 度电子商务有限公司，成立于 2007 年 4 月，拥有作为互联网信息提供商的 ICP 许可证，并运营 www. jd. com 网站；江苏远州电子商务有限公司成立于 2010 年 9 月，主要从事书籍、音像制品的销售业务，拥有《出版经营许可证》；西安京东新城信息技术有限公司成立于 2017 年 6 月，主要提供与物流服务相关的技术和咨询服务，拥有《快递服务运营许可证》，允许提供道路货运服务。

北京京东 360 度电子商务有限公司、江苏远州电子商务有限公司、西安京东新城信息技术有限公司以及在中国开展业务的所有其他可变利益实体均由董事长兼首席执行官刘强东先生拥有 45%，李亚云女士拥有 30% 的股权。境内可变利益实体（VIE）和境外上市主体的实际控制人较一致，使得整个京东 VIE 架构的关联交易安排高效且一致。

（二）京东股权架构的潜在税收优势分析

1. 境外经营的税收优势

根据开曼群岛现行法律，京东的上市主体 JD. com，Inc 及其在开曼群岛注册成立的子公司无需缴纳所得税或资本收益。此外，开曼群岛不对向股东支付的股息征收预提税。根据英属维尔京群岛的现行法律，在英属维尔京群岛注册成立的实体无须对其收入或资本收益征税。根据现行《香港税务条例》，京东集团在香港的附属公司须就

其在香港业务产生的应课税收入缴纳16.5%的香港利得税。此外，在香港注册成立的子公司向JD.com，Inc支付的股息无须缴纳任何香港预提税。

2. 架构层级分析

京东的VIE股权架构涉及多个层次的避税地主体，上市主体JD.com，Inc位于开曼群岛。上市主体JD.com，Inc通过京东科技集团有限公司控制了京东的物流体系，通过京东国际有限公司（香港）控制了京东的线上零售体系。

京东科技集团有限公司位于开曼群岛，且与香港子公司之间又加了一到两层的开曼群岛公司（京东物流控股有限公司和京东速递有限公司），通过这两家公司来控制京东电子商务（物流）香港有限公司和京东电子商务（速递）香港有限公司。接着由香港公司来控制西安精迅迪供应链技术有限公司，西安精迅迪供应链技术有限公司通过合同安排协议来实质控制西安京东新城信息技术有限公司。

京东国际有限公司（香港）控制了北京京东世纪贸易有限公司，北京京东世纪贸易有限公司通过合同安排协议来实质控制北京京东360度电子商务有限公司和江苏远州电子商务有限公司。

这些被设置在避税天堂的不同层级的公司，除了能隔离风险和规避法规，还有重要的避税功能。注册在开曼的豁免公司，当地政府只收取少量的年度管理费，不征收个人所得税、企业所得税、资本利得税、不动产税等税收。

3. VIE架构享受的双边税收协定

京东的VIE架构可利用数量不一的双边税收协定，从而跨越不同的税收管辖主体，从整体上安排税收利益最大化，可以创造条件利用不同管辖主体之间的双边税收协定。以香港设置的子公司为例，因为《内地和香港特别行政区关于对所得避免双重征税和防止偷漏税的安排》中有针对利息、股息、特许权使用费的优惠规定。比如针对股息，在京东的VIE架构中，香港公司持有境内外商投资企业100%的股权，使得股息的支付可以享受5%的预提所得税税率（通常为10%的预提所得税税率）。且香港利得税实行地域征税原则，对于企业未在港经营的利润不征收利得税。股息所得原则上非香港应税所得，VIE架构下香港公司税收利益明显。

（三）京东VIE架构下潜在的税务风险

1. 境内可变利益实体向外商投资企业转移利润

京东的VIE架构下，外商投资企业与境内可变利益实体签订的合同协议包括贷款协议、专有购买权协议、专有技术咨询和服务协议、知识产权许可协议、股权质押协议、授权书、商业合作协议和商业运营协议，并明确集团是最终的主要受益人。京东的境内可变利益实体实际在中国境内运营线上零售和物流，而通过上述合同安排，境内可变利益实体的经营成果实质由外商投资企业掌控。

再加上京东的境内可变利益实体（VIE）和境外上市主体的实际控制人较一致，决策层可以全面梳理利润转移的过程。进而使关联交易、转让定价更加容易、合理，京东在境内经营的成果多以支付无形资产和技术服务费给外商投资企业。例如，根据知识产权许可协议，北京京东世纪贸易有限公司已授予北京京东360度电子商务有限公司非专有权，以在京东互联网信息服务运营范围内使用京东世纪开发或拥有的某些软件产品，商标，网站，版权和域名。京东360度电子商务有限公司已同意向京东世纪支付无形资产相关费用、技术使用费、特许权使用费等。

由于京东在境内的外商投资企业多以提供开发的软件产品、专利权、商标、版权、特许权等无形资产给予境内的可变利益实体，其价值往往难以衡量，且境内的可变利益实体的股东与集团利益高度一致，这就使其支付的对价存在不公允的可能，往往会以高于实际价值来实现利润转移。

根据京东的2018年财务报告，有14家实体获选为《西部地区鼓励产业目录》的企业，享有15%的优惠所得税率。并且还存在几家软件企业，如北京京东尚可信息技术有限公司在2016年和2017年免征企业所得税，2018年开始享受三年的12.5%的优惠所得税率。可以看出，京东集团在境内的子公司或境内可变利益实体享受的企业所得税税率存在不一致的情况。且由于各地的招商引资政策，外商投资企业相对于境内可变利益实体的所得税税率优势往往普遍存在，以整体上保持对引资企业的吸引力。

境内可变利益实体的真实收入来源为销售商品、物流服务、技术服务等，每一笔交易收入都存在电子发票流的监控，收入价值的真实性较高。而向外商投资企业的支出多以对方提供的无形资产等而支付，税前扣除成本往往虚高，产生节税效应。因而外商投资企业获得的收入偏高，再加之二者存在的企业所得税税率的差别，境内可变利益实体转移利润给外商投资企业产生的避税可能性增大。

2. 境内外商投资企业向境外转移利润

在对京东股权架构的分析中，可以看到上市主体JD. com，Inc对于京东的线上零售、物流体系的控制模式都会利用中间层的香港公司实现。内地和香港在股息所得适用的预提所得税税率为5%。如果没有香港子公司的设置，则境内外商投资企业向境外上市主体JD. com，Inc支付股息需要交纳10%的预提所得税。而增加了香港公司这一中间层，境内向香港企业转移利润仅需缴纳5%的预提所得税。香港对来自境内可变利益实体的股息、利息、特许权使用费，无须纳所得税。当香港子公司再向开曼群岛的上市公司支付股息时无须承担预提所得税项目。可以看到，香港子公司的设置对于从境内向境外利润输出环节有明显的降低税负的效果。

3. JD. com，Inc. 和境外子公司并没有被认定为中国居民企业

由于 VIE 架构的存在，使得京东集团只是利用境内的子公司和可变利益实体来使得在中国开展业务合法化。而 JD. com，Inc. 是在中国境外注册成立的控股公司，其主要资产是其对子公司的所有权，且其记录（包括董事会决议和股东决议）均在中国境外保存，即实际管理机构不在中国境内，相关的境外注册子公司由于相同的原因并不被认为是中国居民企业。这使得 JD. com，Inc. 和境外的子公司只需要就其来源于中国境内的所得或与境内的机构场所有关的境外收入缴纳企业所得税，而不需要按照全球收入来向中国缴纳企业所得税。

五、京东集团的战略转型

（一）“下沉”战略

京东董事长刘强东表示在 2019 年的规划中，京东会重点关注三四线城市。现任京东零售集团 CEO 徐雷也多次提及拼购业务和三四线城市用户，“下沉”成为京东 2019 年的基调。首先在用户层面，在第三季度中京东的活跃用户数较第二季度新增 1 300 万，超过 70% 的新用户来自低线市场，成为京东加速增长主要动力之一。在商品品类和购物体验上一直面向高净值人群的京东，正在通过一系列动作吸引并转化低线市场的用户。

（二）从卖货到卖服务的战略调整

京东董事长刘强东认为技术服务收入将会成为京东主营业务收入增长的核心动力。截至 2019 年第三季度，在收入的构成上，产品销售收入依然是京东最大的收入来源，在净收入中占比 88. 1% 。值得注意的是，服务收入保持了同比 47% 的高速增长，数额达 160 亿元，占净收入的比重提升至 11. 9% 。京东的服务收入，由第三方平台及广告收入、物流及其他服务收入构成，其中物流及其他服务收入同比增长 92% ，超过净收入增速和服务收入增速。

随着京东战略向“下沉”、卖服务战略的转变，用户群体关注度向低线市场的用户转变，预计京东未来的成本会增加，尤其是物流成本会增加，京东面临的机遇与挑战并存。

六、京东集团税务风险管理的领域与重点

（一）关注集团 VIE 架构对税负的影响

1. 增强现有的 VIE 结构

京东在中国境内的可变利益实体均由董事长兼首席执行官刘强东、李亚云女士实际控制，这在一定程度上有益于集团整体与境内可变利益实体行动一致，更加高效地完成集团在战略、经营、利润、纳税等方面的安排。但是，由于境内可变利益实体拥有的经营许可（ICP 许可证、《快递服务运营许可证》等）以及在拥有经营许可的基础上产生的经营收入对京东集团产生巨大的影响，现有的 VIE 股权架构下，境内的可变利益实体仅由个人股东控制则略显单薄，若个人股东由于突发情况产生的不良影响会直接影响境内可变利益实体的正常运营，给集团带来巨大的影响。

建议将重要的可变利益实体由一家中国有限责任公司持有，即在原有的个人股东与重要的可变利益实体间增加一层有限责任公司，该有限责任公司将由京东集团选定的成员或管理层持有，进而降低由于可变利益实体控制人的个人原因给集团整体利益带来的影响。

2. 现有 VIE 结构的合法性变动对税负的影响

2019 年 3 月，《中华人民共和国外商投资法》颁布实施。该法在确定公司是否应被视为外商投资企业时没有使用“控制”的概念，也没有将 VIE 结构明确分类为外国投资的方法，在将来 VIE 是否可以被视为外商投资的方法存在不确定性。

同时，伴随中美贸易战的进行，以及近期美中经济安全审查委员会（USCC）向国会提交的报告中指出禁止公司采用 VIE 结构在美国证券交易所上市等，可能会对京东集团现已搭建的 VIE 架构产生冲击。

京东集团依赖现有的 VIE 架构并从中获得巨大的税收利益，这一股权架构的合法性变动对于集团的税负影响巨大，因此京东集团应增强对集团架构合法性变动的防范能力和由此带来的税务安排的改变。

（二）税收政策改变对税负的影响

1. 关注转让定价可能带来的税负增加

随着中国税制改革的推进、税收法治要求的提升以及对电子商务税收风险研究的深入，境内的可变利益实体向外商投资企业支付对价是否公允、是否满足独立交易原则、是否具有经济实质等受到税务部门的审核和质疑的风险增加。境内可变利益实体

通过技术服务费、无形资产使用费等方式支付给外商投资企业，借此转移利润，此对价往往涉及转让定价的合理性评估。当税务部门认定该对价没有按公平原则进行合同安排，因此构成有利的转让定价，则相关的可变利益实体、可变利益实体的持有人、外商投资企业的税负会增加。原有的支付模式应该被重新审视，并应结合税收法规的变化、集团发展的布局、战略的调整、新兴业态的出现、信息技术的发展等做出相应的调整，在一定程度上维持现有的税收利益。

2. 关注税收优惠政策的到期、改变对税负的影响

目前京东已有多家境内实体企业享受税收优惠政策，例如被认定为软件企业、高新技术企业、获选为《西部地区鼓励产业目录》的企业均可享受税收优惠政策。有关部门每年对软件企业资格进行评估，每三年对高新技术企业资格进行一次重新评估，这使得税收优惠带来的税收利益存在不确定性，京东集团应关注税收优惠政策适用条件变化、终止时间等，提前做好相应的税收安排。

3. 关注经营模式的可持续性对税负的影响

京东的经营模式自身带来的营业成本、履行成本、技术成本偏高导致可税前抵扣的金额巨大的情况，一方面可以使京东税负减轻，但同时面临的低利润、现金流短缺的情况也不容乐观，已完成了多轮外部融资。尽管京东的股东、投资者、债权人多数看好京东的发展模式，但是在阿里巴巴、拼多多、苏宁易购、唯品会等众多电商平台的激烈竞争中，利润和现金流日益成为投资者最看重的要素。阿里巴巴不断布局新零售模式且其活跃用户量为京东的两倍，拼多多以其独特的价格优势获得快速发展，苏宁易购和唯品会也各有优势。

京东不断扩大产品经营范围，此时就面临着产品口碑与自身成本的选择。过多地依靠第三方平台来拓展业务，则会伴随假货增多，影响京东在消费者心中的形象。若过多依靠自营，则由于步调太快会提高成本。两种选择给京东不仅带来利润的影响，也会使得税收负担不同。

阿里巴巴具有多个“现金牛”项目，如淘宝、天猫、1688、支付宝等，而京东缺少稳定的现金流项目，由于直销模式直接将自身置于市场竞争，风险大。因此易于受到市场的影响，对于税负的影响更为直接。建议增加抵抗风险项目的布局，在获得稳定现金流的同时，削弱市场变动对企业收入、成本、税收的影响。

（三）根据集团战略新规划进行税收筹划

1. 为“下沉”战略做好税收筹划

“下沉”成为京东 2019 年的基调，京东对三四线城市的市场和用户的关注度在逐

渐提升，新增活跃用户数70%来自三四线城市，可见三四线城市的开拓是京东未来业务的重要增长点。“下沉”战略会更加需要物流体系、信息技术设备等基础设施的完善，这也带来一定的挑战。例如，短期内边际收益的增长可能会低于边际成本的投入、交易成本的提升、原有市场的抵触等。因此，京东集团在做好市场拓展的同时，更应该积极开展税收筹划，以降低企业开拓市场的风险。京东应积极展开与三四线城市政府部门的沟通协商，积极推进与当地企业的业务融合与技术合作，争取进驻当地创业园区等，在拓展市场规模的同时，争取更多的税收优惠。

2. 为向“卖服务”战略转变做好税收筹划

从卖货到卖服务的战略调整，可以看作是京东在创造收入方式上的重大转变。原先被看做是“拖后腿”的物流体系建设现在已然成为京东新的业绩增长点，京东物流不仅为自身的直销业务和第三方卖家提供物流支持，还为其他商家提供物流服务。以及金融服务、技术服务、第三方平台等在收入中的占比会逐渐提升，金融服务面临的监管、税收风险点的把控等值得注意。以及对第三方平台中的B2C业务的税收征管将会日趋完善，京东集团应积极对可能涉及的税收风险提前把控，做好应对。

案例使用说明

一、教学目的与用途

1. 本案例主要适用于税收学、税务筹划、税收征管、管理学等课程的学习。

2. 本案例以京东集团为例，介绍电商平台的涉税问题，其教学目的在于使学生对电商平台的新型经营模式与股权架构及其涉税问题有充分的认识和深入的了解。本案例从对比京东与阿里两大电商的税负入手，分析京东税负较低的原因，引出对京东和阿里的经营模式的特点分析以及相应的税负问题、财政补贴和税收优惠，并对京东采用的VIE股权架构进行分析，总体得出影响其税负较低的原因，最后给京东集团提出潜在的税务风险与管理重点。

二、启发思考题

1. 京东的经营模式对企业的税负、税收风险产生怎样的影响？

2. 针对目前许多境外上市的企业采用的VIE架构避税的行为，你认为从税收征管角度应该如何改善，采用何种措施应对？

3. 你认为电商平台所属行业的税负、税收风险应该如何衡量和监管？

三、分析思路

教师可以根据自己的教学目标（目的）来灵活使用本案例。这里提出的案例分析思路，仅供参考。

本案例对京东的经营模式与股权架构进行分析，第一部分京东集团的背景介绍，对京东集团的核心业务进行介绍，便于学生对京东集团的业务内容、税负状况和经营模式有一定的理解。

第二部分是对京东的税负情况进行分析，主要是从与阿里巴巴、国美、苏宁的比较中得出京东税负偏低的结论，启发学生们进行思考。

第三部分深度剖析京东的经营模式和低税负的部分原因，包括三个小部分，阿里巴巴与京东的经营模式比较、京东的经营模式与收入结构、京东成本支出结构的分析，进而得出京东低税负的部分原因。

第四部分着重探讨京东的股权架构与税务风险，京东集团采用的股权架构为典型的 VIE 架构，对其潜在的避税优势、避税风险进行分析。

第五部分结合京东集团的战略转型方向，启发学生对未来京东集团的税务风险思考和应对策略。

第六部分探讨京东潜在的税务风险与管理重点，对京东集团的经营模式、股权架构、战略转型等未来潜在的税务风险做出分析，并提出相应的管理重点。

该案例的六个部分围绕京东集团的经营模式和股权架构进行讨论，先列举经营模式与收入结构、成本支出结构的联系，由此得出京东低税负的部分原因，接着对京东集团采用 VIE 架构的税收优势、税务风险进行阐述，力求起到税务管理借鉴与风险提示的作用。

四、理论依据及分析

1. 可变利益实体。可变利益实体（Variable Interest Entities; VIEs），即“VIE 结构”，也称为“协议控制”，其本质是境内主体为实现在境外上市采取的一种方式。是指境外上市实体与境内运营实体相分离，境外上市实体在境内设立全资子公司（Wholly Foreign Owned Enterprise，WFOE），该全资子公司并不实际开展主营业务，而是通过协议的方式控制境内运营实体的业务和财务，使该运营实体成为上市实体的可变利益实体。这种安排可以通过控制协议将境内运营实体的利益转移至境外上市实体，使境外上市实体的股东（即境外投资人）实际享有境内运营实体经营所产生的利益，此利益实体系指合法经营的公司、企业或投资。

2. 避税地。避税地又称“避税港”，多指无税和低税的国家和地区，具有某些共同特点：一定程度的政治稳定性，方便的空中服务，便利的电讯业务，健全的法律，严格的商业及银行保密制度。

3. 双边税收协定。双边税收协定是指两个主权国家所签订的协调相互间税收分配关系的税收协定。双边税收协定是当今国际税收协定的主要形式。

五、关键要点

1. 京东集团的经营模式与收入结构、成本支出结构的分析。
2. 京东集团的股权架构采用的 VIE 模式。
3. 京东集团的经营模式与低税负分析。
4. 怎样有效解决 VIE 架构的避税问题。

六、建议课堂计划

本案例可以作为专门的案例讨论课来进行。如下是按照时间进度提供的课堂计划建议，仅供参考。

整个案例课的课堂时间控制在 80 ~ 90 分钟。

课前计划：给出案例背景并提出启发思考题，请学员在课前完成阅读和初步思考。

课堂计划：对案例进行详解，明确讨论内容（20 分钟）。

分组讨论（25 分钟），告知发言要求。

小组发言（每组 5 分钟，控制在 25 分钟）。

引导全班进一步讨论，并进行归纳总结（15 ~ 20 分钟）。

课后计划：如有必要，请学员采用论文形式给出更深层次的解读报告，包括具体的职责分工，为后续章节内容做好铺垫。

七、思考题参考答案及相关法规依据

1. 京东的经营模式目前为直营模式为主、提供第三方销售平台为辅的业务模式，伴随着企业的战略转型，经营模式未来会倾向于继续拓展提供第三方销售平台和物流服务。目前阶段，由于以直销模式为主，企业的收入额和支出额都较大，加之拓展物流体系建设，企业整体的利润处于较低水平，缴纳的企业所得税较少。伴随企业的战略转型，未来的收入中第三方销售平台和物流服务产生的收入将增加，会对经营模式产生一定的影响，相应的企业的收入结构、成本支出结构都会发生改变，未来预测京东的企业所得税会呈增长态势。

2. 存在的避税环节主要有以下两点：其一是境内外商投资企业和境内可变利益实体之间通过签订专有技术、特许权、劳务等合同实现境内外商投资企业对境内可变利益实体的实质控制；其二是境内外商投资企业通过向境外支付特许权使用费、股息、利息等费用，且此类费用的公允价值难以衡量，存在转移利润至境外的可能性，逃避缴纳国内税收。

3. 税务部门应会同支付清算部门、监管部门、工商部门等多部门联合对电商平台的税收缴纳问题、税负问题进行监督，可将第三方支付平台纳入监管合作的范围内，借助第三方支付平台在交易支付环节的全流程支持优势，对电商平台的收入、费用划转、服务抽成实现监督，完成对电商平台税收的监管。

八、进一步阅读材料

[1] 沈怐. 浅析 VIE 模式的法律监管及《外国投资法》对 VIE 架构的影响[J]. 银行家，2017 (01)：123 - 125.

[2] 唐敬春. VIE 架构中个人所得税问题探讨[J]. 国际税收，2015 (12)：55 - 59.

[3] 吴文君，陈红彦.《外商投资法》出台背景下 VIE 架构的监管路径选择[J]. 海南金融，2020 (01)：41 - 49.

[4] 李敏. 互联网行业 VIE 协议控制的法律效力[J]. 重庆邮电大学学报（社会科学版），2015，27 (04)：34 - 40 + 74.

九、参考文献

[1] 刘显福. VIE 架构拆除过程中的税务问题与筹划空间[J]. 财会通讯，2019

(17)：113－121.

［2］吕颖菲.VIE 交易结构下税务风险的分析[J].财会学习，2016（09）：177.

［3］吴半亩.VIE 架构税务风险与日俱增［N］.中国税务报，2015－07－17(B02).

［4］邢天添，任怡.海外上市 VIE 结构企业的税收监管问题[J].税务研究，2015(07)：27－32.

［5］纳斯达克.京东集团情况介绍［EB/OL］.https：//www.nasdaq.com/market－activity/stocks/jd.

案例 20

奥赛康药业借壳上市涉税风险管理[①]

本文结合奥赛康药业“借壳”东方新星上市的成功案例，分析借壳上市企业在进行重组交易过程中的税收负担和所面临的税务风险，探究如何在事前、事中和事后阶段进行合理筹划并且有效规避风险，为后续采用借壳方式上市的企业提供经验和警示。

① 本案例作者为梁一帆、林森。本案例根据奥赛康药业通过借壳东方新星成功上市的案例分析撰写而成，内容完整，真实可靠。

案例正文

在我国，企业要想在资本市场上市，主要是通过 IPO 和借壳上市两种方法。借壳上市的本质在于非上市公司（借壳方）通过资产置换、股权收购等一系列安排，将自己的资产和业务注入到上市公司（壳公司）中，取代原壳公司成为新的上市公司，属于一种特殊的资产重组方式。由于企业 IPO 要求严苛、过程烦琐、所需时间较长，加上外部市场环境的影响，很多企业为了以低成本、高效率达到上市目的，纷纷选择"借壳上市"这个途径。

企业在设计借壳上市方案时，往往更关注该行为的商业价值、经营战略等方面，但忽视了税收成本这部分。税收成本作为企业重组并购成本中的一个部分，通常情况下可能不会对企业的成功上市与否造成决定性影响，但由于税收的强制性以及税收风险的潜在性，如果不重视重组过程中税务筹划和税款的合法缴纳，那么税收相关风险也可能阻碍企业成功上市。企业借壳上市过程中的涉税风险很可能会影响企业借壳的成功与否，或者对企业上市后的正常经营产生不利影响。本文以奥赛康药业"借壳"东方新星为例，从事前筹划、事中交易和事后监察三个环节，探究企业在"借壳上市"过程中所面临的一系列税务风险。

一、案例背景

2018 年 7 月，上市公司北京东方新星石化工程股份有限公司发布重大资产重组公告，宣布将通过重大资产置换、发行股份方式购买江苏奥赛康药业股份有限公司 100% 股权。通过企业重组，奥赛康药业达成"借壳"东方新星成功上市的目的。2019 年交易完成后，东方新星的主营业务由化工产品销售、工程勘察设计等，转变为奥赛康药业的主营业务医药研发生产制造，进入医药制造业。

（一）企业介绍

1. 东方新星

北京东方新星石化工程股份有限公司（以下简称东方新星）的前身是保定新星石化工程股份有限公司，于 2017 年 12 月设立。2015 年 5 月 15 日作为社会公众股票在深圳证券交易所挂牌上市，股票代码 002755，主营业务是为石油、煤化工行业的大型建设项目提供工程勘察和工程施工服务。从持股结构来看，东方新星是典型的员工持股企业，股东主要是公司员工，股东持股的数量十分分散。2013～2018年，公司的控股股东和实际控制人为陈会利（持股8.04%），其他股东持股均不超过5%，但赵小奇、胡德新等23名股东与陈会利签署《一致行动协议》，为陈会利的一致行动人。2018年5月15日上述协议到期未续签，陈会利仅能控制8.04%的股份表决权，持股比例较低，公司不存在单一股东拥有绝对控制权，公司股权分散。

从行业发展角度来看，交易前东方新星的主营业务与国家宏观经济政策密切相关。随着我国实体经济发展速度放缓，国家越来越强调供给侧结构性改革，对于石油、煤炭等化石能源提倡去库存、去产能，宏观经济政策的调整使得行业内对于固定资产的投资无法维持高位，行业主要客户对固定资产的投资大幅下降，对于工程勘察的需求也有所降低，使得公司所在行业面临一定的下行压力。查看上市公司2015～2017年年报，其净利润较低，盈利能力较弱。

2. 奥赛康药业

江苏奥赛康药业股份有限公司（以下简称奥赛康药业）成立于2003年，主要从事消化类、抗肿瘤类及其他药品的研发、生产和销售业务，是国内最大的质子泵抑制剂（PPI）注射剂生产企业之一。奥赛康药业作为医药研发公司，其所处的医药制造业属于国家大力鼓励发展的新兴行业，在“中国制造2025”以及“十三五”规划中都占有重要地位。随着经济的发展、人民生活水平的提高，近年来医药行业在全球都保持着快速增长的态势，在我国人口增长和老龄化的推动下，我国对于医药的需求也快速增长，可以预测该行业具有较好的发展前景。

奥赛康药业在消化道用药和PPI注射剂细分领域处于龙头地位，其具有丰富的产品体系，严格监控产品的生产质量，并且具有雄厚的科研创新能力，持续加大研发创新投入，逐渐从仿制药走向创新药。从公司的财务情况来看，其2015～2017年的营业收入分别为30.11亿元、30.92亿元和34.05亿元，净利润分别为5.09亿元、6.30亿元和6.07亿元。营业情况和盈利能力较好，且有逐年上涨的趋势，可预测其未来发展前景较好。

3. 动因分析

借壳上市交易的双方，一方是被当作壳资源的上市公司，另一方是拟上市的公司，只有在双方同时存在卖壳或买壳的动因，双方都能在重组中获利时，才能促成重组交易的成功进行。

对于“壳公司”东方新星来说，首先其所处行业由于政策、经济的调整，正处于下行趋势，其辅助的化石能源开发行业也属于夕阳产业，发展前景黯淡。其次，企业上市以来财务情况并不好，盈利能力较弱，靠企业内部力量难以扭转经营状况，如果未来上市公司连续亏损可能将导致退市的风险。最后，由于是员工持股企业，其主要股东的持股情况较为分散，在一致行动人协议期满之后，公司处于无控股股东和实际控制人的状况，控股情况不稳定，非常不利于企业未来的发展。通过本次重组交易，奥赛康药业成为上市公司的全资子公司，并纳入上市公司合并报表的范围，有助于上市公司创造新的利润增长点。上市公司在交易后转型进入医药制造行业，凭借奥赛康药业原有的产业和研发能力，可以增强上市公司的盈利能力。若奥赛康药业能够完成其对重组交易关于盈利能力的承诺，则可以大大改善公司的财务状况，提高企业的综合竞争力和持续经营能力，符合股东权益最大化的根本利益。

事实上，奥赛康药业在2013年就获得了IPO批文，也就是说早在2013年其就有上市的计划了，但是由于IPO政策变化和当时市场环境的影响，奥赛康药业由于“三高”（高市盈率、高发行价、高募资额）现象和“高老股套现金额”的争议暂缓IPO，随后在2018年，奥赛康选择了比较稳妥的“借壳上市”方案。对于借壳方奥赛康药业来说，一方面企业自身经营状况良好，盈利能力较强，有能力进行这次重组交易。另一方面从行业发展来看，医药行业发展迅速发展空间大，企业在保持一定盈利的情况下想要扩大生产拓展市场，需要更大的资金支持；同时作为医药研发企业，药品研发前期投入大，见效慢，回报低，企业需要足够的资金来支持持续的药物研发，因此上市可以更快地融资，有利于企业做大做强。此外，上市还可以带来品牌商誉的提升、知名度的提高等非经济性好处。

（二）交易方案

交易双方选择了目前市场上的主流模式——反向并购。表面上壳公司增发股票收购借壳公司的全部股权，实际上借壳企业的股东大量购入上市公司股票，取得其大部分股份以获取实际控制权，最后通过母子公司间的资产、业务划转达到借壳企业上市的目的。由于本方案不涉及或涉及较少现金，比较适合现金流不那么充裕的企业，尤其是民营企业。

交易方案的评估基准日为2018年5月31日。本次重大资产重组方案包括两步：（1）重大资产重组；（2）发行股票购买资产。以上两步交易同时生效、互为前提，在实际操作中可视为同时进行。交易双方股权架构及交易方案如图20－1所示。

1. 重大资产置换

东方新星将截至2018年5月31日的所有资产、负债、业务及人员全部划转至其全资子公司北京东方新星勘察设计有限公司（以下简称东方新星勘察）和天津实华纬业科技有限公司（以下简称实华纬业），作价5.825亿元。并以东方新星勘察和实

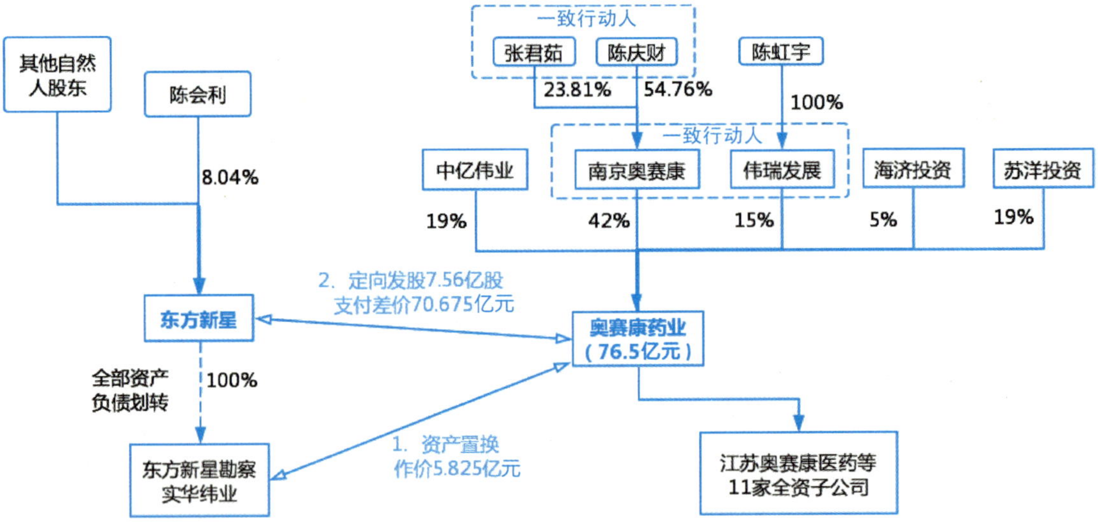

图 20－1　交易双方股权架构及交易方案

华纬业两家子公司的 100% 股权与奥赛康药业的全体股东持有的 100% 股权中等值的部分进行置换。

2. 发行股份购买资产

使用收益法进行评估，本次交易拟置入的资产，即奥赛康药业 100% 股权的评估价值为 76.5 亿元，与上述置出资产价值的差额 70.675 亿元由上市公司东方新星定向向奥赛康药业的全体股东发行股份进行购买。上市公司发行股份的价格为 9.35 元/股，共向奥赛康药业全体股东发行股份 755 882 351 股。

上述交易完成后股权架构如图 20－2 所示。

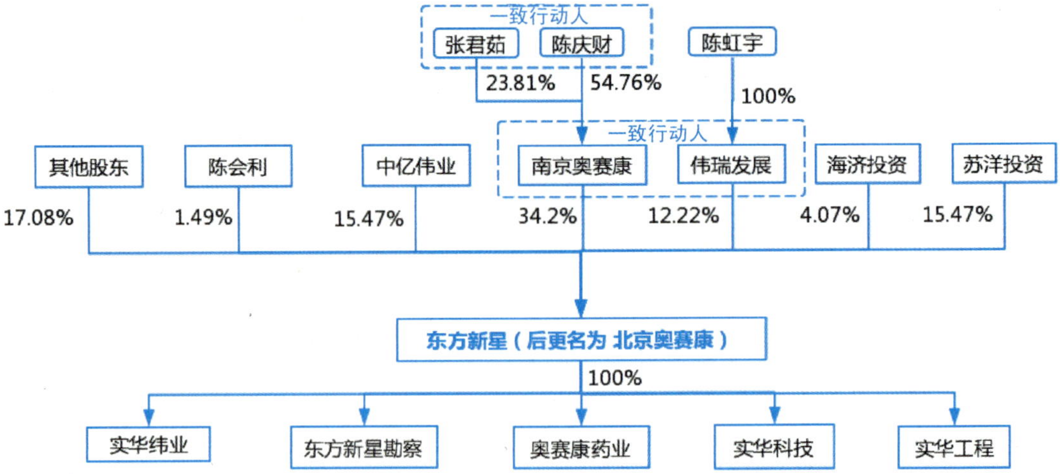

图 20－2　交易完成后企业股权架构图

交易完成后，奥赛康药业成为由上市公司（原东方新星）100%控股的子公司，南京奥赛康（持有上市公司总股本的34.2%股权）和其一致行动人伟瑞发展（持有上市公司12.22%股权）合计持有上市公司46.42%的股份，成为实际控股股东。南京奥赛康的实际控制人陈庆财（持有南京奥赛康54.76%股权）成为上市公司的实际控制人。随后子公司奥赛康药业将原有资产等划转至东方新星，入壳完成，随后于2019年3月4日将公司名称变更为北京奥赛康药业股份有限公司，股票代码不变。

二、借壳上市交易纳税情况分析

（一）借壳上市相关税收政策梳理

企业在“借壳上市”过程中通常会涉及财产的转移和收入的确认等情况，在税务处理中，一般会涉及企业所得税、股东的个人所得税、财产或股权转让的增值税、财产税及印花税等。表20-1按税种对“借壳上市”涉及的税收政策进行梳理。

表 20-1　“借壳上市”相关税收政策梳理

税种	主要适用内容	政策文件
企业所得税	企业在12个月内分步进行的重组交易可视为一项交易	财税〔2009〕59号
	企业转让股权，取得的收入减去成本为股权转让所得	国税函〔2010〕79号
	规定股权收购适用特殊性税务处理的条件	财税〔2014〕109号
	对企业重组当事人、主导方的界定、特殊性税务处理细节、申报材料等方面进行补充说明	国家税务总局公告2015年第48号
	母公司向全资子公司无偿划转资产，子公司不缴纳企业所得税	国家税务总局公告2015年第40号
个人所得税	个人转让股权按财产转让所得缴纳个税	国家税务总局公告2014年第67号
增值税	母子公司间进行资产划转，不属于增值税征收范围；企业通过合并进行资产重组，不属于增值税征税范围	国家税务总局公告2011年第13号
土地增值税	企业合并，暂不征收土地增值税	财税〔2018〕57号
契税	企业合并，免征契税	财税〔2018〕17号
印花税	企业因改制签订的产权转移书据免予贴花	财税〔2003〕183号
	企业合并转移财产按产权转移书据贴花	国务院令第11号

（二）资产划转环节纳税分析

东方新星将其全部资产、负债及业务全部划转至其新成立的全资子公司新星勘察和实华纬业（由于公司公告没有披露全部资产在两个子公司间的划转具体比例，划转至两个子公司同样符合最初公司公布的重大重组计划中所说的特定主体，且对此重大重组计划没有实质性影响并不影响其实及税务处理，因此本文将两个子公司视为一个主体进行相关税务分析，以下简称全资子公司），根据国家税务总局公告 2015 年第 40 号①，这一过程可认定为母子公司间的资产划转，母子公司都不需要缴纳企业所得税。根据国家税务总局公告 2011 年第 13 号②规定可知，资产划转不属于增值税的征税范围，因此不需要缴纳增值税。根据财税〔2018〕57 号文③，母公司东方新星向其全资子公司划转资产，暂不征收土地增值税。根据财税〔2018〕17 号文④，东方新星向全资子公司划转土地、房屋权属等，免征契税。根据《印花税暂行条例》规定，资产划转应该按产权转移书据，以所载金额的 0.05% 贴花缴纳印花税。因此母子公司分别按划转资产的总额 58 250 万元缴纳印花税 29.125 万元（58 250 ×0.05% =29.125 万元）。综上，在资产划转环节，母子公司双方除需缴纳不到 30 万元的印花税外，不涉及其他相关的税费缴纳，总体税负较低。

（三）资产置换 + 发股购买环节纳税分析

根据《交易报告书》，本次重大资产重组由两部分组成，即重大资产置换和发行股票购买资产，二者互为前提、同时生效。同时根据财税〔2009〕59 号文件⑤，由于净壳和入壳在连续的 12 个月内相继发生，所以应当理解为一项交易进行处理。接下来对本环节涉及的各个税种依据具体税法规定进行分析。

1. 企业所得税

本案例中，东方新星以东方勘察和实华纬业两个子公司 100% 的股权作为置出资产，与奥赛康药业众股东所持有的 100% 股权中等值的部分进行置换，同时发行股份购买奥赛康药业的所有剩余股权，这部分构成股权收购，即收购方为东方新星，被收

---

① 国家税务总局公告 2015 年第 40 号：100% 直接控制的母子公司之间，母公司向子公司按账面净值划转其持有的资产，没有获得任何股权或非股权支付，母公司按冲减实收资本处理，子公司按接受投资处理。

② 国家税务总局公告 2011 年第 13 号：纳税人在资产重组过程中，通过合并、分立、出售、置换等方式，将全部或者部分实物资产以及与其相关联的债权、负债和劳动力一并转让给其他单位和个人，不属于增值税的征税范围，其中涉及的货物转让，不征收增值税。

③ 财税〔2018〕57 号：两个或两个以上企业合并为一个企业，且原企业投资主体存续的，对原企业将国有土地、房屋权属转移、变更到合并后的企业，暂不征土地增值税。单位、个人在改制重组时以房地产作价入股进行投资，对其将房地产转移、变更到被投资的企业，暂不征土地增值税。

④ 财税〔2018〕17 号：两个或两个以上的公司，依据法律规定、合同约定，合并为一个公司，且原投资主体存续的，对合并后公司承受原合并各方土地、房屋权属，免征契税。

⑤ 财税〔2009〕59 号：企业在重组发生前后连续 12 个月内分步对其资产、股权进行交易，应根据实质重于形式原则将上述交易作为一项企业重组交易进行处理。

购方为奥赛康药业。首先根据财税〔2009〕59 号和财税〔2014〕109 号[①]中，关于适用股权收购特殊性税务处理的条件中关于股权支付比例的两项要求初步判断，此案例交易情况如表 20 - 2 所示：

表 20 - 2　　　　特殊性税务重组条件适用性

收购股权的比例条件	收购的股权	全部股权	比例	适用性
	76.5 亿元	76.5 亿元	100% > 50%	√
股权支付的比例条件	股权支付的对价	收购的资产	比例	适用性
	70.675 亿元	76.5 亿元	92.39% > 85%	√

东方新星收购的股权是被收购企业奥赛康药业股权的 100%，同时东方新星使用股权支付的对价为 92.39%，大于 85%，满足特殊性税务处理的两项要求。再讨论其他三条要求如下：首先，对于具有合理商业目的，上述交易的根本目的是奥赛康药业到达实质性上市，原上市公司改变经营业务，改善盈利状况持续经营，并不以减轻纳税义务或推迟缴纳税款为目的，因此符合要求；其次，在完成重组后，上市公司的原有资产实际转移至其两个全资子公司名下，这两个公司作为子公司具有独立经营资格，不会改变其实质性经营活动，因此符合企业重组后的连续 12 个月内不改变重组资产原来的实质性经营活动；最后，在东方新星 2018 年 7 月披露的重大资产重组方案中，奥赛康药业的五个法人股东均承诺在获得上市公司新发行的股份之日起 24 个月不以任何方式转让股份，因此有理由相信取得股权支付的原主要股东在重组后连续 12 个月内，不会转让所取得的股权。

但是如果假设选用一般性税务处理方法，转让方奥赛康药业众股东转让奥赛康药业 100% 股权获取东方新星的股权应确认股权转让收益，并缴纳企业所得税。本案例中奥赛康药业净资产的账面价值为 150 052.00 万元，收益法下资产的评估价值为 765 000.00万元，评估增值 614 948.00 万元，增值率 409.82%，经双方协商，本次交易拟购买资产的最终作价为 765 000.00 万元。暂不考虑其他税费，奥赛康药业各股东转让奥赛康药业 100% 股权应共缴纳企业所得税[②]为：

---

① 财税〔2009〕59 号：股权收购，收购企业购买的股权不低于被收购企业全部股权的 75%，且收购企业在该股权收购发生时的股权支付金额不低于其交易支付总额的 85%，可选用特殊性税务处理。

财税〔2014〕109 号：将《财政部　国家税务总局关于企业重组业务企业所得税处理若干问题的通知》（财税〔2009〕59 号）第六条第（二）项中有关“股权收购，收购企业购买的股权不低于被收购企业全部股权的 75%”规定调整为“股权收购，收购企业购买的股权不低于被收购企业全部股权的 50%”。

② 企业所得税由奥赛康药业的各股东按照持股比例分摊，此处为对比整体税负情况，固将其股东视为一个整体，计算税额为各股东承担的企业所得税之和。

$(765\ 000-150\ 052)\times 25\%=153\ 737$（万元）

通过对特殊性税务处理和一般性税务处理下，企业需缴纳的企业所得税情况进行对比，可以看出如果使用一般性税务处理，转让企业也就是奥赛康药业的各股东将面临数额巨大的企业所得税，高额的税款很有可能阻碍重组计划的进行。而如果使用特殊性税务处理方法，奥赛康药业各股东暂时不确认资产转让所得，实现了递延缴纳企业所得税的效果。

综上所述，该项股权收购业务满足税务上的特殊性税务处理要求，可以选择使用特殊性税务处理方式。如果选择特殊性税务处理，作为股权转让交易的转让方奥赛康药业各股东，取得收购企业东方新星股权的计税基础以奥赛康药业的原有计税基础确认，暂不确定相关资产的转让所得或损失，等其转让东方新星的股份时才确认所得计算缴纳企业所得税。实际上，奥赛康药业也选择了使用特殊税务处理方式。

2. 增值税

本环节新星勘察和纬华实业 100% 的股权与奥赛康药业 7.61% 的股权进行交换，然后剩余的 92.39% 股权由东方新星发股进行收购，这两步操作都以股权作为支付对价，根据国家税务总局公告 2011 年第 13 号，非上市公司的股权转让不属于增值税征收范围，因此本交易不需要缴纳增值税。

3. 土地增值税

土地增值税是对转让国有土地使用权、地上建筑物及附着物并取得收入的个人或企业，就其价值的增值部分征税的一个税种。在企业进行重组过程中，涉及企业资产包括土地、房屋、建筑物等不动产的集体转移，从原理上讲属于土地增值税的征税范围。但是，根据我国财税〔2018〕57 号文《财政部　税务总局关于继续实施企业改制重组有关土地增值税政策的通知》的规定：“两个或两个以上企业合并为一个企业，且原企业投资主体存续的，对原企业将国有土地、房屋权属转移、变更到合并后的企业，暂不征土地增值税。单位、个人在改制重组时以国有土地、房屋进行投资，对其将国有土地、房屋权属转移、变更到被投资的企业，暂不征土地增值税。”

本案例中，东方新星通过资产置换和定向发股吸收合并奥赛康药业 100% 的股权，交易完成后奥赛康药业成为东方新星的子公司，属于企业合并。因此适用上述财税〔2018〕57 号文的规定，暂不征收土地增值税。

4. 契税

契税是对产权发生转移的不动产，向产权承受人以契约定价征收的一种财产税。同样企业在交易过程中，涉及土地、房屋、建筑物等不动产的转移，属于契税的征税范围。但是根据财税〔2018〕17 号文《财政部　税务总局关于继续支持企业、事业单位改制重组有关契税政策的通知》规定："两个或两个以上的公司，依据法律规定、合同约定，合并为一个公司，且原投资主体存续的，对合并后公司承受原合并各方土地、房屋权属，免征契税"。

同理，上述交易属于企业合并，因此对该交易中产权转移的不动产免征契税。

5. 印花税

印花税是对在经济活动中书立合同或凭证的行为征收的一种税。上述交易在进行资产置换及发行股权购买资产过程中签订的一系列协议都属于印花税的征税范围，应该按照产权转移书据缴纳，适用0.05%的税率。书立的股权转让合同总金额为765 000万元，交易各方分别按股权转让的比例缴纳印花税，具体计算如表20－3所示：

表20－3　　交易各方应缴印花税金额

纳税人	持股比例	合同金额（万元）	印花税（万元）
东方新星		75 600	37.8
南京奥赛康	42%	31 752	15.876
中亿伟业	19%	14 364	7.182
苏洋投资	19%	14 364	7.182
伟瑞发展	15%	11 340	5.67
海济投资	5%	3 780	1.89

综合上述对两个环节各税种的分析，奥赛康药业选择特殊性税务处理，那么重组交易的双方本期除了需要根据产权转移书据交纳印花税外，其余的企业所得税、土地增值税暂不需要交纳，免征契税，而增值税不在征税范围内根本不需要交纳。总体上由于企业交易过程中没有涉及任何货币资金，加上对相关税收优惠政策的运用，交易各主体的需要缴纳的税收都非常少。如此的交易安排既达成了奥赛康"借壳上市"的目的，对于双方来说又没有造成过重的税收负担，很好的控制了税收成本，因此，不论从商业运营还是税收筹划方面来看，都可以说是一个非常成功的方案。

三、借壳上市涉税风险分析

上文主要分析了奥赛康药业"借壳"东方新星案例的实际操作中各主体的涉税情况，发现其方案的税收成本非常低，从税收成本最小化的角度来看，本案例是非常成功的。但是，税收成本最小不代表税收风险是最小的，如果对其中一些环节的安排或者对于税法的理解出现偏差，或者交易前的筹划和交易后的监察出现失误，都会存在一些税收风险。本节以上述案例为例，分别从交易发生前、发生过程中和交易结束后三个阶段，对借壳上市过程中容易产生的涉税争议点和涉税风险进行一一分析。

（一）税务风险相关理论基础

企业在持续经营过程中会面临很多风险，税务风险就是其中不可避免的一个方面。对企业来说，税务风险主要包括两方面，一方面是由于企业没有正确遵守税收法律法规，依法纳税而面临的补税、税务处罚等风险；另一方面是企业未充分利用税收优惠政策而多承担税收负担的风险。

大部分税务风险具有潜在性、不确定性和可控性。企业所处的宏观环境发生变化，比如政策环境变化、市场变化、经济和技术的进步等，或者企业自身的生产结构、运营模式以及重组并购等情况发生时，企业的经营发展会面临机会和挑战，潜在的税务风险往往会随之产生。潜在的税务风险未爆发时，风平浪静，一旦风险积累至一定规模，被税务机关发现后将会受到严厉的处罚，轻则增加企业税收成本，影响企业声誉，重则影响企业的资金流通，阻碍企业经营。不确定性在于税务机关在保持税收政策相对稳定的同时，也在根据经济情况的变化做出相应调整。作为企业应该时刻关注相关政策及法规的变化，随环境调节企业经营和纳税情况。可控性则体现在多数情况下企业通过内部管理和外部审计在一定程度上可以预测或防控风险。

一般情况下，税收筹划是指，在纳税行为发生之前纳税人运用一定的技巧和方法，对自己的生产、经营活动进行科学、合理的安排，以达到少缴税款或递延纳税目的的一种财务管理活动。税收筹划贯穿在业务安排的全过程中，强调从事前的方案设计、合同涉及环节就要充分考虑方案中所有可能的涉税情况，尽可能通过改变业务性质、充分利用税收优惠政策、适用递延纳税政策以及在资本交易中一般性或特殊性税务处理方案的选择等，达到减轻税收负担的目的。

在本文讨论的借壳上市业务中，两种类型的税务风险都可能会出现，企业主要面临税务违法风险、税收负担风险以及信誉与政策损失等一系列风险。本文所使用的税收筹划的定义不仅仅局限于税款的最小化，而是倾向于其概念的外延，即通过一系列税务上的筹划安排来规避企业借壳上市全过程中可能存在的税收风险，减少税收的不确定性。

（二）事前筹划阶段税务风险分析

税收筹划和税务风险的识别都应该在业务开展前进行，除了对方案的商业可行性和法律合规性进行审核，同样要对合同所涉及的税收问题进行提前判断，在筹划阶段可能涉及的税收风险有以下四点：

第一，是选择合适的壳公司。选择合适的壳公司是成功借壳上市的基础，在进行决策前一定要对壳公司进行全面而详细的调查，尤其要关注税务方面的问题。如果壳公司在税务方面有历史遗留问题，曾偷税漏税或者有未完结的税收争议等，就要多加谨慎，慎重决策，防止企业的不良税收状况对重组后企业的经验收益造成负面影响。如果收购合并的企业原先有增值税留抵税额，则要考虑企业重组后该留抵税额可能不能继续抵扣，那么为了避免税款的多缴，则需要在企业重组之前处理好之前税款方面的遗留问题。

第二，对于交易方案的选择。基于企业自身现金流状况，可以选择“收购股权 + 资产置换”的正向收购方案或者“资产置换 + 定向增发”的反向并购方案。收购股权时，尽量通过合理安排使交易符合特殊性税务处理的条件，除了股权收购比例和股权支付两个比例外，还有合理商业目的和两个 12 月不能转让的时间要求。比例和时间是客观要求比较好判定，一般争议不大，但是对于合理商业目的的判断则需要与税务机关沟通达成一致。同时由于企业重组的内涵和外延有很多种不同理解，要注意不同地方税务机关对于具体交易的实质的理解可能不同，一旦税务机关的理解与企业的处理方式不一致，则可能出现需要补缴大量税款的情况。因此在处理股权收购方案时，需要提前将交易方案报送税务机关进行审查，双方进行沟通以达成对业务理解的一致，避免因税务机关误解而造成的风险。

第三，对于企业估值问题，一方面要采取合理的且受证监会等监管机构认可的估值方法进行估值，另一方面在估值时也要尽量考虑使用相关税收政策。比如对“资产置换 + 发股收购”的安排，置出资产与置入资产的估价差额，即发股收购的金额应该超过被转让企业估值的 85%，这样才能适用于特殊性税务处理，达成递延纳税效果。当然对企业的估值高低有很多影响因素，在合法合规的基础上也取决于企业的选择，高估值也可以带来商誉的提升，透露企业经营状况良好有潜力，为未来公开发股打下良好群众基础。但是过高的估价一方面可能导致高额的税款，另一方面也可能引起税务机关的注意，是否符合其商业实质，是否有逃避税款的嫌疑，从而引起税务机关介入稽查的风险。因此，这就需要交易双方的协商，现实中具体如何评估，则应该与税务机关、证券监管机构多方沟通，争取不让估值问题影响企业税负。

第四，要注意股权转让方的组织形式，这也是人们通常容易忽略的一个地方。这里的组织形式主要指法人股东、合伙人股东或者自然人股东。如果是特殊性税务处理，法人股东可以暂不确认资产所得，暂不缴纳企业所得税，但是如果是合伙人股东或者自然人股东，则需要根据我国个人所得税法中关于财产转让所得的规定，以收入费用的差额按20%的税率缴纳个人所得税（合伙人企业先分后税），税款巨大。更甚于由于特殊性税务处理是针对企业所得税的规定并且股权转让人所适用的税务处理方式应保持一致，因此当股权的转让人中存在自然人时，股权转让方将只能选择一般性税务处理。本案例中被转让方股东没有自然人，因此不会涉及个人所得税的问题，但是对于其他有自然人股东的企业来说，则需要考虑由此产生的巨额个税。基于上述税务处理的差异，如果转让企业有合伙人股东或自然人股东，则可以考虑在交易前设立公司，将个人持有的被转让企业股权转移至该公司，从而构成通过所设公司对被转让企业进行间接控制，不会稀释控制权的基础上，也可以享受递延纳税的优惠。当然此筹划方案也要考虑单独设立公司所负担的成本，比较新设公司和缴纳个税的成本后，再决定是否使用此方案。

在借壳上市的前期，主要有壳公司选择风险，交易方案选择风险，估价风险和转让方组织形式选择风险。双方企业应该设计合理的筹划方案，比较各重组方案的税负大小以及其可能产生的税务风险，综合考量企业的税负及风险承受能力和商业目标进行最优化的选择。

（三）事中交易阶段税务风险分析

在交易进行的过程中，需要注意的是政策理解风险和纳税行为规范风险。首先，对于相关税收政策的理解和应用，如果对于政策的理解不到位，与税务机关的理解出现偏差，将极有可能造成事后税务机关进行检查、补缴税款甚至处罚的风险。上述对案例的分析也可以看出，具体交易中会涉及一些税收优惠政策的应用，由于相关政策其实并不是针对借壳上市方案提出的，使用时要格外注意政策的适用性。比如对契税优惠政策的处理，根据我国财税〔2003〕183号文，企业因改制签订的产权转移书不用贴花，此时应对企业改制的概念进行准确理解。“企业改制”最初是专指国有独资企业通过一系列审批流程，变更其法律形式为有限责任公司，对于借壳上市中企业只是进行重组行为，其组织形式并没有发生改变，因此不能适用上述契税的免税政策。诸如此类的政策还有一些，比如关于对赌协议中补偿金的处理等。因此，在使用界定不那么明确的政策时，要积极与税务机关沟通，避免理解上的分歧。

在税收申报缴纳规范方面，要培养内部税务管理人员注意及时申报纳税材料，考虑税务局审核时间安排，准确完整地提供适用税收优惠政策或者一些税务上的特殊处理方法所需报备的资料，如特殊性税务处理必须向税务机关提供当事方重组业务的情况说明、合同协议、证明资料等文件，进行书面备案后才可以使用。同时，在企业内部的税务管理方面，要对税务人员的培养和能力给予足够重视。企业进行税收筹划和日常税收检查通常依赖于本企业税务人员，税务人员业务不熟或者对于税收法规的理解不到位，很容易造成税务处理不合要求或没有享受税收优惠的风险。

（四）事后监察阶段税务风险分析

在企业重组交易完成后，还要注意定向发股的计税基础确认风险、原先税收优惠适用风险以及业绩补偿承诺实施风险所导致的税收风险。

如果企业对股权选择特殊性税务处理，则不论收购方还是转让方都不确认股权转让收入。但是单就定向增发股份来收购股权的方式来说，现行规定回避了股权收购方是否需要就定向增发行为确认所得或损失的问题。主要问题在于上市公司定向增发的股票的计税基础应如何确定？在未来如果收购方转让这部分股权时，涉及后续转让所得的确认和税款的缴纳，这部分股票的计税基础的确认方法合理与否会导致未来税款缴纳的风险。目前我国并没有给出相应规定，根据定向发股的特点，定向增发的股权是从无到有，为股权付款的是股东而不是企业本身，企业无法确定其计税基础，但是企业发股的过程中也会产生一些成本，计税基础也不能简单的认定为零。因此，对此问题目前没有统一的认识和处理方法，需要注意未来可能产生的税务风险。

税收优惠适用风险主要指在企业进行重组交易之前，交易双方或某一方符合某种税收优惠政策的使用条件，如高新技术企业或技术先进型服务企业，但在重组交易后由于企业的资产业务等情况可能发生变化，而导致不能再使用税收优惠的风险。比如，在本案例中，重组前的奥赛康药业属于高新技术企业，可以享受 15% 的优惠所得税率，但是在经过重组后，由于原上市公司估值的上升和原主营业务和资产、人员的影响，可能导致其研发投入的比例或者高新技术产品收入占比等条件不再符合高新技术企业的认定条件，那么奥赛康药业可能存在不能使用 15% 优惠税率的风险，对于高投入慢回报的医药企业来说，可能对其税后利润产生巨大影响，从而影响其未来的发展甚至持续经营。因此，享受税收优惠的高新技术企业、软件企业等要注意在重组后，原企业是否还能符合相关条件继续享受税收优惠可能产生的风险，考虑企业对税收负担的承受能力。

通常在借壳上市交易方案中，出于种种商业目的，借壳公司和上市公司会签订盈利预测补偿协议，及所谓的对赌协议，约定重组完成后几年内上市公司合并报表的净利润不低于一定金额，如果利润未达到预订金额则需要向上市公司进行补偿。由于外部市场和政策环境的影响，企业的经营成果实际上并不能完全保证，如果签订协议后几年的企业收益情况不如预期，则可能需要缴纳补偿款。对于这笔补偿款来说，税收上对其认定存在一定的争议，根据国税〔2014〕29 号文，如果将这笔补偿款按照投资所得确认，则不用计入当期收入，也就不用缴纳企业所得税，但是如果按照收入确认，则需要按其公允价值征收企业所得税。因此，如果企业在重组后的后续经营中未达到承诺利润水平，则会相应产生一些税收风险。

综上，通过上文对奥赛康药业借壳上市的案例分析，可以发现虽然在整个交易过程中涉及很多特殊的处理方法或税收优惠，使得重组交易中各主体并不需要负担很多税款。但是，在借壳上市操作中都隐藏着相应的税收风险。事前对于所得税的处理方式不同可能会因为税收成本的高低直接影响企业资金周转和重组方案的成败，其他相关税务风险可能不会对交易本身造成重大影响，但是会影响企业的经营、盈利状况。因此，在借壳上市交易的全过程中都应该充分考虑税收因素，利用相应的筹划和防范措施降低税收的不确定性，有效规避风险。

四、对借壳上市企业的税务风险防控建议

（一）全面筹划，善用特殊性税务处理

虽然在实际操作中奥赛康药业借壳东方新星上市的过程面临的税务风险比较小，但是其背后的潜在风险点还是比较多的。从案例可以看出，一般借壳上市涉及的资金规模是巨大的，通常以亿为单位，如果筹划不合理其产生的税额也将是巨大的。因此在借壳上市的前期，应该设计合理的税收筹划方案，比较各重组方案的税负大小以及其可能产生的税务风险，综合考量企业的税负及风险承受能力和商业目标进行最优化的选择。为了减轻企业所得税的负担，企业应积极研究特殊性税务处理的条件，尽量通过合理安排使重组方案适用特殊性税务处理。企业要准确地分析、理解相关概念，如股权支付方式、后续经营时间限制等，以满足相关政策的实质性要求，以此来实现企业所得税的递延纳税。

（二）准确理解，保持与税务机关的一致性

企业确定借壳上市的具体税收筹划方案后，在具体实施的过程中，只有严格按照相关税收法律法规、规章制度来执行，才能有效规避风险最终实现筹划方案所应该达成的效果。但是由于税法本身的规定就具有一定的复杂性，且没有明确的指向性，此时就要充分理解税收政策，根据企业实际情况来判断政策的适用性。

如果在交易中不确定具体操作是否可以使用某项政策，或者对某项事物的含义不明确，一方面应当多查找资料和以前相似案例的处理措施，对政策进行全面而深入的

了解，另一方面应就模糊部分及时和税务机关沟通，在对业务的理解和处理方法上达成一致，以减少税务处理的不确定性，防止未来税务机关进行追查。

（三）增强管理，提高税务人员业务能力

税收成本和税务风险可能会影响企业借壳上市的成功与否，因此企业的管理层应当对税收问题给予足够重视，将税务管理提升到企业战略管理地位。企业进行税收筹划和日常税收检查通常依赖于本企业税务人员，只有企业内部税务人员具备高水平的财税知识和业务能力，才能做到在深入理解税法规定的前提下，针对公司重组交易中的各种情况进行高效准确的处理，同时对于企业成功上市后的运营情况从税收的角度给出专业性管理建议。因此，企业应重视高管税收风险意识的培养和税务人员专业素质的提高，在新的法律法规出台后积极组织员工学习理解，并与税务机关保持密切学习关系。

（四）防控风险，加强税务风险的内部监控

借壳企业要想在上市后保持长久稳定的发展，仅关注重组交易的税务风险是不够的，在企业的发展中需要加强内部的税收风险监控。公司应该立足于其治理结构的健全和内部监督机制的完善，制定本企业的内部税务风险控制方法和流程，成立专门的税务风险管理机构，对借壳上市过程中及借壳上市成功后所面临的相关税务事项进行集体研究和商议，有针对性的提出防范税务风险的对策，将税务风险降到最小。

案例使用说明

一、教学目的与用途

1. 本案例主要适用于税收学、税收管理、税收筹划等课程的学习。

2. 本案例以奥赛康药业“借壳上市”为例，介绍企业借壳上市涉及的一系列税收政策及风险，其教学目的在于使学生对“借壳上市”的企业重组模式及其涉税问题有充分的认识和深入的了解。本案例从分析企业借壳上市入手，对反向并购的借壳模式的特点以及该模式的税收问题、潜在的税务风险进行分析，总结企业“借壳上市”的一般性涉税风险，并给企业提出相应防控建议。

二、启发思考题

1. 税收成本会对企业的合并重组交易产生影响吗？有什么影响？

2. 不同类型（所有制）企业进行借壳上市的税收负担有什么区别？

3. 不同“借壳”模式下，企业的税收成本有什么区别？

4. 同一重组业务中，由于主体身份不同，导致税收负担不同的税收政策是否合理？

5. 对于借壳上市的企业能否进行税收筹划？如果能，请举例。

三、分析思路

教师可以根据自己的教学目标（目的）来灵活使用本案例。这里提出本案例的分析思路，仅供参考。

本案例主要对反向并购借壳上市模式的税收成本以及涉税风险进行分析，第一部分主要以奥赛康药业“借壳”东方新星为例，介绍交易双方的背景、动因和交易方案。第二部分梳理借壳上市交易涉及的税收政策，并详细分析交易各环节的纳税情况。第三部分介绍税务风险的理论基础并从借壳上市交易的事前、事中、事后三个角度对税务风险进行分析。内容包括税收政策的理解、适用风险等。第四部分是综合前述内容对借壳上市的企业提出相应税务风险防控建议。

该案例的四个部分均围绕“借壳上市”的税务风险进行讨论，先分析重组交易的模式及方案，再对具体税种进行税收政策分析，并对可能存在的风险和如何控制风险进行阐述，力求起到借鉴与提醒的作用。

四、理论依据及分析

1. 借壳上市的反向并购模式。表面上壳公司增发股票收购借壳公司的全部股权，实际上借壳企业的股东大量购入上市公司股票，取得其大部分股份以获取实际控制权，最后通过母子公司间的资产、业务划转达到借壳企业上市的目的。

2. 税务风险。税务风险具有潜在性、不确定性和可控性。

3. 税收筹划。税收筹划是指在纳税行为发生之前纳税人运用一定的技巧和方法，对自己的生产、经营活动进行科学、合理的安排，以达到少缴税款或递延纳税目的的一种财务管理活动。

4. 企业重组的特殊性税务处理。

五、关键要点

1. 企业“借壳上市”适用的税收政策。
2. 不同主体适用税收政策的争议点。
3. 借壳上市过程中，企业可能面临的税收风险。

六、建议课堂计划

本案例可以作为专门的案例讨论课来进行。如下是按照时间进度提供的课堂计划建议，仅供参考。

整个案例课的课堂时间控制在 80～90 分钟。

课前计划：给出案例背景并提出启发思考题，请学员在课前完成阅读和初步思考。

课堂计划：对案例进行详解，明确讨论内容（20 分钟）。

分组讨论（25 分钟），告知发言要求。

小组发言（每组 5 分钟，控制在 25 分钟）。

引导全班进一步讨论，并进行归纳总结（15～20 分钟）。

课后计划：如有必要，请学员采用论文形式给出更深层次的解读报告，包括具体的职责分工，为后续章节内容做好铺垫。

七、进一步阅读材料

[1] 周向均．借壳上市交易活动应如何纳税[J]．注册税务师，2017（05）：59－61.

[2] 丁国卫．“借壳上市”所得税案例的政策分析[J]．注册税务师，2017（05）：39－41.

[3] 高玉莲．借壳上市三种操作方式下企业所得税的处理及税负分析[J]．财会月刊，2016（11）：59－61.

[4] 李晓颖．企业借壳上市税收案例研究——以某物流公司为例[J]．市场周刊，2019（08）：79－80.

[5] 鞠铭．公司借壳上市的纳税筹划探析[J]．财务与会计，2017（02）：53－55.

［6］鞠铭．借壳上市所得税与流转税问题研究[J]．中国注册会计师，2014（03）：105－108.

八、参考文献

［1］周向均．借壳上市交易活动应如何纳税[J]．注册税务师，2017（05）：59－61.

［2］丁国卫．“借壳上市”所得税案例的政策分析[J]．注册税务师，2017（05）：39－41.

［3］高玉莲．借壳上市三种操作方式下企业所得税的处理及税负分析[J]．财会月刊，2016（11）：59－61.

［4］李晓颖．企业借壳上市税收案例研究——以某物流公司为例[J]．市场周刊，2019（08）：79－80.

［5］鞠铭．公司借壳上市的纳税筹划探析[J]．财务与会计，2017（02）：53－55.

［6］鞠铭．借壳上市所得税与流转税问题研究[J]．中国注册会计师，2014（03）：105－108.

［7］何启艳．奇虎360借壳江南嘉捷A股上市涉税分析[J]．中国管理信息化，2019，22（02）：39－40.

［8］李利威．借壳上市企业重组涉税分析［N］．中国税务报，2011－08－15（008）.

［9］杨继美．借壳上市企业重组涉税问题辨析［N］．中国税务报，2011－11－07（008）.

［10］袁慧韡．企业借壳上市相关税法问题探究［D］．上海交通大学，2017.

［11］朱丽．顺丰公司借壳上市税收筹划案例研究［D］．广东财经大学，2017.

［12］张翼．借壳上市涉税风险分析与对策研究［D］．重庆理工大学，2017.

［13］洪彬．论我国企业三角并购所得税制的构建［D］．华东政法大学，2015.

［14］肖悦．绿地集团借壳上市涉税问题研究［D］．暨南大学，2018.

案例 21

“玩转”企业重组中转让定价“魔方”——基于美国 UPS 案的分析[①]

本文选取美国 UPS 案，根据对案情进行基本分析，判断企业在重组中进行的转让定价是否规范，并说明企业和税务机关在数字经济背景下面临的挑战，并立足于当今技术的发展和不断完善的税收体制对企业和税务机关在面临企业重组过程中涉及的转让定价提出相关的意见和建议。

① 本案例作者为梁一帆、林森。本案例对美国 UPS 公司企业重组过程中涉及的税收焦点问题，即转让定价进行分析后撰写而成，内容完整，真实可靠。

案例正文

当今跨国企业已约占世界贸易中 60% 的份额，随着这一形势，企业重组的现象也日益普遍，转让定价也日渐成为国际税收领域内的首要议题，并受到企业和政府越来越多的关注，企业重组中最为敏感的转让定价涉税问题也渐渐成为众多国家税务机关的焦点中心。特别是在数字经济的推动下，企业在重组过程中的转让定价给企业和税务机关带来了一系列愈加复杂和严峻的新挑战。而现如今多数国家和国际组织都没有对企业重组中涉及的转让定价行为做出明确具体的规定。本文以 UPS 案例导入，对该案进行剖析的基础上，提出目前在数字经济的浪潮下对企业重组的转让定价带来的挑战，并为我国企业和税务机关在关于企业重组转让定价的框架设计上提出了一些建议。

一、案例导入①

（一）基本案情

UPS 快递（United Parcel Service）是一家在美国华盛顿州西雅图成立的作为全球最大的快递承运与包裹寄送公司的信使公司。在 2019 年 7 月发布的《财富》世界 500 强排行榜中，UPS 位于第 132 位。UPS 公司为客户提供一系列包裹递送服务，以满足客户多样化的运输和物流需求。UPS 的主要业务是运输包装，其中 UPS 为客户提供的保障中包含一条：向客户赔偿丢失或损坏的包裹，最高申报价值为 100 美元。在这个基础之上，客户如果申报价值超过 100 美元，那么每 100 美元需要额外再支付 0.25 美元的超额价值附加费（Exceed - Value Charge，简称 EVC），那么在包裹丢失或损坏时，UPS 公司就会向客户支付其申报价值的索赔（不受最高 100 美元的限制）。UPS 从 EVC 中获利颇丰，因为它很少支付索赔额。这样，UPS 将其从 EVC 中获得的收入作为其当年的收入，再减去其对损坏或丢失的超值包裹所支付的索赔作为费用，得到的利润被征税。

为了避免这部分 EVC 收入的税收，UPS 通过三步来实现其目的。首先在百慕大成立子公司 Overseas Partners Ltd.（OPL）并将其资本化，几乎所有的股份均以应税股息

① 案例来源：Court of Appeals，United Parcel Service of America，Inc. v. Commissioner of Internal Revenue，254 F. 3d 1014.

的形式分配给 UPS 股东（其中大多数是雇员；UPS 股票未公开交易）；第二步，UPS 从 National Union Fire 保险公司（以下简称 NUF）为其客户购买了保险，来保障客户的利益。这样，NUF 就通过第二步承担了装运货物损坏或丢失的风险。该保单的保费是 UPS 收取的 EVC 收入。另外，由 UPS，而非 NUF，负责管理根据该保险提出的索赔；第三步，NUF 又与 OPL 签订了再保险条约。根据该条约，OPL 承担与 NUF 相对应的风险，以换取等于 NUF 从 UPS 获得的 EVC 收入。

（二）主要争议

在经历了“三部曲”的企业重组操作后，UPS 仍然继续向客户收取 EVC 收入并对丢失或损坏包裹进行处理并支付索赔，并采取特殊措施保护有价值的包裹。但是，UPS 现在每月将 EVC 收入（减去已付索赔）汇给 NUF 以作为其为客户购买保险的保险费用；然后 NUF 从 EVC 收入中收取佣金、消费税和一定的费用后，将其余的款项根据再保险合同支付给 OPL。尽管 UPS 确实扣除了 NUF 收取的费用和佣金以及消费税，但 UPS 既未报告 EVC 收入也未报告索赔费用，所以通过该企业重组，EVC 收入从 UPS 转移到了百慕大的 OPL，UPS 就达到了避免对 EVC 收入缴税的目的。

对此，美国国税局（IRS）通过对 UPS 年收取的 EVC 收入金额的不足展开调查，得出的结论是，最终汇入 OPL 的 EVC 收入必须视为 UPS 的总收入，对该 EVC 收入，UPS 负缴税义务。UPS 对此提出异议，并上诉至税务法院。法院根据 UPS - NUF - OPL 不符合经济实质原则，交易价格不符合正常的市场交易价格，这种重组使得 UPS 隐藏了自己的正常收入，因此做出判决：UPS 应将 EVC 收入正确地视为 UPS 的收入，而不是 OPL 或 NUF 的收入，并对 UPS 处以罚款。

法院支持这一判决的三个核心原因如下：一是该重组没有可辩护的目的，因为重组前后的商业实质是相同的；二是向 NUF 支付的保费远高于行业规范；三是根据已有文件显示，UPS 的唯一动机是避税。基于此，UPS 针对法院的经济实质分析及其施加的罚款提起上诉。其主要论点是，EVC 收入不是虚拟的，因为它包含了独立实体之间相互义务的真正交换，所以其具有经济实质。无论构成 EVC 收入合同的现实性和执行性如何，UPS 企业重组的做法都与重组前无异。因为都收取了 EVC 收入，对客户进行索赔并产生了可观的利润。因此，UPS 向法院质疑：即使业务照旧进行，不进行企业重组，那么 EVC 收入是否具有将其从“虚假”中删除的经济实质。在不影响税务法院事实调查准确性的范围内，EVC 收入的税收义务归属问题需要重新审查。

二、转让定价的理论分析

（一）转让定价的基本理论

转让定价（Transfer Pricing）是指企业通过一系列的关联交易对关联企业之间在销售货物、提供劳务、转让无形资产等时制定的价格，该价格不同于非关联交易的市场价格，是关联企业为了进行关联交易而自行制定的有利于公司运作的价格。在经济一体化的大背景下，企业纷纷“走出去”，越来越多的企业对其经营架构进行重新规划和改造，企业架构转变形式趋于多样化，主要包括改变公司总部机构所在地、将原有的销售模式进行重新规划、开辟新市场、企业重组等行为。因此，在跨国经济活动中，企业的转让定价行为对企业的整体运营作用日益重要。

（二）转让定价的不同动因

对于企业而言，转让定价就像是一杆“天平”，一边是出于避税目的进行的转让定价，另一边则是出于非避税目的进行的转让定价。

1. 基于税收动因

在经济全球化的趋势下，利用转让定价来达到关联企业之间的避税已经成为了一种“潮流”。企业利用转让定价来达到避税的一般流程如下：由于母公司位于高税率国家，那么该高税国对于母公司获得的利润将会以高税率进行征税，该公司为了避免承担过高的纳税义务，会选择在低税率的国家成立子公司，这样母子公司之间形成关联关系，高税国公司此时会选择将本应由自身卖出的货物、劳务和无形资产转移到低税国子公司完成销售。由于转让定价的存在，所以高税国的公司可以制定低价卖给低税国公司，而相反，低税国公司会以高价向高税国进行一系列商品的销售。通过公司之间的这种转让定价操作，会使高税国公司的收入减少，费用增多，相应的利润减少，基于此，高税国的公司的税负就会减少，利润保留在低税国家，这样不仅可以达到减轻高税国所得税税收负担的目的，还能同时增加该公司在国外的税收抵免额。

2. 基于非避税动因

当然，并不是所有的企业进行转让定价都是基于避税的目的，非避税动因可能主要包括企业为了提升自身在现有竞争激烈的市场中的竞争力，通过转让定价降低企业的对外销售价格，通过“价格战”来增强竞争优势；为了给予关联子公司一定的扶持，可以通过转让定价来降低关联公司从母公司取得商品的成本；利用转让定价将利润留在子公司，实现资金的转移；避免外汇风险，实现成本和利润的循环等。

不管企业进行转让定价的目的是否为了逃避纳税义务，企业都是利用转让定价在关联企业间实现其利润、风险等的转移，都是为了实现整体利润最大化的目标。

（三）税务机关对转让定价的着重关注点

据相关调查，企业由于进行不合理的转让定价而被税务稽查时，企业负有较大的举证责任。而在转让定价过程中，税务机关对我国企业进行转让定价的关注点，主要体现在以下几个方面：

（1）向关联方支付的费用与关联方公司获得的利润不成比例；

（2）向关联方支付的费用比率常年都围绕在一定范围内，基本没有变动，没有将公司的无形资产价值变动考虑在内；

（3）在子公司的相关资产价值没有提高的情况下，母公司通过转让定价人为提高向子公司的费用支付比例；

（4）子公司对母公司的总资产价值提升做了更多的贡献，子公司是否获得了与贡献相对称的报酬补偿；

（5）子公司在没有经济实质的情况下，母公司通过转让定价向关联方支付费用是否合理等。

所以企业在进行企业重组过程中如果遇到转让定价时，需要着重从上述五个角度出发，对企业的经营进行统筹规划，建立合理性的转让定价制度，避免税收不遵从行为的发生，从而导致企业税收成本提高，企业声誉受损。

（四）合理进行转让定价

基于上文，转让定价并不是一个贬义词，并非所有的转让定价都使得相关国家的税基遭受侵蚀。所以企业在进行转让定价时要避免成为税务稽查的对象，合理进行转让定价，在与关联公司发生关联性的业务往来时，应当按照与非关联企业之间的交易来确定关联业务的转让价格，关联企业间的转让定价一定要具有经济实质且符合独立交易原则；同时，税务机关也要承认企业合理的转让定价的存在，不必对企业所有的转让定价行为进行税务稽查，也要对非正当理由的转让定价进行准确识别，防止国家的正当税收权益受到侵害。

三、UPS 案例分析

UPS 案从 IRS，到税务法庭，企业上诉，最后结案都是围绕一个问题展开，即企业重组中的转让定价是否合理。其中 UPS 公司通过重组实现向 OPL 的转让定价流程如图 21－1 所示。

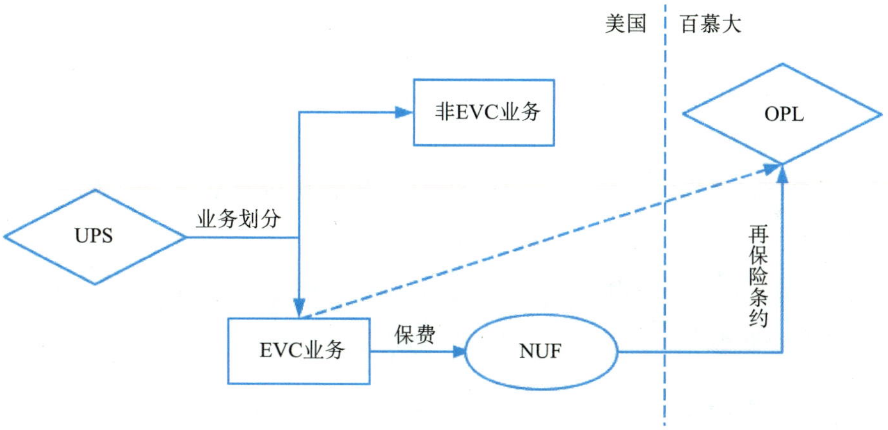

图 21－1 UPS－NUF－OPL 业务模式①

在 UPS 案例中，UPS 也是通过第三方企业 NUF 实现了 EVC 收入向 OPL 的转移。在这一过程中，UPS 合法保险公司 EVC 进行了公平交易费率大约是 UPS 和 NUF 费率的一半，在 NUF 扣除费率后，进而将 EVC 收入转嫁给 OPL。在该案例中 UPS 尽管通过第三方公司实现了 EVC 收入向 OPL 的转移，完成了 UPS 对于其控股公司 OPL 的对于 EVC 收入的转让定价，但是由于该转让定价缺乏独立交易原则和经济实质，所以被法院以避税的目的判处罚款和负有联邦政府的纳税义务。

本案中的证据绝大多数表明，UPS、NUF 以及 OPL 的再保险安排不具有经济意义或商业目的。NUF 在该重组下承受的损失是无穷小的，但是 UPS 仍然继续完全承担取得 EVC 收入的各类费用。UPS 仍收取 EVC 收入并将其存入 UPS 银行账户，仍处理 EVC 索赔，并继续从 UPS 银行账户中支付所有 EVC 索赔。NUF 在企业重组中真正扮演的角色就是在将 EVC 收入转到 OPL 之前收取超过 100 万美元的费用和开支，OPL 由 UPS 股东完全拥有。本质上，通过企业重组，将 UPS 的 EVC 业务模块通过第三方 NUF 转让定价转移给位于百慕大的 OPL，所以重组不具有商业实质，UPS 须遵守联邦税收

① Court of Appeals, United Parcel Service of America, Inc. v. Commissioner of Internal Revenue, 254 F. 3d 1014.

义务。

四、数字经济对企业重组的转让定价带来挑战

随着互联网技术和信息化手段的普及，数字化发展与经济社会相融合，企业在认识和准确把握数字经济发展规律的基础上，纷纷改变传统的发展规划，重新进行企业发展的重大战略部署和顶层设计。数字经济的本质在于数字化参与企业的利润创造的过程，其基本特征是具有虚拟性和可移动性。即数字经济在参与价值创造的过程中与传统模式有所区别，不同于以往有形、可见的形态存在，其是动态化的、无形化的，具有隐蔽性。

由于数字经济的虚拟性，所以在对企业的关联交易进行实质判定的时候会由于实体的缺失，而对企业的转让定价行为做出错误的判断。基于上文，“数字经济”是一柄“双刃剑”，无论是对税务机关的征管方式而言，还是对企业来讲，都既有积极的挑战，也有消极的冲击。

（一）企业层面面临的挑战

随着数字经济的发展，企业间的传统管理模式也会发生相应的变化，企业的交易会更加依赖数字化，届时在数字经济的商业模式下，企业之间的关联交易会更加复杂化，识别企业间的关联交易也会更加复杂化，所以这就给企业提出了新的要求。对于企业而言，如果企业无法掌握数字经济的本质，并顺应其发展，那么可能会失去数字经济参与价值创造过程产生的巨额利润，企业效率也较其他抓住数字经济机遇的企业相对降低。另外，由于数字经济的不确定性，如果企业过度依赖数字经济，那么也会给其发展带来一定的隐患。在数字经济的背景下，外部环境的变化可能会导致企业转让定价策略的失败，这时是否还需要运用别的转让定价方法对企业重组过程中的转让定价进行适当调整，是否需要维持、改进或重新设计企业重组的架构，就需要企业对其进行记录和监控，使得企业对在重组过程中可能出现的转让定价税务风险及时控制。

（二）税务机关层面面临的挑战

对于税务机关而言，由于数字经济的盛行也为企业重组的转让定价提供了一层“保护膜”。企业通过数字经济可以对传统商业模式进行改革，关联企业间的交易成本大大降低，且企业重组中涉及的转让定价也会由于数字经济而面临难以剥离的问题。企业通过企业重组实施转让定价，来实现关联企业间的成本、利润和风险的转移，

其中也包括在不同税率和税收优惠国家的利润转移，就使得企业利用重组进行转让定价获得巨额利润而逃脱国家的纳税义务，所以这使得税务机关面临更大的难题。但是由于数字化经济目前发展尚处于起步的阶段，不同企业面临不同的数字化程度，所以在企业通过重组进行转让定价时，寻找与企业相近的可比对象就存在很大困难。在我国对转让定价进行税务调整的文件中规定调整原则仍是独立交易原则，然而独立交易原则在数字经济的背景下，由于企业在重组时转让定价的愈加复杂性，所以在将独立交易原则适用于转让定价时，会面临适用上的困难，所以对数字经济的转让定价进行可比性分析还需要一定的技术标准和可靠性检验。

（三）数字经济、企业重组、转让定价三者的关系

从转让定价的角度出发，企业可能重新对其成本、利润进行分配，这可能会导致企业重组的发生。因此，数字经济、企业重组和转让定价之间存在交叉关系，正是由于这些交叉关系的存在，使得数字经济对企业重组中的转让定价带来了深远的影响，如图 21－2 所示。

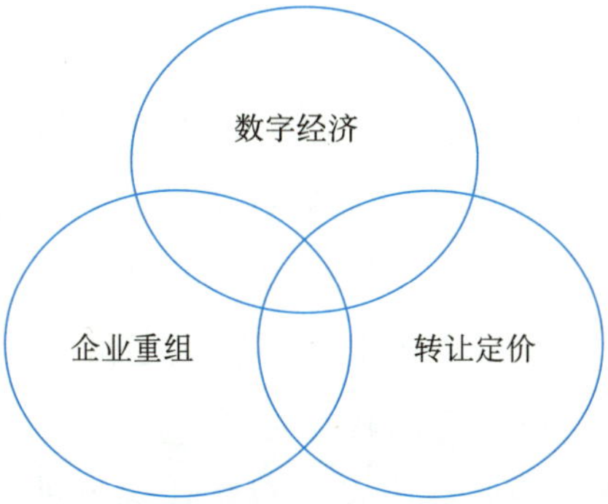

图 21－2　数字经济、企业重组与转让定价的相互影响[①]

如图 21－2 所示，数字经济、企业重组和相关转让定价可以相互融合，使得企业的经济发展模式发生质的变化。

数字经济与企业重组相融合带来的结果可能是在数字经济浪潮的推动下，企业制定“以追求数字经济为目标”的战略，那么可能会出现全新的企业重组模式，企业重组模式数字化，重组流程数字化程度大大提升，可能会使得出现全新的市场态势，企业对数字化和非数字化的重组无法进行鉴别；而数字经济与转让定价相融合带来的结

① 赛叶·普拉桑纳，陈新．传统商业模式的数字化：企业重组的转让定价影响（上）［J］．国际税收，2019（09）：35－40.

果是，在数字经济的背景下，企业进行转让定价的方式会更加具有隐蔽性和多样化，且数字经济下的交易是特定的、创新的、无法进行复制的，由于数字经济催生了这些多样化的转让定价交易新模式，所以可能使得转让定价缺乏可比性交易，在一定程度上会给税收相关国家造成更加严重的税基侵蚀问题；企业重组和转让定价的融合则可能会引起企业通过重组这一行为来进行转让定价，从而实现表面上交易符合交易实质，但在暗地已经将企业利润转移到相关联公司。数字经济、企业重组、转让定价三者的交叉点就是在数字经济背景下，对企业重组中的转让定价行为引发的思考。一般而言，企业利用重组的方式进行转让定价本身就具有隐蔽性，再加之数字经济的背景，就会使得此时的转让定价行为更加不易识别。企业要注意对企业的数字化程度进行把控，正确把握企业通过重组进行转让定价的“度”，并注意做好数字化改革的记录，区分好数字化和非数字化，对企业的转让定价行为提供基本保障。

五、启示与建议

（一）企业层面

在对企业重组的整体架构中，需要对在企业进行重组过程中可能出现的转让定价的影响进行全方位的分析，包括转让定价对各关联企业的成本和利润等造成的影响，判断转让定价的实施对于企业税负的变化以及是否会引起相应的税务稽查。

企业在数字经济背景下，进行企业重组的转让定价时，为避免不必要的税收成本，企业可以通过以下步骤完成企业重组的转让定价。

1. 从企业重组涉及的各关联企业出发，对转让定价进行评估

在通过企业重组进行相关转让定价时，应从企业角度出发，对各关联方进行通盘考虑，对企业现有的运营模式、重组策略以及在实行转让定价时面临的风险防控管理进行核查。将企业重组过程中涉及的各关联方的职责依照国家法律法规定性明确，再根据企业转让定价的实际情况进行相应的评估。

2. 对企业重组过程中的转让定价风险进行量化

企业在利用重组进行转让定价时，应该对转让定价的策略和风险进行可持续性测量，估算该定价对企业造成的实质性影响。针对转让定价行为对各关联方带来的成本、利润以及风险转移进行事先评估，根据各关联方做出的贡献预估其获得的价值补偿是否与之相匹配。

3. 企业应该选择合适的转让定价方法

企业应该树立风险防控理念，加强对转让定价方法的评估、考察和选择。企业可以结合自身的发展需求成立专门的转让定价方法调控部门，对行业企业的相似重组行为进行比对分析，对搜集到的可比价格进行整理、分析。并据此制定出符合本企业重组的转让定价方法。如果在重组交易中转让价格设置偏离搜集到的正常可比市场价格，那么企业就要采取相应的应急方案，调整转让定价，使之价格公允化；如果重组交易的转让定价与市场价格偏离不大，那么则无须制定相应的税务风险策略。

4. 对转让定价策略的执行情况进行实时监控

企业需要参考转让定价方法的可行性结果分析进行决策，在严格遵守独立交易原则的基础上，并且要对转让定价策略的实施进行实时监控，特别是在数字经济的背景下，外部环境的变化可能会导致企业转让定价策略的失败，这时就需要对其进行记录和监控，由此使得企业在重组过程中可能出现的转让定价税务风险始终处于可控状态。

除此之外，还应该将以上步骤中预估的转让定价为各关联方制造的预期收益和关联方的相应贡献记录下来，以备税务机关的查验。

以上几个步骤可以帮助企业在数字经济的大背景下，完善企业重组活动中的转让定价行为的利润归属问题，在现有的转让定价框架下正确规范数字经济带来的挑战。

（二）税务机关层面

近年来，随着经济一体化，各国企业均面临严峻的竞争形势，为了在激烈的竞争环境中脱颖而出，各国企业纷纷对企业内部结构和运行模式进行重新的规划，这些业务模式和经营结构的变化往往会导致企业重组的发生。由于各国和国际组织在企业重组中涉及的转让定价问题并没有具体规范性文件对其进行要求，所以企业纷纷利用各国税制漏洞进行逃税，使得国家税收利益受到侵害。所以税务机关应该采取相应措施，对企业重组的转让定价进行规范要求，避免国家的税基受到侵蚀。

税务机关可以通过以下几条措施来对企业重组中涉及的转让定价进行规范：

1. 借鉴先进经验，填补转让定价规则“空白”

我国在转让定价的相关政策文件中还是多为概念性内容，缺乏实践性指导，这使得我国在面临企业重组中涉及的转让定价问题时容易丧失主导权，且企业通过重组进行转让定价的形式多种多样，所以在政策上的空白会使得税务机关在转让定价的识别中缺乏可操作性。为此税务机关可以借鉴先进经验，如美国的先进经验或 OECD 关于《转让定价指南》的最新文件，为我国转让定价的规则建立独立完善的实施办法，建立统一的转让定价可比性分析和对转让定价进行调整时办法的选择和适用。

2. 增强独立交易原则在数字经济背景下的灵活性

在我国对转让定价进行税务调整的文件中规定调整原则仍是独立交易原则，然而在数字经济的背景下会面临适用上的困难。为此，我们可以对企业关联数据进行归集、分析，并将其数字化的相关特征与转让定价进行联系。独立交易原则有其适用的优缺点，所以根据数字经济，可以适当增加独立交易原则的主观性标准，增强独立交易原则在数字经济背景下的灵活性。

3. 紧跟时代步伐，建立数字化现代税务系统

随着数字经济浪潮的推动，税务机关也应该紧跟数字化步伐，建立数字化现代税务系统。强化运用大数据，实现税务机关、政府、纳税人之间的税务信息共享，加强数据的整合处理能力，充分实现数据价值。税务机关可以根据数据分析企业现行经济形势下通过企业重组如何实现转让定价，其具体操作流程、转让定价规则和一些隐含在内部的信息都深度挖掘出来，从而可以根据不同企业所处的行业建立全国税务转让定价信息库，在对企业重组中涉及的转让定价进行分析时，可以通过该数据库寻找可比性行业、企业，提高税务机关的工作效率。同时对企业的转让定价进行最新的跟进，确保定价的准确性，也能提高关于转让定价方法调整的可靠性。

4. 税务机关要注意加强国家间的交流合作

与其他国家共同建立税收情报网络，进行各类税收情报的交换，有利于防止我国企业避税行为的发生。同时，国家间的税收案例也可以实现共享，税务机关可以根据不同国家的案例，进行经验总结，对不同企业常见的避税手段进行积极防控。并且在转让定价制度上，国家间可以协商建立由于转让定价导致税基侵蚀的网络，防范转让定价用于避税行为的产生。

5. 强化企业重组的转让定价制度的配套措施

对企业重组的转让定价制定追责制度，在转让定价行为发生后税务机关才发现的行为，税务机关有权进行税款的追回和问责；其次，不同的企业会有不同的转让价格，应根据关联企业调整金额的大小来确定具体的逃避税款数额，并根据数额的不同实行累进的罚款数额，转让价格越高，关联企业利润越大，逃避缴纳税款程度越深，处罚也就相应越重；在对企业重组的转让定价进行调查时，要有专门负责转让定价的部门和机构，有助于推动我国针对转让定价反避税工作的进步。

案例使用说明

一、教学目的与用途

1. 本案例主要适用于税收学、税法、税收管理等课程的学习。

2. 本案例以美国UPS案为例，介绍企业重组中涉及的转让定价问题，其教学目的在于使学生对企业重组过程中可能涉及的转让定价问题有充分的认识和深入的了解。本案例从分析美国UPS公司基于税务动因对企业进行重组入手，对其企业重组的特点以及在重组过程中发生的税收问题、存在的转让定价税务风险进行分析，总结数字经济背景下企业重组的转让定价涉税问题，并对我国的应对措施提出相关建议。

二、启发思考题

1. 企业重组过程中可以通过哪些方式实现转让定价?
2. 转让定价的动因一定都是出于避税目的吗?
3. 数字经济背景下，企业重组的转让定价存在哪些改变?
4. 我国对企业重组的转让定价，我国是如何应对的? 该如何进一步完善?

三、分析思路

教师可以根据自己的教学目标（目的）来灵活使用本案例。这里提出本案例的分析思路，仅供参考。

本案例对美国UPS公司企业重组的转让定价涉税风险进行分析，第一部分是对UPS案例进行基本案情介绍，并针对主要争议做简要分析，引出企业重组中涉及的转让定价问题；第二部分是对转让定价的基本理论做概括性介绍，讨论了转让定价的税务动因和非税动因，并指明UPS案中企业重组中涉及的转让定价就是出于避税的动机，指明其应该被税务调整的原因；第三部分是对数字经济给企业重组的转让定价带来的挑战；第四部分是对企业和税务机关针对企业重组中涉及的转让定价问题提出建议。

四、理论依据及分析

1. 转让定价的基本概念。转让定价（Transfer Pricing）是指企业通过一系列的关联交易对关联企业之间在销售货物、提供劳务、转让无形资产等时制定的价格，该价格不同于非关联交易的市场价格，是关联企业为了进行关联交易而自行制定的有利于公司运作的价格。

2. 转让定价的税收动因。该动因下，企业通过转让定价操作，会使高税国公司的收入减少，费用增多，相应的利润减少，基于此，高税国的公司的税负就会减少，利润保留在低税国家，这样不仅可以达到减轻高税国所得税税收负担的目的，还能同时增加该公司在国外的税收抵免额。

3. 转让定价的非税动因。该动因包括企业为了提升自身在现有竞争激烈的市场中的竞争力，通过转让定价降低企业的对外销售价格，通过“价格战”来增强竞争优势；为了给予关联子公司一定的扶持，可以通过转让定价来降低关联公司从母公司取得商品的成本；利用转让定价将利润留在子公司，实现资金的转移；避免外汇风险，实现成本和利润的循环等。

五、关键要点

1. 转让定价的基本概念。
2. 转让定价的动因判定。
3. 数字经济背景下，企业重组的转让定价面临的挑战。
4. 如何优化我国的转让定价政策以适应数字经济新模式下带来的挑战。

六、建议课堂计划

本案例可以作为专门的案例讨论课来进行。如下是按照时间进度提供的课堂计划建议，仅供参考。

整个案例课的课堂时间控制在 80~90 分钟。

课前计划：给出案例背景并提出启发思考题，请学员在课前完成阅读和初步思考。

课堂计划：对案例进行详解，明确讨论内容（20 分钟）。

分组讨论（25 分钟），告知发言要求。

小组发言（每组5分钟，控制在25分钟）。

引导全班进一步讨论，并进行归纳总结（15~20分钟）。

课后计划：如有必要，请学员采用论文形式给出更深层次的解读报告，包括具体的职责分工，为后续章节内容做好铺垫。

七、进一步阅读材料

[1] 王璐.BEPS行动计划在我国涉外企业税收转让定价管理中的应用[J].商场现代化，2019（23）：139-141.

[2] 国家税务总局河南省税务局课题组，智勐．“一带一路”视野下“走出去”企业面临的税收风险及应对[J].税务研究，2019（12）：68-70.

[3] 赛叶·普拉桑纳，陈新．传统商业模式的数字化：企业重组的转让定价影响（下）[J].国际税收，2019（11）：64-67.

[4] 杨攀．企业并购重组中的财务及税收问题研究[J].中国管理信息化，2019，22（18）：35-36.

八、参考文献

[1] 赛叶·普拉桑纳，陈新．传统商业模式的数字化：企业重组的转让定价影响（上）[J].国际税收，2019（09）：35-40.

[2] 赛叶·普拉桑纳，陈新．传统商业模式的数字化：企业重组的转让定价影响（中）[J].国际税收，2019（10）：74-77.

[3] 陈海燕．探讨集团企业转让定价税务风险的管理与控制[J].纳税，2019，13（14）：30+32.

[4] 何杨，夏安．转让定价税制对企业利润转移的影响研究[J].国际税收，2019（07）：37-42.

[5] 曹明星.BEPS背景下转让定价税制的冲突与协调——以特殊地域优势的利润分割原则与方法为中心[J].税务研究，2019（06）：57-61.

[6] 何杨，陈琍，刘金科．经济数字化的所得税挑战与中国应对策略[J].财政科学，2019（02）：20-27.

[7] 沈娅莉，Beixin Lin，廖伟民．数字经济下跨国企业在中国逃避税现状、途径及防治策略研究[J].云南财经大学学报，2015，31（06）：135-142.

[8] 延峰，冯炜，崔煜晨．数字经济对国际税收的影响及典型案例分析[J].国际

税收，2015（03）：15－19.

［9］Court of Appeals，United Parcel Service of America，Inc. v. Commissioner of Internal Revenue，254 F. 3d 1014.

6. 税收前沿

案例 22

滴滴模式的税收焦点及政府治理对策[①]

本文对共享经济应用于交通运输业中的典型企业——滴滴出行的运作模式进行研究，分析滴滴模式的税收焦点问题，从税收政策和税收征管两个方面分析滴滴模式的涉税风险及政府治理方略。

① 本案例作者为蔡昌、王永琦。本案例根据滴滴出行公司的实践运作与税收焦点问题分析撰写而成，内容完整，真实可靠。

案例正文

滴滴出行是共享经济的产物，共享经济诞生于互联网技术蓬勃发展之际，通过超强的大数据技术迅速采集社会共享资源的信息，再通过实时计算平台进行数据加工，最终准确实现为需求方提供交通出行服务。滴滴模式不仅提高了社会闲置资源的综合利用率，也在一定程度上提高了资源的配置效率。

一、案例背景

（一）滴滴出行基本概况

滴滴出行（原名滴滴打车），成立于 2012 年，公司注册地为天津市经济技术开发区。如今稳坐全国网约车流量榜首，被称为中国的“打车神器”，回顾其发展历程，从初创时不被人看好，无一家出租车公司愿意与其合作，到后来艰难打拼，占有大量市场份额，获得包括腾讯、阿里在内的多家互联网公司融资支持，与快的进行战略合作，进一步占有国内市场，最终收购其在中国境内最大的竞争对手——优步中国，从而奠定了其在网约车市场“江湖霸主”的地位，成为中国新晋的独角兽企业。2016 年 7 月 14 日，交通运输部通过了《网络预约出租汽车经营服务管理暂行办法》，标志着代表共享经济模式的专车服务正式合法化。

（二）网约车行业现状

1. 网约车市场规模

近几年来，我国的网约车市场发展迅速，根据中国互联网络信息中心（CNNIC）发布的第 44 次《中国互联网络发展状况统计报告》，截至 2019 年 6 月，我国网约出租车用户规模达 3.37 亿，较 2018 年底增长 670 万，占网民整体的 39.4%；我国网约专车或快车用户规模达 3.39 亿，较 2018 年底增长 633 万。尽管在 2018 年，公众普遍受到滴滴顺风车安全事故的影响，网约车用户规模略有下降，因此网约车的市场规模一度受到影响，但总体来说，下降趋势并不大，网约车扩大化的发展趋势已不可阻挡。图 22 - 1 为 2016 ~ 2019 年上半年网约车用户规模及使用率。

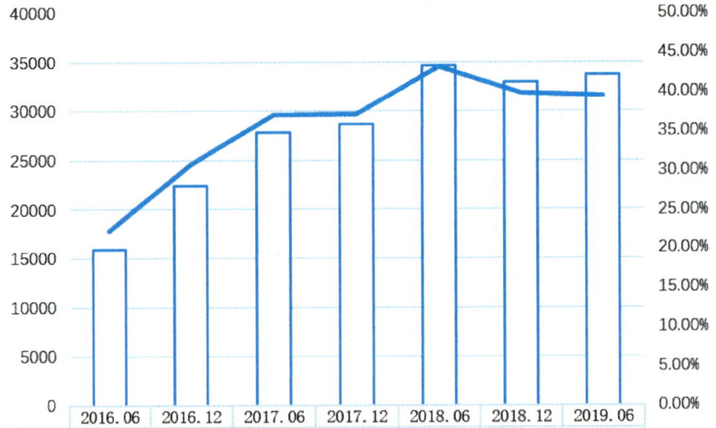

	2016.06	2016.12	2017.06	2017.12	2018.06	2018.12	2019.06
用户规模：万人	15850	22463	27792	28651	34621	32988	33658
使用率：%	22.30%	30.70%	37.00%	37.10%	43.20%	39.80%	39.40%

图 22－1　2016～2019 年上半年网约车用户规模及使用率①

2. 滴滴占据市场份额比重

近几年在共享经济的热潮下，前前后后有十数家网约车平台成立，但在激烈的市场竞争下存活下来的寥寥无几，目前除滴滴出行外，依然活跃在市场中的还有首汽约车、曹操出行、Uber 中国（2016 年已被滴滴合并）、神州专车与美团打车等规模较小的网约车 App。滴滴出行多年来通过大规模融资、实行价格补贴等策略，成功在激烈的网约车竞争中脱颖而出，成为最大的赢家。从《中国互联网络发展状况统计报告》的统计数据中可以看出，截至 2019 年 5 月，滴滴出行的活跃用户规模达到 7 517.1 万人次。市场份额高达 90%，排名第二的首汽约车仅占 4%，如图 22－2 所示。滴滴出行在中国的网约车市场中几乎是垄断性的地位。

3. 滴滴出行业务模式

共享经济的诞生为企业提供了全新的经营模式。共享经济模式中通过共享平台即可实现供需双方的对接，不再需要实体中介。且平台为交易双方提供了大量同期可比的信息，有效减少了供需双方的信息不对称②。如滴滴出行，通过大数据技术将线下资源整合并在线上进行匹配与结合。

在多年的摸索中，滴滴平台形成了一套独特的业务模式，其业务范围也由单纯的网约出租车发展到如今涵盖了网约车、大巴服务、代驾、广告服务等在内的一整套业务体系。滴滴出行主要的客户群体分为司机和乘客两大类，其运营为典型的 O2O 模

① 中国互联网络信息中心（CNNIC）. 中国互联网络发展状况统计报告［R］. 北京：中国互联网络发展中心（CNNIC），2019.

② 李波，王金兰. 共享经济商业模式的税收问题研究[J]. 现代经济探讨，2016（05）：29－33.

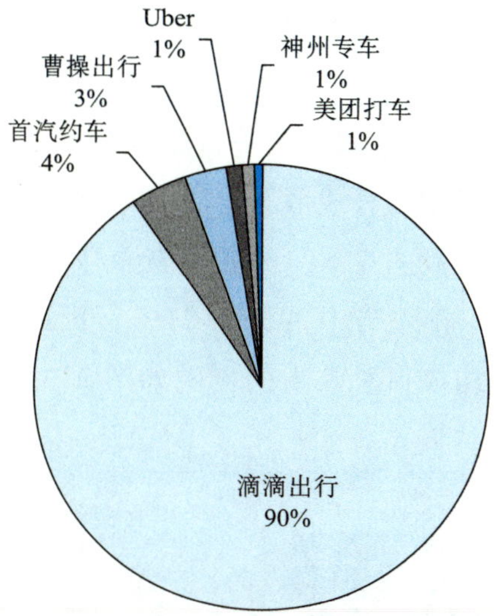

图 22－2　2019 年网约车市场主流平台乘客端活跃用户规模①

式，通过移动互联网将线上、线下融合，乘客首先在线上 App 发起乘车申请，滴滴在线上接单之后首先定位乘客的具体上车点，并匹配附近的空车司机，将订单信息发送给目标司机之后由目标司机选择是否接单，若选择接单则由司机前往上车点载客。从乘客开始叫车一直到最后支付乘车款一直在线上进行，乘车款也直接通过线上渠道支付给滴滴出行，滴滴作为平台中介方，在收到乘客的乘车款之后，扣除滴滴平台企业抽成收入、代扣代缴税收，将剩余款项交付给司机。其业务流程如图 22－3 所示（虚线代表资金流向）。

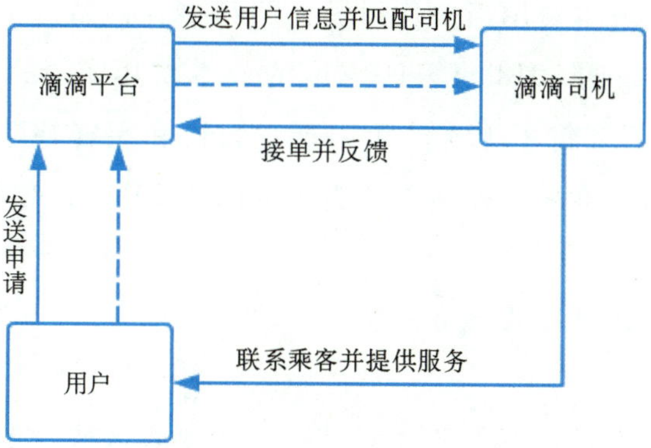

图 22－3　滴滴出行运营模式

新的业务模式也带来了新的涉税问题。滴滴出行作为中国共享经济在出行方面的

① 易观．中国网约车市场分析报告 2019［R］．北京：易观，2019－07.

典型代表，其涉税风险具有典型性与研究价值。

4. 滴滴出行成本构成

根据滴滴出行公布的2018年第四季度平台服务费率及成本构成，滴滴出行的收入构成主要为平台服务费，即俗称的分成收入，占网约车业务收入的19%；成本构成占总业务收入的比例为：司机奖励占7%、业务经营成本占10%、纳税额以及手续费等占4%。成本费用在整体业务收入当中占比为21%，因此滴滴出行处于亏损2%的状态。滴滴出行的收入及成本构成占总收入的比例如图22-4所示。

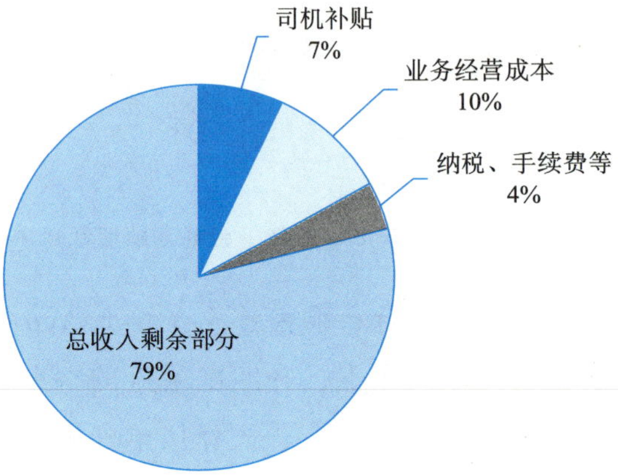

图22-4　2008年第四季度滴滴出行的分成收入和成本费用在总收入当中的占比①

2018年之前，滴滴出行已连续亏损6年，累计亏损达390亿元。2018年实现了109亿元的亏损。占据如此大的市场份额，却连续六年都处于亏损状态，这显得十分不合理。在滴滴出行的成本费用当中，司机补贴和乘客补贴占了一大部分（以下统称为补贴），根据滴滴公布的2018年第四季度的成本费用来看，仅司机端补贴就占了7%。2018年，滴滴出行支付了113亿元用于对司机和乘客补贴，补贴额甚至高于整体亏损额。如果滴滴出行不采取补贴，其实是可以在2018年实现盈利的。

二、滴滴出行适用的税收政策

在滴滴出行的业务模式之下，平台与司机的主要收入来源为提供网约车服务取得的收入，平台方所涉及的税种主要包括增值税、企业所得税，司机个人主要涉及个人所得税，另外还涉及一些小税种。由于其适用的企业所得税和所涉小税种目前基本无

① 虎龙吟. 滴滴内部成本数据曝光［EB/OL］. https://www.kanzhun.com/news/427188.html，2019-04-22.

争议点，因此本节只讨论增值税和个人所得税。滴滴出行所适用的税收政策如下：

（一）增值税

在增值税方面，根据《网络预约出租车经营服务管理暂行办法》的规定，如果网约车平台公司承担承运人的责任，其取得的收入应按照“交通运输服务”缴纳增值税。如果是非本单位提供的运输服务，则按照“无运输工具承运业务”缴纳增值税。根据财税〔2016〕36 号文件附件 2《营业税改征增值税试点有关事项的规定》，一般纳税人提供公共交通运输服务的，可以选择适用简易计税方法计税，因此，滴滴等网约车平台可选择适用简易计税的 3% 的征收率。

同时，为响应我国减税降费的号召，根据《国家税务总局关于国内旅客运输服务进项税抵扣等增值税征管问题的公告》（国家税务总局公告 2019 年第 31 号）规定，纳税人购进国内旅客运输服务，取得的增值税电子普通发票上注明的购买方“名称”“纳税人识别号”等信息与实际抵扣税款的纳税人一致的，以取得的增值税电子普通发票上注明的税额为进项税额。由此，网约车服务业的增值税抵扣链条全部打通。

（二）个人所得税

关于网约车司机的个人所得税如何认定和扣缴等问题，相关政策还未完全出台。根据《中华人民共和国个人所得税法》的规定，各种机动出租车驾驶员为个人所得税的纳税义务人，其从事出租车运营取得的收入，应依法缴纳个人所得税。税务机关可以委托出租汽车经营单位、交通管理部门和运输服务站或者其他有关部门（单位）代收代缴出租车驾驶员应纳的个人所得税。被委托的单位为扣缴义务人，应按期代收代缴出租车驾驶员应纳的个人所得税。因此滴滴出行应为其网约车司机代扣代缴个人所得税。根据我国个人所得税法中关于出租车司机收入征税的规定，出租车司机取得的所得根据司机的具体情况不同可以选择按照工资薪金、劳务报酬、经营所得三种形式纳税，由于滴滴出行与其签约司机并不存在劳务关系，因此目前滴滴公司按照劳务报酬所得代扣代缴网约车司机的个人所得税。但这种征税方式存在一定的涉税风险，下文进一步讨论。

三、滴滴模式可能存在的涉税风险及原理剖析

以滴滴为代表的共享经济的经营模式将实体中介转为线上平台中介，由此可轻易实现不同区域的业务扩张，目前滴滴出行的经营范围遍布全国。滴滴出行的经营模式以

大数据技术作为基础，可同时处理成千上万的交易信息，远远超过税务机关的监控范围，对我国现行税制和税收征管技术带来了巨大的挑战。具体涉税风险及原理剖析如下：

（一）税收与税源相背离

1. 风险分析

税源是指税收收入的来源，是能够带来税收收入的经济价值，一般情况下可认为某一地区的税源就是某一地区的生产总值。按照税收公平原则，税收收入归属地应与相应的价值创造地相一致，即税源所在地应享受税收收入。而在现实中往往会发生税源与税收收入相背离的情况，税源所在地无法取得与税源相匹配的税收收入。造成这一现象的原因是多方面的，但共享经济的经营模式无疑会加剧这一状况。

在滴滴出行的经营模式之下，一旦某一地区的经营者接入平台服务提供方的线上系统，就可实现供需双方的匹配，因此滴滴出行轻而易举就可实现跨区域经营，而不需要在线下设立实体机构，只依靠线上操作就能完成整个价值链的传导。相比于传统经济，滴滴出行可轻易将业务范围拓展到相当大的范围，而不需要巨大的成本耗费。滴滴的经营模式决定了其业务范围不可能只局限于小范围地域，根据《中国互联网络发展状况统计报告》，我国网络约车服务在北、上、广、深等一线城市较为集中，所属区域范围遍布东部、西部、中部和东北部地区，如图 22－5 所示为 2019 年上半年我国网约车用户群体分地区使用率情况。

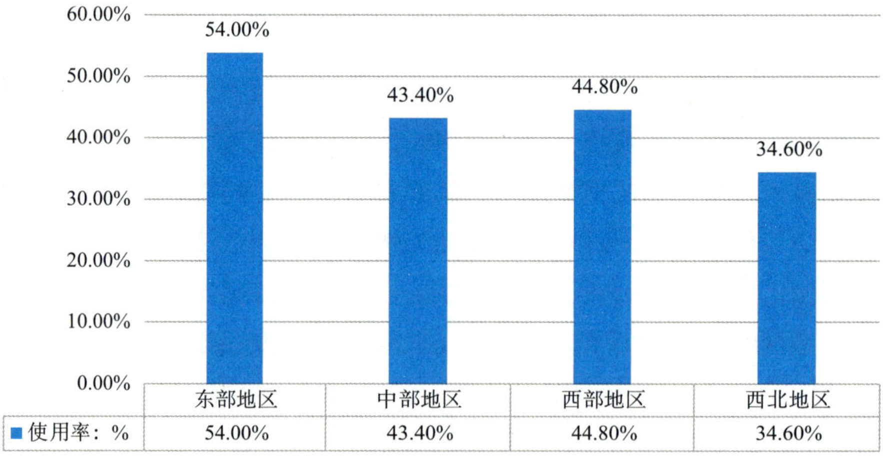

图 22－5　2019 年上半年我国网约车用户群体分地区使用率①

① 中国互联网络信息中心（CNNIC）. 中国互联网络发展状况统计报告［R］. 北京：中国互联网络发展中心（CNNIC），2019.

由此却产生了严重的税源与税收相背离的问题，滴滴出行业务覆盖范围在地域上相对较广泛，税源结构相对分散。服务收入往往由消费者先向线上平台支付，再由平台向司机支付，因此乘客支付的乘车款会有一个被全部集中到滴滴平台的过程。我国税法出于征管便利性的考虑，规定在这一过程中由滴滴出行就全部经营收入缴纳增值税以及为司机代扣代缴个人所得税。由此服务平台就变成了每一笔收入的纳税义务人或扣缴义务人。在这一过程中，全部税收收入都归属于平台机构注册地。而税源归属于网约车服务的发生地——遍布全国，税源所在地享受不到任何税收利益。其税收与税源背离结构如图 22 -6 所示。

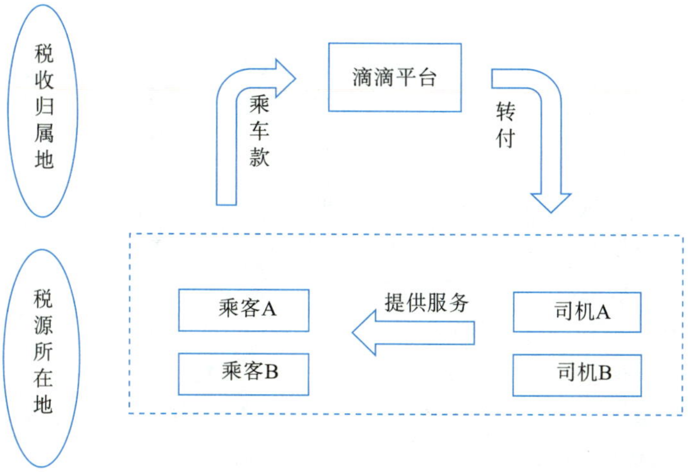

图 22 -6　滴滴模式下的税收与税源相背离

滴滴出行的注册地为天津市经济技术开发区，通过多年积极地拓展市场，其服务范围已几乎覆盖全国，全国各大、中、小型城市都有滴滴出行的签约司机，网约车实际交易发生在全国各地，税源也就分散在全国各地。但全国网约车司机的经营收入统一由机构所在地——天津市经济技术开发区政府课征。因此，税收与税源严重背离。

2. 原理剖析

（1）税收洼地

滴滴总部位于天津经济技术开发区。天津经济技术开发区成立于 1984 年 12 月 6 日，为国家综合配套改革试验区的一部分，是我国首批国家级经济技术开发区之一。位于环渤海区域，人口密集，基础设施完善，该开发区享受国家政策倾斜，存在大量财政拨款、税收优惠，是名副其实的国内税收洼地，吸引了大量工商企业将总部设立在这里。滴滴将总部选址于此，除了能够享受到良好的基础设施和营商环境外，还能享受税收优惠待遇。

天津经济技术开发区的企业可享受多重税收优惠政策，包括增值税、企业所得税、个人所得税。针对不同税种的税收收入，园区留成比例不同，具体为：增值税留成为25%；企业所得税留成为35%；个人所得税留成为30%，地方留成比例随国家政策和天津市政策的变动而调整。针对园区内纳税人的纳税状况，给予不同程度的税收扶持，具体为：年纳税额不超过50万元的，返还40%的税额；年纳税额超过50万元，不超过100万元的，返还70%的税额；年纳税额超过100万元，不超过300万元的，返还75%的税额；年纳税额超过300万元，不超过1 000万元的，返还80%的税额；年纳税额超过1 000万元的，返还85%的税额。另外，针对特殊企业的特殊情况，可采用“一事一议”的制度进行特殊方式扶持。税收优惠政策如表22－1所示：

表22－1　　天津经济技术开发区税收优惠

应纳税种	增值税	企业所得税	个人所得税
园区留成	25%	35%	30%
扶持比例	年纳税50万元以下（含50万元）扶持40% 年纳税50万元以上，100万元以下（含100万元）扶持70% 年纳税100万元以上，300万元以下（含300万元）扶持75% 年纳税300万元以上，1 000万元以下（含1 000万元）扶持80% 年纳税1 000万元以上扶持85% 特殊企业“一事一议”方式进行扶持 地方留成比例随国家政策和天津市政策的变动相应调整		

税收洼地存在大量税收优惠政策，能为企业节省数额可观的纳税额，因此往往会产生企业的集群效应。一般情况下，如果一个企业拥有大量分支机构，该企业的首选的一定是将总部而非分支机构设立在税收洼地，这样企业总部在汇总纳税时，整个企业的全部利润都可以享受优惠的税收待遇。如此一来，税收收入大部分缴纳给了税收洼地，因此税收洼地政府能够实现相对多的税收收入。通过观察天津市各区在2019年第一、二季度的税收收入额，我们发现税收优惠力度最大的天津经济技术开发区的税收收入在两个季度均为全市最高。对于滴滴出行这种业务覆盖区域广泛的企业来说，税收已与税源严重背离。同时，税收洼地吸引着无数企业设立总部，由此严重加剧了税收与税源背离程度。

表 22－2　　2019 年第一、二季度天津市纳税情况①　　单位：元

项　目	1～3 月	4～6 月	1～6 月
合　计	9 379 207	9 649 801	19 029 008
1. 和平区	220 987	233 404	454 391
2. 河东区	188 191	167 849	356 040
3. 河西区	242 698	246 523	489 221
4. 南开区	203 492	183 983	387 475
5. 河北区	92 056	88 920	180 976
6. 红桥区	82 970	79 654	162 624
7. 东丽区	334 021	403 230	737 251
8. 西青区	501 968	439 139	941 107
9. 津南区	335 038	319 833	654 871
10. 北辰区	314 944	251309	566 253
11. 宁河区	127 674	151 884	279 558
12. 武清区	642 261	643 349	1 285 610
13. 静海区	257 802	332 756	590 558
14. 宝坻区	186 907	147 048	333 955
15. 蓟州区	104 904	92 733	197 637
16. 第三分局	918 660	1 112 165	2 030 825
17. 第四分局	1 007 796	958 334	1 966 130
18. 滨海新区	3 616 838	3 797 688	7 414 526
（1）滨海局	464 412	476 864	941 276
（2）开发区	1 273 742	1 322 806	2 596 548
（3）保税区	563 326	655 471	1 218 797
（4）高　新	359 865	337 538	697 403
（5）东　疆	589 852	765 476	1 355 328
（6）生态城	365 641	239 533	605 174

（2）税收横向转移机制的缺失

1994 年，我国财政管理体制正式改革为分税制，分税制以税权和税收收入相匹配为原则，规定了中央政府与地方政府各自的税收管理权限与税收收入的纵向分配制度，但缺乏对各地方政府之间的横向税收分配的制度安排。但我国税收与税源的背离主要表现在税收在各地区之间的横向分配不公平，目前在我国没有某项制度设计能够

① 国家税务总局天津市税务局．2019 年分季度全市分单位完成情况表［EB/OL］．http：//tianjin.chinatax.gov.cn/11200000000/0100/010007/20191015110604584.shtml，2019－10－15.

缓解这一状况。

另外，分税制模式下，由于缺乏地方政府之间的横向协调机制，某地地方政府取得的税收收入只需要按照一定比例上交中央，不需要分给其他地方政府。尽管中央政府会实行转移支付，在一定程度上协调各地税收收入，但也无法完全消除税收与税源背离所带来的不公平现象。所以各地方政府事实上构成一种竞争关系，谁能占据更多的税源，谁就能拥有更多税收收入。这样就容易导致地方政府之间的恶性竞争，地方政府可能通过出台各种优惠政策吸引企业前来设立总部，以争夺属于其他地方的税源，取得更多税收收入。因此分税制在一定程度上加重了税收与税源的背离。

(3) 流转税收入归属的“生产地原则”

目前，增值税是我国第一大流转税。流转税一般是间接税，纳税义务人一般不是税负的实际承担者，由于流转税税负的实际承担人为消费者，税源所在地为实际消费地，所以如果纳税义务人的实际缴税地和负税人所在地不一致，税收归属地就会与税源所在地产生背离。目前针对流转税的税收收入归属地的问题，存在两种原则——“生产地原则”和“消费地原则”[①]。“生产地原则”主张以货物的生产地或劳务、服务的发生地为税收收入归属地；而“消费地原则”主张应以应税项目的实际消费地为税收收入归属地。由此可以看出，“生产地原则”会导致税收与税源相背离。我国增值税是按照“生产地原则”来确定税收归属地。企业在一般情况下应向其机构所在地缴纳增值税，因此增值税的纳税地点一般规定为“货物生产地”“劳务提供地”和“服务提供地”。

目前滴滴出行按照交通运输服务缴纳增值税，如上文所述，滴滴出行被视作为乘客提供乘车服务的服务方，尽管实际的服务提供方是签约司机。由其业务特点决定，滴滴出行的用户分布广泛，大多数都与其机构所在地不一致，而滴滴出行的机构所在地为缴税地，用户所在地为税源所在地，由此产生了较大的税收与税源背离度。换言之，如果滴滴被认定为中介方，司机被认定为服务提供方，那么税收与税源不会存在非常大的背离程度，因为乘车服务要求司机所在地与乘客所在地具有一致性，进而税源和税收一般也就是一致的。因此，滴滴出行所适用的增值税政策一定程度上会造成税源与税收相背离。

(二) 征税的模糊性

1. 风险分析

滴滴模式诞生了新的经济业态与商业模式，许多征税要素在认定时找不到合法的

---

① 刘怡，张宁川．消费地原则与增值税收入地区间横向分享[J]．税务研究，2016 (12)：8－14.

政策依据，主要包括所属行业的认定、纳税义务人的认定和计税依据的认定。由此存在个人所得税流失的风险。

（1）所属行业的认定问题：滴滴出行所提供的业务为网络约车业务，在增值税的征收缴纳中，究竟是属于交通运输业还是现代服务业这一问题争议颇多①，一种观点认为网约车司机提供的服务的确属于交通运输服务，司机个人取得的交通运输收入由于达不到增值税起征点而免于征收，而平台方应按照“无运输工具承运业务”缴纳增值税，可选择按照3%的征收率简易计税。另一种观点认为，滴滴实际上是为司机和乘客提供了一个信息共享平台，应按照现代服务业中的“信息技术服务”缴纳增值税。

这一争议的关键点在于滴滴的服务客体究竟是乘客还是司机，如果滴滴出行提供的服务的购买方是乘客，那么滴滴实际上提供的是一种交通运输服务，且属于委托实际承运人——司机承运乘客，那么具体应按照交通运输业当中的“无运输工具承运业务”，就取得的“乘车费”缴纳增值税。如果滴滴出行的服务对象实际是司机，那么滴滴就相当于是服务中介的身份，为司机提供信息技术服务，则应按照现代服务业当中的“信息技术服务”，就其取得的相当于手续费的“分成收入”缴纳增值税。

目前滴滴出行按照交通运输服务缴纳增值税，且选择适用简易计税方法，税负较低。如果滴滴被认定为属于现代服务业，则适用的税率就应为6%，无法选择按照简易计税方法计税，则其增值税税负将会大幅提升。但相关政策没有出台，关于滴滴所属的行业一直就没有合法的认定。

（2）纳税义务人“司机”的认定问题：在网约车服务业的税收征纳关系中，真正的纳税义务人应该是实际的运输服务提供方，即签约司机，但滴滴的经营模式容易为纳税义务人“隐藏”身份。税务机关确定纳税义务人的判定依据为纳税登记，但滴滴出行旗下的网约车司机往往都没有进行税务登记。司机仅通过滴滴出行的线上系统提交申请，滴滴对司机进行资格检测，包括驾照、车龄及身份信息的验证，若检验合格就可以正式成为滴滴的签约司机。所以，税务机关难以确定滴滴出行旗下的签约司机人数、每个司机的身份信息以及纳税状况，由此无法对纳税义务人进行认定，给税收征管带来了难题。

（3）应税所得的性质认定问题：网约车司机取得的收入为滴滴扣除分成之后的剩余服务收入，构成司机个人所得税的应税收入，但问题在于这笔收入究竟应被认定为什么性质的收入。判断这一问题的关键点是滴滴与司机的经济关系的认定。首先，滴

① 卢浩权．我国共享经济税收问题及治理探析[J]．发展研究，2019（01）：69-73.

滴与网约车司机签订的合同是否可被认定为劳务合同，如果被认定为劳务合同，那么司机取得的收入应按照工资薪金所得纳税，还是应按照劳务报酬所得纳税？如果二者签订的合同不被认定为劳务合同，那么网约车司机应被认定为个体经营者，取得的收入应按照个体工商户生产经营所得纳税。

尽管目前滴滴按照劳务报酬所得代扣代缴司机的个人所得税，但并没有相关税收政策可以依据。在不同的认定下会产生不同的应纳税额，应税所得性质认定的模糊性造成了税收收入的不确定性。

（4）计税依据的确定问题：目前滴滴出行已与腾讯、阿里达成战略合作，支付宝、微信等 APP 均上线了滴滴出行叫车服务，用户在享受服务之后可直接通过微信或支付宝进行线上支付，这为税收征管带来了巨大的挑战，因为传统交易往往是“以票控税”，但线上交易中不会开具纸质发票。尽管线上交易可以开具电子发票，但电子发票的开具过程缺乏税务机关的监控，假如平台方与网约车司机“合谋”，通过虚开电子发票，故意隐匿真实的收入，为签约司机少报或不报收入等方式来减少计税依据，进而降低司机的个人所得税税负，税务机关就难以获知真实的计税依据，在稽查时也很难查出这些问题。因此税收征管在线上交易方面存在大量漏洞，为平台方与纳税人进行逃避税收活动提供了机会。

2. 原理剖析

税收制度的“滞后性”：税收制度滞后于经济发展，我国现行的税收制度目前还只适合于传统经济模式。而滴滴出行作为新兴产业，是经济社会向前发展的产物。在滴滴的经营模式中已经出现了现行税制无法界定的经济关系和经济行为。比如滴滴公司与签约司机的关系，现行税制中只有关于传统经济中劳务关系和承包关系，并没有定义平台经济中的这种新型关系，由此滴滴司机取得的收入属性的认定就得不到税制的权威解答。再者，滴滴出行在增值税征收范围中所属的行业认定争议，也没有相关政策规定。类似的矛盾大量存在于新兴经济体与滞后的税制之间。

税制的滞后性会带来许多问题。首先，当经济税务关系在税制中得不到准确的认定时，税收征管工作当中就存在大量的不确定性，严重妨害了税法的权威性。其次，经济体量随着新兴产业的发展而逐渐增大，并由此带来了国民收入的大量增长，税收收入却因税制的滞后性而无法实现相应的增长。因此我国税制应该及时调整修改，以跟上经济发展的脚步。

我国税收征管技术配合税收制度的发展，也同样滞后于经济发展。随着“云大物移”技术的发展，新兴的平台经济多以互联网技术为供需双方搭建起信息沟通的桥梁，供需双方只需简单申请即可参与交易，获取经营利润。同时利用线上交易系统记录订单信息、完成资金支付[1]，已完全突破传统的纸质交易的界限。而目前我国的税收征管模式仍然适用于传统的经济模式，比如，税务机关对于纳税义务人的认定仍然依赖于纳税人的税务登记；对于应税收入的认定大多数依赖于纸质交易的记录。整个征管体系已无法适应新兴的数字产业的发展，主要表现在：

（1）现行的征管技术无法完整、及时地搜集到所需信息。由于交易信息主要以电子的方式进行传输，所以征管技术无法全面收集比如交易双方身份信息、交易发生时间及交易金额大小等信息。再者，税务机关只能在平台方生成相关信息之后才能实施征管行为，这二者之间存在一定的时间差，这种时间差就为纳税人带来了递延纳税的机会，税务机关在无形中丧失了及时征税的机会，由此丧失了一定的税收利益。

（2）现行税收稽查技术无法甄别信息的真实性。电子信息的生成方式依赖于平台的数据处理技术，平台运营方只需在后台进行简单的操作就可更改订单信息，如果这种“信息造假”对于平台方或者其他关联方是有利可图的，那么税务稽查也难以辨别真假，为纳税人虚报收入提供了机会。

（三）司机个人税负增加

1. 风险剖析

滴滴出行目前的分成比例是平台与司机采取二八分成，即司机向乘客提供乘车服务所取得的全部收入，滴滴留取 20%，剩余的 80% 交付司机，这一分成方式涉及一些税务问题，具体分析如下：

一是滴滴出行导致多缴增值税。乘客支付的价款先统一汇总到滴滴平台方，然后由平台方扣除分成收入，在这一过程中实际上滴滴已就全部收入缴纳了增值税。因此，司机取得的收入是税后收入，司机也同样承担了 3% 的增值税负。然而在现实中，出租车司机的月销售额很难超过增值税的起征点 10 万元，这意味着如果一个出租车司机不与任何平台方签约，他取得的所得就免于承担增值税税负。况且，司机个人是无法取得增值税专用发票的，因此也就无法进行税款抵扣。因此，滴滴模式会加重其旗下的网约车司机的增值税税负。

二是造成企业所得税与个人所得税的重复征收。滴滴司机承担企业所得税的原理类似于增值税，其享有的运输收入的 80% 也在无形中承担了企业所得税的税负。另外，滴滴出行将收入支付给司机个人时，还为司机代扣代缴了个人所得税，因此实际上司机取得的 80% 的收入既缴纳了企业所得税又缴纳了个人所得税，存在重复征税问

[1] 李波，王金兰. 共享经济商业模式的税收问题研究[J]. 现代经济探讨，2016（05）：29－33.

题，加重了滴滴出行及司机的总体税负。但滴滴出行连年亏损，暂时无须缴纳企业所得税。但假如滴滴出行未来实现盈利，这一问题就会凸显出来。

2. 原理剖析

数字化共享平台与服务的实际提供方之间诞生了一种新型的经济关系。表面上看，滴滴出行向司机派发订单，并支付劳务费用，二者之间像是雇佣关系。但实质上司机从平台方获取了所需要的乘客信息，平台方也从交易价款中抽取了服务费用，二者更像是“合伙人”之间的关系，但现行的征管机制将这种关系视作雇佣关系来进行征税活动显然与事实相背离。如果将二者视为“合伙”关系，那么应按照合伙企业“先分后税”的征税方式来避免对司机的双重征税。司机税负加重的问题归根到底，是税法中未对共享经济中的新型经济关系加以认定，并设立合理的征税机制。

与传统的劳务关系不同，滴滴出行的运营模式是共享经济下产生的新的运营模式，造成滴滴司机税负增加则是新的运营模式与既有税收制度之间的矛盾与冲突，目前暂无相关政策用以解决司机税负增加的问题。因此最佳的策略还是完善税收制度，使其与新兴的经济模式相融合。

四、政府税收治理对策

（一）建立横向转移支付机制

在缺乏税收的横向协调机制的情况下，税收往往会向经济发达地区或税收洼地流动，长此以往，发达地区与欠发达地区会呈现出贫者愈贫、富者愈富的局面，不利于区域协调发展，而税收应遵循公平原则在各地之间进行分配。因此建立地方之间的横向转移支付制度十分有必要，应根据税收与税源相匹配的原则，通过准确的测度合理确定转移支付的支付方与收款方以及转移支付的资金规模。首先要建立跨区域经营税收收入归属权的认定制度，跨区域经营中的税收收入可归属于一方也可由两方共享，具体共享比例由双方地方政府协商决定。建立一整套完善的平台经济跨区域经营协调制度①。

（二）流转税采用“消费地原则”

如果按照“消费地原则”确定流转税的税收收入归属地，就可以有效消除税收与

① 杨志安，郭矜，王辉．我国地区间税收与税源背离的调节对策[J]．涉外税务，2012（12）：33－36.

税源的背离。增值税在商品、服务流通的各个环节都征收，最终的负税人使零售环节的消费者，但大部分税收都由前面环节征收。按照消费地原则税收收入应全部归属于消费地，可将增值税在各地区之间按照与消费相关的指标重新分配①。比如滴滴的增值税在消费地原则之下应归属于网约车服务发生地，所以各地应该按照网约车服务销售额占比享受滴滴缴纳的增值税，可以通过合理测算以及各地的横向转移支付来实现。但相关改革还需要通过国家立法来实现。

（三）分散税收优惠

税收洼地之所以对企业有如此大的吸引力，在于它与其他地区的税负差异相当之大。通过抢占各地的税源，税收洼地在实行如此大的税收优惠之下依然能取得高额的税收收入。所以考虑到税收与税源背离的问题，税收优惠不应该以较大的力度集中在个别区域，比如天津经济技术开发区，可以选择分散税收优惠。首先，税收优惠在区域上分散，即在较大的范围内均衡税收优惠的力度，使企业分散设立，能有效降低该范围内的税收与税源的背离度。其次，税收优惠可以从地区优惠转为产业优惠，将税收优惠给国家鼓励发展的产业，这样企业就会减少在机构选址上的税收筹划，从根本上解决税收洼地带来的集群效应。

（四）完善平台经济税制

滴滴出行存在的各税收要素认定不清的问题，不仅是滴滴出行一家企业的问题，而是整个共享经济当中所存在的普遍性问题。建议应尽快出台一整套普遍适用于共享经济企业的税收政策体系，以消除税收征管当中的大量模糊性，维护税法的确定性原则。另外，完善税收制度还有利于增加税收收入，当现实中的经济行为在税法中能找到确定的税率、税种及征管方法时，就消除了原本存在的征税错漏问题，增加了税收收入。

首先，制定一套完善的共享经济平台企业的行业划分准则，解决比如滴滴出行所属行业是交通运输业还是现代服务业之类的问题，尽量使平台企业在设立之初就能找到明确的对应行业，方便进行税务登记和行业认定。

其次，包括滴滴模式在内的共享经济的经营模式多种多样，层出不穷，主要有 C2C、B2B 以及 O2O 模式，在每一种模式下对应的平台与实际服务提供方签订的协议

① 黄夏岚，刘怡．增值税收入地区间转移的衡量——生产地原则与消费地原则的比较[J]．财贸经济，2012(01)：25-33.

都各有特点，由此双方在法律上的责任和义务也都不一致。应尽快出台相关认定准则用于认定平台方与签约服务方之间的关系，比如滴滴出行与签约司机究竟能不能构成劳务关系，准则应尽量具有普遍适用性，能够涵盖大量现存的以及预期未来会出现的经营模式。

最后，建立“先分后税”的机制，滴滴与司机的关系类似于合伙人之间的关系，因此可以借鉴合伙企业当中“先分后税”的制度，滴滴取得收入之后先进行划分，然后仅就滴滴取得的20%的部分征收企业所得税和增值税，司机取得的80%的部分免征增值税和企业所得税，仅由滴滴平台在支付时代扣代缴个人所得税。

（五）大数据技术提升税收征管

面对共享经济发展中繁杂的交易信息，税务机关应提升税收征管水平以加强对平台交易信息的监管。需要制定一整套行之有效的平台监管标准和管理办法①，对平台经济的资质进行认定，以及绩效考核认定税收信用等级。既然大数据技术能带来如此大的经济体量，那么税务机关同样可以利用大数据技术对共享经济企业进行监管。

首先，可通过建立网络数据库加强对平台线上交易信息的获取，实时对纳税人的登记信息进行审核和查询，及时获取交易订单信息并追踪交易信息变动。引入网络数据可大幅降低人力成本，提高税务机关的工作效率。另外还有利于滴滴的签约司机掌握与自身参与交易适用的税收政策和纳税状况的了解，使交易双方可以定期对平台做出评估，比如滴滴的签约司机可以了解全部服务收入的去向，其中承担了多少税收，以评估滴滴平台分给自己的收入是否合理，增加了平台运营的透明度。

其次，税务机关可与共享平台以及相关各方协同治税②。共享平台是涉税信息的第一手提供者，如果税务机关与其达成战略合作，就可以获取及时而准确的交易信息，由此税务机关应对共享平台实行信用管理体制，包括守信激励措施和失信惩罚措施，以激励平台企业与税务机关进行信息共享的友好合作。再次，税务机关还可以与第三方交易平台达成合作，如微信支付、支付宝等等，第三方交易平台掌握着经济交易中的资金流向信息，掌握资金流向有利于税务机关开展稽查比对活动。另外还有许多社会机构可为税务机关提供信息，比如税务机关可以从交通管理局车辆管理所获取滴滴司机的车辆信息。

滴滴出行的成功代表着我国共享经济的发展崛起。尽管它颠覆了传统产业的商业

① 王玉．挑战与突破：平台经济下政府税收监管机制创新研究[J]．探求，2019（02）：71－78.

② 卢浩权．我国共享经济税收问题及治理探析[J]．发展研究，2019（01）：69－73.

模式，为我国日益固化的税制和征管模式提出了严峻的挑战但同时也为我国带来了新的经济增长点。纵观全球，每个发达国家的经济体系都已迈入共享经济时代。发展共享经济有利于促进我国产业与先进的互联网技术结合，与世界经济发展接轨。同时，新的经济模式也倒逼了我国税制和征管技术的改革。因此我们应对滴滴出行和共享经济抱有积极接纳的态度，为其提供良好的基础设施和营商环境，促进共享经济在我国实现健康快速的发展。并努力在新的经济模式下探索合适的税收制度，使税收收入和经济同步增长，促进我国的税收体制迈入数字化时代。

案例使用说明

一、教学目的与用途

1. 本案例主要适用于税收学、税务筹划、税收征管、管理学等课程的学习。

2. 本案例以滴滴出行为例，介绍共享经济的涉税问题，其教学目的在于使学生对共享经济的新型经营模式及其涉税问题有充分的认识和深入的了解。本案例从分析网约车行业入手，对其经营模式的特点以及该模式的税收问题、潜在的税务风险进行分析，总结共享经济的一般性涉税问题，并对政府的应对措施提出相关建议。

二、启发思考题

1. 根据滴滴出行的案例，分析与传统企业相比，平台企业有哪些特点？

2. 滴滴模式造成税收与税源相背离的路径是怎样的，如何解决这一问题？

三、分析思路

教师可以根据自己的教学目标（目的）来灵活使用本案例。这里提出本案例的分析思路，仅供参考。

本案例对滴滴出行的经营模式及涉税风险进行分析，第一部分滴滴出行经营模式和网约车市场的基本情况，便于学生接下来对涉税风险的理解。

第二部分是滴滴出行适用的税收政策，主要包括增值税和个人所得税两部分。相应的涉税问题和税务风险随之而来。

第三部分分析了滴滴出行的涉税风险和相关原理剖析，包括三个小部分，税收与税源相背离、征税的模糊性、司机税负增加。内容涉及滴滴出行在征税模式下带来的问题，以及这些问题产生的原因。

第四部分探讨了面对滴滴出行的涉税风险，政府应如何优化政策加以应对。并对应各个风险提出了相应的控制措施，主要涉及税制的优化和征管的升级。

该案例的四个部分均围绕滴滴出行的经营模式进行讨论，先列举经营模式的流程和细节，再通过对细节的分析得出相应的涉税问题，并对可能存在的风险和如何控制风险进行阐述，力求起到借鉴与提醒的作用。

四、理论依据及分析

1. 税源与税收相背离。税源是指税收收入的经济来源，它主要是指国民经济各个部门当年创造的国民收入或往年累积的国民收入。税源与税收收入相背离是指税源的发生地与税收收入的归属地不一致的现象。

2. 流转税的“生产地原则”。该原则主张以货物的生产地或劳务、服务的发生地为流转税税收收入归属地。

3. 流转税的“消费地原则”。该原则主张应以应税项目的实际消费地为税收收入归属地。

4. 分税制。对税收管理权限与税收收入在中央政府与地方政府之间的分配制度。

5. 税收横向转移机制。各地方政府之间的横向税收转移的制度安排。

五、关键要点

1. 滴滴出行适用的税收政策。

2. 滴滴征税要素中的争议点。

3. 滴滴模式造成税收与税源相背离的原因。

4. 怎样优化税制结构以适应共享经济的新模式。

六、建议课堂计划

本案例可以作为专门的案例讨论课来进行。如下是按照时间进度提供的课堂计划建议，仅供参考。

整个案例课的课堂时间控制在80~90分钟。

课前计划：给出案例背景并提出启发思考题，请学员在课前完成阅读和初步思考。

课堂计划：对案例进行详解，明确讨论内容（20分钟）。

分组讨论（25分钟），告知发言要求。

小组发言（每组5分钟，控制在25分钟）。

引导全班进一步讨论，并进行归纳总结（15~20分钟）。

课后计划：如有必要，请学员采用论文形式给出更深层次的解读报告，包括具体的职责分工，为后续章节内容做好铺垫。

七、思考题参考答案及相关法规依据

1. 共享经济下的平台企业具有如下特点

（1）大数据技术的广泛应用：数字经济下企业业务的开展依赖于信息收集和数据处理技术，一种是供需双方资源提供信息以获取相互匹配的机会，此时企业往往扮演中介方的身份，为供需双方提供信息服务。另一种是企业通过对用户进行线上行为追踪，通过数据处理技术判断用户的需求和喜好，并以此获取利润。因此，这类企业的业务经营和价值创造离不开大数据技术的应用，有效减少了交易中的信息不对称性。

（2）业务范围广：线上服务的提供仅需要企业搭建线上平台，利用远程技术操控业务开展即可。因此企业无须建立实体机构就能够跨区域提供服务，对企业来说扩展业务的成本较小，同时也能在更大范围内配置资源，为供需双方提供更多选择。数字经济背景下的企业往往拥有较大的业务范围。

（3）线上运营的模式。

2. 滴滴模式造成税收与税源背离路径及解决方案

（1）路径：滴滴的经营模式决定了其业务范围不可能只局限于小范围地域，由此却产生了严重的税源与税收相背离的问题，滴滴出行业务覆盖范围在地域上相对较广泛，税源结构相对分散。服务收入往往由消费者先向线上平台支付，再由平台向司机支付，因此乘客支付的乘车款会有一个被全部集中到滴滴平台的过程。我国税法出于征管便利性的考虑，规定在这一过程中由滴滴出行就全部经营收入缴纳增值税以及为司机代扣代缴个人所得税。由此服务平台就变成了每一笔收入的纳税义务人或扣缴义务人。在这一过程中，全部税收收入都归属于平台机构注册地。而税源归属于网约车服务的发生地——遍布全国，税源所在地享受不到任何税收利益。

（2）解决方案：

①建立横向转移支付机制：税收应遵循公平原则在各地之间进行分配，因此建立地方之间的横向转移支付制度十分有必要。

②流转税采用“消费地原则”：消费地原则要求税收收入应全部归属于消费地，这样就可以有效消除税收与税源背离的现象。

③分散税收优惠：税收优惠不应该以较大的力度集中在个别区域，比如天津经济技术开发区，可以选择分散税收优惠。首先，税收优惠在区域上分散，即在较大的范围内均衡税收优惠的力度，使企业分散设立。其次，税收优惠可以从地区优惠转为产业优惠，这样企业就会减少在机构选址上的税收筹划。

八、进一步阅读材料

[1] 刘怡，张宁川．消费地原则与增值税收入地区间横向分享[J]. 税务研究，2016（12）：8－14.

[2] 杨志安，郭矜，王辉．我国地区间税收与税源背离的调节对策[J]. 涉外税务，2012（12）：33－36.

[3] 黄夏岚，刘怡．增值税收入地区间转移的衡量——生产地原则与消费地原则的比较[J]. 财贸经济，2012（01）：25－33.

[4] 王玉．挑战与突破：平台经济下政府税收监管机制创新研究[J]. 探求，2019（02）：71－78.

[5] 谷彦芳，周倾楚．我国地区间税收与税源背离的国内研究综述[J]. 经济研究参考，2017（32）：114－119.

九、参考文献

[1] 李波，王金兰．共享经济商业模式的税收问题研究[J]. 现代经济探讨，2016（05）：29－33.

[2] 卢浩权．我国共享经济税收问题及治理探析[J]. 发展研究，2019（01）：69－73.

[3] 刘怡，张宁川．消费地原则与增值税收入地区间横向分享[J]. 税务研究，2016（12）：8－14.

[4] 杨志安，郭矜，王辉．我国地区间税收与税源背离的调节对策[J]. 涉外税务，2012（12）：33－36.

[5] 黄夏岚，刘怡．增值税收入地区间转移的衡量——生产地原则与消费地原则

的比较[J].财贸经济，2012（01）：25－33.

［6］王玉．挑战与突破：平台经济下政府税收监管机制创新研究[J].探求，2019（02）：71－78.

［7］梧题，刘志伟．京津冀税收与税源背离问题探究与经验启示[J].经济论坛，2018（10）：68－74.

［8］谷彦芳，周倾楚．我国地区间税收与税源背离的国内研究综述[J].经济研究参考，2017（32）：114－119.

［9］中国互联网络信息中心（CNNIC）．中国互联网络发展状况统计报告［R］．北京：中国互联网络发展中心（CNNIC），2019.

［10］虎龙吟．滴滴内部成本数据曝光［EB/OL］．https：//www. kanzhun. com/news/427188. html，2019－04－22.

［11］易观．中国网约车市场分析报告 2019［R］．北京：易观，2019－07.

［12］国家税务总局天津市税务局.2019 年分季度全市分单位完成情况表[EB/OL]. http：//tianjin. chinatax. gov. cn/11200000000/0100/010007/20191015110604584. shtml，2019－10－15.

案例 23

网络直播税收焦点问题及治理对策[①]

本文围绕网络直播行业税务焦点问题展开研究，重点分析了网络主播收入性质界定，直播平台扣缴义务，网络直播税收征管中的税务问题，提出数字经济下网络直播税收问题的治理对策。

① 本文作者为蔡昌、马燕妮。本案例根据我国网络直播税收事件及其税收焦点问题整理而成，内容完整，真实可靠。

案例正文

随着互联网技术的发展，网络直播作为新兴互动式媒体方式迅速发展，成为重要的娱乐形式。部分网络主播通过直播的方式，创造了个人价值和商业价值，也获取了巨额收入。近年来，网络主播和直播平台税收问题接连浮现，引起了广泛关注。我国目前关于网络直播还没有针对性的税收规定，相关经济活动在适用税法的过程中存在很多争议。本文针对网络直播行业的税收焦点问题深入剖析，试图在主播收入性质界定、直播平台扣缴义务和网络直播税收征管等问题上能够有所突破，为网络直播税收治理提出对策。

一、案例背景

近年来，网络直播呈井喷式增长，网红经济快速发展，逐渐渗透到人们的生活中。2019 年直播带货备受关注，其中李佳琦是淘宝人气和话题度最高的主播，曾创下 15 分钟卖掉 15 000 支口红的记录，被称为“口红一哥”。各大电商平台纷纷布局直播带货，利用直播促销已经成了商家的“标配”。数据显示，2019 年双十一当天，淘宝直播成交额近 200 亿元①。“直播 + 电商”模式逐渐发展成熟，诞生了很多收入上百万的主播团队。李佳琦曾在采访中回答，从 2019 年 1 月开始月收入能突破七位数②。我们不禁产生疑问，像李佳琦这样的网络主播，收入这么高，交个人所得税了吗？

（一）网络直播税收事件分析

近年来，网络直播行业的税收事件层出不穷。直播平台税收扣缴义务履行缺失，网络主播依法纳税意识淡薄，直播行业税收流失严重。表 23 – 1 梳理了近几年网络直播相关的税收事件。

表 23 – 1　　网络直播税收事件

2017 年年初	北京朝阳地税局披露某直播平台未按规定代扣代缴主播个人所得税，涉及收入 3.9 亿元，补税 6 000 多万元

① 中国证券报 · 中证网 . 2019 年“双十一”淘宝直播带动成交近 200 亿元［EB/OL］. http：//www. cs. com. cn/cj/hyzx/201911/t20191112_ 5998512. html.

② 凤凰网财经《封面》. 独家丨月入 7 位数李佳琦：我没时间花钱［EB/OL］. https：//finance. ifeng. com/c/7rVpEwQgXQW.

续表

2017 年 5 月 26 日	北京市地税局召集在京各家网络直播平台约谈，督促自查个人所得税代扣代缴情况
2018 年年初	斗鱼 TV 疑似利用个人账户发工资，实发金额与报表不符，有偷漏税嫌疑
2019 年 2 月 25 日	网络直播某头部公会被曝欠薪，据透露该公会因税务问题被冻结了对公账户导致发不出工资

1. 直播平台补税 6 000 万元

2017 年 3 月 9 日，北京市朝阳区地税局披露某直播平台未按规定代扣代缴个人所得税，涉及收入 3.9 亿元，补缴税款 6 000 万元。考虑到行业的发展，税务部门并未公布该直播平台的名称。税务机关强调，主播通过直播平台取得的收入，应由平台公司承担代扣代缴个人所得税的义务①。

2. 约谈网络直播平台

2017 年 5 月 26 日，北京市地税局召集在京各家网络直播平台，集中约谈各家公司个人所得税自查情况，映客、花椒、陌陌等网络直播公司都出席了培训②。网络直播平台税收问题凸显，整个行业普遍存在严重的税收问题，税务机关通过约谈督促平台公司依法履行个人所得税代扣代缴义务。

3. 头部公会税收问题爆出

2019 年 2 月 25 日，网络直播某头部公会被曝欠薪，据透露，该公会因税务问题被冻结了对公账户导致发不出工资③。公会是指旧时同行业联合组成的行会组织，伴随着直播行业的兴起重新出现在人们的视野里。公会类似于主播的经纪公司，但没有经纪公司那么严格的制度，更多地是通过互联网与主播线上交流。

4. 网络直播的界定

网络直播是网络主播通过直播平台与观众交流的媒体形式，具有实时性和互动性。直播与录播都是视频观看的主要形式，区别在于，直播的表演和收看具有实时性和互动性，录播通常会对视频内容进行剪辑处理，互动性较差。本文研究的网络直播包括发布在网络平台上的直播内容和录播内容，因为除了剪辑处理和实时互动之外，二者本质相同，并且大多数主播会同时采用直播和录播的形式。

---

① 央视新闻．解密丨直播平台给网红主播发 3.9 亿元却不缴税［EB/OL］. http：//blog. sina. com. cn/s/blog_ 9e5389bb0102wv6b. html，2017－03－13.

② 央广网．网络主播高收入却几乎不纳税？北京地税局出手［EB/OL］. http：//3c. ycwb. com/2017－05/29/content_ 24948505. htm，2017－05－29.

③ 今日网红．昨夜，头部公会欠薪刷屏！事实：多家公司被“约谈”，直播税收风暴已至！［EB/OL］. http：//www. zhaihehe. com/？/news_ detail/2216，2019－05－24.

5. 网络直播各方关系

网络直播依托于互联网技术，参与主体包括三方，分别是网络主播、直播平台和直播观众。网络主播通过直播平台向观众提供服务，观众通过向平台打赏礼物支付报酬，直播平台作为中介将网络主播和观众点对点联结起来，形成网络直播的行业链条。此外，部分网络主播会加入直播公会机构，由公会来指导主播并联系直播平台。主播公会作为行业组织，负责招募主播，并向直播平台推荐提供合适的主播。网络直播中的各方关系如图 23－1 所示。

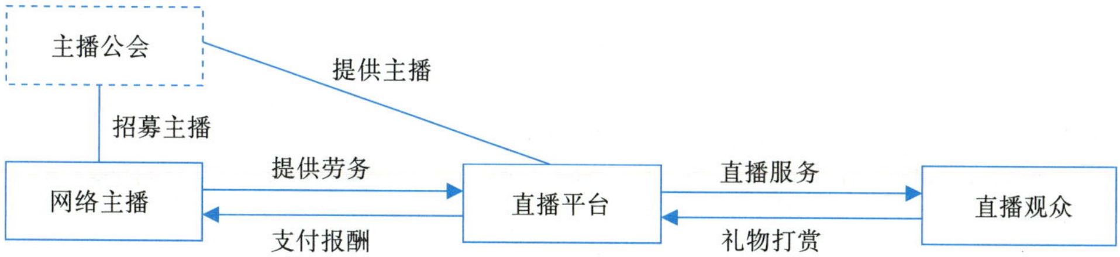

图 23－1　网络直播各方关系

6. 网络直播的分成机制

网络直播观众打赏的礼物并不是完全转化为了网络主播个人的收入，直播平台会从中抽取一定的分成，各个直播平台的分成机制和分成比例不尽相同。例如 YY 抽成 79%～90%，映客抽成 68%，来疯抽成约 50%，斗鱼按主播级别抽成 50%～90% 不等，花椒收取 10% 的提现费用①。

（二）网络直播行业现状分析

网络直播作为集图像、声音为一体的媒体方式，具有实时性和互动性，能够促进直播内容和受众的深度交互。网络直播依托于互联网技术迅速发展，大量的直播平台和网络主播如雨后春笋出现在人们的视野中。网络直播兴起于 2005 年，自 2016 年以后进入黄金期，发展飞速。根据 CNNIC 数据，截至 2019 年 6 月我国网络直播用户规模达 4.33 亿，较 2018 年底增长 3 646 万。2010 年首月，直播行业七大平台②共 2 100 名主播总收入 3.62 亿元，主播平均收入超过 17 万元，最高收入达 1 479 万元③。网络直播流量大收入高，是重要的税源所在。

① 北京青年报 .3.9 亿元高收入主播个税追缴记：大数据精准堵漏［EB/OL］. http：//www. xinhuanet. com//fortune/2017－03/14/c_ 1120621124. htm，2017－03－14.

② 七大直播平台指陌陌、A 平台、映客、花椒、酷狗、一直播和美拍直播。

③ 今日网红，2020 年首月直播报告丨全行业助力抗疫；七平台总收入 3.62 亿［EB/OL］. http：//www. zhaihehe. com/？/news_ detail/2871.

1. 网络直播发展历程

网络直播主要有三种形式，秀场直播、游戏直播和泛娱乐化直播，当前阶段泛娱乐化直播逐渐成为主流。2019 年淘宝主播带货广受关注，淘宝直播开始于 2016 年，近两年来迅速发展，每天都有上万名主播在淘宝直播销售货物。网络主播的带货能力惊人，现在淘宝直播已经形成了完整的生态链，超过 50% 的淘宝品牌商家通过直播获得销量增长。泛生活化“直播 +”商业模式已经越来越普遍，成为新的经济增长点。蘑菇街、微信小程序、苏宁等平台陆续在 2020 年 1 月宣布了新一年的直播发展规划，预计 2020 年直播行业发展态势会持续攀升。表 23 - 2 梳理了三种网络直播形式的发展历程。

表 23 - 2　　网络直播发展历程①

发展时期	秀场直播	游戏直播	泛娱乐化直播
2005 ~ 2010 年	涌入期 以美女主播为核心 代表：YY、六间房	萌芽期 起源于美国 代表：YY 语音	
2011 ~ 2014 年	发展期 PC 端发展迅速 代表：YY、9158	热潮期 英雄联盟等游戏推动 主打游戏直播	
2013 ~ 2015 年	转换期 转入移动端 代表：六间房	发展期 电竞赛事频繁 代表：YY、斗鱼	起步期 源于美国，中国火爆 代表：映客、花椒
2016 年至今	规范期 文化部公开查处淫秽违规平台 代表：斗鱼、熊猫	成熟期 直播平台发展成熟寻求上市 代表：虎牙、斗鱼	发展期 泛生活化“直播 +”商业模式 代表：淘宝、网易

2. 网络直播流量大

2019 年，直播行业加速向前。截至 2019 年 6 月我国网络直播用户规模达 4.33 亿。根据陌陌《2019 主播职业报告》，网络直播用户群体年轻化、黏性高，90 后用户占比 23.7%，每天观看直播时长 30 分钟以上用户占比 74.8%，33.6% 的 95 后每天看直播超过 2 小时；付费意愿强，79.4% 的用户会为直播付费。

① 文化帮．图说丨我国直播行业的发展历程［EB/OL］. http：//www.sohu.com/a/109944378_360254，2016 - 08 - 10.

3. 网络主播收入增长快

根据智联招聘发布的《2019 年短视频/直播行业人才发展报告》，目前直播行业的平均薪酬为每月 9 423 元。职业主播中，收入过万的占比为 24.1%，主播收入呈增长趋势。同时，网络主播收入分布不均，头部主播人数占比少，收入畸高。2018 年前一万主播收入达 242.4 亿元，剩余主播合计收入 305.7 亿元，顶级主播与其他主播收入差距大。陌陌平台 2020 年 1 月冠军主播收入高达 1 479 万元。

4. 网络主播趋近职业化

根据陌陌发布的《2019 主播职业报告》①，2019 年主播中有 33.4% 是职业主播，较 2017 年的 27.6% 和 2018 年的 31%，呈现递增趋势，其中 95 后职业主播比例为 49%。主播职业越来越受到欢迎和认同，网络主播呈现出显著的职业化趋向。2019 年不同年龄段主播全职与非全职比例如图 23－2 所示。

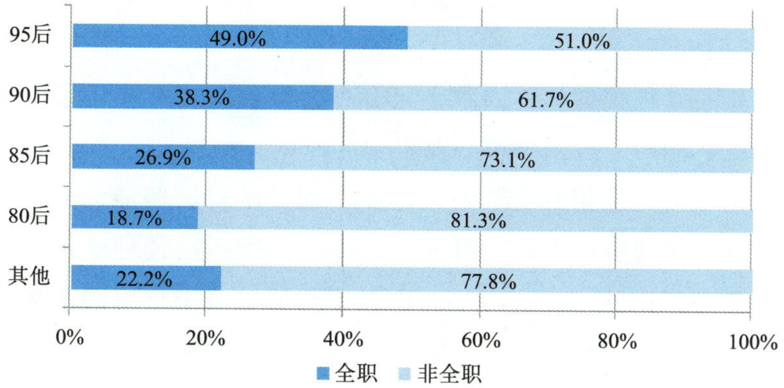

图 23－2　2019 年不同年龄段主播全职与非全职比例

（三）网络直播现存的税收问题

网络直播行业主要存在以下税收问题：第一，网络主播收入性质存在争议，个人所得税适用税目难以确定。第二，网络直播平台个税扣缴机制差异较大，存在扣缴义务缺失情况。第三，网络直播依托互联网技术，税源难以监控，对现有税收征管体系提出挑战。第四，纳税人纳税意识淡薄，依法纳税的能力和意识都较差。网络直播逐步走向规范化发展，行业监管制度不断完善，相关条例和规定不断出台，网络直播环境逐渐规范，税收征管也要相应加强，以促进行业健康发展。

① 今日网红，陌陌发布《2019 主播职业报告》：95 后成主力；24% 主播月入过万［EB/OL］. http://www.zhaihehe.com/?/news_detail/2832.

二、网络直播征税的法理分析

网络直播属于新兴事物，税法上没有针对性的明确规定。在实践中会出现很多税法规定不能解决的问题，根据波斯纳的观点，税法规定得越详细，税收漏洞越大[①]。许多问题不能依靠立法的完善得到妥善解决，这时需要考虑税收理论和税收立法精神来解决问题。下面分析网络直播征税的法理，提出对网络直播征税的系统性观点。

（一）网络直播收入可税性分析

网络直播收入是否应该征税问题，要考虑经济上的可能性和可行性及税法上的合理性和合法性[②]。征税的合理性，需要关注经济的承受能力，税收的公平性等方面。征税的合法性，需要关注是否符合宪法法律要求，符合法律精神。

1. 经济上的可税性

收益性是确定是否征税的重要因素，只有存在收益，才需要运用税收的手段进行社会财富的再分配。同时，根据纳税必要资金的原则，纳税人有了收益才有纳税能力。此外，征税的目的不只是筹集财政收入，还要实现其他社会职能，如收入分配、资源配置等。因此，在制定税收政策时，需要全方位多层次考虑各种经济、社会因素，因此也存在有收益而不征税的情况。由此，是否征税的另一个重要因素是公益性，如果具有公益性，即使有收益，也不征税。确认收益是否征税的路径如图 23－3 所示。

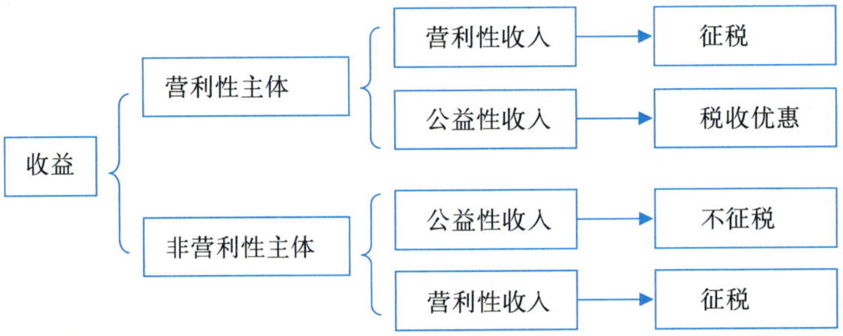

图 23－3　确定收益是否征税的路径

基于可税性的研究，网络直播的收益是营利性主体的营利性收入，不难得出，网络直播收入应该征税。网络直播收入同时符合收益性和营利性的标准，因此应该征税。

---

① 波斯纳著，苏力译．法理学问题［M］．北京：中国政法大学出版社，1994：73.

② 张守文．论税法的“可税性”［J］．法学家，2005（5）：12－20.

网络主播通过直播平台获取收益，并且可以通过直播平台代扣代缴和个人申报纳税等方式缴纳税收，符合经济上的可税性。

2. 法律上的可税性

2018 年 8 月 31 日通过的《电子商务法》明确将网络直播定义为电子商务经营活动，其中，网络直播平台属于电子商务平台经营者，网络主播属于平台内经营者①。经营活动属于税法的征税范畴。网络直播快速发展，网络主播收入很高，对其征税符合税收原则。根据税法规定，自然人取得应税所得需要缴纳个人所得税，网络主播通过直播获得的收入属于应税所得。因此，对网络直播收入征税具有法律上的可税性。

网络直播的征税问题，不仅关系到税法规定的应用，也关系到社会的公平分配问题。关于网络直播税收争议产生的原因，一方面网络直播是作为新兴经济形式，税法的规定还不明确，另一方面是纳税人和扣缴义务人纳税意识淡薄，对税收问题重视程度不够。

（二）网络直播征税的公平效应

要实现公平，需要做到税收普遍征收。网络直播作为一种活跃的经济形式，吸纳了很多网络主播，并且新增主播人数还在逐年攀升。网络主播中约半数主播趋向于职业化主播，少数顶部主播直播时间长，粉丝流量大，收入畸高。所以，对网络直播征税有利于保持税收的公平性。

1. 横向公平

按照横向公平原则，网络主播作为一种新型职业者，在收入相同的情况下，他们应当与从事其他职业的人税负一致。传统的职业有较为完善的个人所得税体系和代扣代缴制度，网络主播作为新兴职业在税收规定上存在缺失，主播收入税收流失严重。如果网络主播少交税，那么，相比负担能力相同的人，他们的税收负担更轻，会造成横向不公平的现象。税收上需要对网络主播等新型职业和传统职业一视同仁，因此，有必要对网络主播收入征税。

2. 纵向公平

网络直播行业收入差异大，其中大部分主播收入较低，少部分主播收入畸高。类似于二八法则，20% 的主播取得了行业内 80% 的收入，而剩余 80% 的主播仅取得了 20% 的收入。那么，如何保持税收的纵向公平是非常重要的。个人所得税的超额累进

---

① 《中华人民共和国电子商务法》，2018 年 8 月 31 日第十三届全国人民代表大会常务委员会第五次会议通过，https：//baijiahao. baidu. com/s？ id = 1610357172507513602，2018 - 09 - 01.

税率制度在一定程度上可以调节收入分配，促进纵向公平。归根结底，网络直播要征税，主播的收入需要征收个人所得税，以促进更大范围的公平。

（三）网络直播的外部效应调节

根据公共财政理论，税收需要对“市场失灵”进行调节①。从这个角度分析，税收可以调节网络直播造成的“外部效应”问题和收入分配不公问题，提高资源配置效率。

1. 网络直播的外部性

外部性是指经济活动对其他人的利益产生了影响，却无法通过市场价格来进行调节的现象。单纯依靠市场，无法使正外部性受益者付出报酬，也无法使负外部性受害者获得补偿，影响了市场中资源的最优配置。从税收的角度来看，需要对正外部性活动进行补贴，对负外部性活动进行征税。

网络直播会对实体经济活动产生一定的影响，例如网络直播带货行为会集中大量的购买力，降低实体经济中的商品购买量。网络直播会对实体经济产生一定的挤出效应，降低实体经济的活力。从这方面来看，网络直播具有一定的负外部性，需要通过税收的手段进行调节。

2. 调节收入分配

由于市场环境与竞争能力的差别，收入分配过程中会出现不平等的现象，产生社会问题，这样的问题是市场经济的一个缺陷。税收可以通过财政收支对收入进行二次分配，实现社会范围内的相对公平。网络直播中，主播收入差距大，头部主播人数少，收入畸高。据统计，前一万多名主播收入与剩余所有主播合计收入相当。网络直播行业收入差距极大，收入分配不公，需要运用税收进行调节。

3. 促进资源配置

税收具有资源配置的作用，通过征税调节经济活动净收益，引导资源流向，促进市场资源配置优化。近年来，网络直播行业进入黄金期，各种泛娱乐化直播方式层出不穷，吸引了大量资本流入，造成了资本配置效率低下的情况。规范网络直播行业税收征管，整顿行业乱象，有利于提高社会资源配置效率。

（四）实质重于形式的课税原则

实质重于形式的课税原则要求根据经济活动的实质来判断是否课税以及课税方式，而不能仅仅根据表象进行判定。网络直播中打赏非常普遍，对于直播打赏的收入

---

① 黄桦．税收学（第四版）［M］．北京：中国人民大学出版社，2017：286－289.

性质存在很多讨论，观点主要有以下几类：第一类，直播打赏是无偿赠与，不应纳税；第二类，直播打赏是劳务报酬；第三类，直播打赏是偶然所得。关于这个问题的分析，需要运用实质课税原则，关注问题的本质。直播打赏是观众给主播的报酬，按照实质课税原则，不应属于无偿赠与，应当征税。

三、网络直播税收焦点问题

网络直播行业的税收问题主要有两个方面：一方面是网络直播是否应该征税，经过上述分析，这里可以得到肯定的答案，即网络直播应该征税。另一方面是网络直播应该如何征税，这也是亟须重点解决的问题。

网络直播涉及三方主体，分别是网络主播、直播平台和直播观众，直播观众是支付方，网络主播和直播平台是收入获取方。从这个角度来看，网络直播税收问题争议的焦点主要有三个方面：第一，网络主播收入性质的划分及适用的个人所得税税目。第二，直播平台的税收问题及其代扣代缴义务。第三，网络直播行业的税收征管问题。

（一）网络主播收入性质及税目辨析

关于网络主播收入的性质以及适用的个人所得税税目存在很多争议。网络主播的收入来源主要有：（1）与直播平台或者经纪公司签约，获取工资收入；（2）从平台直播获得打赏；（3）视频投稿获得收入；（4）平台签约费收入；（5）副业收入，如植入广告、推广商品、销售周边等。网络主播收入性质划分及个人所得税税目辨析如表23－3和图23－4。

表23－3　　网络主播收入性质划分

收入来源	收入性质	适用个人所得税税目	代扣代缴义务人
与直播平台或经纪公司签约收入	工资收入	工资薪金	直播平台 经纪公司
平台直播打赏收入	签约：工资收入	工资薪金	直播平台
	未签约：劳动报酬	劳务报酬	直播平台
视频投稿获得收入	版权收入	特许权使用费	直播平台
平台签约费收入	奖金	工资薪金	直播平台
副业收入	广告植入：代言收入	劳务报酬	广告投入方
	推广经营产品：经营收入	经营所得	无扣缴义务人 主播自行申报缴纳

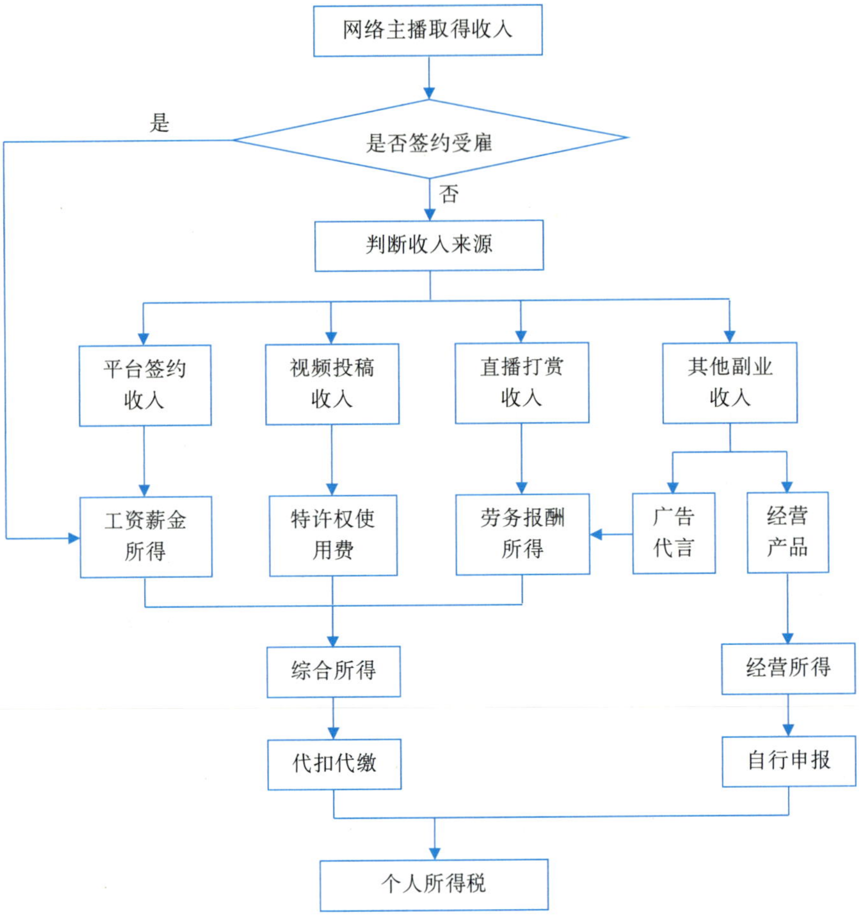

图 23－4　网络主播收入个人所得税税目辨析

1. 收入来源及性质界定

根据收入来源分别分析收入性质以及适用的个人所得税税目。首先，主播与直播平台或经纪公司签约取得的收入，属于工资收入，按照工资薪金缴纳个人所得税。视频投稿获得的收入，属于版权费收入，应该作为特许权使用费缴纳个人所得税。平台签约费收入，是主播平台给予已有一定人气主播的一次性签约费，性质上类似于奖金，可以并入工资薪金征收个人所得税。主播的副业收入，其中广告植入获得的代言费，应作为劳务报酬缴纳个人所得税，而主播推广自己经营的产品，开淘宝店等取得的收入，应按照经营所得缴纳个人所得税。此外，争议最大的是直播平台打赏收入，下面进行详细讨论。

2. 直播打赏是否征税

在网络直播中，直播观众为了表达对主播的喜爱和支持，通过购买直播平台的虚拟货币、虚拟礼物或移动支付等方式进行打赏，主播通过打赏获得的收益就是打赏收入。打赏并不局限于网络直播，其他网络平台也有相应的打赏功能。

目前，关于打赏收入是否纳税、适用何种税目等问题意见不一，主要存在以下几种观点：(1) 打赏属于个人之间的赠与，不应缴纳个人所得税；(2) 打赏属于劳务报酬，应该缴纳个人所得税，按照现行规定预缴个税，年末按照综合所得汇算清缴；(3) 打赏属于偶然所得，应按照偶然所得征收个税。

关于打赏收入还没有专门的税收规定，相关税收问题众说纷纭。直播打赏是观众对通过主播才艺、劳动、颜值、感情等获得精神满足的交换。按照税收的实质课税原则，直播打赏属于征税范围之内的活动。所以网络打赏收入属于个人应税收入，应该缴纳个人所得税。

3. 直播打赏适用税目

按照税法规定，偶然所得是没有付出等价劳动取得的偶然意外所得，类似于中彩票等。网络主播通过直播平台获取的打赏收入，与偶然所得不同，具有经常性和等价性的特征，作为偶然所得征税不合理。相比之下，直播打赏是主播付出劳动获得的有预期的报酬，按照劳务报酬所得征税更为合理。

分析可知，打赏收入属于个人所得税应税收入，需要缴纳个人所得税。网络主播的打赏收入，如果主播与直播平台签订劳务合同，打赏收入可并入工资薪金按照工资薪金征收个人所得税；如果主播没有与直播平台签约，可以按照劳务报酬征收个人所得税。

上述讨论对网络主播的各项收入性质及适用的个人所得税应税项目做了较为清楚的界定。可以看出，网络主播收入来源广，性质多样，涉及的个人所得税税目多，在具体操作中存在一定难度，所以主播收入的代扣代缴显得尤为重要。

（二）直播平台税收问题及扣缴义务

直播平台涉及的税种主要是企业所得税和增值税，由于其业务在线上进行，具有虚拟性，税收流失严重。而且直播平台对于主播个人所得税的扣缴义务存在严重缺失，造成了大量税收流失，直播平台应依法履行纳税义务和代扣代缴义务。

1. 直播平台的企业所得税

企业所得税是依据收入扣除费用后的利润计税。网络直播平台企业的收入主要来源于提供直播服务、广告服务和销售虚拟商品，例如虚拟货币、虚拟礼品等。费用主要是直播平台技术开发及维护费用，支付给主播及公会等经纪公司的报酬，平台推广费用，以及其他维持日常经营的必要开支。根据收入减除费用后的利润，确定应纳税所得额，按照规定的税率计算缴纳企业所得税。

2. 直播平台的增值税

网络直播平台公司提供直播服务，广告服务，销售虚拟商品，还应缴纳增值税及附加。其中，直播服务应该属于广播影视服务，广告服务属于文化创意服务，销售虚拟商品属于销售无形资产，都适用6%的增值税税率。小规模纳税人提供直播服务，广告服务，销售虚拟商品，按照3%的征收率计算缴纳增值税。

3. 直播平台的代扣代缴义务

网络主播通过直播平台取得的收入，平台公司应当履行个人所得税代扣代缴义务，但实际上网络平台的税收代扣代缴存在严重缺失。按照税法规定，直播平台向主播支付所得应承担代扣代缴义务，在发放工资和劳务报酬时代扣代缴个人所得税。此外，现实中由于税法对网络主播收入类似收入规定不明确，不同平台对主播收入性质及个人所得税计税的理解不同，不同直播平台的个人所得税扣缴机制存在较大差异。例如，斗鱼平台按照劳务报酬代扣代缴个人所得税，虎牙平台按照偶然所得计算缴纳个人所得税，在支付时统一扣缴20%的个人所得税。

各直播平台对于主播收入性质的理解和个人所得税计算方法不一，使得个人所得税缴纳没有统一标准，真实的应纳税额难以确定，多缴税与少缴税的情况并存，纳税人与代扣代缴义务人准确纳税存在难度，影响直播行业的公平规范发展。

（三）网络直播行业的税收征管问题

网络直播行业依托于互联网信息技术，具有数字经济的特征，直播业务主要在线上进行，不涉及实体经济，突破了传统经济在时间、地域、机构等方面的限制，对税收征管提出了挑战。网络直播行业的税收征管主要存在以下问题。

1. 主播收入税目难以确定

网络直播作为新兴经济形式，税法对其还没有明确的规定，纳税人和扣缴义务人对税法规定的理解可能存在偏差，难以确定主播收入的适用税目和具体的应纳税额。税法规定不明确，会对税收征管造成困难。现实中经济活动复杂，新生事物层出不穷，税法无法对每项活动都做出准确规定，很多时候需要根据税法的精神和目的分析判断。对于网络直播，税法没有明确的规定，所以税目的适用及税额的计算方法都需要纳税人和扣缴义务人自行把握。对于税收制度的模糊点，在税收征管上可能会进行相应回避，影响征管执行的力度。

2. 网络直播税源难以监控

网络直播以互联网技术为依托，具有数字化特征，无须固定场所和实体交易，主播和观众通过网络产生联结，所有的消费过程都是线上实现的。网络直播实现收入的路径是网络主播通过直播平台向观众提供服务，观众通过网络平台打赏等方式支付给主播报酬。网络主播获取收入来源广，支付渠道多样，隐蔽性强，税务机关难以对网络直播获取的收入进行有效监控。网络直播没有固定的营业场所，突破了传统经济对地域和时间的限制，对税收征收和管理提出了新挑战。如何应对数字经济的挑战，对网络直播等新型经济形式进行有效的税收征管，是目前亟须解决的重要问题。

3. 直播平台和主播纳税意识淡薄

网络主播和直播平台纳税意识淡薄，对于税法的了解程度和遵从程度很低。按照税法规定，网络直播平台是主播个人收入的扣缴义务人。但实际上很多直播平台规模小、财务制度不健全、依法纳税意识薄弱，没有意识也没有能力履行税收扣缴义务。尤其是对于没有签约受雇的主播，由于支付方式多元化，适用税目分歧大，直播平台疏于履行扣缴义务，而主播个人也不会主动申报纳税，导致网络直播行业税收大量流失。纳税人纳税意识淡薄，成为征税过程中的阻碍。网络主播和直播平台的税收遵从意识和遵从能力都有待提高，税务机关应加强宣传，提高全民纳税意识，营造良好的税收环境。

4. 税收收入与税源背离

税收与税源背离是目前普遍存在的一种现象，由于收入产生地和收入实现地往往不一致，使得收入来源地没有相应的税收收入，进一步加剧了区域差异，不利于各区域稳定协调发展。网络直播通过互联网平台点对点联结网络主播和观众，直播观众来自于全国各地，而相关收入产生的税收都在直播平台公司所在地统一缴纳，其他地区仅有资金流出而无相应的税收。直播平台往往都在经济发达地区注册成立，长此以往，大量税收集中在直播平台公司所在地区，会进一步拉大各地区经济差异，影响区域协调和社会稳定。税收与税源相背离的问题对现有财税制度提出挑战，国家需要尽快解决区域经济协调发展的税收问题。

四、网络直播行业的税收治理对策

（一）完善网络直播相关税收制度规定

网络直播依托互联网将主播和观众点对点联结，突破了传统经济对机构场所、时间地域等方面的限制，一些传统的税收概念或者定义已经难以适应新型经济活动的要求。现行税收规定需要进行相应的调整，例如关于机构场所的定义不应只局限于物理存在等实体要素，要将消费者所在地或销售收入实现地等作为经济活动发生地，以应对数字经济对税收体系的挑战。在税收法律法规的规范下，促进网络直播等新兴行业健康发展。

本文提出以下税收治理对策：（1）加强网络直播平台和网络主播的税务登记，可借助信息化手段网上登记，将税务信息作为职业登记必要项目。（2）对直播、打赏等经济活动进行税务方面的直接规范。随着直播行业的发展，此类经济活动发生的频率高、涉及收入大，有必要在税收制度上进行补充完善。（3）对税收制度完善的设想：首先对网络直播行业进行规范，网络主播实名认证，准确获取收入信息。在税制上针对网络直播的特殊性，界定网络直播的范围，区分服务类别与对应的收入类型，准确划分工资性收入和劳务性收入、综合性收入与经营性收入。

结合个人所得税法实施条例的规定，网络主播的收入可能是工资薪金所得、特许权使用费所得、劳务报酬所得、经营所得等。签约主播的收入应作为工资薪金所得，未签约主播收入可以作为劳务报酬所得，视频投稿收入可作为特许权使用费所得，打赏收入应区分是否订立劳务合同，分别作为工资薪金和劳务报酬所得，主播的其他副业收入，如推广自己经营的产品，应作为经营所得缴纳个人所得税。

（二）应用数字化技术追踪重点纳税人

运用数字化信息技术追踪重点纳税人，建立税收信息数据库，重点监管高风险纳税人税收问题。税务机关正积极运用大数据等数字化技术来辅助税收征管，在2017年某直播平台补税6 000多万元的案例中，税务机关就是通过大数据发现企业未代扣代缴个人所得税的行为。随着我国数字经济与实体经济深度融合的进程不断加快，企业的经济活动虚拟性和隐蔽性越来越强，利用数字化技术进行税收征管是现实情况的必然要求。

税务机关应紧跟科技发展，创新运用大数据分析、区块链、人工智能等技术加强征管。利用大数据资源，完善网络直播平台和网络主播个人税收信息登记制度，建立网络直播税收信息数据库，实现多方信息共享。应用区块链技术，建立自动化的税收数据稽核比对体系，提高税务系统的数据追踪和数据分析能力。采用人工智能机器，助力办税服务，结合大数据、区块链等技术，提高办税效率和服务水平。数字化技术能够精准识别高风险纳税人，对其重点监管打击可能的避税行为，进一步提高税收征管效率。

（三）解决税收与税源相背离的治理对策

由于我国的税制设计，税收和收入来源偏离严重，这种情况在直播行业尤为突出。

网络直播依托于互联网技术，突破了地域限制，网络直播平台公司和直播观众往往不在同一地区，而税收都在直播平台公司所在地区统一缴纳，违背了税收的消费地原则，造成税收收入与税源背离的情况。这会导致大量税收集中在直播平台所在地区，直播观众才是实际支出的一方，而其所在的地区没有相应的税收收入，造成税收收入与所在地背离的问题。税收与税源的背离还会进一步影响我国区域经济协调发展。

对此提出以下税收治理对策：（1）利用财政转移支付制度重新分配税收收入。衡量各地区收支情况，合理配置财政转移支付资金，尽可能保证公平公正、公开透明，促进区域经济协调发展。（2）调整现有税制结构。目前流转税在生产地征收，所得税在公司所在地征收，都会造成税收与税源背离的问题。2019 年 12 月消费税法征求意见稿落实了消费税征收环节后移的方案，目前尚未实施，但也体现了未来改革的方向。可以借鉴国际税收的制度，根据收入来源地划分税权，合理分配公司所在地和收入来源地的征税权，从根本上解决税收与税源背离的问题。

网络直播是伴随着移动互联网发展的新型互动交流模式，在娱乐行业中占据越来越重要的地位，影响了人们的生活。而随着网络直播的快速发展，其税收问题也日渐突出，存在很多高收入网络主播不纳税的情况。其原因包括相关税收法规不健全、线上网络直播难以监控、纳税人纳税意识淡薄等，同时网络直播的发展进一步加剧了税收收入与税源背离的情况。本文对网络直播行业的税收焦点问题展开分析，重点讨论了网络主播收入性质界定、直播平台扣缴义务、网络直播税收征管等问题，针对性地提出完善税收政策、运用数字化征管技术、解决税收与税源背离问题等治理对策。

案例使用说明

一、教学目的与用途

1. 本文主要适用于税收学、中国税制、税务筹划、管理学等课程的学习。

2. 本文从我国网络直播行业税收问题现状入手，针对网络直播行业的税收焦点问题进行剖析，深入阐释主播收入性质界定、直播平台扣缴义务和网络直播税收征管等问题，提出针对我国网络直播行业的税收治理对策。

二、启发思考题

1. 你认为网络直播是否应该征税，是否有一些独特的看法？

2. 关于网络主播收入性质的划分与个人所得税税目判定，你是否有其他想法或补充，试着举例说明。

3. 关于网络直播行业的税收筹划，你有什么思路吗?

4. 试着提出针对网络直播的其他税收治理对策。

三、分析思路

教师可以根据自己的教学目标（目的）来灵活使用本案例。这里提出本案例的分析思路，仅供参考。

本文对网络直播行业税务焦点问题展开分析。第一部分通过网络直播相关税收事件引入，描述了网络直播行业的发展现状，便于学生对网络直播的税收问题产生直观认识。

第二部分对网络直播征税进行法理分析，通过可税性分析，考虑网络直播征税公平效应和调节效应，以及实质重于形式的课税原则，从多方面阐明网络直播应当征税。

第三部分分析了网络直播税收焦点问题，包括网络主播收入性质界定、直播平台扣缴义务、网络直播税收征管等，从税收法律法规、税法精神及实际应用等方面详细分析。

第四部分针对网络直播行业的税收问题提出治理对策，包括完善税收制度、运用数字化征管技术、解决税收与税源背离问题等方面。

案例的四个部分围绕网络直播行业的税收问题展开，通过相关税收事件引入，先阐明网络直播应该征税，然后进一步说明网络直播行业应该如何征税的问题，最后针对现存问题提出针对性的税收治理对策建议。

四、关键要点

1. 网络主播收入的性质辨析及个人所得税税目适用。
2. 网络主播打赏收入是否应征税及其性质争议。
3. 网络直播等数字化商业模式带来的税收征管挑战。
4. 网络直播相关的税收与税源背离问题该如何解决。

五、建议课堂计划

本案例可以作为专门的案例讨论课来进行。如下是按照时间进度提供的课堂计划建议，仅供参考。

整个案例课的课堂时间控制在 80～90 分钟。

课前计划：给出案例背景并提出启发思考题，请学员在课前完成阅读和初步思考。

课堂计划：对案例进行详解，明确讨论内容（20 分钟）。

分组讨论（25 分钟），告知发言要求。

小组发言（每组 5 分钟，控制在 25 分钟）。

引导全班进一步讨论，并进行归纳总结（15～20 分钟）。

课后计划：如有必要，请学员采用论文形式给出更深层次的解读报告，包括具体的职责分工，为后续章节内容做好铺垫。

六、参考文献

[1] 边羽美．大数据时代下网络主播个税征管问题探究——兼议纳税人识别号辅助税收经验运用[J].东南大学学报，2018（12）.

[2] 波斯纳著，苏力译．法理学问题［M］. 北京：中国政法大学出版社，1994.

[3] 储德银，左芯．网络主播的收入的个人所得税的征税问题探讨[J].现代经济信息，2017（1）.

[4] 管永昊，吴佳敏，贺伊琦．直播行业税收问题探析[J].税务研究，2017（12）.

[5] 郭向媛．关于网络主播个人所得税的征管问题研究[J].纳税，2018（1）.

[6] 韩莉，杨惺锴．“互联网＋”时代知识提供者收入的个人所得税征管[J].税务研究，2019（12）.

[7] 黄桦．税收学（第四版）［M］北京：中国人民大学出版社，2017.

[8] 李荣睿．浅析网络主播的纳税问题[J].广西质量监督导报，2018（6）.

[9] 李音．“礼物”的另类解读——社会网视域下的直播“送礼”研究[J].北京社会科学，2019（9）.

[10] 梁嘉茵．网络主播的收入的个人所得税的征税问题探讨[J].现代经济信息，2017（1）.

[11] 林嘉璇，朱劭昀，张玉婷．网络主播的个人所得税缴纳与征管问题探析

——以斗鱼、bilibili 平台的主播个税缴纳与征管情况为例[J]. 现代商业，2018（8）.

[12] 龙秋羽. 自媒体时代“打赏”所得法律性质及征税管理研究——以微信赞赏为例[J]. 法制与社会，2018（5）.

[13] 施志群，武礼斌，万曼. 直播行业，个税风暴已然来临？[N]. 财会信报，2017-06-19.

[14] 汪火良. “自媒体打赏收入”征税的法治路径[J]. 中国流通经济，2019（5）.

[15] 王桂英. 网络主播收入的个税征管分析[J]. 湖南税务高等专科学校学报，2019（6）.

[16] 王洪波. 网络打赏的涉税管理探讨[J]. 纳税，2018（7）.

[17] 王艺蓉. 网红直播收入涉税问题浅析[J]. 法制博览，2017（9）.

[18] 张守文. 论税法上的“可税性”[J]. 法学家，2000（5）.

[19] 张晓轩. 网络打赏行为税收法律问题研究 [D]. 黑龙江：黑龙江大学，2018.

[20] 朱梦月，李彤. 网络打赏的税务问题研究[J]. 法制博览，2018（2）.

案例 24

美国 Wayfair 销售税司法判例[①]

本案例以美国最高法院对 South Dakota 和家具电商 Wayfair 案件的判决结果为切入点，结合司法判决内容和历史上相关的两个案件进行分析，探讨美国销售税对于物理存在规则的变迁，思考数字经济下税收规则的发展方向。

① 本案例作者为蔡昌、马燕妮。本案例根据美国 South Dakota 和家具电商 Wayfair 的司法判决分析撰写而成，内容完整，真实可靠。案例部分内容发表于《创新》2020 年第 3 期。

案例正文

美国家居电商 Wayfair 税案是改变美国电商和跨境电商历史进程的判决，具有重要意义。在 Wayfair 的审判中，美国联邦最高法院将 Bellas Hess v. Illinois（1967，Bellas Hess 公司起诉伊利诺斯州判例）和 Quill Corp. v. North Dakota（1992，Quill 公司起诉北达科他州判例）这两个几十年前关于销售税的判例推翻，改写了跨州贸易在当地缴纳消费税需要有物理存在（Physical Presence）的规则。家居电商 Wayfair 的判决结束了美国电商和跨境电商在一个州没有物理存在的情况下，就不需要代收代缴销售税的时期，对美国电子商务未来发展影响深远，对全球数字经济下税收规则的制定具有借鉴意义。

一、案例背景

（一）Wayfair 公司基本情况

Wayfair 是美国最大的家居电商购物平台，总部位于波士顿，前身是 2002 年成立的 CNS Stores。CNS Stores 在 2011 年销售额增长到 5 亿美元，2011 年底，为了树立品牌，提升客户黏性，逐步关闭旗下 240 多个家居购物网站，统一整合到 Wayfair，建立一站式家居购物平台。Wayfair 成立后，销售额快速增长，并于 2014 年 10 月在纽交所上市。

Wayfair 作为平台方，旗下拥有闪购网站 Joss & Main、现代家居工作室 Dwell Studio 和针对中高端用户的 Birch Lane，总共收录 700 万个产品，并与 1.2 万个品牌达成合作。Wayfair 将线上购物与线下的门店和物流结合起来，为线上用户提供便捷购物体验的同时，也保证其享受线下完善的物流及售后服务。Wayfair 销售额增长迅速，2014 年销售额为 13 亿美元，2018 年增长到 67.8 亿美元。但却一直处于亏损状态，2014 年亏损 1.5 亿美元，2018 年亏损 5.04 亿美元。

2018 年 6 月 21 日，在南达科他州诉 Wayfair 案中，美国联邦最高法院以 5:4 票推翻了既往 Quill 和 Bellas Hess 案中确立的物理存在（Physical Presence）规则，并将该案与最高法院以往判决不一致的部分发回原审法院重新审理[①]。根据判决，虽然零售

① 案例来源：Opinion of the Court. South Dakota v. Wayfair，Inc.，585 U. S.（2018）.

商在该州没有物理存在，南达科他州要求州外零售商在向该州销售商品时代为征收销售税（Sale Tax）的法律不违反宪法。该案终结了长期以来电商没有物理存在就不需要代收代缴消费税的历史。尽管判决只针对销售税中是否必须考虑物理存在这一规则，但考虑到其对于传统联结因素的突破以及美国的重要影响，对于全球范围内的数字经济课税将具有风向标意义。

（二）案例判决的制度因素

在美国税制体系下，销售税属于州一级征收的税种，联邦政府没有消费税。但传统上，州的征税权力受到美国宪法正当程序条款和贸易条款的制约。贸易条款旨在保护州际自由贸易，防止州通过征税等手段，歧视或施加不当负担限制州际贸易，在一定程度上约束了州的相关征税权。根据法律规定，贸易条款由国会制定，规范涉及国家之间的、州与州之间的经贸活动。销售税涉及不同州之间的利益，立法权在国会层面。随着电子商务的发展，美国参众两院议员也曾多次推动一些销售税立法，但最终都未能通过。究其原因，其实是背后各利益集团之间的激烈博弈，传统实体商家和电商企业争议很大。

美国电商之前不用向买家代收销售税，电商在商品售价上的优势，导致各州实体商家的生意不断被电商吞噬。随着电商的市场份额越来越大，线上销售活动日益频繁，但电商在没有物理存在的州始终都不征收销售税。宪法赋予国会对跨州经贸活动的管辖权，而国会在这方面的销售税问题上一直存在立法空白。于是各州政府普遍采取“越权”方式对跨州的电子商贸征收销售税。在本文南达科他州诉 Wayfair 的案子中，州政府认为电商没有履行征缴销售税义务，电商认为州违法宪法，直至上诉到最高法院。

最高法院在处理销售税案件时，一般遵循两个原则：正当程序条款和贸易条款。根据正当程序条款，电商在某一州的商业活动构成最小关联关系后，该州可以要求该电商代收代缴销售税。贸易条款中有一个商业保留司法原则。该原则强调，凡是国会没有立法规范的跨州经贸领域，各州政府可以进行立法规范，但是各州立法需要满足两个条件：一是不能够直接歧视州外竞争者；二是不能够对州际贸易造成不合理的负担，不能妨碍商业活动的州际自由流动。

最高法院对于某一州是否可以要求外州电商，向该州消费者征收销售税的判断总结而言有三个原则：（1）电商需与该州构成最小关联关系；（2）该州不得歧视外州电商；（3）该州不得对外州电商造成不合理负担。

（三）判例法下的先例约束

美国实行判例法，法院判决遵循先例，即先例判决对法院之后处理的同类案件具有法律约束力。对于特定事项，如果国会没有立法，联邦法院的司法判例会影响各州立法。此前最高法院有三个判例对各州就电商跨州销售征收消费税形成制约：

1. 判例一：National Bellas Hess v. Department of Revenue，386 U. S. 753（1967）

1967 年，National Bellas Hess 告 Illinois 州违宪。该判决认为，如果销售者仅通过公共物流或者邮寄的方式向消费者销售商品，州不能据此要求销售者代征销售税，否则将违反正当程序和贸易条款所要求的最小关联关系。Bellas Hess 通过邮寄产品介绍图册，招揽客人电话下单，并通过物流寄送产品给客人的行为，不构成最小关联。而且当时通信技术不发达，让外州公司代收代缴消费税是沉重负担。这个案件的最终判决是，高院裁定 Bellas Hess 与 illinois 州不构成最小关联关系，征税的合规负担也过于沉重，因此 Illinois 州败诉。

在这个判例中，最高法院在解释怎么才算构成最小关联关系时，人为设立了物理存在（Physical Presence）的概念。按照“物理存在”的原则，外州公司只有在某一州有物理存在时，比如有仓库、办公室、雇员等时，才需要向该州消费者代收代缴销售税。

2. 判例二：Complete Auto Transit，Inc. v. Brady，430 U. S. 274（1977）

该案中，法院确立了四项要件测试，用来综合判断州的征税权是否不当阻碍了州际贸易。这四项要件分别为：

第一，实质联结。征税州和应税商业活动之间存在实质性联结；

第二，非歧视。州内和跨州的税收不应存在差别而形成歧视性待遇；

第三，公平分摊。仅对可以分摊至税收辖区内的经济活动征税；

第四，与州提供的公共服务存在直接的关系。销售者享受了州所提供的公共服务，如警察的保护、基础建设等。该要件直接构成征税权的基础和正当性。

3. 判例三：Quill Corp. v. North Dakota，504 U. S. 298（1992）

北达科他州税务机关要求 Quill 公司补缴过去三年未代征的销售税，但该公司是特拉华州的公司，在北达科他州没有物理存在，仅是通过宣传手册、电话营销等方式销售商品。该争议案件最后被提审到最高法院，高院在 1992 年的判决书里确认了“物理存在只是构成 Nexus 的其中一种情况”，并根据“不能给跨州经贸增加过重负担”的贸易条款原则，判 Quill 胜诉。

在该案中，法院主要从是否符合宪法正当程序和贸易条款两方面展开论证：

首先是正当程序条款。本案承认最小关联关系不等同于物理存在。构成关联关系的情况，远不止物理存在这一种。Quill 公司的销售活动指向北达科他州的居民，该税收与 Quill 公司从该州获取的利益相关联。因此，其联系程度符合正当程序条款的要求。

其次是商业保留条款。1992 年美国互联网刚刚起步，最高法院认为这个时候要求外州的互联网企业征收销售税，合规成本太高，会阻碍互联网经济的发展。当时北达科他州准备向 Quill 追溯过去 3 年的销售税。追溯税额巨大，互联网经济可能由此严重受挫。出于这方面的考虑，北达科他州最终败诉。

但是，最高法院在案件判决书里只说了“除了物理存在之外，还有其他情况也能构成关联关系”，但是没有说明这些“其他情况”都是什么。这就使得在后来的一段时间里，实践中都还是简单地认为，能构成关联关系的只有物理存在。

（四）南达科他州的立法修改

在最高院系列判决确立的框架下，各州创新发展了很多确认“物理存在”的方式，试图扩张销售税的适用范围。Ohio 州于 2005 年推出了经济联系的概念，即外州电商虽然在 Ohio 州内没有物理存在，但是只要它销售往 Ohio 的商品总价值超过 50 万美金，也构成了关联关系，需要代收代缴销售税。经济联系这个概念随后被各州广泛采纳。2008 年纽约州确立了点击联结规则。根据该规则，外州销售者的销售行为如果是通过本州居民所持有的网站推荐或者跳转完成的，则将视为物理存在。南达科他州也修改了销售税法，规定符合下列条件之一的州外销售者应视同在本州有物理存在，需要代征销售税：（1）向南达科他州销售的商品或服务超过 10 万美元；（2）向州内销售商品或服务的独立交易数量超过 200 次。

二、物理存在规则分析

（一）物理存在规则

物理存在规则是在解释正当程序条款中的最小关联关系时提出的概念。由于最小关联关系比较抽象，难以进行准确认定，物理存在的规则更为具体，实际操作性强。物理存在一般指企业的办公室、仓库、雇员等有实体存在的情况，如果外州公司在某一州设立了机构、办公室、仓库，拥有雇员，则认为该公司在此州有物理存在。按照物理存在规则，企业只有在外州形成物理存在，才需要向该州消费者代收代缴销售税。

（二）案例判决观点

最高法院判决推翻了 Quill 案和 Bellas Hess 案中对于州征收销售税的限制——物理存在规则。最高法院承认了 Quill 案判决本身存在瑕疵，物理存在规则并非联结关系的唯一形式。正当程序条款要求征税州与其意图征税的个人、财产以及交易之间存在某种清晰的联结或者最小的关联。这与实质联结的要求是密切相关的。在 Quill 案中，认可没有物理存在也可以符合正当程序条款的理由，也应当适用于对贸易条款的解读。

物理存在规则会造成市场扭曲，为线上交易提供了避税机会，让实体交易处于价格劣势。物理存在规则会导致企业倾向于不在其他州设立商业实体，而采用线上销售的方式，从而影响经济的均衡和有效发展。根据物理存在规则，两个经济情况类似的公司税收负担会存在差异，造成税收横向不公。如果一个公司在征税州设有仓库，即使规模很小存货不多，也需要代征销售税；另一个公司将仓库设在临近州，通过网上销售商品，却不需要代征销售税。这样不符合税收的公平和实质性原则，会造成该规则的目的和所达到的效果并不匹配。

在电子商务时代，不应当再坚持物理存在规则，因为其忽略了实质的虚拟联结。如果法院对于贸易条款的判决是错误的，法院则应当谨慎地纠正。互联网的普及和力量已经改变了国家的经济运行，这是原有判例法官在当时未曾面临的。电子商务销售规模的扩大也加剧了征税州的财政短缺。将物理存在规则适用于线上零售商的尝试并不可行，那些主张物理存在规则是清晰且易于适用的论点是不可靠的。另外，对于可能给小企业造成的税收合规成本，未来可以通过其他方式将成本保持在合理的范围内。

（三）案件判决结果思考

此案判决具有里程碑意义，跨州贸易在当地缴纳消费税不再受物理存在规则的限制。但由于数字经济下课税问题的复杂性，还有很多问题需要明确。例如：（1）实质联结的标准应当如何设定。南达科他州采取了金额和交易量的量化标准，商品或服务超过 10 万美元或独立交易数量超过 200 次。各地人口经济存在差异，标准该如何统一。（2）实质联结标准的判断因素。判例中仅有与销售相关的因素，电子合同签订、网络广告点击等是否也应作为判定因素。（3）对于所得税的影响。所得税的联结因素与销售税相类似，那么，所得税能否适用于相似规则。

三、数字经济征税问题分析

根据我国2016年G20杭州峰会发布的《二十国集团数字经济发展与合作倡议》，数字经济是指以使用数字化的知识和信息作为关键生产要素、以现代信息网络作为重要载体、以信息通信技术的有效使用作为效率提升和经济结构优化的重要推动力的一系列经济活动。近年来，以互联网为载体的新型数字产品与服务不断涌现，不断丰富着消费者的生活，同时也对税收征管带来了很大挑战。

（一）数字经济下税收管辖权划分

在决定对跨境数字商品和服务交易是否征税及如何征税时，最根本的问题是数字交易税收管辖权的划分。关于数字经济税权划分的一个重要概念是联结度（Nexus），但联结度的定义与标准尚未形成一致认识。根据美国国内法，一个国家的征税权依赖于交易的性质和由此产生的收入，但每个国家的征税管辖权又可能受到所得税协定适用的潜在限制。大多数国家的国内税收征管体制适用纳税人收入或住所来源地规则。

根据现有的税收协定，收入来源国通常对在当地设有常设机构的非本地居民（企业）拥有征税管辖权，但只限于对业务范围内归属于该常设机构的利润征税。如果企业在当地没有常设机构，其收入可能会被当地政府全额扣缴征税（尽管按照收入全额代扣所得税，适用协定一般会通过降低税率等方式使其税负不高于有常设机构时的情形）。有效联结规则也适用于多数有间接税的国家。

在数字经济下，经济活动突破了传统经济对机构场所、时间地域等方面的限制，对现有税制体系提出了很大挑战。OECD在BEPS第一项行动计划提出了数字经济商业模式、经济联结度、显著经济存在等概念，以解决数字经济背景下价值创造的归属问题。但实质联结的标准设定、实质联结的判断因素等内容还没有最终确定，各地的操作标准存在差异。目前来看，数字交易税收管辖权划分问题还没有得到有效解决。

数字经济从根本上改变了传统企业价值形成机理，形式各异的数字化商业模式从实质上改变了企业价值链构成，相关企业在既有国际税收规则下的经营安排与税收筹划也引发了国家间、国家联盟间的税收不平衡、税收减少甚至财政危机。目前各国在面对企业以数字化方式经营且不存在实体性常住机构的情况下建立规则并确保征税权，即在哪里征税这一问题上，对OECD提出的基于“显著经济存在”或欧盟提出的虚拟（数字化）存在的PE联结度课税规则认同度逐渐趋于一致。

（二）数字交易收入性质的认定

交易的性质决定收入的性质，数字经济下交易的纳税人首先必须确定交易的性质，才能其次，不同来源下不同交易性质的收入的税收也各有不同。BEPS 行动计划虽然在数字经济跨境所得国际税收政策方面创立了"在价值创造地和活动发生地征税"的总原则，但各国对不同商业模式下应税交易的定义、所得性质的确定、收入的来源、税基识别与分配等基础性问题还未形成共识。有些国家采用单方面立法制定规则，而有些则是在经济同盟国家之间集体努力试图达成一致性规则或行动纲要。

（三）数字经济对税收征管的挑战

数字经济背景下，批量化的、大额的交易被大量碎片化交易所替代，税务机关对交易过程难以追踪，难以确定纳税时间、期限和地点。例如，针对以个人为主要客户群的境外在线零售商，个人购买者可以直接通过线上下单、线上支付完成整个交易，货物以零星包裹的方式发出，收入来源地很难发现此类交易，即使发现，由于涉及大量的个人购买者，如何在监管资源有限的情况下实施有效的监管是一个很大的挑战。

四、数字经济征税实践的国际借鉴

经济合作与发展组织（OECD）在税基侵蚀和利润转移行动计划（BEPS）中发布了"应对数字经济的税收挑战"的行动计划，提出数字经济商业模式、经济联结度、显著经济存在等概念，以解决数字经济背景下价值创造和利润归属问题。2019 年 OECD 正式提出 BEPS 两大支柱，针对数字经济的税收问题提出新的解决方案。目前很多国家对于数字经济已经开始征税，在数字经济税收问题上形成一些实践模式。

（一）OECD 数字经济税收支柱

2019 年 5 月 31 日，OECD 发布了一份题为《形成应对经济数字化税收挑战共识性解决方案的工作计划》。该工作计划所包含的双支柱方案，致力于从两个层面解决经济数字化带来的税收挑战。支柱 1 内容是统一方法，方案指向税收管辖权划分问题，将修订利润分配规则与联结度规则，形成"新课税权"及新的"应税存在"或"应税来源"概念，提出新联结度规则和利润归属方案。支柱 2 方案针对遗留的 BEPS 问题，提出全球最低税规则并逐步寻求达成一致。2020 年 1 月 31 日 OECD 和 G20 发布 BEPS 两大支柱的包容性框架声明，承诺将于 2020 年底之前针对数字经济下的税收解决方案达成共识。

1. 支柱 1——统一方法

支柱 1 主要解决数字经济征税权分配的问题，OECD 于 2019 年 10 月提出统一方法规则并进行了公众咨询。支柱 1 统一方法的主要特征包括：（1）新联结度规则，即使外国企业在市场国内没有实体存在，市场国也能对该企业征税。（2）新利润归属方法，采用新公式对跨国集团利润进行分配。新联结度规则强调当企业与市场国有持续且重大的联系时，就可以判定为常设机构，不再需要物理存在。

新利润归属方法对企业全球合并利润进行划分，主要针对面向消费者的大型企业，将关于市场国的利润总额分成三部分：金额 A、金额 B 和金额 C，然后再做进一步分配。金额 A 是新联结度规则和新利润分配方法下按公式分配归属于市场国的剩余利润，金额 B 是基于独立交易原则的固定回报，体现市场的基础营销功能，金额 C 体现了市场国功能超过金额 B 补偿的额外报酬。OECD 工作计划提出了三种利润分配方法：修正后的剩余利润分割法、部分分配法、以分销为基础的方法。

（1）修正后的剩余利润分割法

修正后的剩余利润分割法区分常规利润和非常规利润，将跨国企业集团非常规利润的一部分分配给市场辖区。这部分非常规利润所反映的是在该市场辖区创造、但未被现有利润分配规则所认可的价值。此方法包括四个步骤：一是确定要分配的利润总额；二是从利润总额中减去常规利润部分，常规利润数额使用现有转让定价规则或简化规则确定；三是确定“新课税权”范围内非常规利润的部分，这部分数额仍然使用现有转让定价规则或简化规则确定；四是使用分配要素将这部分非常规利润分配给相关市场辖区。

（2）部分分配法

部分分配法不区分常规利润和非常规利润，而是将部分利润分配至市场辖区。这一方法包括三个步骤：一是确定要分配的利润；二是选择分配要素；三是运用公式将一部分利润分配至市场辖区。同样，以上每个步骤都有不同的政策选项及需解决的问题。第一步，确定适用部分分配法的利润数额，可使用根据现行转让定价规则确定的销售实体的利润数额，或在本地销售额上加一个全球利润区间，或考虑相关集团或业务线的总体利润水平；第二步，分配要素的选择，主要选项包括雇员人数、资产数额、销售数额、用户数量等；第三步，根据上述分配要素构建公式，涉及不同分配要素权重的选择。

（3）以分销为基础的方法

以分销为基础的方法是一种简化的方法。主要针对在市场辖区开展营销、分销以及与用户相关的活动设置一个基准利润率。这一基准利润率可根据跨国企业集团总体利润水平、行业和市场差异进行调整，之后根据调整后的基准利润率确定分配至该市场辖区的利润数额。

2. 支柱 2——剩余问题

支柱 2 主要解决的是 BEPS 遗留的问题，即 BEPS15 项行动计划仍未解决的问题，提出了最低税规则。最低税规则将确保跨国集团按照最低税率缴税，从而减少将利润转移到低税实体的动机，能够保护母公司或运营公司所在地的税基。其中还涉及不同地区采用会计准则不同、税务和会计之间存在差异、永久性差异和时间性差异如何调整等问题。支柱 2 目前没有支柱 1 成熟，在技术方面已经取得了进展，还有很多后续工作亟待完成。支柱 2 包括两个相互关联的规则：所得纳入规则和税基侵蚀支付课税规则。

（1）所得纳入规则

如果跨国公司国外分支机构或受控实体的所得适用的有效税率低于一个最低水平，所得纳入规则要求将该部分所得归属于公司股东或总公司，并对其课税。这一规则主要保护的是居民国的税收权益，可以看作对受控外国公司规则的补充。政策实施的效果是形成了一种全球性最低税，即当跨国公司国外所得适用税率低于最低水平时，居民国利用所得纳入规则对其课税，使其适用税率达到最低水平。

（2）税基侵蚀支付课税规则

税基侵蚀支付课税规则旨在保护来源国税收权益，具体包括：一是征税不足支付规则。如果一项关联方支付适用税率低于最低水平，则来源国可以不予扣除或征收来源税。二是应予课税规则。当一项支付适用税率低于最低水平时，将被征收预提税或其他来源税，并且不能享受协定优惠。

（二）欧盟数字增值税体系

数字增值税体系于 2016 年 12 月 1 日由欧盟委员会提出，并于 2017 年 12 月 5 日被经济和金融事务理事会通过。它是欧盟数字单一市场战略的重要组成部分，旨在适应欧盟增值税体系，以促进电子商务发展并减少相关烦琐手续。数字增值税体系涵盖了企业对消费者的大部分电子商务交易：它旨在修改增值税规则，使其不仅适用于电子服务的供应，还适用于远程销售商品和进口。

1. 小型企业简化措施

根据现行增值税规则，所有向欧盟客户提供的电子服务都应在目的地（即客户所在的国家/地区）征税。在这样的规则下，为了促进征税和提高税收遵从，所有企业对企业的电子服务供应都要遵守反向征收机制（这意味着客户必须进行自我评估并缴纳增值税）。欧盟数字增值税体系提出简化的注册方案，名为一站式服务（OSS）或迷你一站式服务（MOSS），适用于向非应税客户供应的企业。

通过 MOSS 欧盟纳税人可以在一个成员国（通常是其成立地的成员国）注册，并将增值税缴纳给该国的税务部门，该国税务部门需要将增值税收入重新分配给该纳税人客户所在的成员国。如果应税人选择不使用 MOSS，则必须在其非应税客户所在的每个成员国注册。

根据计划，数字增值税体系要将 MOSS 扩展到欧盟内部远程销售商品和向非应税客户提供的所有服务。根据扩展的 MOSS，企业将在客户所在的国家或地区缴纳增值税，并通过季度纳税申报单向其注册地税务机关报告。此外，供应商向其他成员国的客户提供商品和服务可以合并增值税申报表，从而进一步简化增值税流程。此外，自 2021 年 1 月 1 日起，对于商品和服务均适用 10 000 欧元的起征点，按照该起征点对以电子方式提供的服务征收增值税。

2. 消费地识别方法

欧盟数字增值税体系还给出了客户位置识别方法，以决定消费地位置。由于提供所有电子服务都在目的地征税，因此在 B2C 情况中，这类服务的供应商需要确定客户的位置，以便适用正确的增值税率。根据欧盟增值税法律的推定和证据规则，客户所在地根据以下不矛盾的证据（“证据规则”）中的两项确定：(1) 客户详细信息；(2) 客户的 IP 地址或任何地理定位；(3) 银行详细信息；(4) 客户使用的 SIM 卡上存储的用户国家代码；(5) 住宅固定位置；(6) 其他与商业相关的信息。

确定非应税客户所在地的要求是电子服务供应商面临的最大挑战之一。鉴于电子服务行业存在大量低价值交易，根据逐笔交易确定客户位置可能会产生巨大的遵从负担。此外，如果涉及支付中介或其他支付方式（例如虚拟货币），供应商可能无法通过获得足够证据信息来确定客户的位置。

3. 发票和记录保存规则

数字增值税体系对发票和记录保存规则进行了一些更改。当前，当纳税人向其他成员国的客户提供商品时，一般规则是遵守销售发生地成员国（消费地成员国）制定的发票规则。自 2019 年 1 月 1 日起，使用 MOSS 的电子服务供应商可以适用识别地成员国的发票规则（对于欧盟企业而言，通常是成立地成员国），不再是适用消费地成员国的发票规则。

4. 在线平台的纳税义务

数字增值税体系的关键部分是确立了为交易提供便利的在线平台的纳税义务。由于其他成员国和第三国提供的远程商品销售中很大一部分是通过使用在线平台而发生的，因此欧盟委员会认为有必要让那些促进商品销售的平台企业参与缴纳增值税，他们被视为进行交易的人。

根据新修订的《增值税指令》，通过平台向欧盟进口价值低于 150 欧元的商品，平台将被视为从初始卖方购买商品，然后销售给最终消费者。同时也为非欧盟企业在欧盟内销售商品的平台提供了相同的条款。此规定将同时适用于国内销售（商品在销售时已经位于客户所在的成员国内）和来自其他成员国的销售。这两项规定的结果是，在线平台向最终消费者销售商品时有义务向客户收取增值税，并将该增值税款汇给税务机关。

（三）澳大利亚货劳税新政

澳大利亚政府于 2017 年 7 月 1 日起实施针对 B2C 的进口服务的货劳税新政，并将于 2018 年 7 月 1 日取消低价值货物进口免税政策，对低价值货物也征收货劳税。

1. B2C 跨境服务货劳税政策

澳大利亚政府在 2015 ~ 2016 政府预算中即提出，希望货劳税覆盖境外的服务等无形供应。不久后，澳大利亚政府在 2015 年 5 月 1 日提出，希望从 2017 年 7 月 1 日起对境外服务等无形供应进行征税，并在 2015 年 10 月颁布了相应的草案。2016 年 5 月 5 日，法案正式经过国会御准程序，确定从 2017 年 7 月 1 日起对 B2C 跨境服务征收货劳税。

澳大利亚 B2C 跨境服务政策遵循了 OECD 倡导的消费地原则，确定非澳大利亚居民企业向澳大利亚销售数字服务时需要缴纳澳大利亚货劳税，确保了提供相似服务的本国企业与非居民企业的税负公平环境。境外企业向澳大利亚居民消费者销售的进口服务和数字产品，在满足以下任一条件时，需要在澳大利亚缴纳货劳税：（1）购买方为澳大利亚消费者；（2）供应在澳大利亚境内完成；（3）通过在澳大利亚境内实体完成销售；（4）该供应是购买某项事物的权利或选择权，该事项是与澳大利亚相关的。

澳大利亚 B2C 跨境服务政策在确定纳税人时，采纳了 OECD 提出的中介征收模式，将供应商以及电商平台作为纳税人，即销售服务、数字产品的供应商以及经营电商平台的运营商。如果供应商通过电商平台销售数字服务，那么通常电商平台为纳税人；如果供应商销售非数字服务以及直接向消费者销售数字产品，则供应商为纳税人。

澳大利亚规定了登记阈值，只有供应商或电商平台每年向澳洲消费者提供应税销售额超过 7.5 万澳元时，才需要在澳大利亚进行登记。从而可以有效保证向澳大利亚出口数字服务的中小企业，不会因为该政策而导致遵从成本大幅增加。澳大利亚 B2C

跨境服务政策规定的税率为10%，与境内交易的货劳税税率相同，意味着达到登记阈值的非居民企业将与澳大利亚本土企业面对相同的税收环境，与OCED倡导的保持税收公平相一致。

2. B2C跨境低价值货物的货劳税政策

除了B2C跨境服务政策以外，澳大利亚也出台了B2C跨境低价值货物的货劳税政策，以对进口到澳大利亚的低价值货物征收货劳税。由于跨境服务存在登记阈值，如果低价值货物免税会造成不公平的税收竞争环境。OCED在第一项行动计划中也提出低价值货物免征增值税（货劳税），不但导致增值税税收下降，也可能使得境内零售商面临不公平竞争压力，甚至会导致国内供应商将业务搬至离岸国家或地区，并进一步减少税源与就业机会。澳大利亚从2018年7月1日开始将对价值低于1 000澳元的商品开始征收货劳税，即取消原来对1 000澳元以下货物免税的规定。

由于低价值货物政策中确定的纳税人为非居民纳税人，如何确保制度的有效执行是一大挑战。根据低价值货物法规，对于未按规定登记、申报或缴纳货劳税的企业，澳大利亚有权计算追缴其所欠税款与相应利息并处以罚款。澳大利亚税务局可通过第三方数据及互联网信息以及与各税收协定国的税务机关互通的信息来发现不合规行为。

五、案例启示和思考

自从BEPS行动计划第一项报告发布以来，越来越多的国家试图修改国内税法应对数字经济下的税收问题。无论美国的联邦最高法院判决，还是欧盟的新近立法建议（数字交易税以及跨境电商增值税），其实都是数字经济时代新旧税制转化下的生动注解。传统税收制度围绕着传统经济展开，企业一般需要物理存在才能在市场所在地销售商品和提供服务，无论是直接税还是间接税的税制设计和征收管理都围绕着这一逻辑展开。

随着技术的进步以及全球化的发展，商业模式以及企业的运营方式已经发生了翻天覆地的变化。无论是人员还是货物、服务的流动都更为便利，数字经济对传统经济和一国财政造成的冲击逐渐显现。此种行为的本质在于交易双方所在的国家和地区都为交易的完成付出了公共资源成本，从而在税法理论上具有对交易和所得征税的正当性。传统上，征税权的分配是以物理存在作为限度标准。然而，数字经济下交易方式本身已经脱离了物理存在规则的限制。如果固守传统税法征税所依据的联结因素，交易一方（常常是消费者所在国）难以分享交易所带来的经济利益，有违公平原则。因此，改变传统税收规则已经成为共识。

对于中国而言，一方面，随着居民消费能力和意愿的日渐提升，跨境购物和电子消费的情况日渐普遍，例如海外购物、境外游戏网站下载付费游戏、购买会员服务等。目前这些经济活动大多没有纳入税收征管，中国税基面临着被侵蚀的风险。出于平衡国内竞争、保护税源的考虑，所得税以及增值税等税法规则和税收征管需要做出回应。目前在中国境内，一些互联网平台的存在已经造成了境内不同地区税收收入分配失衡的问题，这同样需要规则的重塑予以平衡。

另一方面，还要考虑到中国企业“走出去”的问题。毕竟数字经济税收规则的重塑，意味着所得与征税权在不同国家之间的重新划分。一味地强调消费国征税，也会给未来中国数字经济行业的国际布局带来障碍。对于中国政府而言，如何在平衡和保护我国的税收利益诉求下，积极参与推动国际社会重建税收秩序，是一个亟待思考的问题。

中国应密切关注各国数字化税收立法动态，研究探讨由知识、数据和无形资产驱动的数字经济价值创造基本问题，为促进数字经济活动创新、避免税基侵蚀与国际税收合作贡献中国智慧。

案例使用说明

一、教学目的与用途

1. 本案例适用于税收学、中国税制、税收筹划、国际税收等课程的学习。

2. 本教学案例介绍了美国 South Dakota 和家具电商 Wayfair 判例的涉税问题，其教学目的在于使学生对数字经济下物理存在规则有充分的认识和深入的了解。本案例以美国最高法院对 South Dakota 和家具电商 Wayfair 案件的判决结果为切入点，结合司法判决内容和历史上相关的两个案件进行分析，探讨美国销售税对于物理存在规则的变迁，思考数字经济下税收规则的发展方向。

二、启发思考题

1. 实质联结的标准应当如何设定。南达科他州采取了量化的标准（金额和交易量）。能否不设置量化标准只要有销售行为便可以要求征收？量化标准设置为多少才合适？

2. 实质联结标准的判断因素都有哪些？判例中仅提及了与销售相关的因素，是否存在其他考量？

3. 对于所得税的影响。州所得税的联结因素与销售税相类似。判决没有对此进行技术上的差异分析。那么，州所得税能否适用于州外销售者？

三、分析思路

教师可以根据自己的教学目标（目的）来灵活使用本案例。这里提出本案例的分析思路，仅供参考。

本案例对美国 South Dakota 和家具电商 Wayfair 判例中销售税的物理存在问题进行分析，第一部分介绍案件的背景，简述 Wayfair 公司基本情况、美国联邦和州征税权以及美国普通法体制下遵循先例的规则，便于学生接下来对组织架构的理解。

第二部分详细地分析了物理存在规则，描述了案件判决观点和其中的权衡，并对案件判决结果进行思考。

第三部分分析了数字经济下的征税问题，包括税收管辖权的划分、数字交易收入性质的认定、税收征管等方面的问题。数字经济给现有税权划分和税收征管提出了挑战，如何应对此类问题是当前国际税收问题的重点。

第四部分借鉴了现有数字经济税收实践，分别对 OECD 提出的数字经济税收双支柱、欧盟数字增值税体系和澳大利亚货物劳务税新政进行分析，希望借鉴国际经验思考税收政策应对数字经济调整需要做出的变革。

第五部分结合我国情况对案例内容进行思考，考虑我国现有情况和实际问题，辩证地看待数字经济下传统税收规则的重塑。

案例的五个部分围绕美国 South Dakota 和家具电商 Wayfair 展开分析，深入探讨数字经济下的税收问题，并结合我国具体情况思考数字经济下税收规则的调整与重塑。

四、关键要点

1. 美国家具电商 Wayfair 税案的判决推翻了之前关于销售税的两个判例，改变了跨州贸易在当地缴纳消费税需要有物理存在的规则。

2. 物理存在并非实质联结的必然推论，是之前法院对于贸易条款判决的错误理解，此次判决是对以前错误的纠正。

3. 数字经济对现有税收规则提出挑战，数字经济税权划分的一个重要概念是联结度，对此 OECD 提出显著经济存在的判定规则。

4. 欧盟实施数字增值税体系以适用电子服务供应、远程商品销售和进口，促进电子商务发展。

五、建议课堂计划

本案例可以作为专门的案例讨论课来进行。如下是按照时间进度提供的课堂计划建议，仅供参考。

整个案例课的课堂时间控制在 80 ~ 90 分钟。

课前计划：给出案例背景并提出启发思考题，请学员在课前完成阅读和初步思考。

课堂计划：对案例进行详解，明确讨论内容（20 分钟）。

分组讨论（25 分钟），告知发言要求。

小组发言（每组 5 分钟，控制在 25 分钟）。

引导全班进一步讨论，并进行归纳总结（15 ~ 20 分钟）。

课后计划：如有必要，请学员采用论文形式给出更深层次的解读报告，包括具体的职责分工，为后续章节内容做好铺垫。

六、参考文献

[1] 叶永青，赵文祥．美国最高法院销售税判决下的隐喻与变局——简评 South Dakota v. Wayfair 案[J]. 国际税收，2018（08）：30－33.

[2] 沈瑛华，梁紫．应对数字经济发展澳大利亚货劳税税制借鉴与思考[J]. 国际税收，2018（02）：21－26.

[3] 李平．数字经济下新商业模式的税收治理探析[J]. 国际税收，2018（05）：16－19.

[4] 邢天添．数字经济发展中的国家税收变革[J]. 中国中小企业，2019（04）：78－80.

[5] 周小玉．数字经济背景下经营所得国际征税的预提税方案研究[J]. 河北企业，2019（02）：65－66.

[6] 曹艳杰．数字经济背景下非居民企业所得税源泉扣缴制度的问题与对策研究[D]. 上海海关学院，2019.

[7] 卢艺．数字服务税：理论、政策与分析[J]. 税务研究，2019（06）：72－77.

[8] 王森．数字服务贸易的对常设机构的挑战及改革[J]. 纳税，2019，13

(16)：216.

[9] 张泽平. 全球治理背景下国际税收秩序的挑战与变革[J]. 中国法学，2017 (03)：184－201.

[10] 孙南翔. 全球数字税立法时代是否到来 [N]. 经济参考报，2019－08－07 (008).

[11] 岳云嵩，齐彬露. 欧盟数字税推进现状及对我国的启示[J]. 税务与经济，2019 (04)：94－99.

[12] 刘奇超，科尔曼·茉莉，张春燕，屠琳舒. 欧盟数字经济公平课税方案的总体思路、核心理念与政策要领：一个全景式分析框架[J]. 国际税收，2018 (10)：35－43.

[13] 沈亚军. 美国联邦税视角下跨境数字经济税收复杂性分析[J]. 经济研究参考，2019 (03)：105－112.

[14] 王丽华，廖益新. 后 BEPS 时代居民税收管辖权的问题与改革[J]. 上海财经大学学报，2018，20 (04)：129－140.

[15] 迟连翔，欧阳宇琦. 后 BEPS 时代国际税收规则探析——基于数字经济的视角[J]. 税收经济研究，2018，23 (02)：83－86.

[16] 国家税务总局科研所课题组，陈琍，方凯，秦泮义. BEPS 行动计划：世界主要国家采取的措施和中国立场[J]. 税务研究，2016 (12)：58－62.

[17] 李昊源. “数据管税”：新时代税收征管的核心模式——以互联网交易为例的分析[J]. 现代管理科学，2018 (12)：39－41.

[18] 韩霖. OECD 应对经济数字化税收挑战的工作计划：简介与观察[J]. 国际税收，2019 (08)：19－24.